# 相知東南風

## 从凌家滩到长三角的区域文明探源

吴卫红 著

上海古籍出版社

本书出版得到
中宣部人才项目"并江融淮——文化中国在泛江淮区域的历史趋势"和
安徽大学文科创新团队建设项目资助

参观良渚国家考古遗址公园（2020年12月）

从内蒙古阿拉善到宁夏中卫的自驾途中（2016年8月）

　　吴卫红，笔名朔知，1968年生，安徽旌德人。安徽大学教授，曾长期供职于安徽省文物考古研究所。国家哲学社会科学领军人才、中宣部全国文化名家暨"四个一批"人才，享受国务院特殊津贴专家、文化部优秀专家、享受安徽省政府特殊津贴专家、安徽省第一批学术和技术带头人、安徽省"六个一批"双百人才、安徽省先进工作者。研究方向为中国史前考古、田野考古方法等，著有《潜山薛家岗》《铜陵师姑墩——夏商周遗址考古发掘与研究》(专著)，发表专业文章(含合作)近百篇。

在凌家滩考古工作站晚上时业余制作根雕（2017年7月）

在凌家滩考古工作站雨后业余制作竹编（2017年7月）

在凌家滩考古工作站闲时种菜（2015年3月）

彩版二

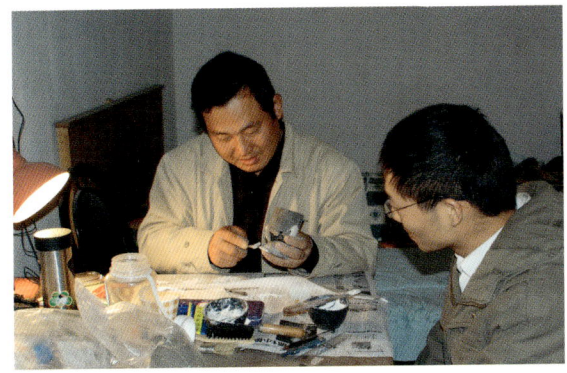

作者（左）与罗虎（右）在怀宁孙家城发掘，晚上修复器物（2007年11月22日）

叶润清、作者、罗虎（自右至左）在怀宁孙家城城墙解剖处（2017年12月19日）

凌家滩考古工作站的沙龙式会议室（2017年8月）

裕溪河流域第五次区域系统调查，作者（后排左4）与部分队员在凌家滩合影（2011年12月24日）

怀宁孙家城遗址发掘结束，作者（后排右）与金晓春（前排左）和安大王菁（后排左四）、2006级本科生、部分研究生合影（2008年11月24日）

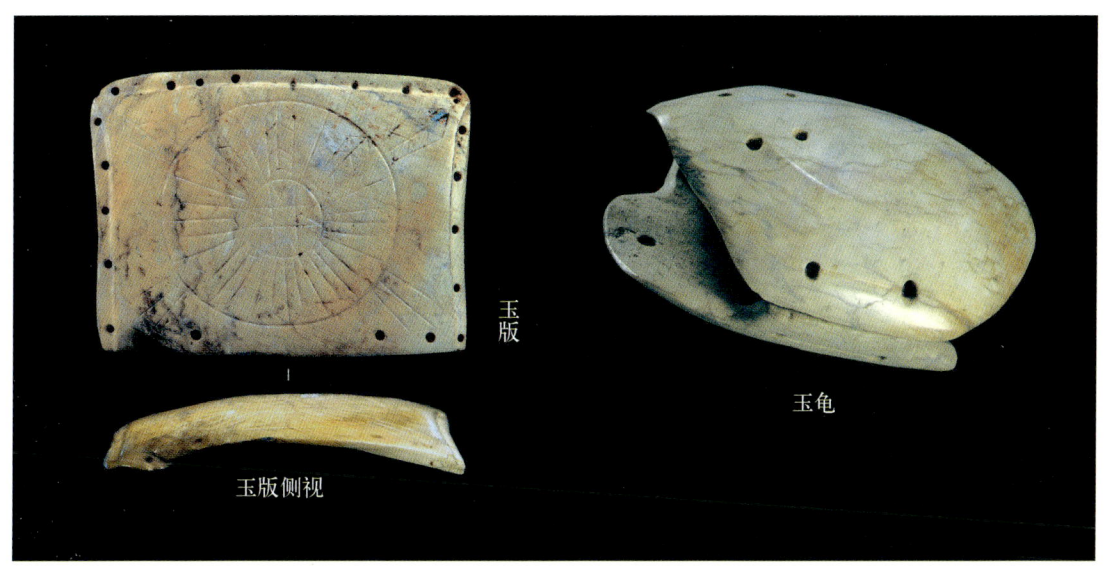

1 凌家滩玉版、玉龟（87M4）

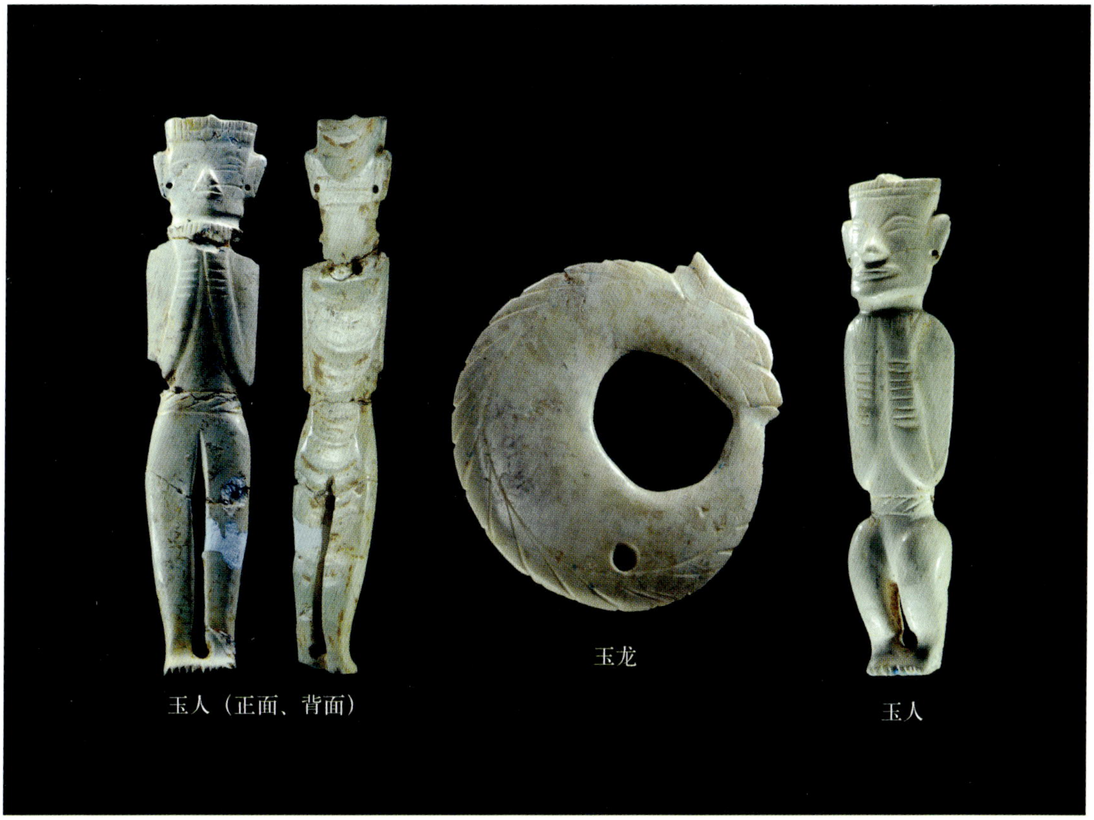

2 凌家滩玉人、玉龙（87M1、98M16、98M29）

彩版五

1　凌家滩玉鹰（98M29）

2　凌家滩三角叶形饰（87M4）

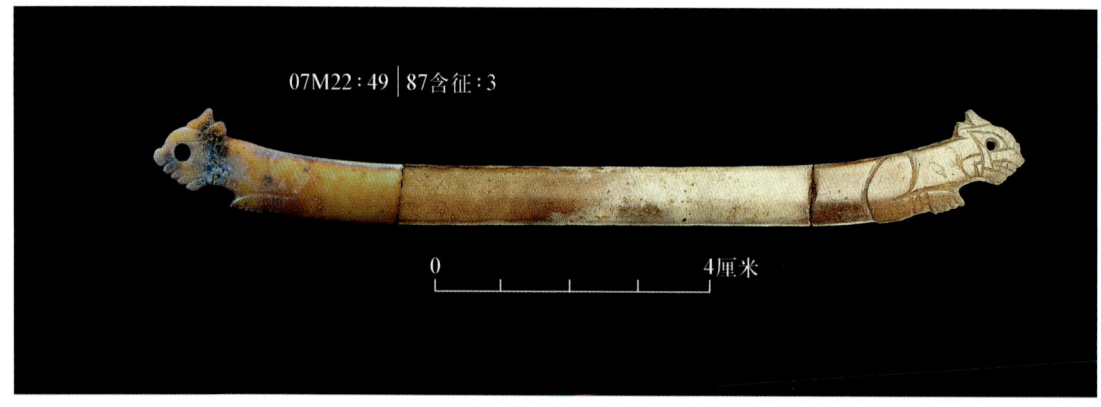

3　凌家滩玉虎首璜拼合照

彩版六

1　凌家滩祭坛表面（侧平视）

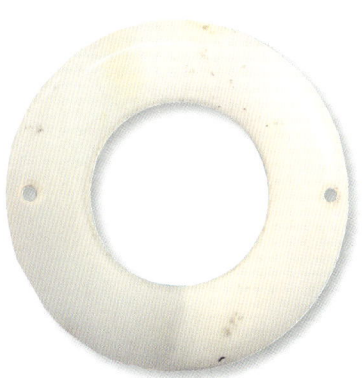

2　凌家滩玛瑙钺（98M28）

3　凌家滩玉环（98T1004③）

4　凌家滩玉钺上的线切割痕（98M26）

彩版七

1 怀宁孙家城一期鼠形陶塑

2 怀宁孙家城一期绘彩陶猪塑

3 怀宁孙家城一期绘彩陶片

4 怀宁孙家城一期绘彩陶豆（G2）

5 潜山薛家岗红衣陶球（M27）

彩版八

1　潜山薛家岗五孔石刀（M49）

2　潜山薛家岗彩绘石钺（M58）

3　潜山薛家岗九孔石刀及彩绘图案痕（M58）

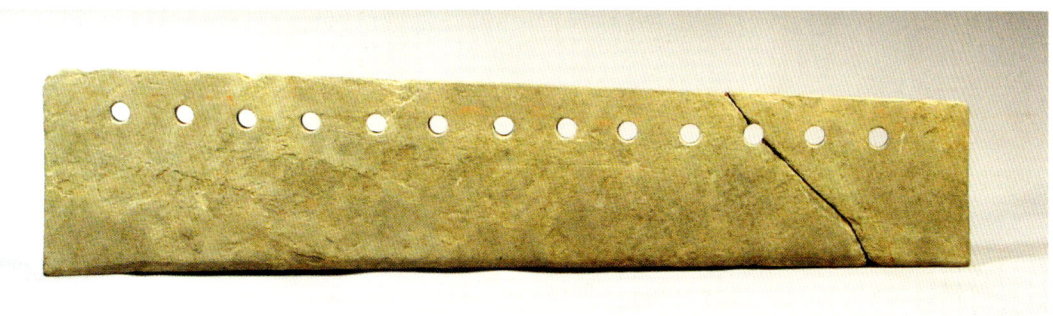

4　潜山薛家岗十三孔石刀（M44）

彩版九

1 安庆张四墩陶甑上刻画的陶鬶（G1）

2 潜山薛家岗陶壶形器（M60）

3 潜山薛家岗陶双鼻壶（M75）

4 潜山薛家岗玉环（T6②）

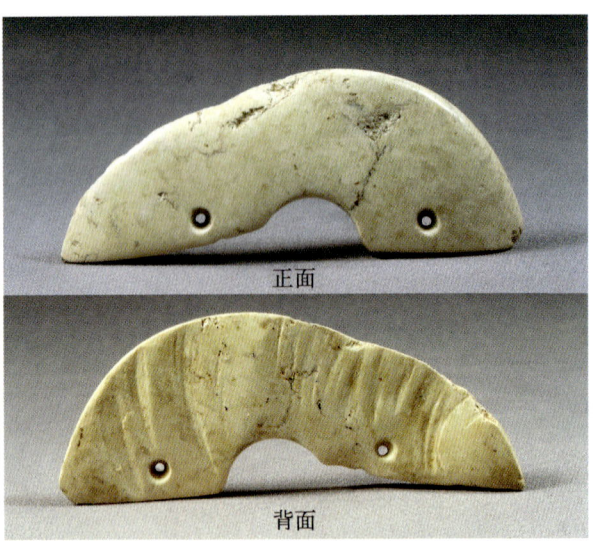

5 潜山薛家岗弓背形玉璜（倒拍，M47）

6 潜山薛家岗小玉琮（M47）

7 潜山薛家岗玉璜（M49）

彩版一〇

# 前 言

长江下游是中华文明早期形成阶段的最重要区域之一,但多年来的研究一直处于温而不火的境地。从20世纪80年代后期开始,因为良渚反山、瑶山等若干重要发现而升温,并与其他区域的大发现一道引发了关于文明起源的大讨论,90年代以来更是新发现频出,不断突破以往认知。随着材料的增多、发掘方法的进步和多学科合作的兴起,近二十年来对长江下游史前文化的了解达到了一个前所未有的高度,也成为中国史前考古研究最为精深的区域之一,更好地诠释了中华文明"多元一体"格局的形成过程。

但数十年来,研究热点多围绕以太湖为中心的长江三角洲地带,长江中游的研究也成果斐然,而作为连接中游和下游三角洲的皖江(皖人自名的长江安徽段)两岸,却成果寥寥,显得黯然,成为研究长江中、下游文化互动与社会变迁的"瓶颈",令两地同仁颇有"君住长江头,我住长江尾,日日思君不见君"的尴尬。而作为以嵩山、岱山、洞庭湖、太湖为核心的四大文化圈之间的泛江淮之地,其复杂的文化面貌对深入了解中国史前文化格局的演化过程具有十分特殊的意义,在很大程度上而言,梳理泛江淮之地的文化面貌,也是全面开展中国中、东部地区文化互动研究的重要和关键环节,皖江两岸则是突破点。

我对长江下游的研究始于良渚文化,而对皖江两岸史前文化的研究,关键节点始于对皖江西端的潜山薛家岗遗址发掘材料的整理,后又向东拓展到以凌家滩为重点,继而探索它们与长三角洲史前文化特别是崧泽、良渚文化的关系。本书副标题取名"从凌家滩到长三角",并不是忽视其他研究,而是凌家滩与长三角在地缘、文化方面的关系更为密切,能更形象地反映一个大的区域文明形成的特点。书名原拟以我尚未完成的《并江融淮》文章为题,但惜学识不足和精力所限,对淮河流域的研究较为薄弱,最终舍弃了这部分内容,改以更直白的"朔知东南风",一是不讳广告之嫌植入了本人笔名"朔知",更是表达刚刚知道一点东南文化内涵的意思,使重点更突出,内容更集中,遗憾之处待日后弥补。

全书共辑入大小文章21篇,小诗1首。在结构上没有以写作时间顺序为轴,而是采用了从小到大、从点到面的结构,分为以下几个部分:以一篇小文《为什么考古》作为绪篇,表达了考古的意义所在;第一编以"追玉凌家滩"为切入点,通过对凌家滩的个案研究延伸出对中华文明起源的思考;第二编拓展到"观澜皖江潮",探索以皖江为重点的江淮地区波澜壮阔、复杂多变的历史趋势;第三编"探源长三角"进一步将视野放大到长三角地带,观察整个长江下游的文化互动,提出文化通道以及"玉石分野"与社会变革的问题;第四编"问道田野中"则是关于田野考古方法的思考,突显了考古学最本质的特征——以田野考古为本源,探索古代社会,这也是前述研究成果的基础所在;后附有小散文1篇,是对凌家滩发掘的侧记,而难称为诗的《独居凌家夜》虽文句不顺、平仄不对,但却是离开田野考古主战场时的真实感慨,借以表达对田野工作的回顾和留恋。

各篇文字因发表时要求不同,多有删减,这次补上了原稿中小部分被删减的内容,其他除错别字等明显错误外均未作修改,也未对学界新的研究成果进行补充,极个别注释改引了后来已刊文稿或其他纸本文献,总体只在多数文后新附简短的研究背景说明,意在反映研究、撰写时的原始状态,力求文字内容的原汁原味。有些材料或数据可能有不准确之处,除个别重要者加了笔者按,其他并未变更。但为适应新的出版现状,文中各图在保持原有内容不变的前提下,器物图重新描绘,相关地图则用GIS进行了修改,以便更好地反映山川地形。此外,皖江两岸的考古学文化分期是各项研究的基础,笔者曾有过未发表的专文,且在《潜山薛家岗》考古报告中也发表过遗址材料的分期结果,大体上反映出了该区域的文化脉络,因篇幅所限,本书未将相关内容辑入。

这些成果有些已被学界认可,有些还待进一步切磋,也有一部分因新材料的出现而只具有学术史上的意义了。但作为考古研究中的沧海一粟,泛起的点滴浪花也会让这考古之海更加丰富多彩!

吴卫红

2021年5月20日

# 目 录

前言 ········································································································ 1
绪篇：为什么考古 ······················································································ 1

## 第一编　追玉凌家滩

凌家滩玉器综论 ······················································································· 7
凌家滩玉玦环研究——兼论"石钻"功能与辘轳轴承的演化 ························· 27
凌家滩祭坛遗迹试论 ················································································ 55
从凌家滩文化看中国文明的起源 ······························································· 70

## 第二编　观澜皖江潮

安徽新石器时代考古历程 ········································································· 79
皖江区域考古的意义 ················································································ 91
安徽新石器时代绘彩陶器 ········································································· 100

皖西南新石器时代文化的变迁 ………………………………………………………… 111
薛家岗石刀钻孔定位与制作技术的观测研究 …………………………………………… 125
沟汀遗址的年代及皖南山区新石器遗址的几个问题 …………………………………… 136
崧泽时代的皖江两岸 ……………………………………………………………………… 145

# 第三编　探源长三角

良渚文化的初步分析 ……………………………………………………………………… 197
良渚文化的范围——兼论考古学文化共同体 …………………………………………… 237
初识薛家岗与良渚的文化交流——兼论皖江通道与太湖南道问题 …………………… 247
长江下游文明化进程散论 ………………………………………………………………… 268
长江下游的"玉石分野"与社会变革——以五地墓葬材料为例 ……………………… 278

# 第四编　问道田野中

大遗址考古的实践——凌家滩聚落考古方法 …………………………………………… 319
安徽新石器时代遗址分布特点与考古调查方法 ………………………………………… 323
中国的区域系统调查方法辨析 …………………………………………………………… 346

凌家滩考古散记 …………………………………………………………………………… 372
独居凌滩夜 ………………………………………………………………………………… 376
从游历到考古——曲线之美（代后记） ………………………………………………… 378

# 绪篇：为什么考古

20世纪初，法国年鉴派史学家马克·布洛赫的幼子曾质问他："告诉我，爸爸，历史有什么用？"为此，他在《为历史学辩护》一书中曾写道："当一个年迈的工匠扪心自问，花一生的精力从事这个行当是否值得时，他心中难道不会产生一丝困惑吗？"类似的疑问也同样会出现在考古工作者的身上。

考古学的发展已经有近两个世纪的历史，中国考古学的发展也经历了近80年的风雨。早在中国考古学诞生之初，卫聚贤就曾说过："考古之目的，非为夸扬古国之文明，亦非为崇拜古人之伟大，更非为仿古以作复兴之举，实欲明了前途应走之大道。"然而当新的世纪来临之时，考古学也似乎面临无法确定自己地位的境地，我们的耳边会常常听到这样的声音："为什么考古？""考古有什么用？"

众所周知，任何一门学科的产生都与当时的社会需要有着密切的联系，有其深刻的历史和文化背景，考古学也不例外。最基本的是：无论东方还是西方，古器物学的存在都是考古学赖以产生的文化底蕴。在欧洲，由于19世纪中叶生物学、地质学等诸多学科的大发展，彻底改变了传统的世界观，人们都在寻找一种新的关于宇宙均衡的理论；同时人们对蛮族历史、出土古物也有了强烈的爱好，民族意识开始觉醒，因而极大地促进了考古学的产生和发展。而在美国，19世纪正是白人对土著居民的殖民运动接近尾声的时候，白人被认为无论在文化上还是种族上都优于土著人，印第安人受压迫、奴役的命运并非白人暴力和无道的结果，而是几千年来他们不思进取的结果。在这种思想背景下，为了证明白人是进步的而印第安人是反文明的，由美国联邦政府机构资助，考古学（首先是史前考古学）在美国发展起来。中国考古学的产生，则与五四运动前后的社会背景直接相关。五四运动倡导西方的现代科学方法和科学精神。当时，民族主义情绪高涨，而西方学者的"中国文化西来说"更极大地刺激了中国知识分子；同时，以顾颉刚为首的古史辨派又对中国上古史进行了深刻的检讨,否定了传说中的整个三皇五帝时代。这样,自从"盘古开天地"的传统的文化认同遭到了严重打击。中国上古史的"真空"和"中国文化西来说"使中国知识分子感到迷惑和惶恐,重新认识中国上古史成了当时的迫切要求,中国考古学便应运而生了。

所以,从世界和中国考古学的产生和发展来看,考古学的存在自有其历史原因,它的地位也是由当时的需要决定的,而它所能体现的最根本价值在于能丰富民族文化的宝藏、了解人类历史的进程、探索文明进步的原因、展望未来前进的方向。然而,考古学的地位和价值并不像有些学科那样可以直接满足物质的需要,因为考古学自诞生之始便是作为上层建筑的一部分,它只能通过间接的途径,潜移默化地来满足社会的精神需要,而且在相当程度上它不是作为满足个体需要而是作为满足社会或全人类的需要,不是仅仅作为满足物质的需要而更是作为满足精神的需要——而存在的,因而,其价值或作用很难以经济或物质的简单方式来衡量。从一定意义上来说,考古学的价值应体现为社会价值、科学价值和艺术价值的统一,具体而言,则大体有以下几个方面:1. 满足人们的好奇心和求知欲望。这是人类心理底层最直接的感官需要。2. 部分服务于经济建设。如文物古迹的开发利用和水文考古、环境考古等,但这并不是考古学的主要目的。3. 技术和艺术借鉴。古代制陶、冶金、纺织、机械、医药以及绘画、乐器等可提供技术或艺术上的借鉴。4. 历史见证。出土文物可以作为地理、政治和文化交流等方面的历史见证。5. 文化意义。考古材料不但可以丰富民族文化的宝藏,而且能够加深对历史进程的认识,如中国远古史基本上是靠考古材料建立起来的。6. 增强民族意识。历史文化遗产既可增强民族自尊心和自豪感,也能增强民族团结的凝聚力。7. "以史为镜"的历史借鉴作用。如赵辉等人对良渚文化衰亡的研究,对当今社会乃至未来都具有很大的警示作用。8. 反思人类的历史。考古学最终要与其他学科一道,共同反思人类文化和文明变迁的途径及原因,寻求人和社会的本质以及社会发展的必然性,探索人类文明发展的方向,这是考古学最重要的作用之一。

社会的变革,已使考古学赖以产生和发展的社会基础发生了巨大变化。原先人类从动物群体向文明社会迈进过程中被逐渐抑制的实用主义和个人主义的思想,在二战以后得到了极大的释放,它在更高层次上所表现出来的极端实用主义的态度延伸到了社会的每一个角落,衡量一切社会行为的标准已越来越趋向于"是否(对我)有用";同时被技术主义和拜金主义浸泡过的现代人类的思想,也越来越难以容忍历史的重负,理想主义对全人类的关注已被个人主义对个人的关注所取代,人们已无意也无暇去关心历史和人类的前途,衡量的标准更容易简化为"是否现在有用"或"是否在物质上有用"。正如曹兵武所言，人们已越来越急不可耐地要走到自己历史的终点。在这样的社会背景下，不唯考古学，即便是大多数社会科学都被推到"无用"的边缘，它们的存在理由自然也就有了"问题"，学科定位则更会出现"问题"。

面对这样新的背景，考古学在迷茫之后，或多或少地出现了"媚俗"和"媚雅"两种倾向，企图以此来挽救自身的命运。然而，"媚俗"已使考古学走入这样一个误区：竭力寻找新奇珍贵的古物，不切实际地夸大（甚至是吹嘘）一项工作的意义，同时一切与考古或文物有关的工作都试图折算成货币值，以引起世人的关注。实际上，鼓励新的发现和恰当的宣传本无可非议，但若以此作为巩固考古学地位和证明考古学"有用"的不二法门，则无疑是自毁学科的前程，让考古工作永远沦为挖宝并重又回到古器物学的怀抱中，或者成为追名逐利的工具。而"媚雅"则完全体现出一种由自卑而产生的自傲情绪，面对社会的冷落，在哀叹"黄钟毁弃，瓦釜雷鸣"的同时，高谈价值无涉观、钻入故纸堆甚或显现"伯牙摔琴"之风。客观而言，作为一门学科，前瞻意识和纯学术风格无可非议，但脱离社会故作高雅之举则只能封闭自我，最终会真的为社会所遗弃。因而布洛赫也指出过：一个史学家若对周围有血有肉的生活漠不关心，不要自称史学家。

面对新世纪的疑问，考古学最需要的是要反思自己：在20世纪已成为历史时，考古学是否也面临一种抉择？考古学的使命是否已达到或者已被忘却？考古学在社会科学学科体系中的位置、作用是否发生了变化？简而言之，就是在实证主义产生的背景下诞生的考古学，在新的时代背景下要进行怎样的适应？怎样才能正确地推进学科更进一步发展？最重要的是，始终应有这样一种思想：考古学的价值应视为科学价值和艺术价值的统一。正是因为具有这两方面的价值，考古学才既有专业性，又有广泛的群众性，忽视任何一方面，都不利于这个学科的发展。当基础性的研究告一段落的时候，考古学要面对一些大的问题，要重返社会科学的大家庭（俞伟超先生言）。

一个失去记忆的人，可以像常人一样地生活，但每当他问起"我是谁"的时候，心灵的空白总会使他感到迷惘和不安。一个民族乃至全人类也是如此，只是当群体的历史感分解到个体身上时，这种感觉往往被人忽视。而考古，就是要唤起一个民族乃至全人类渐已淡漠的记忆，再现一个民族或全人类的历史，使我们能够和历史衔接，驱逐人类在历史长河中的孤独和迷惘，照亮前进的方向。

这就是考古！

**主要参考文献：**

马克·布洛赫：《历史学家的技艺》，上海社会科学院出版社，1992年。
卫聚贤：《中国考古学史·序》，商务印书馆，1998年。
丹尼尔：《考古学一百五十年》，文物出版社，1987年。
布鲁斯·G.特里格：《美国考古学的历史和现在》，《考古学的历史·理论·实践》，中州古籍出版社，1996年。
陈星灿：《中国史前考古学史研究（1895—1949）》，生活·读书·新知三联书店，1997年。
俞伟超：《考古学是什么》，中国社会科学出版社，1996年。
曹兵武：《为什么考古》，《文物天地》1998年第4期。

（原文为《世纪的疑问——为什么考古》，载于《中国文物报》2002年1月18日第7版）

# 第一编

## 追玉凌家滩

# 凌家滩玉器综论

## 一

在安徽巢湖东南方向,有一条连接巢湖与长江的唯一水道——裕溪河,河的中游北岸为丘陵岗地,南岸则是大面积的冲积平原。凌家滩遗址便位于河北岸的岗地边缘,现处于含山县铜闸镇五联村凌家滩自然村附近,地势北高南低。裕溪河由巢湖东南出口曲折约30公里到遗址南端,然后向东南曲折约40公里注入长江(图一)。

凌家滩遗址是以一片长条形岗地为中心,包括周围低平的平原在内的大型遗址,总体呈"T"字形,总面积至少超过60万平方米(笔者按:现确认为140万平方米)。岗地部分的最高点是一处墓地,海拔约20米。从岗头近河处开始,海拔降为13米左右,遗址向东西两侧分布,延续近2000米,而宽度大多只有200米左右,海拔只有7米左右。这一带发现了较多的红烧土遗迹,应与居住区有关(图二、图三)。

1985年,凌家滩村的农民在岗地上挖坟时发现玉器、石器等共51件。安徽省文物考古研究所得知情况后即派人进行勘察,初步认为这里是一处新石器时代的墓地,年代初定为相当于大汶口文化中期[1]。随后的20余年间,考古工作者在此先后进行了5次发掘(图四、图五)。

1987年6月在出土玉器的地点进行了第一次发掘,面积仅50平方米,发现新石器时代墓葬4座,出土了玉人、玉龟、玉版等129件让人耳目一新的玉器[2],但囿于以往的认识不足,加之测年手段的局限性,这批玉器被认为是距今4600年前后[3]。其中

---

[1] 张敬国、杨德标:《安徽含山出土一批新石器时代玉石器》,《文物》1989年第4期。
[2] 以下玉器数量均以最小个体数重新统计,包括玉料和边角料等,与原报告略有差异。
[3] 安徽省文物考古研究所:《安徽含山凌家滩新石器时代墓地发掘简报》,《文物》1989年第4期。

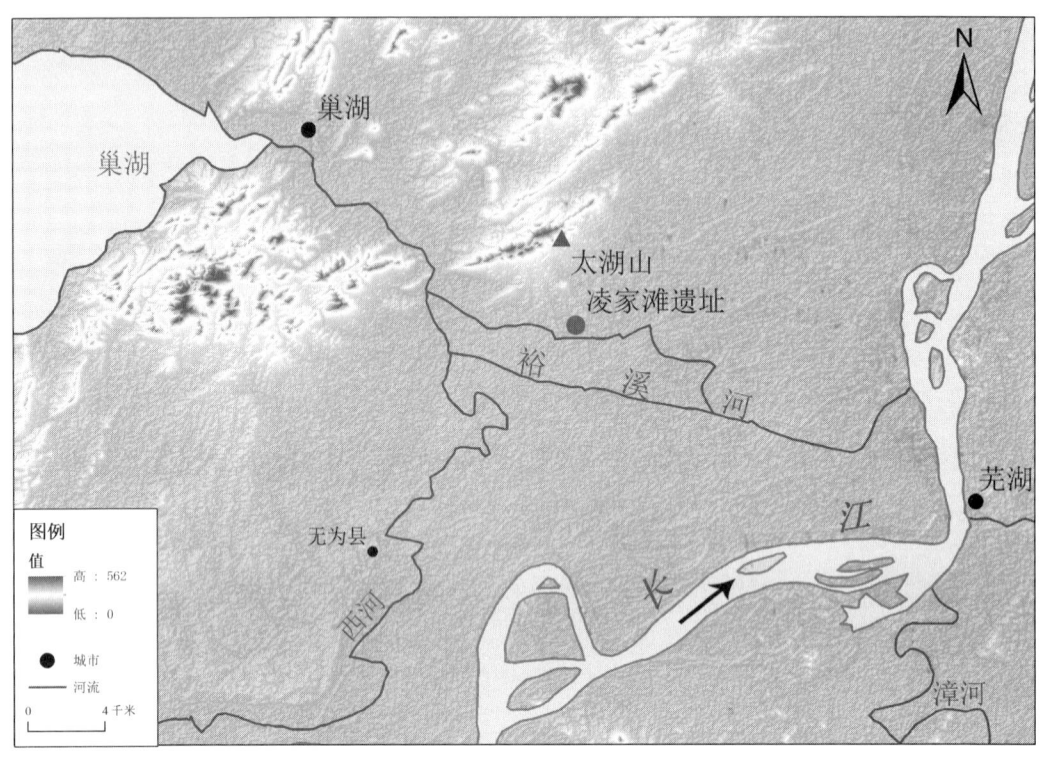

图一 裕溪河流域图

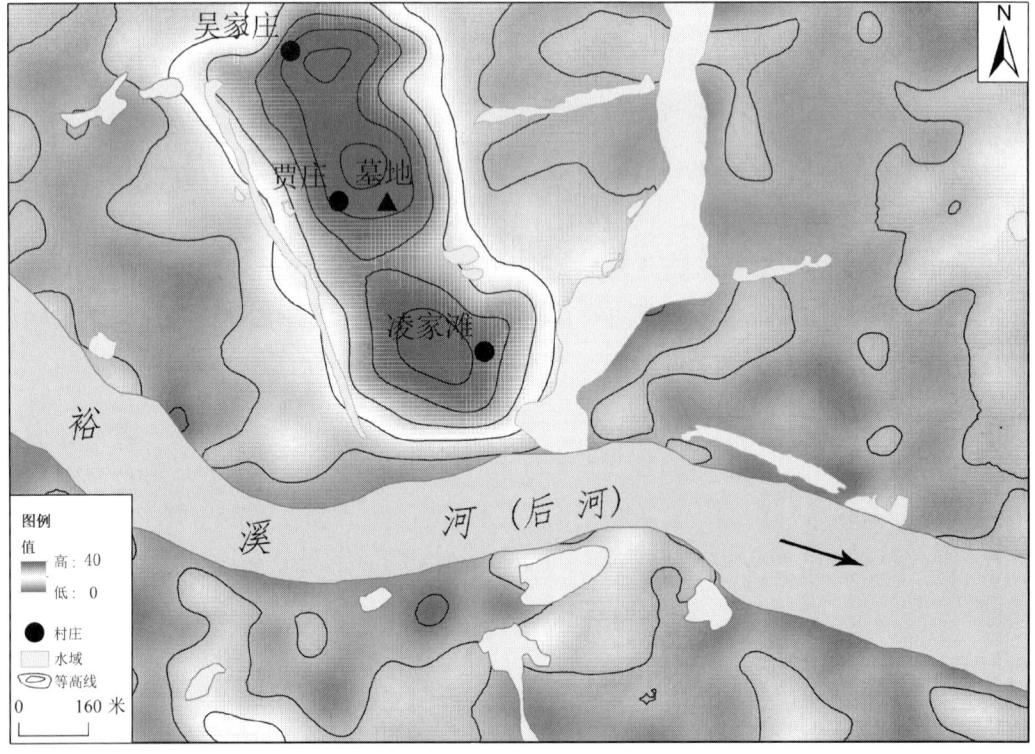

图二 凌家滩遗址地形图

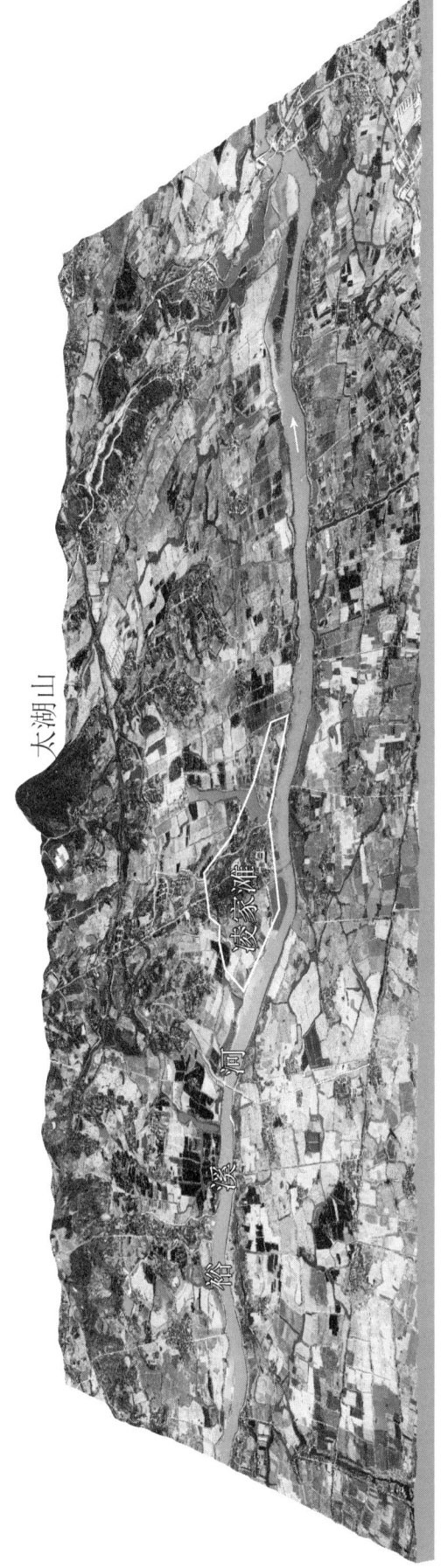

图三 凌家滩周边地貌图

注：遗址范围为示意

图四　凌家滩墓地全景（镜向北）

玉龟和玉版引人注目，有学者认为其与天文、八卦等有关[①]。

1987年11月，在第一次发掘区附近进行了第二次发掘，面积275平方米，发现11座新石器时代墓葬，出土了虎首璜等360余件玉器，而墓葬周围有成片的沙石层，其性质引起了发掘者的关注，但因发掘面积所限难以有清楚的认识[②]。

1998年10—11月，进行了第三次发掘。此次发掘仍以墓地为主，面积达1 600平方米，另在岗头东、西两侧的河北岸发掘了225平方米，以了解居址的情况。此次在墓地中发现新石器时代墓葬29座，出土了玉人、玉鹰、玉龙等315件玉器、玉料，最为重要的是发现第二次发掘中认为的沙石层其实是一处以石子、石块为材料的祭坛。墓葬围绕或打破祭坛，祭坛本身还有几处类似祭祀坑的坑状遗迹[③]。在东面的石头圩地点发现了以红烧土填充基槽的隔间房址。第三次发掘后，学者对于凌家滩遗址有了更新的认识，随后对其年代也有了较为准确的了解，基本认同其年代与崧泽文化相近，为距今5 000多年[④]。由于年代的提前，引起了一些学者对凌家滩与良渚玉器之间关系的思考，认为它或许是良渚发达玉器的渊源之一。

2000年10—11月，第四次发掘又在墓地的西北方向发掘了约300平方米，发现新石器时代墓葬20座，出土玉器、玉料35件。此外，还在岗头的红烧土密集区进行钻探，并发掘了110余平方米，了解到这是一处总面积约2 700平方米的红烧土分布区，红烧土最厚可达1.6米，似应是大型建筑区[⑤]。

---

[①] 陈久金、张敬国：《含山出土玉片图形试考》，《文物》1989年第4期；武家璧：《含山玉版上的天文准线》，《东南文化》2006年第2期。

[②] 张敬国：《安徽含山凌家滩新石器时代墓地第二次发掘的主要收获》，《文物研究（第7辑）》，黄山书社，1991年。

[③] 张敬国等：《凌家滩遗址考古发掘获重大成果》，《中国文物报》1998年12月9日第1版；安徽省文物考古研究所等：《安徽含山县凌家滩遗址第三次发掘简报》，《考古》1999年第11期。

[④] 见安徽省文物考古研究所：《凌家滩玉器》中的俞伟超、张忠培、严文明、张敬国文，文物出版社，2000年。

[⑤] 张敬国等：《凌家滩发现我国最早红陶块铺装大型广场》，《中国文物报》2000年12月24日第1版。

墓　地

2007年5—7月，在墓地的西北部和中部偏东进行了第五次发掘，发掘面积450平方米，发现新石器时代墓葬4座，出土玉器、玉料等约300件，其中仅M23一墓即出土玉器210余件、石器90余件、陶器20余件[①]。

五次发掘面积共计2 960平方米，在墓地发现新石器时代大型祭坛1座、墓葬68座，沿河一带发现房址1处以及大面积红烧土遗迹等。墓地的结构已初步呈现，目前可知它以一处略呈方形的祭坛为核心，祭坛用黄土、石子、石块建成，至少可分两次堆筑过程，发掘揭露的只是坛体的最上层[②]。墓葬则位于祭坛周边或打破坛体，大墓主要分布于坛体南侧一线，随葬大量玉、石器，玉人、龙、鹰、龟、版等均出于其中；而坛体西侧、西北侧玉器较少，以玉芯、边角料的大量随葬为特点；北侧及中部随葬玉器者更少，而以石器为多。严文明先生认为整个墓地可分六个区，墓主具有不同的身份，如南区为显贵者，西北一片是以制造玉器为主要职业的家族[③]。

五次发掘共出土陶、石、玉器2 000余件，其中仅玉器、边角料和玉料等（含墓葬和其他地层单位出土）即达1 100余件。

这批玉器出土后，引起了学界的广泛重视，2000年，先行出版了《凌家滩玉器》图录[④]，2004年部分玉器又收录于《安徽省出土玉器精粹》一书[⑤]，2006年出版了前三次发掘的报告，全面公布了墓地的部分材料[⑥]。很多考古学、历史学及其他学者都对其进行了工艺、质地、形态及精神领域等各方面的研究[⑦]。

---

① 张敬国、吴卫红：《含山凌家滩遗址最新发掘获重要成果》，《中国文物报》2007年7月13日第5版；安徽省文物考古研究所：《安徽含山县凌家滩遗址第五次发掘的新发现》，《考古》2008年第3期。
② 朔知：《凌家滩祭坛遗迹试论》，《凌家滩文化研究》，文物出版社，2006年。
③ 严文明：《凌家滩·序》，《凌家滩》，文物出版社，2006年。
④ 安徽省文物考古研究所：《凌家滩玉器》，文物出版社，2001年。
⑤ 安徽省文物局：《安徽省出土玉器精粹》，台北众志美术出版社，2004年。
⑥ 安徽省文物考古研究所：《凌家滩》，文物出版社，2006年。
⑦ 详见张敬国：《凌家滩文化研究》，文物出版社，2006年。另有近年散见于各处的研究文章。

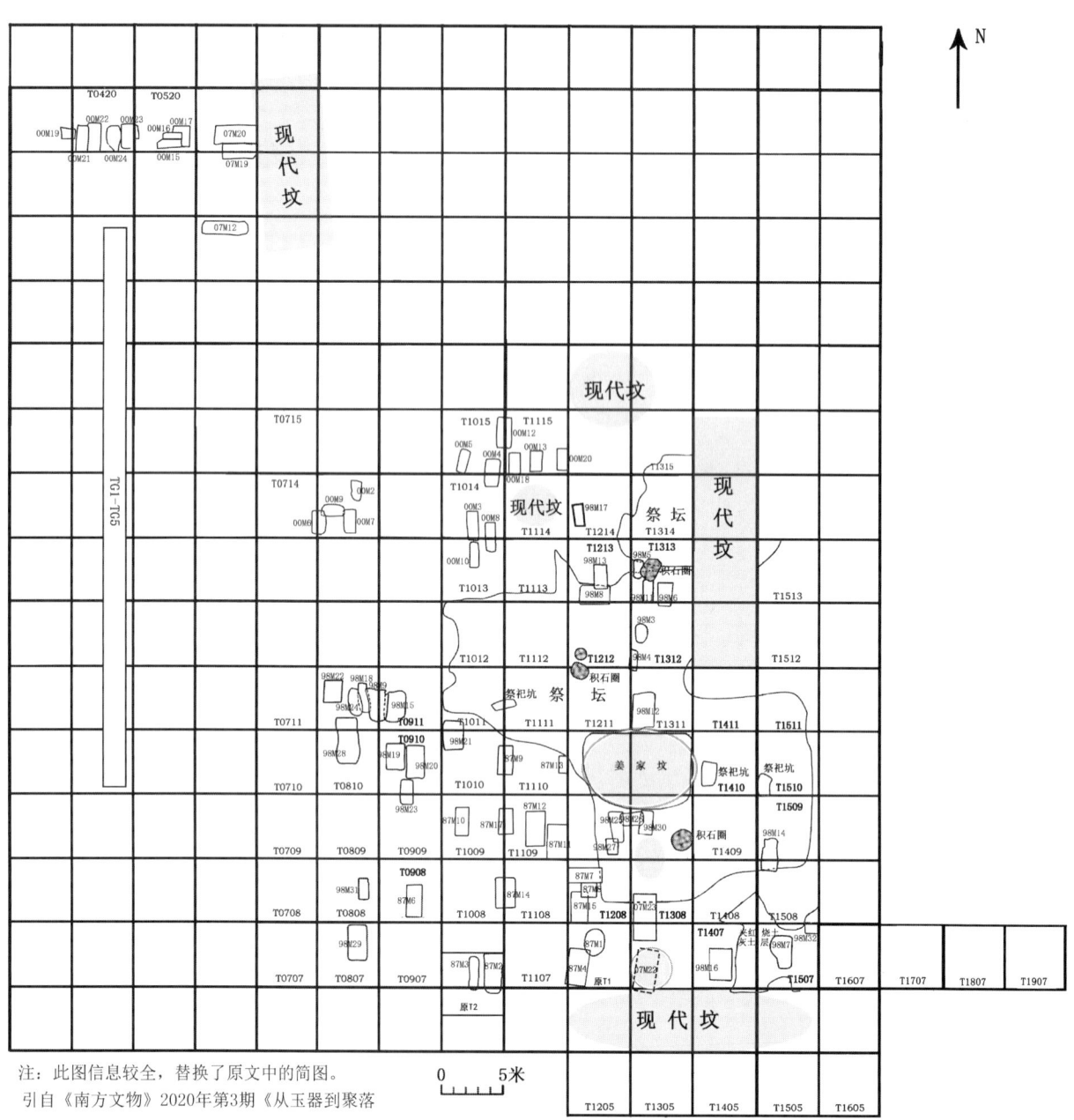

注：此图信息较全，替换了原文中的简图。
引自《南方文物》2020年第3期《从玉器到聚落
——凌家滩实践与区域史前社会的构建问题》

**图五 墓葬区历次发掘探方及遗迹分布图**

（笔者按：上图补充了2016年清理的07M22）

## 二

凌家滩出土玉器、玉料等单体的数量总数已达1 100余件,石器仅500件左右,玉、石器数量相差悬殊。绝大多数玉器出于墓葬之中,平均每墓15.7件,但各墓所出数量差距甚大,66座墓中超过90件的只有4座,以07M23中最多,达210余件,无玉器随葬的有18座。除这两种情况以外,其他各墓玉器数量均呈连续性的变化趋势,总体上是玉器越少的墓葬数量越多,但没有明显的成组分级形态,也就是说单就随葬的玉器数量而言,还无法将墓葬划分出若干个明显的等级,若从时代变化、玉器档次、随葬品性质和总量分析,还是可以作出明显的等级划分的(表一)。

**表一　墓葬随葬玉器数量汇总表**

| 随葬玉器件数 | 0 | 1 | 2 | 3 | 4 | 5 | 6 | 7 | 9 | 10 | 11 | 12 | 13 | 17 | 19 |
|---|---|---|---|---|---|---|---|---|---|---|---|---|---|---|---|
| 墓葬数量 | 18 | 8 | 4 | 5 | 2 | 2 | 2 | 2 | 1 | 1 | 3 | 2 | 1 | 1 | 1 |
| 随葬玉器件数 | 21 | 23 | 24 | 28 | 34 | 35 | 43 | 52 | 60 | 61 | 93 | 103 | 123 | 214 | |
| 墓葬数量 | 1 | 2 | 1 | 1 | 1 | 1 | 1 | 1 | 1 | 1 | 1 | 1 | 1 | 1 | |

玉器的器形丰富多彩,已超过30种,可以分为几大类,主要有兵礼器、动物或人物形象的象生礼器、其他礼器、饰品,除此之外还有大量的玉芯、边角料,而最显眼的莫过于出现了一批无日常生活实用价值的礼器,包括较多兵礼器、少量象生礼器(龟、龙、鹰、人等)和其他形制特殊的礼器(版等)。仅据已发表的前三次墓葬中随葬玉器、边角料和玉料等统计,其构成种类如下(表二):

**表二　前三次发掘墓葬出土玉器种类**

| 礼　　器 | | | 饰品 | 工具 | 其　他 | | 小计 |
|---|---|---|---|---|---|---|---|
| 兵礼器 | 象生礼器 | 其他礼器 | | | 半成品 | 料与芯 | |
| 33 | 15 | 11 | 594 | 1 | 1 | 149 | 804 |

一方面墓葬中随葬的玉器器形虽多,但很多器形的数量却较少;另一方面随葬玉器的配伍也不稳定,如玉斧、钺在大墓和小墓中均有随葬,值得关注的是在10余座墓的随葬品中还出现了100余件玉芯、玉石、边角料等。这些情况一则说明凌家滩处

于玉器使用变革之初的创新时期,二则说明玉器的制造地点应该是在墓地附近而没有形成专门的作坊。但总体而言,玉器制造工业已快速发展起来。

各种玉器在墓葬中的位置有一定的规律。如斧、钺多数置于两侧;璜大都成组排成直线置于中部,以组璜的形式出现;环、镯时有成串置于身体两侧的现象,应是下葬前穿于墓主手臂之中的(图六)。数量较多的玉玦虽然多数呈偶数随葬,但数量不一,其中07M23的20余件大多数围绕头部摆放,其他墓葬常置于墓内各处(图七)。

图六　07M23中部玉镯的摆放(镜向南)

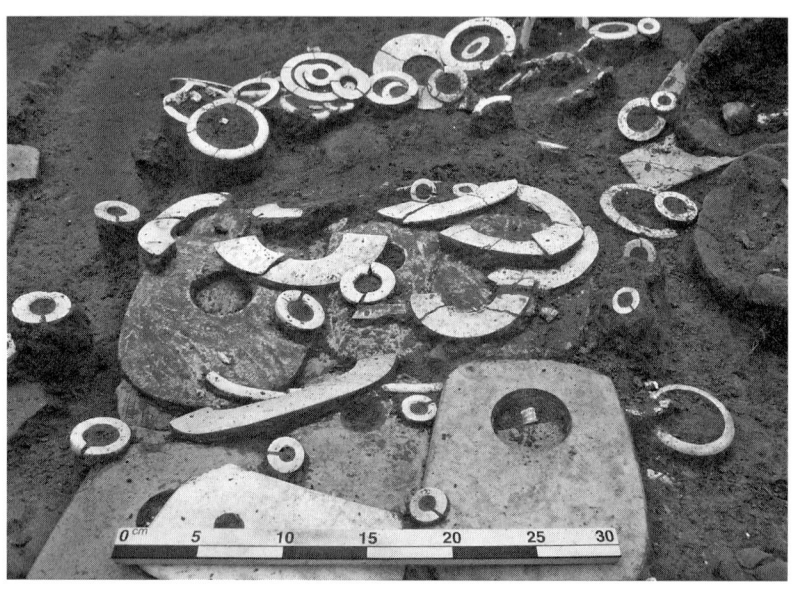

图七　07M23南端玉玦的摆放(镜向南)

象生礼器形态多样但数量极少,只有10余件,独立成型的有人、龟、鹰、龙、豕、蝉,另有虎、兔等为玉璜或玉冠饰的附属造型。

其中玉人独占6件,3件为站立姿态,3件为蹲踞姿态,分出于两墓之中。玉人均为方脸,长眼粗眉,两大耳穿孔,头戴纵梁冠,两臂弯曲,上臂饰弦纹可能表示戴有镯环,十指张开置于胸前,似祈祷状。腰部饰一周斜线纹,似表示腰带。背部钻一对隧孔。此类玉人不同于红山文化的近圆雕立体像,也不同于良渚文化的突出轮廓的侧面像,而是正面浅浮雕像,写实性较强,无论是作为崇拜对象还是法器,都应以正视方式出现的,但背部隧孔多数并不位于中轴线上,悬挂或缝缀可能会引起失衡,也不排除有便于捆扎的作用(彩版五,2左右)。

玉龟仅有2件,一为具象的龟形,一为简约的龟形,均出于墓主腹部。87M4的玉龟分背甲、腹甲两部分,周边有穿孔,而刻图玉版也在其旁,当与占卜或神灵有关(彩版五,1右)。07M23的玉龟与2件玉龟状扁圆形器同出,三者呈弧线下垂状分布,原应为位于腰、裆之间的物品,内有可晃动的长条形玉器悬挂(图八),在87M4玉龟东北约15厘米处同出的1件长条形玉器也应具有相同的作用。有学者认为其属占卜之用,也有认为应属玉铃类[①]。类似的龟甲内置长条形器的迹象也见于大墩子、王因墓地等处,如大墩子第一次发掘的第三墓层M44,在这个1.85米高的30岁

图八 07M23玉龟及扁圆形器出土情况(镜向南)

---

① 黄建秋:《凌家滩墓地出土玉龟和龟形器研究》,《道远集——安徽省文物考古研究所五十年文集》,黄山书社,2008年。

左右男性墓主腹部左、右两侧各置一副龟甲,龟甲内各有6根骨针和骨锥[①]。至于玉龟状扁圆形器是否为更简约的玉龟尚未可知,但既与简约的玉龟共系一处,当有关联,且其形态与红山文化玉质斜口器颇多相似。

玉鹰只出1件,与3件蹲踞状玉人同出于98M29,玉人在右,玉鹰在左,从出土位置分析似均位于上臂附近。鹰呈展翅欲飞状,尾部展开,头朝向一侧凝视,胸部刻有圆圈间八角星纹,与87M4玉版上的刻纹相同。值得称奇的是鹰的两面均雕琢了完全相同的形态,虽然工艺上足以雕琢出类似红山和良渚文化的头部正视的玉鸟,但却以侧视鸟头表现,除了满足平面构图的需要外,更可能与两翼的兽首相呼应,以达到充分展示神鸟的效果(彩版六,1)。

玉龙也只出1件,因墓葬被近代墓打破,已无法确定其原葬的具体位置。据墓地中大墓随葬器物的分布规律来看,陶器常在墓主身体周遭较远位置,07M23更表明陶器在棺之外。玉龙在98M16中位于残陶器之外,应不在墓主贴身部位。玉龙器体扁薄,首尾相连,两面刻相同纹饰,当非缝缀之物,而近尾部对钻1个小圆孔则显示应属悬挂之物。有学者认为此龙非龙形而是虎形[②](彩版五,2中)。

其他类型的礼器数量也不多,以刻图玉版、三角形玉片(彩版六,2)、人头冠形饰、勺最具特点。

刻图玉版平面为长方形,两短边略内弧;三个边缘减地略薄,四边各钻9孔、5孔、5孔、4孔。中部刻大小两个圆圈及八角星纹、圭形纹饰(彩版五,1左)。此种图形与后世的日晷有异曲同工之妙,因而众说纷纭。有学者认为其与"元龟衔符"的八卦有关,或与方位和数理有关,或与天文及观象授时有关,或与式盘有关,或将其与良渚玉琮仰视角度展开进行有关系,甚至与中国文化中的宇宙观念相关[③]。无论如何,这件玉版是史前玉器中极为难得的一件可与后世天文、方术甚或谶纬学说关联的珍品(图九)。

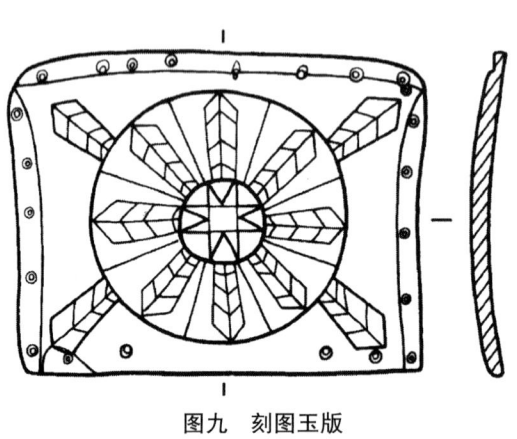

图九　刻图玉版

---

① 南京博物院:《江苏邳县四户镇大墩子遗址探掘报告》,《考古学报》1964年第2期。
② 朱乃诚:《凌家滩"玉龙"小识》,《文物研究(第十五辑)》,黄山书社,2007年。
③ 各家所言详见安徽省文物考古研究所:《凌家滩文化研究》,文物出版社,2006年;武家璧:《含山玉版上的天文准线》,《东南文化》2006年第2期;陆思贤、李迪:《天文考古通论》,紫禁城出版社,2000年。

兵礼器的数量达40余件，但仅出土于10余座墓中，器形也仅限于斧、钺，而以钺最多。斧基本为窄体长舌形，无孔，体厚。钺多数较扁，钻1—2孔，可分为两种形式，一为体相对较窄、剖面扁椭圆的类似玉斧，一为体较宽、剖面扁平的"风字形"，两者之间应有早晚发展的关系。虽然玉钺与石钺的形制基本相同，但不见石钺中那种独特的彩石弧刃圆角大孔形制，体现了这种石钺与玉钺具有相同的重要性。

饰品是全部玉器中的大宗，总数近600件，有镯、璜、环、玦、璧、管、珠、宝塔形饰、扣形饰、耳珰、月牙形饰、菌形饰、冠形饰、双连璧、缝缀的玉片及其他形态，其中璜、镯、环、管四种各百件左右，约占玉器总数的三分之一强，玦、璧的数量也略多，而其他器形的数量很少。

璜的形态较为多样，可分器体瘦窄的弧状条形、折角的桥形、宽体的半环形和半璧形几种，总体发展趋势是从窄体变为宽体，不同形态的璜都有一些独特的表现（彩版六，3）。边缘呈齿纹状、三角形出廓、两端刻鸟兽纹、偶合式、背面保留线切痕都是时常可见的特征。齿纹一般出现在宽体的半璧式璜上，数量较多，形制非常规整，是在边缘减地后琢成锯齿状，这类璜的背面常有线切留下的抛物线痕。三角形出廓璜数量很少，主要见于条形璜上。偶合式璜通过侧向穿孔可以连接起来，这种方式最早见于北阴阳营墓地，共8对16件[①]；近年见于祁头山四期H1，但仅1对[②]；塞墩遗址的黄鳝嘴文化时期出土2对及3个单件，但形制不甚规整；薛家岗文化较早时期也出土了1对[③]；东山村崧泽大墓中也曾有发现。凌家滩偶合式璜数量也较多，明确的有3对6件，另有部分单件，是凌家滩较具特点的一种玉器，与其他遗址不同的是，这里的偶合式璜的两端常雕刻龙、虎或鸟形头像（图一〇），因此，俞伟超先生认为这种璜与结盟、联姻的"合符"有关[④]。在凌家滩之外这种璜还极少见，只在南京营盘山见有虎头形璜。这种偶合式璜只出现于这一大的时期，是

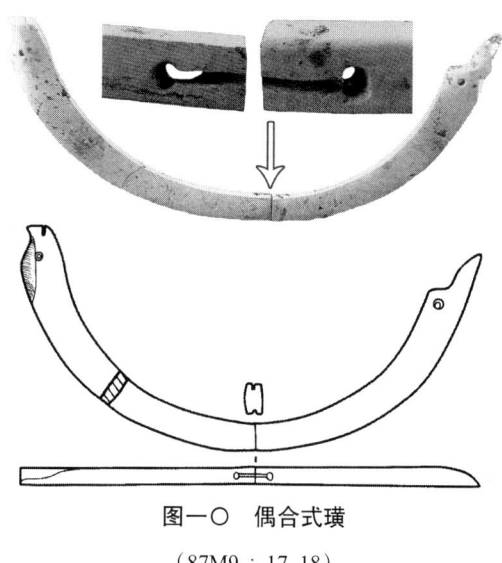

图一〇　偶合式璜
（87M9∶17、18）

---

① 据《北阴阳营——新石器时代及商周时期遗址发掘报告》附表十三统计，文物出版社，1993年。
② 南京博物院、无锡市博物馆、江阴博物馆：《祁头山》，文物出版社，2007年。
③ 中国社会科学院考古研究所：《黄梅塞墩》，文物出版社，2010年。
④ 俞伟超：《凌家滩璜形玉器是结盟、联姻的产物》，《古史的考古学探索》，文物出版社，2002年。

一个很有趣的现象。

玉璜中有一种所谓"珩"者,殊为罕见,其形体较宽,中空较小,弧背处有1孔,两端各有1孔,在87M17中集中出土了22件,另在87M6中出土1件,但弧背处的孔偏向一侧。

凌家滩的玉玦数量众多,大小不一,大者外径约6厘米,小者约2厘米。真正附于耳上的并不多,更多的是散布于墓内,或有其他功用。

玉管有鼓形和亚腰形两种,以亚腰形较具特点,在凌家滩只出于少数墓中,但一墓中出土则较多(图一一,1)。同类器形在红山文化中虽无成群出土,但也在多个墓葬中时有所见,而在良渚文化中只见于早期的墓葬中,也是一种具有时代特征的小器物。

耳珰虽然数量不多,但却是凌家滩极具特征的器物。特别是98M16:41,光亮润滑,胎壁最薄处仅0.05厘米,堪称极品(图一一,2)。

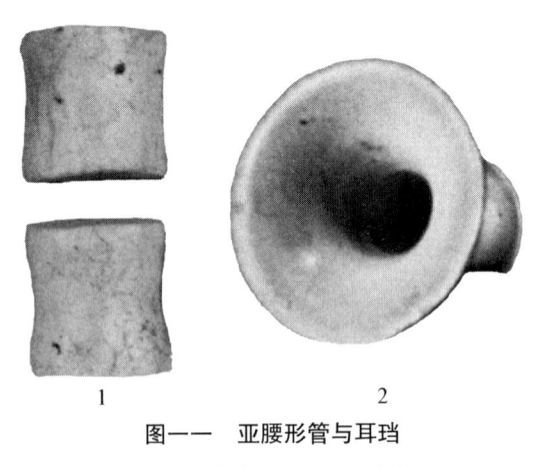

图一一　亚腰形管与耳珰
1.87M4出土　2.98M16出土

凌家滩的玉器用料显得多样,不同的器类对玉料的选择并无较明确的规范。由于只有40余件标本进行了测试[①],涉及15种器形,目前还不能对此有准确的了解,已知的9种用料与器形的多样化是一致的,但对透闪石、蛇纹石、石英的使用还较为集中(图一二)。

---

① 据安徽省文物考古研究所:《凌家滩》,第292页附表二、第294—295页附录一、第329—331页附录三、第338—339页附录五,文物出版社,2006年;另有三篇论文公布了测试结果,张敬国、贾云波、李志超、林淑钦、王昌燧:《凌家滩墓葬玉器测试研究》,蔡文静、张敬国、朱勤文、吴沫:《凌家滩出土部分古玉器玉质成分特征》,冯敏、张敬国:《凌家滩遗址出土部分古玉的材质分析》,均载于安徽省文物考古研究所:《凌家滩文化研究》,文物出版社,2006年。

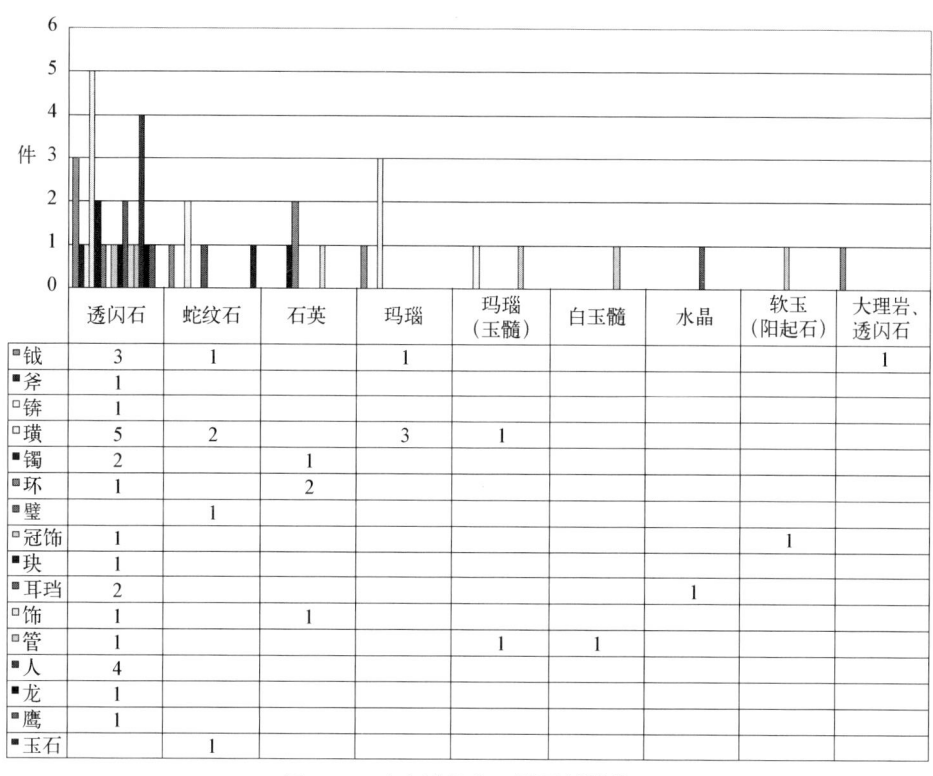

| | 透闪石 | 蛇纹石 | 石英 | 玛瑙 | 玛瑙(玉髓) | 白玉髓 | 水晶 | 软玉(阳起石) | 大理岩、透闪石 |
|---|---|---|---|---|---|---|---|---|---|
| 钺 | 3 | 1 | | 1 | | | | | 1 |
| 斧 | 1 | | | | | | | | |
| 锛 | 1 | | | | | | | | |
| 璜 | 5 | 2 | | 3 | 1 | | | | |
| 镯 | 2 | | 1 | | | | | | |
| 环 | 1 | 2 | | | | | | | |
| 璧 | | 1 | | | | | | | |
| 冠饰 | 1 | | | | | | | 1 | |
| 玦 | 1 | | | | | | | | |
| 耳珰 | 2 | | | | | | 1 | | |
| 饰 | 1 | 1 | | | | | | | |
| 管 | 1 | | | 1 | 1 | | | | |
| 人 | 4 | | | | | | | | |
| 龙 | 1 | | | | | | | | |
| 鹰 | 1 | | | | | | | | |
| 玉石 | | 1 | | | | | | | |

图一二　凌家滩部分玉器质料柱状图

凌家滩玉器制造有切割、琢磨、钻孔、抛光等一整套技术，实心钻、管钻技术已得到广泛使用，掏膛、减地、阴线刻、镂孔、线镂、浅浮雕等体现了技术的多样化。但是，处于初始阶段的新技术使得凌家滩的玉器更多地通过"形"来展示其特点，"纹"的应用还显简约，玉器的制作比较偏重立体形态的表现，器表的平面刻画纹饰并不多见，而且也不复杂，主要是为了更好地表现玉器的立体形态而施用的。

切割技术有线切割和片切割两种。线切割的使用最为广泛，一些大型器物如玉斧、钺基本上采用线切割，个别采用片切割（图一三，1）。有学者认为已出现砣切割，目前证据仍不足[①]。

钻孔是凌家滩玉器制造中的一种高度发达的技术，98M29∶18玉管长达5.5厘米，孔径仅0.2—0.5厘米，便是通过两面钻达到近3厘米的深度（图一三，2）。管钻技术的使用十分普遍，并且能够钻出隧孔。玉人背后经多次斜钻钻出隧孔的管钻掏膛法（图一三，3）和玉耳珰的薄胎加工技术更是首屈一指。实心钻技术也有广泛使用，在钻孔过程中有时与管钻技术相配合，以达到更便捷的效果。

---

① 杨竹英、陈启贤：《凌家滩出土玉器微痕迹的显微观察与研究——中国砣的发现》，《凌家滩文化研究》，文物出版社，2006年。至于是否为砣形成的痕迹还无特别证据。

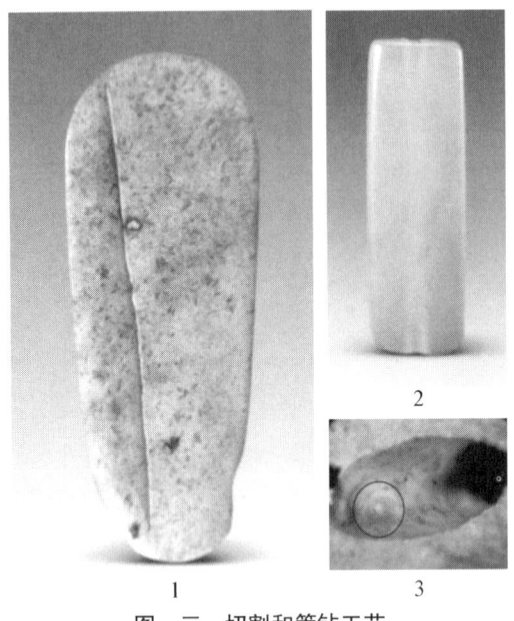

图一三 切割和管钻工艺
1. 98M7：3 玉斧片切割　2. 98M29：18 玉管管钻
3. 98M29：15 玉人管钻掏膛

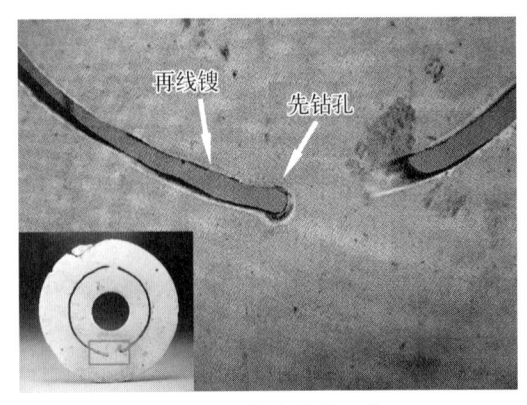

图一四 钻孔线锼工艺

通过先钻孔再线锼的镂雕技术在凌家滩已经出现。从地层中出土的一件内外双连的环可以了解到，这种线锼技术虽然还比较简单，但镂雕的技术环节已经具备。这种技术难度较大的曲线线锼技术，为后来薛家岗和良渚的复杂线锼镂雕工艺发展打下了基础（图一四）。

可以说，凌家滩已基本具备了后世玉器制造方面的各种技术。但在这些发达技术产生的同时，多个墓葬中随葬的大量玉料、芯和边角料等（图一五），说明这时

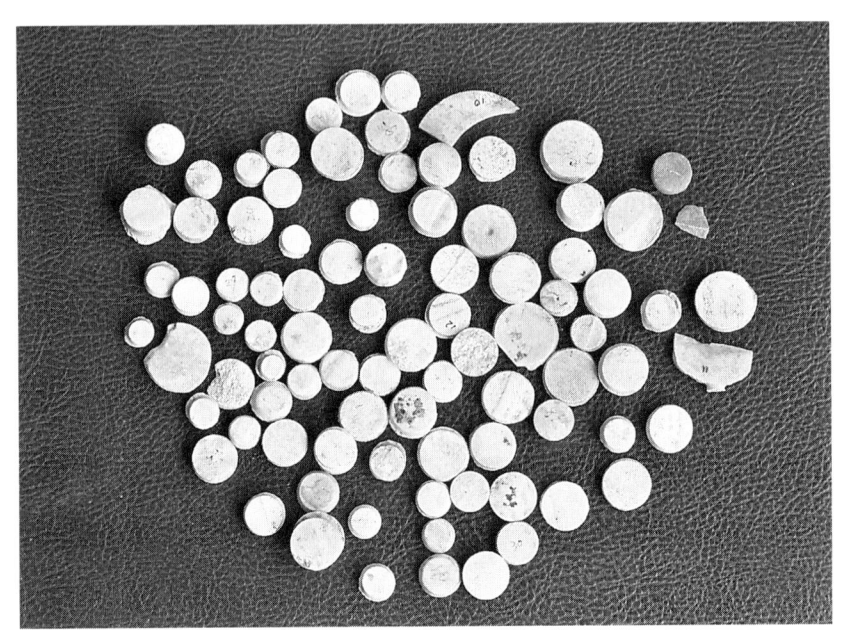

图一五　98M20出土玉芯、边料

·凌家滩玉器综论·

的玉器制造应该是就近制造,可能并未形成相对独立的专业作坊场所,98M20出土的4件石板(锛的半成品),98M23的砺石、石芯、石钻(或承轴器?)同出应是另一个证据(图一六)。

图一六　98M23随葬石质工具

由于凌家滩玉器更多是通过"形"来表现,狭义上的纹饰相对简单。除了比较具象的象生器外,其他玉器上的纹饰并不多,相关研究多局限于个别纹饰,系统研究者更是寥寥[①]。

凌家滩的纹饰一般采用阴刻方式,主要以长短和大小不一的弦纹、圆圈纹或者配以钻孔表现一种形态,形态也不复杂,如玉版上的圭形纹、三角形玉片上的叶脉纹,以及玉人上的冠和臂上的镯、腰带,还有似玉人侧面像玉饰上的冠状纹和镞形纹等。最典型的当属八角星纹,此种纹饰数量很少,见于玉版、玉鹰之上,在陶纺轮上也偶有所见(98M19∶16)。八角星纹是流行于淮河中下游及其边缘地区和长江中下游的一种特殊纹饰,但基本上饰于陶器之上,施于玉器之上的到目前为止只见于凌家滩。不少学者对八角星纹有过阐释,有太阳说、数理说、方位说、九宫图形或洛书说、"巫"字说、四鱼汇聚说、龟甲说、织机部件说等[②],这些讨论视角不一,或从起源上,或从形态上,或从功能上,或从含义上,作为一个十分成熟的图形,探讨其含义应该更有助于了解其功用。

其他纹饰主要有凸棱、锯齿纹等。凸棱一般饰于玉管、蝉形饰等小件饰品上。锯齿纹大都饰于半璧形齿纹璜外缘,另在玉环、瑗上各见一件,此纹严格意义上实际是一种"形"而不是"纹"的表现了。

---

[①] 系统研究凌家滩纹饰的如方向明：《凌家滩遗址出土玉器形和纹饰的相关问题讨论》,《凌家滩文化研究》,文物出版社,2006年。
[②] 冯时：《中国天文考古学》,中国社会科学出版社,2001年；陆思贤、李迪：《天文考古通论》,紫禁城出版社,2000年,第136页；何介钧：《长江中游史前文化暨第二届亚洲文明学术讨论会纪要》,《考古》1996年第2期；张明华、王惠菊：《太湖地区新石器时代的陶文》,《考古》1990年第10期；王予：《八角星纹与史前织机》,《中国文化》1990年第2期。其他可参见安徽省文物考古研究所之《凌家滩文化研究》的汇编诸文,文物出版社,2006年。

## 三

在凌家滩玉器发现之前,中国史前玉器主要集中发现于东北的红山文化、长江下游的良渚文化、长江中游的石家河文化、黄河上游的齐家文化、黄河下游的大汶口和龙山文化。自20世纪80年代后期开始的"文明起源"研究中,玉器曾作为一项重要的研究内容甚至作为了是否进入文明的标准之一,因此学界也曾提出过"玉器时代"的概念,认为红山和良渚是中国史前的两大玉器中心,对于玉器的起源和传播问题也进行过热烈的讨论。凌家滩玉器发现之后,在很多方面突破了以往的认识,但也带来了新的问题。

首先是年代的问题。

对于凌家滩玉器的年代有一个认识的过程,在发现之初,由于玉器形态和纹饰的复杂性超出了以往的认识,而陶器数量较少,导致研究者不敢贸然确定其年代;同时鉴于良渚文化玉器的高度发达,潜意识中认为其应是受良渚文化影响所致,兼有M4中出土2块陶片的热释光测定数据(M4:106、M4:01)分别为:距今4 500±500年和4 600±400年[①]。因此,最早将它们定为相当于良渚文化晚期,之后也有个别学者怀疑其年代定的偏晚。而随着第三次发掘大量陶器的出土和十年来研究的进步,基本上都将其确定为相当于崧泽文化时期,又据2个常规碳十四测定的年代,年代分别为距今5 560±195年和距今5 290±185年[②],学界认为凌家滩遗址的年代应相当于崧泽文化中晚期,之后的大量比较研究也证明这一年代大体不误[③]。2007年第五次发掘之后,在北京大学用加速器质谱仪测了8个炭样的年代,其中07M23中采集的3个样品数据经oxcal v3.1校正年代按1δ计算,分别为3800BC(68.2%)3700BC、3710BC(68.2%)3635BC、3580BC(38.2%)3 530BC或另一可能3660BC(30.0%)3630BC,也就是3800BC—3530BC年间。而这批数据的样品采集点均在墓葬的棺痕之外靠近坑壁处。值得注意的是,被其打破的祭坛石子内的炭样测年却为3470BC(53.1%)3370BC,与墓内炭样倒差二三百年,祭坛之东与坛体年代相近或略晚的H18

---

① 数据采自安徽省文物考古研究所:《安徽含山凌家滩新石器时代墓地发掘简报》,《文物》1989年第4期。
② 数据采自张敬国:《凌家滩玉器》,文物出版社,2000年。样品采集的具体单位未发表,其中5 560±195的样品似应采自岗头的大面积红烧土区,另一个应采自墓地,特记此供研究者参考。
③ 较详细的见杨晶:《关于凌家滩墓地的年代与分期问题》,《文物研究(第十五辑)》,黄山书社,2007年。

内采集炭样测年也为3500BC（40.8%）3430BC或另一可能3380BC（27.4%）3340BC。由此推测，M23的测年样品或与棺椁之类的遗留有关而不能反映墓葬年代，墓葬年代应不早于祭坛，也即最早的年代不应早于3500BC。

综合上述判断，凌家滩已发现玉器墓的主体年代仍以3500BC—3300BC年左右、相当于崧泽文化中晚期阶段为妥，与薛家岗文化早期相同或略早，早于薛家岗文化晚期和良渚文化早期。

但是，墓葬年代与遗址年代并不完全一致，通过近年对遗址的区域系统调查，在岗头两侧的裕溪河北岸发现了少量可到崧泽早期的遗物，说明玉器墓在凌家滩的出现也并不是完全突兀、没有历史积淀的。根据调查，在凌家滩遗址的周边约5公里半径内，还发现了不少于7处的同时期遗址，但规模都远远小于凌家滩，说明在这一时期，以凌家滩遗址为中心，存在一

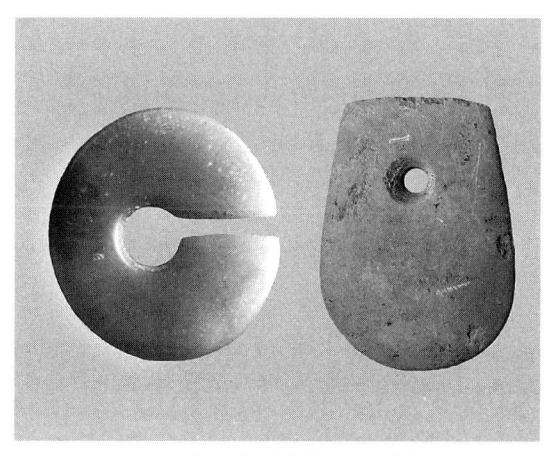

图一七　杭西墩遗址玉石器

个具有一定规模的遗址群。而在裕溪河以南距凌家滩约30公里的无为县杭西墩遗址[①]，也发现了与凌家滩同时期的玉、石器（图一七）。

其次是出现的背景问题。

不少学者或从玉器的角度讨论凌家滩玉器的渊源[②]，或从玉、石器工业的角度讨论长江下游玉、石器的发展问题[③]，一般都认为凌家滩玉器的产生，与宁镇地区玉、石器的发展有十分密切的联系，正是因为如此，直到目前为止关于北阴阳营与凌家滩是否为同一文化的分歧依然存在。其实，北阴阳营文化对凌家滩玉器产生的巨大影响是客观存在的，无论是偶合式的璜，还是半球形隧孔珠、三角形坠饰，都别无二致，特别是侧面穿孔偶合式工艺及这种特殊的表现方法在北阴阳营第四层墓便有较多出现，更从技术和内涵两个层面表现出它对凌家滩的影响。而从更大范围看，这一时期玉器的大量出现与发展，是长江下游的社会需求发生变化的产物，玉器在审美需求之外被赋予了更多神圣的含意，但凌家滩的玉器无论是工艺、形态还是功能都大大超过

---

① 无为县文物管理所：《安徽无为县新石器—商周遗址调查报告》，《文物研究（第十八辑）》，科学出版社，2011年。
② 田名利：《凌家滩墓地玉器渊源探寻》，《东南文化》1999年第5期，另有其他多篇论文。
③ 张弛：《大溪、北阴阳营和薛家岗的石、玉器工业》，《考古学研究（四）》，科学出版社，2000年。

了北阴阳营文化,因此也成为长江下游"玉石分野"的一个重要阶段①。

第三是文化的交流与传承问题。

在长江下游的宁镇—巢湖地区,凌家滩玉器兴起之后,北阴阳营文化已悄然失色了。周边与之同时期的有崧泽文化、薛家岗文化、大溪文化、大汶口文化,以及距离虽遥远但以玉器为特征的红山文化。

大溪文化与凌家滩的玉器交流还没有明确的迹象,只有齿纹璜或有关联。大汶口文化中期虽然在连璧等形态上与凌家滩较为接近,但该文化玉器发现较少,还不足以进行深入的讨论。薛家岗文化玉器的产生与发展显然与凌家滩的影响有较大关系,但其与凌家滩大体同时的早期阶段,玉器还处于起步过程之中。

崧泽文化当中,玉器的数量也并不多,已发现的总数不过300余件。其中东山村遗址的近百件玉器尤为引人注目②。据发表的资料,除镯、玦、管等常态的玉器基本相同外,特征明显的一期大墓M90的玉耳珰与凌家滩所出几无两样;二期大墓M93的半璧形璜与凌家滩所出相同,"G"形玉器属线锼而成,与凌家滩线锼工艺相同,说明两者的玉器之间应有相当的联系,年代也应相仿,特别是半璧形璜在璜的演化体系中已属较晚的形态了。虽然崧泽文化玉器与凌家滩的多有相同,但从陶器来看东山村与薛家岗文化早期的联系更为密切,使得它的文化性质变得复杂。

凌家滩与红山晚期玉器墓的关系是诸多研究者的关注重点。如双连璧、半球形隧孔珠、圆角方形璧、丫形器等都有明显的相同,而人、龙、龟、鸟类等象生器也具有可比性,甚至连祭坛也都有相似性,因此,不少学者提出了它们之间必有某种联系,如"上层交流网"③,一般认为主要是红山文化对凌家滩的影响④,但是也有认为是凌家滩影响了红山文化的看法⑤,特别是07M23的龟状扁圆形器发现之后⑥。前者认为红山文化玉器出现的年代早于凌家滩,后者则是将红山文化玉器发达的晚

---

① 朔知:《长江下游的"玉石分野"与社会变革》,《考古学研究(九)》,文物出版社,2012年。
② 南京博物院、张家港市文广局、张家港博物馆:《江苏张家港市东山村新石器时代遗址》,《考古》2010年第8期。
③ 李新伟:《中国史前玉器反映的宇宙观——兼论中国东部史前复杂社会的上层交流网》,《东南文化》2004年第3期。
④ 田名利:《凌家滩遗存与红山文化》,《文物研究(第十五辑)》,黄山书社,2007年;韩建业:《晚期红山文化南下影响的三个层次》,《文物研究(第十六辑)》,黄山书社,2009年;吕军:《从考古学上谈红山文化玉器的源与流》,《玉魂国魄——中国古代玉器与传统文化学术讨论会文集(四)》,浙江古籍出版社,2010年。等等。
⑤ 如朱乃诚:《凌家滩文化遗存的文化成就及其在中国文明起源中的地位与作用》,《玉魂国魄——中国古代玉器与传统文化学术讨论会文集(四)》,浙江古籍出版社,2010年。
⑥ 邓淑苹:《解开红山文化玉箍形器之谜》,台北《故宫文物月刊》第311期(2009年2月)。

期与凌家滩比较,认为凌家滩玉器墓的年代略早于红山文化晚期玉器墓。目前红山文化与凌家滩的关系显而易见,但其影响的方向问题还不能够很好解决,或许这种交流是一种双向的复杂过程,要真正解决这一问题还得期待作为地理上中介的海岱地区的新发现。

凌家滩玉器的传承可以从两个文化中寻得线索。第一个方向是在薛家岗文化晚期墓葬中,玉、石器的制造突飞猛进,较早期有了极大增加,凌家滩的长梯形或风字形钺,在制作工艺和形态上都存在于薛家岗文化晚期中,并得到了广泛推广,半球形隧孔饰、三角形饰均与北阴阳营二期和凌家滩如出一辙。由于薛家岗早期玉器数量很少,器形简单,在周边也找不到确切渊源,这些相似性只能说是与北阴阳营文化和凌家滩有关,从地域和内涵上而言,其中一部分更应直接受凌家滩影响。

凌家滩玉器传承的第二个方向是良渚文化。凌家滩与良渚文化的年代前后相接,如前所述,除地处太湖流域北缘邻近宁镇的东山村遗址外,整个崧泽文化的玉器并不发达,但从良渚文化早期开始,在杭州湾西端的良渚区骤然发展起了极其发达的玉、石器制造业,部分学者认为这种状况的出现可能与宁镇或凌家滩玉、石器工业的转移有关[1],近年更是有明确提出凌家滩影响良渚文化之论者[2]。

目前关于凌家滩玉器的研究还不够深入,而突兀而起的凌家滩遗址更让人无所适从,随着考古工作的增多和研究的深入,当会逐步加以改变。

无论如何,凌家滩玉器的发现,都向世人展示了其伟大的成就,在史前文化中创造了多个第一,当之无愧地成为中国史前三大冶玉中心之一,也成为探讨中国文明形成过程中的重要一环。

(原载于《玉魂国魄——凌家滩文化玉器精品展》,浙江古籍出版社,2011年)

---

[1] 严文明:《凌家滩·序》,《凌家滩》,文物出版社,2006年;秦岭:《环太湖地区史前社会结构的探索》(北京大学博士学位论文),第194页、第195页,2003年;张敏:《关于环太湖地区原始文化的思考》,《庆祝张忠培先生七十岁论文集》,科学出版社,2004年。

[2] 朱乃诚:《凌家滩文化遗存的文化成就及其在中国文明起源中的地位与作用》,田名利、甘恢元:《凌家滩文化与崧泽——良渚文化玉器的初步认识》,两文均载于《玉魂国魄——中国古代玉器与传统文化学术讨论会文集(四)》,浙江古籍出版社,2010年;朔知:《长江下游的"玉石分野"与社会变革》,《考古学研究(九)》,文物出版社,2012年。

## 2021年1月20日　背景补记：

2011年12月，"第五届中国古代玉器与传统文化学术讨论会"在浙江良渚召开，本次会议的主题是"凌家滩玉器及其相关问题研究"。为配合会议进行，在良渚博物院举办了一个凌家滩玉器展览，需要有关凌家滩玉器的综论作为支撑。我本来对玉器研究较为淡漠，甚至有所回避，但因会议所需，不得不在夏季提前为此进行了一番系统梳理。也正是这次梳理，才使我系统了解了凌家滩的玉、石器，真正琢磨了它的工艺，并触及了它的内涵和文化意义，及其在考古学上的价值，对凌家滩玉、石器有了全面认识，也深深感受到，不充分了解凌家滩玉器，则很难真正了解凌家滩及中国玉器、玉文化的重要性。

# 凌家滩玉玦环研究

## ——兼论"石钻"功能与辘轳轴承的演化

玦、环均为圆环形器，是古代常用的装饰品。近世考古中一般将有缺口的称为玦，而无缺口的则称谓与解释众多，或依文献，或依形态，或依功能细分为环、镯、瑗、璧、璇玑等，夏鼐先生则将之统称为璧或环[1]。镯在《说文》中谓："钲也。从金蜀声。军法：司马执镯。"明代陆容的《菽园杂记》载："今人名臂环为镯。"可见，不同时代的解释颇异，但大略可知"镯"应是后人对环的另一种称谓，形态上与环或有一些区别，而在史前时期，这种差异究竟到了何种程度实未可知。因此，考古材料中对环、镯的定名也十分混沌不清，或按剖面形态，或按剖面厚度划分。本文所言环、玦概依传统，而镯一律暂归为环类。

凌家滩墓地已发掘出土的玉玦、玉环在玉器总量中占有突出地位。据已公布的前三次发掘材料[2]和第五次发掘的07M23材料[3]粗略统计，在全部约1 000件玉器中，玉环超过300件（含约140件镯），所占比例超过30%，在单体数量上为第一大器类；玉玦70余件，约占7%。这批玉玦、玉环具有什么样的特点？它们的制作工艺如何？在凌家滩墓地中两者占有怎样的地位？以及墓地中出土的"石钻"是否与玉玦环的制作有关？这些都是值得讨论的问题[4]。

---

[1] 夏鼐：《商代玉器的分类、定名和用途》，《考古》1983年第5期。
[2] 安徽省文物考古研究所：《凌家滩——田野发掘报告之一》，文物出版社，2006年。
[3] 安徽省文物考古研究所：《安徽含山县凌家滩遗址第五次发掘的新发现》，《考古》2008年第3期。
[4] 因凌家滩这批墓葬的年代相对接近，详细准确的分期尚需斟酌，本文将其视为同一个大的时期，以从宏观上而不是微观上分析其特点与相关内涵。关于凌家滩玉器的数量统计，因原发表材料中的描述、归并和部分器物无图无照片等原因，各研究者统计数据在微观上均有所不同，本文依笔者的认识和相关资料，对原发表材料进行了重新统计、整合，仍存在少许误差，但各数据尚不至于影响结论的改变。特此说明。

# 一　玉玦与环的形态特点

## （一）玉玦

在纳入统计的76件玉玦中，其平面形态按肉的宽窄程度可分为窄体环形、宽体小璧形、宽体不规则圆形3种。

### 1. 窄体环形玦

数量较少，体量较大，肉部较窄而孔径较大。依剖面形态可分两型：

A型：器体平而厚，内外缘厚度相近且边缘均呈折角，剖面呈近方形，器表常保留有线切痕，孔内或有管钻形成的台面，个别缺口很窄（图一，1—4）。

B型：外缘圆弧而内缘较折，剖面内厚外薄，呈弧三角形，与B型窄体环的形态完全一致，仅因有缺口而区别（图一，5、6）。

### 2. 宽体小璧形玦

数量最多，体量较小，外缘相对较圆、规整，孔位基本居中，肉、好近等或肉略大于好，个别反之，近似小型玉璧的形态。依剖面形态总体上也可分为两型：

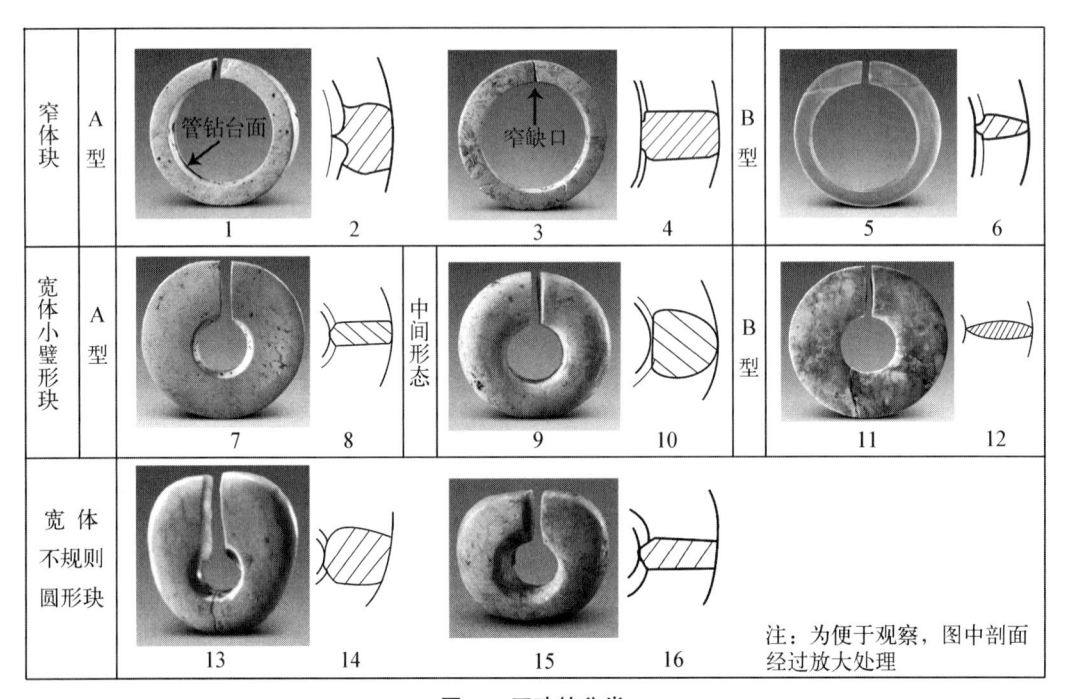

| 窄体玦 | A型 | 1 | 2 | 3 | 4 | B型 | 5 | 6 |
|---|---|---|---|---|---|---|---|---|
| 宽体小璧形玦 | A型 | 7 | 8 | 中间形态 | 9 | 10 | B型 | 11 | 12 |
| 宽体不规则圆形玦 | | 13 | 14 | 15 | 16 | | | |

注：为便于观察，图中剖面经过放大处理

图一　玉玦的分类

1、2.87M8∶5　3、4.87M8∶12　5、6.87M14∶8　7、8.98M7∶45　9、10.98M7∶5
11、12.87M4∶64　13、14.98M16∶31　15、16.87M9∶22

A型：器体较扁平，外缘有明显折角或略减薄；内缘略厚、有折角且未打磨圆滑，剖面内厚外薄，呈近长方形（图一，7、8）。

B型：与前者相近，区别为外缘虽保留折角但减薄明显，部分已成圆弧形；内缘与器表交界处也有明显的减薄成圆弧形，因而剖面近扁椭圆形（图一，9、10）。此外，也有一部分内、外缘从锐折到圆弧的中间形态（图一，11、12）。

3. 宽体不规则圆形玦

数量较少，体量较小，肉与好近等或略大于好，整体不太规则，其共同特点是缺口一端略宽而另一端稍窄。外缘或折角，或圆弧；内孔不太规整或见管钻台面，孔缘与器表面的交界处多数锐折，未经特别处理。剖面呈外缘略薄而内缘略厚的形态（图一，13—16）。

凌家滩玉玦的体量均较小，发表了数据的45件外径最大者不超过6.2、内径不超过4.2厘米。除了窄体环形玦，其余外径多为5厘米以下，最小者仅2厘米左右；内径多为2厘米以下，最小者0.6厘米；厚度最厚1.2，最薄0.3厘米，以0.4—0.6厘米最为常见。

至于玉玦内、外径之间的相关性，每个类型中总体上外径越大内径也越大，但还缺乏严格的规范，也即多数情况下外径大小与内径大小并不呈现绝对化的正相关，这也反映了技术规范化发展过程中的一个不稳定特点（图二）。

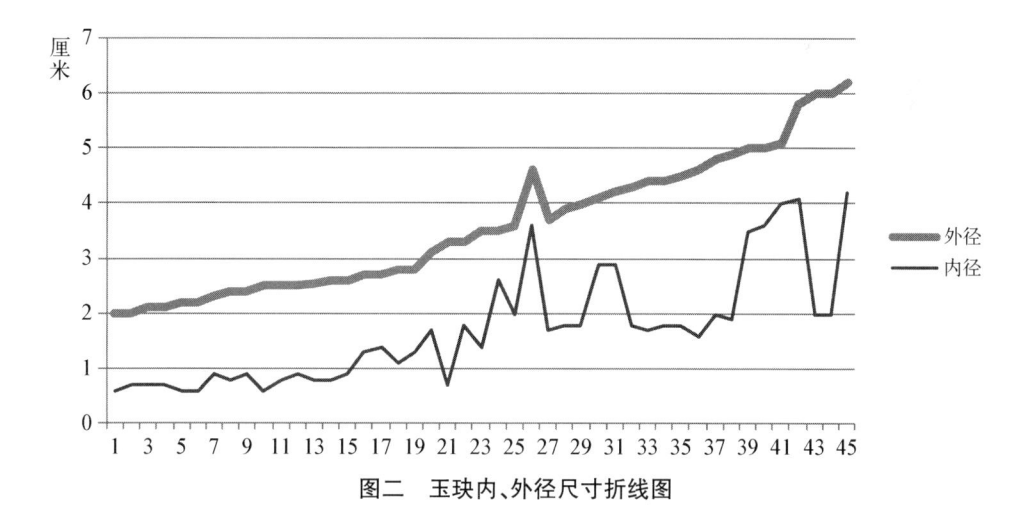

图二 玉玦内、外径尺寸折线图

（二）玉环

凌家滩的玉环较为多样，在纳入统计的306件标本中，其平面形态按肉部的宽窄程度主要分为两种：窄体环、宽体环，此外还有属宽体的个别圆角方形环、双连环、内外重环，以及体厚似箍的特殊形态。

### 1. 窄体环

体量较大，数量较多，肉部较窄而孔径较大。依剖面形态可分两型：

A型：器体扁平，内外缘厚度相近且边缘均锐折，剖面近方形（图三，1、2）。

B型：内厚外薄，外缘圆弧而内缘较折，剖面呈弧三角形（图三，3、4）。

### 2. 宽体环

体量较小，数量较多，器体外缘较圆而规整，孔位基本居中，肉部较宽但仍小于孔径。依剖面形态总体上可分为三型：

A型：数量最多，器体较扁平，剖面内、外缘均有折角，近方形，部分因内、外缘有管钻台面而略凸（图三，5、6）。

B型：数量略多，外缘因明显减薄而厚度减小，剖面内厚外薄，近似锐角三角形（图三，7）。

C型：数量最少，内、外缘与器表的交界处均有明显的减薄而成圆弧形，剖面呈扁椭圆或梭形（图三，8、9）。与宽体玦一样，也存在内、外缘从锐折到圆弧的中间形态。

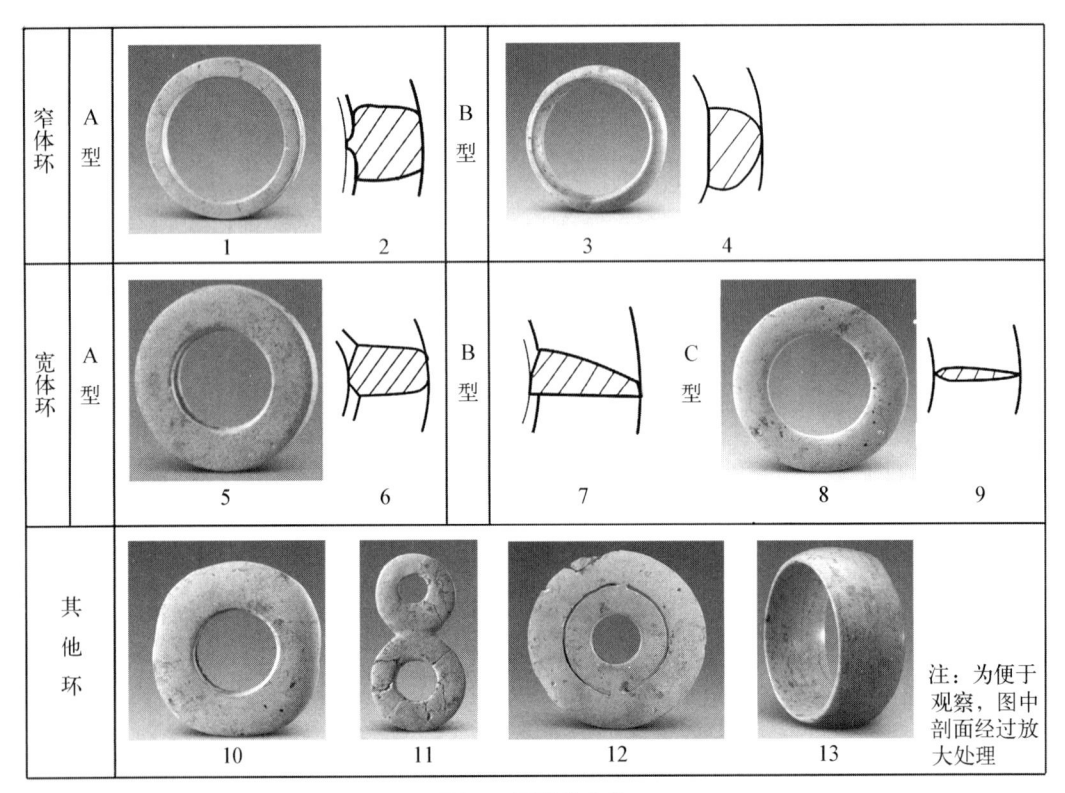

| | | | | | | | |
|---|---|---|---|---|---|---|---|
| 窄体环 | A型 | 1 | 2 | B型 | 3 | 4 | |
| 宽体环 | A型 | 5 | 6 | B型 | 7 | C型 | 8  9 |
| 其他环 | | 10 | 11 | | 12 | | 13 |

注：为便于观察，图中剖面经过放大处理

**图三　玉环的分类**

1、2.87M8∶11　3、4.87M14∶27　5、6.87M6∶70　7.87M12∶9　8、9.98M23∶4
10.87M7∶20　11.87M15∶107-2　12.87T1207(2)∶22　13.87M4∶57

其他数量极少的几种环形态各异,如属宽体环的圆角方形环,外缘明显减薄,折角呈圆弧,内缘或有减薄,剖面呈扁椭圆形;双连环外缘明显减薄近弧形,内缘减薄不太明显;内外重环的外环之外缘也有减薄现象;箍形厚体环的剖面与窄体环相似(图三,10—13)。

凌家滩玉环的体量大小不一,发表了数据的72件中,外径最大者9、内径6.6厘米。除窄体外,外径多为3—6厘米,最小者仅2.6厘米;内径绝大多数在4.5厘米以下,最小者1.1厘米;厚度最厚1.1、最薄0.2厘米,以0.2—0.7厘米最为常见。

玉环内、外径的相关性与玦相同,多数情况下外径大小与内径大小并不呈现绝对的正相关(图四)。

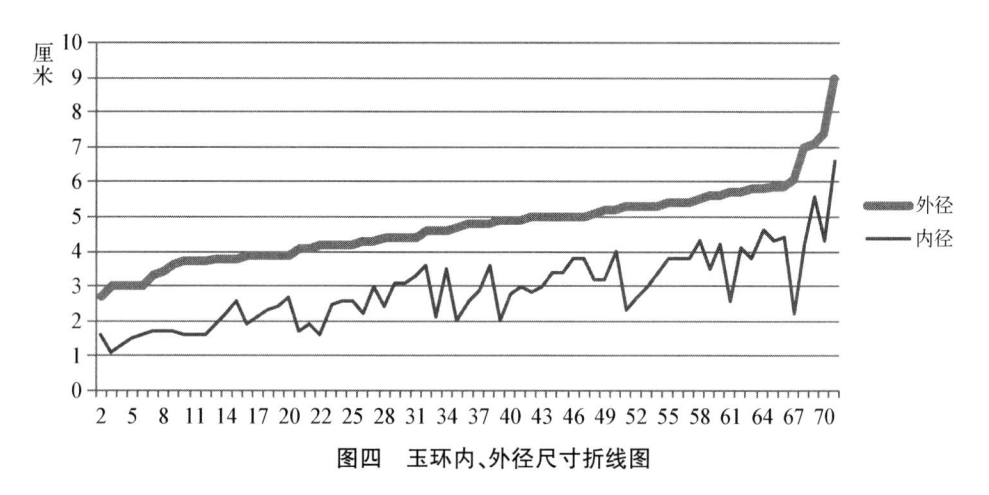

**图四 玉环内、外径尺寸折线图**

通过上述归纳,可以知道无论是平面还是剖面形态,窄体玉玦与窄体玉环、宽体小璧形玉玦与宽体环各自有着密切的关系,其中窄体玦与窄体环仅是缺口之别;宽体玦与宽体环在于肉与孔径比例的少量差别,但各自的数量有着明显差别,尤其是内、外缘减薄后剖面呈扁椭圆形的C型玉环在数量上明显少于B型玉玦。

## 二 玉玦与环的工艺特点

凌家滩作为中国史前玉器制作发达工艺的代表之一,其玉玦、环体量虽然不大,造型简单,但仍体现出了制玉工艺的多方面特点。

### (一)材料与成型工艺

玉玦、环的材质多数为透闪石——阳起石,石英类的使用也较多,而其他如蛇纹石、玛瑙等的使用极少,这与其他玉器用材情况大体相同[①]。

玉玦、环的成型大多数是从已经过切割加工的大块扁平玉坯上通过钻孔截取而获得,也即利用孔芯制作,习称为第一环。部分玦、环外缘保留了钻孔形成的凸棱,是用孔芯再钻内孔(或者步骤反之)[②]的明显证据(图五,1、2)。这种孔芯上再钻孔的情况还在个别石芯中有所反映,如98M23∶10即经过大小两次双面管钻(图五,3)。在98M20出土的一批直径较小的玉芯中,相当一部分表面均有明显的不完整短弧线,属完整线切割痕的局部,尽管这些玉芯并不一定用于制作玦、环,但至少说明孔芯是从已经过了切割的大块母体上脱离的(图五,4)。部分玦、环表面的不完整短弧线成因也应与之相同,个别玉环表面保留的残断直线状片切割痕也同此理。

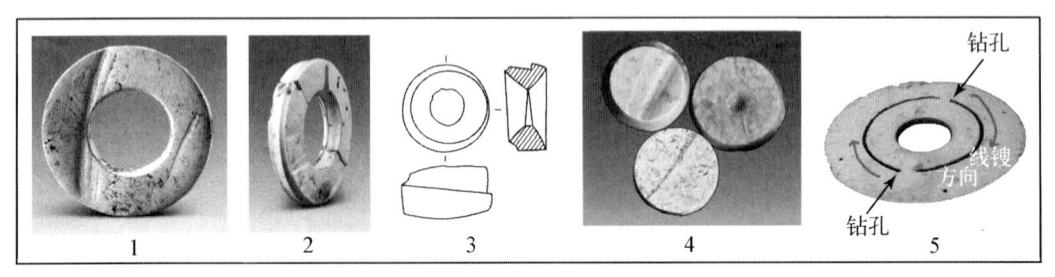

**图五 玉玦、环的成型工艺**

1. 98M28∶10 玉环　2. 87M7∶16 玉玦　3. 98M23∶10 石芯
4. 98M20 玉芯　5. 87T1207(2)∶22 玉重环

它们反映的工艺技术有三点:

(1)这些不完整短弧线或直线不是在器体成型之后形成的,而是成型之前其表面已然经过了线切割;

(2)线切痕的较大弧线角度反映出,这些经线切割的器体之母坯体量较大;

(3)最为重要的是,凌家滩的玉工在制玉之前已考虑到玉料的系统利用问题,使切割后的大块玉坯按将要制作的器物大小,更充分、合理地得到利用。

因此,从已切割加工的大块玉坯上经过先钻小孔再钻大孔来截取大孔芯,或先截取孔芯再钻内孔,再以之为坯而加工成器(包括玉玦、环),在凌家滩制玉工艺中是一

---

[①] 据发掘报告及相关研究论文综合。详见朔知:《长江下游的"玉石分野"与社会变革》之图七,《考古学研究(九)》,文物出版社,2012年;另参考了2011年安徽省文物考古研究所与中国科学院上海光机所合作的"凌家滩玉器无损测试研究"成果(待刊)。

[②] 无论是先钻内孔后截取,还是先截取孔芯再钻内孔,两种方式的成型结果是相同的。

种较为普遍的现象。这与方家洲①、黑沙②、宝镜湾③等一些遗址中发现的部分玉玦、环是利用琢制法将玉石核琢打成坯的方法明显不同。目前在凌家滩还未发现用玉石核直接琢制成玦、环粗坯的典型证据,但宽体不规则形玉玦因外缘经过了处理,是否为利用玉石核琢制成器则未可知。

另一种利用线锼成型的工艺较为少见,是针对特殊形态的成型技术,只见于内外重环上(87T1207②:22)。该器为宽体,总观为璧,而分看为环,实则由大小不同的内、外两环相套。其成型过程是在中间先钻小孔,再从孔内通过线锼工艺将内环切割成型,但不知是为满足特殊需要还是未加工完成,在内环两端保留了与外圈大环的局部连接(图五,5)。

## （二）钻孔工艺

玦、环中间的钻孔主要涉及几种工艺问题:钻孔方式——单面钻还是双面钻?是直接钻透还是最后敲芯成孔?钻孔工具——管钻或实心钻?

### 1. 钻孔方式

以可供观察的发表材料为据④,玉玦的钻孔方式以双面钻为主,占80%左右,孔壁中部时常保留对钻形成的台面(图六,1),其中部分剖面呈扁椭圆形的宽体小璧形玦因孔壁打磨光滑,无法确认是否为单面钻,仅据孔壁特征归入双面钻⑤(图六,2)。单面钻只占20%左右,以不规则圆形玦为多,少量为宽体小璧形玦,孔壁剖面呈梯形,部分孔壁在接近钻透时,经敲击使玉芯脱落,因而保留了不规则孔缘(图六,3)。玉环也以双面钻为主,占65%左右,单面钻占35%左右,部分单面钻接近钻透时也有敲芯成孔而保留了不规则边缘的现象。

### 2. 钻孔工具

孔壁剖面的痕迹是了解管钻或实心钻的关键。就现有材料来看,部分玦、环孔壁上保留的细密旋切痕呈"波纹式推进"⑥,双面钻者在孔壁中部还留有台面,可确认属

---

① 国家文物局:《2010中国重要考古发现》,文物出版社,2011年。
② 邓聪、郑炜明:《澳门黑沙》,澳门基金会、中文大学出版社(香港),1996年,第162页。
③ 广东省文物考古研究所、珠海市博物馆:《珠海宝镜湾——海岛型史前文化遗址发掘报告》,科学出版社,2004年。
④ 资料的采信次序以发表的照片为先,线图为次,文字描述内容为参考。
⑤ 双面钻以两面孔口部位的直径大于孔内中部的直径为依据之一;而单面钻孔的判断以孔壁剖面呈梯形为准,当然不排除少数情况下在最后钻透的一面经敲击后再斜向打磨,使孔口外张似双面钻的可能性。
⑥ 邓聪将这种玉、石芯剖面上表现出的具有波峰、波长、波谷特征的旋切痕称为"波纹式推进",此处借用其概念。详见邓聪、郑炜明:《澳门黑沙》,澳门基金会、中文大学出版社(香港),1996年,第162页。

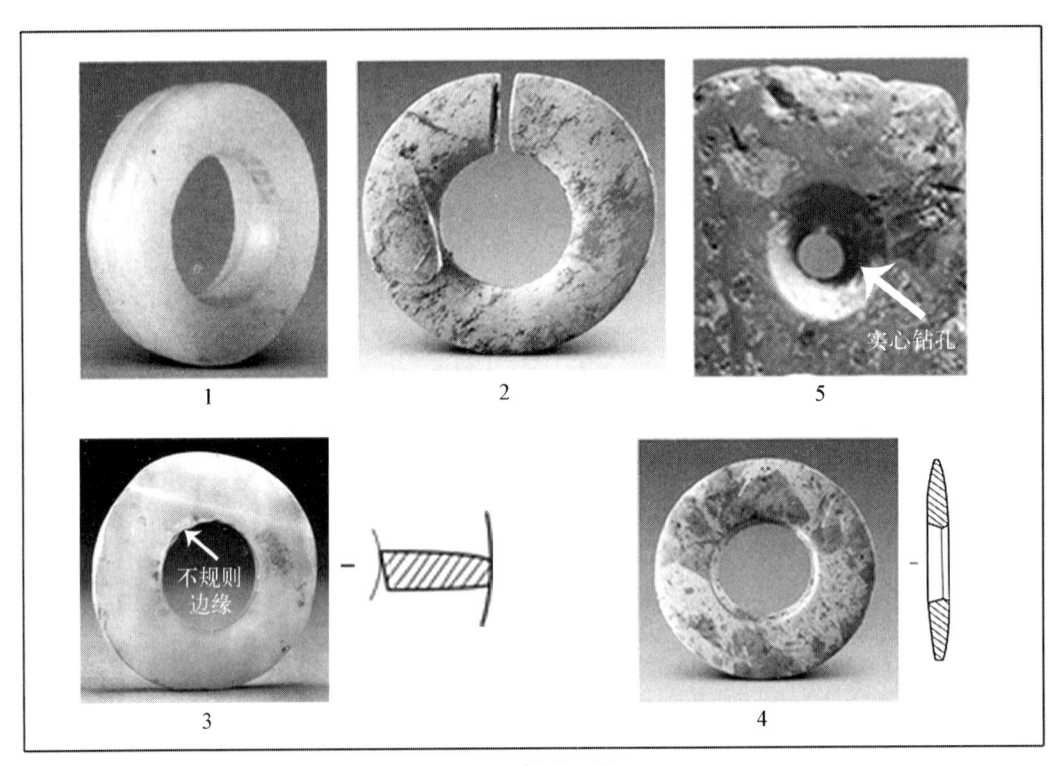

图六 钻孔工艺

1. 87M7∶23 玉环　2. 87M1∶7 玉玦　3. 87M7∶40 玉环　4. 87M12∶5 玉环　5. 87M2∶4 石钺

管钻。而从孔壁剖面的对称程度看，除少量管钻因钻具不垂直造成了孔壁的倾斜外，多数每一面均呈正梯形，两面的孔口边缘较圆（图六，4），反映出玦、环内孔的管钻工艺已较为成熟。因较多玦、环的孔壁经过了打磨或抛光，原始痕迹已无法看到，目前还未见明显的实心钻孔证据，但在石钺上则可见较多的实心钻孔痕迹（图六，5），因此并不能排除玉玦、环存在实心钻的可能性。

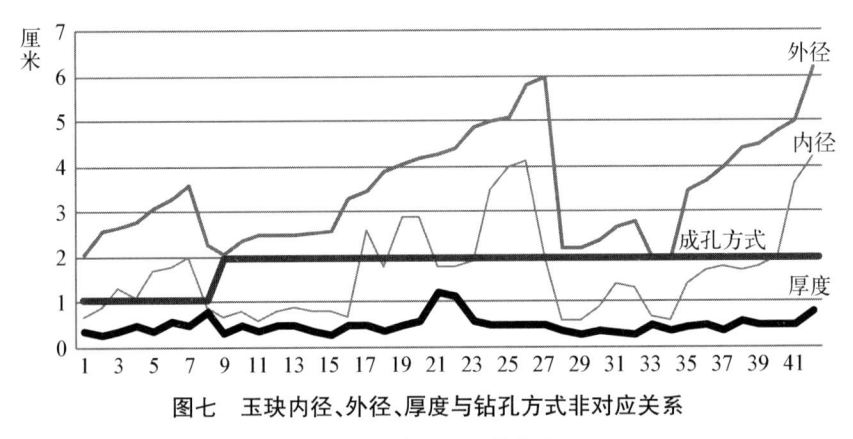

图七　玉玦内径、外径、厚度与钻孔方式非对应关系

（设单面钻为1，双面钻为2）

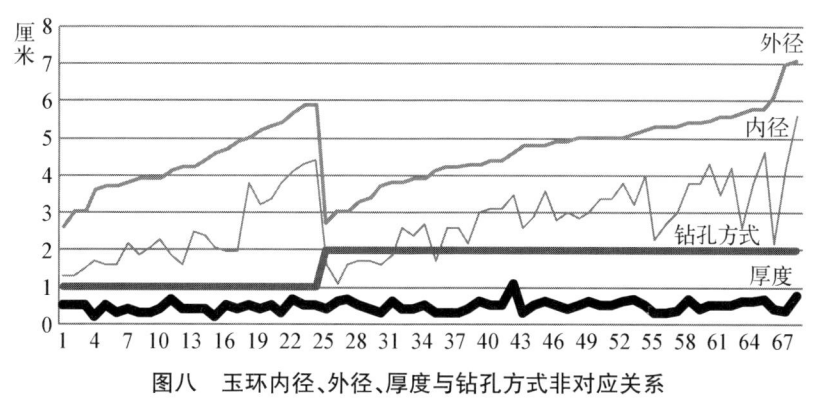

图八 玉环内径、外径、厚度与钻孔方式非对应关系

（设单面钻为1，双面钻为2）

在钻具大小的选择上，一般情况下受器形的制约，与玉玦、环的体量大小也即外径也有一定的关联，但并非绝对的正相关（参见图四、图八）。经过对发表的测量数据进行详细分析比较，孔径大小、器体厚度与单面或双面钻孔的选择之间也没有明显的对应关系（图七、图八）。

## （三）打磨、抛光工艺

打磨与抛光虽然工艺相近，但功用各有不同。打磨属于器物成型过程中的后期环节，可以起到两方面功用：一是将器体减薄；二是使器体更趋于规整或光滑，并将表面的摩擦痕迹除去。打磨一般以粒度较粗的硬质工具为主，虽然速度越快效果可能越好，但它对速度并没有严格要求。抛光则属器体成型之后的环节，主要起到美化的功用，是打磨的第二功用的延伸，质地以细密的软质工具为好，对速度要求较高。凌家滩玉玦、环的打磨、抛光工艺运用较为成熟，但并非在玉玦、环上的各个部位都施用。此外由于埋藏环境等原因，部分标本的表层发生明显变化，已无法了解具体情况。

打磨基本上在所有玉玦、环上都有体现。按体量而言，直径大的窄体玦、环的打磨程度最高，几乎全器各部分都经过打磨，且圆润度较高，少见其他制作痕迹，仅少数内孔缘残存钻孔痕，抛光也主要施用于此类器上（图九，1）。

直径较小的宽体环、玦中，闪玉质的内外缘及两面打磨较好（图九，2），但两者剖面近长方形的A型表面常保留线切痕，少数内缘还保留了双面钻孔的台面或敲芯成孔后的不规则边缘（图九，3）。个别器物内缘虽经打磨光滑但不规整，呈现明显的拐角，如87M9：22宽体不规则圆形玦的孔缘一边呈直线和钝角状，应为后期打磨不匀所致（图九，4）。石英质的内、外缘打磨较次，甚至部分外缘不加打磨，内、外边缘常保留了管钻留下的窄台面，尖角明显（图九，5）。

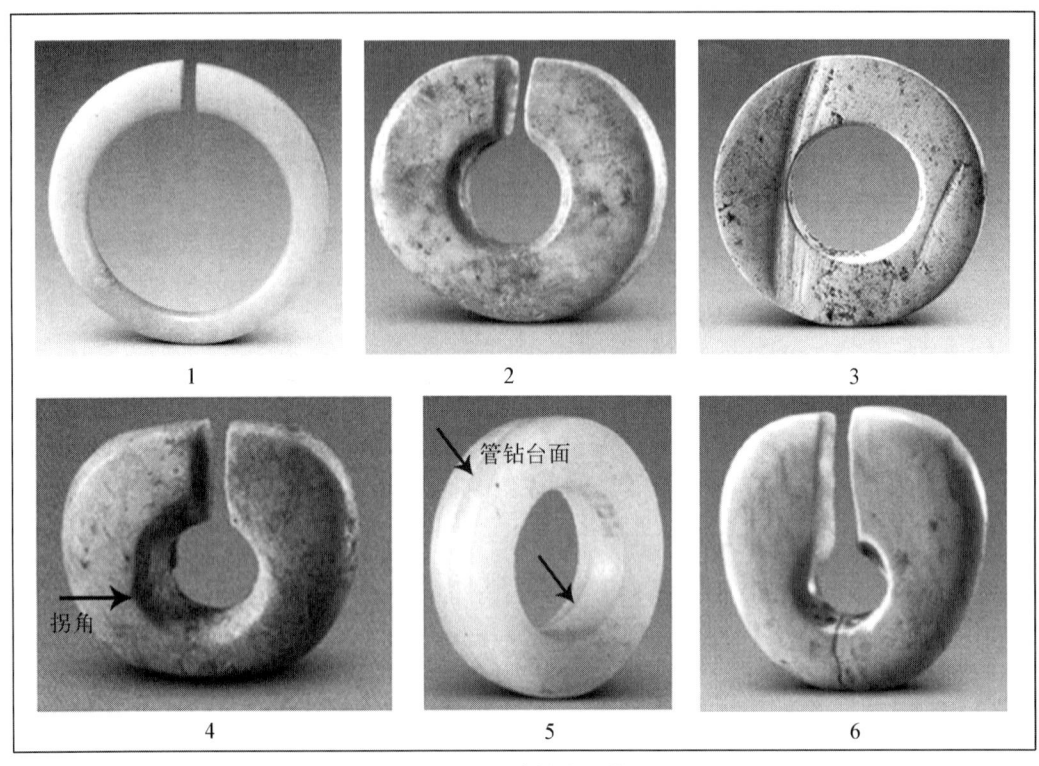

图九 打磨抛光工艺

1.87T0909③：8玉玦　2.98M16：32玉玦　3.98M28：10玉玦
4.87M9：22玉玦　5.87M7：23玉玦　6.98M16：31玉玦

宽体玦、环上抛光的施用应该也较为广泛（图九，6），但由于风化等原因多数已不太明显。

对内、外缘打磨程度的不同，一方面应该反映了功能的需要，另一方面与材料的硬度有关，如体量较大的窄体环多数穿戴于手中，边缘则少见或不见尖角；石英质的打磨范围不如闪玉质全面。

玉玦、环的打磨工艺中，一个重要特点是减薄工艺的运用：内、外缘均被减薄，使剖面呈扁椭圆形甚至梭形。最典型的表现为B型剖面的宽体小璧形玦、C型剖面的宽体环，有时也体现在玉龙、璧等宽体扁平的环形器物上（图一〇，1、2），尤其在87M4：44中表现得最为突出①（图一〇，3）。虽然减薄的过程可能与管钻工具的不断损耗有关（类似双面钻芯的形态，但以管的外壁损耗为主），但是类似87M4：44自中间凸起处向内、外缘两个方向的弧面坡度均很小，且宽度很大的形态，仅中间凸起处至内缘一侧的宽度即超过2厘米，而易损耗的管钻工具除非管壁厚度大于2厘米，

---

① 此照片系方向明先生提供并指示了特点。

否则难以形成此减薄面,当是在成孔之后经斜向打磨,使器体特别是边缘变薄,表面变得圆润。当然它们与剖面近方形环玦的区别究竟是年代不同还是功能不同而形成的工艺? 目前还未知晓。

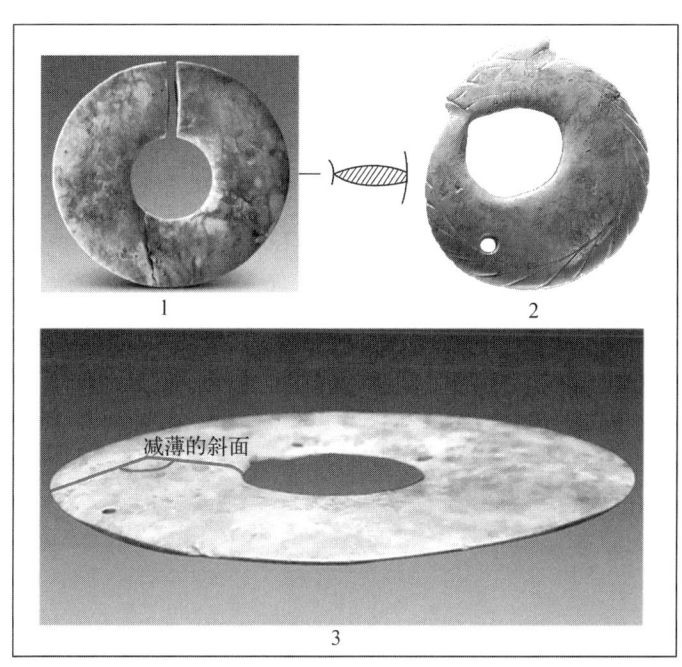

图一〇　减薄工艺
1. 87M4 : 64 玉玦　2. 98M16 : 2 玉龙　3. 87M4 : 44 玉璧

## (四) 其他工艺

主要是在窄体玉环上体现的装饰,包括齿纹、刻槽与拼接,数量极少。另外玦口的切割工艺也值得一提。

齿纹是凌家滩玉器中使用较多的一种装饰,在玉璜上表现尤为突出,而玉环中仅见一件,齿纹密集,多达87个,应是用较粗的硬质工具从双面拉磨而成(图一一,1)。

刻槽也是凌家滩较常见的工艺,但施用于玉玦、环上的极少,在98M29中出土的一件,系在环面上刻出多道凹槽,一部分呈斜向,似已具有绞索之意(图一一,2)。刻槽还有一种方式是与拼接相关,与偶合式璜的工艺相同。这种槽为惯称的暗槽,见于一件偶合式环(87M10 : 18)[①],与钻孔配合使用,是对断环的再利用(图一一,3)。

---

① 该器照片和描述最早发表于《凌家滩玉器》中,但在之后的发掘报告描述中没有小孔和暗槽对接的内容,线图中未表现,也没有照片,两次描述的尺寸略有差异,是否编号有误? 分别见安徽省文物考古研究所:《凌家滩玉器》,文物出版社,2000年,第82、130页;安徽省文物考古研究所:《凌家滩——田野考古发掘报告之一》,文物出版社,2006年,第110页。

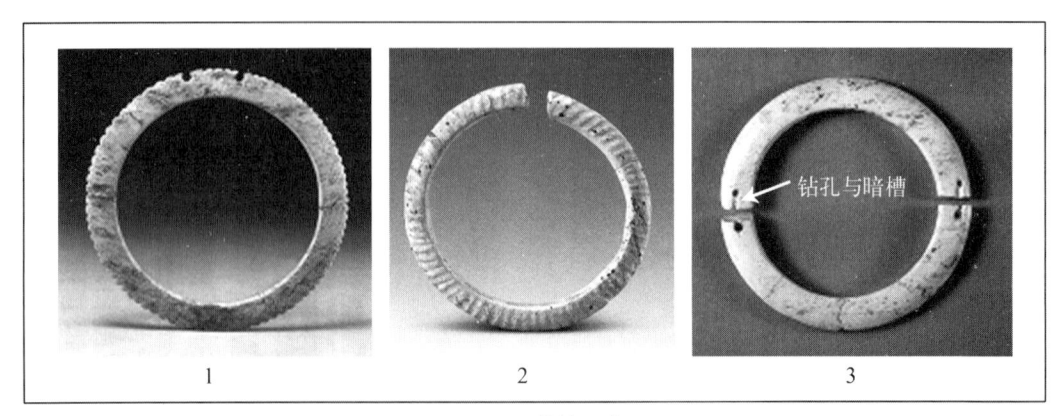

图一一 其他工艺

1. 87T0909②：11 齿纹　2. 98M29：48 刻槽　3. 87M10：18 暗槽与拼接

玉玦的缺口切割基本上采用的是常规的线切方式，但其中一小部分线切的方向有所不同，是从玦的一个平面向另一平面的方向切割，而不是从外缘向内或从内缘向外，颇有特点（图一二，1—4）。

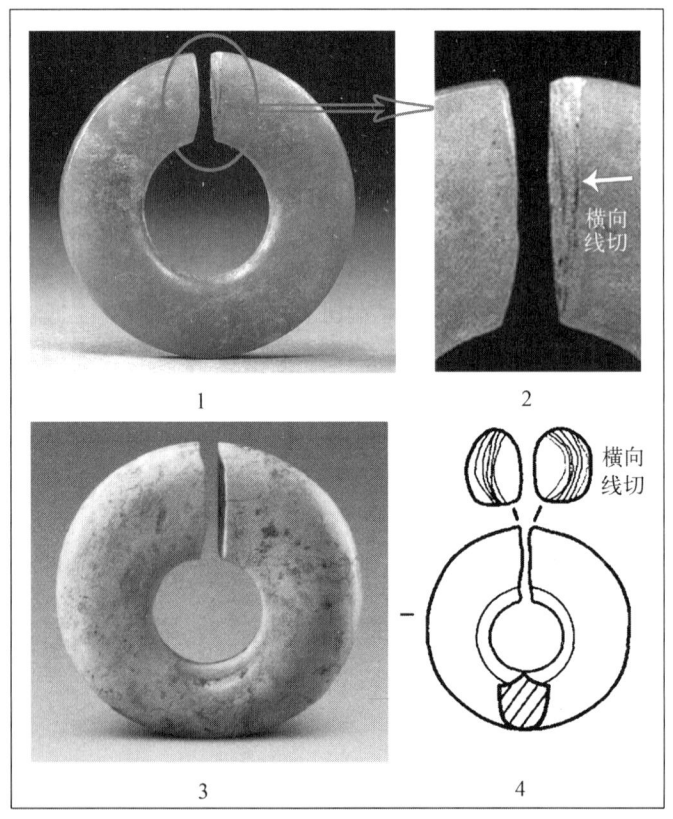

图一二 玉玦缺口横向线切工艺

1、2.87含征：9　3、4.98M7：6

## 三　玉玦与环在墓地中的分布特点

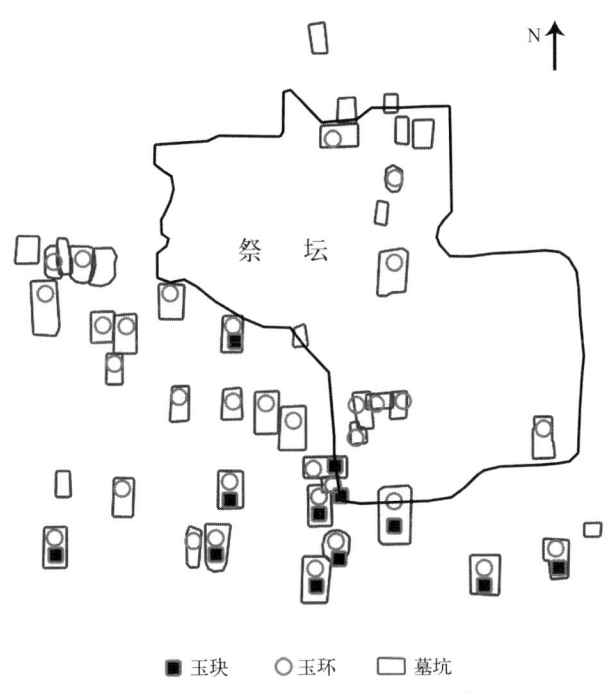

图一三　玉玦、玉环在墓地中的分布图

从图一三可以看出，玉玦的分布主要集中在偏南面的两排11座墓葬中，且多数为规格较高的墓葬，只有87M9独居中部略西，有玉玦墓的比例约占墓葬总数的26%。

有玉玦各墓的随葬品数量也不一致，少者1件，多者20余件，除87M15为1件外，其余均为双数，其中最突出的两座墓07M23达到28件以上[①]，87M4为14件。

玉环的分布比之玉玦要广泛得多，占墓葬总数的近70%，在整个墓区中明显向北扩展。各墓的随葬品数量从1件到70余件不等。

虽然各墓的环、玦随葬数量并没有严格的等级，但总体上还是具有明显的规律性，也即：

1. 随葬玦多的墓葬大多数环也较多；
2. 各墓凡有玉玦者必有环，有环者未必有玦（图一四）。

玉环的数量则没有固定规律，其与玉玦的数量配置规律也不强。从这一点看，凌家滩墓地对玉玦、玉环的随葬似处于从随意到规范的过渡阶段。

---

① 07M23因未整理完毕，准确数量有待确认。

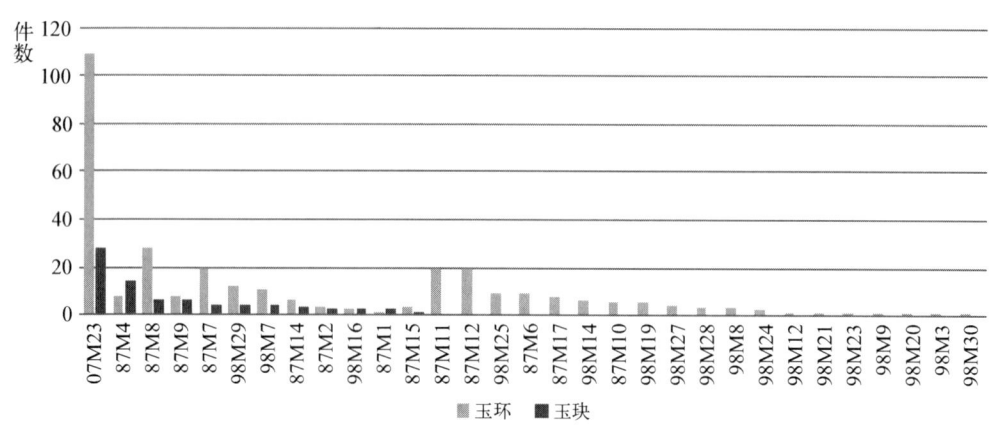

**图一四　各墓玉玦、玉环数量柱状图**

如果将玉玦与各墓的随葬品或玉器总数相比较，虽然存在波动或缺失，但总体上变化趋势相近（图一五、图一六）。玉玦与各墓随葬石器总数相比较，总体上的变化趋势的同步性显得较差（图一七），而与陶器总数相比，则最差（图一八）。因此，可以得出以下几点认识：

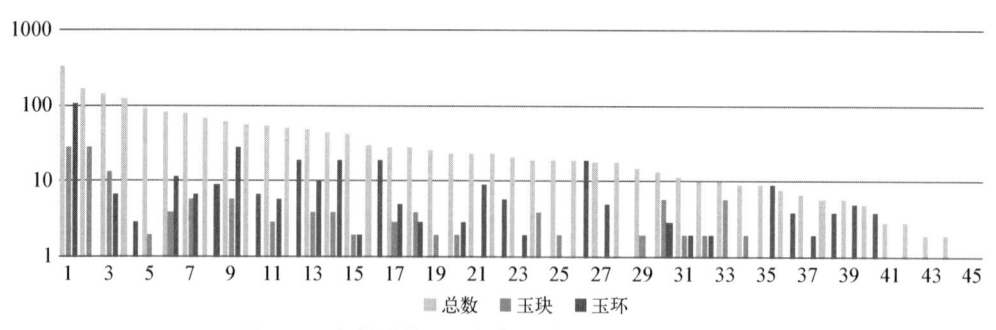

**图一五　各墓随葬品总数与玉玦玉环数量对应关系**

（用对数刻度表示）

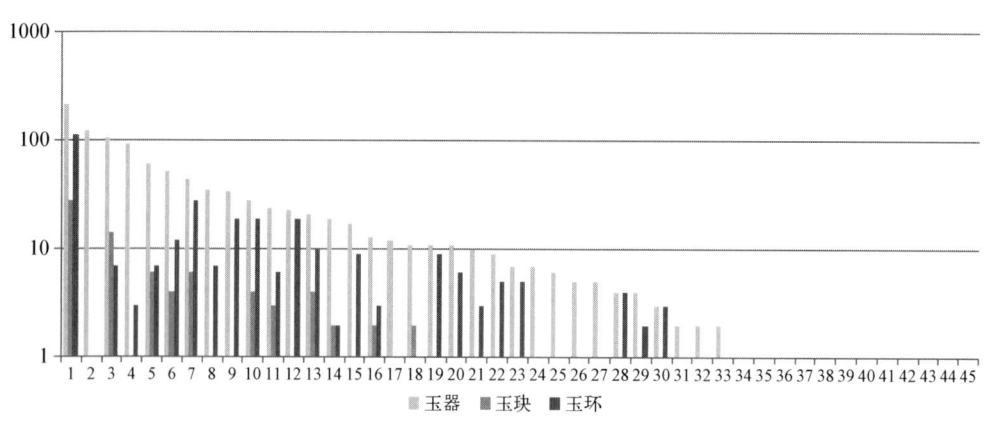

**图一六　各墓玉器总数与玉玦玉环数对应关系**

（用对数刻度表示）

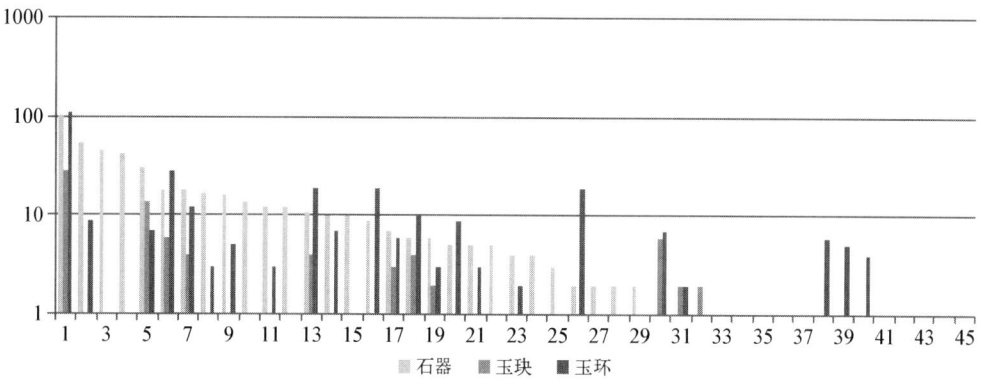

**图一七 各墓石器总数与玉玦玉环数非对应关系**

（用对数刻度表示）

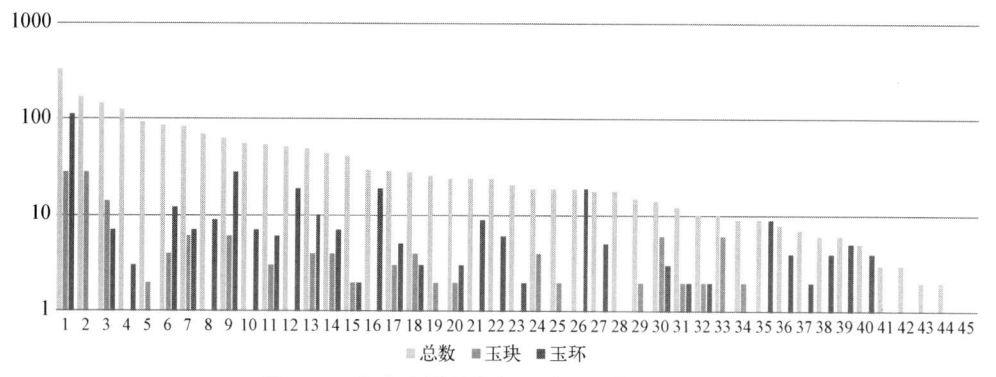

**图一八 各墓陶器总数与玉玦玉环非对应关系**

（用对数刻度表示）

1. 玉玦使用量的多少与各墓随葬品和玉器总量之间具有虽非完全对应但也较为明显的正相关。

2. 玉环与随葬品总数、玉器、石器、陶器的对应关系不太明显。

也就是说，玉玦的使用多少，与以玉器为标准的墓葬等级的高低有关，应该是墓葬等级的一种反映，玉环数量则对等级的反映较弱。

依已发表的45座墓葬资料，在祭坛之上及周边墓葬中，随葬的玉玦、环与各类总数的大致比例见下表：

**表一 玉玦、玉环在各项分类中所占比值**

|  | 占随葬品总数 | 占全部玉器总数 | 占狭义玉器总数(不含玉芯、玉料和边角料) | 占墓葬总数 |
|---|---|---|---|---|
| 玉玦玉环总数 | ≈22% | ≈38% | ≈44% |  |
| 随葬玉玦墓 |  |  |  | ≈26% |
| 随葬玉环墓 |  |  |  | ≈70% |

玉玦、环虽然在形制、纹饰上并不显眼，但在墓地中具有突出的重要地位与使用的广泛性，并与玉璜一道构成了凌家滩玉器的主体。这批数量巨大、形制普通的玉器，除上述工艺外，与墓地出土的"石钻"形器是否相关？这种"石钻"形器与辘轳轴承又有没有关系？在中国制玉工艺体系中，类似器形又是怎样发展的呢？

## 四 "石钻"功能试析与辘轳轴承的演化

凌家滩的"石钻"发现于98M23，与之同出的另有玉环1、石芯3、砺石2件，以及陶鼎足、陶钵、陶罐、陶豆各1件，共10件（图一九、图二〇，左）。

该器属岩屑砂岩，表面打磨平整。不规则梯形，剖面大致呈圆角长方形，一侧平面较窄，有纵向及短横向磨擦痕，局部已略显凹；另一侧面微弧凸。两个较宽的平面，有一面较平；另一面略弧凸，而且器身中段有数道浅磨擦痕，磨擦痕向器身中间变浅，平面形状呈梭形收缩；而向微弧凸的器身一侧延伸时渐深而宽。在器身的两端，各有一粗细不同、长短不等的螺旋状乳突。据发掘报告中的描述，细端长0.5、直径0.3、尖长0.1厘米，粗端长0.3、直径0.6厘米，整器长约6.3厘米，宽1.1—2.5厘米，厚1.2厘米（图二〇，中、右）[①]。

### （一）凌家滩"石钻"功能试析

若要探讨该器的功能，需要分析以下几个问题，并同时考虑其是作为直接与目标物接触的工具还是不直接与目标物接触的工具。

**1. 器表面的磨擦痕问题**

首先需要关注的是较宽略弧凸平面中段的数道磨擦痕和两个侧面。宽面上的磨擦痕应是捆绑绳子长时间左右磨擦所致；较窄平的一个侧面上的纵向和横向磨擦痕应

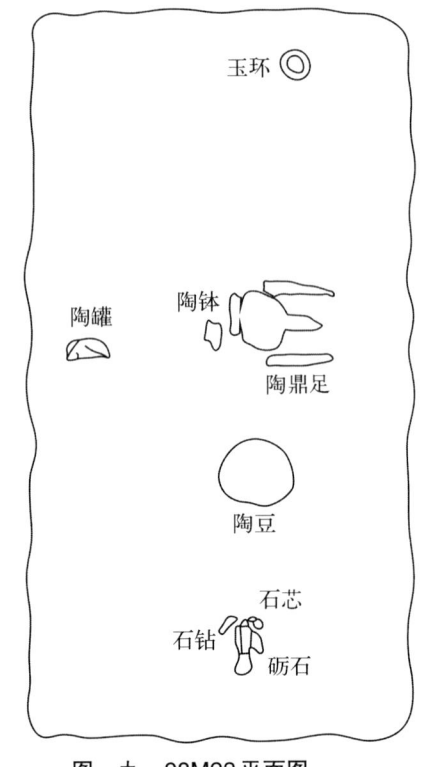

**图一九 98M23平面图**

---

① 照片由邓聪先生拍摄并提供，谨致谢。

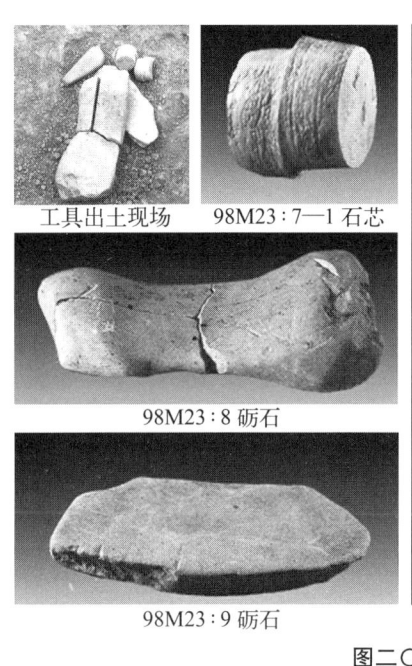

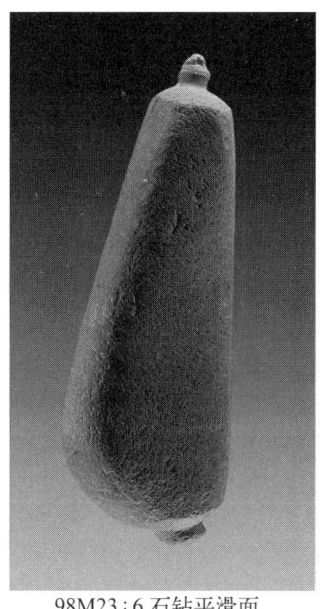

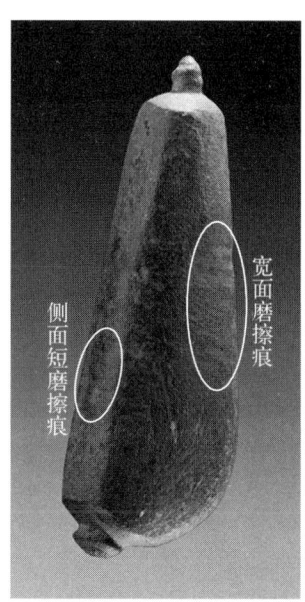

·凌家滩玉玦环研究——兼论"石钻"功能与辘轳轴承的演化· · 43 ·

图二〇 98M23出土的工具及石芯

该是捆绑类似棍状的长条物体在上下或左右磨擦中形成的(图二一,1)。按一般力学原理,在用力过程中如果发生松动,宽平弧凸的一面(特别是拐角处)受到绳子的压力大于较平整的一面,这个受力最大的面与绳子长时间摩擦便会形成磨痕,痕迹在拐角处最深而平面中间最浅正是这一反映。当然,还可以用片状物体捆绑在另一较平整的平面上,也能产生同样的结果(图二一,3),但对较窄的一侧面上纵向痕的解

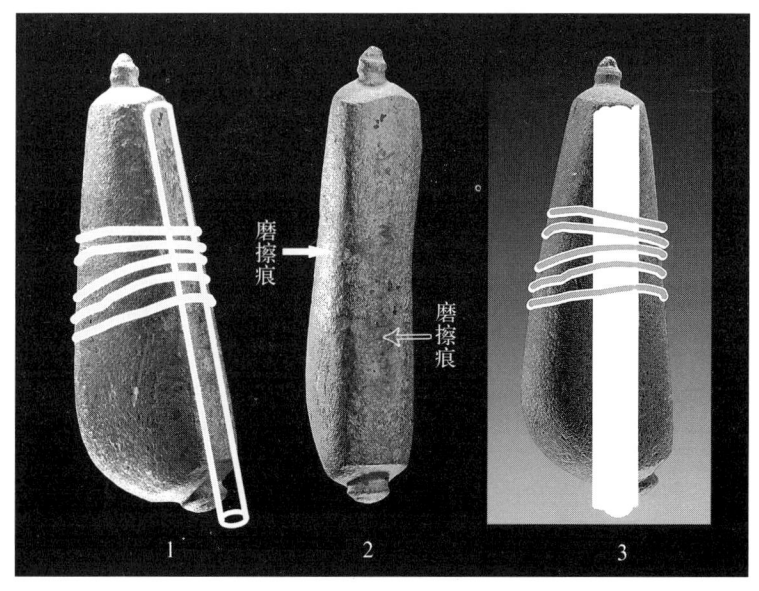

图二一 摩擦痕反映几种可能的捆绑方式复原图

释则有不足。至于为何需要捆绑长条或片状物体则是另一个问题。

2. 乳突部位的螺旋痕问题

这是十分关键而又难解的一个问题，直接关系该器的功能分析。

（1）观察测量

两端乳突部的痕迹十分特殊，细端的乳突大致位于器身中轴线上，方向基本相同，其与较平一侧面的轴线夹角为6°左右；乳突上的螺旋痕按前进方向为左旋2.5—3圈，但与器身之间尚有一段较长的颈部明显内凹；凸起螺纹的间距约1.2—1.5毫米，螺纹间的凹槽深浅不一，两边较深而中间的一圈仅略凹；与器身结合处的接触端面虽有石质本身的凸凹不平，但表面仍相对平滑，但不是呈水平面而是中间高并向四周倾斜，各斜面的倾斜度略有不同，其中一个斜面与乳突轴线的夹角为126°左右。

粗端的乳突向一侧倾斜，其轴线与较平一侧面的轴线夹角为12°左右，与器体中轴线的夹角为18°左右；乳突上的螺纹痕不如细端明显但仍有显露，按前进方向为左旋2圈左右，螺纹间距大体在1.2—1.3毫米，螺纹间的凹槽稍浅，其下的接触端面也较平滑，并呈现向四周的斜面，各斜面的倾斜度有一定差别，总体上一半较陡而另一半略缓，其中较陡一面与乳突轴线的夹角为113°左右[①]（图二二、图二三）。

图二二 98M23两端乳突细部

---

① 细端、粗端的间距、角度等数据均依照片通过coreldraw-x5平面矢量设计软件测量，只是以可见部位为基础，又因照片存在拍摄角度、像差变形问题，数据采样不全面，且与发掘报告公布的略有不同，仅供参考。

图二三 "钻头"各项数据图

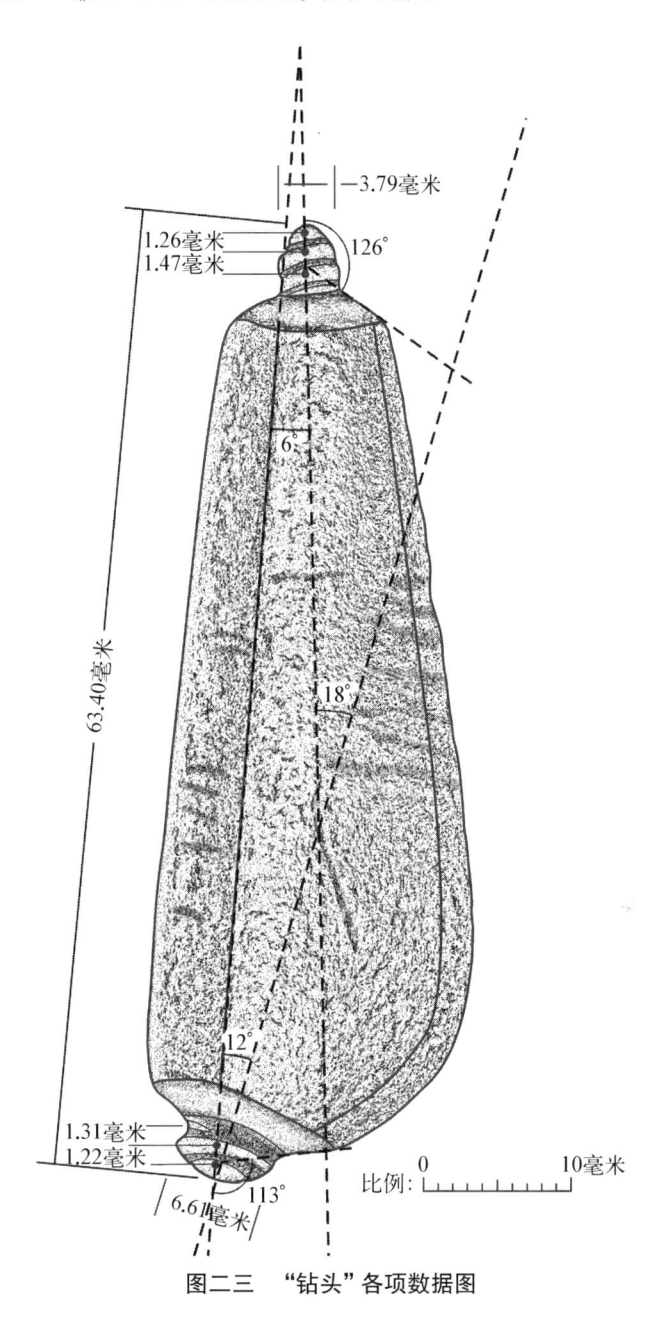

(2) 理论推演[①]

螺旋痕的形成过程较为复杂，目前还不能很好地掌握其成因。这个问题如要真正有效地解决，需要结合模拟实验、力学测量等手段。简单而言，它有两种可能性。

---

① 下文涉及的力学等方面描述只是简单表达方式，用词和推论不一定科学，敬请谅解指正。

**可能性一**：螺旋痕是使用中形成的。

无论是否带砂作业，如果没有旋转而只有纵向或横向打磨，一般只会出现平行或交错痕；如果施以旋转可形成平行或交错旋转痕，但若无推进力则无法出现盘旋的螺旋痕，除非刻意为之（图二四）。

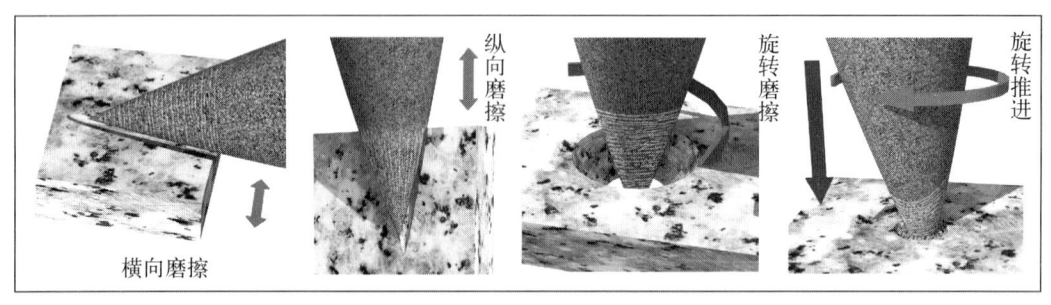

图二四　四种磨擦方式形成的擦痕比较示意图（电脑制作）

A. 按常规螺旋形成的规律，需要旋转、推进、横向压力三方面作用力同时具备（图二五）。假如作为钻具使用，在该器螺旋痕的产生过程中，旋转力是最必要的条件，它可以通过转盘或手动获得，决定了能否在器表产生圆形的旋转痕。推进力主要来自手动或其他外力，大体应与旋转力垂直，它决定了能否将旋转痕变为盘旋的螺旋痕，且螺旋的间距大小与推进的快慢直接相关。横向压力决定了螺旋痕能否出现明显凹槽及其深度，它源于与工具接触的目标物体的器壁，但由于器壁的压力是分散于整个或局部接触面而不是某些接触点，指向乳突方向的压力较为均衡，在磨擦中不易使乳突出现凹槽，除非：一是目标物体的器壁有明显凸出且一直未能磨平（如器壁上的砂粒）；二是在目标物体和工具两者之间加砂，由于砂体的颗粒状特点，在旋转运动中将来自目标物体器壁的均匀横向压力分解，在乳突的接触面上产生不同的压力，从而使乳突部位逐渐出现凹槽；三是由于石质工具本身的构造中也存在小颗粒，在旋转中也可能因脱落而内凹。螺旋痕而非平行或交错旋转痕的最终形成，三种作用力中关键的是推进力。

此外，粗、细两端螺旋痕的形成在力学上也应有所区别。理论上而言，直径较粗、螺旋较密的应是在阻力较大的情况下通过旋转后相对慢速（指纵向速度而非旋转速度）推进而形成；

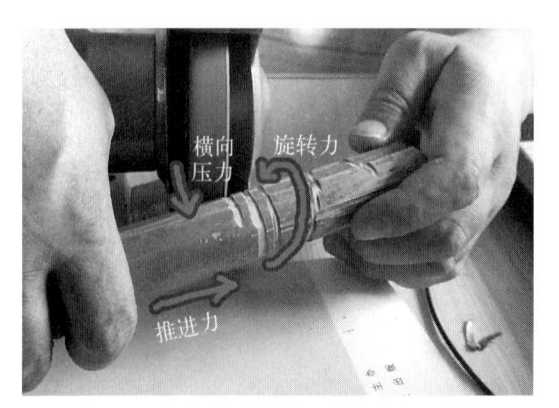

图二五　螺旋痕形成的三个作用力示意图

直径较细、螺旋较疏的应是在阻力相对较小的情况下经旋转后相对快速推进而形成(图二六)。该器粗端直径较细端大近一倍,而螺纹间距略小于细端,虽然与用螺丝钻孔的过程相反,也应是这种原理的反映。但是,在石质物体上形成螺旋痕并非短时间所能,而是需要长时间的磨损,若在玉、石等硬物上钻孔使用,其推进速度也不可能很快。

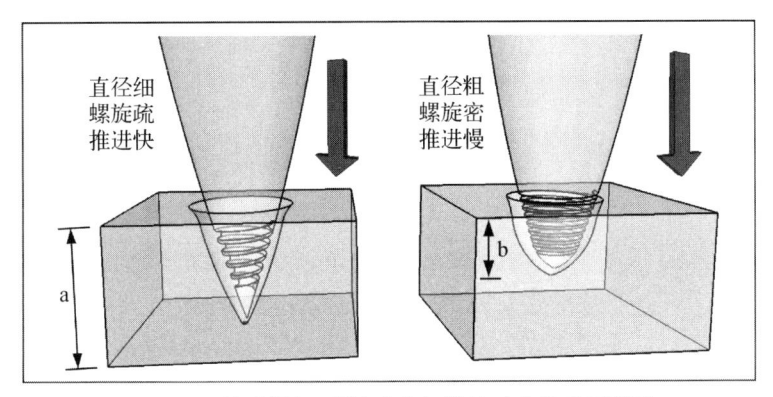

图二六　钻头粗细、螺旋疏密与钻速对应关系示意图

B. 假如作为打磨器使用,该器的乳突特点决定了它难以打磨平面,而应该是在目标物体内、外边缘进行操作。这种情况下比钻孔的阻力大大减小,推进速度便处于相对可控状态,形成螺旋痕的难度也大大减小,而且螺纹间距也可控制。若要实现这种操作,手工使用工具是一种方式,但需长期保持力的相对稳定性(图二七);而一个固定的旋转平台也可较好地解决此问题,平台上可以固定工具或者目标物体(图二八)。由于该器乳突轴线与器体不规则的原因,将其固定于平台上的可行性不大,而更适合手持把握。

图二七　打磨孔壁边缘形成的痕迹示意图(电脑制作)

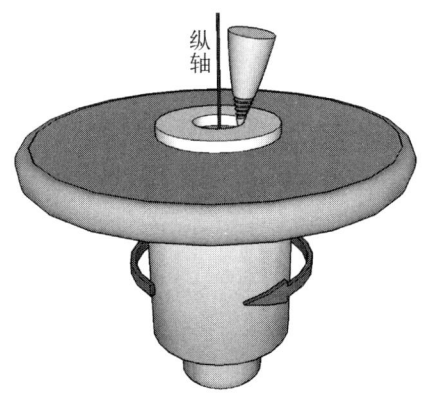

图二八　在旋转平台上打磨孔壁边缘形成的痕迹示意图(电脑制作)

**可能性二**：螺旋痕是人工预先制成。

也即使用前已根据需要将此物预先打磨出螺旋痕，因螺旋的存在不便于打磨之用，其目的更可能为了便于钻孔。但螺旋纹的作用一般是借助与目标物体器壁接触后在螺纹间产生的挤压力，通过螺旋将推进力更好地传递到钻头前端并不断深入。有以下几点需要考虑：

A. 假如作为玉、石器等硬质物体的钻孔工具。如果是直接钻玉、石等硬质材料，姑且不论其损耗程度，单就目标器物周壁与螺纹间便不能产生足够挤压力，推进力便也无法传递，比不上普通实心钻孔直接磨擦的效果。

如果是带砂钻孔，因砂的松散性，工具右旋则会将砂顺着螺旋往上带出而起不到足够的对器物孔壁的磨擦作用。如果是左旋，螺纹才可能将砂下压，并起到一定的磨擦作用，但该器螺旋的凹槽较浅，压砂的作用十分有限，其效果也与一般工具的效果无异。无论哪种方式，有意制成的螺旋都是作用不大的。

B. 假如作为木材、晾干的泥土、贝壳等软质物体的钻孔工具。螺旋是最合适的，但乳突短，钻孔浅，其所起的作用换成其他简易工具也完全可以轻易达到。

因此，该器螺旋痕若有意制成，在钻孔中难以起到独特的作用，也即丧失了其功能上的意义，除非有其他特别的意义。

所以，该器的螺旋痕在制作过程中形成的可能性远大于预先制成的可能性。

**3. 乳突下方的接触端面问题**

因该器乳突下方的接触端面较平滑，在操作过程中需要与目标物体接触后形成，但粗、细两端的平滑面均不与乳突轴线垂直，而是呈倾斜面，这种斜面的形成存在三种可能：一是因操作过程中力学上的需要，有意打磨后形成；二是目标物体与乳突接触的部位本身有一个斜面（图二九）；三是这种斜面具有另一种独立的打磨功能，如此它便是一件复合工具了。

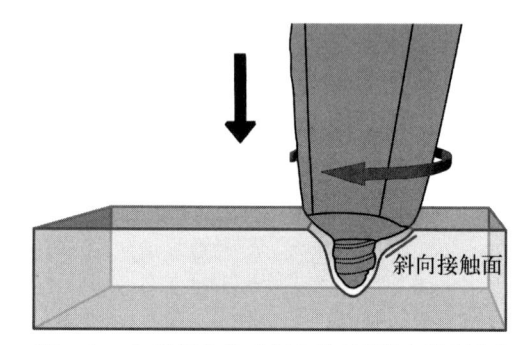

图二九　与目标物体的斜向接触面（电脑制作）

以上是将该器作为直接与目标物体接触的工具进行的讨论。而如果作为不与目标物体接触的工具，它还有另一种可能性：轴承工具。针对上述磨擦痕、螺旋痕、接触端面三个问题，这种工具是否会形成相应痕迹呢？

若为轴承工具，在与转盘的中孔长时间磨擦后，相互损耗可以使接触端面呈倾斜面。因该器不规整，需捆绑固定，并在长期使用中不断松动、磨擦，也可能形成器物表面上的磨擦痕(图三〇①)。虽然这种方式既有旋转力也有推进力(转盘向下的压力),以及转盘对与乳突接触面的横向压力,但最大问题是:作为轴承的目的关键在于使工具更方便、省力地使用,两者的接触面应尽可能光滑,因此其横向压力应相对均衡;又因乳突与转盘的接触面是上小下大,没有可供承托砂粒等硬介质的载体,在经过转盘长时间压力和磨擦后可以产生旋转痕,但是难以产生螺旋痕。

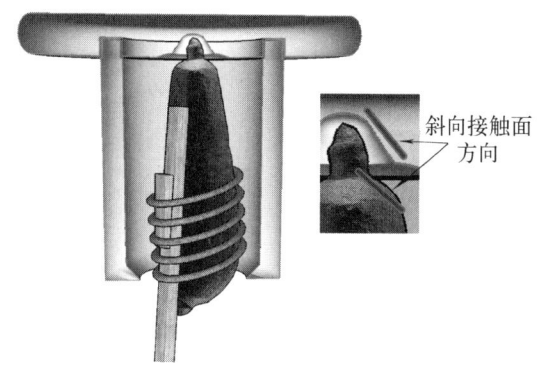

图三〇　与转盘配合使用示意图(电脑制作)

此外作为轴承最重要的技术指标之一的是:上、下两端应在同一垂直轴线上,而该器两端乳突的纵轴线交角约为18°的形态,使器物缺乏稳定性,即使通过捆绑可以解决这一问题,但在石料并不匮乏、玉石加工技术十分高超的情况下,仍有意选择这种不规则形态以及采用这种不合适角度,当不是为支撑转盘所设计。

这种长体扁平、一端或两端有乳突、颈部收束的特征,与早一时期的同类器一脉相承,而器体两端轴线的不重合特点更与方家洲所出部分同类器十分相近。方家洲还有一部分器物的乳突部位为缺口状,没有形成环槽,也不具备旋转应有的特征(图三一)②。

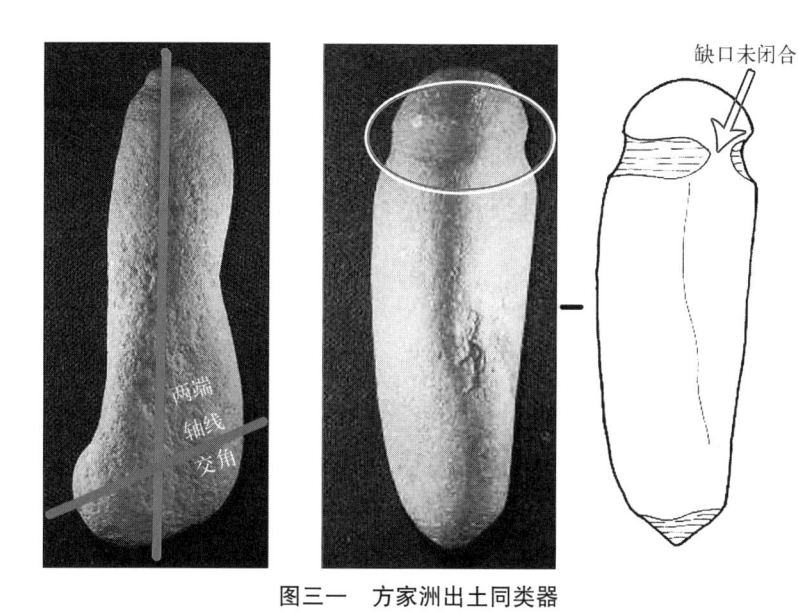

图三一　方家洲出土同类器

---

① 该图参照邓聪先生的辘轳轴承器图仿制示意。
② 方向明:《桐庐方家洲新石器时代遗址中的环玦制作及相关问题》,本次会议参会论文。

4. 出土背景与初步认识

从随葬品组合看,凌家滩的这件器物置于墓的南端,放置同一处的一组器物有以下特点:1件砺石表面已磨成深凹,另1件砺石两面均磨过但表面较平,2件石芯为双面钻,另1件双面钻石芯中间再次被钻孔。这些器物都显示出这是一组与玉、石器加工有关的工具。在墓的最北端,还另有1件有3个实心小钻孔的玉环。通过分析这件器物最为关键的器表磨擦痕、乳突螺旋痕和两端乳突轴线的夹角,可以得出以下几点认识:

(1) 它很有可能通过手持或捆绑,或配合可以旋转的物体进行钻孔和打磨作业,但作为轴承的可能性很小。

(2) 两端乳突轴线18°左右的交角,能够较好地满足人体胳膊与手在使用工具时不过度弯曲的需求。

(3) 左旋的螺旋痕所反映的正是工具工作时右旋的特征,符合大多数人的使用习惯,也从一个侧面证明了它作为手持钻磨工具的可能性。

(4) 由于机械旋转具有稳定性特点,乳突轴线与两端的接触端面所形成的夹角应相对接近,但该器呈20°—40°不等的夹角,若该器承载了平台,则该平台在旋转过程中也不能水平运动,因此它更符合手工操作的不稳定性特点。

综合上述分析,该器在凌家滩玉玦、玉环制作过程中,以用来钻孔、打磨内外边缘的可能性为大,但真正详细的功能远非本文这些分析所能解决,其定名也需进一步探讨。

无论如何,由于其螺旋痕与非对称轴线及十分精致的外观,使之成为同时代诸多同类器中一件珍贵的非典型器,器体各面、各部位不同角度的设计,也体现了与现代人体工程学相似的力学需求。

## (二) 辘轳轴承的演化

辘轳轴承的产生在玉石器制造中是非常重要的一项技术革新,虽然凌家滩的"石钻"并非辘轳轴承,但它们之间还是有着密切的联系。

与之类似的器物在中国乃至东亚多个地点都曾有发现,日本学者有过较多研究,邓聪先生也对此做过详细介绍和研究。大陆学者以往并不太重视这种器物,发表的资料中经常被忽略,或只有简介,一般将其称作石钻或砺石钻,也有称作研磨器、环砥石、石轴的。依邓聪先生的研究和收集的线索[①],本文将全国出土的这类器物归类概括后按千年尺度的划分,择要列图如下(图三二):

---

① 邓聪、郑炜明:《澳门黑沙》,澳门基金会、中文大学出版社(香港),1996年;邓聪:《史前玉器管钻辘轳机械的探讨》,原载《中国社会科学院古代文明研究中心通讯》2003年第3期;邓聪:《中华文明探源与辘轳机械的发现》,《澳门黑沙玉石作坊》,澳门民政总署文化康体部,2013年。

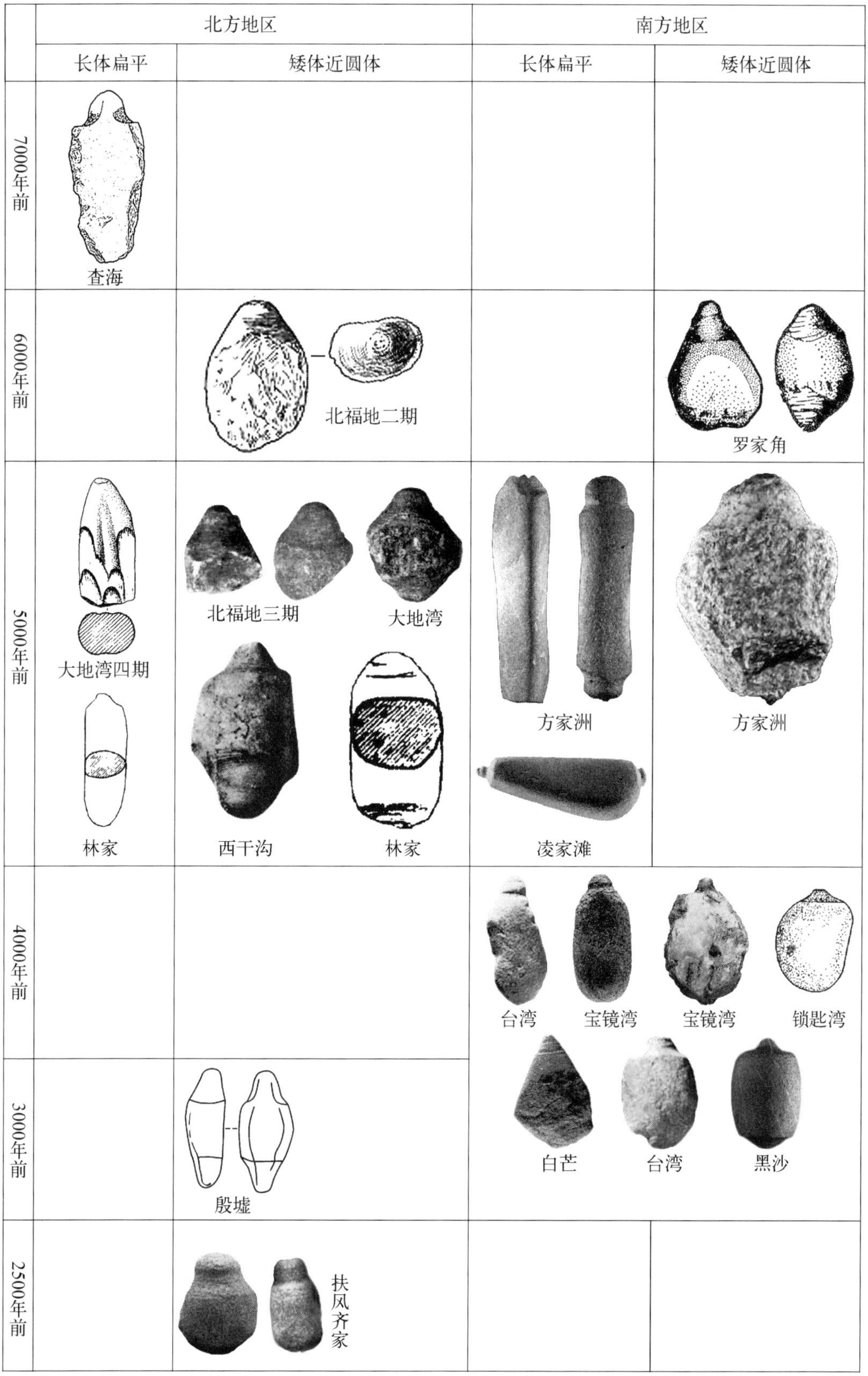

|  | 北方地区 |  | 南方地区 |  |
| --- | --- | --- | --- | --- |
|  | 长体扁平 | 矮体近圆体 | 长体扁平 | 矮体近圆体 |
| 7000年前 | 查海 |  |  |  |
| 6000年前 |  | 北福地二期 |  | 罗家角 |
| 5000年前 | 大地湾四期 林家 | 北福地三期 大地湾 西干沟 林家 | 方家洲 凌家滩 | 方家洲 |
| 4000年前 |  |  |  | 台湾 宝镜湾 宝镜湾 锁匙湾 |
| 3000年前 |  | 殷墟 |  | 白芒 台湾 黑沙 |
| 2500年前 |  | 扶风齐家 |  |  |

图三二　不同时期同类器比较图

这些形似的器物，其最早实例出于东北辽宁查海遗址[1]，距今约7 000多年，为长体扁平型（指横剖面，以下均同），头与身结合的颈部收束，呈缺口形而非环形凹槽。这一阶段是器形的起源阶段，尚不具备连续旋转功能。到距今6 000年前，华北和东南[2]开始出现矮体的扁平与近圆两型。扁平型体较矮，颈部出现环形凹槽，但似乎没有在后期发展起来；而近圆型则逐渐成为后期发展的主流，器身相对规整，但个别仍呈扁圆状，其颈部与器身衔接呈弧面，乳突状特征显露明显，乳突纵轴与整器中轴线接近重合的特点开始出现。这些环形凹槽、弧面的形态与缺口形相比，其成因明显不同，至少是旋转作用力与推拉作用力的差别。这一阶段是不同器形的成型阶段，部分器物已具备连续旋转功能。

距今5 000年前是这类器物发展、完善的一个关键时期，其分布日益广泛，在华北、中原、西北、东南多地出现长体扁平和矮体近圆两型[3]，矮体扁平型已少见或不见。但长体扁平型的演化较为缓慢，更多地保留了早期风格，一部分仍为缺口状，另一部分颈部内收成凹槽，同时也出现了从扁平向扁圆的趋势以及矮体近圆型上的那种颈部与器身衔接呈弧面的特征，此外还有凌家滩这种特殊的螺旋痕乳突出现。矮体近圆型的颈部基本上均呈弧面与器身衔接，个别则呈凹槽状，乳突更趋明显，乳突纵轴与整器中轴线重合度进一步提高。但是两型之间在颈部缺口或环槽、颈部与器身衔接呈弧面的形态上还互有影响。这一阶段是不同器形的整合阶段，具备旋转功能的器形相对成熟并逐渐成为主流。

距今4 000年前后，东南沿海地区开始盛行[4]。除个别地点的不规则器体可勉强归入长体扁平型外，在多数地区已基本消失，或代之以长体近圆的形态，但仍保留了早期颈部为凹槽的形态。矮体近圆型成为主流，器形日趋规整，部分器物的乳突纵轴与整器中轴线已达到完全重合，颈部为弧面。这一阶段是器形的相对统一、规范阶

---

[1] 辽宁省文物考古研究所：《查海——新石器时代聚落遗址的发掘报告》，文物出版社，2012年11月。
[2] 河北省文物研究所：《北福地——易水流域史前遗址》，文物出版社，2007年；罗家角考古队：《桐乡县罗家角遗址发掘报告》，《浙江省文物考古研究所学刊》，文物出版社，1981年。
[3] 甘肃省文物考古研究所：《秦安大地湾——新石器时代遗址发掘报告》，文物出版社，2006年；甘肃省文物工作队等：《甘肃林家遗址发掘报告》，《考古学集刊（第四辑）》，文物出版社，1984年；安徽省文物考古研究所：《凌家滩——田野发掘报告之一》，文物出版社，2006年；国家文物局：《2010年全国重要考古发现》，文物出版社，2011年。西干沟材料引自邓聪：《中华文明探源与辘轳机械的发现》，《澳门黑沙玉石作坊》，澳门民政总署文化康体部，2013年。
[4] 广东省文物考古研究所、珠海市博物馆：《珠海宝镜湾——海岛型史前文化遗址发掘报告》，科学出版社，2004年；邓聪、郑炜明：《澳门黑沙》，澳门基金会、中文大学出版社（香港），1996年；珠海博物馆：《广东珠海荷包岛锁匙湾遗址调查》，《东南考古（二）》，厦门大学出版社，1999年。台湾、白芒的材料引自邓聪：《中华文明探源与辘轳机械的发现》，《澳门黑沙玉石作坊》，澳门民政总署文化康体部，2013年。

段,具备旋转功能的器形中,一部分较为规范的应该可以起到轴承的作用了,澳门黑沙遗址所出即是这一时期最典型的代表,也是形态最完整、最规范的标本之一。

到距今2 500年前,中原、关中所见已基本是矮体近圆型了,但颈部凹槽仍有所见[①]。

总体而言,随着时代的发展这类器物有以下四点明显变化:

1. 颈部收束从缺口形向环形凹槽演化,且一直断续存在,而稍迟一阶段发展起来的颈部呈弧面的特征越来越成为主要形式。

2. 缺口形主要与长体扁平型相配,颈部呈弧面形主要与矮体近圆型相配,但有相互交错现象,环槽形似应是两者发展过程的中间阶段。

3. 长体扁平型到距今5 000年左右之后渐被淘汰或演变为少量的长体近圆型,代之而起的是以矮体近圆型为主。

4. 器体的高度不断降低,最终以粗矮的近圆型为主流。

这样的发展变化过程应该与技术的变化以及由此带动的功能变化有着密切的关系,在认识过程中可以关注的有以下几点:

1. 长体扁平型有利于手的把握但不利于机械旋转,矮体近圆型有利于机械旋转但不利于手的把握。

2. 颈部凹槽尤其是缺口形不是常态的机械旋转所能形成的,而多数应与手工操作相关,它的变化与扁平型的变化过程相关。

3. 技术与功能的变化是一个长时段的过程,在变化过程中技术传承的脉络并非单线,而是常常交织在一起,新技术的出现与旧技术的使用会长时期并存。因此,这种器物虽然形制相似,但因各自时代、各自区域的技术背景不同,其功能也会有所不同。

总观5 000年前一部分器体规整、颈部与器身结合部呈弧面的形态,首先是在力学上已部分具备支撑旋转的需要,但能否满足实际的功能需求仍有待观察;而4 000年前后类似黑沙那种极其规范的形态,则基本具备了作为支撑辘轳旋转功能所需的各项技术指标。因此,5 000年前和4 000年前后是这类器物发展演变的两个关键时期:

前一时期是多样化发展时期,多种形态与多种功能并存,并逐渐形成了以矮体近圆型为主流的形态,是辘轳的起源阶段。

后一时期是统一与规范时期,虽然形态上仍有区别,但总体上已基本一致,其中

---

[①] 中国社会科学院考古研究所:《殷墟发掘报告1958—1961》,文物出版社,1987年;陕西省文物考古研究院、北京大学考古文博学院、中国社会科学院考古研究所周原考古队:《周原——2002年度齐家制玦作坊和礼村遗址考古发掘报告》,科学出版社,2010年。

的一部分器形规整、两端乳突的中轴线重合、接触端面的斜角近等的标准形态,才是辘轳所需的形式。从这一时期开始,这种器型在功能上便发生了根本性的分化,一部分仍旧延续了原来的直接制作器物的功能,另一部分转变为方便旋转而提升制作效率的间接工具,可以说这是辘轳形成过程中的关键环节,黑沙遗址所出正是这一关键环节中的代表性形态,这也正是黑沙遗址重要之所在。

附记:本文是作者第一次就凌家滩玉石器制作工艺进行专门分析,不当之处还请诸位专家见谅。关于"石钻"与辘轳的思考得益于邓聪先生的多篇大作,并由此而引起对此类器物的兴趣。文中的大部分器物插图由许晶晶、袁增箭两位同学协助完成,三维电脑插图由郭斗协助制作,特此致谢。

2013年6月10日于凌家滩发掘工地
2013年10月修改

(原载于邓聪主编:《澳门黑沙史前轮轴机械国际会议论文集》,澳门特别行政区民政总署文化康体部,2014年12月)

## 2021年1月20日　背景补记:

2013年6月,邓聪先生在澳门筹办了"澳门黑沙史前轮轴机械及相关问题国际会议",本文借此对凌家滩的玉环、玦的形态、工艺、在墓地中的分布等进行了系统研究,发现了之前不曾注意的一些细节问题。对"石钻"的研究,系邓聪先生的命题作文,但倡议学术自由,各自畅言。在研究过程中,走了非常态的路径,尝试多角度分析,也得到一些有趣的结果,并借机对全国类似器物发展史重新梳理了一遍,纠正了以往对凌家滩"石钻"的一些不确切说法。

# 凌家滩祭坛遗迹试论

安徽含山凌家滩遗址发现的祭坛,是该遗址发掘过程中的重要发现之一,但因历代有所破坏,并且也存在着一些工作和认识上的问题,揭露出的形状并不十分完整,考古学界和史学界对于它是否属于"祭坛"也就有一些疑问[①]。这些疑问对于促进田野工作的进一步细化和研究的深入无疑有着相当积极的意义,因此笔者根据本人参加发掘所获得的认识,也希望借讨论凌家滩祭坛这一问题来加深对这方面的理解。

## 一 语 义 分 析

在古代中国,"国之大事,在祀与戎",祭祀是一项广泛存在而又十分重要的活动,因而一直被看作国家的头等大事。《墨子·明鬼下》就说:"且惟昔者虞夏商周三代之圣王,其始建国营都日,必择国之正坛,置以为宗庙;必择木之修茂者,立以为菆位。"祭祀在数千年的发展历程中,逐渐形成了一整套的祭统、祭仪、祭法等规范,早在先秦和两汉时期的文献中,对此便有了较详细的记载。虽然在不同的历史时期,祭祀有不同的祭仪、祭法和祭意,但总的来说它们是一脉相承而没有发生质的变化。《说文解字》对"祭"从象形的角度解释说:"祭,祭祀也,从示,以手持肉";《礼记·祭统》从伦理的角度说:"祭者,所以追养继孝也";《周礼·天官冢宰》从政治的角度说:"以八则治都鄙,一曰祭祀,以驭其神;二曰法则,以驭其官……";而王充在《论衡·祭意篇》中则将祭祀的意义做了较为完整的概括:"凡祭祀之义有二:一曰报功,二曰修先。报功以勉力,修先以崇恩。"所以,祭祀从目的和手段上而言,实际上是对

---

[①] 此类疑问多隐约散见于相关文章中,专论则有周玮:《安徽含山凌家滩祭坛的初步研究》,《东南文化》2001年第1期。

陈奉物品以供神鬼祖先的通称,是一种专门的、具有特殊意义的行为。由于祭祀在古代人们的意识中具有思想上和功利上的双重作用,因而受到了高度的重视,并得到了广泛的应用,有关祭祀的种类也有了一整套的划分,《尔雅·释天》曾记:"春祭曰祠,夏祭曰礿,秋祭曰尝,冬祭曰烝。祭天曰燔柴,祭地曰瘗埋,祭山曰庪县,祭川曰浮沉,祭星曰布,祭风曰磔。"诸如此类的划分在古代文献中基本上大同小异,它既表现了祭祀对象的多样化,也表现了祭祀行为的规范化。以上记载均说明,祭祀这一行为在秦汉以前就已经有一套完整的体系了,而这一体系的形成自有其久远的历史。

"祭"作为一种行为,在很多情况下它需要利用一定的物质载体来具体表现,其中最重要的莫过于祭品、祭具和场所。除了《说文解字》中所说的"持肉"外,祭品还有其他不同种类,祭具也相应有不同种类,而场所由于时代的更替、功能和意义的不同,更有不同的形式。《尚书·金縢》曾记:"既克商二年,王有疾,弗豫。……周公乃自以为功,为三坛同墠";《礼记·祭法》云:"燔柴于泰坛,祭天也;瘗埋于泰折,祭地也",又云:"王立七庙,一坛一墠……去祧为坛,去坛为墠";在《史记·卫将军骠骑列传》中有"封狼居胥山,禅于姑衍"之语,《史记正义》对此解释说:"积土为坛于山上,封以祭天也,祭地曰禅";同样,在《史记·秦始皇本纪》中记始皇"与鲁诸儒生议,刻石颂秦德,议封禅望祭山川之事",《正义》又引晋太康《地记》云:"为坛于太山以祭天,示增高也;为墠于梁父以祭地,示增广也。"这些记载说明先秦两汉之时对祭祀场所有较细致的区分,至少存在着庙、祧、坛、墠及其他多种形式,坛即是其中比较重要的一种。就"坛"而言,郑玄在注《公羊传·庄公十三年》"庄公升坛,曹子手剑而从之"时说:"土基三尺,土阶三等曰坛";段玉裁在《说文解字注》中更有一个详细的注解:"师古曰:筑土为坛,除地为场。按墠即场也,为场而后坛之,坛之前又必除地为场,以为祭神之道。故坛场必连言之……场有不坛者,坛则无不场也。"至于坛本身,由于祭祀对象的不同也有不同的划分,特别是随着时间的推移,这种划分越来越细,如《旧唐书·志第三·礼仪三》记高宗既封泰山之后,又欲遍封五岳,于是议立封祀坛、登封坛、禅祭坛、朝觐坛;又如《明史·志第二十五·礼三·吉礼三》:"洪武三年,帝谓中书省臣:'日月皆专坛祭,而星辰乃祔祭于月坛,非礼也。'礼部拟于城南诸神享祭坛正南向,增九间……"这些记载说明坛的分类是渐趋细化的。但总的来说,虽然坛在发展的过程中有不同的形式,它的本义不外乎"积土成台",是用土、石等材料建成的一种用于祭祀或朝会、盟誓等重要活动的场所[①],其中最主要的一种就是指祭祀的场所。

---

[①] 罗竹风:《汉语大词典》第七卷,第1225页,汉语大词典出版社,1991年。

虽然我们了解了"祭"是行为,"坛"是场所,两者之间有较为紧密的联系,但据笔者有限的先秦和汉代文献知识,似乎祭、坛两字却是一直分开使用的,仅在《说文解字》中曾连称为"祭坛场也",也仅是为解释"坛"字而用,并不是一个固定的词汇。秦汉以降,两字连用也并不很多,不过,颜师古注《汉书·礼乐志第二·后皇十四》中"后皇嘉坛,立玄黄服"时所言:"坛,祭坛也",已近同于现代意义上祭坛的含义了。到了明代,祭坛两字连用渐有多见,而且有些地方的含义也基本上与现代词汇相同,如《明史·志第二十五·礼十三·凶礼二》:"永乐中,贵妃王氏薨,……辞灵祭坛与初丧同。"至清代,两字连用更多了一些,如某皇"祭坛庙"之语时有出现,但"祭"为动词,"坛""庙"并列为其宾语,是一个动宾结构,"祭"并未与"坛"构成一个独立的名词。随着时间的推移,"坛"的含义不断得到延伸,"坛"字的运用也更为广泛,以至佛、道教及其他诸多宗教举行法事和重要活动的场所也都称为"坛"。到了近现代,更是出现了"讲坛""论坛"等类词汇,"坛"在很多方面成了位置相对较高、具有特定功能的场所的代名词。在"坛"的含义得到进一步延伸的同时,祭祀场所的划分却显得越来越模糊,特别是在新文化运动以后这种划分渐趋废弃,而在一些新体诗、文中则常以"祭坛"一词来笼统指代大型的祭祀场所,进而成为社会科学研究中的一个术语,并逐渐成为固定的词汇。由于有"祭"字作为"坛"的限定而区别于其他的"坛",该词的意义便专指"供祭祀或宗教祈祷用的台"[1],或"行祭礼之坛也"[2]。

既然从文献中我们知道祭祀在古代中国有着广泛的应用,那么"祭"所应具备的场所也应该广泛存在着,在考古材料中目前至少可以知道它在三代文明中是客观存在的。近年来,在国内的史前考古工作中曾陆续发现了一些土筑或石筑并具有一定形状的大型遗迹,它们大都类似"坛"的形状,常常与墓葬紧密相关,又基本上位于山岗的顶部、近顶部或相对的高处,在地理位置上具有一定的特殊性,有些遗迹旁还发现了明显具有礼器或祭品性质的遗物,特别是伴随着这些遗迹都有一个共同的现象就是均出土较多的玉器,与普通的遗迹现象明显不同,在考古学研究中,一般都倾向于将这类比较特殊的遗迹认同为与祭祀有关。由于文献记载中有关祭祀场所的划分并不能够完全反映史前时期祭祀场所的状况,同时鉴于考古工作的局限性,至少目前还无法将考古发现中类似坛状的场所一一区分开来,更不能确定它们是文献中所言的何种具体的祭祀场所。但既与祭祀有关,本身又是具有坛的形状、性质特殊的场所,在现代社会科学的范畴内和目前考古工作所能达到的限度内,在考古资料还不能

---

[1] 罗竹风:《汉语大词典》第七卷,第913页,汉语大词典出版社,1991年。
[2] 中文大辞典编纂委员会:《中文大辞典》第二十四册,第57页,台北中国文化研究所印行。

完全与文献记载相对应的情况下,作为研究工作必须经过的一个中间环节,以现代已广泛应用的、具有固定词汇性质的语言将其称为"祭坛",应当是可以而且是比较恰当的,同时也不失为一个权宜的、能有效解决问题的办法。

## 二 遗迹辨析

凌家滩遗址位于裕溪河北岸,一条相对高度约5—20、宽约300—450米的狭长山岗,并自北边几公里外的太湖山麓向南延伸至河边。在接近河岸处地势趋于宽阔而平缓,相对周围水田高度不超过6米。经钻探和试掘,在这一带发现了平面近长方形、总面积近3 000平方米的红烧土堆积,平均厚度在1.5米左右[①],从出露的迹象看应属重要的建筑基址,是整个遗址的中心地带。在山岗两侧数百米的范围内也发现了同时期的文化堆积,总面积达数十万平方米(图一)。据调查,在其周围半径约2公里的范围内还发现有几处小型的遗址,内涵与凌家滩遗址基本一致,应属同一文化类型。

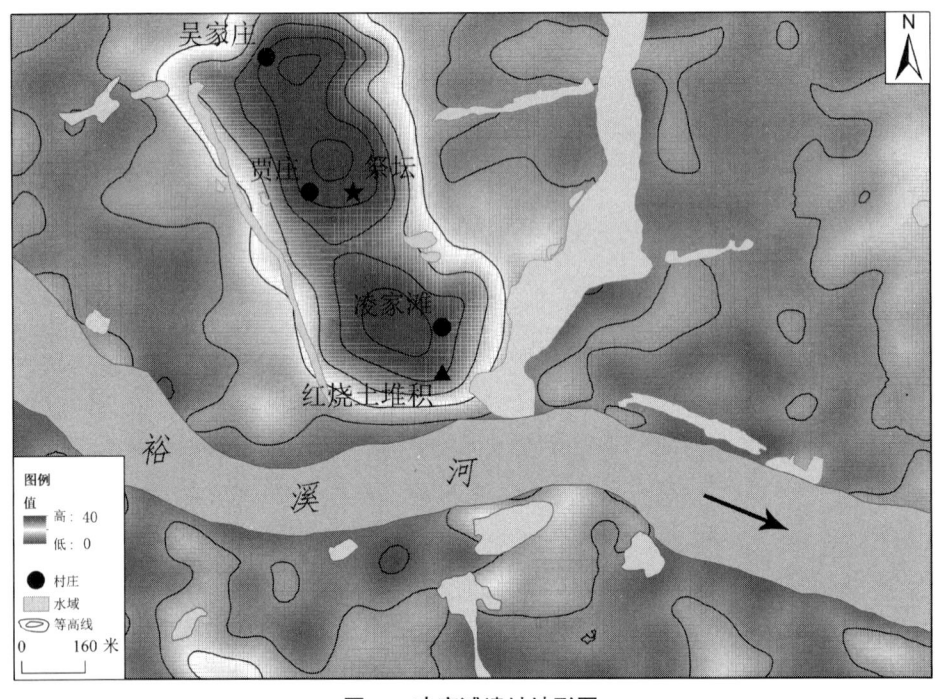

**图一 凌家滩遗址地形图**

---

① 张敬国、杨竹英:《凌家滩发现我国最早红陶块铺装大型广场》,《中国文物报》2000年12月24日第1版。

从红烧土堆积往北,地势逐步抬高,在向北约500米的山岗近顶部,有一处海拔高度约20米,相对周围水田高度约13米的缓坡状高地,总面积3 000多平方米,南侧有一道陡坎,西、北两边比较平坦,东面则向下倾斜成缓坡状。从这里再往北100多米即为这一带山岗的最高处,也是一片坡度较为平缓的高地,面积数千平方米,从岗顶向东、南、西三面可俯视整个遗址区,其中山岗的东西两侧现为海拔高度仅约6—10米的广阔平坦的水稻田,纵横交错的水网广布其间,并将其分割成大小不等的方块,再向北则是较低矮的山岗。这两片高地实际上是连为一体的,仅在中间有一条宽不到10、深1米有余的小沟将其分为南北两部分,南半部分即是现已发现的祭坛所在地。

这处祭坛(为叙述方便,在论证过程中仍先以"祭坛"一词指代这处遗迹),实际上处于整个遗址的中心之北侧,是一处相对独立的祭祀和埋葬场所。祭坛表面类似圜形,从顶部到边缘最大高差约有1米。根据局部的解剖和坛体中因后期墓葬打破而形成的剖面观察,坛体自上而下可分为三层。最下层为纯净细腻的黄斑土即祭坛③层,厚约10—20厘米。在黄斑土之上,是用一种灰白色的黏性较强的物质作为黏合剂将大量的小石子搅拌铺设而成的祭坛②层,结构十分紧密,在石子之间不含任何陶片[1]。为了获取科学的数据,我们在T1407西南角已局部暴露的祭坛②层表面随机划定了10×10平方厘米的范围,并采集了这一范围内表层暴露的全部石子,运用旧石器时代考古中常用的判断石器堆积的方法对其进行了测量[2],以观察其是否属人工堆积。采集的这批石子共有59颗,除极少数长度超过15毫米外,绝大多数长均在5—15毫米,岩类有硅质岩、石英岩、石英砂岩和极少量的变质岩、阳起石、玛瑙,其中石英占总数的49%,硅质岩约占30%,石英砂占15%,其余几类总计不到6%。磨圆度绝大多数为1至2级,仅2件达到3级。石子大多数均未风化,已风化的仅占20%,而属破碎的则占到59%(表一)。这些情况表明这批石子在原料的质地、颗粒的大小、磨圆度的等级等方面具有明显的选择性,但由于在质地选择上具有高度的一致性,绝

---

[1] 有关祭坛和其他遗迹的基本情况见,安徽省文物考古研究所:《安徽含山凌家滩新石器时代墓地发掘简报》,《文物》1989年第4期;安徽省文物考古研究所、含山县文物管理所:《安徽含山县凌家滩遗址第三次发掘简报》,《考古》1999年第11期;张敬国等:《凌家滩遗址考古发掘获重大成果》,《中国文物报》,1998年12月9日第1版。

[2] 有关测量的解释如下:A向为石块长轴的倾斜方向,A角为长轴的倾斜角度;B向为石块扁平面的倾斜方向,B角为扁平面的倾斜角度,以上四类测量单位均为"度"。磨圆度分0—4级,分别为棱角状、次棱角状、次圆状、圆状、极圆状。风化程度分4级,分别为未风化、轻微风化、中等风化、严重风化。这次有关石头数据的测量是在新石器遗址发掘中的一次尝试,具体工作是在房迎三的提示和指导下进行的,在此谨表谢意。

大多数石料本身具有很高的硬度而破碎率却相当高,同时还有黏合剂的存在,因而明显不具备自然分选的特点,只能是人工分选而成。此外石料中间不含任何陶片或其他杂物,这在有遗址堆积的地点是极其少见的,因此,该层石子系人工铺设是毫无疑问的。由于发掘未向深处进行,这一层的面积不能详细测量,仅据有限的可供观察的剖面估算,大约为300平方米。在祭坛②层之上,还有一层用大小不一的鹅卵石、碎石为原料,以黏土为黏合剂铺设而成的祭坛①层(彩版七,①),相对于祭坛②层而言结构略为松散,并且中间夹杂有一定数量的陶片,它大体上覆盖了祭坛②层,但中心向北有一定程度的偏移。该层石料的质地与②层基本相同但硅质岩相对较少,个体也明显偏大,大多数在50毫米以上,有不少还超过了100毫米,在大的石块之间有很多长度20毫米左右的小石块填充其间。虽然由于各种原因其平面还未完全弄清,但据现有状况分析应为一近似方形的平面,面积约800平方米。在这一层的中、北部表面,还发现一层用大量较大石块薄薄铺设而成的平面,石块长度基本上超过50毫米,大多数都达到了100毫米以上。这几层堆积从所测数据和形状、结构上看可以排除自然堆积的可能性。

表一 祭坛②层表层石子测量数据表

| 序号 | 质地 | 长毫米 | 宽毫米 | 厚毫米 | A向 | A角 | B向 | B角 | 磨圆 | 风化 | 备注 |
|---|---|---|---|---|---|---|---|---|---|---|---|
| 1 | 硅质岩 | 21 | 19 | 未知 | 225 | 22 | 179 | 28 | 1 | 0 | |
| 2 | 硅质岩 | 12.5 | 9.5 | 7 | | | | | 1 | 0 | |
| 3 | 硅质岩 | 14 | 8 | 6.5 | | | | | 2 | 0 | |
| 4 | 硅质岩 | 16.5 | 10.5 | 11 | | | | | 1 | 0 | 碎石 |
| 5 | 硅质岩 | 12 | 8.5 | 6.5 | | | | | 1 | 0 | 碎石 |
| 6 | 硅质岩 | 10 | 6 | 3 | | | | | 1 | 0 | |
| 7 | 硅质岩 | 8 | 7.5 | 6.5 | | | | | 2 | 0 | |
| 8 | 硅质岩 | 8.5 | 7 | 3 | | | | | 2 | 0 | 碎石 |
| 9 | 硅质岩 | 9 | 5.5 | 4 | | | | | 2 | 0 | 碎石 |
| 10 | 硅质岩 | 7.5 | 5.5 | 4.5 | | | | | 1 | 0 | 碎石 |
| 11 | 硅质岩 | 5.5 | 4.5 | 2.5 | | | | | 1 | 0 | 碎石 |
| 12 | 硅质岩 | 5.5 | 4.5 | 2.5 | | | | | 1 | 0 | 碎石 |
| 13 | 硅质岩 | 5.5 | 3.5 | 3 | | | | | 1 | 0 | 碎石 |
| 14 | 硅质岩 | 9 | 4.5 | 3.5 | | | | | 2 | 0 | |

续 表

| 序号 | 质地 | 长毫米 | 宽毫米 | 厚毫米 | A向 | A角 | B向 | B角 | 磨圆 | 风化 | 备注 |
|---|---|---|---|---|---|---|---|---|---|---|---|
| 15 | 硅质岩 | 8.5 | 5.5 | 3 | | | | | 1 | 0 | 碎石 |
| 16 | 硅质岩 | 5.5 | 4 | 2.5 | | | | | 0 | 0 | 碎石 |
| 17 | 硅质岩 | 5.5 | 4 | 2.5 | | | | | 1 | 0 | 碎石 |
| 18 | 硅质岩 | 5.5 | 4.5 | 2.5 | | | | | 2 | 0 | |
| 19 | 石英 | 29 | 22 | 14 | 76 | 9 | 167 | 31 | 2 | 0 | |
| 20 | 石英 | 15.5 | 8.5 | 4.5 | | | | | 1 | 0 | |
| 21 | 石英 | 13.5 | 9.5 | 6.5 | | | | | 2 | 0 | |
| 22 | 石英 | 11.5 | 8.5 | 3 | | | | | 1 | 1 | 碎石 |
| 23 | 石英 | 12 | 6.5 | 6 | | | | | 2 | 0 | 碎石 |
| 24 | 石英 | 9.5 | 7 | 5 | | | | | 1 | 2 | 碎石 |
| 25 | 石英 | 9.5 | 6.5 | 5.5 | | | | | 2 | 2 | 碎石 |
| 26 | 石英 | 9 | 7.5 | 6.5 | | | | | 1 | 2 | 碎石 |
| 27 | 石英 | 12.5 | 5 | 4.5 | | | | | 1 | 0 | |
| 28 | 石英 | 11 | 8.5 | 5 | | | | | 1 | 0 | |
| 29 | 石英 | 9.5 | 7.5 | 5 | | | | | 1 | 0 | 碎石 |
| 30 | 石英 | 8.5 | 7 | 3.5 | | | | | 2 | 0 | |
| 31 | 石英 | 8 | 7.5 | 5 | | | | | 1 | 0 | 碎石 |
| 32 | 石英 | 8.5 | 6.5 | 6 | | | | | 2 | 0 | |
| 33 | 石英 | 9 | 7.5 | 4.5 | | | | | 2 | 1 | 碎石 |
| 34 | 石英 | 8.5 | 5 | 3.5 | | | | | 2 | 0 | 碎石 |
| 35 | 石英 | 7 | 6.5 | 3 | | | | | 2 | 0 | 碎石 |
| 36 | 石英 | 8 | 5.5 | 3 | | | | | 1 | 0 | 碎石 |
| 37 | 石英 | 8 | 4.5 | 4 | | | | | 1 | 0 | 碎石 |
| 38 | 石英 | 5.5 | 4.5 | 4.5 | | | | | 2 | 0 | 碎石 |
| 39 | 石英 | 7 | 5 | 4 | | | | | 1 | 0 | 碎石 |
| 40 | 石英 | 5.5 | 5.5 | 4 | | | | | 2 | 0 | 碎石 |
| 41 | 石英 | 5 | 3.5 | 3.5 | | | | | 2 | 0 | |
| 42 | 石英 | 5.5 | 4 | 1.5 | | | | | 1 | 0 | 碎石 |

续 表

| 序号 | 质地 | 长毫米 | 宽毫米 | 厚毫米 | A向 | A角 | B向 | B角 | 磨圆 | 风化 | 备注 |
|---|---|---|---|---|---|---|---|---|---|---|---|
| 43 | 石英 | 5.5 | 3 | 1 | | | | | 1 | 0 | 碎石 |
| 44 | 石英 | 4 | 4 | 2.5 | | | | | 1 | 0 | 碎石 |
| 45 | 石英 | 3.5 | 3.5 | 2.5 | | | | | 1 | 0 | 碎石 |
| 46 | 石英 | 5 | 2.5 | 2 | | | | | 1 | 0 | 碎石 |
| 47 | 石英 | 4 | 3.5 | 2.5 | | | | | 1 | 0 | 碎石 |
| 48 | 石英砂 | 58 | 41 | 24 | 148 | 16 | 58 | 44 | 2 | 0 | |
| 49 | 石英砂 | 19 | 17 | 未知 | 223 | 0 | 223 | 0 | 2 | 0 | |
| 50 | 石英砂 | 22 | 13 | 未知 | 200 | 16 | 200 | 16 | 3 | 0 | |
| 51 | 石英砂 | 11.5 | 8 | 6.5 | | | | | 1 | 2 | |
| 52 | 石英砂 | 14 | 12.5 | 6 | | | | | 2 | 1 | 碎石 |
| 53 | 石英砂 | 12 | 8 | 6.5 | | | | | 2 | 2 | |
| 54 | 石英砂 | 8 | 5.5 | 4.4 | | | | | 2 | 1 | |
| 55 | 石英砂 | 10 | 7 | 3.5 | | | | | 1 | 1 | 碎石 |
| 56 | 石英砂 | 9.5 | 5 | 4 | | | | | 1 | 0 | |
| 57 | 玛瑙 | 13 | 12 | 6 | 44 | 14 | 307 | 17.5 | 2 | 0 | |
| 58 | 阳起石 | 15 | 6 | 5 | | | | | 未知 | 1 | 碎片 |
| 59 | 变质岩 | 11.5 | 7 | 5.5 | | | | | 3 | 2 | |

说明：
1. 长度最大精确度为0.5毫米，角度最大精确度为0.5度。
2. 大多数石子因太小或破碎而无法测量其方向和倾角。
3. 未全部暴露者其未测数据标为"未知"。

如果仔细分析，我们可以发现祭坛③层处在祭坛的最底层，现有情况表明其分布范围略大于②层，但与②层大体吻合，并且同样不含任何陶片，因此它应该是建造祭坛时铺底之用，②、③层应属同一建筑的两个组成部分。祭坛①层若与②层相比，可以得到如下信息：1. 用料方面，对石料质地的选择与②层基本相同，但②层对石料大小的选择较为严格，而①层既有大石块，也有小石块，对石料大小的选择显得相对随意；2. 填充物方面，②层除石子外不含其他杂物，并用专门的黏性较强的物质作为黏合剂，使坛体结构紧密，而①层则用黏土作为黏合剂，并在石料之间杂有一定量的碎陶片，使坛体结构相对粗糙而松散；3. 面积上，①层大大超过②层,覆盖了②层的大多数,但两者的中心位置明显不在一处,①层向北有一定程度的偏移。这些信息表明祭坛①层既与②层相似,又有所不同,应是在②层的基础上再次修建而成的,在功能上应该是祭坛②层的延续。至于①层表面中、北部的大石块平面,面积不大,仅占①层表面的一小部分,并在位置上更偏向北部,它在石料大小的选择和铺筑方法上与①层也略有不同,不排除其作为①层表面修补结果的可能性,特别是东北部一片明显向北凸出而相对独立,从平面上看不能够与①层相融,或许是再次修补或扩建的痕迹。如此,我们判断祭坛至少经过了两次修建和一次扩建或修补,说明其延续了较长的时间。值得注意的是,坛体从早到晚具有以下一些变化,即从选料到黏合剂和填充物都反映出一种由严格、精细到随意、粗糙的趋势。

在祭坛①层的表面,1998年的发掘曾发现了3处祭祀坑和4处积石圈[①],其中1号祭祀坑大体呈长方形,但东、西两壁向祭坛最高点方向弧凸,西南角有一较大石块斜立,坑内填满泥土,内有陶豆2件、陶盆1件、器盖1件,并发现一小段类似禽骨的细骨。此坑形态不似墓葬,根据其朝向、形状应属祭坛①层的附属遗迹,坑内遗物则具有祭品性质。2号坑形状不如1号坑规整,但也大体呈长方形,坑内也为泥土,并有石钺1件。3号坑是在1、2号坑发现以后确认并清理的,坑内同样填满了泥土,在清理时用小铲和毛刷仔细清出,其与周围坑壁分界极为明显,内无遗物发现。此坑与祭坛①层表面浑然一体,毫无打破迹象,两者应属同时建成,这说明在构思建造坛体时,已将该坑规划在内,作为有特殊用途而位置固定的一种遗迹。此外,1987年发掘的M1在祭坛①层的南面,叠压于M4之上,平面形状为椭圆形,圜底,不太像墓葬而似为一坑,内有红烧土颗粒和陶片,并出土了3件玉人、1件石璧和几件玉饰,或也属祭祀坑之类的遗迹。积石圈比较明显的当属1号,平面近似圆形(图二),因周边石块较大而中间石块略小,所以中间略显得低凹。石块置于祭坛①层之表层,在进行了统计的46个石块中(有一小部分因仅出露一部分或太小而未统计),石英砂岩占到了80%左右,石英岩约占11%,剩余的为硅质岩和砾岩一类。石块长度大多数在100—300毫米之间,约占67%,100毫米以下的占26%,而300毫米以上的仅占7%(表二),选料同样相当讲究,也应属人工之有意堆积。

---

[①] 1号、3号祭祀坑和1号、3号积石圈比较明显,2号祭祀坑不如1号、3号明显但也呈坑状;2号、4号积石圈现场判断或有不确之处,暂可存疑。至于积石圈形成的动因目前还无法判断,只能说是明显的人工堆积。此外,对"祭祀坑"这一概念的理解各研究者或有不同,但笔者以为:从语义学角度分析它应该是为祭祀而建造或由于祭祀行为而形成的坑状遗迹,并非一定要像三星堆那样的规模才可称为祭祀坑。

图二 4号积石圈平面图

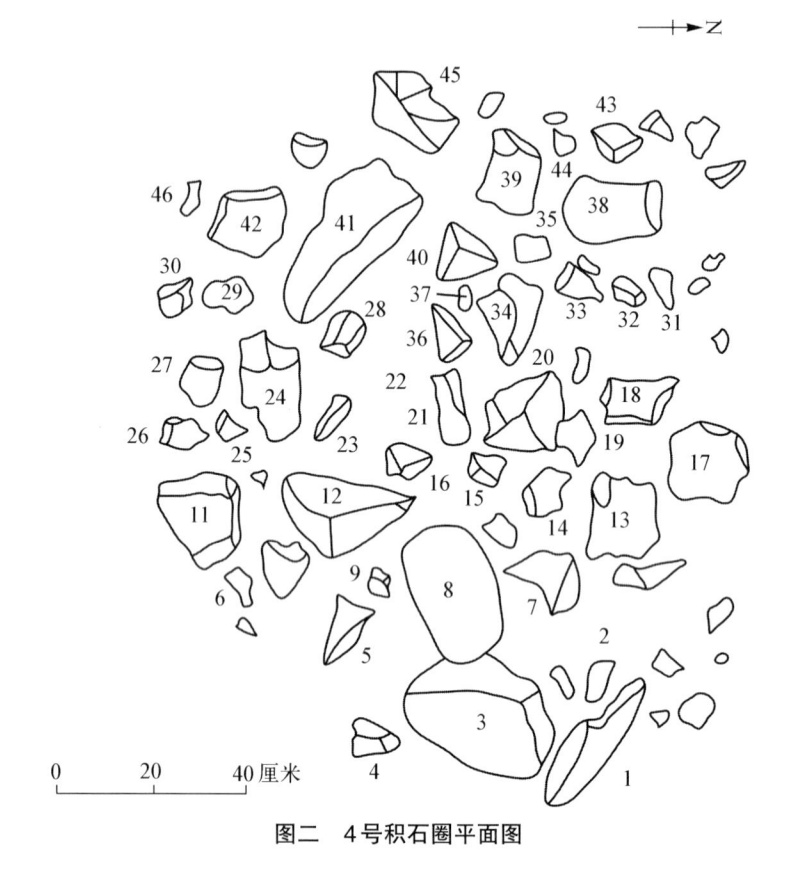

**表二 1号积石圈石块测量数据表**

| 序号 | 质地 | 长毫米 | 宽毫米 | 厚毫米 | A向 | A角 | B向 | B角 | 磨圆 | 风化 | 备注 |
|---|---|---|---|---|---|---|---|---|---|---|---|
| 1 | 石英砂 | 292 | 88 | 70 | 298 | 17 | 29 | 40 | 1 | 0 | |
| 3 | 石英砂 | 301 | 152 | 105 | 205 | 3 | 112 | 35 | 2 | 0 | |
| 4 | 石英砂 | 108 | 87 | 57 | | | | | 2 | 0 | 移动过 |
| 5 | 石英砂 | 162 | 106 | 未知 | 129 | 9 | 206 | 30 | 0 | 0 | |
| 6 | 石英砂 | 84 | 未知 | 44 | | | | | 3 | 0 | 直立状 |
| 7 | 石英砂 | 170 | 137 | 80 | 212 | 30 | 212 | 30 | 0 | 0 | 可能人工打破 |
| 9 | 石英砂 | 41 | 40 | 32 | 155 | 36 | 105 | 40 | 2 | 0 | |
| 11 | 石英砂 | 214 | 148 | 73 | 230 | 3 | 230 | 3 | 2 | 0 | |
| 12 | 石英砂 | 268 | 194 | 117 | 182 | 15 | 143 | 19 | 2 | 0 | |
| 14 | 石英砂 | 133 | 126 | 21 | | | | | 2 | 0 | 人工打破 |
| 15 | 石英砂 | 153 | 85 | 未知 | 66 | 10.5 | 66 | 10.5 | 1 | 0 | |

续 表

| 序号 | 质地 | 长毫米 | 宽毫米 | 厚毫米 | A向 | A角 | B向 | B角 | 磨圆 | 风化 | 备注 |
|---|---|---|---|---|---|---|---|---|---|---|---|
| 16 | 石英砂 | 89 | 77 | 30 | 162 | 33 | 162 | 33 | 2 | 0 | |
| 17 | 石英砂 | 172 | 158 | 28 | 169 | 0 | 169 | 0 | 2 | 0 | |
| 18 | 石英砂 | 153 | 108 | 41 | 174 | 6 | 174 | 6 | 1 | 0 | |
| 20 | 石英砂 | 194 | 148 | 56 | 128 | 3 | 9 | 37.5 | 2 | 0 | |
| 21 | 石英砂 | 277 | 72 | 61 | 83 | 27 | 118 | 28.5 | 2 | 0 | |
| 22 | 石英砂 | 164 | 76 | 40 | 278 | 9 | 2 | 55 | 2 | 0 | |
| 23 | 石英砂 | 109 | 82 | 48 | 141 | 29.5 | 141 | 29.5 | 2 | 0 | |
| 24 | 石英砂 | 239 | 166 | 122 | 100 | 13 | 174 | 48 | 1 | 0 | |
| 25 | 石英砂 | 77 | 63 | 46 | 164 | 4 | 76 | 38.5 | 1 | 0 | |
| 26 | 石英砂 | 82 | 71 | 32 | 282 | 18 | 282 | 18 | 1 | 0 | |
| 28 | 石英砂 | 117 | 106 | 58 | 337 | 20 | 337 | 20 | 3 | 0 | |
| 29 | 石英砂 | 104 | 90 | 41 | 144 | 13 | 270 | 43 | 2 | 0 | |
| 30 | 石英砂 | 87 | 72 | 未知 | 147 | 9 | 263 | 39.5 | 1 | 0 | |
| 31 | 石英砂 | 90 | 47 | 未知 | 56 | 0 | 142 | 35 | 2 | 0 | |
| 32 | 石英砂 | 68 | 56 | 41 | 53 | 20 | 98 | 34 | 1 | 0 | |
| 33 | 石英砂 | 114 | 108 | 未知 | 17 | 8 | 106 | 59.5 | 2 | 0 | |
| 34 | 石英砂 | 132 | 117 | 64 | 69 | 25 | 18 | 34 | 2 | 0 | |
| 35 | 石英砂 | 72 | 80 | 78 | 133 | 21.5 | | | 1 | 0 | 直立状 |
| 36 | 石英砂 | 159 | 81 | 未知 | 92 | 2 | 176 | 35 | 1 | 0 | |
| 38 | 石英砂 | 212 | 144 | 47 | 183 | 0 | 183 | 0 | 1 | 0 | |
| 39 | 石英砂 | 166 | 127 | 80 | 214 | 1 | 310 | 53 | 2 | 0 | |
| 40 | 石英砂 | 118 | 113 | 16 | 105 | 0 | 105 | 0 | 1 | 0 | |
| 41 | 石英砂 | 407 | 198 | 56 | 304 | 8 | 15 | 218 | 1 | 0 | |
| 42 | 石英砂 | 81 | 63 | 58 | 150 | 13 | 78 | 24 | 1 | 0 | |
| 43 | 石英砂 | 135 | 28 | 31 | 22 | 4 | 293 | 22 | 1 | 0 | |
| 44 | 石英砂 | 76 | 74 | 38 | 273 | 13 | 205 | 31 | 2 | 0 | |
| 45 | 石英砂 | 202 | 166 | 112 | 30 | 12 | 354 | 54.5 | 2 | 0 | |
| 2 | 石英 | 135 | 69 | 69 | 135 | 6 | 233 | 23 | 3 | 0 | |

续 表

| 序号 | 质地 | 长毫米 | 宽毫米 | 厚毫米 | A向 | A角 | B向 | B角 | 磨圆 | 风化 | 备注 |
|---|---|---|---|---|---|---|---|---|---|---|---|
| 10 | 石英 | 119 | 90 | 64 | 111 | 37 | 111 | 37 | 3 | 0 | |
| 13 | 石英 | 188 | 173 | 114 | 103 | 23 | 70 | 25 | 1 | 0 | |
| 19 | 石英 | 126 | 87 | 38 | 81 | 15 | 122 | 26.5 | 2 | 0 | |
| 27 | 石英 | 119 | 104 | 47 | 85 | 13 | 85 | 13 | 1 | 0 | |
| 46 | 石英 | 111 | 58 | 34 | 157 | 15 | 213 | 32 | 2 | 0 | |
| 8 | 砾岩 | 304 | 177 | 100 | 51 | 1 | 145 | 21 | 2 | 0 | |
| 37 | 硅质岩 | 54 | 40 | 38 | 180 | 0 | 40 | 34.5 | 2 | 0 | |

说明：
1. 同表一说明1、3。
2. 未测方向和角度者均在备注一栏中注明原因。
3. 为突出质地，表中数据未按原序号排列。

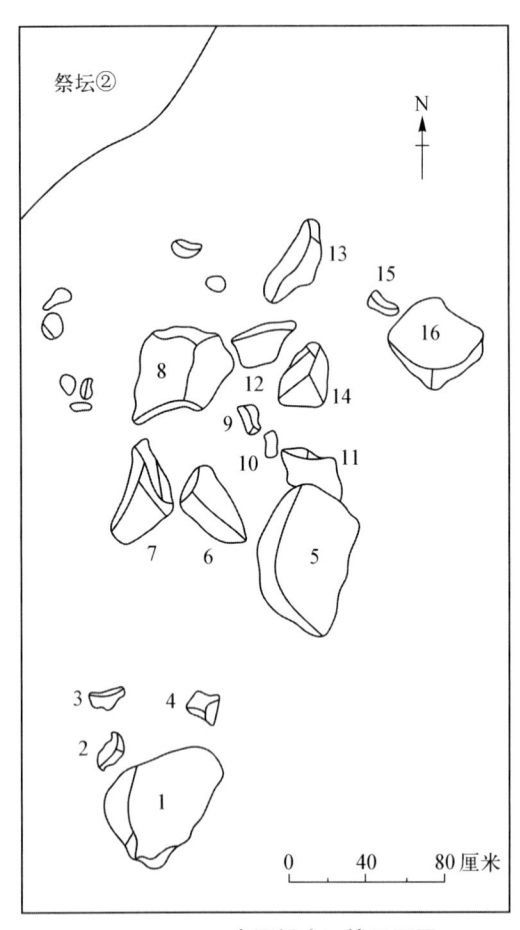

图三 T1407东隔梁大石块平面图

在祭坛的东南角，有一片数十平方米的红烧土层（准确地说应是夹红烧土颗粒稍多的土层，以免引起误解）。它与祭坛相邻却无叠压打破关系，出露时颜色灰暗，似为经火烧后所遗之灰土，与周围土层很不相同，内含部分陶片和红烧土颗粒，包含物中还有一件确系经火烧后产生裂缝的颇似龟状的石块。在现场针对这一特殊遗迹有多人进行了讨论，最后将这片遗迹判断为经火烧过后的遗存。紧挨此遗迹之南的T1407东隔梁处，有10余块较大的石头松散地构成一个面积约4平方米的三角形（图三）。石块中最大长度达768毫米，最小长度也达132毫米，其中石英砂岩占56%，砾岩占31%，其余为石英岩和粉砂岩类（表三）。这批石块的用途还不太清楚，但石料的质地与祭坛①层所用基本相同，从其位置和与其他遗迹的平面关系看应与祭坛有一定关联。

表三 T1407东隔梁石堆测量数据表

| 序号 | 质地 | 长 毫米 | 宽 毫米 | 厚 毫米 | A向 | A角 | B向 | B角 | 磨圆 | 风化 | 备注 |
|---|---|---|---|---|---|---|---|---|---|---|---|
| 2 | 石英砂 | 132 | 98 | 未知 | 209 | 8 | 292 | 38.5 | 1 | 0 | |
| 3 | 石英砂 | 198 | 76 | 未知 | 273 | 10.5 | 185 | 44 | 2 | 0 | |
| 4 | 石英砂 | 223 | 164 | 122 | 57 | 20 | 3 | 26 | 2 | 0 | |
| 5 | 石英砂 | 768 | 540 | 226 | 171 | 26 | 171 | 26 | 2 | 0 | |
| 6 | 石英砂 | 418 | 291 | 178 | 140 | 28.5 | 99 | 30 | 2 | 0 | |
| 8 | 石英砂 | 614 | 495 | 271 | 228 | 2.5 | 308 | 31 | 2 | 0 | |
| 10 | 石英砂 | 154 | 92 | 71 | 154 | 19 | 154 | 19 | 1 | 0 | |
| 13 | 石英砂 | 428 | 309 | 161 | 32 | 9 | 306 | 26 | 3 | 0 | 破裂 |
| 16 | 石英砂 | 548 | 476 | 220 | 84 | 14.5 | 84 | 14.5 | 2 | 0 | |
| 7 | 砾岩 | 574 | 382 | 315 | 201 | 7 | 284 | 53.5 | 2 | 0 | |
| 9 | 砾岩 | 238 | 128 | 115 | 160 | 8 | 142 | 40.5 | 3 | 0 | 破裂 |
| 11 | 砾岩 | 433 | 262 | 215 | 127 | 30.5 | 181 | 11.5 | 2 | 0 | 破裂 |
| 12 | 砾岩 | 386 | 265 | 未知 | 68 | 19 | 341 | 55 | 2 | 0 | |
| 14 | 砾岩 | 512 | 225 | 148 | 32 | 6 | 103 | 49 | 2 | 0 | |
| 15 | 石英 | 169 | 124 | 113 | 122 | 20 | 178 | 32 | 1 | 0 | |
| 1 | 粉砂岩 | 705 | 492 | 311 | 44 | 6 | 72 | 12 | 2 | 0 | |

说明：同表二说明。

除此之外，在祭坛的周围分布了一批墓葬，其中出土较多玉器的大墓基本上在祭坛①层的南面呈东西分布（从M7至M29）；而西、北面则相对集中地分布着一批随葬石器较多的墓葬。石钻、砺石和大量玉芯均出于西边的墓葬中。这批墓葬与祭坛①层没有打破关系（与祭坛②层的关系尚不太清楚），布局具有一定的规划。从平面上看，它们基本上围绕祭坛而葬，应与祭坛属同一大的时期，但究竟哪些墓与哪层祭坛相对应还缺乏深入研究。在中国的传统文化中，与墓葬相伴随的总有一些不同形式的祭祀活动，那么这类与墓葬（特别是墓群）相伴的人工刻意建造的大型场所作为祭祀场所的可能性就很大了。值得注意的是，1987年发掘的M4和1998年发掘的M29中出土的玉龟、玉版、玉鹰、玉龙均非普通的实用器而明显具有礼器的性质；出土的6件玉人或坐或立，双臂弯曲，双手张开紧贴胸前，头上带有冠饰，面部表情严肃，颇似祈祷之态。这些现象更加说明这些大墓的埋葬具有一定的宗教和祭祀含义。但同时也令人疑惑的是，在祭坛的表面还有一批较小的墓葬打破了祭坛①层。它们多数仅随葬石器或陶器，玉器极少，在规格上显然不能与前述墓葬相提并论，在排列上也比较无序，不过从地层学上可以知道它们是应该晚于祭坛本身的，遗物本身也反映了这一情况。综合其规格、排列和随葬品特点等方面考虑，至少其中的大多数应为祭坛废弃或遭某种变故之后的遗迹。

## 三　性　质　判　断

通过上述分析，从表象看，祭坛本身和其附属遗迹构成了一个规模较大、功能单纯的特殊场所，而且在其周围至少百米范围内，也未发现灰坑、房址等普通生活遗迹，因而它绝非一处普通的生活场所。从内涵看，这处祭坛至少具备了以下几个特点：一、性质上，它是人工营建的；二、形制上，是筑土、石成台，具有相对比较规整的形状；三、结构上，早期的建造比较精细，往后则显得相对粗糙；四、用料上，具有极强的选择性；五、时间上，具有较长时间的延续性，是一处比较固定的场所；六、附属建筑上，有具备祭祀功能的祭祀坑、应该与祭祀有关的积石圈和被火焚烧过的遗迹；七、与之相关的有大批墓葬，说明它与当时居民的丧葬有密切的关系；八、地理环境上，它处在山岗的顶部附近，是整个遗址所在地域的相对最高处，并坐北朝南，背靠岗顶，面向河流，与居住区距离较近却又相对独立；九、人文环境上，凌家滩遗址本身具有相当发达的文化，它周围还有若干小的遗址环绕，是附近地区的一个文化中心，这处祭坛又在中心遗址中处于重要的位置。

在第一节中，我们曾用较大篇幅讨论了文献记载中有关祭、坛的含义及其变化发展过程。凌家滩祭坛的这些特点与夏商以后文献记载中的祭祀之坛虽不能完全吻合，但却明显具有较多的相似之处。由于早期文献记载出现的年代与凌家滩遗址至少有了两三千年的间隔，这种差异应该是客观存在并且也是可以理解的。有鉴于此，按照近现代语义对祭坛的解释，凌家滩这处大型的祭祀遗迹首先是"坛"，同时又具有祭祀的功能，将其称为"祭坛"当无太大问题。当然，此类推论只能立足于现有资料的比对，我们不可以极端地坚持只有发掘出刻有"此乃祭坛"文字的遗物后才能进行遗迹的定性。

据报道中国古代祭坛的出现可追溯到6 000年前，如湖南澧县城头山就发现过椭圆形祭坛，但面积较小，也不十分规整①。此后祭坛向大型、规范化方向发展，到了距

---

① 湖南省文物考古研究所：《澧县城头山古城址1997—1998年度发掘简报》，《文物》1999年第6期。

今5 500年前后,也即与凌家滩祭坛大略同时或稍后,大型祭坛在红山文化的辽宁喀左东山嘴、凌源牛河梁以及良渚文化的余杭瑶山、汇观山、海宁大坟墩等遗址中均有发现,分布范围大体在习惯上所称的中国东南新月形地带,其基本特征都是在相对的高处筑土、石成台,面积可达数百平方米,并均有贵族墓葬与之相关联。《国语·楚语下》曾说:"及少皞之衰也,九黎乱德,民神杂糅,不可方物,夫人作享,家为巫、史……颛顼受之,乃命南正重司天以属神,命火正黎司地以属民,使复旧常,无相侵渎,是谓绝地天通。"这些大型祭坛的出现,从某种程度上来说,也许正反映了这一时期原始宗教从分散、零星的个人行为演化为公众共同的、集中的行为。以大型祭坛的出现为特征,各个区域产生了一批祭祀中心,它使聚落或聚落群中的祭祀活动程式化、规范化,也使神—人之间的沟通成为少数人(巫、觋)的专利,因而神权也相应得到了一定程度的集中,大型祭坛的出现正是神权集中的一种物质反映。由于祭神的权力越来越集中在极少数人手中,并由对"神—人"沟通的独占而形成专有神权,因而在上层建筑的核心领域为中国早期文明的形成奠定了坚实的基础。从这些方面来看,大型祭坛的出现也就标志着社会发展到一定阶段发生质变的开始!

(原载于《凌家滩文化研究》,文物出版社,2006年9月)

## 2021年1月12日　背景补记:

　　本文写于2001年下半年,原为商榷之文,但一直未发表,后适值《凌家滩文化研究》一书需若干文章结集出版,想到该文部分内容为现场所见、所思、所做,仍有参照价值,便刊发出来,供研究参考。其中关于祭坛②层石子为人工分选的结论需要修正,2017年在祭坛东侧山岗边缘的东山河修桥时,发现了岗边缘有完全相同的石子、白色黏性土层堆积,应可证明是就地取材,不是人工分选,但为何这些石子的大小、质地如此具有分选的特点,需进一步开展地质研究。另:祭坛①层石料也是出自此处。

# 从凌家滩文化看中国文明的起源

中国文明的起源是世界文明史研究中的一个极为重要的课题。早在20世纪初，由于"中国文化西来说"的刺激，中国的史学工作者便开始了中国文明起源的探索之路。经过近一个世纪的努力，经历西来说—中原一统说—满天星斗说—多元一体说，史学界最终形成了一些共识，即：中国文明的起源是一个长时间的、从多元一体逐渐演变为以中原为核心、以黄河流域和长江流域为主体的过程[1]。特别是20世纪80年代以来的考古新发现，在很大程度上修正了人们对中国文明起源问题的传统认识，以夏商文明为代表的早期中国文明中一些难以明了的现象，也陆续找到了来源。可以说，正是由于考古新发现的增多，才使中国文明的起源问题变得越来越清晰。

1987年和1998年，安徽含山凌家滩遗址经过三次发掘，揭示了一处大型的新石器时代墓地，发掘出了一座史前祭坛、40余座墓葬和1 000余件器物，其中仅玉器就占一半左右[2]，在全国范围内引起了强烈的反响，并受到海外史学界的极大关注。本文即以凌家滩的材料为出发点，从史学角度探讨中国文明起源过程中的几个相关问题。

凌家滩文化是以凌家滩遗址为代表、主要分布在巢湖流域一带、年代在距今5 500年前后的一支具有安徽土著特征的史前文化。虽然目前有关该文化的分布范围、来龙去脉等还不是十分清楚，但由于其在中国史前文化中的独特面貌，命名为"凌家滩文化"是没有什么问题的。

根据考古发掘和调查的结果，其文化内涵至少可以概括为以下几个方面：

第一、制作了大量精美的玉、石器。玉、石器的大量存在是凌家滩文化的一大特色，仅在凌家滩墓地发掘的1 000多平方米范围内，就出土有玉器600多件，石器约

---

[1] 严文明:《文明起源研究的回顾与思考》,《文物》1999年第10期。
[2] 安徽省文物考古研究所:《安徽含山凌家滩新石器时代墓地发掘简报》,《文物》1989年第4期；安徽省文物考古研究所等:《安徽含山县凌家滩遗址第三次发掘简报》,《考古》1999年第11期。

400件，而陶器只有300多件，单是玉器的比例已达50%左右。这批玉器质地多种多样，工艺上较多地采用了线切割、片切割，甚至有迹象表明可能有了砣切割。其种类既有装饰类的环、镯、管等，更有具备礼仪重器性质的斧、钺、璧、戈和龙、鹰、神秘人像。它们的存在不仅反映出凌家滩文化高度发达的琢玉技术，而且反映了当时"尊玉"观念的增强。此外，在第一次发掘中出土的一套刻有八角星纹和圭状纹饰的玉龟和玉版，是中国古代龟策和天文历法制度的极好见证。

第二、出现了大型祭坛和贵族墓地。在凌家滩遗址北部，有一处独立的祭祀和埋葬场所即祭坛和贵族墓地。祭坛呈圜丘状，为两次建成，另外还有一次修补。第一次所建面积较小，据估计在200平方米左右，是用各种石块、石子和黏合剂搅拌筑成，结构极为紧密，下面垫有一层纯黄斑土。第二次是在第一次的基础上扩建而成，面积达600多平方米，为圆角方形，中间与四周高差达1米，是用大小不一的小鹅卵石、碎石和黏土搅拌筑成，结构不如第一次的紧密。在第二次所筑祭坛表层，有三处长方形祭祀坑和几处积石圈，也均属祭祀之用。此外，在祭坛北部还发现有再次扩建和修补的痕迹，说明该祭坛延续了较长的时间而且使用频繁。在祭坛的东南方，则有一处红烧土痕迹，或可为当时举行祭祀的"燔祭"之处。整个祭坛的形制和特征表明，它是凌家滩遗址中极为重要的一处举行宗教仪式的场所。

祭坛之外分布有近30座墓葬。虽然它们与不同时期的祭坛在位置、年代上是怎样的一种关系，目前还不太清楚，但可以肯定它们是密切相关的。在祭坛正南边东西一线上的为大型墓葬，每墓均出土有数十件甚至上百件玉器，部分墓葬中还有玉人、玉龟、玉版、玉龙、玉鹰等重器，是显贵者之墓。而祭坛西边则密集分布了一批中型墓葬，随葬品以石器为主，玉器较少，但却有玉、石芯和石质工具出土，应为专做玉、石器的工匠之墓。此外，在祭坛之上，还有一批墓葬打破祭坛表层，此类墓葬均形制较小，随葬品数量很少且多为陶器。从墓葬本身来看，它们之间已存在着较为明显的差距。

第三、产生了中心聚落和聚落群。整个凌家滩文化范围内的聚落情况现在不是十分了解，但从凌家滩遗址附近来看，已经存在着一个有一定规模的聚落群。在已普查的数十平方公里范围内，可以确认有3处同时期遗址，距凌家滩遗址中心1.5—6公里，规模均很小，一般只有数千平方米。而凌家滩遗址本身的总面积却可达数十万平方米，并在遗址中心发现了厚达1米多、面积至少有几十平方米的红烧土堆积。如此之大的红烧土堆积绝非普通建筑所遗留，而应属殿堂之类。此外在遗址东部，还发掘出了一段长约8、宽1.2米的红烧土墙基，中间带有长约3米的纵向隔墙，也属较大一类的房址。更令人关注的是，该遗址地处山前的冲积平原地带，土质肥沃，适宜于大规模的农耕作业。目前虽然还没有发现集约农业的证据，但遗址周围年代久远、纵横交错的沟渠颇引人注意。如此规模的聚落已完全具备了中心聚落所应有的条件,因而形成了一个以之为中心、方圆数十平方公里的聚落群。

上述几点首先反映的一个事实就是:凌家滩文化至少具有了一处(事实上不止一处)具有一定规模的聚落群和一个相当发达的中心聚落,而中心聚落中出现了大型的非普通建筑、专门的贵族墓地和具有宗教性质的、独立的、专用的祭祀场所——祭坛。"祭坛—贵族墓地—普通墓葬",反映了"神—贵族—平民"这样一个金字塔形的人际关系结构,而"中心聚落—聚落群—普通聚落"则形成了一个金字塔形的社会关系结构。人际和社会这两套结构反映出社会出现了明显的分层现象。

其次,大型祭坛的出现表明,祭祀和宗教已成为当时社会生活中极为重要的礼仪。考古发现表明,新石器时代早期的祭祀场所只是零散的、小规模的,直到距今6 000年左右,才出现了少量较为正规、固定的祭祀场所,如湖南澧县城头山遗址[①]发现的椭圆形祭坛,但不是十分规整。而到距今5 500年前后,开始出现大型、规整的祭坛。从某种程度上来说,大型祭坛的出现反映了这一时期原始宗教从分散、零星的个人行为演化为公众共同的、集中的行为,意味着神权已有了一定程度的集中。神权的逐步垄断为世俗权力的加强奠定了坚实的基础,最终演变为具有行政权威的王权。凌家滩祭坛的分次扩建和修补,说明了当时人们对稳定不变的祭祀场所的重视,而围绕祭坛的贵族墓葬、大量随葬玉石制品特别是玉礼器,证明了祭坛的神圣和崇高。从这些方面来看,大型祭坛的出现也就标志着社会发展到一定阶段发生质变的开始。

再次,凌家滩墓地出土玉龟、玉版的形态和内涵表明,当时的占卜活动已相当规范。虽然目前对它们的看法有天文律历说、数理说、占卜说等多种解释,但众所周知,中国古代的占卜活动都是以天文律历和数理为基础的,即便是后来成为堪舆术重要工具的罗盘,也包含了大量的天文数理方面的知识。因而,玉龟、玉版反映的正是三说合一的状况,其核心还是占卜。由于玉龟、玉版反映了当时天文律历和数理方面的极高成就,因而有人认为它就是《周易》和《洪范》的来源——早期的"河图、洛书",但更重要的意义在于,它反映了当时的龟策制度已相当规范,这套制度或是夏商文明社会的龟策制度的来源之一。

中国史前文化的发展,到了凌家滩文化这一阶段可以说有了相当程度的飞跃,然而类似的情景却并非独一无二,从最近十几年的考古发现可以知道,在与凌家滩文化大体同时的东北、甘肃、山东、江浙一带的古文化中也都出现了一些类似的特征。

在东北,1979年就在辽宁喀左的东山嘴发现了红山文化晚期的一座大型祭坛,

---

① 湖南省文物考古研究所:《澧县城头山古城址1997—1998年度发掘简报》,《文物》1999年第6期。

南部则是一些石头砌的圆台子,圆台周围发现有许多大肚子裸体妇女的陶塑像。从1983年开始,在相距不远的凌源牛河梁,又发现了多处贵族墓地和一座女神庙。女神庙庙内墙壁上绘有壁画,并发现有多个人像泥塑。在庙北面为一处4万平方米的巨大平台,散见有许多陶片和红烧土,显然为祭坛之类。在周围约50平方公里范围内则发现有十余处积石冢,均有石椁,随葬器物以玉器为主,椁外还常有一排或一圈专做祭祀之用的彩陶筒形器,应为显贵者的坟冢。在冢的外侧,常有一些小型的石椁墓,它们与大石椁墓有着尊卑和主从的关系。这样以女神庙为中心,形成了一个方圆约50平方公里的宗教圣地[①]。

稍后在江浙一带的良渚文化早中期,曾在浙江余杭区良渚一带30多平方公里范围内发现了四五十处遗址组成的一个以大观山为中心的聚落群。而大观山本身是一个面积达30万平方米的台城,上有数万平方米的夯土基址,应属宗庙或宫殿之类的礼仪建筑。在大观山外围,目前已发现了反山、瑶山、汇观山[②]等几处贵族墓地,每座墓葬都出土有数十件乃至数百件物品,不少墓葬还出土具有礼器性质的琮、璧,一些玉礼器上均刻有类似神徽的纹饰,而普通良渚小墓则一般只随葬少量石、陶器,社会的分化已十分明显。此外,瑶山、汇观山还发现了大型祭坛,祭坛之旁无一例外地都存在着贵族墓地。

在黄河下游的大汶口文化晚期,目前虽然还未发现大批的玉礼器和祭坛,但从大汶口遗址来看,其墓葬已明显分为大中小三类。大型墓葬随葬有玉器、象牙器、骨雕筒、精致的黑陶、白陶和彩陶器,而小墓中常只随葬一两件器物甚或一无所有[③]。这类现象也同样出现在莒县的陵阳河、大朱村等处,说明社会已明显分化为几个阶层。在大汶口文化范围内,目前还发现了数处较为密集的聚落群,每个聚落群都由一个大型的中心聚落和较多的普通聚落组成。

在黄河上游,秦安大地湾仰韶文化晚期聚落可分为若干小区,每区中都有面积颇大、建筑技术甚高的大型房屋,而位于中心的一座特大型房屋,面积达290平方米,有前堂、后室和东西两个厢房,以及直径达90厘米的顶梁柱,房前还有一个经过精心设计的大广场。这种建筑已明显超出了普通建筑的性质[④]。在它的附近,则分布有数百

---

[①] 郭大顺、张克举:《辽宁省喀左县东山嘴红山文化建筑群址发掘简报》,《文物》1984年第11期;辽宁省文物考古研究所:《辽宁牛河梁红山文化"女神庙"与积石冢群发掘简报》,《文物》1986年第8期。
[②] 浙江省文物考古研究所:《浙江余杭反山良渚墓地发掘简报》,《文物》1988年第1期;《余杭瑶山良渚文化祭坛遗址发掘简报》,《文物》1988年第1期;《浙江余杭汇观山良渚文化祭坛与墓地发掘报告》,《浙江省文物考古研究所学刊》,长征出版社,1997年。
[③] 山东省文物管理处等:《大汶口——新石器时代墓葬发掘报告》,文物出版社,1974年。
[④] 甘肃省文物工作队:《甘肃秦安大地湾901号房址发掘简报》,《文物》1986年第2期。

座中小型房屋,显然也是一处中心聚落。

　　了解了那个时代的情况以后,我们至少可以概括出当时已有三个重要的形成:中心聚落的形成、贵族集团的形成、祭祀中心的形成。这三个形成可以说是中国文明诞生的最基本的条件或者说是基础。中心聚落的形成是以一定规模的聚落群为基础的,它或多或少地使当时的社会具有了一种松散的金字塔式结构,也反映出血缘关系向地缘关系转化的迹象。中国文明的起源与形成,正是有赖于这种不断壮大的中心聚落的形成。它增强了以血缘为纽带、以地域为基础的社会团体的凝聚力,因而是中国文明形成的一种社会基础。贵族集团的形成从中心聚落墓地的分类和它反映的等级分化中可以明显地表现出来。它在一定程度上表明了特权集团的出现,并凌驾于聚落中的普通民众之上。贵族集团掌握了大量财富,形成了具有一定行政权力的团体,因而为中国文明的形成打下了一定的政治基础。祭祀中心的形成以大型祭坛的出现为特征。它使聚落或聚落群中的祭祀活动程式化、规范化,也使神—人之间的沟通成为少数人(巫、觋)的专利。《国语·楚语下》曾说:"及少皞之衰也,九黎乱德,民神杂糅,不可方物,夫人作享,家为巫、史……颛顼受之,乃命南正重司天以属神,命火正黎司地以属民,使复旧常,无相侵渎,是谓绝地天通。"《尚书·吕刑》也载有"乃命重黎绝地天通,罔有降格"之语。大型祭坛的出现正是神权集中的一种物质反映。由于祭神的权力越来越集中在极少数人中,并由对"神—人"沟通的独占而形成神权,因而在上层建筑的核心领域为中国文明的形成奠定了坚实的基础。

　　在某种程度上而言,中国早期文明的诞生正是"三个形成"的进一步强化而发生质变的结果。它们逐步打破了史前社会以血缘关系为纽带、氏族成员平等共处的原始状态,并在其形成的过程中表现出了两个明显的特征:尊玉礼和重龟策。《左传·哀公七年》曾记载:"禹合诸侯于涂山,执玉帛者万国";《周礼·春官·大宗伯》载:"以玉作六器,以礼天地四方",都说明玉在中国古代文明中占有十分重要的地位,夏商文明中以玉为礼的事实是早已明了的。作为礼仪重器的玉器,在当时与青铜器一道成为早期文明中最有特征的器物。"礼"在卜辞中就作"豐",从珏从豆。王国维《观堂集林》卷六《释礼》中也说:"此诸字皆象二玉在器之形,古者行礼以玉,故《说文》曰:豐,行礼之器,其说古也。"中国玉器产生的时代很早,但从简单的装饰品演变为具有宗教或礼仪之用的礼器,则是从凌家滩文化和其他相近时代文化中开始的。至于重龟策,则自始至终地贯穿于整个中国古代文明之中,司马迁曾在《史记·龟策列传》中说:"闻古五帝、三王发动举事,必先决蓍龟",可见龟蓍在中国古代文明中的作用之重。商周时期王室的大量占卜活动正证明了太史公所言非虚。不仅如此,龟策后来逐渐影响了越来越多的领域,最终与尊玉一样,形成了中国古代文明的一大特色。凌家滩文化中发现的玉龟、玉版,乃是中国目前所发现的年代最早而形制完整的龟策用具之一。

最后,中国古代文明的一个潜在的、核心的内容——"礼"的形成与完善,则与祭祀天、地、神、祖有着极为密切的关系。《说文·示部》载:"礼,履也,所以事神致福也",段注:"礼有五经,莫重于祭。"又《大戴礼记·礼三本》载:"故礼,上事天,下事地,宗事先祖而宠君师,是礼之三本也。"凌家滩文化和相近时代的其他文化在祭祀、埋葬、用玉等方面形成的一系列制度和准则,无疑为中国古代文明中"礼"的最终形成和完善做好了充分的准备。

总之,中国古代文明的形成是一个漫长的过程。在形成过程中,至少有三个基础、两个特征和一个核心,已在凌家滩文化和相近时代其他文化中开始孕育成长,最终在龙山时代形成了《礼记·礼运》中所言的"大人世及以为礼,城郭沟池以为固,礼义以为纪"的小康社会,形成了发达的夏商文明。

所以,凌家滩文化所反映的不仅是它发达的玉器文化,它的重要性更应该是在对中国文明产生的促进方面。从目前来看,凌家滩文化和相近时代的其他文化已为中国文明起源打下了良好的基础,孕育了中国古代文明的多种特征,而凌家滩文化更由于其年代较早和内涵丰富,成为促进中国文明诞生的先行者之一。

(原载于《安徽史学》2000年第3期)

## 2021年1月21日　背景补记:

这是在参加了1998年凌家滩第三次发掘后的一点思考。1989年4月《中国文物报》一篇600余字的《凌家滩遗址展现新的文明曙光》,仅是报道了新发现,并未探讨文明问题。2000年之前,学界对凌家滩的研究基本上限于玉器及其含义,凌家滩与中华文明形成的关系除了在少数论文中略有提及外,几乎没有详细讨论,更无专门论述。本文从社会关系、礼仪、占卜等方面进行了综合研究,提出中华文明形成过程中的三个形成(中心聚落、贵族集团、祭祀中心)、两个特征(尊玉礼和重龟策)、一个核心(礼),已在凌家滩文化和相近时代的其他文化中开始孕育成长。

因本文撰于1999年,文中一些数据、认识都是当时的情况,后来都有了更准确的数据。

# 第二编
## 观澜皖江潮

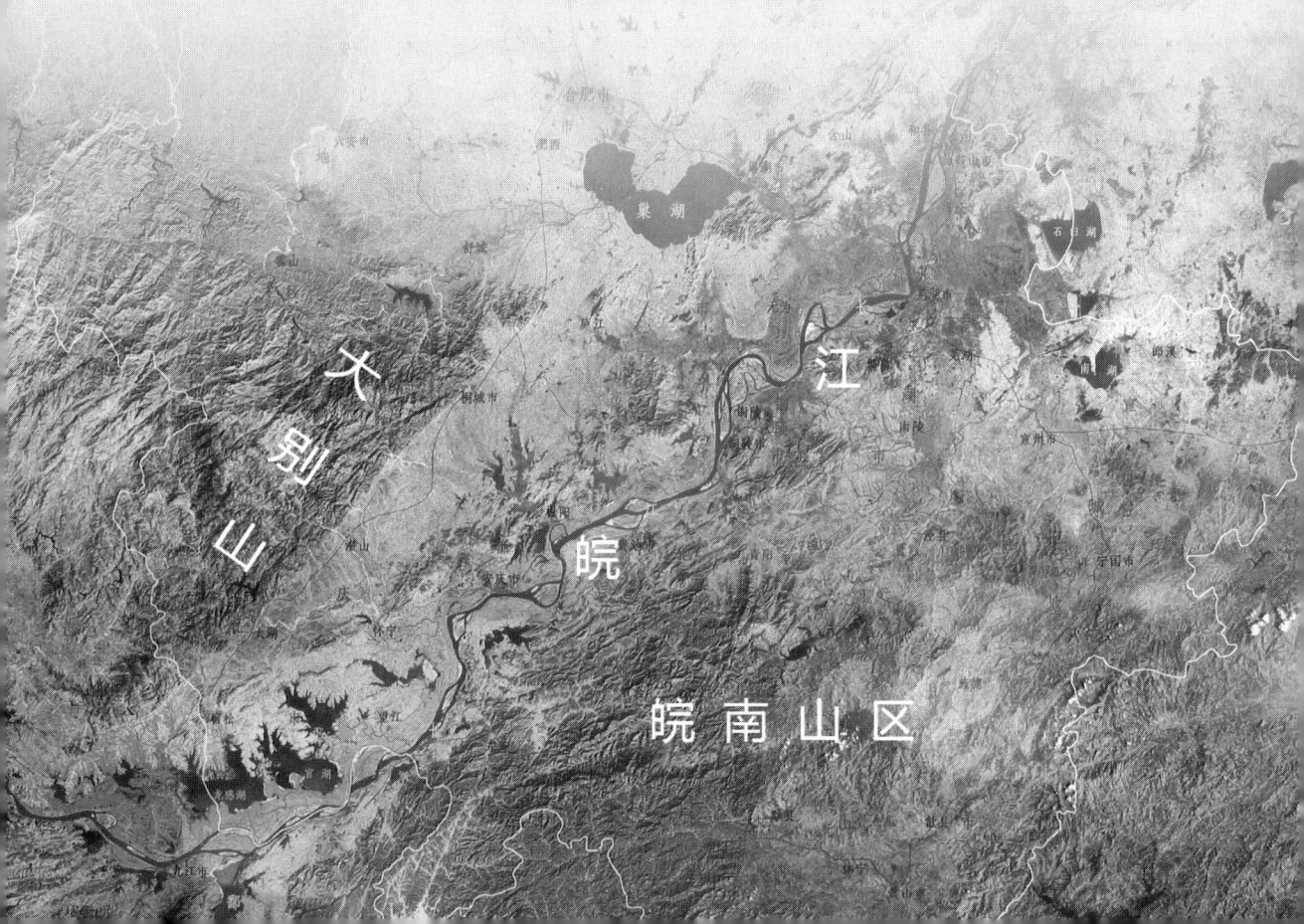

# 安徽新石器时代考古历程

安徽新石器时代考古肇始于20世纪30年代，迄今已有60余年历史。虽然起步较早，但直到70年代末，田野工作甚少，综合研究更是滞后不前。80年代以来，长江中下游新石器时代考古突飞猛进，重要发现接踵而出，周边各省的研究工作已向深层次发展，安徽却由于几十年来基础工作薄弱，只相当于全国50年代初的水平，因而与周边省份的研究工作严重脱节，被戏称为"锅底"，很多较大课题均因缺乏安徽地区的材料不得不束之高阁，造成"周边催安徽"的被动局面。因此回顾60余年来安徽新石器时代考古的历程，检讨其得失，展望其未来便显得尤为重要。

就安徽新石器时代考古工作而言，在1979年以前一直限于零散的田野调查，经过发掘的面积之总和不过百余平方米，田野发掘近乎空白，有关研究也寥若晨星。坦白地说，安徽新石器时代考古研究的"诞生"竟长达45年之久！1979年后，潜山薛家岗、含山大城墩等遗址相继大规模发掘，不少材料公之于世，研究工作才渐有起色，但仍有大量的诸如文化编年之类的基础工作尚待完成，总体上仍处于起步和成长阶段。因此，可以将60余年的历程划分为两个大的阶段："诞生"阶段和成长阶段。

一

1934年冬，中央研究院历史语言研究所李景聃、王湘前往寿县，标志着安徽新石器时代考古研究的开始。此行的直接动机是调查李三孤堆被盗的木椁墓，实际的主要目的乃是寻找史前文化遗址。经调查，他们共发现当时所认为的史前遗址12处。李景聃先生认为此类遗存约属石铜并用时代，并注意到以下数事：1. 遗址大多作台形；2. 遗址范围较小；3. 螺蛳壳特多；4. 陶器受黑陶影响最大[①]。王湘先生也指出三个特点：一是遗址多在高处或孤堆上；二是包含物中差不多都有近似龙山和小屯两个时期的，但没有仰韶期的彩陶；三是遗物，属龙山期的有鼎、鸡冠形耳、方格纹或条纹陶器，但缺少城子崖的鬶式陶器和豫北的细绳纹砂质小罐，而属小屯期的有短足鬲、绳纹罐、厚唇豆、深腹皿，缺少小屯式圜底器[②]。客观而言，这12处遗址所出的遗物有不少是属夏商时期的，并不能归入新石器时代或石铜并用时代，但囿于当时的学术水平，他们的划分不可苛求。不过，王湘先生还是注意到了遗物的时代问题：1. 关于两期遗物是前后两个时期的堆积，还是同时混为一团，尚不敢断定；2. 关于甗腰部的附加堆纹，"在早期黑陶文化中的甗多无此类凸箍"[③]。

其后安徽境内再无新石器时代考古工作。直到50年代，华东文物工作队和安徽文物工作者在皖北、皖西、江淮、皖南等地调查发现了一批古代遗址，如霍邱义成台、古城子、寿县大城子、芜湖蒋公山、临泉老邱堆等[④]，此外还曾试掘几处遗址，包括灵璧蒋庙村试掘15平方米，发现白灰面建筑一处[⑤]；五河濠城集试掘两个坑，发现白灰面和柱穴[⑥]；另外，亳县青凤岭[⑦]、钓鱼台[⑧]也经过试掘，但规模很小，资料发表甚少，研究也不深入。

从1954年开始，考古工作者似乎有了共识，即如寿县、霍邱等地发现的遗址"平地突起，作台的形状，我们称为台形遗址"[⑨]，"其台地形状，颇与南京附近秦淮河沿岸湖熟的墩类似"[⑩]，基本上都认为这类台形遗址属新石器时代遗址。由于这一时期华东地区考古工作有了一定的进展，资料日益增多，尹焕章先生在1954年提出把华东地区古文化划为四个系统：即山东与苏北系统、皖北淮河以北系统、淮南楚文化与台形遗址系统、苏南与浙北的吴越文化系统。他根据彩陶在苏北的发现推测，豫东、皖北和鲁西都应有彩陶文化遗存，同时指出皖北淮河以北的古文化主要是后期殷商文

---

[①] 李景聃：《寿县楚墓调查报告》，《田野考古报告》第一册，商务印书馆，1934年。
[②] 王湘：《安徽寿县史前遗址调查报告》，《田野考古报告》第二册，商务印书馆，1937年。
[③] 王湘：《安徽寿县史前遗址调查报告》，《田野考古报告》第二册，商务印书馆，1937年。
[④] 尹焕章：《从发现的文物中谈华东古文化概况》，《文物参考资料》1954年第4期；殷涤非：《安徽地区四年来发现的考古资料》，《文物参考资料》1954年第4期；胡悦谦：《安徽新石器时代遗址调查》，《考古学报》1957年第1期。
[⑤] 胡悦谦：《安徽灵璧县蒋庙村新石器时代遗址调查报告》，《考古通讯》1955年第5期。
[⑥] 修燕山、白侠：《安徽寿县牛尾岗的古墓和五河濠城集新石器时代遗址》，《考古》1959年第7期。
[⑦] 《安徽亳县城父区附近发现古代遗址及墓葬》，《文物参考资料》1955年第11期。
[⑧] 胡悦谦：《安徽新石器时代遗址调查》，《考古学报》1957年第1期。
[⑨] 华东文物工作队：《四年来华东的文物工作及其重要的发现》，《文物参考资料》1954年第8期。
[⑩] 殷涤非：《安徽地区四年来发现的考古资料》，《文物参考资料》1954年第4期。

化,而寿县和霍邱的台形遗址似乎和楚文化有着先后因袭的关系,但尚需新的发现来证明[1]。

1957年,胡悦谦根据10处遗址的发现将安徽初步划分为淮河、长江两个文化区,"淮河区的古代文化,含有很厚的龙山文化因素。在长江区的各遗址中出现硬质印纹陶,又具有江南区的特点",并辨认出长江区鼎的特殊作风,即足为扁平形,外有一至四道划纹[2]。

1950年代,可以说学界对安徽新石器时代遗存有了概括性的认识,即台形遗址较多,文化性质不统一,淮河以北的文化与龙山文化相似,江淮的文化有江南区的特点,又似乎与湖熟可比。但是这些所认为的新石器时代遗址中仍有不少存在时代认识问题,特别是对硬质印纹陶的时代认识不清。

1960年代考古工作甚少,值得一提的仅有萧县花家寺遗址。该遗址试掘了仅18平方米,出土一批黑陶、蛋壳黑陶、鬶、筒形杯、鼎等器物,"表明花家寺遗址具有山东和河南龙山文化的特点","还含有大汶口文化的某些特征"[3]。

从1960年代开始,学界对安徽新石器时代文化的认识有了些许进步,这主要是由于山东、河南两省的新石器时代文化序列初步建立,使得皖北地区的文化有了可资参照的标准,因而在时代和文化性质的判断上才较为准确,但是对江淮和皖南地区文化的认识仍旧一片模糊。

十年"文革"中考古工作陷于停顿。1977年召开的长江下游新石器时代文化学术讨论会,主要探讨了山东、江苏及太湖地区原始文化问题,但也约略谈到了安徽地区的原始文化。苏秉琦先生就曾提出:"如果把山东的西南一角,河南的东北一块,安徽的淮北一块与江苏的北部连在一起,这个地区出土的新石器时代遗存确有特色,这可能和徐夷、淮夷有关""以南京为中心,包括宁镇地区,连接皖南与皖北的江淮之间,以及赣东北部一角。这一地区原始文化有自己的特点。"[4]观察到了皖南、江淮地区与宁镇地区原始文化的相似性,并从考古学角度提出淮夷文化研究的问题。此外,安徽省博物馆也探讨了安徽新石器时代文化与长江中下游诸文化的关系。但该文论点基本上沿袭《安徽新石器时代遗址调查》和《安徽萧县花家寺新石器时代遗址》中的观点,认为安徽存在三种文化:大汶口文化、龙山文化和印纹陶文化,舒城王城子具有龙山和湖熟双重文化因素,蒋公山和瓦埠湖周围与北阴阳营相似,具有龙山和印

---

[1] 尹焕章:《从发现的文物中谈华东区古文化概况》,《文物参考资料》1954年第4期。
[2] 胡悦谦:《安徽新石器时代遗址调查》,《考古学报》1957年第1期。
[3] 安徽省博物馆:《安徽萧县花家寺新石器时代遗址》,《考古》1966年第2期。
[4] 苏秉琦:《略谈我国东南沿海地区的新石器时代考古》,《文物集刊(第1集)》,文物出版社,1980年。

纹陶文化双重特点,同时又受湖熟文化的影响①。从该文论述来看,当时仍将湖熟文化、硬质印纹陶文化作为新石器时代文化,并将长江区的大量商周陶鬲划入新石器时代,显示出安徽新石器时代考古研究的薄弱和数十年的停顿状态。如果说五六十年代还能及时吸取他省的成果来弥补自身不足的话,那么70年代安徽的新石器时代考古研究则表现出封闭和相对倒退状态了。

1978年,安徽省博物馆又提出江淮之间的新石器时代遗址除有印纹陶文化和龙山文化外,还有部分是属地方性的,如龙山文化黑陶仅表面磨光施黑色,而胎和里均为红褐色;硬质印纹陶文化与江南相同,但有段石锛的节没有江南明显。提出江淮之间有一种以红陶为主的文化,鼎以扁三角形和扁方形为主,足顶常饰指纹和划纹,纹饰以绳纹为主②,初步辨识出一种新的文化。虽然这批材料的时代问题仍存疑问,不过毕竟标志着研究和探索的一点进步。随后,安徽新石器时代考古便逐步步入正轨并不断取得新的成果,进入了成长阶段。

## 二

从1979年开始,以潜山薛家岗遗址的发掘为起点,安徽新石器时代考古尤其是田野发掘蓬勃开展,重要遗址相继发现。据粗略统计,已公布的发掘面积即逾5 000平方米,实际面积远不止此数。

在安庆地区,薛家岗遗址前三次发掘1 200多平方米,出土遗物千余件,是为安徽大规模考古发掘之序幕。发掘报告将其分为四期,初步确立了安庆地区自5 000年前至龙山时代的年代标尺③。其后望江汪洋庙④、潜山天宁寨⑤、宿松黄鳝嘴遗址⑥也相继发掘。

在江淮中部地区,1979年至1984年四次发掘含山大城墩遗址,面积达1 000平方米。一期文化发现一批以夹砂红陶为主的遗物,较多地反映了地方特征,同时也受

---

① 安徽省博物馆:《试谈安徽新石器时代文化与长江中下游诸文化的关系》,《文物集刊(第1集)》,文物出版社,1980年。
② 安徽省博物馆:《遵从毛主席的指示,作好文物博物馆工作》,《文物》1978年第8期。
③ 安徽省文物工作队:《潜山薛家岗新石器时代遗址》,《考古学报》1982年第3期。
④ 安徽省文物考古研究所:《望江汪洋庙新石器时代遗址》,《考古学报》1986年第1期。
⑤ 安徽省文物考古研究所:《安徽潜山县天宁寨新石器时代遗址》,《考古》1987年第11期。
⑥ 安徽省文物考古研究所:《宿松黄鳝嘴新石器时代遗址》,《考古学报》1987年第4期。

江南某些新石器文化的影响,且与大汶口文化有些联系①。其后肥西古埂也发现以夹砂红陶为主的早期遗存和以黑陶为特点的晚期遗存,并发现较完整的房基1座。其晚期遗存与龙山文化、良渚文化和薛家岗文化互有交流②。1987年发掘的含山凌家滩遗址,除以夹砂红陶为特征外,更重要的是发现15座土坑墓,出土了一批极为珍贵的玉、石、玛瑙、水晶器,年代约距今四千五六百年③。以上几批材料不仅填补了江淮地区原始文化的空白,也有力地推动了研究工作的进步。

在江淮西部的皖西地区,1982年北京大学考古专业曾开展了较具规模的调查和试掘工作,发掘了寿县斗鸡台、青莲寺等遗址,首次获得了皖西地区原始文化的丰富材料④。1987年,安徽考古所又发掘了霍邱红墩寺遗址,进一步丰富了皖西原始文化内涵⑤。此外还有一些试掘工作。

在江淮北部和淮北地区,1982年发掘亳县富庄遗址,发现12座大汶口文化墓葬,包括有4座合葬墓⑥。1985年至1986年发掘定远侯家寨遗址,其陶器以夹砂粗红褐或红陶为主,多见支架、鋬手釜、鹿角钩形器等,发掘者将其分为两期,一期出有不少刻画符号,二期则有大量彩陶,中间尚有缺环,年代在距今7 000年左右⑦。1986年至1992年又发掘了蚌埠双墩遗址,其与侯家寨下层相似,并出土数百片带刻符陶片⑧。另外安徽考古所于1987年成立淮北课题组,先后对萧县、泗县、灵璧、宿县、淮南、蚌埠等地进行了大规模调查⑨。1988年开始对濉溪石山子遗址连续发掘,也发现与侯家

---

① 安徽省文物考古研究所:《安徽含山大城墩遗址发掘报告》,《考古学集刊(第6集)》;安徽省文物考古研究所等:《安徽含山大城墩遗址第四次发掘报告》,《考古》1989年第2期。
② 安徽省文物考古研究所:《安徽肥西县古埂新石器时代遗址》,《考古》1985年第7期。
③ 安徽省文物考古研究所:《安徽含山凌家滩新石器时代墓地发掘简报》,《文物》1989年第4期;张敬国:《安徽含山凌家滩新石器时代墓地第二次发掘的主要收获》,《文物研究(第七辑)》,黄山书社,1991年。
④ 北京大学考古系商周组、安徽省文物工作队:《安徽省霍邱、六安、寿县考古调查试掘报告》,《考古学研究(三)》,科学出版社,1997年。
⑤ 安徽省文物考古研究所:《十年来安徽省的文物考古工作》,《文物考古工作十年》,文物出版社,1991年。
⑥ 安徽省文物考古研究所:《十年来安徽省的文物考古工作》,《文物考古工作十年》,文物出版社,1991年。
⑦ 阚绪杭:《定远县侯家寨新石器时代遗址发掘简报》,《文物研究(第五辑)》,黄山书社,1989年。
⑧ 阚绪杭:《蚌埠双墩遗址的发掘与收获》,《文物研究(第八辑)》,黄山书社,1993年。
⑨ 张敬国等:《安徽萧县先秦遗址考古调查》,杨益峰:《蚌埠市先秦古文化遗址调查简报》,以上载《文物研究(第六辑)》,黄山书社,1990年10月;何长风:《淮南市古文化遗址调查》,《文物研究(第七辑)》,黄山书社,1991年;贾庆元等:《宿县、灵璧、泗县古文化遗址调查简报》,《文物研究(第八辑)》,黄山书社,1993年;安徽省文物考古研究所:《安徽濉溪县先秦遗址调查》,《考古》1993年第7期。

寨有关联的大量遗物,年代与其相近[①]。1990年发掘宿县芦城子遗址,获得相当于从大汶口文化中期到龙山文化晚期的一批遗物[②]。此外还有怀远双古堆[③]等多处遗址的发掘,但其材料一直未发表;萧县金寨村新石器时代文化玉器的发现[④],也值得一提。同时,中国社科院考古所从1989年开始在淮北地区开展了一系列工作,除田野调查外[⑤],还发掘了宿县古台寺和小山口[⑥]、蒙城尉迟寺[⑦],其中尉迟寺大汶口文化晚期的完整聚落和大型排房更显突出,为安徽近年最重要的发掘成果之一。

这一阶段淮北地区的工作积累了较多的材料,为文化编年、文化性质等问题的探讨提供了可能,并且相对缩小了与邻省的工作差距。特别是侯家寨、双墩和石山子的发掘充实了安徽新石器时代较早阶段文化的内涵,而尉迟寺的聚落则为大汶口文化中首次发现。

在一直为人忽视的皖南地区,工作也有所开展。据调查,该地的新石器时代遗址已达四五十处[⑧]。1985年发表了以前发掘的屯溪下林塘遗址的材料[⑨],1994年又发掘了歙县新州遗址[⑩]。通过这些工作,发现了一批既有地方特色又具有部分良渚文化因素的器物群,但该地区的文化性质、编年和部分遗物的时代问题仍有待于更多的考古材料才能解决。

随着一系列大规模调查和发掘工作的开展,原先呈空白状态的安徽新石器时代文化面貌逐渐展现其轮廓,研究工作也随之深入,这主要表现在以下几个方面:

(一)薛家岗文化研究。早在1981年纪仲庆先生就认为将薛家岗文化划入北阴阳营系统显然是不合适的[⑪],但当时的主导思想还是把薛家岗文化和北阴阳营联系起来。1982年《潜山薛家岗新石器时代遗址》报告中提出"薛家岗文化"的命名,这

---

① 安徽省文物考古研究所:《安徽濉溪石山子新石器时代遗址》,《考古》1992年第3期。
② 叶润清:《安徽省宿州市芦城子遗址发掘简报》,《文物研究(第九辑)》,黄山书社,1994年。
③ 贾庆元、何长风:《怀远县双古堆新石器时代及商周遗址》,《中国考古学年鉴(1990年)》,文物出版社,1991年。
④ 安徽省萧县博物馆:《萧县金寨村发现一批新石器时代玉器》,《文物》1989年第4期。
⑤ 中国社会科学院考古研究所安徽工作队:《安徽淮北地区新石器时代遗址调查》,《考古》1993年第11期。
⑥ 中国社会科学院考古研究所安徽工作队:《安徽宿县小山口和古台寺遗址试掘简报》,《考古》1993年第12期。
⑦ 中国社会科学院考古研究所安徽工作队:《安徽蒙城尉迟寺遗址发掘简报》,《考古》1994年第1期。
⑧ 杨立新:《皖南原始文化刍议》,《文物研究(第七辑)》,黄山书社,1991年。
⑨ 杨德标:《屯溪下林塘遗址试掘简报》,《文物研究(第一辑)》,黄山书社,1985年。
⑩ 蒙宫希成见告,本人参加了后期整理工作。材料待刊。
⑪ 纪中庆:《宁镇地区新石器时代文化与相邻地区诸文化的关系》,《中国考古学会第三次年会论文集》,文物出版社,1981年。

是安徽境内首次辨识出来也是迄今唯一确认的一支地方性原始文化,但当时尚未得到认可。1987年严文明先生指出:"薛家岗文化等可能是本文化区的一个亚区。"[1] 从1988年开始,"薛家岗文化"已基本被认同,分布范围大体在长江以北,大别山东南,西抵湖北黄梅,东至巢湖,但对其分期(也包含了对文化内涵的认识)、年代仍有不同看法,主要有三种意见:第一种,年代为距今5 700—4 900年间,黄鳝嘴、薛家岗一期和四期均不能归入该文化[2];第二种,起始年代约当于马家浜文化,三期下限在4 500年左右,而三期还有再分期的可能[3];第三种,年代在5800—5000年,薛家岗遗址第四期不能纳入该文化[4]。此外还有人将薛家岗遗址分为六期但未涉及其他问题[5]。1989年,严文明先生认为薛家岗遗址的器物组合不十分清楚,重新分期比较困难,但第一期还可再分期,可以说是一语中的。对于黄鳝嘴遗址,他认为基本属薛家岗文化,可能有地区差异,但主要是时代差别[6]。同年任式楠先生则对薛家岗文化的墓葬进行了概述,并对"平地堆土掩埋"提出疑问[7]。之后,随着新资料的发现,人们仅对其分布范围有些修正,安徽的同志认为其分布范围已到长江以南[8],而江西的同志则认为已到赣北[9]。至此,关于"薛家岗文化"的研究取得了较为接近的认识,研究工作大体告一段落。

(二)区、系、类型和综合研究。这是安徽这一阶段最主要的研究工作。1988年,杨立新根据历年发掘成果初次探索了江淮地区的原始文化,并将其分为四类遗址:侯家寨—古埂下层类型、薛家岗类型、黄鳝嘴类型、江淮龙山类型。推测侯家寨—古埂下层类型可能是薛家类型的一个文化来源,而黄鳝嘴类型应来源于鄂东或江汉地区,江淮龙山类型的来源之一是薛家岗文化,也就是说,除黄鳝嘴类型外,其余三个类型代表了江淮地区原始文化具有承袭关系的三个不同阶段,各阶段都不同程度地吸收了黄淮、东南沿海和江汉地区三大原始文化系统的某些因素,既具有自身特点,又

---

[1] 严文明:《中国史前文化的统一性与多样性》,《文物》1987年第2期。
[2] 刘和惠:《论薛家岗文化》,《文物研究(第四辑)》,黄山书社,1988年。
[3] 高一龙:《关于薛家岗文化几个问题的探讨》,《文物研究(第四辑)》,黄山书社,1988年。
[4] 杨立新:《安徽江淮地区原始文化初探》,《文物研究(第四辑)》,黄山书社,1988年。
[5] 赵善德:《薛家岗新石器遗址分期的讨论》,《江汉考古》1988年第4期;宫希成:《论薛家岗遗址的分期》,《文物研究(第六辑)》,黄山书社,1990年。
[6] 严文明:《安徽新石器文化发展谱系的初步观察》,《文物研究(第五辑)》,黄山书社,1989年。
[7] 任式楠:《薛家岗文化葬俗述要》,《文物研究(第五辑)》,黄山书社,1989年。
[8] 杨立新:《薛家岗文化浅析》,《文物研究(第六辑)》,黄山书社,1990年。
[9] 刘诗中、李家和:《郑家坳墓地陶器分析》,《文物研究(第六辑)》,黄山书社,1990年;李家和等:《江西龙山文化遗存之发现与研究》,《纪念城子崖遗址发掘60周年国际学术讨论会文集》,齐鲁书社,1993年。

有强烈的过渡性文化的特点①。

1989年,严文明先生指出淮北区的石山子遗址具有自身特点,与大汶口文化一期和侯家寨下层都有区别;而富庄遗址也有相当多的自身特点,即使归入大汶口文化系统也应是一新的类型,还特别指出:"安徽淮北并不是一直作为一个独立而稳定的文化区而存在的";江淮区则可分为东北和西南两块,可能是一个大文化区中的两个类型,往东至少影响到北阴阳营②。何长风则将安徽境内原始文化划分为皖北、皖中、皖西南、皖东、皖南五个区,认为至少有五个文化类型:侯家寨类型、古埂—侯家寨类型、古埂类型、薛家岗类型、凌家滩类型,它们也代表了一个时代序列③。同年,高蒙河在其硕士论文修改稿中,从苏皖平原这一大范围的角度来考察,将安徽境内原始文化划分为六期和两大区,即巢湖水系区和大别山东麓区,后者又可分为泊湖湖群区和皖河水系区,它们在自身系统遗存发展的同时,又不同程度地受到其他地区文化的影响,巢湖水系区则自身特点突出,受周邻文化影响较其他区系要小得多④。

1991年,杨德标将江淮新石器时代文化划分为早、中、晚期,并归纳了六条基本特征⑤。杨立新则将皖北原始文化划分为三个阶段:第一阶段以石山子遗址为代表,与北辛文化、大汶口一期文化及侯家寨下层文化有相似之处,但差别是明显的;第二阶段以富庄下层、花家寺下层文化为代表,相当于大汶口文化中晚期,富庄可作为大汶口文化的一个类型,花家寺则与大汶口文化关系密切;第三阶段为龙山阶段,大体以津浦铁路为界分东西两片,东片含较多山东龙山文化因素,西片接近造律台类型。沿淮及江淮北部地区则可分为四个阶段:第一阶段以双墩和侯家寨下层为代表,又可分两小段,时代约与北辛相当或略早;第二阶段以侯家寨上层和古埂下层为代表,可再细分期,时代约当大汶口文化早期或略晚,第三阶段以凌家滩墓地为代表,可作为江淮北部一个新的文化类型;第四阶段为龙山时期,这四个阶段又属同一文化系统中的不同发展阶段,但序列尚不完整⑥。

1993年吴加安等也初步研究了皖北地区的新石器时代文化,将其划分为早、中、晚三期,与前述杨立新文差别不大,但提出尉迟寺一期文化可作为大汶口文化晚期一

---

① 杨立新:《安徽江淮地区原始文化初探》,《文物研究(第四辑)》,黄山书社,1988年。
② 严文明:《安徽新石器文化发展谱系的初步观察》,《文物研究(第五辑)》,黄山书社,1989年。
③ 何长风:《关于安徽原始文化研究中的几个问题》,《文物研究(第五辑)》,黄山书社,1989年。
④ 高蒙河:《苏皖平原地区新石器时代遗存的研究》,《文物研究(第七辑)》,黄山书社,1991年。
⑤ 杨德标:《安徽江淮地区新石器时代文化》,《文物研究(第七辑)》,黄山书社,1991年。
⑥ 杨立新:《安徽淮河流域的原始文化》,《纪念城子崖遗址发掘60周年国际学术讨论会文集》,齐鲁书社,1993年。

个新的地方类型,并提出早期文化可否命名为"石山子文化"[①]。阚绪杭则在1989年将年代相近的遗存称为"侯家寨遗存"[②],1993年提出"侯家寨文化"[③]。

1994年,张敬国也大略分析了皖北地区早、中、晚三期的新石器时代文化面貌,并提出将早期遗存暂命名为"石山子文化"[④]。

1996年,中国社科院考古所安徽工作队在历年调查发掘的基础上,将皖北地区划出三个大的遗址群,并对尉迟寺遗址周围进行考察,按面积大小,以尉迟寺为中心聚落,分为一级、二级、三级共三级聚落[⑤]。这些研究虽然还属初步探讨,但却是对安徽境内新石器时代遗址聚落形态的首次综合研究,开拓了安徽新石器时代考古研究的新领域。同年,吴加安对安徽北部的新石器时代遗存再次进行了详细研究,基本勾画出该地区新石器时代文化的大体框架和年代序列[⑥],标志着皖北的基础研究工作已渐趋成熟。

值得一提的还有关于皖南原始文化的研究。杨立新曾以黄山为界划分为南北两片,黄山以北为芜铜区,分四类遗址,年代距今7 000年左右至龙山晚期,文化面貌与宁镇地区相近;黄山以南为新安江区,相当于良渚文化偏晚阶段,受良渚文化影响较深,属具有地方特征的一支原始文化类型。至于两区之间的关系尚不明了[⑦]。

纵观第二阶段此方面的研究,可以知道此时对安徽境内原始文化的内涵、性质、年代、区、系、类型已有了初具系统的认识,特别是关于新石器时代较早阶段文化、皖北聚落群和皖南地区的探索,填补了安徽考古工作的空白。但是还应看到,研究工作主要集中在皖西南和皖北,而江淮和皖南仍较少,特别是江淮中部以巢湖为中心的地域,致使对文化面貌等诸问题未能有较清楚的认识。此外,有关类型的研究仍未达成共识,文化序列尚不能细化,不少缺环有待弥补,一些新的类型或文化的命名没有得到公认,还需继续补充资料和探讨。

(三)精神领域的探索。以往这方面的研究实为空白,自凌家滩大批玉器出土后才渐成为热点,其中玉龟和玉片又成为主要研究对象。

---

[①] 吴加安等:《皖北地区新石器文化遗存及其性质》,《文物研究(第八辑)》,黄山书社,1993年。
[②] 阚绪杭:《定远县侯家寨新石器时代遗址发掘简报》,《文物研究(第五辑)》,黄山书社,1989年。
[③] 阚绪杭:《蚌埠双墩遗址的发掘与收获》,《文物研究(第八辑)》,黄山书社,1993年。
[④] 张敬国:《近年来安徽淮北地区新石器时代考古的主要收获》,《文物研究(第九辑)》,黄山书社,1994年。
[⑤] 中国社会科学院考古研究所安徽工作队:《皖北大汶口文化晚期聚落遗址群的初步考察》,《考古》1996年第9期。
[⑥] 吴加安:《安徽北部的新石器文化遗存》,《考古》1996年第9期。
[⑦] 杨立新:《皖南原始文化刍议》,《文物研究(第七辑)》,黄山书社,1991年。

1989年，陈久金和张敬国率先对此进行研究，认为其表达的是一种时间观念，有可能是远古洛书和八卦，反映的是夏代或夏代以前的律历制度[①]。饶宗颐先生则从方位和数理观念角度把玉片图案与河图、洛书做了比较，认为它代表了八方四维、天圆地方的空间观念，也是与河图、洛书不同的另一套远古数理序列[②]。而俞伟超先生认为玉龟甲是早期的一种占卜工具，并详细推究其占卜方法，玉片图案表现的是天地的总体，整个玉片就是一个被崇拜的神像，另一树叶形玉件是地母的象征，玉人是另一种神。他进而推论其主人应为专职巫师或氏族、部落首领，最后从宏观角度认为凌家滩遗存正处在文明的曙光阶段[③]。

1990年，吴汝祚先生根据凌家滩墓地并结合红山文化、良渚文化的墓葬中随葬品从以陶器为主转变为以玉器为主的丧葬习俗的改变，认为凌家滩遗存显示了文明的曙光，并同意玉片反映历法的观点[④]。

1991年，钱伯泉又据中国甘肃武威和朝鲜出土式盘与凌家滩玉龟、玉片的比较，认为它们分属式盘中的天盘和地盘，而地盘已具有了四面、八方、二十四位的空间观念，同时具有测天文、定历日的功能[⑤]。

1992年至1993年，王育成也就凌家滩玉龟、玉片进行考释，认为玉片是观测出入日的工具，同时玉片四周圆孔可能代表了星宿，并利用汝阴侯墓出土的太乙九宫占盘与当代纳西族的八方占图推测玉龟、玉片均为占卜工具[⑥]。

以上诸家的研究结论多有不同，大体可概括为：天文—律历说、空间说、数理说、占卜说。这些研究不仅有利于我国上古科技文化史的研究，也拓展了新石器时代精神领域的研究范围；同时也将凌家滩墓地置于全国的文化背景之中，初步探讨了中国文明的起源问题，但多属推测性质，缺乏深刻细致的分析，而且对精神领域的探索仅局限于几件玉器，对整个安徽乃至全国来说，其深度与广度均不能令人满意。

除上述三大研究课题外，一些研究者还对安徽新石器时代考古学文化与古代

---

① 陈久金、张敬国：《含山出土玉片图形试考》，《文物》1989年第4期。
② 饶宗颐：《未有文字以前表示"文字"与"数理关系"的玉版——含山出土玉版小论》，《文物研究（第六辑）》，黄山书社，1990年。
③ 俞伟超：《含山凌家滩玉器与考古学中研究精神领域的问题》，《文物研究（第五辑）》，黄山书社，1989年。
④ 吴汝祚：《凌家滩墓地发掘的意义》，《文物研究（第六辑）》，黄山书社，1990年。
⑤ 钱伯泉：《凌家滩新石器时代遗址出土的玉制式盘》，《文物研究（第七辑）》，黄山书社，1991年。
⑥ 王育成：《含山玉龟及玉片八角形来源考》，《文物》1992年第4期；王育成：《含山玉龟玉片补考》，《文物研究（第八辑）》，黄山书社，1993年。

族属问题提出少量推测性结论。如高广仁先生认为富庄遗址所代表的文化可能是淮夷文化[①];杨立新认为皖北地区约属以徐方为主的淮夷集团[②];张敬国认为含山大城墩遗址即与南巢人有关,凌家滩、巢县、庐江、肥东、肥西、长丰、六安等地应属古淮夷族[③];李修松认为淮河流域广布着淮夷[④],等等。但前三者均只是根据考古发掘遗物简单地做了族属推测,后者则仅依据文献,与考古资料脱节。近年王迅将考古资料和文献相结合,对安徽境内的古族属进行了推定,但也只推定到夏代[⑤],有关新石器时代的族属问题仍付诸阙如。因而此类问题仍为悬案,有待科学深入地探讨。

## 三

通过对安徽新石器时代考古历程的回顾,可以很明显地看到,研究工作虽偶有突破,但总体上与国内先进水平相差甚大,与周边省份相比,"锅底"名副其实。还可以看到,安徽新石器时代考古研究的每一次进步,都有赖于周边省份研究的深入。由于工作重点不够明确,加之整理工作滞后,大批材料积压,安徽虽重大发现不少,但时至今日因材料不足仍无法排出详尽系统的文化序列。由于缺乏自身的文化序列,不论淮北还是江淮的材料,不论距离远近或文化面貌是否相近,都惯于以大汶口文化或龙山文化来标明时代,这种几十年前无奈的方法一直沿用到现在。其他问题也多限于初步探讨,聚落形态研究更为薄弱,与中国文明起源问题密切相关的龙山时代诸文化研究、丘陵和山区原始文化的内涵、特征等,还需要加以探讨。

总而言之,安徽新石器时代考古研究虽历年来有所成就,但与文物大省的地位是不相称的,在看到近年工作成绩的同时,更要有忧患意识,否则,被动局面将成为世纪末的遗憾!

---

① 高广仁:《谈谈对安徽淮北地区新石器时代遗址的初步认识》,《文物研究(第五辑)》,黄山书社,1989年。
② 杨立新:《安徽淮河流域的原始文化》,《纪念城子崖遗址发掘60周年国际学术讨论会文集》,齐鲁书社,1993年。
③ 安徽省文物考古研究所:《安徽含山大城墩遗址发掘报告》,《考古学集刊(第6集)》,中国社会科学出版社,1989年。安徽省文物考古研究所:《安徽含山凌家滩新石器时代墓地发掘简报》,《文物》1989年第4期。
④ 李修松:《淮夷探论》,《东南文化》1991年第2期。
⑤ 王迅:《东夷文化与淮夷文化研究》,北京大学出版社,1994年。

附注：1996年10月成稿。本文主要依据1996年以前业已发表的文字，论著观点的年代除有确切注明外，一般以发表年份为准。

（原载于《华夏考古》1998年第3期）

## 2021年1月12日　背景补记：

本文是我参加工作后写的第一篇论文。1995年底我从金寨县农村扶贫一年回单位后，原本拟定了几个论文选题，但所列论著清单常常十有七八找不到，反映了单位资料的严重不足，但当时全社会也还无电脑、网络办公设施可用，因此，转而翻阅可查到的安徽历年考古材料。时值单位闲散无事可做，持续半年的阅读竟得此意外收获，系统了解了安徽新石器时代考古的历程、特点和不足，也明白了未来的工作应该如何开展。本文在发表时接受编辑的建议，部分较为意气的词句有所修改，本次则将原文刊出，略有不同，标题也从"概述"改回原稿中的"历程"。

# 皖江区域考古的意义

## 一 前 言

皖江即长江安徽段的俗称,在安徽境内全长约400公里。关于皖江区域的概念,目前并不是十分明确。

若从以水系为核心的地理概念而言,皖江区域可包括整个皖江流域。目前全省可划分为三个大的流域,北部的淮河流域、中部的皖江流域、东南一隅的新安江流域,三者之间分别以现今六安、合肥、滁州北部的江淮分水岭和大体上以黄山、九华山一带的长江、新安江分水岭为界,淮河流域为广袤的黄淮平原区,新安江流域为山地、丘陵区,皖江流域则可分为若干个河谷平原、山前平原、丘陵低山、中低山等亚区,地貌显得较为多样,其中的沿江一带地貌特征较为接近,也就是习称的沿江平原区。整个皖江流域涵盖了安徽江淮之间的长江、淮河分水岭以南以及皖南黄山、九华山以北的全部区域,面积达到6.6万平方公里,约占整个长江流域的4%,占安徽省总面积的47.3%。

若以历史文化区域划分,目前全省可以较为明确地划分出与地理概念相接近的淮河文化区和新安文化区,前者以旱作农业为主,文化面貌与黄河中下游地区接近;后者以稻作农业为主,文化面貌具有自身特色,并与江浙一带的吴越文化有相当的关联。而两者之间的皖江流域的文化特征则显得多变,北部的特征偏向于淮河文化区,东南部的特征则偏向于新安文化区,中部的沿江一带虽然自身特征明显,具有较多的共性,但也可以分为以安庆为中心的西部和以芜湖为中心的东部两片。

在最近关于皖江文化的研究中,更多地倾向于结合自然和文化两方面来考虑皖江区域,一般认为它主要指安徽的沿江地区,地貌上以平原和丘陵为主,行政区域包括现今江南的马鞍山、芜湖、铜陵、池州、宣城市的北半部分,以及江北的滁州南半部分、巢湖、安庆,涵盖了皖江流域的大部分地区[①]。

实际上,皖江一带因为自然条件的特点,其文化的传承主体——人——的迁移和变动是十分频繁的,因此其文化的发展并不处于一种相对封闭和统一的状态,而是处于一种动态多变的状态中,也就是说其文化的发展一直与人口的迁移以及与之直接相关的文化交流有着密切的关系。因此,无论是从地理概念还是文化概念的角度分析,皖江区域都具有既有较多共性、又存在多样化的倾向,这一特点也正是本区域与众不同、需要受到特别关注的地方。

正因为皖江一带的自然、文化面貌具有一定的多样性,因此在研究皖江一带文化面貌的过程中,在没有准确把握它们的文化特点之前,我们尚不宜简单地将其称为"皖江文化",而以"皖江区域文化"代之更为合适。如何准确地界定皖江区域文化的地理界线,其实也有赖于对这一地带的文化的深入研究,在此基础上的界定才是更客观和有意义的。但为便于研究的进行,对于皖江区域作一模糊的划分也是很有必要的,它即皖南山区以北、大别山区和江淮丘陵东南,以皖江为轴线向两侧有限伸展的、以平原和丘陵为主的区域(图一)。

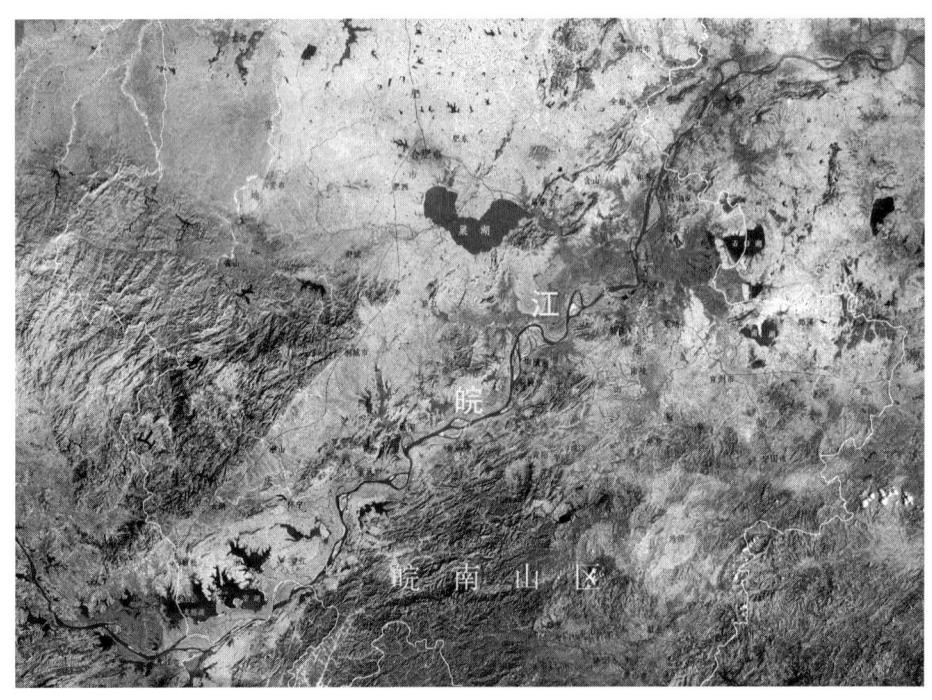

图一 皖江区域遥感图

---

[①] 参见省社联课题组:《皖江文化的内涵及其特点》,《皖江文化探微》,合肥工业大学出版社,2005年;汪军:《皖江文化与近世中国》,合肥工业大学出版社,2004年。

目前已有的对皖江区域文化的研究,基本上限于一般意义上的文学、艺术、宗教、科技几个方面,材料来源大都限于纸质文献,年代上也以唐宋以后为主,因而在很大程度上限制了对皖江区域文化综合研究的深度,这主要表现在以下两个方面:一是作为皖江区域文化的重要组成部分,其先秦文化的研究一直缺乏系统化的梳理,对其源流和发展变迁缺乏基本的了解,这一时期的材料在文献记载中很少,大都要靠地下实物材料。二是自汉以降虽然该区域在文献中的记载日趋增多,但地下实物材料对于文献记载会有很大的补充、验证甚至是纠正之用。这两方面的不足势必会造成皖江区域文化研究的先天不足,它们的深化均有待于皖江区域考古的深入。

此外,这一区域是长江中游和下游之间重要的交通走廊,历史上对长江中下游的经济、文化的交流起到了十分重要的作用。而对于这一区域的文化研究,还显得相对薄弱,在有些方面是空白,即便局部区域的研究具有了一定的深度,但也都是分散、独立的,未纳入整个皖江区域乃至整个长江中下游和中国东方地区的更大背景中。随着国内对长江流域文化研究的不断深入,皖江区域的文化研究便显得越来越迫切而必要了。在考古学研究中,也因为这一区域研究的薄弱,影响到整个长江中、下游考古学综合研究的发展。因此,充分利用皖江区域的考古实物材料,开展皖江区域考古研究,对于考古学和整个皖江区域文化的综合研究都有着十分积极的意义。

## 二 皖江区域的地理和历史背景

### (一) 地理背景

从宏观上看,皖江区域位于大别山地和皖南山地之间,地势由南北两侧向中央呈阶梯状下降。皖江河谷的发育受自然条件的限制,各段宽窄不一,呈藕节状特点,河谷中形成了众多的沙洲。若以皖江为中心,在沿江两岸为地势低平的沿江平原,海拔高度一般在7—20米左右;平原两侧为起伏的岗地和丘陵,其间分布有大小不等的盆地,海拔高度一般在20—40米左右;再往两侧的丘陵低山大多数海拔在150—300米左右,比高低于150—200米;而最外侧的中低山区海拔高度多数在600米以上,比高一般超过500米[①]。

在皖江的东端,有宁镇丘陵和长江三角洲平原,西端有江汉平原、洞庭湖平原。在皖江的北面,则为广袤的淮河流域,绝大部分属平原,其间无大山阻隔;而其南面,

---

① 安徽省计划委员会、安徽省地质矿产局:《安徽省国土资源遥感应用研究》,地质出版社,1996年。

则为皖南山地,交通不便,仅在西南角有鄱阳湖流域地势相对平缓。

在皖江流域内部,北岸主要有皖河流域、巢湖(裕溪河)流域;南岸主要有秋浦河、青弋江(含水阳江)两个较大的小流域。根据地貌的差异,大体上以铜陵为界可以划分为两个大的区域:西部是由大别山、九通山、皖南山地夹成的狭长通道,沿江一带地势低洼,湖泊、河流众多,向两侧地势渐高,有山前平原、丘陵低山、中低山等地貌;东部则地势较为开阔,以低矮的丘陵、岗地、平原为主(图二)。

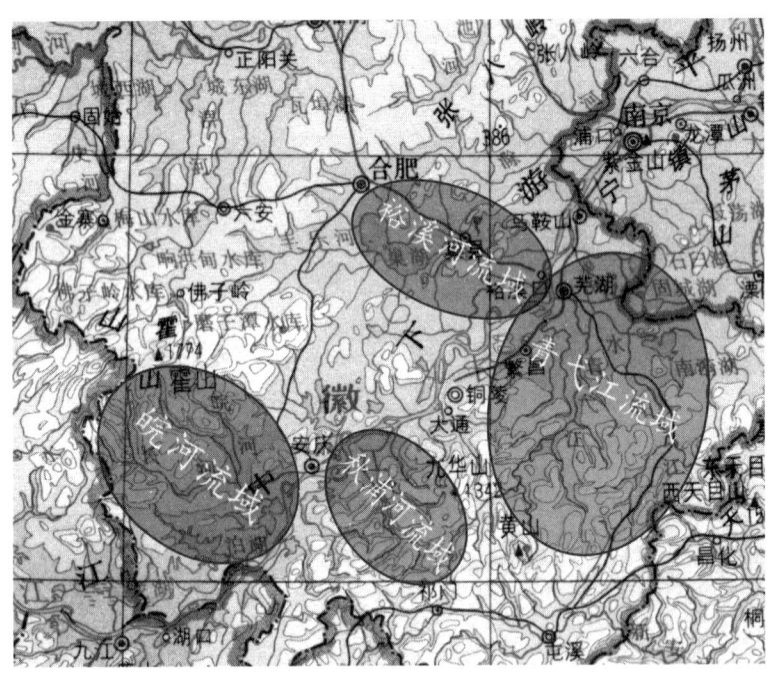

图二 皖江及周边地形图

## (二) 历史背景

至少从新石器时代以来,皖江区域在中国东部地区的文化的交流、传播中一直起着难以替代的中介作用。

目前可以明确知道,至少从新石器时代中期开始,东西方向上的江汉文化圈与宁镇、太湖文化圈就有了文化交流。近年发现的距今七八千年的浙江跨湖桥与湖南彭头山、皂市下层一类文化的较多相似性即为我们提供了这方面的线索①。在公元前4000—前3000年左右,分布在长江中下游的大溪、薛家岗、凌家滩、北阴阳营、崧泽等诸文化以长江为纽带进行了大规模的文化交流,从而使长江中下游形成了以鼎、豆、

---

① 浙江省文物考古研究所:《跨湖桥》,文物出版社,2004年。

壶为典型器物组合,以三足器、圈足器为特征的大文化体系而与黄河中下游文化明显不同。稍后北方海岱文化圈也穿过淮河流域向南扩展,参与了当时整个长江中下游地区的文化交流。到了龙山时代,该区域内部的文化交流趋于减少,北方文化却有南下的趋势,在整个长江中下游地区发现了大量的中原和海岱文化圈的文化因素。至少从商代开始,中原文化圈向东南地区的扩张在黄淮地区遭遇东夷(淮夷)的阻挡,由淮河中下游向长江下游的通道受到阻碍,其主要通道则是从江汉平原东部向东通过长江进入到现安徽和江西境内。

对赣北地区的文化交流还不太明显,但这是一个值得充分重视的方向,对它的关注可以影响到目前研究尚属薄弱的中国华南地区的先秦文化诸多问题。

秦汉以降,随着中央集权政治的确立,南、北文化的交流通道大大扩展,但原有的通道仍然对文化的交流起着很重要的作用。

纵观中国东部地区的地形特点与文化交流的特点,可以粗略地勾画出与皖江有关的几条可能的大通道:

(1) 南北方向,淮河流域与长江中下游之间的沟通通道主要有两条:一是西线。通过环巢湖一带,向西南沿大别山东南麓进入长江中、下游之间和赣江流域,将淮河中游和长江中、下游及赣江联系起来,向南通过赣江流域更可以扩展到华南地区;向东南则可进入到长江下游以芜湖、南京为中心的区域,将淮河中游和长江下游联系起来,这一通道可沟通中原、海岱、江汉以及太湖四大文化圈。二是东线。通过洪泽湖、高邮湖一带向南到达宁镇地区,将淮河下游和长江下游联系起来,这一通道更多的是将海岱文化圈和太湖文化圈沟通起来。

(2) 东西方向,长江中游、下游之间的沟通通道也主要有两条:一是北线。以皖江为纽带,将江汉文化圈和太湖文化圈联系起来。二是南线。通过鄱阳湖和赣江流域的赣北盆地向东,进入衢江、钱塘江,到太湖流域,也将江汉文化圈和太湖文化圈联系起来。其中皖江正好还沟通了长江历史上四个著名的大泽:云梦泽、彭蠡泽、丹阳泽、震泽的中间两个:彭蠡泽和丹阳泽,其历史意义更为突出。

如果将上述南北、东西向通道联系起来,还可以看出它们中间有两个较为重要的中心——西部以安庆、九江为中心,东以芜湖、南京为中心,或者也可以说西部以彭蠡泽为中心,东部以丹阳泽为中心。

如果从更广大的范围来看,以安庆、九江或者说以彭蠡泽为中心,可将长江中游、下游紧密地联系起来,也将淮河、赣江流域联系起来,因而形成了东西方向上可沟通江汉、洞庭湖平原与宁镇丘陵、长江三角洲平原,南北方向上可沟通黄淮平原与赣北盆地乃至广大的华南地区的一个十字轴心,皖江及其两岸的平原区成为沟通上述地区的交通要道。就目前所掌握的考古材料而言,这实际上也是中国东部地区一个大的"十"字形文化通道。

因此,以皖江为纽带,在一个稍大的区域范围内可以说有四条路线、两个中心、一个轴心,从全国而言,它们在我国西北、东南两大地区之间的文化交流过程中起到过独特的作用,苏秉琦先生在讨论新石器时代文化时曾对此有过论述[①]。

## 三　皖江区域考古的几个问题

### (一) 地理和时间范围

地理范围:包括自鄱阳湖以东至南京以西、皖南山区以北、大别山区和江淮丘陵东南,以皖江为轴线向两侧有限伸展的以平原和丘陵为主的区域。根据目前已掌握的考古调查资料,重点区域应是沿江两岸各距长江约30公里的区域,以前述五个小流域为主要对象,这片区域以平原为主,丘陵为辅。在这一区域内,现已有潜山薛家岗、含山凌家滩、铜陵和南陵的大工山—凤凰山古铜矿三处先秦遗址,再加上宋代繁昌窑遗址共四处属全国重点文物保护单位。

时间范围:由于皖江区域自汉以后的文献记载较为丰富,特别是唐宋以后,这里成为全国发达的地区之一,因此皖江区域考古的时间范围可上及旧石器时代,下迄唐宋,重点应以先秦为主。

### (二) 皖江区域的文化面貌

皖江一带的人类历史较为悠久,据考古发现的资料,自旧石器时代中期开始,这里就有人类活动的迹象,在枞阳等地曾发现了旧石器时代中期的地点,至旧石器时代晚期,在皖河流域一带出现了若干个以小石器为特征的旧石器时代遗址。其后一段时期的考古发现尚属空白,目前还只在繁昌缪墩遗址发现过距今近7 000年的新石器时代遗址。到了距今6 000年左右,在皖西南的湖群附近出现了一系列的新石器时代遗址,其中最重要的有宿松黄鳝嘴、枞阳小柏墩、安庆墩头等遗址,被命名为黄鳝嘴文化。皖江东部地区也出现了以凌家滩遗址为代表的凌家滩文化。它们与宁镇地区和江汉平原东部的文化有密切的交流关系。其后一段时间是该区域文化发展的一个重

---

① 苏秉琦:《略谈我国东南沿海地区的新石器时代考古——在长江下游新石器时代文化学术研讨会上的一次发言提纲》,《文物集刊(第1集)》,文物出版社,1980年。

要时期,在长时间的文化交流过程中,皖江西段出现了具有多元特点的薛家岗文化,该文化的遗址遍布各地,并极大地影响了长江中、下游地区,皖江东部也出现了文化面貌相近的文化。之后,整个皖江区域的考古学文化发生了重大的变化,外来因素大量渗入,产生了一种不同于原来本土文化的新文化,这种文化在皖江西段以张四墩文化为代表。到了夏商时期,受中原文化的影响,这里的土著文化出现了较多的中原文化因素,文化面貌发生了一定的改变,但本地因素依然顽强地保留着。至迟从西周早期开始,由于中原王朝对长江中下游控制的加强,在皖江区域中部的铜陵一带,出现了以大工山—凤凰山古铜矿为代表的一个极重要的铜资源基地,伴之而生的则是出现了大量而密集的遗址群、土墩墓。由于西周时期是全国文化的一个大的统一时期,这一地带的文化面貌更多地趋同于中原文化。秦汉之时,伴随着中央集权国家的形成,本地与周围文化的交流更为频繁,而部分越人的北迁也加速了文化的融合。六朝时期,随着北方地区的人口为避免战乱而南下,皖江一带得到了一次较大规模的开发,并成为文化高度发展的区域之一。南宋以后,由于宋王朝的南迁,全国的经济重心开始向南偏移,从而促进了皖江一带的进一步崛起。

从皖江区域文化的面貌来看,它具有的一个最明显的特点就是文化的多变或多元性,也就是说这一区域文化的发展,与其他区域的变化有较为密切的关系。

## (三) 必要性、可行性与局限性

### 1. 必要性

首先,开展皖江区域考古对安徽考古学文化研究有着重要的意义。虽然在皖江区域有丰富而重要的遗址和墓葬,但迄今为止只对新石器时代的薛家岗文化、凌家滩文化,商周时期的大工山—凤凰山古铜矿有了一定深度的研究,其他方面都还十分薄弱,有些甚至是空白,特别是对区域内文化变迁的综合、总体的观察。

其次,对长江流域原始文化和先秦文化探索有着积极的意义。目前在湖南、湖北、江西及江苏、浙江、上海已发现的可能与皖江区域有关的重要考古成果有以下几项:① 江西仙人洞吊桶环、江苏神仙洞、浙江上山、湖南彭头山诸遗址都发现了早期稻作农业迹象;② 长江中游的彭头山文化、城背溪文化与下游的跨湖桥、罗家角文化等新石器文化有着明显的交流关系;③ 湖南、湖北发现了城头山、跑马岭、石家河等8座新石器时代城址,浙江也发现了类似于城址的"台城";④ 商周时期的以湖北盘龙城为代表的商文化据点、铜绿山和瑞昌古铜矿,与皖南的古铜矿有着必然的联系。

从罗列的长江中下游这些重要考古成果中可以看出,它们在地理位置上基本上环绕着皖江区域,而且它们之间具有交流的因素,这种交流在很大程度上是不能够跨过皖江区域这片中间地带的,因此,这就为我们开展皖江区域考古提供了很好的思路。

第三,有利于促进长江中下游文明化进程的探索。这方面的作用有两个:一是皖江区域作为长江中下游之间文化交流的孔道,对于长江中下游文明的演化有何种意义;二是皖江区域的本地文化在整个长江中下游文明的演化中具有何种地位。

### 2. 可行性

首先是田野考古工作具有了一定的基础。具体体现在以下三个方面:一是文物普查资料的积累日益增多。通过《中国文物地图集·安徽分册》的工作,相关资料已收集得相对齐全。二是随着近年在该区域的考古调查与发掘的增多,科学的考古资料也日益丰富。三是具有一定的综合研究基础。虽然总体上还属薄弱,但对若干个点的研究如皖江西段的薛家岗文化、皖江中部的古铜矿、皖江东段的凌家滩遗址已具有一定的基础。并且目前有了一定的契机,一是近年大力开展皖江经济带建设,使区域内的考古工作不断增多,这使配合基建的考古工作可以与有目的的课题研究相结合;二是学术界对长江流域文明的演化日益重视和对长江中、下游文化的交流日益关注,这些关注的一个必经之地即是皖江区域。无论从点(薛家岗、凌家滩、铜矿),还是从线(长江沿线)上来说,这一问题已越来越受到关注,而目前皖江区域考古工作远不能满足研究之需,甚至成为研究的瓶颈。

### 3. 局限性

主要表现在四个方面:

一是田野考古点面不足,二是研究工作停滞不前,三是人员配备明显缺乏,四是科研经费缺乏保障。

## (四)预期目的

预期目的主要有以下几个部分:一是开展以薛家岗文化和凌家滩文化为主体的区域文化研究,使这两个文化的个案研究达到一个新的高度。二是在前面的基础上建立皖江两岸考古学文化编年,探索遗址的分布、堆积特点和规律。三是廓清皖江两岸原始文化与江汉、宁镇与太湖地区的共同文化因素,探讨以皖江为纽带的各区域文化交流的现象及本质问题,并初步研究该通道在长江中、下游文明起源中所起的作用。四是把握学术研究的前沿,争取寻找新石器时代早期的遗址及稻作农业迹象,关注新石器时代末期到夏代的遗址。五是尝试以彭蠡、丹阳两大泽为对象,研究聚落变迁与环境变迁的关系,并在研究中尽可能地进行多学科合作的尝试。六是探索以古铜矿为主,以铜矿—聚落—城址为核心的商周时期文化变迁的模式和动因。七是了解汉至六朝时期皖江区域文化的特点和经济发展状况。八是探讨皖江区域早一时期文化的总体面貌、文化脉络,以及该区域的早期文化与唐宋以后文化之间的关系。

总之,皖江区域考古的全面开展,将会极大地促进对该区域古文化的深入研究,促进安徽长江流域的考古工作,为探索长江中下游地区文明的发生、发展提供有益的材料。

(原载于《文物研究》第十四辑,黄山书社,2005年)

## 2021年1月12日　背景补记:

本文的写作思路始于1999年下半年。在承担编撰《中国文物地图集·安徽分册》的任务中,我负责"二普"调查材料中的遗址、墓葬部分,因此对全省地下遗存有了较全面的了解。10月中旬为地图集事到国家文物局,遇考古处领导聊到薛家岗,建议如果报告出不来,能出个图录也算有交代,触到我的内心,觉得安徽的材料上级还是很关心,但总整理不出成果也让人失望,因而成为接手薛家岗材料整理的动力。22日去严文明先生家,聊起想做皖江一带的考古,目的是通过皖江"连江带淮"。2000年接手薛家岗资料整理,更感到皖江区域在长江中、下游的文化互动中具有特别意义,因此开始筹划,2001年撰写了此文,并到处征求意见,寻求支持。2002年7月参加上海"长江下游文明化进程学术研讨会"时,与吴汝祚、赵辉等多位先生聊及此计划,并得到了学术认可。但当时处于无人员、无经费、无材料的"三无"状态,8月份正赶上国家文物局开放了"文物保护科学和技术研究课题"申请,值薛家岗材料整理过半,便申报了"薛家岗文化综合研究"课题,作为皖江考古的第一步,次年课题获批并得到3万元经费,是我个人科研方面的"第一桶金",极大地提升了我的科研热情。此文实际是个人的科研宣言,并由此努力创造各种条件,开始了长达十余年的田野实践和研究。

# 安徽新石器时代绘彩陶器

与周围地区相比,安徽新石器时代绘彩陶器发现晚、数量少,但该地又是研究东部地区新石器时代绘彩陶器不可或缺的。早在1954年,尹焕章就曾预言:"彩陶文化绝不会跳过皖北,仅在苏北地区发现",皖北"应该有彩陶文化的遗存"[①]。1960年底,曾在萧县花家寺采集到一片彩陶,绘彩陶器开始在安徽初露端倪。但时隔二十年后,绘彩陶器才在安徽又见天日,1979年在薛家岗发现了少量的彩绘陶。随后,绘彩陶器的发现逐渐增多,在宿松黄鳝嘴、潜山天宁寨、肥西古埂、濉溪石山子、蚌埠双墩、定远侯家寨、宿县小山口和古台寺、怀远双古堆、凤台峡山口、界首王庄、寿县斗鸡台、六安西古城和王大岗、霍邱扁担岗和红墩寺、望江黄家堰、安庆张四墩等地陆续发现,其中仅侯家寨一次就出有300余片彩陶,图案丰富多彩,显示了较为发达的彩陶艺术。本文即以上述资料为基础,试图对此做一初步的探讨。

安徽新石器时代的绘彩陶器,绝大多数为烧前绘彩的彩陶,但也有少量烧后绘彩的彩绘陶,因其数量较少,风格与彩陶大体一致,且与彩陶有不可分割的渊源关系,在此与彩陶合并讨论。

## 一 概貌及时代

由于安徽至今未有完整的考古学编年,因而探讨彩(绘)陶的时代不得不较多地依靠周边地区的编年体系。就目前而言,安徽最早的新石器时代文化为宿县小山口和古台寺的早期文化,年代在距今8 000年左右[②],均未发现彩陶。最早的彩陶

---

① 尹焕章:《从发现的文物中谈华东区古文化概况》,《文物参考资料》1954年第4期。
② 中国社会科学院考古研究所安徽队:《安徽宿县小山口和古台寺遗址试掘简报》,《考古》1993年第12期。

发现于蚌埠双墩遗址，据报道该遗址可分早晚两期，泥质陶极少，红陶大多是涂满了红衣的碗类①。出土的三片彩陶，一为钵口沿残片，在橙黄色陶衣上各施四条斜线纹组合的红彩于口沿内外；另两片为小口双耳壶残片，一在口沿下及肩以上施网纹红彩，一在口沿下腹以上施重叠菱形纹红彩②，年代约为北辛文化中期。濉溪石山子遗址第一次发掘的⑦、⑥层不见彩陶，而⑤、④层则出土了少量的彩陶和红衣陶。彩陶均为泥质陶，多施在钵、盆的口沿和上腹部，个别见于陶杯的外腹部；颜色均为红彩，部分彩下有乳黄或橘黄色陶衣；纹样以宽带纹为主，仅T2④：37为红彩中间空以若干方格，将纹样分为上下两部分（图一，1），T3④：20则绘四条斜线纹加宽带纹红彩③（图一，2）。石山子⑤、④层的年代约当北辛文化晚期。以上两处彩陶的年代大体为距今6 000多年。

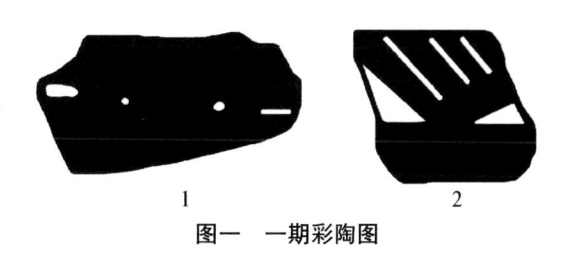

图一　一期彩陶图

　　稍后一段时间，彩（绘）陶在安徽渐显发达。在沿淮及淮北地区，曾在淮南小孙岗采集到一片彩陶，为泥质红陶，口沿外施宽带纹红彩④，从风格及同地采集的筒形深腹罐形态判断，年代约当大汶口文化早期（图二，1）。在凤台峡山口下层，有相当一部分遗迹单位中也发现了数量较多的彩陶⑤，年代也近于大汶口文化早期。而怀远双古堆在T2214的⑥层以下未见彩陶，⑥、⑤层则发现彩陶17片和少量红衣陶，一般为黄衣红彩或红衣黑彩；纹样有曲折纹、三角网纹、勾连纹、平行条纹等；另有少量内彩。⑥、⑤层同出器物有侈口折沿鼓腹釜形鼎、大喇叭形圈足豆、敞口宽沿盆等⑥，相当于大汶口文化早期偏晚阶段。定远侯家寨上层的彩陶均为泥质陶，基本是红彩，也有少量黑彩和橙黄彩；施彩部位大都在口沿和上腹部，内彩较为盛行；纹样主要是宽带（条）纹，间有曲折纹、波折纹、三角网纹、勾连纹、竖条纹等。如T2②：32盘，内外通施红衣，内口沿饰两条带状橙黄彩，外口沿及腹底饰四条带状纹，带状纹中间饰竖条和短波折纹（图二，2）；T3②：30豆把，绘三条宽带纹红彩，中间填曲折纹（图二，5）；T2②：134罐，口沿内外均绘宽带纹红彩，肩腹部间隔绘有波折纹和宽带纹

---

① 阚绪杭：《蚌埠双墩遗址的发掘与收获》，《文物研究（第八辑）》，黄山书社，1993年。
② 何长风：《安徽新石器时代艺术考古综述》，《东南文化》1991年第2期。
③ 安徽省文物考古研究所：《安徽濉溪石山子新石器时代遗址》，《考古》1992年第3期。
④ 何长风：《淮南市古文化遗址调查》，《文物研究（第七辑）》，黄山书社，1991年。
⑤ 安徽省文物考古研究所资料。
⑥ 安徽省文物考古研究所资料。

（图二，8）；T3②：33盘，内壁残存"工""王"等图案，盘内底部有两圈带状纹，圈内有网纹和其他纹饰，均为黑彩（图二，3）；T3②：139豆盘，外腹绘红彩三角网纹（图二，6）；T6②：55，残片上绘勾连纹间网纹红彩（图二，9）；T3②：141碗，内外均有宽带纹红彩（图二，4）；T3②：143，残片两面均有红彩，外彩图案难辨，似为弧线三角，内彩有宽带纹、曲折纹和网纹①（图二，7）。侯家寨上层有一个碳十四数据，为公元3354—前3080年（高精度表校正），从器形看，有些小圈足碗、豆、罐形鼎等与北阴阳营二期文化极为相近。

同一时期的江淮中西部，肥西古埂下层出土了少量彩陶片，一般施淡黄陶衣，均为黑彩；纹样以宽带纹、网纹为主。标本如H2：16，器表施淡黄陶衣，上绘花瓣纹黑彩②（图二，10）。古埂下层的豆、鼎足、器把等与北阴阳营二期接近，特别是T5③：4鼎足装饰与北阴阳营T47④所出的一件如出一辙。在霍邱红墩寺下层，也发现了数量较多的彩陶，多为黑彩，红彩较少；纹样主要有网纹、水波纹或宽带夹网纹、水波

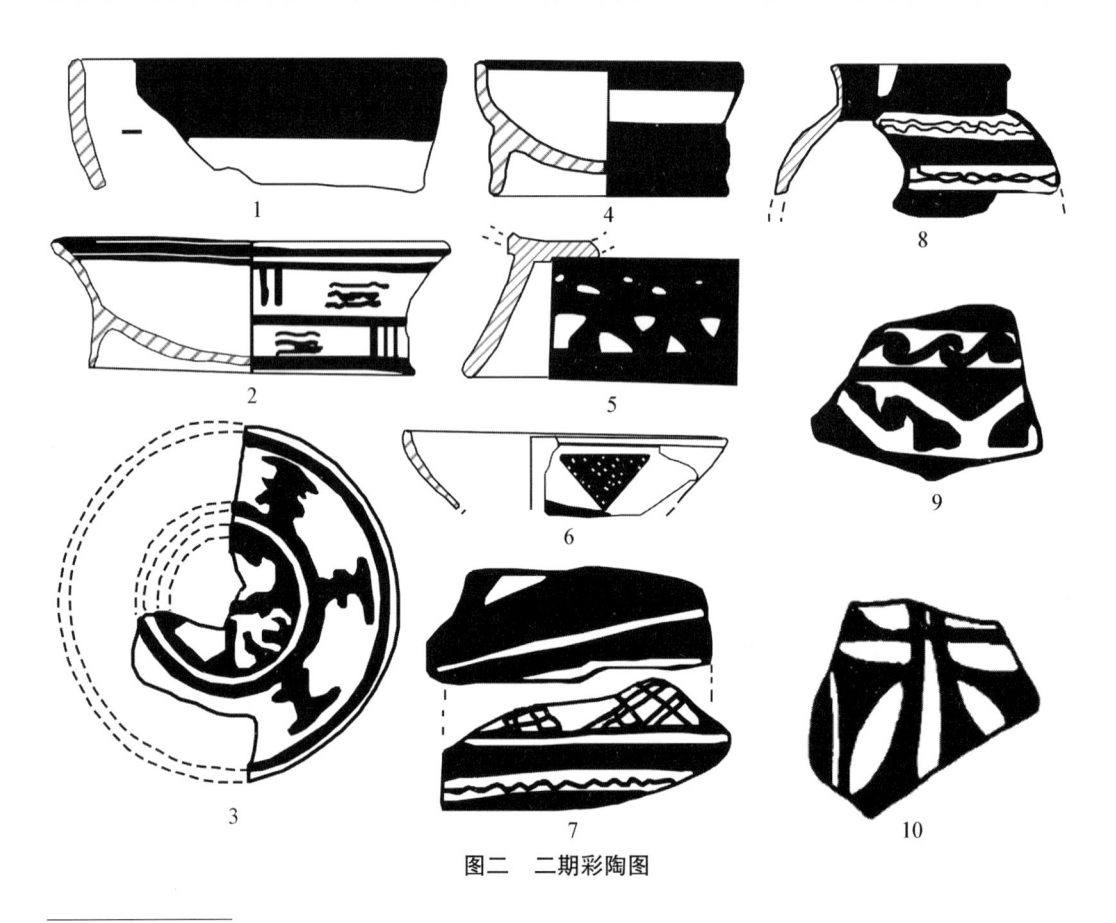

**图二 二期彩陶图**

---

① 阚绪杭：《定远县侯家寨新石器时代遗址发掘简报》，《文物研究（第五辑）》，黄山书社，1989年。
② 安徽省文物考古研究所：《安徽肥西县古埂新石器时代遗址》，《考古》1985年第7期。

纹,而宽带纹多施于碗、钵之类的口沿部位[1]。其年代与薛家岗一期文化或与大汶口文化早期偏晚阶段相近。

在皖西南一带,时代大体相近的薛家岗一期文化中出土有少量彩绘陶,如T16⑤：8,是在白地上用棕色绘弧三角形图案,易剥落[2](图三,1)。薛家岗一期文化的腰沿釜和牛鼻式耳与崧泽下层年代相近,而其他器物则与北阴阳营二期时代相近。在宿松黄鳝嘴,出土有少量红衣陶和彩绘陶,主要是红彩,未见黑彩;纹样为单一的宽带纹,如M6：13,泥质红陶,口外饰一圈宽带纹红彩[3](图三,2)。黄鳝嘴的器物与北阴阳营文化多有相似之处,如鼎、豆等,特别是刻有八角形图案的钵,与北阴阳营二期所出极为相似。

相当于大汶口文化中期偏晚阶段的彩(绘)陶在安徽发现较少,主要有薛家岗二期文化和天宁寨下层。薛家岗二期文化有部分陶豆在盘、柄和圈足上绘有红色宽带纹,均属烧成后绘彩的彩绘陶,出土时大多剥落[4]。天宁寨下文化层仅有4片绘彩陶片,有红地和黄地;颜色有黄彩或红彩;纹样有条纹、弧线纹、斜线纹、曲折纹。标本T2④：48残豆柄,泥质红陶,朱红色彩绘,在竹节处绘条纹,间以斜线纹(图三,6);T2④：45,夹砂红陶,在红地上绘乳黄色双弧线,间以曲折纹。(图三,3);T2④：46,泥质红陶,在红地上绘乳黄色条纹(图三,5);T2④：47,泥质黄陶,在黄地上绘条纹[5](图三,4)。其中前三者为烧成后绘彩,属彩绘陶,后者是绘彩后焙烧,表面光滑,属彩陶。天宁寨下文化层与薛家岗二期文化基本相同,属同一时代。在最近发掘的望江黄家堰遗址中,也发现了一定数量的彩绘陶,主要饰在陶器的口、腹及圈足的外表,多为宽带纹,少数豆在口、柄上部和圈足上均饰有宽带纹,

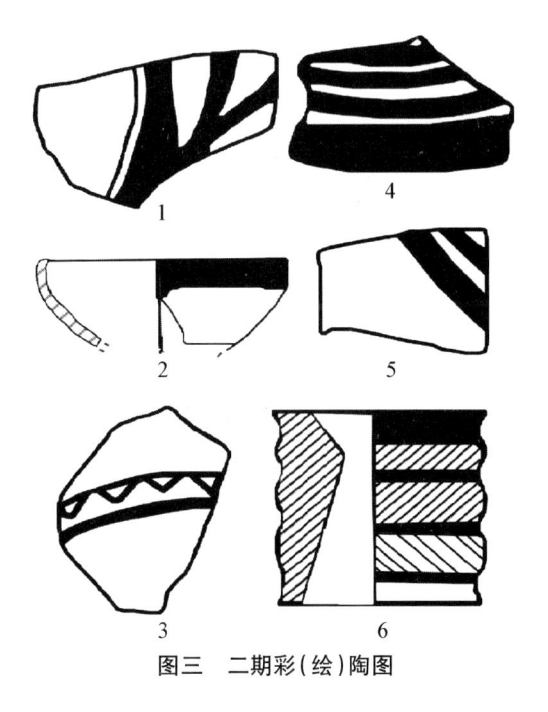

图三　二期彩(绘)陶图

---

[1] 安徽省文物考古研究所资料。
[2] 安徽省文物工作队：《潜山薛家岗新石器时代遗址》,《考古学报》1982年第3期。
[3] 安徽省文物考古研究所：《宿松黄鳝嘴新石器时代遗址》,《考古学报》1987年第4期。
[4] 安徽省文物工作队：《潜山薛家岗新石器时代遗址》,《考古学报》1982年第3期。
[5] 安徽省文物考古研究所：《安徽潜山县天宁寨新石器时代遗址》,《考古》1986年第11期。

施彩部位比较广泛,它们均属薛家岗文化二、三期[1]。

在相当于大汶口文化晚期阶段,安徽的彩(绘)陶数量更趋减少,出土地点主要集中在淮北和六安地区。宿县小山口遗址④层中发现部分彩陶,其中一件残钵形器(T1④∶2),泥质红陶,口沿边饰两道叶形黑彩,沿下饰方格纹黑彩[2](图四,1)。古台寺③层也发现彩陶一片(T1③∶6),泥质红陶,褐彩,上下为平行条纹,中间为方格纹[3](图四,2)。萧县花家寺探沟1所出彩陶,主要施在泥质红陶器上,器表多加红、朱和淡黄色陶衣;纹样有双线纹、单线弦纹、方格纹等;罐口沿和足边缘常绘双线纹,腹绘单线或方格纹[4](图四,4)。以上三处的器物群均有较多的大汶口文化晚期特征,应属大汶口文化晚期无疑。

在六安一带,西古城T1⑥层曾出一片彩陶,为灰胎外施白色陶衣,饰一组深红色平行条纹(图四,5)。据报告分析,该层年代约当大汶口文化晚期[5]。相近的六安王大岗遗址,各层都有少量彩陶片,均为橙黄色底,施红彩。样多为网格状几何纹,并有一定的形式变化。据报告,其年代大约介于古埂早、晚期之间[6],也即大汶口文化晚期

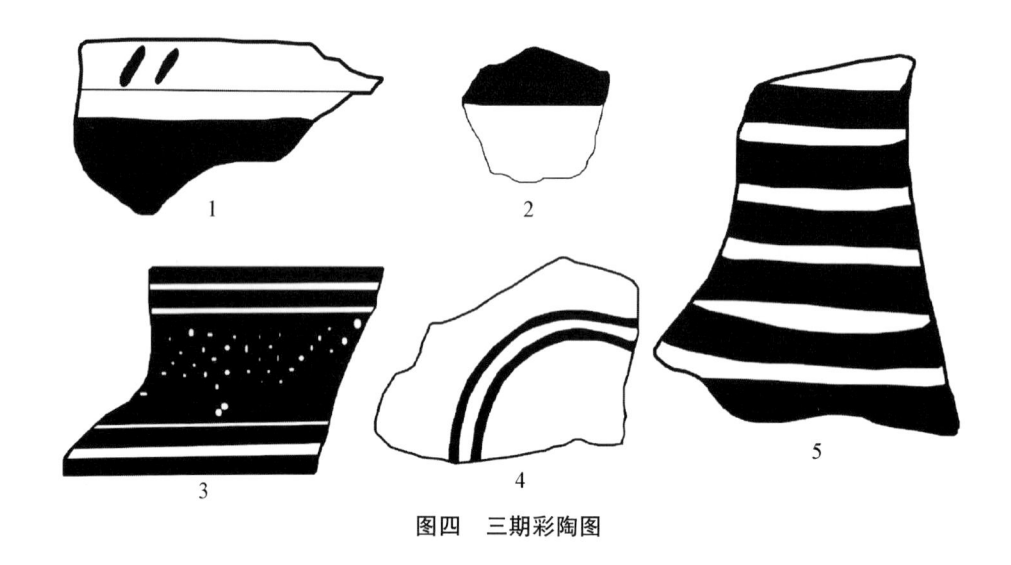

**图四 三期彩陶图**

----

[1] 张敬国、贾庆元:《望江家堰遗址发掘成果丰硕》,《中国文物报》1998年5月10日。
[2] 中国社会科学院考古研究所安徽队:《安徽宿县小山口和古台寺遗址试掘简报》,《考古》1993年第12期。
[3] 中国社会科学院考古研究所安徽队:《安徽宿县小山口和古台寺遗址试掘简报》,《考古》1993年第12期。
[4] 安徽省博物馆:《安徽萧县花家寺新石器时代遗址》,《考古》1966年第2期。
[5] 北京大学考古学、安徽省文物工作队:《安徽省霍邱、六安、寿县考古调查试掘简报》,《考古学研究(三)》,科学出版社,1997年。
[6] 高一龙等:《安徽六安王大岗遗址发掘纪要》,《东南文化》1991年第2期。

阶段。另在霍邱扁担岗T1②层中,出有一片饰红色宽带纹的彩陶(图四,3),年代要早于龙山时代①。

在龙山时代,安徽地区已很少见绘彩的陶器了。不久前在安庆张四墩发现有一片夹砂红陶(图五,1),四条凸棱上均有白色条纹,很厚,为烧前绘彩,当属彩陶,只不过已是彩陶的遗孑罢了②,与之共存的遗物表现出了较为明显的龙山时代特征。在寿县斗鸡台遗址,T1⑤层中一件磨光黑陶上发现有宽约1.6厘米的朱红色宽带纹绘彩③(图五,2),为彩绘陶。该陶片属斗鸡台二期文化,不晚于二里头文化早期,而此遗址的最早年代不超过龙山时代,所以它很有可能为龙山时代遗物。

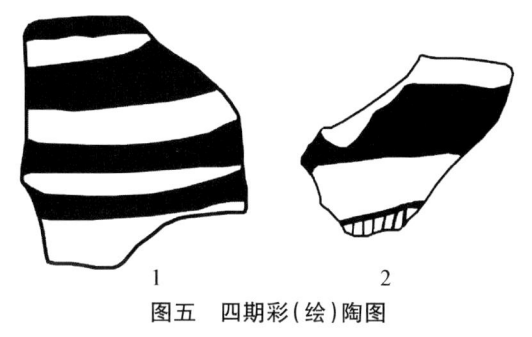

图五　四期彩(绘)陶图

绘彩陶器目前在安徽的东部、皖南一带还未有发现,但这些地区的考古工作均极少,但其东部地区不排除彩陶存在的可能性。

## 二　分期与特征

就目前安徽新石器时代彩(绘)陶发现的情况而言,上至距今7 000年左右,下至距今4 000年左右,时代跨度较大,因而不可避免地有阶段性变化。根据周边地区的研究成果和本省各遗址的分期情况,结合彩(绘)陶的变化过程,本文将安徽地区的新石器时代彩(绘)陶分为四期。

第一期:早期,以蚌埠双墩和濉溪石山子遗址为代表,相当于山东北辛文化时期,绝对年代在距今7 000—6 000年左右。此期仅见彩陶,绝大多数均施于泥质陶器的口沿内外或钵、盆的腹部;陶衣以黄色为主,尚未见红衣;绘彩颜色只见单一的红彩;纹样以宽带纹为多,另有由四条斜线和条纹组成的斜栅纹,偶见网纹和菱形纹。此期的彩陶无论是数量还是器物种类都显得少而单调;纹样均由直线构成几何图

---

① 北京大学考古学、安徽省文物工作队:《安徽省霍邱、六安、寿县考古调查试掘简报》,《考古学研究(三)》,科学出版社,1997年。
② 安徽省文物考古研究所资料。
③ 北京大学考古学、安徽省文物工作队:《安徽省霍邱、六安、寿县考古调查试掘简报》,《考古学研究(三)》,科学出版社,1997年。

案,组合纹样少见,缺乏变化。

第二期:中期,以怀远双古堆和定远侯家寨上层为代表,相当于山东大汶口文化早、中期,绝对年代在距今6 000—5 000年左右。此期彩陶均施于泥质陶器上,但具体表现手法与一期有很大不同。施彩部位除口沿和上腹部外,另出现了较多的内彩;陶衣有黄、红两色;而绘彩颜色除红彩外,新出现有黑彩,并有少量橙黄彩;此期的纹样也极富变化,虽然由直线条构成的几何图案仍属常见,如宽带纹、平行条纹、网纹,但同时出现了较多的曲折线、弧线构成的曲折纹、波折纹、勾连纹、弧线三角纹,而花瓣纹等植物纹样的出现也是此期的一大特点。与一期相比,在表现手法上有三大变化:一方面在色彩上,用黄、红色陶衣配以红、黑、橙黄彩,增强了色彩的对比效果,使色彩富于变化;另一方面在纹样上,常以直线条与曲折线、弧线搭配,以几何纹与植物纹组合,突破了一期的单调风格,使纹样趣意盎然,生动流畅;第三,内彩的出现扩大了视觉范围,使彩陶艺术也有了更大的表现空间。

二期的另一重要特征是出现了一定数量的彩绘陶。彩绘陶除施于器物口沿和腹部外,在豆的盘、柄和圈足上也多有运用;同时还出现了白色陶衣;颜色有红、黄二色;纹样有宽带(条)纹、斜线纹、弧线纹、曲折纹、弧三角纹等,基本上与彩陶的表现形式相近,但彩绘陶不仅在制造工艺上与彩陶有别,它的出现还有更深的社会意义[①]。

第三期:晚期,以萧县花家寺和六安王大岗为代表,相当于山东大汶口文化晚期或薛家岗文化三期,绝对年代在距今5 000—4 500年左右。彩陶依然施于泥质陶器的口沿或底缘;陶衣有红、黄、白三种;而绘彩颜色则是红、黑两种;纹样已少见宽带纹,代之以较多的窄条纹、平行条纹,本期方格纹和网格纹较多见,弧线、曲折线和植物纹不见。与二期相比,多种纹样的组合纹少见,图案显得规整和呆板,内彩也消失,彩陶的艺术表现明显不如二期。但这一时期的绘彩艺术已有限地扩展到非陶器上,如薛家岗的部分石器上就有红色的彩绘。

第四期:末期,目前只见于安庆张四墩和寿县头鸡台遗址,时代为龙山时代,绝对年代在距今4 500—4 000年左右。此期的彩陶和彩绘陶均少见,只见宽(窄)条纹;彩绘颜色有红、白两色,并有在夹砂红陶和磨光黑陶上施彩的现象。总体来说,本期彩(绘)陶纹样极为单调,对施彩器物的质地不再像以前那样有严格要求,显得较为紊乱,数量上也急剧减少,说明此期彩绘装饰只是尚存三期的遗风而已。

总观四期的彩(绘)陶,早期只见彩陶,以黄衣红彩为主,纹样简单;中期以黄、红

---

[①] 李宗山:《海岱地区史前彩陶与彩绘陶初论》,《考古学报》1996年第3期。

衣和红、黑彩为主,少量黄彩,纹样变化复杂,组合纹较多,象形纹有一定数量,并出现内彩、彩绘和少量白衣;晚期以红、黄衣和黑、红彩为主,白衣较少,纹样变化少,几何纹多,象形纹少;末期不见陶衣,仅少量红、白彩,纹样单调。因此,安徽新石器时代彩(绘)陶的总体特征可归纳为:(1)三多,即红、黑色单彩多,黄、红色陶衣多,线条、三角、网纹、曲折纹等几何纹多;(2)三少,即白色陶衣少,白彩少,象形纹少;(3)一无,即无双色、多色的复彩。

从目前发现的情况分析,安徽新石器时代彩(绘)陶在时空的分布上并不均等。彩陶首先出现在淮北和沿淮地区。二期时彩陶扩展到江淮地区,皖西南一带则发展起较多的彩绘陶,但数量、纹样均不如淮北和沿淮地区的彩陶丰富。三期时分布范围有所缩小,主要见于淮北及江淮之间的皖西。四期时淮北及沿淮地区已经不见,残存因素只偶见于皖西、皖西南。因此,安徽新石器时代彩(绘)陶总体上而言:北方早,江淮晚;北方多,江淮少;彩陶主要见于淮河中下游,皖西次之;皖西南的彩陶不多,主要是彩绘陶。具体分布情况如图六。

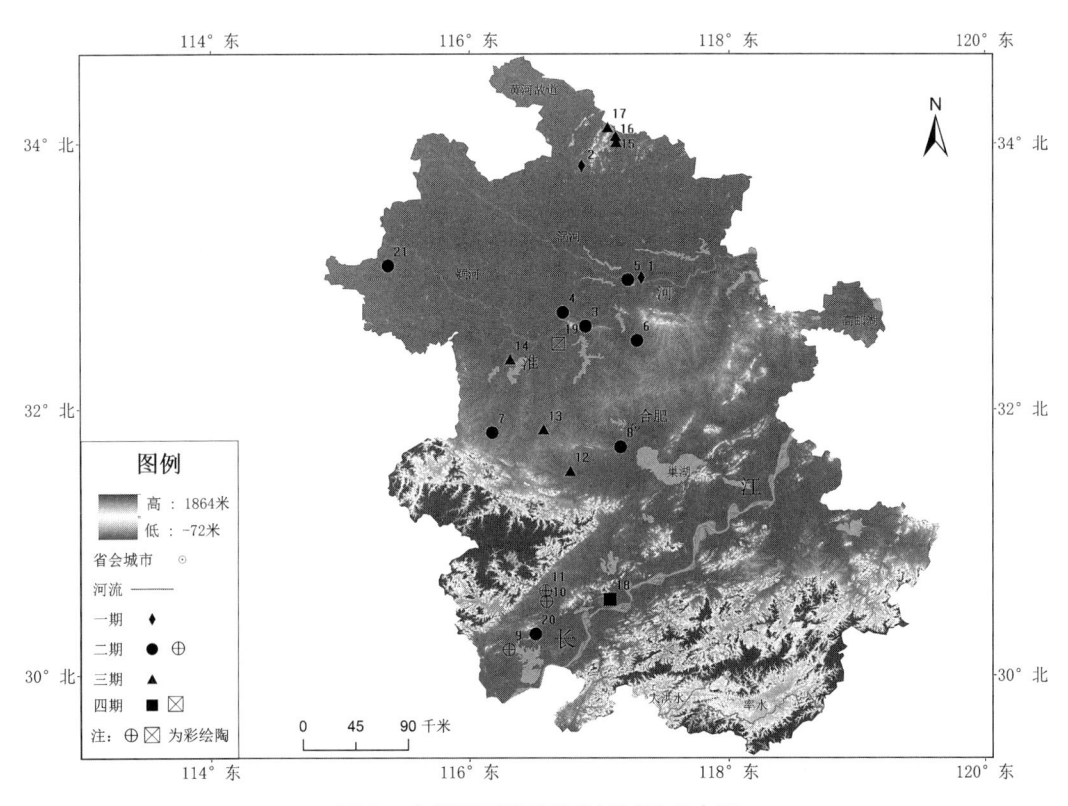

图六 安徽新石器时代彩(绘)陶分布图

1. 双墩  2. 石山子  3. 小孙岗  4. 峡山口  5. 双古堆  6. 侯家寨  7. 红墩寺  8. 古埂
9. 黄鳝嘴  10. 薛家岗  11. 天宁寨  12. 王大岗  13. 西古城  14. 扁担岗  15. 古台寺  16. 小山口
17. 花家寺  18. 张四墩  19. 斗鸡台  20. 黄家堰  21. 王庄

## 三 文 化 交 流

目前已知中国最早的彩陶发现于7 000多年前的老官台文化,仰韶文化则继承和发展了它的彩陶艺术,并对其他地区产生了广泛的影响①。安徽地区的彩陶无疑也是在仰韶文化影响下的产物。

安徽的早期彩陶目前发现并不多,但宽带纹、网纹、菱形纹和四条斜线加宽带的斜栅纹早已见于半坡类型②,同时,宽带纹也曾见于北辛文化中期,而斜栅纹彩陶虽未见于北辛文化,但在大汶口遗址的北辛文化晚期地层中发现了类似图案的刻画纹③。不过,安徽的早期彩陶均为红彩,而半坡类型多黑彩,网纹和菱形纹也不见于北辛文化,黄色陶衣则在同期仰韶文化和北辛文化中均未见。

安徽的中期彩(绘)陶则出现了稍显复杂的情况。首先,在山东大汶口文化早期阶段,出现一定数量的红衣和白衣,黑彩数量也大增,安徽彩陶显示了与之同步的发展轨迹。在具体纹样上,曲折纹、三角网纹等主要纹饰与大汶口文化基本相同。如侯家寨上层F1∶13的"S"形纹与大汶口74年南区T5的M1018∶30纹样颇为相似;古埂H2∶16的花瓣纹虽与庙底沟类型的相似,但更近似于大汶口文化,经复原后它与大汶口T5的M1018∶24的纹样完全一样④;此外侯家寨T3②∶30的纹样也与大汶口文化的镂孔圈足豆有渊源关系。但是,大汶口文化极富特征的八角星图案和复彩则始终未见于安徽。其次,内彩的出现则受苏北青莲岗一类遗存的影响。苏北淮安青莲岗和沭阳万北等遗址中均发现有较多的内彩,这是青莲岗一类遗存的重要特征之一,时代均早于安徽的内彩。另外,侯家寨的彩陶还与北阴阳营文化有较多的关系。北阴阳营二期文化的28件彩陶,以宽带纹为最主要纹饰,风格与侯家寨的大部分彩陶颇为相近,如侯家寨T3②∶141即与北阴阳营M71∶9基本相同⑤,两地的部分器形如小圈足碗、豆等也几乎完全一样。

---

① 吴耀利:《我国新石器时代的彩陶艺术》,《跋涉集》,北京图书馆出版社,1998年。
② 中国科学院考古研究所、陕西省西安半坡博物馆:《西安半坡》,文物出版社,1963年,第175、187页。
③ 山东省文物考古研究所:《大汶口续集》,科学出版社,1997年,第37、39页。
④ 山东省文物考古研究所:《大汶口续集》,科学出版社,1997年,第174、180页。
⑤ 南京博物院:《北阴阳营》,文物出版社,1993年,第54页。

二期时在皖西南一带发展起来的彩绘陶，可能与湖北的大溪文化或前屈家岭文化有一定的关系，但在具体的纹样上，两地的相似之处并不多见。在相邻的黄冈螺蛳山或更远的京山屈家岭、澧县三元宫、枝江关庙山等遗址中，除宽带纹可比外，其他纹样大多并不互见，但天宁寨T2④：48的宽带间斜线纹与关庙山T6③：27的横向"人"字纹或有模糊关系[1]。此外，该地的器物形态多与北阴阳营文化有相似之处，因而其彩绘陶或许与宁镇一带的文化也有关系。

至于同一时期的仰韶文化彩陶，与安徽彩陶的关系并不密切。薛家岗的弧三角纹彩绘陶应是受庙底沟类型的影响，但可能是通过安徽北部或湖北地区间接影响所致，它与庙底沟类型并无直接关系，至少在目前看来，安徽地区还看不到与庙底沟类型相似的器物（群）。除了常见的宽带纹、条纹和弧三角纹外，仰韶文化的其他纹饰少见于安徽地区，特别是邻近的大河村类型，其典型的睫毛、月牙、月亮、圆圈等纹样未在安徽发现任何线索，但大河村一期所见的黄色陶衣则是安徽的彩陶中所常见的，不排除其受安徽早期彩陶影响的可能。所以从二期开始，安徽彩陶（尤其是北方地区）已明显偏向于大汶口文化系统，这与器物形态所表现出来的趋势也是一致的。

安徽的晚期彩陶分布范围急剧地收缩，只集中于皖北和皖西两地。这一时期仰韶文化彩陶几近绝迹，因而不存在交流关系，而屈家岭文化以薄胎陶为特征的彩绘陶在安徽也不见踪迹。这一阶段安徽的彩陶基本上全是条纹或方格纹，与大汶口晚期彩陶并无不同，但不见大汶口文化晚期流行的涡纹，显示出一定的差异。

安徽新石器时代末期彩（绘）陶只是前期的遗风，同时周围地区的彩陶或彩绘陶也基本销声匿迹，当然也就不存在横向的交流关系了。

由此可知，安徽的绘彩陶器在早期是受仰韶文化影响的，但随后与周边各文化都有一定的关系，特别是与大汶口文化关系密切。近年的考古发现证明，至少皖北地区受大汶口文化的影响较深，以至于在大汶口文化晚期时几乎成为其分布范围；就结束时间而言，安徽彩陶也基本与大汶口文化彩陶同步。皖西南的彩绘陶则可能是一个相对独立的系统，除在风格上受彩陶影响外，还看不出周围文化的彩绘陶对其有太大影响，相反，该地倒是全国彩绘陶发展较早的一个区域。

总之，安徽新石器时代绘彩陶器的研究虽然刚刚开始，但至少有四点可重视之处：第一，目前发现的彩陶并不一定是最早的彩陶；第二，黄色陶衣出现较早且始终

---

[1] 中国社会科学院考古研究所湖北工作队：《湖北枝江县关庙山新石器时代遗址发掘简报》，《考古》1981年第4期。

有一定数量;第三,始终未见双色或多色复彩;第四,彩绘陶的出现时间较早。随着考古发现的增多,安徽新石器时代绘彩陶器的面貌会逐步清晰。

一九九八年五月二十九日成稿

(原载于《中原文物》2000年第3期)

## 2021年1月21日　背景补记:

笔者在较完整了解了安徽新石器考古的历程后,计划分别梳理各类文化特征、年代等,但因客观材料、主观学识两方面的不足,一时难以找到目标。此文撰写源于《考古学报》1996年3期李宗山的《海岱地区史前彩陶与彩绘陶初论》,让我想起1954年尹焕章提出彩陶跳不过皖北的认识,《东南文化》1991年2期何长风的《安徽新石器时代艺术考古综述》让我了解到若干线索,1997年发掘张四墩遗址也发现了很少量彩陶,因此勉强促成了此文的完成。2007年怀宁孙家城发现了数百片绘彩陶,虽不便在原文中补写,但彩版八附了几张照片。

关于皖西南的绘彩陶问题,需要略加说明:薛家岗一期、天宁寨所出绘彩陶,表面彩确实易脱落,在2007年孙家城发掘所获的数百片绘彩陶中,几乎不能剔土,否则极易剥落,最后采取最人工的方式才将土剥离。这些与另几片烧前彩完全不一样,但是否确属烧后绘制,也很难确定,特别是长期在潮湿环境下,是否易造成脱落也未可知。特记于此,以期寻找更多证据证明或否证。

# 皖西南新石器时代文化的变迁

皖西南指安徽省西南部长江北岸的大别山东南麓及长江南岸沿江一带,主要包括现在的安庆市所辖各市、县,长江南岸的东至县或可包括在内。区域内的地势总体上西北高,东南低,长江和其支流潜水、皖水等在这一带作用后形成了狭长的洪冲积平原,地势低平,河湖密布。

该区域的地理位置较为独特。从南北向看,这里处于自淮河中游南下进入长江中游和赣江下游的交通走廊的位置;从东西向看,是长江中游、下游之间交通的咽喉要道。若以长江为纽带来观察,则以皖西南和江西九江地区为中心可将整个长江中游、下游和淮河、赣江流域紧密联系起来,形成了东西方向上可沟通江汉平原与宁镇丘陵、太湖平原,南北方向上可沟通黄淮平原与赣北盆地乃至广大的华南地区的一个十字轴心[1],处于以环太湖为中心的东南部、以鄱阳湖—珠江三角洲一线为中轴的南方、以环洞庭湖为中心的西部、以山东为中心的东方这样四个大的文化区系的中间地带,因此,它在原始文化交流中便具有了特别的意义。

皖西南是安徽开展新石器时代考古工作最早的区域之一。自1979年春发掘潜山薛家岗遗址后,又在整个皖西南地区进行了大规模的调查,并试掘和发掘了望江汪洋庙、麻圆墩、黄家堰,太湖何家凸、王家墩,枞阳小柏墩,宿松黄鳝嘴,怀宁黄龙,潜山天宁寨,岳西祠堂岗,安庆张四墩、夫子城等10余处遗址。经过大量的考古工作,这一区域的新石器时代文化面貌已相对清楚,在此基础上,探讨皖西南新石器时代文化的变迁便成为可能。

皖西南新石器时代文化的变迁总体上可以概括为三个阶段,即文化的兴起、文化的繁盛、文化的突变,与之相对应的,分别有黄鳝嘴类型、薛家岗文化、张四墩类型三个考古学文化(类型),这种变化既与自然条件相关,更与周边文化的演化息息相关。

---

[1] 朔知:《皖江区域考古的意义》,《文物研究(第十四辑)》,黄山书社,2005年。

## 一　文化的兴起——黄鳝嘴类型

皖西南地区目前还没有发现7 000年以前的新石器时代遗址。在距今6 000年以前，开始出现了一批以夹砂红陶和泥质红（灰）胎黑衣陶为主，以鼎、豆、杯为主要器类，鼎的腹部较深，鼎足以足根饰按窝、足面略凹为特点的文化遗存，最早发现于宿松黄鳝嘴遗址[①]，在太湖王家墩[②]、枞阳小柏墩[③]、安庆墩头[④]都有发现，并且在湖北东部一带也有分布，可称为黄鳝嘴类型。从太湖王家墩遗址的地层关系我们可以知道，这类遗存叠压在薛家岗文化最早期遗存之下，因此它的相对年代应早于薛家岗文化，也就是说，黄鳝嘴类型的出现标志着皖西南地区原始文化的兴起（图一）。

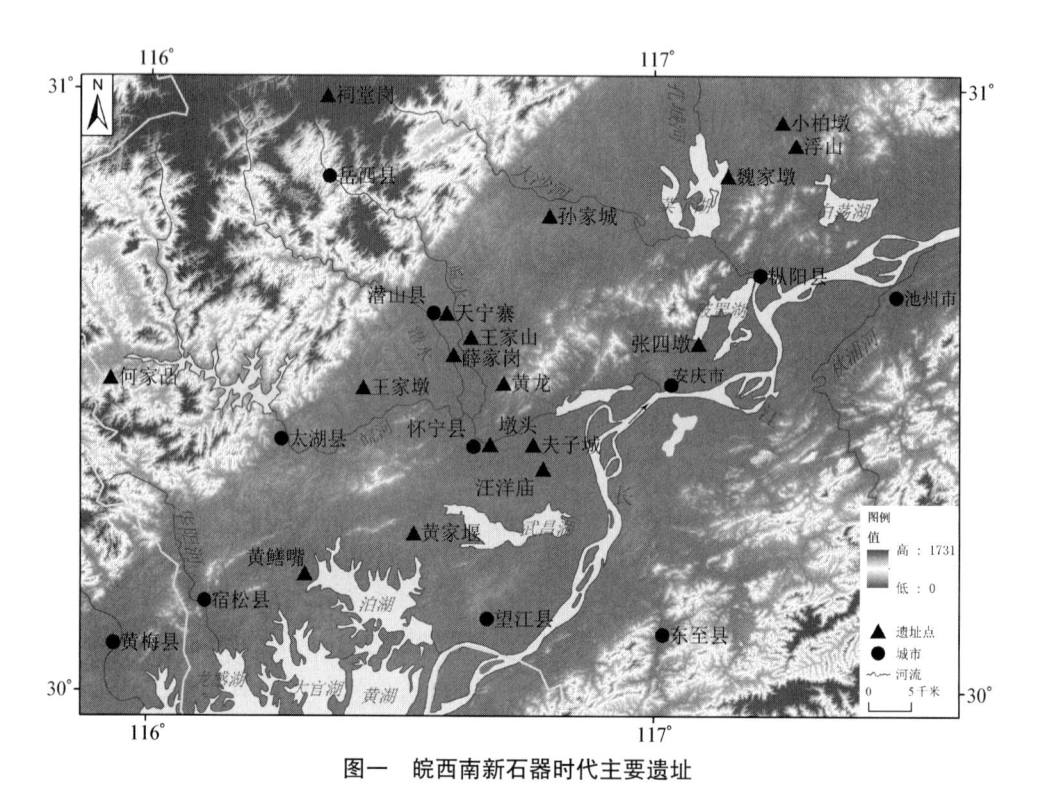

图一　皖西南新石器时代主要遗址

---

[①] 安徽省文物考古研究所：《宿松黄鳝嘴新石器时代遗址》，《考古学报》1987年第4期。
[②] 高一龙：《太湖县王家墩遗址试掘》，《文物研究（第一辑）》，1985年。
[③] 安徽省文物考古研究所：《安徽枞阳、庐江古遗址调查》，《江汉考古》1987年第4期；阚绪杭、方国祥：《枞阳县新石器时代文化遗址调查报告》，《文物研究（第八辑）》，黄山书社，1993年。
[④] 安徽省文物考古研究所、安庆市博物馆：《安徽安庆市皖河流域先秦遗址调查报告》，《文物研究（第十四辑）》，黄山书社，2005年。

·皖西南新石器时代文化的变迁·

黄鳝嘴类型的墓葬大多数为东北—西南向,随葬器物大多数为陶器,也有少量石器和玉器。

陶器以夹砂红陶和泥质红(灰)胎黑衣(皮)陶为多,夹砂黑陶和泥质红陶次之。陶器均手制,多圈足器、三足器,平底器较少,圜底器罕见。陶器上的纹饰不多,主要有凹弦纹、刻画纹、戳印纹、按窝、附加堆、镂孔和少量彩绘,其中多角星纹特征显著。器形以鼎、豆、杯、碗、壶、盆为主,另有罐、釜、盂、盅和器盖、纺轮、陶球、弹丸等,其中圆腹罐形鼎、高柄钵形豆、大喇叭圈足碟形豆、单耳杯、釜形杯,是黄鳝嘴类型颇具代表性的器物,近圆锥状略弯曲的足根饰浅窝鼎足、足面略内凹的近根部饰按窝鼎足最具代表性。石器均为磨制,有斧、锛、镞、石弹丸等,装饰品以玉玦、璜为主,数量不多(图二)。

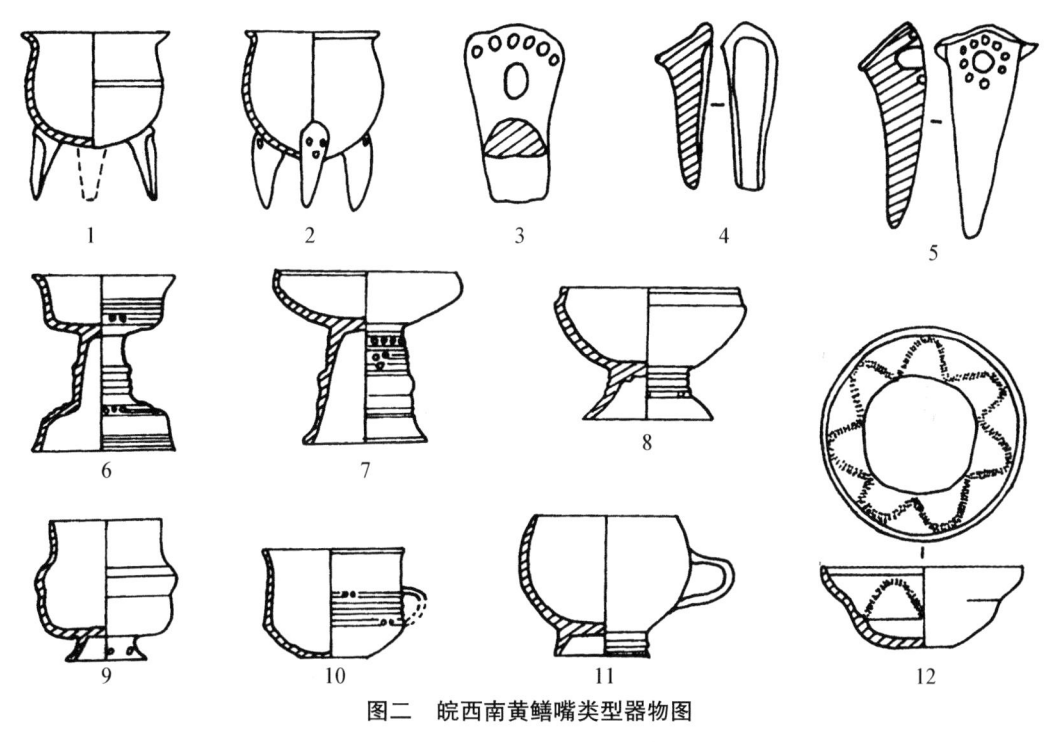

**图二 皖西南黄鳝嘴类型器物图**

1—2.陶鼎 3—5.陶鼎足 6—8.陶豆 9.陶壶 10—11.陶杯 12.陶碗(均为黄鳝嘴遗址出土)

黄鳝嘴类型本身也有时代早晚之分,但总体上表现出了年代较早的一些特征,它与西边的大溪文化相比,具有一些相似的特点。如釜形鼎或罐形鼎大多略垂腹、上腹常饰多道凹弦纹,与鄂东北地区的大溪文化早期较为相似,近圆锥状略弯曲的足根饰浅窝鼎足也与鄂东北大溪文化甚至汉水流域的大溪文化油子岭类型早期[1]

---

① 可参看屈家岭遗址考古队:《屈家岭遗址第三次发掘》,《考古学报》1992年第1期。

有关；黄鳝嘴类型颇具特色的粗高柄钵形豆、圈足较高的子母口深腹豆（似簋）与大溪文化关庙山四期接近；单耳杯在关庙山类型中出土较少，但四期的一件与黄鳝嘴遗址所出也颇接近。此外，黄鳝嘴类型的碟形豆（似盘）也是大溪文化广为流行的形式，陶器上盛行的各种刻画、戳印纹，也都与大溪文化有诸多相似。从这些方面看，黄鳝嘴类型的早期与大溪文化油子岭类型早期接近，晚期与关庙山类型的四期接近，黄鳝嘴类型应相当于大溪文化早期偏晚到中期。黄鳝嘴类型与长江下游的文化也有一些交流，如折腹碗器内表面饰七角或八角星图案，与北阴阳营二期的同类器无论在器形还是纹饰上都十分相像[1]，略垂腹鼎的形态与崧泽中层墓地的早期相近[2]。

因此，黄鳝嘴类型相对年代应该相当于大溪文化的早期偏晚到中期、北阴阳营二期、崧泽中层墓地早期，而早于薛家岗文化。它的绝对年代目前还没有直接的测年数据，参考大溪文化和崧泽文化的年代，可以估算其较早时期的年代大约在距今6 100—5 700年左右，最早不会超过距今6 500年，最晚的年代可能已接近距今5 500年左右。

黄鳝嘴类型的来源目前还不很清楚，但它的主要分布区域是大别山东南麓，并向西接近大溪文化分布区，而且作为最主要的器类——罐形鼎的早期形态与鄂东北的大溪文化密切相关。同时，也有若干文化因素与长江下游的同时期文化相关。可以说黄鳝嘴类型的产生并不是某一或两个文化的直接延续，而是在一个新的地域、在不同文化的交融过程中，经过变异形成的一个新的文化，但它的文化面貌与江汉平原的原始文化关系较为密切。

在黄鳝嘴类型形成和发展的过程中，它不断地与周边文化相互影响和交流。如陶器上盛行的各种刻画、戳印纹，是距今7 000多年到5 000多年在长江中下游普遍盛行的一种装饰，在浙江萧山跨湖桥、南京北阴阳营、安徽繁昌缪墩以及长江中游的高庙文化、城背溪文化、大溪文化中时有所见，它们出现的年代都较早，因此，黄鳝嘴类型陶器上与此相似的刻画、戳印纹当是受它们影响的产物。在黄鳝嘴类型的晚期，大溪文化的粗高柄钵形豆、圈足较高的子母口深腹豆（似簋）似也影响了黄鳝嘴类型。不过，黄鳝嘴类型的少量文化因素也对周边的文化有过影响，其中关庙山所出的单把杯应是明显的例证。

---

[1] 南京博物院：《北阴阳营——新石器时代及商周时期遗址发掘报告》，文物出版社，1993年，第57、60页。
[2] 上海市文物管理委员会：《福泉山——新石器时代遗址发掘报告》，文物出版社，2000年，第125页。

## 二 文化的繁盛——薛家岗文化

在黄鳝嘴类型之后，皖西南地区发展起来一支重要的文化——薛家岗文化。它主要分布于皖西南、鄂东、赣北鄱阳湖周围局部地区，主体部分以皖河流域为中心，在西起蕲水以东、东至枞阳以西、北止于大沙河流域的长江两岸的平原和大别山东南麓的两翼山前地带呈"V"字形分布，这样的分布形态说明它的分布既受大别山和长江的限制，也说明该文化与长江的关系十分密切，甚至整个文化的形成和经济特点都与长江有密不可分的联系[1]。按照现有的资料，该文化可以暂时划分为两个文化类型：皖西南的薛家岗类型、鄂东的鼓山类型。薛家岗类型主要分布在皖西南以皖河流域为中心的区域，鼓山类型主要分布在武穴、黄梅一带，而江西的材料不是很多，似乎与鼓山类型关系密切一些。

到目前为止，皖西南的薛家岗文化遗址至少已有几十处，经过发掘或试掘的有潜山薛家岗[2]、天宁寨[3]，怀宁黄龙[4]，望江汪洋庙[5]、麻圆墩[6]、黄家堰[7]、太湖何家凸[8]、王家墩[9]、枞阳小柏墩[10]、岳西祠堂岗[11]、安庆夫子城[12]。这一时期遗址大都分布在湖泊周围或河流两岸的高地上，晚期则伸入到了大别山腹地。而且密度很大，其数量、分布范围都大大超过了黄鳝嘴类型。

该文化的遗址规模不是太大，面积从数千平方米到数万平方米不等。遗址一般都有较集中的墓地，墓葬排列较为有序。墓葬形制除一部分找不到墓坑外，其余均为长方形竖穴土坑墓，少数还有二层台，方向绝大多数为东北—西南向。在埋葬习俗

---

[1] 关于薛家岗文化分布及其内涵的详细介绍，参见《潜山薛家岗》第五章第三节，文物出版社，2004年。
[2] 安徽省文物考古研究所：《潜山薛家岗》，文物出版社，2004年。
[3] 安徽省文物考古研究所：《安徽潜山县天宁寨新石器时代遗址》，《考古》1987年第11期。
[4] 许闻：《怀宁黄龙新石器时代遗址试掘简报》，《文物研究（第二辑）》，黄山书社，1986年。
[5] 安徽省文物考古研究所：《望江汪洋庙新石器时代遗址》，《考古学报》1986年第1期。
[6] 阚绪杭：《望江县赛口新石器时代遗址调查与麻圆墩遗址的试掘》，《文物研究（第十一辑）》，黄山书社，1998年。
[7] 张敬国等：《望江黄家堰遗址发掘成果丰硕》，《中国文物报》1998年11月24日第1版。
[8] 安徽省文物工作队：《太湖、宿松古文化遗址调查》，《安徽文博》1983年第3期。
[9] 高一龙：《太湖县王家墩遗址试掘》，《文物研究（第一辑）》，1985年。
[10] 安徽省文物考古研究所：《安徽枞阳、庐江古遗址调查》，《江汉考古》1987年第4期。
[11] 杨德标、阚绪杭：《岳西县祠堂岗、鼓墩新石器时代及商周遗址》，《中国考古学年鉴（1985）》，文物出版社，1986年。
[12] 安徽省文物考古研究所：《安徽安庆市夫子城新石器时代遗址的发掘》，《考古》2002年第2期。

上,大都流行单人一次葬,也有部分二次葬,不少墓葬发现了用青膏泥涂抹墓坑四壁的现象。

皖西南的薛家岗文化至少可以分为早、晚两大期,墓葬中的随葬器物早期以陶器为主,晚期则玉、石器的数量大增,部分墓葬还随葬猪下颌骨。随葬品数量在晚期出现明显的分化,少数墓葬多达20件以上,甚至40多件,且以玉、石器为主。

陶器以夹砂红陶、夹细砂或泥质灰陶、泥质黑皮(衣)陶占绝大多数,另有少量泥质夹植物壳或蚌末陶颇具特点。早期陶器的器物组合以鼎、豆、壶、鬶、碗(钵)为基本组合,鬶以长颈喇叭形口、侧装凿形实足、扁长三角形或麻花形把手为主要形态,鼎足以宽扁足、凿形足为主,豆的柄上部呈算珠形(图三)。

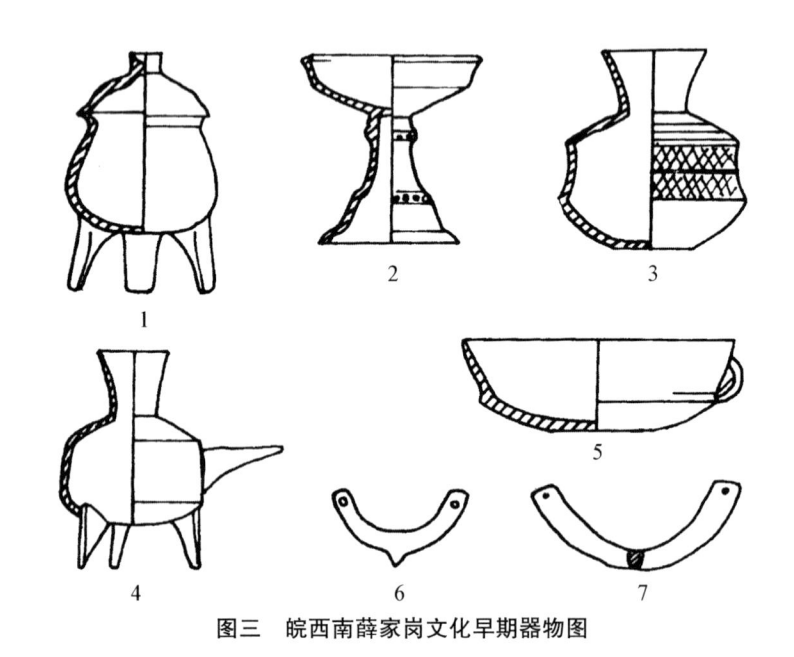

**图三 皖西南薛家岗文化早期器物图**
1.陶鼎 2.陶豆 3.陶壶 4.陶鬶 5.陶碗 6—7.玉璜(均为天宁寨遗址出土)

晚期器物组合中碗(钵)被盆所替代,纺轮、陶球也是常见的器类(彩版八,5),鼎足以鸭嘴形、枫叶形最具特点,豆以足沿陡折成台状为典型特征。晚期时玉、石器数量大大增加,石器组合以刀、钺、锛为基本组合,其他器类较少,刀绝大多数为奇数多孔,以3至7孔多见,2孔石刀少见,刀的刃部较直或略内凹,晚期偏晚的少量3孔、2孔刀出现了弧凸刃;钺以器体扁薄的长方形和风字形最具特点(彩版九,1—4)。玉器以钺、璜、镯、环、半球形饰、管为主,其中风字形钺、半璧形和器体瘦长的桥形璜、半球形饰特征明显(彩版一〇,4、5、7)(图四)。

皖西南薛家岗文化早期的部分器物与黄鳝嘴类型有十分紧密的演化关系,晚

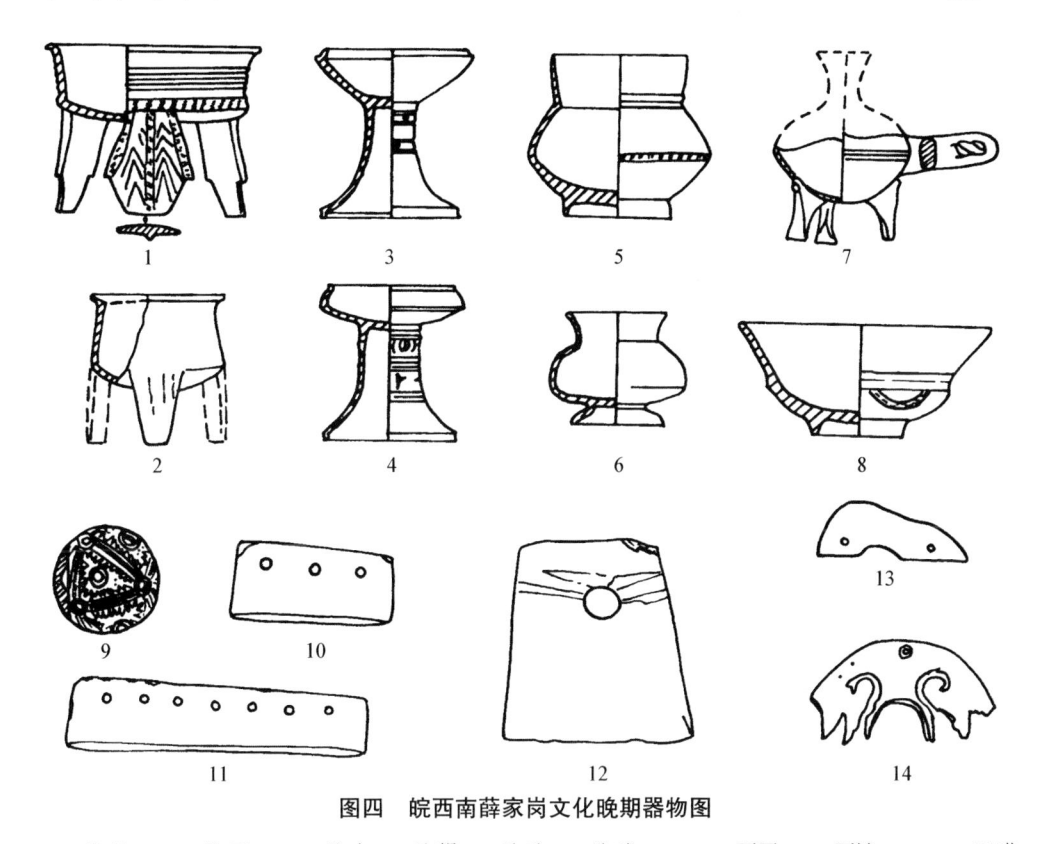

图四 皖西南薛家岗文化晚期器物图
1—2.陶鼎 3—4.陶豆 5—6.陶壶 7.陶鬶 8.陶碗 9.陶球 10—11.石刀 12.石钺 13—14.玉璜

期则出现了一定量的良渚文化中期或晚期偏早的器形,因此,其相对年代应紧接黄鳝嘴类型之后,结束于良渚文化中期或稍后,绝对年代大约在距今5 500—4 600年左右[①]。

皖西南薛家岗文化最早期有王家墩二期文化、薛家岗一期文化、天宁寨早期文化的第4层,它们与黄鳝嘴类型相比,共同特征很多,但也有若干差异。相同之处如陶器以夹砂红陶和黑皮(衣)陶为主;纹饰中有凹弦纹和刻画、戳印纹;器物组合中的鼎、豆组合也相同。就器物的具体形态而言,如薛家岗M109∶1的内弯弧形近锥状鼎足圆腹鼎和M5∶4簋都表现出与黄鳝嘴M5∶5、M7∶1有很大的相似性;王家墩M2∶2和薛家岗M5∶6碗均上腹凹弧,中腹内收,平底,与黄鳝嘴的M4∶1和M14∶1具有明显的继承关系,这些器物都是薛家岗文化的典型器,因此,黄鳝嘴类型应是薛家岗文化的源头之一。但是,薛家岗文化最早期多平底器和三足器,圈足器很少,壶的数量较多且不同于黄鳝嘴类型,豆的形态与黄鳝嘴类型大不相同,鬶则为新出的器类,表明它和黄鳝嘴类型有了较大的变异。

---

① 详细论述参见安徽省文物考古研究所编著的《潜山薛家岗》第五章第三节之相对年代和绝对年代部分。

在黄鳝嘴类型中我们找不到薛家岗文化最早期陶器中豆、壶的源头,但却能够在崧泽文化和北阴阳营文化中找到。在风格上,薛家岗文化最早期的豆盘折棱作风和柄上部算珠状鼓凸与崧泽文化和北阴阳营的部分豆柄风格相同,而此类豆的形态则成为薛家岗文化后来最主要的特点之一;薛家岗文化最早期壶的双折腹风格则多见于崧泽文化之中,长颈壶也与崧泽文化相似。这些因素应与崧泽和北阴阳营文化,特别是与崧泽文化有密切的联系。

薛家岗文化的陶鬶是最具特点的器物之一,应属自身的典型器物,但与宁镇地区的陶鬶具有明显的血缘关系。而整个长江中下游陶鬶的祖型应源于山东、苏北一带,它在其后曾广泛影响长江下游地区,薛家岗的陶鬶极有可能是大汶口文化陶鬶经宁镇地区辗转传承的,虽不能说是直接源于大汶口文化,却应是这一大的历史背景下的产物,因此薛家岗文化的产生与北方的大汶口文化也有少量间接、松散的联系。至于西边的大溪文化,对皖西南薛家岗文化早期的影响表现得并不很直接。

皖西南薛家岗文化由于其所处的特殊地理位置,它的产生应与当时整个长江中、下游地区的大规模文化交流背景直接相关,从本质上说,应是在继承本地早期黄鳝嘴类型部分因素的基础上,融合了较多的崧泽文化因素,并接受了部分北阴阳营和大溪文化甚至大汶口文化的因素而形成的,具有多元化的特点。

在皖西南薛家岗文化的发展过程中,出现了一种新的现象,即西边的影响微弱,东边的影响明显,晚期时北方的影响则相对增加,同时薛家岗文化的若干因素也开始向外传播。薛家岗文化晚期时,良渚文化因素开始进入到皖西南一带,如双鼻壶曾见于皖西南的薛家岗(彩版一〇,3)、夫子城等数个遗址之中;高柄盘形豆(如薛家岗M34∶1)的形态和横向长镂孔的特点与反山M22∶61基本相同,这类器物在薛家岗文化中少见,当属良渚文化风格;石器中的柳叶形镞,玉器中如玉锥形饰、小玉琮无疑是良渚文化风格(彩版一〇,6)。到了薛家岗文化晚期偏晚阶段,淮河中游以篮纹鼎为代表的大汶口晚期文化因素开始较多地影响薛家岗文化,如薛家岗遗址M131∶2的鼎足已经呈现出淮河中游大汶口文化晚期侧装三角形足的影响;T8③∶86鼎身饰篮纹、鼎足呈侧装扁平三角形的风格也明显是受其影响,并且这种影响呈逐渐上升的趋势。

在接受东、北方文化影响的同时,薛家岗文化因素也开始了向其他文化的传播。其中最明显的是向西传播,如在螺蛳山遗址中[1],可以见到部分薛家岗文化的因素,螺蛳山第二次发掘的M3∶5鸭嘴形鼎在螺蛳山遗址中出土极少,而与薛家岗文化的

---

[1] 湖北省黄冈地区博物馆:《湖北黄冈螺蛳山遗址墓葬》,《考古学报》1987年第3期。黄冈地区博物馆:《1990年湖北黄冈螺蛳山遗址墓葬清理发掘》,《鄂东考古发现与研究》,湖北科学技术出版社,1999年。

同类鼎较为接近,应是受薛家岗文化影响所致;扁折腹壶(M9∶1、M2∶3)当是受薛家岗文化影响,这种壶在屈家岭文化的其他遗址中也多有出土,说明薛家岗文化对屈家岭文化有相当的影响;此外,在螺蛳山遗址第二次发掘的M2∶13和90年发掘的M3∶6多孔石刀无疑也是薛家岗文化的影响。同一时期的薛家岗文化对赣北地区也有所影响,但大体上不超过现今的鄱阳湖南岸一线,而且以对鄂东鼓山类型的影响为主。太湖流域新出现的两孔、三孔石刀[1],似也应归于薛家岗文化的影响所致。

皖西南的薛家岗文化在晚期阶段达到了繁盛,但很快又急剧地衰落,其后皖西南兴起了一种以张四墩类型为代表的新文化,与薛家岗文化相比,无论是陶器,还是玉、石器的制作技术、种类、数量都发生了较大的变异,大部分文化因素都与薛家岗类型缺乏传承关系。

## 三　文化的突变——张四墩类型

以安庆张四墩遗址为代表的张四墩类型在时间上基本与皖西南的薛家岗文化晚期相接,但两者的文化面貌迥然不同,是继薛家岗文化之后该区域出现的一种新的文化。

张四墩类型的分布范围比薛家岗类型稍有扩大,北界可越过大沙河流域到桐城北部,东界可扩至枞阳东部的陈瑶湖附近,南部情况不清楚,向西在鄂东这一时期的遗存以陆墩遗存为代表,文化面貌与张四墩类型部分相同,但也有很多不同之处,或许为同一文化的两个类型之别。在皖西南,张四墩类型的遗址数量明显较薛家岗类型为多,分布密度较大,各县调查的遗址材料中,凡有新石器文化遗存的遗址大多数都有张四墩类型文化因素,目前已知的遗址不下百处,如见诸报道的太湖野人湾,宿松何家凸,枞阳浮山和小柏墩、毛竹园、魏家墩、夜城墩、狮子山、子午墩等遗址中都包含有张四墩类型的器物[2],但经过试掘或正式发掘的很少,只安庆张四墩[3]、潜山薛家岗[4]、岳西祠堂岗[5]几处。

---

[1] 杨美莉:《多孔石、玉刀的研究》,《故宫学术季刊》第十五卷第三期,台北故宫博物院,1998年。
[2] 安徽省文物工作队:《太湖、宿松古文化遗址调查》,《安徽文博》1983年第3期;安徽省文物考古研究所:《安徽枞阳、庐江遗址调查》,《江汉考古》1987年第4期;阚绪杭、方国祥:《枞阳县新石器时代文化遗址调查报告》,《文物研究(第八辑)》,黄山书社,1993年。
[3] 北京大学考古学系、安徽省文物考古研究所:《安徽安庆市张四墩遗址试掘简报》,《考古》2004年第1期。
[4] 安徽省文物考古研究所:《潜山薛家岗》,文物出版社,2004年。
[5] 杨德标、阚绪杭:《岳西县祠堂岗、鼓墩新石器时代及商周遗址》,《中国考古学年鉴(1985)》,文物出版社,1986年。

张四墩类型的陶器有夹砂灰、黑陶和泥质灰胎黑衣陶、红褐陶,以及泥质夹植物壳红褐陶等,也有少量泥质纯黑陶。陶器烧成温度较高,有手制和轮制两种工艺。器表基本为素面,纹饰多见篮纹,另有少量的凸棱、凹弦、附加堆纹、刻画纹、弦纹、戳印、镂孔等。器类有鼎、甗、罐、盆、盘、豆、鬶、壶、杯、碗、缸、盉等。以鼎、甗、罐、鬶、豆、杯为主,罐类增多,壶较少。鼎常饰横篮纹或斜篮纹,沿面内凹,鼎足以横装扁平带凹槽足为主,也有较多的侧装扁平三角形带刻画纹足。鬶均为夹砂红陶,颈呈长管状,捏流或卷叶流,而一种短颈两侧带扉棱、类似两翼的鬶则是本地十分有特色的器物。

石器一般磨制较精,刃口锋利,数量和种类都较少,器类有斧、钺、锛、镞、凿等。石镞的数量有所增多,除仍有柳叶形镞外,新出现了镞身呈三棱锥状的镞。玉器制作似乎已趋于消失(图五)。

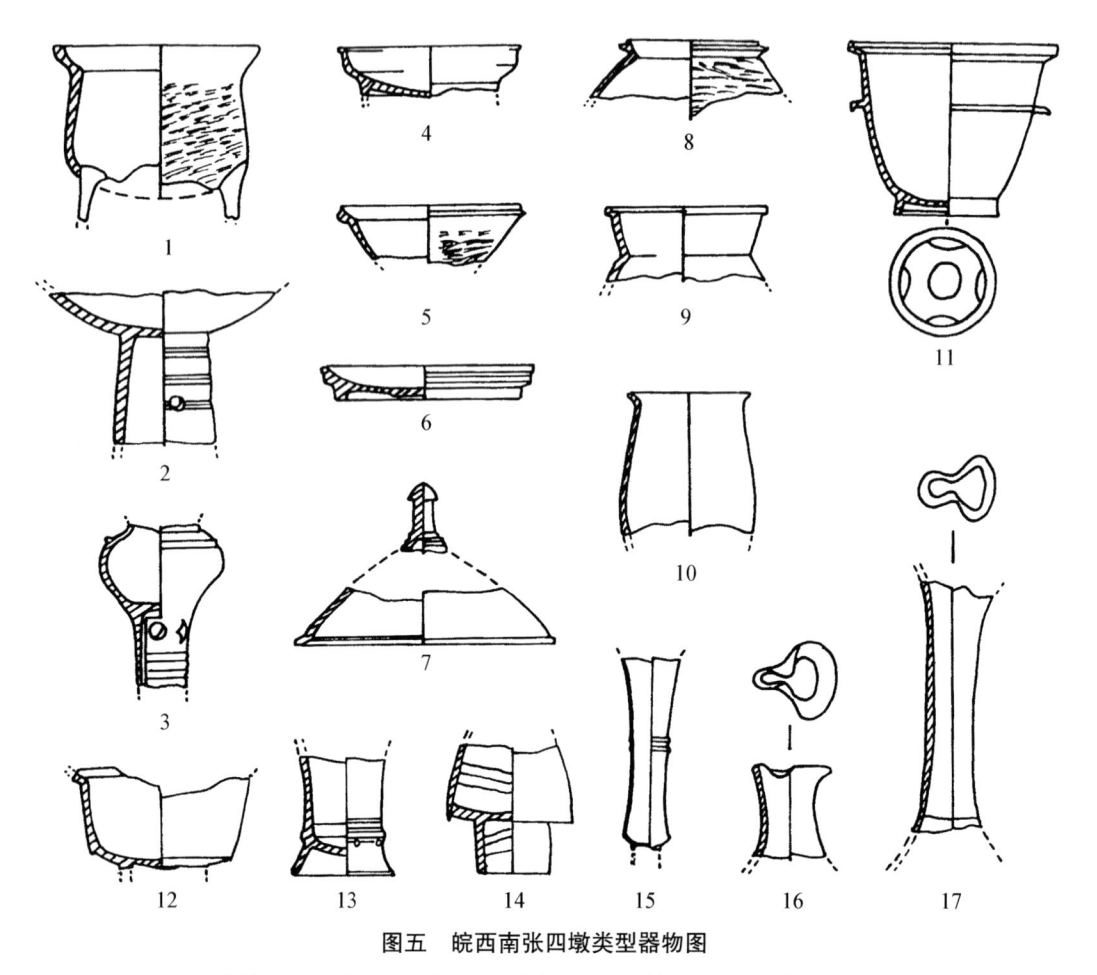

**图五 皖西南张四墩类型器物图**

1. 陶鼎　2—4. 陶豆　5. 陶盆　6. 陶盘　7. 陶器盖　8—10. 陶罐　11. 陶甑
12—15. 陶杯　16—17. 陶鬶颈(均为张四墩遗址出土)

张四墩类型的器物与薛家岗文化相比发生了很大的变异,只有已处于次要地位的黑皮(衣)陶和少量的泥质夹植物陶应受传于薛家岗类型,具体形态上仅有篮纹鼎、少量鸭嘴形鼎足和接近消失的陶球与薛家岗文化有关。张四墩类型的很多因素多见于其他文化中,如横篮纹装饰的盛行、足正面饰多道凹槽横装扁平足、侧装扁平三角形足是淮北和江淮北部地区相当于大汶口文化晚期到龙山早期阶段颇为流行的一种形式,夹砂红陶颈呈管状的长颈捏流或卷叶流鬶也常见于长江中游的石家河文化和下游的良渚文化晚期,并见于蒙城尉迟寺大汶口晚期文化,短颈鬶、鱼鳍形和丁字形鼎足应是受良渚文化的影响,甗、塔形钮器盖这类数量较多的器物又明显与石家河文化的器物形态相当接近,特别是陶器以鼎、甗、罐、鬶、豆、杯为主则更表现出与西边的石家河文化有相似性。在具体的材料对比中,我们可以看到,张四墩类型的不少器物可以在石家河文化的遗址中找到相应的器形,如薛家岗T36④：11篮纹罐与麻城栗山岗早期M2：15很相似[①];张四墩H4：4豆把下部与随州西花园T21②B：50接近[②];张四墩H4：3泥质纯黑陶觚形杯与麻城栗山岗晚期T9④B：5完全一样[③],它们属于石家河文化较早的时期。此外,张四墩的塔式盖也是石家河文化从早到晚常见的一种形态。若与良渚文化相比,张四墩发现的少量T形鼎足是良渚文化中晚期新兴的一种鼎足形式,而一件残陶甗(G1②：1)上刻画的短颈捏流或卷叶流、上腹饰附加堆纹的陶鬶形态与嘉兴雀幕桥所出的良渚文化晚期同类器基本相同[④](彩版一〇,1)。

因此,张四墩类型大体相当于淮北地区的大汶口文化最晚期、良渚文化晚期和石家河文化稍早时期,晚于本地的薛家岗文化。按照上述几支文化的绝对年代框架,张四墩类型开始的绝对年代在距今2 600年左右,结束时间还难以确定。

张四墩类型与薛家岗文化没有密切的传承关系,与石家河文化和良渚文化则属于文化交流的关系,它们之间只具有部分文化面貌的相似性,而本质上并不属于同一文化。如此,张四墩类型的文化究竟是怎样发展起来的呢?

与张四墩类型在时代、地域和面貌上都较为接近的其他文化有巢湖西北部以古埂晚期文化为代表的龙山时代文化、鄂东以陆墩遗存为代表的文化。它们与张四墩类型具有一些共同的特征,如篮纹鼎、侧装扁平三角形鼎足、横装扁平带刻槽鼎足等。张四墩类型与陆墩遗存相比,两者在甗和部分豆的形制上也较为接近,但是,陆墩遗

---

[①] 武汉大学历史系考古教研室等:《湖北麻城栗山岗新石器时代遗址》,《考古学报》1990年第4期。
[②] 武汉大学历史系考古教研室等:《西花园与庙台子》,武汉大学出版社,1993年。
[③] 武汉大学历史系考古教研室等:《湖北麻城栗山岗新石器时代遗址》,《考古学报》1990年第4期。
[④] 嘉兴博物馆等:《浙江嘉兴雀幕桥发现一批黑陶》,《考古》1974年第4期。

存对当地的薛家岗文化有一定程度的继承,而甑、卷边鼎足的形态表明它受石家河文化的影响比张四墩类型更大,因此,两者究竟是属于同一个文化两个不同类型还是不同的文化,目前还缺乏足够的材料加以分析,从现有的材料来看,具有属于同一文化两种类型的可能性。张四墩类型与古埂晚期文化相比也有相似之处,如共有长颈鬶、矮圈足小盘,但古埂晚期的细绳纹、鼎足足尖外侧捏出凹窝的风格又不见于张四墩类型。从大的方面看,在张四墩类型中石家河文化的因素要多些,而在古埂晚期文化中淮河中游的文化因素多些,因此,两者之间至少是不属于同一文化类型的。

无论是张四墩类型还是古埂晚期文化,它们都没有或者说很少继承当地的早期文化传统,而却都与北方的淮河中游文化有着密切的关系。早在以薛家岗遗址五期为代表的薛家岗文化晚期偏晚时,淮河中游以篮纹鼎为代表的大汶口晚期文化因素开始较多影响薛家岗文化,从薛家岗类型最晚期开始,随着侧装扁平三角形鼎足和篮纹鼎的南下,淮河中游大汶口文化晚期的因素便大量出现在薛家岗文化分布区域内,它们在种类和数量上都具有较大优势,而本土的薛家岗文化则未能得到很好的传承,类似的现象同样也表现在环巢湖流域甚至是长江中下游更广大区域。因而,大汶口文化南下皖西南很可能是张四墩类型诞生的一个关键因素或者是直接动因。当然,在张四墩类型的形成过程中,石家河文化也曾给予了较多的影响,良渚文化也有过部分影响,只是这些影响在张四墩类型的文化因素组成中不是决定性的,所以说,张四墩类型应该是薛家岗文化晚期在受到淮河中游大汶口文化的较大冲击后,出现了衰落和变异,其后受西部石家河文化的较大影响和东部良渚文化的影响而形成的。这种方式与薛家岗文化的产生有着十分相似的一面,换言之,张四墩类型的产生与当时整个淮河中下游和长江中下游之间的大规模文化交流或冲突的背景有关,与薛家岗文化一样,它也有多元化的特点。

## 四 文化变迁的过程

皖西南新石器时代文化经历了黄鳝嘴类型—薛家岗文化—张四墩类型三个大的发展阶段。在黄鳝嘴类型时期,遗址的数量还很少,目前只发现了4处,主要沿长江北岸零散分布,文化面貌与西边的大溪文化有较多的关联,而与东边的北阴阳营、崧泽文化也有着一定的联系,但这些联系主要表现为一种更偏向于西边,以吸收、融合、变异为主的状态。黄鳝嘴类型发展到一定程度后,演化为薛家岗文化,遗址的数量大大增加,分布密度较大,分布范围也扩展到整个皖河流域、大沙河流域甚至大别山腹地,但在演化过程中向东边吸收了较多的崧泽文化因素和少量的北阴阳营文化因素,北方的大汶口文化也有少量的联系,而西边的文化影响明显很少,体现的是一种以本土因素为主,较多地融合东边的文化因素,并兼受西、北两个方向的文化的影响。但这种状况在薛家岗文化发展成熟后出现了变化,其他文化因素的影响减少,一些自身的文化因素开始向外传播。到了薛家岗文化的晚期偏晚阶段,东边的良渚文化因素开始向该区域较多地渗透;而更为重要的是,北方的大汶口文化的影响也逐渐增强,这种影响(或者说是冲击)到了薛家岗文化最晚期显得十分明显,正是在这样一种状况下,薛家岗文化没有在本土得到很好传承,而是出现了衰落和变异,蜕变为张四墩类型。张四墩类型的遗址数量较薛家岗文化相比又有一定的增加,分布范围进一步扩大。在张四墩类型形成过程中,西边的石家河文化对其有较大的影响,东边的良渚文化也有着若干影响,这时的皖西南新石器时代文化再次经历了北、西、东三个方向的文化影响。

因此,皖西南新石器时代文化的变迁具有以下几个显著的特点:一是文化来源并不是单一的,而是具有多元化特点;二是文化交流的方向具有多变性。在文化形成和发展的过程中,东、西、北三个方向的同时期文化的影响程度不稳定,在文化发达时期则自身的文化因素又对外有广泛的影响。多元化和多变性这两"多"的特点,一方面体现了该区域内新石器时代文化变化快、适应快,同时也说明了处在环太湖、环洞庭湖和以山东为中心的东方地区三大文化圈之间的亚文化系统对强势文化无法摆脱的被动状态。这样一种状态的出现应当是与当时整个长江中下游文化交流的大背景有关的。

总之,皖西南的新石器时代文化在其产生、发展和变异的过程中,一直与周边地区的其他文化有着千丝万缕的联系。在与周边文化的交流过程中,对东部地区始终是以吸收为主而传播为次;对西部地区是吸收与传播并重;对南部地区则主要是以传播为主而吸收为次;对北部地区以吸收为主,但不具有持续性而是具有阶段性[1]。

(原载于《南方文物》2006年第2期)

---

[1] 安徽省文物考古研究所:《潜山薛家岗》,文物出版社,2004年。第五章最后的结语部分。

## 2021年1月12日　背景补记：

本文是在《潜山薛家岗》报告底稿完成后，在第五章结语的基础上深化、扩展而成，也是为之后从薛家岗文化研究转向更广泛的皖西南新石器时代研究做准备，并开始在皖西南寻找合适的遗址，以期通过新材料来真正解决这一问题。关于黄鳝嘴、薛家岗、张四墩三个文化的联系，在2007、2008年怀宁孙家城遗址的两次发掘中已从地层、文化特征、测年三方面得到了完全的解决，但文中关于年代、各文化属性如该称类型还是文化等问题未作调整，以保持原貌。本书补充了部分彩版照片。

# 薛家岗石刀钻孔定位与制作技术的观测研究

## 一 目 的

安徽潜山县薛家岗遗址出土的石刀是该遗址最具特点的石器,石刀上的钻孔绝大多数是奇数,计有1、3、5、7、9、11、13孔之分,而且间距基本相等,仅见一件为偶数4孔。多年来对其钻孔技术和奇数特点,特别是钻孔定位技术有不同意见,但一直缺乏充足的、有说服力的证据加以证明,因而这类石器的制作中钻头大小的使用、钻孔间距的把握、钻孔形成的方式等有关钻孔的工艺也就无从了解。我们在整理该遗址材料的过程中,尝试通过详细的观测来获取必要的科学证据,初步对观测到的现象进行探讨,并可供其他研究者进一步分析研究。

## 二 方 法

针对石刀的具体情况和现有的设备条件,主要采用观察和测量两种方法对其进行具体的微观研究。

### (一) 样品选择

薛家岗遗址共出土1—13孔石刀30余件,但因石器的质地、钻孔痕迹的清晰度等条件的限制,我们在初步研究时先期选择了8件石材较好、钻孔痕迹较为清晰、孔数不等的石刀作为观测对象。

## （二）观察方法

### 1. 观察对象

主要是钻孔方式（单面钻、双面钻）、正背面对钻位置和深度、内外孔径大小、孔壁倾斜方向、孔壁遗留的钻孔痕迹、内孔边缘形状与石芯脱落方式等。

### 2. 观察手段

因为石刀上留下的本次研究需要观察的痕迹比较明显，我们主要采用肉眼观察，个别细微痕迹用普通直柄5倍放大镜观察。

## （三）测量方法

### 1. 测量工具

为尽可能地获得准确的数据，测量时选用了上海量具刃具厂2000年9月生产的产品标准号为GB/T1214.2—1996的0—200厘米游标卡尺，产品最大精确度为0.02毫米。辅助工具有两脚规、直尺。

### 2. 测量方法

针对石刀的钻孔形成特点，我们认为平均钻孔深度较深的一面为最先钻的一面（简称正面），测量即以该面为主。鉴于外孔边缘之间的间距（孔间距）和距顶部的顶距、最外侧两孔距石刀左右边缘的间距（左、右边距）、各孔的外孔径数据对讨论具有关键作用，顶长、刃长、宽端和窄端宽度、顶部中间厚度、通体最大厚度几项基本数据对讨论有参考作用，我们根据研究需要对此进行了详细测量，而背面则只测量与正面数据需要比较的边距、顶距。顶距测量以外孔正向向上（不一定垂直于器顶边缘线）的最小距离计算，其余数据均以多数孔的圆心连成的直线（基本与器顶边缘线平行，少量孔的圆心上下略有偏移被忽略）为基准线计算，计量以毫米计，孔的编号自左至右按1、2、3……顺序编号。

### 3. 测量准确度估计

由于石刀边缘的磨制并不完全规整，钻孔的边缘也不特别清晰，同时测量数据的读取存在细微的误差，在测量过程中便产生了数据与客观事实之间的误差，但因测量工具的最大精确度可达0.02毫米，测量过程中也尽可能按同一标准选择测点和读取数据，经估算，最后的测量精度一般不应低于0.2毫米，足以满足本次研究的需要。

## 三 结果和讨论

### (一) 结果

8件器物的主要测量数据见表一、表二。

**表一 石刀长、宽、厚测量数据表**

| 序号 | 器物号 | 孔数 | 顶长 | 刃长 | 窄宽 | 宽宽 | 顶厚 | 最厚 |
| --- | --- | --- | --- | --- | --- | --- | --- | --- |
| 1 | M6:5 | 1 | 117.62 | 134.08 | 73.04 | 80.18 | 2.76 | 7.62 |
| 2 | M67:1 | 3 | 219.88 | 229.28 | 84.08 | 97.48 | 2.36 | 6.48 |
| 3 | M44:14 | 上3下3 | 178.90 | 189.56 | 88.16 | 105.20 | 4.90 | 6.06 |
| 4 | M49:7 | 4 | 188.34 | 198.00 | 93.00 | 103.16 | 2.74 | 5.42 |
| 5 | M47:10 | 5 | 232.16 | 240.40 | 86.12 | 95.18 | 2.14 | 6.00 |
| 6 | M14:1 | 7 | 217.16 | 211.36 | 101.16 | 122.48 | 2.76 | 5.00 |
| 7 | M47:8 | 9 | 435.50 | 468.82 | 99.34 | 122.00 | 3.66 | 6.10 |
| 8 | M44:12 | 11 | 474.82 | 481.68 | 70.6 | 99.00 | 2.54 | 4.64 |

注：窄宽指窄端宽度，宽宽指宽端宽度，顶厚指石刀中间顶部厚度，最厚指最大厚度。长、宽、厚均为毫米，以下各表均同。

观察结果如下[①]：

M6:5 1孔。灰黄色粉砂质板岩，表面粗磨。钻孔位于器物中间略偏向于顶部，双面对钻孔，外孔径大体相近，对钻深度基本相等，钻透后石芯自然脱落，内孔边缘较为整齐。钻孔时钻具垂直于器表，孔壁未向一侧倾斜，内、外孔缘基本为同心圆（图一，1）。

双面对钻孔的位置控制较为精确，正、背面左边距误差为0毫米，右边距误差为0.02毫米，顶距误差仅0.24毫米。

M67:1 3孔。灰黄色粉砂质板岩，表面磨制较精。钻孔偏于器物顶部，双面对钻孔，外孔径大小均相近，对钻深度基本相等，因未完全钻透，石芯应是受外力敲击后脱落，因而内孔边缘不整齐，并有崩碎痕迹。钻孔时钻具与器表不垂直，略倾向于

---

① 除有说明外，观察描述均指正面而言；左边距、右边距和顶距的误差均指同一孔正背面同方向误差。

表二 石刀外孔径及间距测量数据表

| 序号 | 器物号 | 孔数 | 左边距 | 1—2 | 2—3 | 3—4 | 4—5 | 5—6 | 6—7 | 7—8 | 8—9 | 9—10 | 10—11 | 右边距 |
|---|---|---|---|---|---|---|---|---|---|---|---|---|---|---|
| | | | | 外 孔 间 距 | | | | | | | | | | |
| 1 | M6:5 | 1 | 55.00 | | | | | | | | | | | 50.44 |
| 2 | M67:1 | 3 | 56.44 | 38.44 | 38.40 | | | | | | | | | 43.00 |
| 3 | M44:14 | 上3 | 缺 | 40.92 | 40.92 | | | | | | | | | 50.35 |
| | | 下3 | 31.00 | 41.38 | 36.38 | | | | | | | | | 35.16 |
| 4 | M49:7 | 4 | 51.18 | 24.14 | 23.00 | 23.00 | | | | | | | | 16.26 |
| 5 | M47:10 | 5 | 28.34 | 29.54 | 26.80 | 28.44 | 27.42 | | | | | | | 26.80 |
| 6 | M14:1 | 7 | 32.10 | 32.60 | 25.48 | 25.90 | 21.36 | 22.56 | 25.46 | | | | | 32.76 |
| 7 | M47:8 | 9 | 40.72 | 31.78 | 27.66 | 34.48 | 27.46 | 28.84 | 30.62 | 32.62 | 28.20 | | | 41.74 |
| 8 | M44:12 | 11 | 23.14 | 27.66 | 30.00 | 26.16 | 25.70 | 29.20 | 29.66 | 25.44 | 26.66 | 26.00 | 21.76 | 29.32 |

| 序号 | 器物号 | 孔数 | 1 | 2 | 3 | 4 | 5 | 6 | 7 | 8 | 9 | 10 | 11 |
|---|---|---|---|---|---|---|---|---|---|---|---|---|---|
| | | | 外 孔 径 | | | | | | | | | | |
| 1 | M6:5 | 1 | 18.82 | | | | | | | | | | |
| 2 | M67:1 | 3 | 15.34 | 15.36 | 15.36 | | | | | | | | |
| 3 | M44:14 | 上3 | 19.42 | 18.84 | 19.16 | | | | | | | | |
| | | 下3 | 12.90 | 12.90 | 13.00 | | | | | | | | |
| 4 | M49:7 | 4 | 12.76 | 13.00 | 13.00 | 13.00 | | | | | | | |
| 5 | M47:10 | 5 | 12.34 | 12.56 | 13.00 | 13.32 | 13.68 | | | | | | |
| 6 | M14:1 | 7 | 12.64 | 12.92 | 12.92 | 12.92 | 12.66 | 12.72 | 13.00 | | | | |
| 7 | M47:8 | 9 | 12.86 | 12.86 | 13.12 | 14.28 | 13.48 | 13.48 | 13.10 | 13.64 | 13.26 | | |
| 8 | M44:12 | 11 | 14.74 | 14.74 | 13.94 | 14.20 | 14.10 | 14.32 | 14.32 | 14.32 | 14.50 | 14.50 | 14.22 |

注：左、右边距分别指左、右孔边缘至石刀左、右边缘的距离，外孔间距指两孔外部边缘之间的距离，均为毫米。

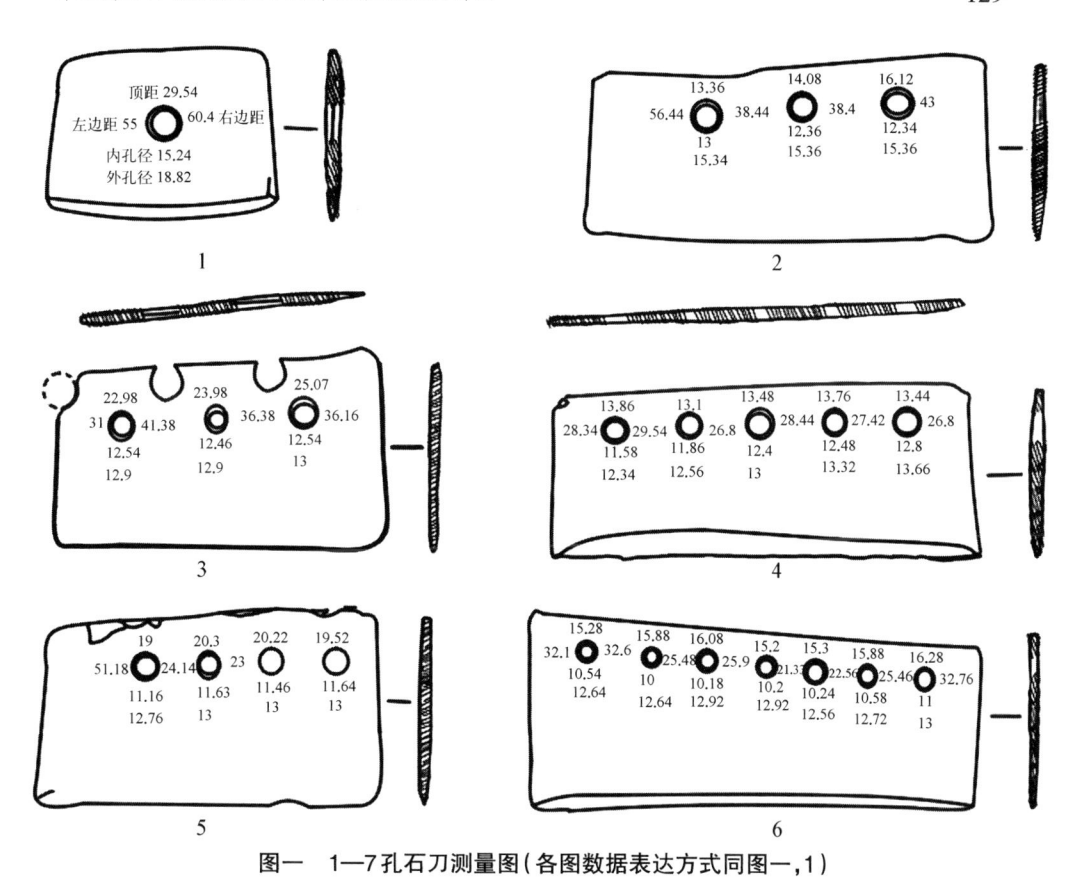

·薛家岗石刀钻孔定位与制作技术的观测研究·

图一 1—7孔石刀测量图（各图数据表达方式同图一，1）

刃部方向，孔壁也随之略有倾斜（图一，2）。

  双面对钻孔位置控制较为精确，正、背面左边距误差为0.3毫米，右边距误差为0.08厘米，各孔顶距误差最大0.74毫米，最小0.54毫米。

  M44：14 灰色砂质板岩，表面磨制十分精细。原先应为一较大石刀，孔径也较大，制作时发生断裂，又在断器上重新钻一排小孔，器物上便留下上、下两排钻孔，顶部也重新打磨。

  上排残留的3孔不完整，双面对钻孔，孔径均较大，对钻深度大体相等，钻透后石芯自然脱落，内孔边缘整齐。其中1、3号孔钻孔时钻具垂直于器表，内、外孔缘为同心圆，2号孔则略向右下方倾斜，孔壁随同倾斜。

  下排3孔为单面钻，孔径较上排小，完全钻透后石芯自然脱落，背面孔缘不见任何崩碎痕迹。1号孔正面外围尚存一圈浅钻痕迹，2、3号孔外围也存有局部浅钻痕迹。钻孔时钻具与器表垂直，内、外孔缘为同心圆，径差也很小，孔壁近乎垂直（图一，3；图二）。

  M49：7 4孔。土黄色砂质板岩，表面粗磨。钻孔偏于器物顶部，双面对钻孔，

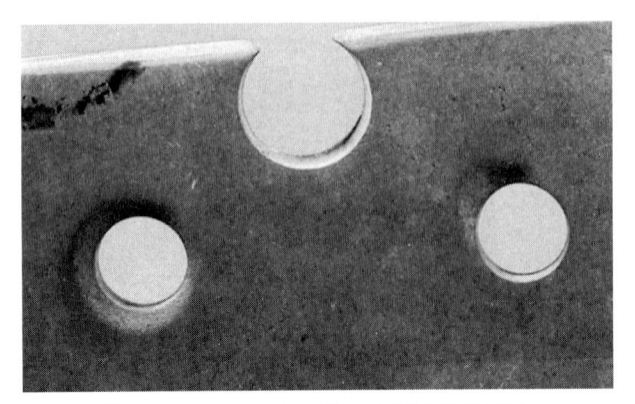

图二　M44∶14之下排1、2号孔钻孔痕迹

孔径大小相近,但对钻深度不一,其中正面钻深超过4毫米,背面则只有1—2毫米。各孔基本钻透,石芯大都自然脱落,但局部内孔边缘有崩碎痕迹,略微不整齐。钻孔时钻具与器表不垂直,正面向左下侧倾斜,背面向左上侧倾斜,孔壁也随之分别向不同方向倾斜(图一,5)。

双面对钻孔位置控制较为精确,正、背面左边距误差为0.82毫米,右边距误差为0.98厘米,各孔顶距误差最大1.06毫米,最小0.2毫米。

M47∶10　5孔。土黄色砂质板岩,表面精磨。钻孔偏于器物顶部。1—4孔为双面对钻孔,孔径大小相近,但正面钻得较深,背面则钻得较浅,至第5孔时直接用单面钻。各孔均钻透,石芯自然脱落,内孔边缘整齐。钻孔时钻具与器表垂直,内、外孔缘为同心圆,但从5号至1号孔的内、外孔径呈顺序递减态势(图一,4)。

双面钻孔位置控制较为精确,1号孔正、背面左边距误差为0.2毫米,各孔顶距误差最大0.44毫米,最小0.14毫米。

M14∶1　7孔。青灰色砂质板岩,表面精磨。钻孔偏于器物顶部,双面对钻孔,孔径大小相近,但对钻深度不一,其中正面钻孔较深,多在3毫米以上,背面则仅1—2毫米。各孔大都未钻透,石芯应是受外力敲击后脱落,因而内孔边缘不整齐,7号孔内孔缘甚至呈椭圆形。钻孔时钻具与器表很少垂直,倾斜方向各不相同,孔壁也随之向不同方向倾斜(图一,6)。

双面对钻孔位置控制有一定误差,正、背面左边距误差为0.6毫米,右边距误差为0.3毫米,各孔顶距误差最大2.52毫米,最小0.22毫米。

M47∶8　9孔。青灰色砂质板岩,表面精磨。钻孔偏于器物顶部,双面对钻孔,孔径大小相近,钻法为从正面深钻超过4毫米而接近钻透时,再从另一面浅钻1—2毫米,石芯自然脱落,内孔边缘较为整齐。正面在钻孔时钻具与器表基本垂直,内、外孔缘均为同心圆,但在孔壁上自上而下留下了数圈呈凸棱状的旋切痕迹,其中1—4孔内有2圈,5—8孔内有1圈,9孔内有4圈,各圈自上而下直径逐渐缩小。背面钻孔时钻具与器表不垂直,倾斜方向各不相同,孔壁也随之朝不同方向倾斜,其中2孔的外孔缘因倾斜过大而略呈椭圆形。此外,在1、2、5、6孔的外围局部地方,还保留了初钻时因钻具控制不准产生摆动,而在器表形成的细弧线形浅旋切痕迹(图三,1;图四)。

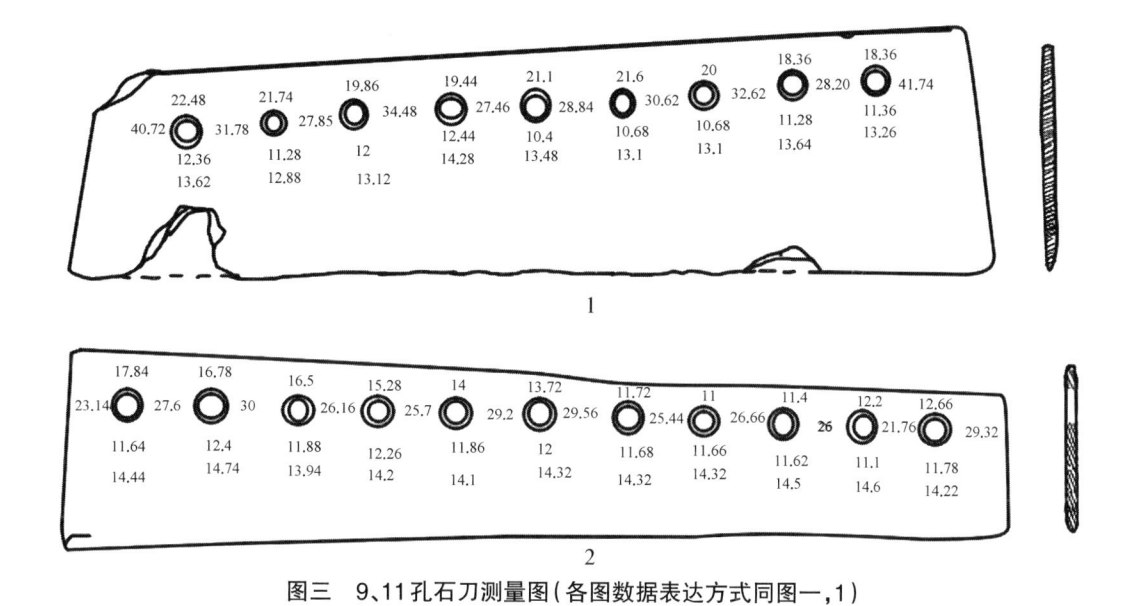

图三　9、11孔石刀测量图（各图数据表达方式同图一，1）

双面对钻孔位置控制有一定误差，正、背面左边距误差为0.86毫米，右边距误差为0.42毫米，各孔顶距误差最大1.64毫米，最小0.14毫米。

M44∶12　11孔。青灰色砂质板岩，表面精磨。钻孔偏向于器物顶部，双面对钻孔，钻法为1、3、5、7、9、10、11孔从正面钻孔超过4毫米而接近钻透时，再从背面浅钻不到1毫米，2、6、8孔则只见单面钻，正面的孔径较大，而背面的孔径较小。各孔均未钻透，最后用外力敲击石芯使之脱落，因而内孔边缘很不整齐，背面的1—8孔外围还残留了石芯敲下时因崩碎而形成的大小不等的疤痕。此外，除11孔外，其余各孔内孔边缘均可见从背面纵向打磨的摩擦痕迹。正面在钻孔时钻具与器表基本垂直，内、外孔缘为同心圆，但各孔在孔壁上自上而下留下多圈呈细凸棱状旋切痕迹，每圈痕迹均呈倾斜状，个别还有交错现象（图三，2）。

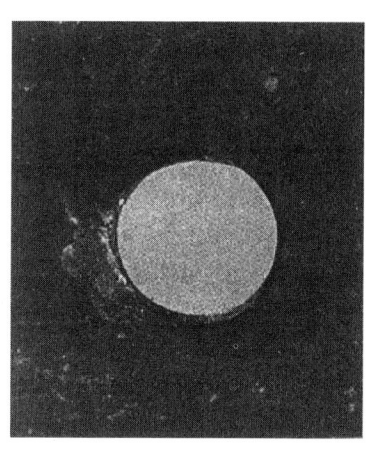

图四　M44∶12之6号孔钻孔痕迹

双面对钻孔的位置控制较为精确，正、背面左边距误差为1.38毫米，右边距误差为0.5毫米，各孔顶距误差最大1.56毫米，最小0.28毫米。

## （二）讨论

从上面测量和观察结果可以看出：

1. 孔位和孔距的确定根据石刀的长短而有不同,但都使用了较为精确的测量定位方法。

表三　正面孔间距及中间一孔左右边距误差表

| 序号 | 器物号 | 孔　数 | 孔间距最大误差 | 中间一孔左右边距误差 |
| --- | --- | --- | --- | --- |
| 1 | M6:5 | 1 | 0.00 | 4.60 |
| 2 | M67:1 | 3 | 0.04 | 0.18 |
| 3 | M44:14 | 下3 | 5.00 | 13.46 |
| 4 | M49:7 | 4 | 1.14 | 0.26 |
| 5 | M47:10 | 5 | 2.74 | 0.14 |
| 6 | M14:1 | 7 | 11.24 | 13.76 |
| 7 | M47:8 | 9 | 7.02 | 0.88 |
| 8 | M44:12 | 11 | 8.24 | 2.58 |

注：均为毫米。

从表二、表三可以知道,其中6件正面的左右两边距最大误差为6.18毫米,最小误差为0.4毫米,有4件还在1.54毫米以下。另两件中的M67:1正面左、右两边距误差达13.44毫米,当有其他原因。M49:7为4孔,是整个遗址所出的唯一一件偶数孔石刀,正面左、右两边距误差达34.92毫米,但左边距有51.18毫米,4孔的平均外孔径为12.96毫米,平均孔间距为23.38毫米,若以平均值计算从1孔向左再加一孔,则所剩左边距只有14.84毫米,与右边距16.26毫米只相差1.42毫米。因此,这件石刀在孔位确定时应是按5孔定位的。

从表三还可以看出,除1孔石刀外,其余多孔石刀假设以中间1孔计算,得出的左、右两边距误差有4个在0.88毫米以下,2个分别为2.5和4.6毫米,另2个误差较大的在13毫米以上。误差最大的7孔石刀M14:1顶长大于刃长,左、右边缘磨制整齐且呈倒梯形,形制与其他石刀颇异,似属改制而成；另一件误差较大的3孔石刀M67:1顶部经过了两次以上的切割,虽然是否改制而成尚无从知晓,但形制也不合常态。如果将这两件搁置一边,那么其余石刀的中间一孔定位若以左、右边距计算均在正中间位置。相比之下,相邻两孔之间的孔间距和边孔左、右两边距的误差则要大不少而且无规律可循。因此,我们倾向于认为多孔石刀钻孔的最初定位应是从中间一孔开始,然后再对其余各孔定位。这说明中孔定位的准确度十分重要,而其余各孔定位对精确度的要求相对较松。

8件石刀的正面各孔顶距数值差各有不同,其中一件数值差最大,达6.5毫米,最小的一件有1.3毫米。相对于孔间距和边距而言,数值差稍大,说明各孔定位时对顶距的要求也相对较宽松。

**表四　正背面对钻孔边距及顶距误差表**

| 序号 | 器物号 | 孔数 | 左边距误差 | 右边距误差 | 顶距最小误差 | 顶距最大误差 |
| --- | --- | --- | --- | --- | --- | --- |
| 1 | M6∶5 | 1 | 0.00 | 0.02 | 无 | 0.24 |
| 2 | M67∶1 | 3 | 0.08 | 0.30 | 0.54 | 0.74 |
| 3 | M44∶14 | 下3 | 缺 | 缺 | 缺 | 缺 |
| 4 | M49∶7 | 4 | 0.82 | 0.98 | 0.20 | 1.06 |
| 5 | M47∶10 | 5 | 0.20 | 缺 | 0.14 | 0.44 |
| 6 | M14∶1 | 7 | 0.30 | 0.60 | 0.22 | 2.52 |
| 7 | M47∶8 | 9 | 0.86 | 0.42 | 0.14 | 1.64 |
| 8 | M44∶12 | 11 | 1.38 | 0.50 | 0.28 | 1.56 |

注:"缺"指因单面钻而无此数据,均为毫米。

从表四可以看出,在双面对钻孔的孔位确定上,左、右边孔正、背面对钻的边距误差最小为0毫米,最大只有1.38毫米,绝大多数在1毫米以下;正背面各孔顶距误差最小0.14毫米,最大也只有1.64毫米,绝大多数在0.5毫米以下。这说明为了保证对钻孔位置的准确,在正、反两面对钻孔位置的确定方面精度要求较高。

2. 钻具有多种型号和种类。根据外孔径的数据分析,最大可达19.42毫米,最小12.34毫米,相差7.08毫米(图五)。由此可以看出,外孔径的数据有分段聚集现象,其

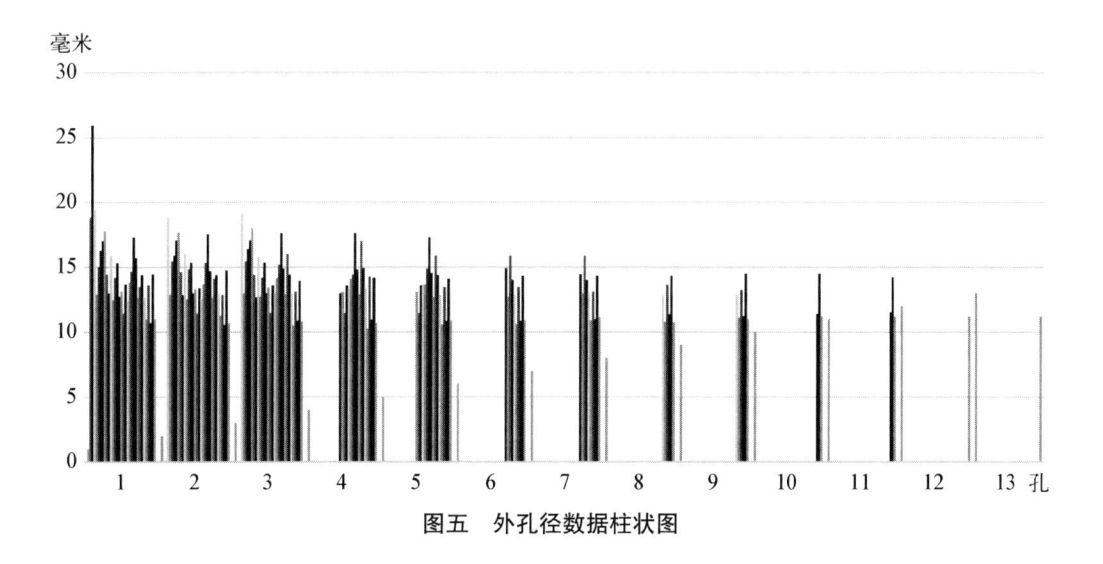

**图五　外孔径数据柱状图**

中大部分集中在13毫米左右，次为14—15毫米左右，另有少量集中在19毫米左右。这种较大的差别不应当是钻具磨损的结果，而应是钻具型号不同而形成的。因此，这批钻具的直径存在着三种以上的规格。

器表上留下的弧线形和孔壁上留下的凸棱状旋切痕迹，应是管钻形成的，部分内孔边缘不整齐和留下的崩碎痕迹则说明有石芯脱落，也证明钻具应是管状器具而非实心钻具。但M44：14下排孔外围的浅钻痕迹与管钻不同，浅钻部分的平面呈凹圜底，表面较粗糙，并且不见管钻特有的弧线或璇切痕迹，应是梃钻形成的。这说明钻孔工具应有管钻和梃钻两种，但以管钻为主，梃钻为辅。

3. 钻具型号、种类的使用因地制宜，灵活组合。根据观测到的结果，在多数情况下，同一件器物的外孔径相差不大，应是使用同一尺寸甚至同一钻具所钻，但个别情况下也选用了不同尺寸的钻具配合使用，如M44：12正面的外孔径均在14毫米左右，而背面的外孔径均只有12毫米左右，显然使用了两种不同尺寸的钻具，但因正面下钻深度较深，孔壁也不断收缩，每孔的内孔径只有12毫米左右，因此在背面对钻时只剩下1毫米左右深度，选用比较匹配的较小直径的钻具是比较合理的。M44：14下排的梃钻痕迹说明，因该器石质硬度较高，为减轻下排钻孔下钻的难度，先在各孔位上用实心钻进行了一次浅钻，以保证管钻的准确性。

4. 石质硬度对钻孔有较大影响，对钻具的控制还不十分稳定。在钻孔过程中，绝大多数选择了双面对钻，最大钻深均不超过5厘米，应该与石质和钻具的硬度以及钻具深钻的能力有关。从孔壁倾斜方向也可以看出，在钻孔时一般都尽可能使钻具与石刀表面垂直，但时常会因石质硬度、控制钻具稳定性的原因而发生倾斜。而M47：8、M44：12的内、外孔径的径差较大，孔壁收缩明显，孔壁上还留下多圈凸棱状旋切痕，应是在下钻过程中因石质硬度较高，钻具磨损较多，并且不能够连续地下钻，产生停顿而形成的。此外M44：14钻具的组合使用，M47：8部分孔外围因钻具摆动而形成的细弧线形浅旋切痕迹也说明，在初钻之时对孔位控制较为不易。这些都表明了钻孔时对钻具垂直方向的控制还不十分稳定。

5. 石芯的脱落有两种方式。约有一半的内孔边缘较为整齐，系钻孔穿透时自然脱落而形成，而另一部分内孔边缘不整齐，有些孔缘还残存崩碎的疤痕，显系钻孔未穿透而敲击石芯使之脱落而形成的结果。少数内孔缘因不整齐，在进一步加工的过程中，还对它们采用了纵向打磨手段，以使其相对规整。

6. 钻孔顺序的推测。多孔石刀在确定孔位后，应有一定的钻孔先后顺序，但本次观测未能得到足够证据，不过M47：10的5个内、外孔径数据从5号孔到1号孔呈明显顺序递减趋势。如果是采用硬度较低的钻具,这种递减的数据是否会因钻具不断磨损而形成?若是如此,则钻孔便可能是从右往左逐个进行,但此观点尚待讨论。

## 四 结 论

通过对8件石刀的初步观测,可以知道一套完整的钻孔程序,可以分为正面定孔位——选钻具——正面下钻——背面定孔位——背面下钻——取石芯——打磨内孔边缘几个步骤。在正面定孔位的过程中,可能采用了先定中间一孔,然后再逐个定其他孔位的方法,各孔位的确定主要以相邻两孔为参照,而对顶距的要求不十分严格。但在背面钻孔定位时,则以正面孔位为准,对顶距、边距和孔间距的要求较为严格,以保证对钻的准确性。这些都说明当时在石器制作技术上不仅具备了较强的测量意识,而具有较为精确的测量手段。

(原载于《中国历史文物》2003年第5期)

**2021年1月18日 背景补记:**

本文是与薛家岗遗址前五次发掘负责人杨德标先生共同合作的成果。2000—2004年,在编写《潜山薛家岗》报告时,鉴于之前诸多专家对多孔石刀的钻孔定位有不同认识,我们在仔细观察后,认为可以通过测量解决该问题。此次尝试的观测结果应该有效解决了问题,并开始对其精准技术有了更清晰认识,也意识到开展玉石器制作技术研究的重要性与可行性。虽然这篇文章只是个小角度,但为此后薛家岗、凌家滩的玉石器系列研究打下了基础。另:原文发表时,编辑时误将"mm"统一改成了"厘米",造成数据增大了十倍,此次一并改正过来,用"毫米"表达。

# 沟汀遗址的年代及皖南山区新石器遗址的几个问题

安徽长江以南的皖南一带考古工作起步晚，尤其是皖南山区的考古工作存在着大量空白，至今尚不能建立起较清楚的年代框架。在皖南山区业已发现的多处旧石器地点和数十处新石器遗址之间，存在着巨大的时间断层，新石器时代早、中期的材料更是缺乏。1995年，黄宁生等诸位先生发表了他们在地质调查时发现的石台县沟汀遗址的材料，并倾向于将其定为新石器时代早期[1]。限于各方面条件的制约，这些报道当时未能引起我们的关注。1999年底，《考古与文物》发表了有关该遗址的研究论文[2]，遂引起我们极大的兴趣并设法检索了原来的有关报道。这些报道对于充实皖南山区新石器时代考古材料有着积极的意义，但因涉及了新石器时代早期文化和山区类型的遗址之性质等重要问题，本文也试图就沟汀遗址的年代和皖南山区新石器时代遗址的几个问题进行粗浅的探讨。

## 一 沟汀遗址的年代

沟汀遗址没有经过正式发掘，但发现者发表的调查材料较为详细，使得认识其文化内涵成为可能。据介绍，遗址位于秋浦河东岸的阶地上，三面环山，一面近水，面积约2万平方米。从暴露的剖面可知文化层为灰褐色，厚0.3—0.5米，其下即为棕黄色黏土（生土）。在采集的80余件遗物中，打制的刮削器、砍砸器和尖状器占总数的一半以上；磨制的石锛、凿、斧、铲、网坠等占总数的约1/4；陶器数量则极少，仅发现两

---

[1] 黄宁生、陈北岳、杜远生、李志明：《安徽省石台县沟汀新石器时代遗址的发现和初步研究》，《地球科学——中国地质大学学报》1995年第5期；另见《光明日报》1995年1月19日第2版的报道。
[2] 黄宁生：《皖南沟汀遗址文化遗物分析及相关问题讨论》，《考古与文物》1999年第6期。

件夹砂红陶鼎足和一块碎陶片。值得注意的是,制作石器的原料和半成品却为数很多。由于上述器物均属采集,因而是否具有共存关系尚不能完全断定,不过从文化层的堆积状况分析,它们为共存的可能性是很大的。本文为了便于讨论,暂且假设它们为共存关系。

在讨论其年代之前需要说明的是,因为缺乏年代学标尺,本文只能按地缘接近、环境相同或相似、文化面貌相类几项原则,利用比较研究来判断其年代。根据目前掌握的情况,沟汀遗址周围尚缺乏有足够可靠材料的遗址以助断代,而歙县下冯塘、新州和宁国周家村三处遗址虽距之稍远,但经过了正式发掘,材料可靠,并且同属皖南山区,在环境、地缘、文化面貌上均有诸多可比之处,因而是比较研究中较为可靠的参照系。除此之外,黄山蒋家山、屯溪下林塘等遗址的材料也可参照。

下冯塘遗址位于富资水东岸二级阶地上,四周群山环抱,原有面积数万平方米,现仅存约5 000平方米。1994年发掘了130平方米,其中第③层为新石器时代遗存,文化层厚0.37—0.7米。出土的石器有镞、锛、刀、铲、斧及有孔石器等,大多数经过磨制,但也有部分经打制后未经磨制。出土的陶器质地较疏松,以夹砂红陶为主,另有少量夹砂和泥质灰黑陶等,纹饰以篮纹为主,还有少量绳纹、弦纹、附加堆纹和方格纹,器形主要有罐、豆、钵等,鼎足较少[①]。

新州遗址为一河边阶地,被练江、布射河和富资水三面环绕,四周为广阔的河流冲积平畈,面积数万平方米。1986年和1994年共发掘了西区的160平方米,其中④⑤层为新石器时代遗存,厚约1.3米。出土的石器大多数磨制,少量则未经磨制,器形有刮削器、砍砸器、斧、镞、刀、半月形双孔石刀、网坠等。陶器以夹砂红陶为主,另有少量泥质红陶和磨光黑陶,纹饰有刻画纹、绳纹、弦纹、按印纹等,器形有鼎、鬹、豆、罐等类[②]。

周家村遗址位于西津河左岸二级阶地上,原有面积1万多平方米,文化层较为单一,耕土层下即为新石器时代遗存,堆积厚0.3—0.4米,其下为红色亚黏土(生土)。1999年发掘出土了大批石器和少量陶器。石器以石镞、四缺口或二缺口网坠最多,另外还有打制的石镰、磨制的石锛等,并发现大量利用河卵石打制的石器半成品和石器原料。陶器则以夹砂红陶占绝大多数,陶质疏松,纹饰仅有刻画纹等少数几种,器

---

① 宫希成、程平:《歙县下冯塘遗址发掘简报》,《文物研究(第十一辑)》,黄山书社,1998年。
② 房迎三、宫希成:《新安江中上游流域的史前遗存调查》,《东南文化》2000年第1期;歙县文化局:《歙县文物志》,1989年。

形有鼎、罐等[①]。

上述情况表明，它们与沟汀遗址在环境与文化方面都有较多的相似性，即均分布在紧邻河流的阶地或台地上，文化堆积很薄，大多数只有一到两层堆积。器物组合方面都存在着打制石器、磨制石器和陶器共存现象，但三者比例在各遗址中有所不同；打制石器中多数存在石刀、砍砸器、刮削器等，磨制石器均有斧、锛之类，铲、镰等农具较少，稍有不同的是沟汀遗址尚未见石镞。陶器方面，均以夹砂红陶为主，陶质较差，纹饰以刻画纹为主，都有鼎类器物。这些共性说明它们在年代上较为接近而不可能相差过于悬殊。

在器物的具体特征上，沟汀遗址与前述三处遗址及蒋家山遗址[②]所出遗物也有较多相似之处，如沟汀遗址的两件陶鼎足，形态均为扁平状，足面上有浅的竖凹槽。这类扁平状尤其是带凹槽（或竖刻画）的陶鼎足在皖南山区新石器时代晚期遗址中并不少见，蒋家山的所谓扁平形、舌形鼎足的足面上均刻画多道凹槽，与沟汀所出甚似；而新州遗址虽未见完全相同之鼎足，但其扁平、刻画凹槽之风格也属同类。

沟汀遗址中发现的磨制石铲、斧、锛，在下冯塘、新州和蒋家山等遗址中均有较多的发现，形态也没有多大的变化。而周家村遗址发掘出土的大量四缺口石网坠，均选用外表光滑呈扁平椭圆状的小河卵石加工而成，其形态、技法更与沟汀遗址所见殊无二致。

沟汀遗址中的打制石器，也可与前述遗址中所出同类器相比较，如下冯塘遗址③层发掘出土的T607③：6和T610③：3两件石刀，均打制而成，形体扁长类似蚌壳状；新州遗址出土的一部分砍砸器形态扁薄，有边刃，也当归于石刀之类。这些石刀与沟汀遗址所出在形态和大小上均颇为相同或相近。此外，下冯塘遗址采集的一件尖状器，浑身打制，具有尖状突出，也与沟汀遗址所出相同（图一）。

从以上的一系列比较可知，沟汀遗址与下冯塘、新州、周家村和蒋家山几处遗址无论在自然环境、文化堆积方面，还是在总体文化特征，或器物组合、器物形态上都有着相当程度的趋同性，故而它们在年代上比较接近，是没有太大问题的。

如果从宏观的角度来加以衡量的话，陶鼎在中国东部的出现是新石器时代中期以后的事，而类似沟汀遗址扁平状带沟槽的鼎足，更是新石器时代晚期才常见的形态；另外，沟汀遗址的磨制石锛、石铲和一件石刃上成熟的两面钻孔技术[③]，反映

---

① 房迎三、吴卫红、刘政、陈勇：《宁国县港口湾水库淹没区文物调查简报》，《文物研究（第九辑）》，黄山书社，1994年。1999年发掘材料现存安徽省文物考古研究所，文中材料承蒙王峰提供，特此致谢。
② 安徽省黄山市黄山区文化局：《安徽黄山市蒋家山新石器时代遗址调查》，《考古》1995年第2期。
③ 黄宁生、陈北岳、杜远生、李志明：《安徽省石台县沟汀新石器时代遗址的发现和初步研究》，图版Ⅱ之14，《地球科学——中国地质大学学报》1995年第5期。

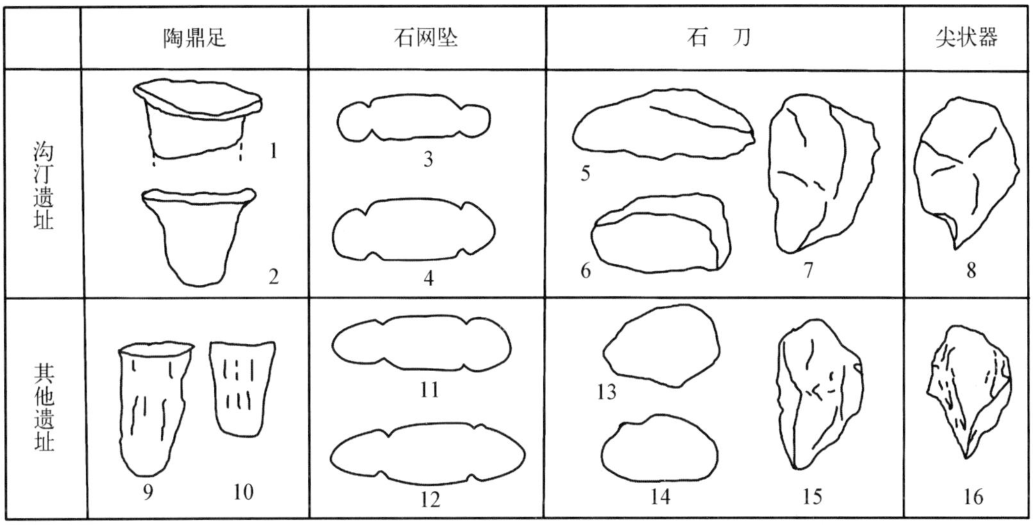

| | 陶鼎足 | 石网坠 | 石 刀 | 尖状器 |
|---|---|---|---|---|
| 沟汀遗址 | 1　2 | 3　4 | 5　6　7 | 8 |
| 其他遗址 | 9　10 | 11　12 | 13　14　15 | 16 |

**图一　沟汀遗址与其他遗址器物比较图**

1—8.沟汀遗址（依器物描绘）　9、10.蒋家山遗址　11、15.新州遗址　12.周家村遗址　13、14、16.下冯塘遗址

的都绝非新石器时代早期之特征。至于遗址中出土的打制石器问题，在中国新石器时代中期或晚期乃至商周遗址中，一直都有较多发现，安志敏先生就曾专文讨论过此类问题[①]。在作为参照的三个遗址中，打制石器均与磨制石器和陶器共存也正说明了这一点。

讨论过沟汀遗址出土器物的年代特征后，回过头来再看讨论得以进行的假设便可发现，沟汀遗址的打制石器并没有什么证据可以证明它们能早到新石器时代早期，相反，从皖南山区的若干遗址和全国的有关情况来看，这个假设的成立则具有比较充分的条件。这样，如果前面的比较没有大的失误的话，依据下冯塘、新州、周家村遗址的年代推测（详见后文），沟汀遗址的年代应当不会超过崧泽文化或薛家岗文化的年代，更有可能相当于崧泽文化晚期或良渚文化早中期，也就是说，它只能是新石器时代晚期偏晚的遗址。

## 二　皖南山区新石器遗址的几个问题

安徽长江以南的广大地区从地理环境上可以划分为沿江平原和以黄山为中心的皖南山区两个部分，它以贵池、青阳、泾县、宣州为其模糊界线，南北的地貌差异十

---

① 安志敏：《略论新石器时代的一些打制石器》，《中国新石器时代论集》，文物出版社，1982年。

分明显。后者在大的地理区域中属于我国江南丘陵的一部分,东与天目山相接,南与浙西南、赣东北山地毗邻。本区海拔千米以上的山峰就有7座,除休宁——屯溪——歙县盆地外,大部分地区山势崎岖,海拔多在200米以上。山区内的河流小而众多,大体上以牯牛降、光明顶、清凉峰一线为分水岭,形成了几个小的水系:牯牛降以北有秋浦河水系流入长江,以南有昌江水系流入鄱阳湖;光明顶以北有青弋江水系和水阳江水系流入长江,以南有新安江水系向东汇入钱塘江(图二)。这样的地理环境或多或少地影响到了该地史前文化的统一性,但与沿江平原的史前遗址相比,山区内各遗址的特征又相对较为接近。因而,安徽长江以南地区的新石器时代遗址便自然地分为两种类型,即平原类型和山区类型,两者在诸多方面都存在着较大的差异,如平原类型的遗址大都在平地高起的台地上,类似于北方地区的堌堆,遗址堆积一般较厚,延续时间较长,与附近地区的文化交流较多,面貌与江苏宁镇地区、太湖流域和安徽安庆地区的文化相差不大;而山区类型则大都在紧挨河流的一、二级阶地或低矮山岗上,遗址堆积普遍较薄,很多遗址文化堆积厚度都不足0.5米,而且一个遗址常常只有一层堆积,延续时间很短,与外界文化交流有限,具有较强的自身特征。因此,在考察皖南山区的新石器遗址时,有以下几个值得重视的问题:

一、石器。该地区新石器时代文化的石器工业相当发达,在已经调查发现的遗址中,普遍存在着较多的石器,有时在全部遗物中甚至占有极大的比例。这些石器大

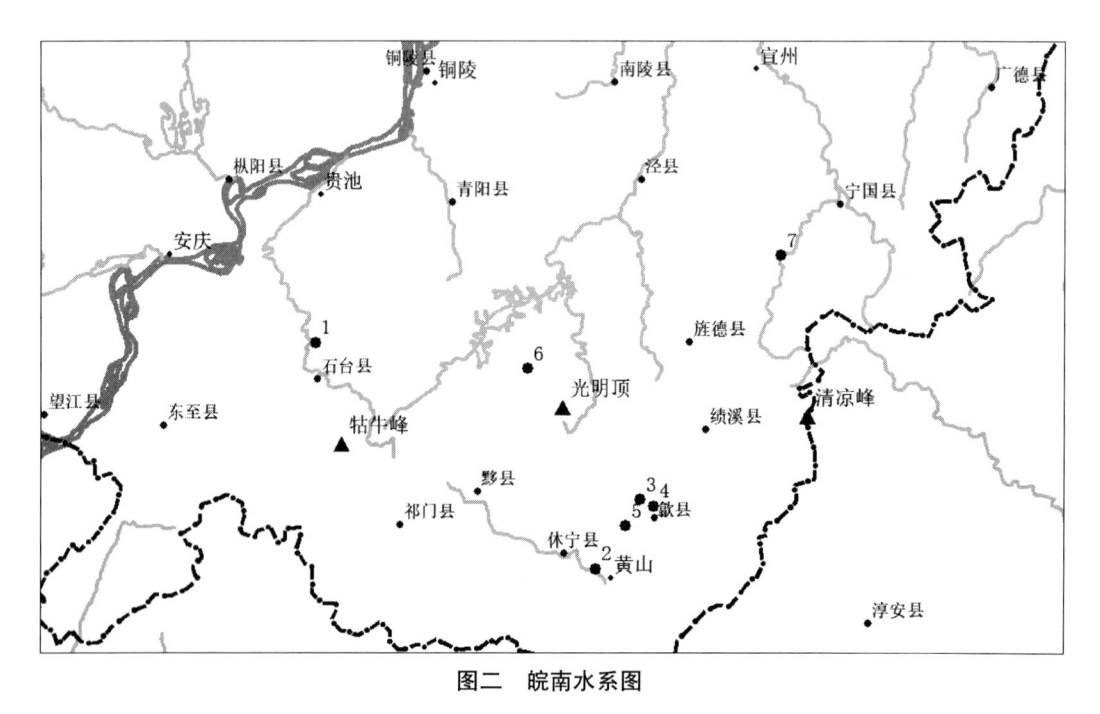

**图二 皖南水系图**

1. 沟汀　2. 下林塘　3. 下冯塘　4. 新州　5. 桐子山　6. 蒋家山　7. 周家村

都从邻近的河流中就地取材，就地制作，如沟汀遗址和周家村遗址均发现有大量的石器原料、半成品，周家村遗址的这些原料和半成品还与部分成品石器放置在同一地方，因而其就地加工之场所应该就是石器的作坊。在石器的制作上，都存在着打制和磨制工艺两者并存的现象，而且从下冯塘、新州、蒋家山遗址所出的石锛、石镞来看，其磨制工艺已达到相当发达的水平。但是，发现的石器种类却并不十分丰富，基本上是网坠和箭镞等渔猎和狩猎工具，其次为石锛、石斧之类的砍伐工具，而石铲、石镰等农业工具则数量较少。此外，还存在着相当数量的打制石器，如砍砸器、尖状器、刮削器等，不少砍伐和农业工具的磨制也不十分精细，器体上常保留着很多的打制痕迹。需要注意的是，在肯定此类遗址中存在着打制石器的同时，仍需辨别已打制成坯但尚未磨制的石器半成品与打制石器之间的差别，虽然它们在形态上相似，但制作工艺和功能上都有极大的差别。

二、陶器。与石器相比，纵然各遗址中也不乏精美的陶器，但总体上而言，该地区新石器时代的制陶工业水准明显地逊于石器制造工业。陶系较为单调，各遗址始终以夹砂红陶占优势，泥质陶和灰、黑色陶均不发达。陶质大都较为疏松，火候低。器物表面的装饰也不甚发达，大部分均为素面，纹饰仅有篮纹、绳纹、弦纹、附加堆纹、方格纹、刻画纹等几类，尤以刻画纹为多。陶器种类以鼎、豆、罐为主，偶见鬶、壶、杯、纺轮等，器类相对而言并不丰富多彩。区内各遗址在陶器的具体特征上比较接近，特别是以屯溪为中心的小盆地内文化面貌十分统一，但是，不同水系的遗址之间文化面貌上还是存在着一些局部的差异，这种差异的根源之一是源于各自所受的它文化影响的不同，东部的水阳江、青弋江和新安江流域与太湖、钱塘江流域的文化接触相对多些。但总的来看，区内文化与它文化的接触并不频繁，所受影响也有限。

三、年代。皖南山区各遗址因为发掘的地点少，器物形态独特，也无任何测年数据可供参考，因而其准确的年代一直难以解决。现有材料中特征明显且可供比较的主要是各类鼎足和少量罐、鬶、澄滤器等器形。

周家村遗址出土的陶片较破碎，已不能识其全貌，但4号探方②层出土的鼎足具有断代意义，如较多的夹砂红陶鼎足均为三角形，足背上有按窝，足的两面常见划纹，其特征颇类似望江汪洋庙上、下层的鼎足[①]，同时与江浙一带崧泽文化晚期或良渚文化早期的同类鼎足相近[②]。此外，同层出土的大鱼鳍形带刻画纹鼎足与钱山漾[③]和龙

---

① 安徽省文物考古研究所：《望江汪洋庙新石器时代遗址》，《考古学报》1986年第1期。
② 上海市文物保管委员会：《崧泽——新石器时代遗址发掘报告》，文物出版社，1987年；苏州博物馆等：《江苏吴江龙南新石器时代村落遗址第一、二次发掘简报》，《文物》1990年第7期。
③ 浙江省文管会：《吴兴钱山漾遗址第一、二次发掘报告》，《考古学报》1960年第2期。

南遗址[1]出土的同类器极为相近,是良渚文化早期偏晚或中期偏早时期特有的器物。因此,周家村的年代总体上不会超过良渚文化早中期这样一个范围。

新州遗址采集的一件澄滤器,与崧泽遗址中层二、三期墓葬中出土的同类器基本一样[2],唯前者有圈足而已,它所指示的年代应在崧泽晚期前后。遗址中出土的三角形和大鱼鳍形鼎足则与周家村遗址所出没有多大的差异,其年代也应相同。但是,同地采集的一件陶鬶却与天门邓家湾[3]、金山亭林[4]等处的鬶基本上是同一形态,已是龙山时代之物。由于上述材料中一部分属采集之物,它们之间没有必然的共存关系,因而新州遗址的年代可能跨度较长,应含有相当于崧泽晚期、良渚早中期和龙山时代几个不同时期的遗存。

下林塘遗址缺乏较多的可比器物,唯有一件大鱼鳍鼎足[5]与周家村和新州所出相同,年代也不会超出良渚文化早中期。

下冯塘遗址出土的较多罐类器上饰篮纹较多,并有少量方格纹,其中的小口鼓腹篮纹罐很有龙山时代之风格,而仅见的一件三角形扁平鼎足常见于安徽龙山时代诸遗址中(如安庆张四墩[6]),所以该遗址应属龙山时代。

蒋家山遗址的部分类似鱼鳍形的鼎足与良渚文化较早期的同类鼎足有一定的渊源关系,而倒梯形和三角形扁平鼎足则是龙山时代常见的形态,因而该遗址也可能存在至少两个时期的遗存。

以上比较可参看图三。

上述具体特征的比较因为材料不足,所定年代并不是结论性的。但从中可以看出,皖南山区新石器时代遗址的年代主要集中在相当于崧泽晚期到龙山时代这样一个范围内,更以崧泽晚期到良渚早中期这段时间为主。而这一时期正是中国原始文化一次大范围的传播、整合时期,也是中国文明形成的关键时期。长江中、下游两大文化圈之间发生了一系列的文化交融活动,并最终形成了以圈足器、三足器为基础,以鼎、豆、壶为主要组合的一个更大的南方文化系统。地处两个大文化圈之间的皖南山区的这批遗址,具有一些它文化特征,也就不足为奇了。

总之,根据目前的材料可以暂时归纳出皖南山区类型遗址的以下几个特点:

1. 年代偏晚,时代相近。

---

[1] 苏州博物馆等:《江苏吴江龙南新石器时代村落遗址第一、二次发掘简报》,《文物》1990年第7期。
[2] 上海市文物保管委员会:《崧泽——新石器时代遗址发掘报告》,文物出版社,1987年。
[3] 转引自张绪球:《长江中游新石器时代文化概论》,湖北科学技术出版社,1992年,第260页。
[4] 黄宣佩、张明华:《上海地区古文化遗址综述》,《上海博物馆集刊(第二期)》,上海古籍出版社,1982年。
[5] 杨德标:《屯溪下林塘遗址试掘简报》,《文物研究(第一辑)》,黄山书社,1985年。
[6] 安徽省文物考古研究所发掘材料。

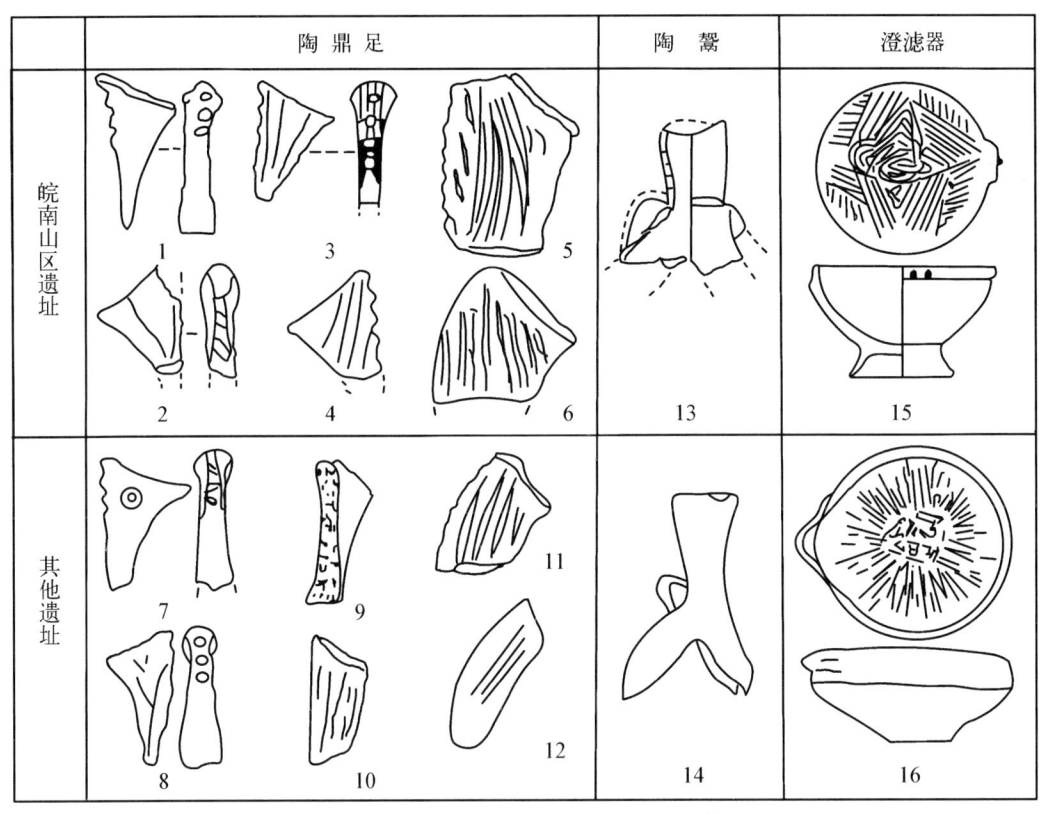

**图三 皖南山区遗址与其他文化器物比较图**

1、6、13、15. 新州遗址　2—4. 周家村遗址　7. 汪洋庙上层　8. 汪洋庙下层
9—11. 龙南遗址　12. 钱山漾遗址　14. 邓家湾遗址　15. 崧泽遗址

2. 遗址分布密度较低，面积不大，大部分文化层堆积较薄，基本上分布在河流旁的阶地或台地上。

3. 文化特征具有相当的独特性，但也不乏外来文化因素的影响。

4. 具有十分发达的石器制作技术和相对滞后的陶器制作技术，反映出在器物功能的需求上比较倾向于生产性工具。

5. 石器中具有数量极多的石镞、网坠和少量打制的刮削器、尖状器，是较为明显的狩猎和渔猎经济的表现。石镰、石铲等农具数量较少则反映了农业经济的相对落后。鉴于山区独特的地理环境和遗址堆积的特征，它们的经济类型或可能与"游耕（shifting cultivation）"有较大关系。

（原载于《考古与文物》2002年第5期）

## 2021年1月21日　背景补记：

　　这篇分量较轻的小文写于2001年3月。当时皖南山区的史前考古研究接近于空白,仅有很少几处遗址进行了发掘,材料大多数未发表。沟汀遗址材料公布后,引起我的关注,并写成此文。之后不久,我请正在共同整理薛家岗材料的杨德标先生,借一次调查之机特意绕道去现场察看并采集了部分遗物,标本带回给我看后,基本验证了原有的判断。2004年我还借铜黄高速公路基建考古之机专门试掘了黄山蒋家山遗址,并测了5个数据,其中4个系列测年数据的两端极值是在3100BC—2570BC。现在看来,文中的基本结论仍无大误,但因受当年大鱼鳍足年代判断影响,稍显偏早,以近年发掘的钱山漾文化材料对比,年代应可下延到良渚晚期偏晚。

# 崧泽时代的皖江两岸

## 一 地理特点与时代背景

皖江作为整个长江在安徽的一段,全长约400千米,地处长江中游与下游三角洲之间,其西北有大别山及其余脉,南有皖南丘陵,河谷的发育受自然条件的限制,各段宽窄不一,呈藕节状特点,流域内地势整体上由南北两侧向中央呈阶梯状下降。若以皖江为轴,在沿江两岸为地势低平的沿江平原,海拔一般在7—20米;平原两侧为起伏的岗地和丘陵,其间分布有大小不等的盆地,海拔高度一般在20—40米;再往外侧的丘陵低山大多数海拔在150—300米,比高低于150—200米;而最外侧的中低山区海拔多数在600米以上,比高一般超过500米。皖江流域面积达到6.6万平方千米,约占整个长江流域的4%,占安徽省总面积的47.3%。

在皖江流域内部,北岸自西向东主要有皖河流域、巢湖(裕溪河)流域,并有滁河流域延伸至南京附近;南岸主要有秋浦河、青弋江(含水阳江)两个较大的小流域以及其他小流域。根据地形的差异,大体上以铜陵为界可以划分为两个大的自然区域:西部是由大别山、九通山、皖南丘陵夹成的狭长通道,沿江一带地势低洼,湖泊、河流众多,向两侧地势渐高,有山前平原、丘陵低山、中低山等地貌;东部则地势较为开阔,以低矮的丘陵、岗地、平原为主。

在皖江的东端有以茅山为主体的宁镇丘陵和长江三角洲平原;西端有江汉平原、洞庭湖平原;在皖江的北面则为广袤的淮河流域,绝大部分属平原;而其南面则为皖南丘陵和山地,交通不便,仅在西南角有鄱阳湖流域一角,山地、平原相间。

这一区域是长江中游和下游三角洲之间重要的交通走廊,历史上对长江中下游的经济、文化交流起到了十分重要的作用。与东、西、北三面不同的是,由于自然条件的特点，这里并未形成一个相对封闭和统一、持久的区域文化，在历史上人口迁移和变动频繁，因此其文化发展总是处于一种动态多变的状态中，也就是说其文化发展一直与人口迁移以及与之直接相关的文化交流有着密切关系。因此，无论是从地理概念还是文化概念的角度分析，皖江流域都既具有较多共性，又存在多样化的倾向[1]。

在距今6 000—5 000年之间，中国各地文化出现了一场波澜壮阔的大融合或大兼并，也是多元一体文化形成的第一个关键时期[2]，其中最突出的表现发生在黄河中下游与长江下游，前者以庙底沟彩陶为代表，以花瓣、勾连纹样为核心，波及范围北达蒙古高原，南抵长江沿岸，东至沂蒙山麓，因此有学者将黄河中下游这一时段的文化现象称为"庙底沟时代"[3]；后者则以崧泽及其同时期诸文化的玉石器、陶器为代表，并以钺为核心形成了一次大规模文化因素扩张[4]，在整个长江下游形成了风格相似、水平相近的多个文化群体[5]，并进一步影响到南北两侧其他文化区域及长江中游，从而在东南地区形成了本文所谓的"崧泽时代"[6]。

崧泽时代是长江中下游第一个文化大融合时代，它与庙底沟的扩张一样，为中华文明的最终融合首次奠定了各区域的基础。在这一过程中，皖江两岸[7]作为沟通长江中游与下游三角洲的中介甚至是必经之路，不可避免地参与其中，那么该区域的文化究竟是怎样的呢？

---

[1] 以上小节内容参见安徽省计划委员会、安徽省地质矿产局：《安徽省国土资源遥感应用研究》，地质出版社，1996年；朔知：《皖江区域考古的意义》，《文物研究（第十四辑）》，黄山书社，2004年。
[2] 诸多学者对此有详论，参见苏秉琦：《中华文明的新曙光》，《东南文化》1988年第5期；严文明：《中国史前文化的统一性与多样性》，《文物》1987年第3期；张光直：《中国相互作用圈与文明的形成》，《庆祝苏秉琦考古五十五年论文集》，文物出版社，1989年；赵辉：《以中原为中心的历史趋势的形成》，《文物》2000年第1期；许永杰：《距今五千年前后文化迁徙现象初探》，《考古学报》2010年第2期；戴向明：《黄河流域新石器时代文化格局之演变》，《考古学报》1998年第4期；等等。
[3] 韩建业：《庙底沟时代与"早期中国"》，《考古》2012年第3期；陈星灿：《庙底沟时代：早期中国文明的第一缕曙光》，《中国社会科学报》2013年6月21日第5版；等等。
[4] 朔知：《花与钺：从西坡出土玉钺谈起（纲要）》，《中国社会科学院古代文明研究中心通讯》2012年第22期。
[5] 仲召兵：《"崧泽文化圈"的形成、原因及其意义》，《崧泽文化学术讨论会会议资料》，2014年。
[6] 对崧泽文化的绝对年代还有不同认识，可参见刘斌：《崧泽文化的分期及与良渚文化的关系》，《庆祝张忠培先生七十岁论文集》，科学出版社，2004年；张敏：《崧泽文化三题》，《东南文化》2015年第1期。本文以距今5 800—5 300年为崧泽时代的主体，在具体研究中或向两端略有延伸，也即在公元前第4千纪范围内。
[7] 本文未涉及整个皖江流域而是仅言"两岸"，系结合地形特征、文化表现，更主要是兼顾到历年考古工作所能提供的有效研究资料，对研究区域的人为划定。以现有皖江为轴，江淮分水岭以南的大别山东南麓及其余脉，皖南山区以北的以沿江平原区为主体，涵盖两侧丘陵低山的狭长区域，范围小于皖江流域。

## 二　田野工作与研究概况

在1979年之前，皖江两岸的田野考古工作基本限于极少量调查[①]，崧泽时代的遗存几无发现，研究工作近乎空白。1979年春以潜山薛家岗、含山大城墩两处遗址发掘为起点，皖江两岸相继开展了一系列的史前遗址发掘工作。与此同时，围绕着薛家岗、大城墩的发现。20世纪80年代初期在相应的两个区域中还开展了较大范围的调查。20世纪80年代中期随着全国"二普"工作的进行，又陆续发现了一批史前遗址。通过上述工作，崧泽时代的遗存也陆续被发现，迄今共发掘了这一时期的遗址或墓地10余处，诸如北岸的潜山薛家岗、肥西古埂、怀宁孙家城、含山凌家滩，及南岸的马鞍山烟墩山、芜湖月堰等。据不完全统计，发掘总面积至少超过1.7万平方米（表一），其中超过半数的地点以墓地材料为主。十余年来，作者还在多个区域实地踏察或组织开展了大范围复查，此外又在4个区域采用了区域系统调查方法，面积超过1 000平方千米（表二）[②]。虽然上述工作在地域上具有不平衡性，主要集中在北岸的东部巢湖流域和西部皖河流域、南岸的东部姑溪河流域及青弋江流域，其他区域工作很少，但面貌还是逐渐呈现并清晰起来（图一）。

随着材料的丰富，相关研究逐渐深入，与周边文化的关系受到关注，最早自1978年安徽省博物馆和苏秉琦先生将这一区域的文化与宁镇地区关联[③]之后，一直成为研究的主要内容。20世纪80年代"薛家岗文化"得以确立，"大城墩类型"或"古埂类型"也已提出。到20世纪90年代初，皖江两岸崧泽时代的年代框架初步建立，但文化源流并未明确，一般认为与宁镇地区关系密切但又具有自身独立性，也有人认为其源于北阴

---

[①] 华东文物工作队：《四年来华东的文物工作及其重要的发现》，《文物参考资料》1954年第8期；安徽省博物馆：《安徽新石器时代遗址的调查》，《考古学报》1957年第1期；南京博物院：《江苏仪六地区湖熟文化遗址调查》，《考古》1962年第3期。

[②] 部分调查成果参见安徽省文物考古研究所、安徽省文物局：《杭埠河中游区域系统调查报告》，文物出版社，2012年；中国国家博物馆、安徽省文物考古研究所：《安徽省当涂县姑溪河流域区域系统调查简报》，《东南文化》2014年第5期。

[③] 苏秉琦：《略谈我国东南沿海地区的新石器时代考古——在长江下游新石器时代文化学术研讨会上的一次发言提纲》，《文物》1978年第3期；安徽省博物馆：《试谈安徽新石器时代文化与长江下游诸文化的关系》，《文物集刊——长江下游新石器时代文化学术研讨会论文集》，文物出版社，1980年。

表一 主要发掘地点统计表

| 序号 | 遗址名称 | 年度 | 发掘次数 | 发掘面积（平方米） | 属崧泽时代的遗存 | 材料出处 |
|---|---|---|---|---|---|---|
| 1 | 潜山薛家岗 | 1979—2000 | 6 | ≈2 300 | 薛家岗文化早期 | 《潜山薛家岗》，文物出版社，2004年 |
| 2 | 含山大城墩 | 1979—1984 | 4 | ≈1 000 | 大城墩下文化层 | 《安徽含山大城墩遗址第四次发掘报告》，《考古》1989年第2期 |
| 3 | 宿松黄鳝嘴 | 1981—1984 | 3 | 370 | 黄鳝嘴文化 | 《宿松黄鳝嘴新石器时代遗址》，《考古学报》1987年第4期 |
| 4 | 潜山天宁寨 | 1982、1984 | 2 | 264 | 薛家岗文化早期 | 《安徽潜山天宁寨新石器时代遗址》，《考古》1987年第11期 |
| 5 | 太湖王家墩 | 1983 | 1 | 75 | 王家墩一期 | 《太湖县王家墩遗址试掘》，《文物研究》（第二辑），黄山书社，1986年 |
| 6 | 肥西古埂 | 1983、1987 | 2 | 400 | 古埂下层 | 《安徽肥西县古埂新石器时代遗址》，《考古》1985年第7期 |
| 7 | 含山凌家滩 | 1987—2014 | 7 | ≈3 500 | 凌家滩文化 | 《凌家滩——田野考古发掘报告之一》，文物出版社，2006年；《安徽含山县凌家滩遗址第五次发掘的新发现》，《考古》2008年第3期 |
| 8 | 青阳仓园塝 | 1991 | 1 | ≈30 | 崧泽晚期墓地 | 未发表 |
| 9 | 望江黄家堰 | 1997 | 1 | ≈1 000 | 薛家岗文化早期 | 《望江黄家堰遗址发掘成果丰硕》，《中国文物报》1998年5月10日第1版 |
| 10 | 马鞍山烟墩山 | 2003 | 1 | 950 | 烟墩山下层 | 《安徽马鞍山烟墩山遗址发现新石器至西周文化遗存》，《中国文物报》2004年6月11日第1版 |
| 11 | 芜湖月塘 | 2007 | 1 | ≈6 000 | 月塘早期 | 《安徽芜湖月塘新石器时代墓葬发掘简报》，《文物》2009年第8期 |
| 12 | 怀宁孙家城 | 2007、2008 | 2 | ≈600 | 黄鳝嘴文化、薛家岗文化早期 | 《安徽怀宁孙家城新石器时代遗址发掘简报》，《文物》2014年第5期 |
| 13 | 含山韦岗 | 2013 | 1 | 230 | 凌家滩文化 | 《安徽含山县韦岗遗址新石器时代遗存发掘简报》，《考古》2015年第3期 |
| | 合 计 | | | >17 000 平方米 | | |

注：因部分资料尚未发表，本表为不完全统计。以下文中涉及各遗址的发掘材料大都出自本表"材料出处"，一般不再另注。仓园塝信息由青阳博物馆朱难提供，特此致谢。

## 表二 近十余年来的调查区域统计简表

| 序号 | 具体区域 | 调查方式 | 年度 | 次数 | 调查面积（平方公里） | 覆盖面积（平方公里） |
|---|---|---|---|---|---|---|
| 1 | 裕溪河上中游 | 区域系统调查 | 2008.12—2013.12 | 8 | ≈400 | |
| 2 | 姑溪河流域 | 区域系统调查 | 2008.12—2011.12 | 3 | ≈400 | |
| 3 | 大沙河中游 | 区域系统调查 | 2009.12—2010.01 | 1 | ≈140 | |
| 4 | 杭埠河中游 | 区域系统调查 | 2010.12—2011.01 | 1 | ≈100 | |
| | 1—4项合计调查面积 | | | | ≈1040 | |
| 5 | 柘皋河上中游 | 据二普资料全面复查 | 2005 | 1 | | >40 |
| 6 | 南淝河下游 | 据二普资料全面复查+零散调查 | 2006—2007 | 1 | | >100 |
| 7 | 丰乐河中下游 | 据二普资料全面复查 | 2006.07 | 1 | | >500 |
| 8 | 皖河中下游 | 据二普资料全面复查 | 2004.02—12 | 1 | | >2000 |
| 9 | 武昌湖周边 | 据二普资料全面复查 | 2003.11—2004.01 | 1 | | >500 |
| 10 | 绣肃河中游、盛桥河下游 | 据二普资料局部复查 | 2006.12 | 1 | | >5 |
| 11 | 黄浒河下游、漳河中下游 | 据二普资料全面复查 | 1998.12—1999.01 | 1 | | >600 |
| | 5—11项合计覆盖面积 | | | | | >3745 |

注：覆盖面积指调查各遗址时涉及的各区域面积总和，而非全部踏查过的面积，本表覆盖面积仅为参考数。

阳营文化[1]，或者是脱胎于"青莲岗文化"[2]。但有关文化年代、关系等方面的研究因为缺

---

[1] 杨德标：《谈薛家岗文化》，《中国考古学会第三次年会论文集(1981)》，文物出版社，1984年，另有多篇论文讨论薛家岗文化问题，纪仲庆：《宁镇地区新石器时代文化与相邻地区诸文化的关系》，《中国考古学会第三次年会论文集(1981)》，文物出版社，1984年；何长风：《关于安徽原始文化研究中的几个问题》，《文物研究(第五辑)》，黄山书社，1989年；曾骐、蒋乐平：《长江下游新石器时代文化的考古学编年》，《中国原始文化论集——纪念尹达八十诞辰》，文物出版社，1989年；严文明：《安徽新石器文化发展谱系的初步观察》，《文物研究(第五辑)》，黄山书社，1989年；杨德标：《安徽江淮地区新石器时代文化》，《文物研究(第七辑)》，黄山书社，1991年；吴汝祚：《薛家岗遗址和北阴阳营遗址的关系以及有关问题的探讨》，《文物研究(第九辑)》，黄山书社，1994年；等等。
[2] 邹厚本、谷建祥：《青莲岗文化再研究》，《东南文化》1992年第1期。

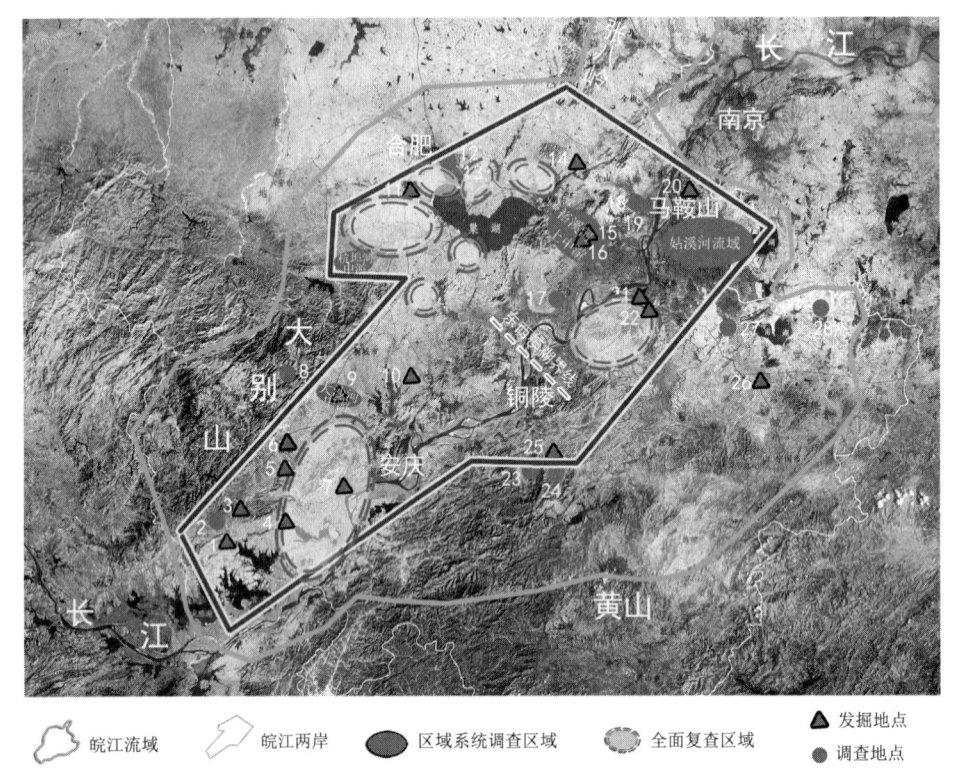

·朔知东南风——从凌家滩到长三角的区域文明探源·

图一 皖江两岸已发掘地点与调查区域分布示意图

1. 黄鳝嘴 2. 戴嘴 3. 王家墩 4. 黄家堰 5. 薛家岗 6. 天宁寨 7. 墩头 8. 蜈蚣岗 9. 孙家城 10. 小柏墩 11. 古埂 12. 岗赵 13. 药刘 14. 大城墩 15. 韦岗 16. 凌家滩 17. 杭西墩 18. 李村 19. 乔家庄 20. 烟墩山 21. 红灯 22. 月堰 23. 中平 24. 杨田 25. 仓园塝 26. 孙埠 27. 方杨 28. 欧墩

乏新的材料很快趋于沉寂，并因凌家滩玉器的新发现，热点迅转移到玉器研究上来[1]。

从21世纪之初开始，有关皖江两岸崧泽时代的研究有了明显的变化：一是随着《凌家滩玉器》图录的出版，对玉器方面的研究兴趣继续高涨，除玉器形态研究外，对内涵解读成为主要内容[2]；二是石器工艺与产地等方面的研究也随之开展起

---

[1] 此类论文数量较多，如钱伯泉：《凌家滩新石器时代遗址出土的玉制式盘》，《文物研究（第七辑）》，黄山书社，1991年；王育成：《论含山凌家滩玉龟、玉版》，《文物研究（第七辑）》，黄山书社，1991年；张敬国：《试论中国玉器时代——谈含山凌家滩出土玉器》，《跋涉集——北京大学历史系考古专业七五届毕业生论文集》，北京图书馆出版社，1998年；田名利：《凌家滩墓地玉器渊源探寻》，《东南文化》1999年第5期；等等。

[2] 安徽省文物考古研究所：《凌家滩玉器》，文物出版社，2000年，书中并附有张忠培、严文明、俞伟超三位先生有关墓地和玉器的研究论文；李修松：《试论凌家滩玉龙、玉鹰、玉龟、玉版的文化内涵》，《安徽大学学报（哲学社会科学版）》2001年第6期；武家璧：《含山玉版上的天文准线》，《东南文化》2006年第2期；杨晶：《苏皖平原地区史前玉器的研究》，《新世纪的考古学——文化、区位、生态的多元互动》，紫禁城出版社，2006年；方向明：《凌家滩遗址出土玉器形和纹饰的相关问题讨论》，《凌家滩文化研究》，文物出版社，2006年；王仁湘：《中国史前的纵梁冠——由凌家滩遗址出土玉人说起》，《中原文物》2007年第3期。

来[1];三是文化内涵与变迁的研究重新受到重视,特别是随着《潜山薛家岗》《凌家滩》的出版,研究继续深入[2];四是全国探索文明起源的热潮与本区域文明化的进程研究有所涉及[3];五是随着全国聚落考古研究的进一步发展,对聚落与文化有了更深入的研究,但这类研究缺乏个案研究,一般都附属于更大区域、更长时空框架的研究之中[4];六是科技考古有了较多的应用,包括玉石器制作工艺、陶器制作工艺、植物考古与环境研究等方面[5]。

## 三 环境制约与聚落分布

### (一) 环境背景

从图一和前述地理特点可以了解到,皖江北岸沿桐(城)—太(湖)断裂带的大别山东南麓和张八岭将安徽境内的整个江淮地区分割为南、北两大片,而南片的皖江北岸又有大别山余脉断续延伸和张八岭南延而形成的条状山脉穿缀其间,形成平原、岗地、丘陵相间的地貌;皖江南岸为广袤的山地、丘陵,东部有大范围的长江冲积平原,中、西部则为狭长的沿江平原,在铜陵以西因紧邻山区更是十分狭促。

目前的诸多研究成果都表明包括皖江两岸在内的长江中下游在崧泽时代有过明显的升温—降温过程,气候波动频繁,并在距今5 500年前后发生了一次降温事件,

---

[1] 张弛:《大溪、北阴阳营和薛家岗的石、玉器工业》,《考古学研究(四)》,科学出版社,2000年;朔知、杨德标:《薛家岗石刀钻孔定位与制作技术的观测研究》,《中国历史文物》2003年第6期;庄丽娜:《薛家岗文化石料利用特点及产源初探——兼及石器产地的讨论》,《南方文物》2008年第3期。

[2] 朔知:《皖西南新石器时代文化的变迁》,《南方文物》2006年第2期;另有多篇探讨玉器文化因素交流的论文。

[3] 朔知:《从凌家滩文化看中国文明的起源》,《安徽史学》2000年第3期;杨立新:《江淮地区史前文明化进程初探》,《中国社会科学院古代文明研究中心通讯》2003年第5期;朔知:《长江下游地区文明化进程散论》,《长江下游地区文明化进程学术研讨会论文集》,上海书画出版社,2004年;宋建:《江淮地区早期文明进程的断裂与边缘化》,《中国社会科学院古代文明研究中心通讯》2007年第13期。

[4] 张弛:《长江中下游新石器时代的区域经济与聚落变迁》,《古代文明研究通讯》2001年第11期;高蒙河:《长江下游考古地理》,复旦大学出版社,2005年。

[5] 朱勤文、张敬国:《安徽凌家滩出土古玉器软玉的化学成分特征》,《宝石和宝石学杂志》2002年第4卷第2期;张敬国、杨竹英、陈启贤:《凌家滩玉器微痕迹的显微观察与研究——中国砣的发现》,《东南文化》2002年第5期;张敬国、李乃胜:《五千年前陶质建材的测试研究》,《文物保护与考古科学》2004年第2期;王荣、冯敏、吴卫红、高飞、王昌燧:《拉曼光谱在薛家岗古玉测试分析中的应用》,《光谱学与光谱分析》2005年第9期;吕利亚、毛振伟、朔知、王昌燧:《薛家岗遗址出土古陶的产地分析》,《中原文物》2007年第5期;王心源、吴立等:《巢湖凌家滩遗址古人类活动的地理环境特征》,《地理研究》2009年第5期;等等。

虽然各地变化时间略有早晚,但大趋势基本相同[①]。根据对巢湖湖内钻芯的研究[②],并通过 AMS 测年(表三),最终较好地反映了附近地区距今1万年来的气候环境变化过程,涉及崧泽时代的大体如下(表四)。

**表三 巢湖湖泊钻芯测年表**

| 钻芯深度(厘米) | 127 | 189 | 227 | 287 | 387 | 487 |
|---|---|---|---|---|---|---|
| 年代aB.P.(cal.) | 2550±40 | 3720±130 | 4565±55 | 5475±95 | 6590±130 | 9770±40 |

**表四 巢湖湖泊钻芯反映的气候变化**

| 时代 | 年代aBP(cal) | 气候变化 | 表现 |
|---|---|---|---|
| 崧泽时代前 | 6060—6030 | 气候变干冷 | 湖面有缩小的波动变化 |
| 崧泽时代 | 5840—5500 | 达到最盛的暖湿期 | 长江洪水位高发生期 |
| | 5375—4930 | 降温,转为干冷 | 榆树衰退期,湖面缩小 |
| 崧泽时代后 | 4860开始 | 温度、湿度大降,温和略干期 | |

注:本表据《巢湖湖泊沉积记录的早—中全新世环境演化研究》编制,测年系该文据湖相沉积的整段平均沉积速率并利用外推内插法按钻芯深度推断出,供参考。

  微观环境研究得到的结论与之大体相同。通过对凌家滩遗址及其东北侧2千米外的韦岗遗址植被的研究,以栲属、栎属、榛属和榆属为主要乔木树种,反映这一时期该小区域呈现出亚热带常绿—落叶阔叶混交林的温暖湿润景观,而香蒲、芦苇则反映遗址附近存在明显的浅水沼泽湿地[③]。韦岗遗址TG1第⑪—⑰层均属凌家滩文化时期,从该探沟中采样的P1植硅体序列显示自生土层以来,总体呈现的是较为温暖的气候环境,但仍存在小幅暖—冷变化,从⑪层(据第⑬层测年判断该层应晚于距今5500年)开始则明显转冷,或可能反映了降温事件。

  因此,整个崧泽时代皖江两岸的气候变化大体上以距今5500年左右为节点,呈现出干冷—暖湿—干冷的变化趋势。

---

[①] 施雅风:《中国全新世大暖期气候与环境》,海洋出版社,1992年;杨怀仁、徐馨、杨达源、黄家柱:《长江中下游环境变迁与地生态系统》,河海大学出版社,1995年;刘金陵:《根据孢粉资料推论长江三角洲地区12 000年以来的环境变迁》,《古生物学报》1996年第35卷第2期;等等。

[②] 参见王心源、张广胜、张恩楼等:《巢湖湖泊沉积记录的早—中全新世环境演化研究》,《科学通报》2008年第53卷增刊 I;吴立、王心源、张广胜等:《安徽巢湖湖泊沉积物孢粉—炭屑组合记录的全新世以来植被与气候演变》,《古地理学报》2008年第2期;等等。

[③] 邱振威、朔知、蒋洪恩、饶慧芸、胡耀武:《凌家滩文化时期植被景观与稻作农业初步研究》,待刊。

## (二) 聚落分布规律

### 1. 总体分布特点

依据"二普""三普"调查资料及作者十余年来调查的结果分析,皖江两岸崧泽时代聚落的总体分布呈现出明显的哑铃形,即两端多,中间少。这种分布特点与地形有着直接关系:东部的皖江两岸均以大面积平原、间有岗丘的地形为主,而西部则以皖河、大沙河流域相对平缓的平原、岗地及湖区为主,适合人类更自由地生存和迁徙;中间近乎空白处的长江北岸是古巢湖和长江之间的泛滥地带[①],南岸是皖南丘陵、山区的边缘,地形狭促,均不适合较大规模的人口聚集。值得注意的是该时期聚落分布在皖江区域东部的两岸数量均较多,而自铜陵以西仅见于北岸,南岸骤减不见,在东、西两地的文化存在明显交流而非隔绝的状态下,这种现象应是文化传播和人的迁徙中受地理限制,或止于此地或横江而渡所至。

### 2. 各区域分布特点

几个区域的系统调查更可以了解到聚落分布的详细情况。如在姑溪河流域400余平方千米的调查中[②],发现崧泽时代10余处聚落,大都依山岗边缘分布,可明显划分为东、西两个小区,分别以横山以南至石臼湖北岸之间、大青山至甑山一线为中心,相距20千米左右,自马家浜文化时期一直到汉代两个小区都具有十分稳定的布局。西小区崧泽时代聚落的密度明显大于东小区,且出现两两相伴的聚群形态,各小群间距5千米左右(图二)。

裕溪河上中游约400平方千米的调查中,崧泽时代聚落超过20处,主要分布在山岗边缘的平地或岗缘。上游因中间地势低洼,聚落较为稀疏,尚未出现聚落群,间距在5千米以上。中游则相当密集,可分3个明显的聚落群:一是裕溪河(后河)北岸[③]以凌家滩为中心,以线状的沿河分布为主,沿河北岸延绵6千米以上,间距近者1千米、远者2千米左右,唯韦岗偏离主河而位于其支流旁。中心聚落凌家滩面积可达100多万平方米,其他聚落均仅万余或几万平方米,这种特殊的线状聚落群形态应

---

① 这种地貌的详细形成年代还不清楚。若是崧泽时代之前形成,本区域恐难有聚落存在;若是崧泽时代之后形成,也可将原可能存在的聚落址覆盖而难以调查确认,但据选址规律来看应以前者可能性为大。
② 中国国家博物馆、安徽省文物考古研究所:《安徽省当涂县姑溪河流域区域系统调查简报》,《东南文化》2014年第5期。另参考卞建秋、郑双武:《文明积淀六千年——马鞍山市第三次全国文物普查成果汇编》,南京出版社,2011年。
③ 现裕溪河为人工改道后的较直河段,也称"前河",凌家滩遗址南侧的裕溪河是一条自然河,也称为"后河"。关于后河在凌家滩文化时期是否与现状相近尚无直接证据,但据钻探资料显示,在凌家滩遗址最南端现河床的北缘,生土面从岸边往河中急降4米以上,或可旁证当时的河流位置。

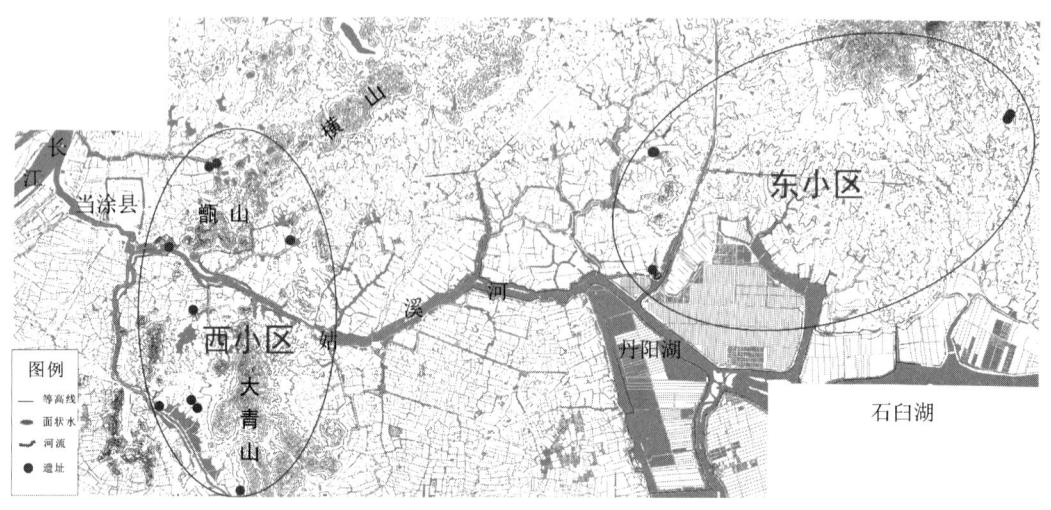

图二 姑溪河流域崧泽时代聚落分布示意图

与中心聚落的功能或性质有关。二是在凌家滩东南的裕溪河（后河）南岸以王坛、单王桥两处为核心。三是在凌家滩西南的裕溪河（前河）南岸以黄图寺、满垱两处为核心。后两个聚落群呈聚群分布形态，以小型聚落为主，面积最大者不超过2万平方米，群内各聚落间距1—2千米[①]。上述3个群体或还可分为几个更小的群体（图三）。

大沙河中游140余平方千米的调查中，归属崧泽时代的聚落2处，同样分布于山岗边缘或近岗平地，沿大沙河及其支流分布，但密度较小，聚落群形态尚不明显[②]（图四）。

较为特殊的是，杭埠河中游调查发现的聚落均晚于崧泽时代[③]，乃是一有趣现象。

若将时间轴略微扩大到崧泽时代及其前后一段时期，可以看出皖江两岸聚落变迁的总体趋势是：崧泽时代之前一段时期皖江两岸的聚落数量很少，主要分布于东部姑溪河流域一带。崧泽时代聚落数量增加十分明显，但东部明显多于西部，尤以巢湖以东、石臼湖以西的皖江两岸最为密集，聚落群的结构较为稳定清晰；南岸分布向西止于铜陵、青阳一线，再往西则基本不见；北岸的西部有一定分布，但密度明显不如东部，聚落群结构不明显。而崧泽时代之后，东部的聚落数量急剧减少；西部聚落数量明显增加，以北岸的皖河流域、大沙河流域最为密集，南岸的铜陵以西因受到皖河流域的文化影响聚落数量也有所增加。

---

① 资料尚未整理完毕，个别数据和认识将来或可能调整。
② 参见怀宁县文物管理所、安徽省第三次全国文物普查办公室：《怀宁考古记——基于"三普"调查的考古发现与研究》第四章，文物出版社，2011年。因资料尚未整理完毕，个别数据和认识将来或可能调整。
③ 安徽省文物考古研究所、安徽省文物局：《杭埠河中游区域系统调查报告》，文物出版社，2012年。

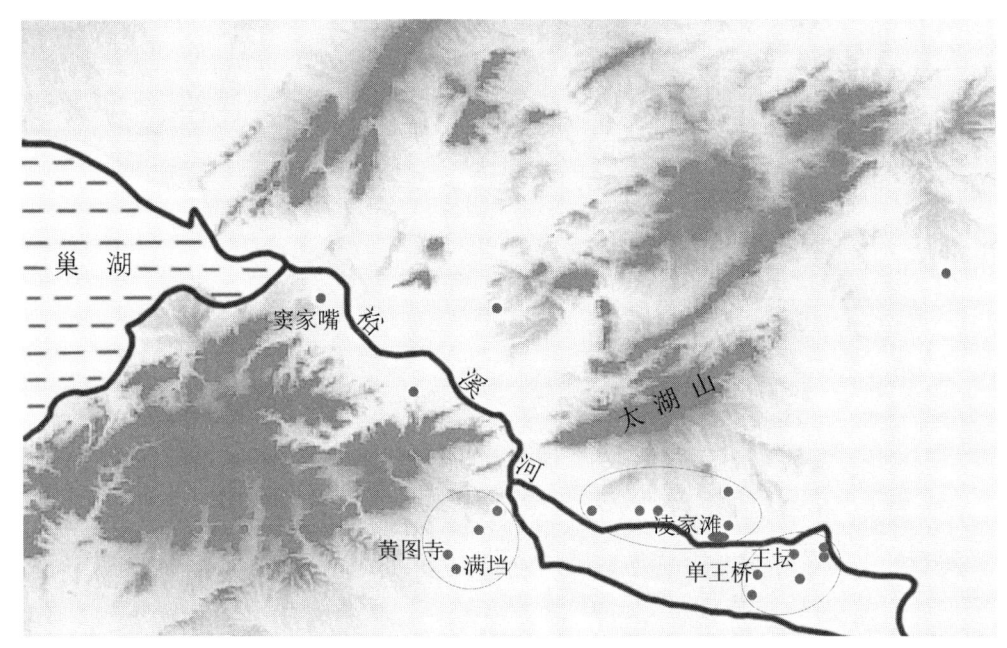

图三 裕溪河上中游崧泽时代聚落分布示意图

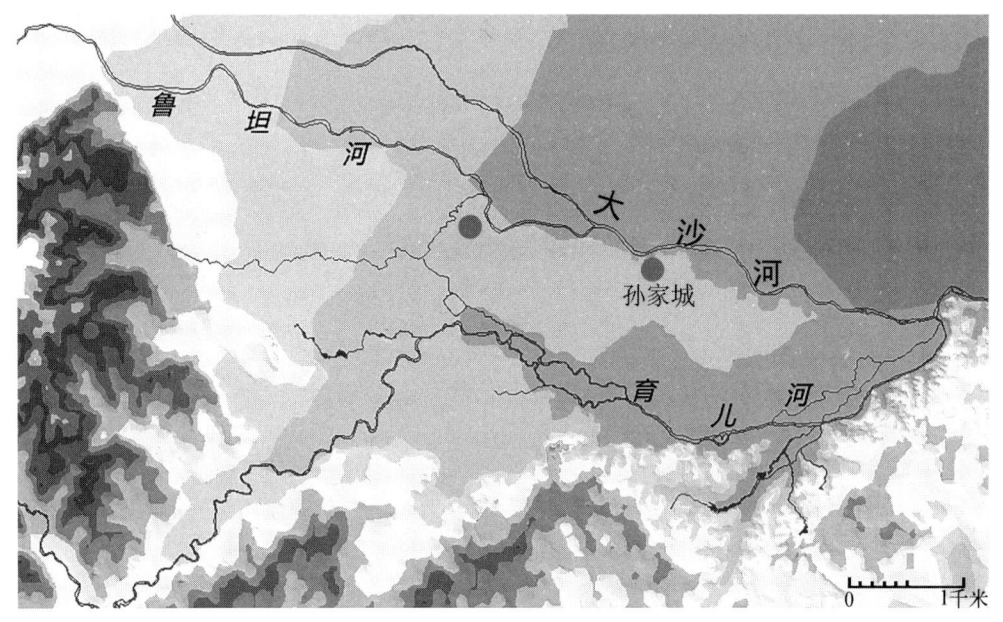

图四 大沙河中游崧泽时代聚落分布图

因此，从时间、空间两轴观察整个崧泽时代皖江两岸的聚落分布密度，有从东向西呈此伏彼起的趋势，这种趋势一直到距今4000多年前的新石器时代最末期才又倒转过来。此外，大型中心聚落的出现情况与聚落分布数量和密度直接相关，但在南岸尚未发现（表五）。

表五　崧泽时代前后各区域聚落变化情况

|  | 崧泽时代之前 | 崧泽时代 | 崧泽时代之后 |
| --- | --- | --- | --- |
| 聚落分布区域 | 皖江东部南岸为主 | 皖江东部两岸为主 | 皖江西部北岸为主 |
| 聚落数量 | 很少 | 东部多,西部少 | 西部多,东部少 |
| 中心聚落 | 无 | 东部有大中心 | 西部有小中心 |

## （三）聚落选址特点[①]

因自然地理西高东低的原因，东部与西部选址的海拔不同，总体在5—30米之间，高于或低于此数的聚落十分少见[②]。不同区域聚落的选址在海拔、地形的需求以及聚群程度等方面既有相同也有不同。

**1. 宏观选址比较**

各聚落选址相同之处体现为如下三点：

（1）大多数聚落均依托相对独立的平缓岗地或略高起的微观地貌，靠近河流，基本上不存在对已有地形的人为干预。

（2）聚落分布的微观位置与周边平地的相对高差一般不超过5米，有些就在平地之上。

（3）多数聚落的文化堆积年代较为单一，即每个聚落的延续时间不是太长，且重复利用程度相对较低。少数聚落所在的遗址虽然延续时间较长，但各期文化之间存在较大缺环，具有一定的间歇性。

不同之处则表现多样，既有东部、西部之差别，也有微观地形差别，还有时间差别。

东部：两岸平原区聚落海拔一般5—10米，以中、小型支流形成的冲积平原边缘靠近山岗处为主。南岸丘陵区的聚落分布大都因地就势，但一般在河流弯曲处平坦宽阔的一、二级阶地，或指状岗地伸向河边的尽头，或低矮独立岗丘上，在一些海拔略高的丘陵低山区的山间小盆地中也偶有分布。

---

[①] 本小节部分内容引自朔知：《安徽新石器时代遗址分布特点与考古调查方法》，《道远集——纪念安徽省文物考古研究所成立五十周年文集》，黄山书社，2008年。有关选址的概念和特点参考了高蒙河：《长江下游考古地理》，复旦大学出版社，2005年。

[②] 本文所指聚落海拔均为目前遗址中的崧泽时代遗存表面而非遗址本身表面，至于历史上是否存在局部沉降或抬升等构造运动则无法考虑。据以往多年调查结果分析，除山区中的遗址外，本区域中超过30米海拔的地带极少有遗址分布，因此4处区域系统调查的区域基本上是以海拔30米等高线为界，也即大体上与周边平地的相对高差在0—25米，除个别值得怀疑的地段外，其他均属调查的舍弃区范围。本文在此界限以上的聚落分布情况系据其他调查方式了解。

西部：早期阶段聚落一般在岗地、丘陵区内的中、小型河流旁或沿湖高地，除安庆墩头地处平地之中较为特殊外，其余海拔一般20余米。晚期阶段分布大致有三种形态：一是与早期相似，大多数在沿河、沿湖的高地上或岗丘边缘地带，海拔大都在15—25米；二是在近水的平地上，地势平坦，较为开阔，海拔大都在10米左右，但离聚落不远处都有岗丘或低山，其上也有分布，这类聚落数量较少但单个面积较大；三是在近水的丘陵或独立岗丘上，面积不大，海拔25—35米左右。各聚落文化堆积厚薄不一，一般只有几十厘米，部分可达1米多。

值得注意的是，西部的聚落主要分布于两个地带：一是沿大别山东南麓自桐城南部到宿松的山前平原地带；二是东部自武昌湖到白荡湖之间长条带状山脉的山前平原地带。

2. 微观选址类型

若从微观角度对上述现象进行概括，按聚落所处的地形大体可分四个选址类型：

（1）独立岗丘型。数量较少。在平坦的冲积平原或盆地中存在一些独立的岗丘，其平缓的岗坡处既适合日常生活，又有趋高、避水之利，成为聚落选址的良好位置，但岗顶一般遗存甚少。此类聚落一般面积都很小，多数不到2万，最小仅数千平方米[①]（图五）。

图五　独立岗丘型聚落选址（当涂县釜山遗址）

---

① 调查获得的聚落面积计算问题争议很大，本文在此并不讨论。数值为据地表所见陶片所圈出的最大范围估算所得，部分经过钻探的以文化堆积分布为确认标准，不包括外围可能的农耕区、活动区等聚落要素。

（2）岗地边缘型。数量最多。皖江两岸经过长期的侵蚀切割，形成了大面积的波状平原（习惯上将高隆地带称为岗地），微缓的高地和低地交替出现，地表没有固定的倾斜方向，因而河流纷乱复杂，周边低地成为积水洼地，而岗上的坡度平缓。此外在一些山前地带，因地势倾斜方向一致、长期侵蚀切割还形成一种特殊地形——手指状长条形岗地，岗地尽头常有河流经过。这两类岗地是皖江两岸的主要地表形态，崧泽时代聚落选址也大多数依托此类地形。

在具体方位选择上，多数聚落都考虑到阳光、河水流向的因素，以岗地东、南边缘或西、南边缘的缓坡为主，岗顶也有分布，周边平地上偶有分布却仅限于邻近岗缘的狭长区域，但少量聚落因需避开正面的河水冲击，在方位选择上并不考虑南面的正向迎水坡，而倾向于岗地其他方向的背水坡。此类聚落分布面积也不大，大多数只有1万—2万平方米或更小，其中指状岗地的尽头靠近河道处是最合适的选址地点（图六）。

（3）平地型。数量最少。实际上绝大多数只是位于岗地边缘之外，距岗地很近，一部分仍然是稍高于周边的地形，从选址上看依旧不能完全摆脱对岗地的依赖。这类聚落一般面积略大，多数可达1万—2万平方米或以上（图七）。

（4）岗地—平地复合型。数量较少，也即在岗地及其周边的平地上均有大面积分布。此类聚落面积均较大，一般可达5万平方米以上，最大可达100万平方米以上，在多数情况下都是本区域内的中心聚落，最著名的当推凌家滩遗址（图八）。

图六　岗地边缘型聚落选址（巢湖市墓基墩遗址）

图七 平地型聚落选址（巢湖市窦家嘴遗址）

图八 岗地—平地复合型聚落选址（含山县凌家滩遗址）

上述情况表明无论微观还是宏观选址特点,都说明在距今5 800年以后,这些聚落的形成明显受到地形与水环境的影响;而地理通道的限制对选址和文化的传布影响尤大。地理因素决定了它们只能沿着岗地边缘寻找最合适的生存地点,这也正是这一时期聚落分布的明显规律。

## 四　单体聚落结构

因发掘的遗址数量有限,经全面钻探的遗址更少,目前对这一时期聚落的结构布局和内涵还缺乏深入了解(表六)。

表六　钻探、发掘所获各遗址崧泽时代聚落信息

|  | 黄鳝嘴 | 薛家岗 | 天宁寨 | 王家墩 | 孙家城 | 黄家堰 | 古埂 | 大城墩 | 凌家滩 | 韦岗 | 烟墩山 | 月堰 | 仓园塝 |
|---|---|---|---|---|---|---|---|---|---|---|---|---|---|
| 集中的墓地 | ● | ● | ● |  |  | ● |  |  | ● |  | ● | ● | ● |
| 垃圾场所 |  |  |  |  | ● |  |  |  | ● | ● |  |  |  |
| 壕沟、自然沟 |  |  |  |  | ● |  |  |  | ● | ● |  |  |  |

●表示已了解到有此信息。

可以知道的是,崧泽时代的普通聚落面积都不大,以1万—2万平方米为最普遍规模,也应是当时基层社会的真实写照,中心聚落则是普通聚落规模的5—10倍甚至更大。聚落内的生界与冥界已出现了相互独立的趋向,虽然生活居住区的情况还不太清楚,但存在数量不多的灰坑。据孙家城、韦岗二处的发掘材料来看,当时聚落边缘应有壕沟或小水沟之类的洼地(图九),而凌家滩则出现了工程巨大的环壕,将生活居住区包围,大型墓地处在环壕之外并以大型祭坛为核心分布,生死两界划分清晰,但墓地正南有一个通道仍可与生活居住区相连[①](图一〇)。到目前为止,各聚落的手工业作坊、农耕区等尚未发现。

---

① 安徽省文物考古研究所钻探资料和2014年发掘资料。

·崧泽时代的皖江两岸·

图九　韦岗遗址南缘的G3及相关遗迹

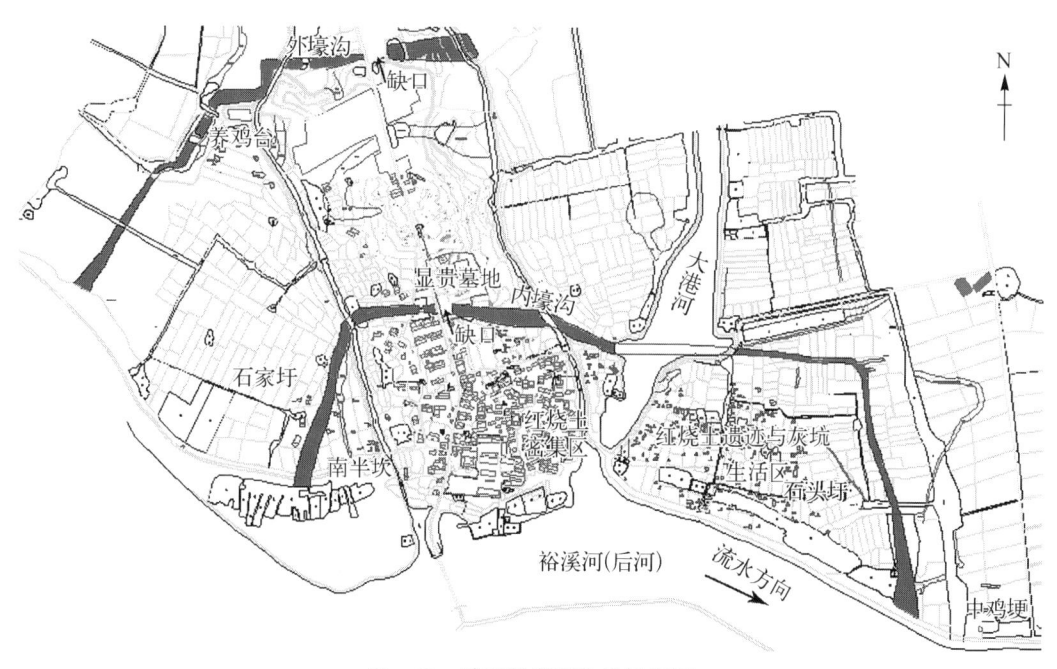

图一〇　凌家滩聚落结构示意图

## (一)居住形态

因为发掘工作有限,对具体居住形态的了解严重不足,但已有发现还是略可反映一些基本情况。鉴于聚落选址多在近水缓坡或平地上,尚未发现低于地表的地穴式建筑,也未发现耗时耗力的干栏式建筑,而以地面建筑为主,挖槽、填础、立墙、覆顶应为基本建筑程序,其中以红烧土填入基槽为一种最常见的形式,从多个遗址发现的残碎红烧土块保留的半圆形凹痕分析,以木、竹、芦苇等为主要材料的木骨泥墙应是当时的主要墙体或屋顶形式[①](图一一)。

图一一 凌家滩居住区的红烧土块

## (二)垃圾倾倒场所

日常生活垃圾一般都是就近倾倒于低洼之处,本区域已发现的狭义上的灰坑罕见,各种斜坡处是倾倒垃圾的理想场所,而环壕或自然小沟在具有一定防卫或泄水等主要功能的同时,因有较大容量也成为垃圾集中倾倒的主要场所,这种方式在现今各地的多数农村仍广泛存在(图一二)。在已发现的靠近居住区的沟状遗存中,其内坡位置(近居住区方向)和沟底都有丰富的遗物,如在孙家城遗址仅50平方米发掘区域的沟内坡上便发现和修复了近70件陶器和大量遗物;韦岗遗址南缘的G3中也发现

图一二 现代农村的垃圾沟

---

① 凌家滩2013年度考古材料,待刊。

了大量的遗物；凌家滩内环壕西段TG1中所见同样如此，但北段的TG2中由于远离生活居住区而接近墓葬区，日常活动较少，无论内坡还是外坡遗物都很少。这些情况都直接反映了日常生活垃圾倾倒的行为方式。

这些垃圾集中倾倒场所的遗物以破碎陶片为大宗，此外还常有大量的碎红烧土块，以及较多的炭块或炭末、禽兽类骨骼。在孙家城遗址的沟内坡上发现了较多的陶器，以鼎、罐为主，大都基本完整但又缺局部，如口沿、鼎足，出土时呈倒置、正置或斜置，其中倒置更是一种较为特殊的现象（图一三，1—3）；韦岗遗址属G3内的堆积中则发现了大量石块、砺石或磨石（图一三，4）；凌家滩内环壕西段TG1的壕沟内坡上也倾倒有大量陶片、红烧土块及较多骨骼（图一三，5）。

1 孙 T3 ⑬ 层完整陶器分布

2 孙 T3 ⑬：6 倒置罐形鼎

3 孙 T3 ⑧：11 倒置罐

4 韦 TG2 扩⑧ 出土砺石

5 凌 TG1 东段 55 号土块遗物

图一三　垃圾的倾倒

1—3.孙家城遗址　4.韦岗遗址　5.凌家滩遗址

## (三）埋葬死者场所

在聚落内，墓葬已基本摆脱了房前屋后埋葬的习俗，聚群埋葬成为主要的形式，大多数出现了相对独立的墓地。墓地一般选择在地势相对高亢的岗地之上，范围大小不等，墓葬排列较为齐整，打破关系较少，大型墓地存在明显的分区，并有多个墓群、墓列，应是经过了一定程度的规划（图一四），但也有部分墓地中的墓葬没有明显的排列规律。同一墓地中随葬品数量、质量已开始出现差异，可以划分出大型墓与小型墓，但是差异并不明显，除凌家滩墓地之外的其他绝大多数墓地未出现明显以等级为特征的墓区分离现象，而是埋葬在一起，总体上应是血缘关系亲疏不同的反映。

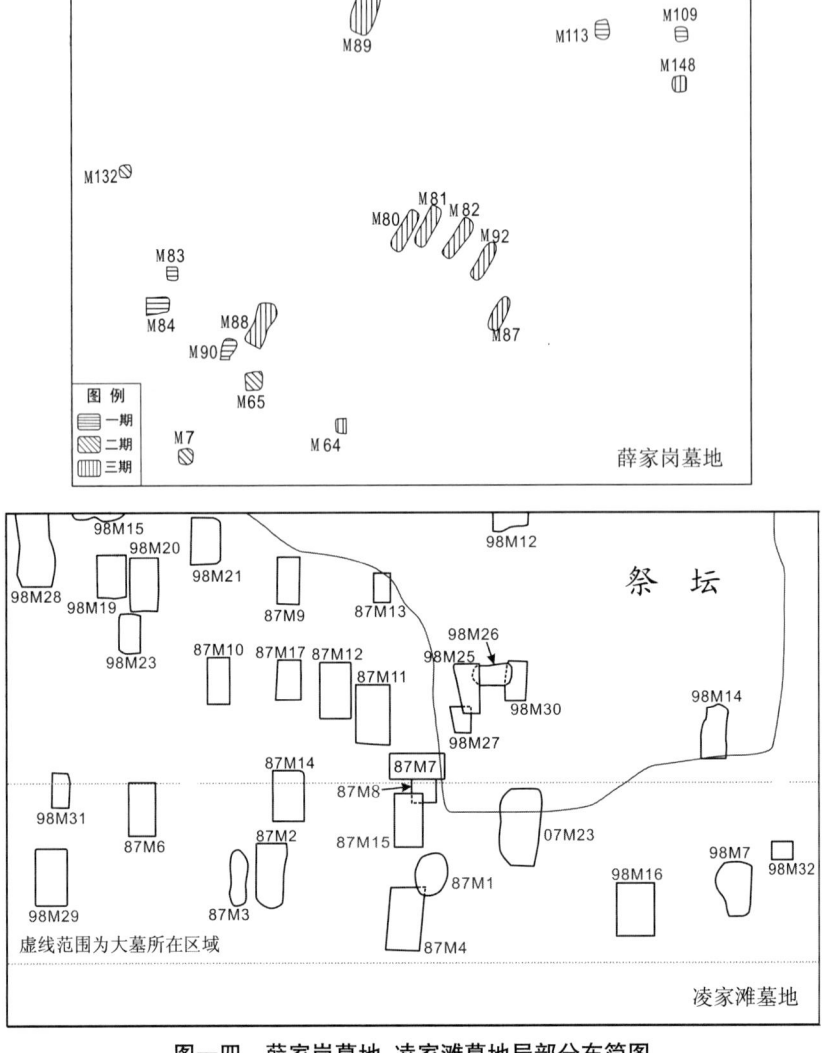

**图一四　薛家岗墓地、凌家滩墓地局部分布简图**

但就地域而言，不同区域还是存在着一定的差别。东部已发掘的墓地中，烟墩山、仓园塝等墓地面积较小，而月堰、凌家滩墓地则较大，一般墓地中已出现了等级差异，但分化尚不太明显。只有凌家滩显得十分特殊，作为该区域最大的聚落，出现了以显贵为核心的专有墓地，面积达上千平方米，整个墓地以石筑祭坛为核心，具有明显的分区[1]。显贵墓葬全部占据在祭坛南侧，呈东—西线分布，祭坛西、西北侧则以拥有玉石器制造专业技能者为主。该墓地延续时间并不长久，但既有随葬大量精美玉、石器的高等级墓，也有只随葬几件遗物的低等级墓，以及随葬有较多石器、玉边角料或玉（石）钻芯、少量小件玉器的墓，呈现出一种既有等级结构，但规范程度还未完善的景象[2]，反映出这一时期社会分化的变革尚未达到稳定状态。

在西部的黄鳝嘴、薛家岗、天宁寨、黄家堰，也都出现了专门的墓地，但面积都较小，随葬品差异不大，玉、石器随葬很少，只是到崧泽时代之后墓地面积和葬品差异才有明显扩大。薛家岗墓地中这一时期的墓葬主要分布于墓地的南半部和西部，也具有分区埋葬现象，随葬品数量、质量都较为接近[3]。孙家城是否有专门的墓地目前尚未发现，但M1埋葬于生活居住区边缘，虽然有各种可能原因，但也显示出在皖江西部墓葬与居住区的分界仍未十分严格，生活居住区内或其边缘埋葬死者的习俗并未彻底废弃。

全域已发现的该时代墓葬基本为土坑墓[4]，一般都是近长方形，也有一些不规则形。除个别墓外（如凌家滩07M23等大型墓），以墓口长2—2.5、宽0.5—1、残存坑深0.1—0.3米多见，少数深度则可达0.5米以上。墓坑内的填土中羼杂少量红烧土颗粒既是当时的一种常见习俗，也是发掘中判断墓坑的一个重要依据。

在单个墓地中，墓坑的方向大多数具有一致性，但不同区域的墓向则有一定规律。据不完全统计[5]，东部以南—北向为主，东—西向为次，基本不见东北—西南向；西部则以东北—西南向为主，东—西向很少，基本没有南—北向，也就是说假如从皖江逆流而上，则南—北向越少，东北—西南向越多，中间则4种墓向均有（表七；

---

[1] 严文明：《文明化进程中的一个实例——凌家滩》，《中华文明的始原》，文物出版社，2011年。
[2] 有关凌家滩墓地分化研究，可参看宋建：《从凌家滩墓地看古国的社会分化》，《中国社会科学院古代文明研究中心通讯》2013年第24期。
[3] 安徽省文物考古研究所：《潜山薛家岗》第五章，文物出版社，2004年。
[4] 20世纪80年代薛家岗遗址发掘后曾提出"平地堆土掩埋"方式，但之后各遗址发掘的墓葬大都发现墓坑，虽然囿于发掘经验，在墓坑辨识上尚有不足，但仍可表明土坑墓是一种普遍的形式，当然也不排除个别墓葬在某种情况下堆土掩埋的可能。
[5] 由于只能了解到凌家滩、月堰、黄鳝嘴、仓园塝的全部、烟墩山绝大多数（9座中的8座，另一座据发掘者告知也应为南北向）、薛家岗的部分（另有无法确认墓向），天宁寨只发表了1座特殊墓（合葬）的信息，本文只依以发表或能了解到的为统计依据，与真实情况或有少许误差。

表七 墓葬信息简表

| 区域 | 墓地 | 已报道的墓葬总数 | 墓向 南—北 | 墓向 东—西 | 墓向 东南—西北 | 墓向 东北—西南 | 未知 | 葬式 | 葬具 | 葬品摆放 | 是否葬钺 | 是否葬镞 | 合葬 |
|---|---|---|---|---|---|---|---|---|---|---|---|---|---|
| 东部 | 烟墩山 | 9 | 8 | | | | 1 | | | 身体两侧 | | | |
| | 凌家滩 | 68 | 58 | 10 | | | | | M13板灰痕 | | Y | | |
| | 月堰 | 24 | 1 | 2 | 17 | 4 | | M31北墓仰直 | | 多数沿中线 | Y | N | M31,34 |
| | 仓园榜 | 6 | | 2 | | | | | | | Y | N | |
| | 天宁寨 | 6 | | 1 | | | 5 | | | 身体两侧 | N | N | M9 |
| 西部 | 薛家岗 | 39 | 1 | | | 13 东北—西南为主 | 25 | | | 合葬的身体两侧 | N | N | |
| | 黄家堰 | 17 | | | 5 | 12 | | | | | | | |
| | 黄鳝嘴 | | | | | | | | | | N | N | |

注：薛家岗墓地早期墓葬中的大部分无法确定墓向，黄家堰无确切数据；Y表示是；N表示否。

图一五），对表七整合后得到的各墓地不同墓向的百分比数据也显示同样的趋向（图一六），这一现象反映出不同人群之间的习俗差异，也可作为文化影响方向的依据之一。

由于本区域普遍存在酸性土壤的缘故，人骨保存均不佳，葬式难以了解，唯从个别墓中残存的牙齿以及头部饰品的位置、随葬品分布分析，基本为单人葬，仅有天宁寨M9和月堰M31、M34据报道为合葬，前者的三人合葬实可能为两人合葬，另一或为打破关系；后者年代已近崧泽时代的末期或更晚一点。葬具也基本上未发现，仅

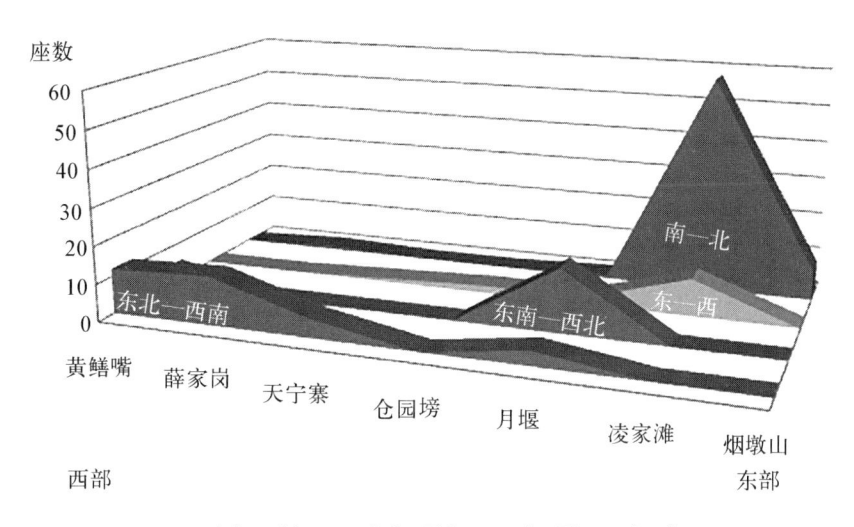

**图一五 从东部到西部不同区域墓向数量的变化**

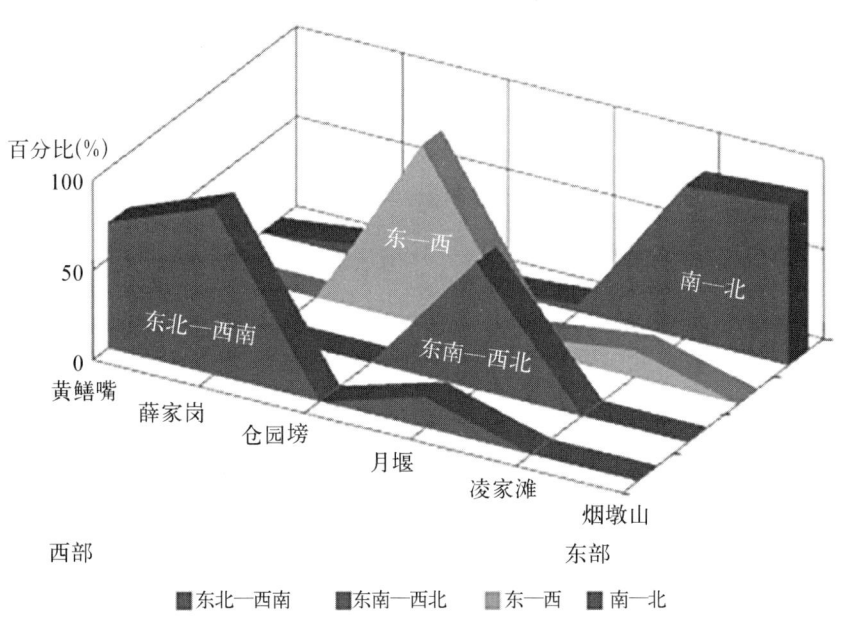

**图一六 从东部往西部各墓地墓向百分比的变化**

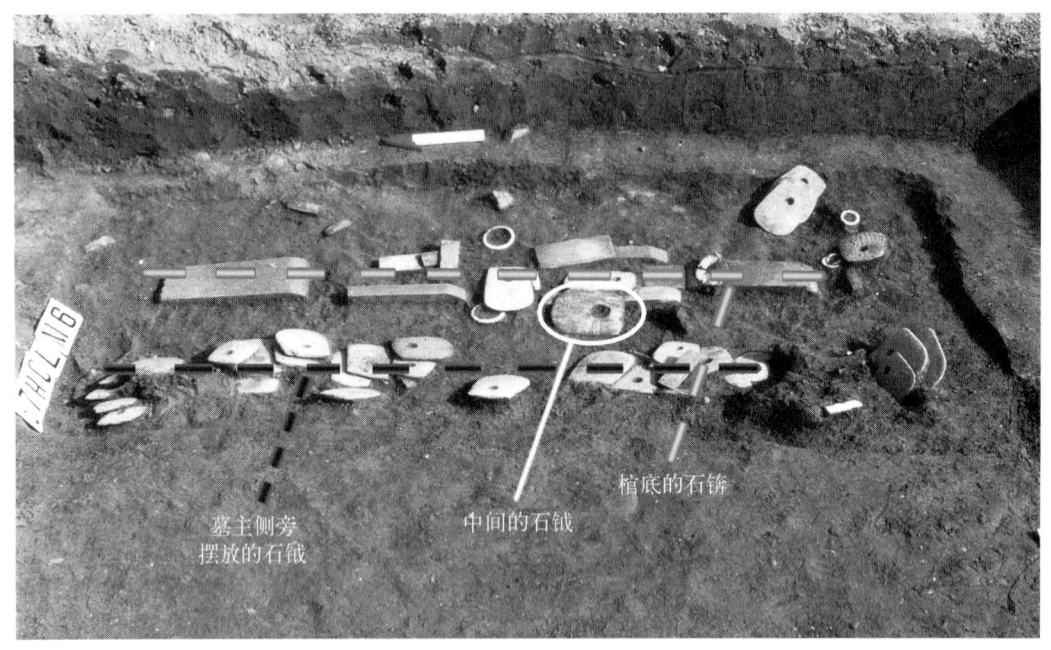

图一七　凌家滩87M6石钺摆放

在烟墩山M13发现少量板灰痕,另在凌家滩07M23中发现长方形棺痕,底部较平,其上铺有20余件石锛和凿,大致呈水平排列,棺内应为平底。

随葬品的摆放各地没有统一的规律,但多数呈直线状置于墓主的两侧、一侧或墓主上方,另有置于墓坑两端者。其中凌家滩墓地的摆放相对规律,多数置于墓主两侧,玉、石器距身体较近,而陶器则略远;置于墓主两侧的玉、石钺多数直立或斜依在棺(或墓坑)边缘,刃部朝向墓主身体或反向,或为带柄放置,少数在墓主胸腹部上方放置1件石钺的现象较为特别(图一七);有在棺底铺石锛或凿的习俗;一些较大的墓葬会在墓室的一角随葬1件陶缸。

## 五　区域划分与绝对年代

### (一) 两区划分

从聚落分布规律一节中可以知道,崧泽时代皖江两岸东部、西部的地理环境、聚落分布特点都有所不同,两地文化虽然具有较多一致性,但差别也同样存在。1988年高蒙河从整个史前文化角度曾将其分为巢湖水系区和大别山东麓区[①],根据近年

---

① 高蒙河:《苏皖平原地区新石器时代遗存的研究》,《文物研究(第七辑)》,黄山书社,1991年。

一系列新发现并综合地理环境因素，目前可以明确地将崧泽时代的文化归为两个较大区域：一是以姑溪河、裕溪河为核心的东区，包括铜陵以东皖江支流的青弋江等小流域；二是以皖河、大沙河流域为核心的西区，包括铜陵以西的秋浦河流域、白荡湖周边等。铜陵及其西侧沿现长江南岸一带因目前尚未发现这一时期的遗存，尚不能明确归属何区，但从之后的文化面貌看与西区关系更密切一些；而其南面青阳县境内所见文化因素在崧泽时代偏向于东区，之后则出现明显的西区文化因素，因此黄浒河、青通河小流域及其附近所属区域应是两区之间的过渡地带，在不同时间段其文化趋向有所不同[①]（图一八）。

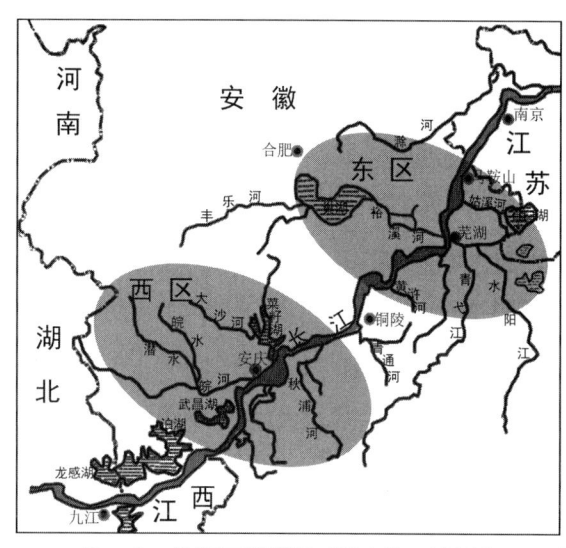

图一八 皖江两岸崧泽时代文化区域划分

## （二）绝对年代

如篇始所述，本文所及的各聚落年代基本上相当于崧泽文化时期，或略有早晚，相对年代的讨论在此不赘述。因崧泽文化的起始及结束的划分标准与年代尚未形成一致意见，在此对皖江两岸这一时期的绝对年代略加讨论。

近年获得的一批新数据，使得皖江两岸这一时期的绝对年代逐渐清晰。炭样均来自西区的怀宁孙家城和东区的含山凌家滩、韦岗三处遗址中分析推定为相当于崧泽时代的堆积单位中，共计41个有效数据，均由北京大学加速器质谱实验室、第四纪年代测定实验室完成，经OxCal v4.1.7校正后如下图所示（图一九）。

凌家滩2007年墓地发掘的8个数据中，07M23中的3个炭样在公元前3800—前3530年间，样品采集点均在墓葬的棺痕之外；但被其打破的祭坛第②层炭样测年却为公元前3470（53.1%）—前3370年，与墓内炭样倒差二三百年；祭坛之东与坛体年代相近的H18内炭样测年也为公元前3500（40.8%）—前3430年或另一可能公元前3380（27.4%）—前3340年。由此推测M23的测年样品或与棺椁之类的遗留有关而

---

① 巧合的是，皖江两岸最初开展的两个较大规模发掘——潜山薛家岗与含山大城墩，便分别位于西区和东区，也算是机缘。

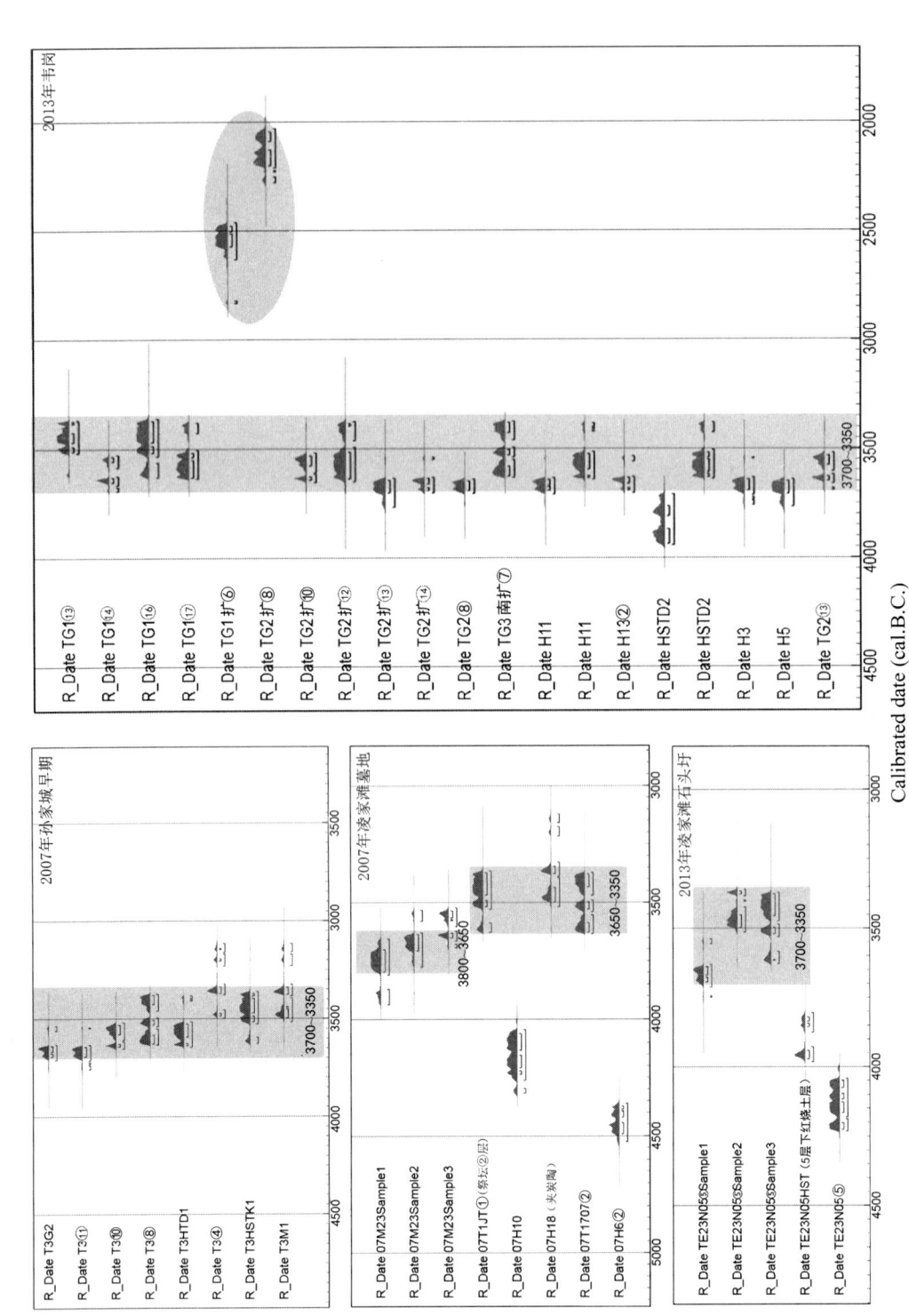

图一九 孙家城、凌家滩墓地及石头圩、韦岗遗址测年的校正数据分析

[据OxCal v4.1.7 Bronk Ramsey (2010); r: 5 Atmospheric data from Reimer et al. (2009)]

不能反映墓葬年代,墓葬年代同于或晚于祭坛,数值取整后即应在公元前3500—前3350年。

凌家滩2013年在石头圩区域发掘的一处大型红烧土建筑遗迹测定了5个有效数据,除其中TE23N06⑥炭样超过公元前4000年,TE23N05⑤下红烧土层中的炭样在公元前4000—前3800年,其余的均在公元前3700—前3350年之间。

韦岗2013年发掘的20个样品测年数据,除TG2扩⑥、TG2扩⑧炭样落入春秋时期的年代范围,当属野外操作时明显有误外,陶片红烧土堆2有一个在公元前4000—前3700年之间,其余均在公元前3700—3350之间,特别是集中在公元前3700—前3500年。

孙家城2007年发掘的费屋地点早期文化堆积中有8个数据,也均集中在公元前3700—前3350年。

因此,以这几处遗址为代表的皖江两岸崧泽时代的聚落,主体年代应在:

起始年代:公元前3700年左右;结束年代:公元前3350年左右。

起始和结束年代或略有延伸,大体上以公元前3500年为界,可分为早、晚两个时期。

## 六 文化面貌与趋向

### (一) 文化面貌

皖江两岸最早的史前文化遗存目前有据可知的只有距今7 000年左右的繁昌缪墩[①],但之后的文化传承并不清楚。大略从马家浜早中期开始,太湖流域的马家浜文化开始向西影响,在邻近的姑溪河流域出现少量聚落。陶器工艺中䊵和蚌末成为最主要的特点,如张家甸遗址系统调查采集的陶片中此类占98%。这种陶器质地疏松,外表多孔隙呈麻点状(图二〇)。可能由于陶器烧造中对窑焰、氧气的掌控还不成熟,火候不高,陶色一般外表呈红褐色、内表呈黑色。炊器基本上为夹蚌末的陶釜,腹部加一圈窄条状腰沿或有器錾,陶罐时有系耳(图二一)。张家甸剖面P1采集的炭样经AMS测年,H1①内稻粒数据为公元前5000—前4800年(95%),P1②层为公元前

---

① 徐繁:《繁昌县缪墩遗址调查简报》,《文物研究(第七辑)》,黄山书社,1991年。另据笔者在遗址地表采集的一件当年河床治理时翻上的骨骼标本经北京大学AMS测年(BA10769),1δ(68.2%置信度)为公元前5025—前4940年,也佐证了该遗址的年代。

图二〇 张家甸遗址采集的夹蚌陶片

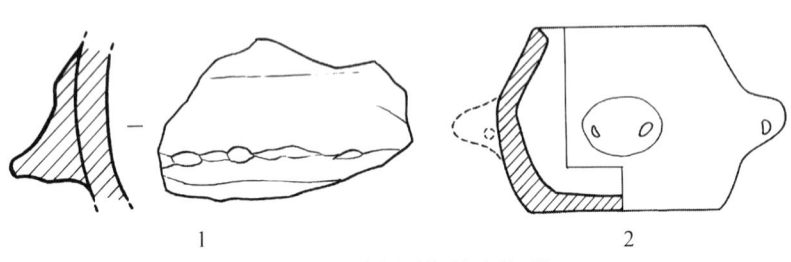

图二一 马家浜时期的陶釜、罐
1. D01∶4、2. C02∶2(张家甸采集)

4550—前4440年(88.5%)[①]。

到崧泽时代早期,东区的聚落数量明显增多,而西区黄鳝嘴文化的聚落也陆续出现,因各自所处的地理位置不同,与其他文化交流各有偏向,文化面貌各有特点。

这一时期墓葬发现较少,尚不足以了解详情,随葬品中虽有明器,但实用器还是较多,以陶器为主,石器较少,而玉器罕见。

在具体物质表现上,总体而言,玉、石器制造业逐渐发展起来,但尚未达到发达程度,无论是生活区还是墓葬中出土的玉、石器数量均较少,基本上为石斧、石锛等农业和木作工具,以及极少量玉玦、璜,制作工艺也并不成熟。如西区黄鳝嘴17座墓葬的94件随葬品中仅有玉器2件、石器6件,但韦岗和凌家滩遗址的发掘材料显示,东区以凌家滩为中心的周边区域在偏晚时期石器制造业已经有了明显的发展,仅韦岗遗址便发现了大小不一多达80余块残砺石以及部分砺石原料,彰显了石器制造业的快速起步(图二二),石器制造在这一时期是优于玉器制造的。

---

① 中国国家博物馆、安徽省文物考古研究所:《安徽省当涂县姑溪河流域区域系统调查简报》,《东南文化》2014年第5期。

·崧泽时代的皖江两岸·

**图二二 黄鳝嘴、韦岗的玉玦、砺石**

1. 玉玦（黄鳝嘴M9：6） 2. 砺石（韦岗TG1⑰：2）

陶器制造业则发展较快，在提高实用性和美观性两方面都有了较大的改变。根据器物功能不同，各种实用性工艺被发明或进一步发展。无论东区还是西区，虽然继承了马家浜时期的夹蚌工艺，但大量应用的夹植物工艺很快取代了夹蚌，并使之成为风靡一时的特点。如东区的韦岗遗址这一时期最多可占到一半左右，但随后出现了衰减（表八）；西区孙家城早期文化最早时期虽然夹砂陶数量不少，但随后夹植物陶数量也呈现出十分快速的增长趋势。通过对孙家城出土的夹植物陶的研究，可知羼和料主要有植物碎屑、炭化颗粒，还有一些蚌末、粉砂粒。从植硅体分析得知，这些植物中以水稻双峰型为主，且存在较多二级以上的双峰型，由于一般土

**表八 韦岗遗址TG1崧泽时代各单位夹植物陶数量**

| 堆积单位 | 夹植物陶片数 | 陶片总数 | 夹植物陶片所占百分比 |
|---|---|---|---|
| ⑪ | 308 | 826 | 37.29% |
| ⑫ | 132 | 388 | 34.02% |
| H11 | 132 | 397 | 33.25% |
| ⑬ | 217 | 561 | 38.68% |
| ⑭ | 27 | 72 | 37.50% |
| ⑮ | 214 | 618 | 34.63% |
| ⑯ | 257 | 481 | 53.43% |
| H12 | 13 | 19 | 68.42% |
| ⑰ | 141 | 357 | 39.50% |
| H13① | 6 | 29 | 20.69% |
| H13② | 2 | 17 | 11.76% |
| H13③ | 4 | 18 | 22.22% |

壤中存在的水稻双峰型植硅体主要为单个(即一级),二级以上很少出现,因此夹植物陶应是人为有意识添加水稻颖壳的结果①(图二三、图二四)。这种工艺是否具有炊煮功能或热能吸收上的改变还未可知,刘莉曾提出"在多雨和潮湿的地区,将植物羼和料加进湿陶坯也可以加快陶坯的干燥速度"②的观点,或可有助于思考。与此同时,陶器工艺中夹石英、夹砂、纯泥质陶也都一并发展起来,特别是东区出现的夹石英和粗砂红陶成为一大亮点(图二五,1)。

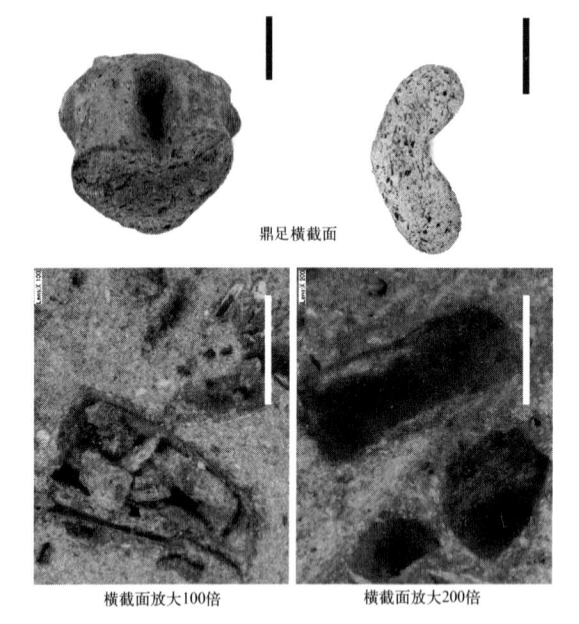

鼎足横截面

横截面放大100倍　　横截面放大200倍

**图二三　孙家城夹植物陶微观结构**

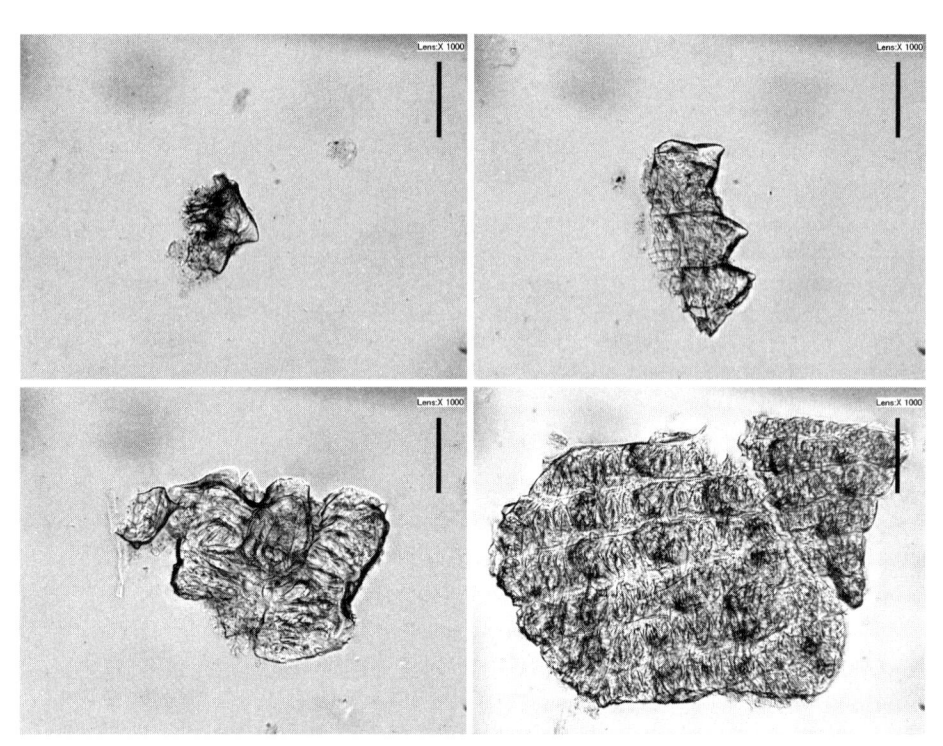

**图二四　孙家城夹植物陶中的水稻多级双峰体**

---

① 吴卫红、邱振威:《安徽怀宁孙家城遗址夹植物陶器初步研究》,《江汉考古》2020年第4期。
② 刘莉:《植物质陶器、石煮法及陶器的起源:跨文化的比较》,《西部考古(第一辑)》,三秦出版社,2006年。

**图二五　各种制陶工艺与纹饰**

1.夹石英粗砂红陶缸底(韦岗TG1⑯∶12)　2.泥质红胎刷浆红皮陶(韦岗TG1⑰∶53)
3.多角星纹陶片(黄鳝嘴T1②∶7)　4.彩绘陶片(孙家城T3⑪采∶2)

　　审美观念在这一时期也得到了明显提升,烧造陶器的氧化焰、还原焰以及渗炭工艺技术都有了相当的提高,使陶器美观性更加多样化。在器表敷上一层较薄细泥的抹泥刷浆工艺被广泛使用,一方面可以使器体更加光滑,减少孔隙,另一方面也有利于器表的进一步装饰。在此基础上,通过再次刷浆并改变泥浆的含铁量和三价铁的转化,使器表呈现鲜红色的红皮(衣)开始大量出现,甚至在一些夹粗砂陶器上也有运用。绘彩也随之逐渐发展起来,一般都为外表施彩,有红、黑两色,大都施于泥质陶豆、罐类器物上,在个别盆的内表偶施内彩,也是由于盆在使用中视野更关注内表而难及外表的视觉原因。但绘彩的总量依然较少,纹样仍显单调,以条带纹、波浪纹、网格纹为主。渗炭工艺技术的提高使黑皮或黑衣陶广泛应用,但与器类配伍尚未形成定制,除盆、豆类器物外,一些夹细砂或粉砂的精致陶鼎甚至于其他器类上也都时有应用。此外利用戳印等方式在器表装饰出如多角星纹、组合圆圈等纹样时有所见;刻画、镂孔、按窝、附堆、压印等技术施用于各种器物之上,既增加了陶器的牢固性,也增强了美观性(图二五,2—4)。

　　随着工艺的进步和生活需求的改善,陶器种类与之前相比有了明显增多,以鼎、罐、盆、碗、豆为主,另有器盖、钵、壶、缸、纺轮等,东区还有少量釜、盉,并以夹石英和粗砂厚胎缸为特色,西区则有较多陶杯。两区共有的最突出特点是陶鼎具有高度一致性，无论是质地还是器型基本上同步变化，均以夹砂陶罐形鼎、夹植物釜形鼎为典型特征，鼎足都大量存在夹植物宽扁凹面或凹槽足、夹砂锥状或弯曲状足，其中鼎足根部饰按窝或戳印纹成为标志性特点。在陶质与器类的匹配上也具有一定的规范，如夹植物（或蚌末）基本上与宽扁凹面足釜形鼎匹配，夹砂陶则多与锥状足或弯曲状足罐形鼎匹配，泥质灰胎黑皮陶多与豆匹配，泥质红陶多与盆、碗、钵匹配（图二六）。

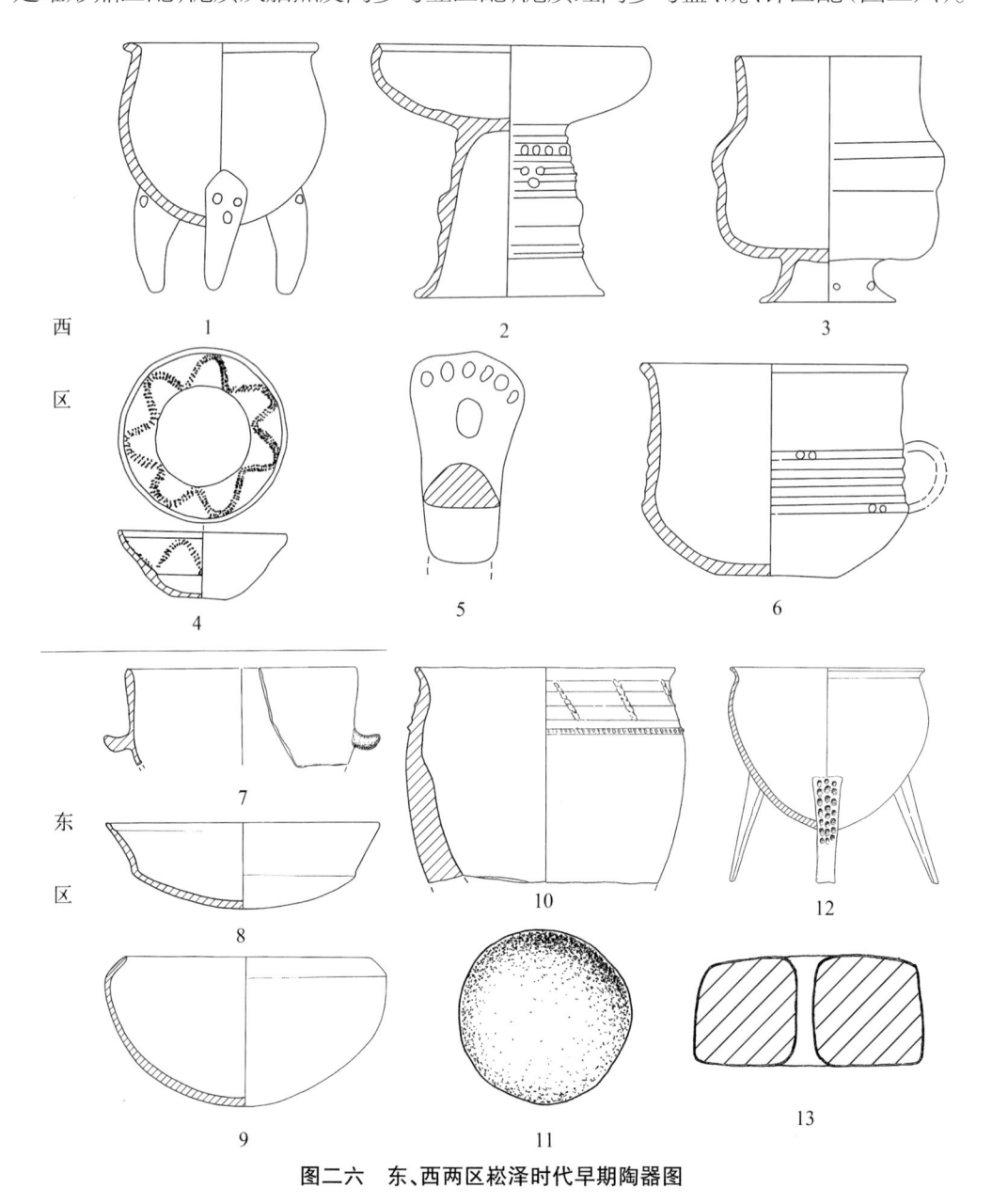

图二六  东、西两区崧泽时代早期陶器图

1、12. 鼎（黄M5：5、韦TG2⑭：3） 2. 豆（黄M6：3） 3. 壶（黄M5：8） 4. 碗（黄M14：1） 5. 鼎足（黄T6②：12） 6. 杯（黄M3：4） 7. 釜（TG1⑬：7） 8. 豆盘（陶片红烧土堆2：1） 9. 盆（TG1⑬：3） 10. 缸（TG2⑭：2） 11. 陶球（TG3⑧：1） 13. 纺轮（陶片红烧土堆2：3）  （1—6黄鳝嘴遗址，7—13韦岗遗址）

崧泽时代晚期是皖江两岸急剧变化的时期，也是蓬勃发展的时期。东区聚落大体维持原有格局，西区则在地域上有了明显扩展。

这一时期墓葬发现的数量明显增多，如东区的凌家滩、烟墩山、月堰，西区的薛家岗、天宁寨、黄家堰以及中部的仓园塝等诸多遗址都有发现，规模性的墓地越来越多，随葬品数量、质量差距逐步增大。在凌家滩出现的大型祭坛与显贵墓葬表明当时社会发展已到了一个变革阶段。随葬品也逐步摆脱了随葬实用器的旧习，开始出现较多专门制作的明器，虽然在形态上仍旧模仿实用器形，但在形体大小、制作工艺上有所不同，相比于生活用器而言大都较为精致、形体略小，唯凌家滩陶器与实用器相比则显得较为粗糙简陋。

随葬品种类的差异在不同墓地中表现不同。总体而言，骨器等有机质遗物各地均极少[①]，其他玉、石、陶类无机质随葬品数量则均呈现出从东部向西部明显递减趋势。虽然凌家滩因是聚落中心等一系列特殊原因导致玉、石器大量随葬，但玉器在东部的烟墩山、月堰等一般墓地中也均有数量不等的发现，是一种略为普遍的现象，说明玉器已在东部成为一种既珍贵而又竞相崇尚的随葬品，而西部发现的数量却极少，体现出明显的区域差异。

器物种类尤其是玉、石、陶器的比重出现了明显变化，这种变化在东、西两区的表现更是明显。东区随葬石器数量明显增多，如月堰24座墓葬随葬品共219件，其中陶器占59.8%，石器占38.4%，玉器占1.4%，骨器只占0.45%；烟墩山9座墓葬也发现10余件玉器。最为突出的当属凌家滩墓地，前三次发掘的44座墓葬中随葬的玉器超过1/2，石器和陶器只各占1/4左右。可以认为在东区石器、玉器作为随葬品总体上已呈明显上升趋势，石器种类也略有增多，有斧、钺、锛、凿、刀，基本组合似为钺、锛（或凿），玉器种类较多。但此时西区则仍然维持了传统习俗，以陶器为主要随葬品；石器的随葬数量很少，器类以锛、钺为主，其他少见；玉器数量极少，偶见璜和小饰品。如薛家岗遗址可确认为早期的36座墓葬中，陶器约占84%，石器约14%，玉器0.6%，其他更少（图二七）。东部陶器的数量虽然偏多但与石器数差较小，而西部则陶器占绝对优势，体现出两地在手工业发展方向上具有不同的趋向，经济结构差异较大，只是在崧泽时代之后，西部在东部的影响下才迅速转型并赶超上来。

这种情况反映出玉、石器制造业在东区的发展是优于西区的，其原因在于东区在崧泽时代早期依靠地缘优势选择发展起来的玉石器制造业，在中晚期得到了普遍推

---

[①] 出现这种现象，一是可能确实无随葬此类器物的习俗；二是墓葬均在相对高处，无饱水环境、酸性土壤之故。

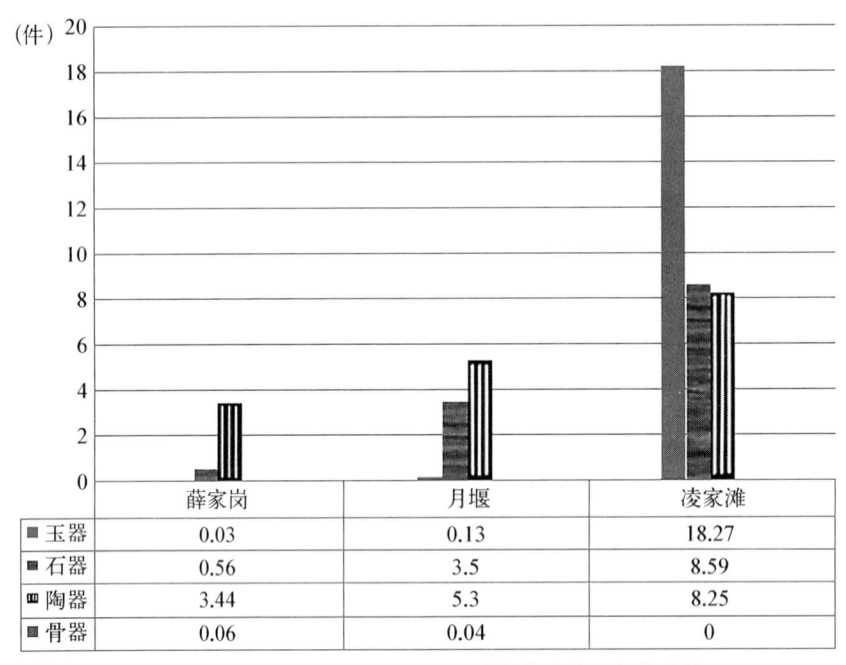

| | 薛家岗 | 月堰 | 凌家滩 |
|---|---|---|---|
| ■ 玉器 | 0.03 | 0.13 | 18.27 |
| ■ 石器 | 0.56 | 3.5 | 8.59 |
| ▦ 陶器 | 3.44 | 5.3 | 8.25 |
| ■ 骨器 | 0.06 | 0.04 | 0 |

注：据已发表数据整合。均值按小数点后两位，四舍五入

图二七　三地墓葬随葬品每墓均值

广，并形成了以凌家滩为代表的玉石器产业中心，而西区则稍慢一步。但无论如何，两区的玉、石器制造相比之前都有了快速的发展。

特别是凌家滩玉、石器制造工艺十分复杂，制作精美，切割、打磨、钻孔、阴刻、浮雕、圆雕、透雕、减地、抛光等各个程序都达到了当时的最高水准，具备了后世玉器制作的绝大部分工艺技术。只是玉器选料还未稳定，虽以透闪石和阳起石类软玉为主，但也有其他多种质料。器形多样更是凌家滩玉器最突出特点，除斧、钺、环镯、璜、玦、璧、管、珠外，还有肖生类的龟、龙、凤鸟、鹰、兔、人等，以及刻图玉版、三角形玉片及其他奇异形态。通观这批玉器，不少重器只有1件，各种玉器在墓中的配伍并不稳定，反映出其处于玉器使用变革之初的创新时期，礼仪重器还缺乏规范。此外，玉器的制作比较偏重立体形态的表现，是以"形"的塑造来展示其特点，而"纹"的应用还显得很简约[1]。石器有斧、钺、锛、凿几大类，此外还有少量的砺石和石钻。

较之于玉、石器制造的快速进步，这一时期的陶器则相对逊色，基本上继承了早期工艺而有所发展，泥质灰胎黑皮或黑衣陶的使用更为广泛，薄胎纯黑陶略有增多，慢轮产品在偏晚时期开始出现，就目前材料而言虽然实物证据数量仍显不足，但可能已出现了快轮拉坯工艺。纹饰种类略有增加，诸如凸棱、凹弦、镂孔、压印、刻画、戳印，而三角形镂孔或戳印纹已然流行，其中横向长方形镂孔、圆镂孔成为主要的镂孔

---

[1] 朔知：《凌家滩玉器综论》，《玉魂国魄——凌家滩文化玉器精品展》，浙江古籍出版社，2011年。

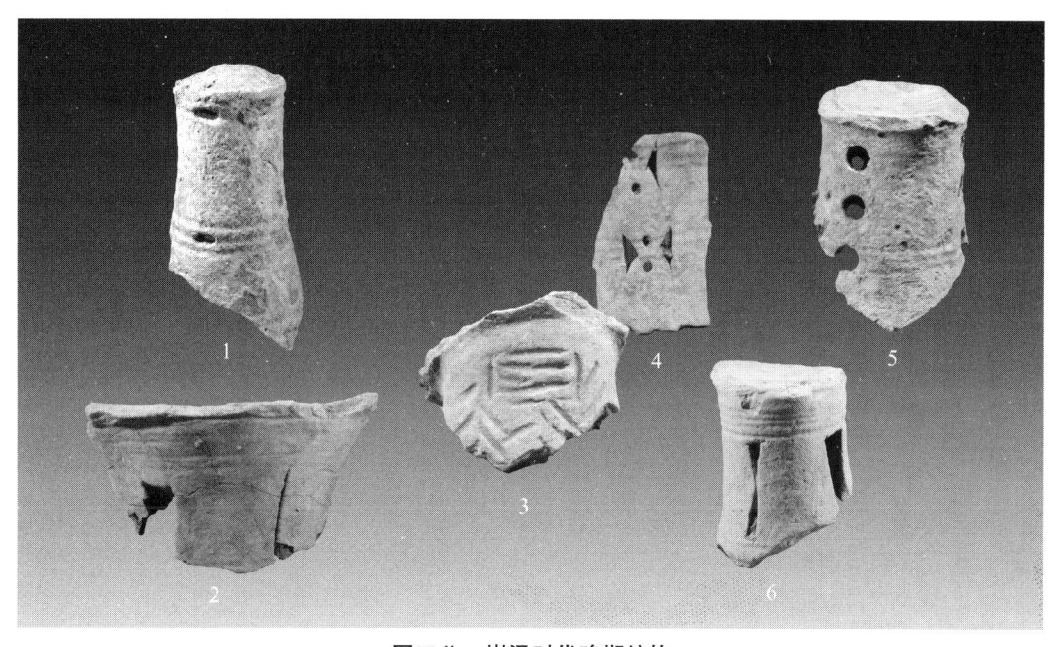

**图二八　崧泽时代晚期纹饰**
1. 韦岗TG3⑦　2—5. 凌家滩TG1东㉒　6. 凌家滩TG1东㊷

形式,成对的三角形镂孔或三角形夹成对小圆孔也已出现(图二八);彩绘仍较少且纹样简单。与前一时期不同的是,器物种类大大增加,有鼎、豆、壶、罐、钵、碗、盘、盆、杯、鬶、匜、器盖、球、纺轮、缸等,鼎、豆、壶、碗组合已较为稳定。在多样化的基础上,东、西两区有所分化而形成了各有特点的文化面貌。

东区的陶器中三足器、圈足器较多,基本上都是手制,虽然陶色并不单一,黑皮或黑衣陶盛行,但红陶比例比西区要高,器类与器形与太湖流域更为接近,特别是鼎、豆、壶,以及粗矮柄小杯、双折腹壶、鸡形壶等,部分器型如折腹釜形鼎、扁平高足盘、高圈足壶(或称豆壶)等与淮河下游文化则有类同,而碗、鬶等则与西区的薛家岗文化早期相近。随葬品与生活用品的分化较为明显,虽然多个墓地的随葬品并不比生活用器逊色,但凌家滩墓地则表现出重玉、石器而轻陶器的倾向。陶器一般火候较低,胎质疏松,器壁较薄,器物体量较小。

西区的陶器较之东区而言发达一些,多见平底器和三足器,圈足器呈逐步增加趋势。陶器均为手制,到晚期出现个别轮制产品及少量薄胎纯黑陶。陶器主要有夹砂红陶、泥质灰或黑皮(衣)陶两大类。器物组合以鼎、豆、壶、鬶、碗为主,陶球数量较多且具有特色。西区的随葬品与生活用品有一定分化,但与东区不同的是随葬品制作更为精致,这也体现出东、西两区在随葬品取向上的不同,东区更偏重玉、石器,而西区更偏重陶器(图二九)。

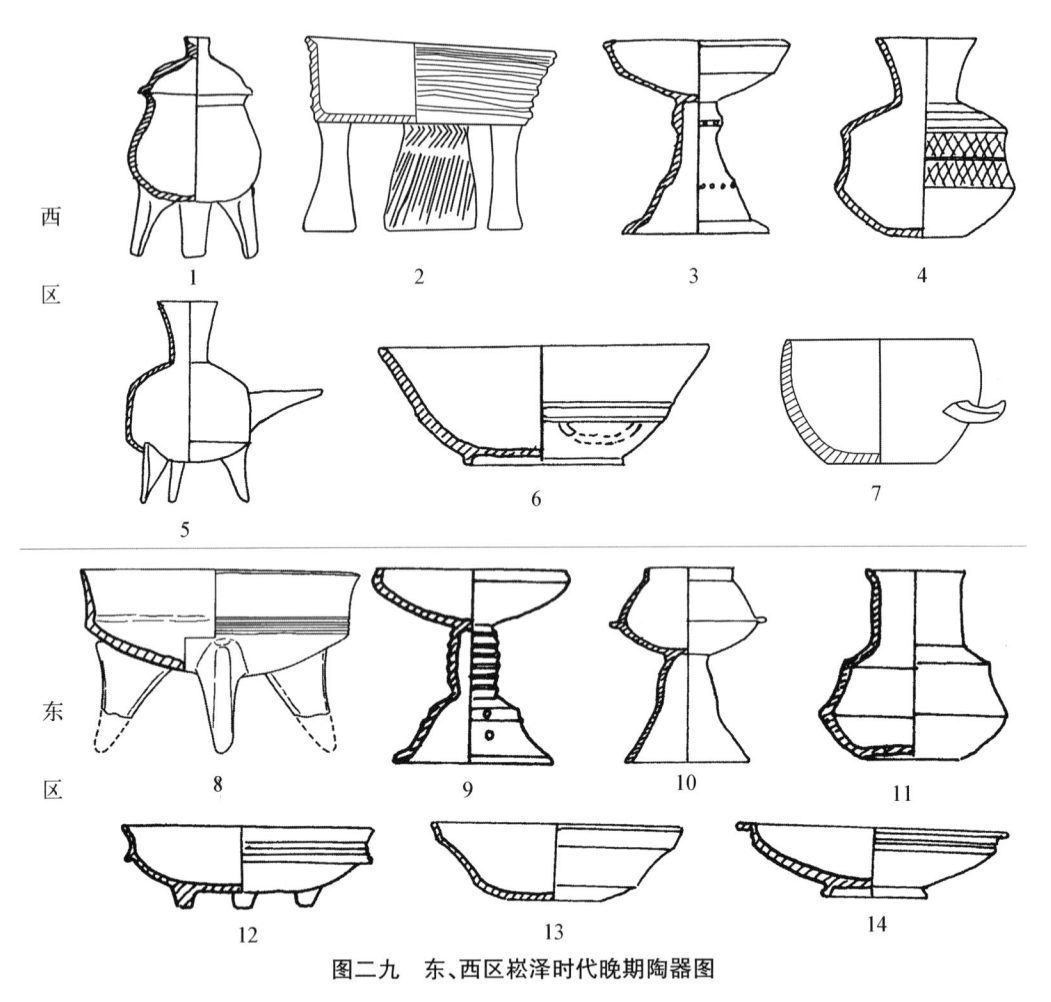

图二九 东、西区崧泽时代晚期陶器图

1、2、8.鼎(天M6:5、薛M65:6、凌87M10:27) 3、9.豆(天M10:8、凌98M19:10) 4、10、11.壶(天M11:1、凌98M32:8、凌98M8:6) 5.鬶(天M10:7) 6、13.碗(薛M81:2、凌87M9:41) 7.钵(薛M116:4) 12.三足盘(凌87M15:4) 14.盆(凌98M28:24) (1—5.天宁寨,2、6、7.薛家岗,8—14.凌家滩)

## (二)文化趋向

两区的文化面貌反映出自崧泽时代早期开始,整个皖江两岸与长江三角洲、太湖流域的文化关系渐趋密切,来自邻近的北阴阳营文化的影响较为明显,最主要表现在玉、石器制作上,崧泽文化的影响仅仅处于起步状态。同一时期的反向影响也同时存在,黄鳝嘴文化中的戳印多角星纹盆、单把杯等若干因素与北阴阳营文化高度相似,但随着空间距离增大,在崧泽文化中几乎不见;黄鳝嘴文化的分布向西已到达长江中游的鄂东一隅,并与大溪文化发生了接触。

在文化影响的趋向上,最明显的特征是地缘影响力的变化十分明显:东区文化面貌更接近于宁镇地区;而西区受宁镇的影响相对较弱,但与长江中游的文化有较多联系。

至崧泽时代晚期,皖江两岸的文化已处于一种较为开放的状态,吸收了周边多个文化的因素,并形成了自身的一些特质,在东部已出现个别如凌家滩这样的大型中心聚落,形成了独树一帜的以发达的玉、石器为典型特点的凌家滩文化;西部则由黄鳝嘴文化渐渐演化为薛家岗文化,以陶、石器最具特色。此时北阴阳营文化已经式微,而崧泽文化则继之向西具有了强烈的影响,其中陶器工艺应该是传播的主要因素。与此同时,淮河下游龙虬庄文化甚或更北的大汶口文化因素也有些许南下,只是表现得较为微弱且影响所及以东区为主;西面的长江中游油子岭一类文化也与西区的薛家岗文化早期互有往来。但总观这一时期皖江两岸的文化变化,在既形成自身特质的同时,全域更表现出了明显的"崧泽化"趋势。

崧泽时代晚期整个长江中下游都进入到一个互动更加频繁的时代。在崧泽化过程中,东区凌家滩文化玉、石器因素及西区薛家岗文化陶、石器因素无疑先后对太湖流域崧泽文化也有明显影响,崧泽文化晚期玉器的较多出现及良渚文化早期玉器的爆发式增长、凿形鼎足的出现当属此影响的结果[1],最突出的当属崧泽文化北缘东山村墓地所见现象[2],其中的部分玉饰、陶鬶等与凌家滩、薛家岗早期遗物别无二致。对西向的长江中游之影响主要体现在薛家岗早期文化的分布上,大致与黄鳝嘴文化的分布相近。

此时在东、西区之间,也存在一定的相互影响,凌家滩所见陶鬶、碗便具有典型的薛家岗文化早期特征,而天宁寨玉璜、出廓的坠饰与凌家滩也应存在联系,只是这种影响在崧泽化的大趋势中表现得不那么显眼而已。

大致从崧泽末期开始,皖江东部一带出现了明显衰落,聚落数量急剧减少,文化的地域特征减弱,已发掘的几个墓地中器物的崧泽化趋势更为明显。但本区原有的玉石器工艺传统明显向东南、西南两侧流传,其中向东南的流传更为引人注目,成为之后良渚文化玉器制造工艺的渊源之一[3]。西部则以薛家岗晚期文化为代表而繁荣

---

[1] 田名利、甘恢元:《凌家滩文化与崧泽—良渚文化玉器的初步认识》,《玉魂国魄——中国古代玉器与传统文化学术讨论会文集(四)》,浙江古籍出版社,2010年;方向明:《凌家滩玉文化的东渐与良渚文化早期玉器》,《玉魂国魄——中国古代玉器与传统文化学术讨论会文集(五)》,浙江古籍出版社,2012年;刘斌:《崧泽文化的分期及与良渚文化的关系》,《庆祝张忠培先生七十岁论文集》,科学出版社,2004年。
[2] 南京博物院、张家港市文物管理委员会、张家港博物馆:《张家港东山村新石器时代遗址发掘报告》,《考古学报》2015年第1期。
[3] 方向明:《凌家滩玉文化的东渐与良渚文化早期玉器》,《玉魂国魄——中国古代玉器与传统文化学术讨论会文集(五)》,浙江古籍出版社,2012年;田名利、甘恢元:《凌家滩文化与崧泽—良渚文化玉器的初步认识》,《玉魂国魄——中国古代玉器与传统文化学术讨论会文集(四)》,浙江古籍出版社,2010年。

起来,玉石器制造在得到凌家滩传承之后,获得了长足的发展,特别是石器制造工艺成为最突出代表,并陆续影响到周边文化。皖江两岸这种独特的文化变迁过程便是"玉石分野"景观[1]。

总而言之,崧泽时代晚期的皖江两岸以凌家滩为代表的玉石器和以薛家岗为代表的石器制造工艺达到了前所未有的高峰,并逐渐成为整个长江中下游玉石器制造业的代表[2]。

## 七 生产与生活

这一时期有关生产方面的信息并不充分,目前大体可以知道涵盖了农业、手工业、渔猎、养殖、建筑,至于贸易方面的信息当已有存在但还没有足够的证据。

### (一) 食物生产

是整个经济的基础,包括农业、渔猎、养殖、采集等多种途径,相关信息较为零散,但仍可归纳出大致的状况。在东、西两区诸个遗址中都发现了水稻遗存,至少证明水稻种植应是一种较为普遍的行为了。

西区的怀宁孙家城遗址T3浮选样品里,于多个早期地层中发现了共7粒炭化稻,虽然数量很少,但水稻植硅体数量多、出现频率高(图三〇,4、5),反映了水稻在聚落植物性食物结构中的优势地位;炭化植物遗存除了水稻外,还有豆科和藜科的种子[3]。

东区的凌家滩遗址也发现过残碎的炭化稻(图三〇,2),红烧土块中发现过水稻颖壳印痕(图三〇,3),但石头圩区域内大型红烧土遗迹所在的TE23N05⑥层中水稻扇形和水稻双峰形植硅体仅有少量发现,加之钻探土样的分析,或许表明凌家滩的稻作农业生产应该具有专门的功能区[4]。

韦岗遗址也发现了数粒炭化稻(图三〇,1),TG1内柱状采样剖面P1下部属该时期的9个连续堆积文化层的花粉总浓度平均6888个/克干样,水稻型花粉在韦岗遗址表现出百分比很高且较为稳定(13%—14%)、浓度先升后降的特点,暗示水稻栽培

---

[1] 朔知:《长江下游的"玉石分野"与社会变革》,《考古学研究(九)》,文物出版社,2012年。
[2] 张弛:《大溪、北阴阳营与薛家岗的石、玉器工业》,《考古学研究(四)》,科学出版社,2000年。
[3] 王育茜、靳桂云:《繁昌鸳鸯墩和怀宁孙家城遗址植物考古初步结果》,未刊。
[4] 邱振威、朔知等:《凌家滩文化时期植被景观与稻作农业初步研究》,待刊。

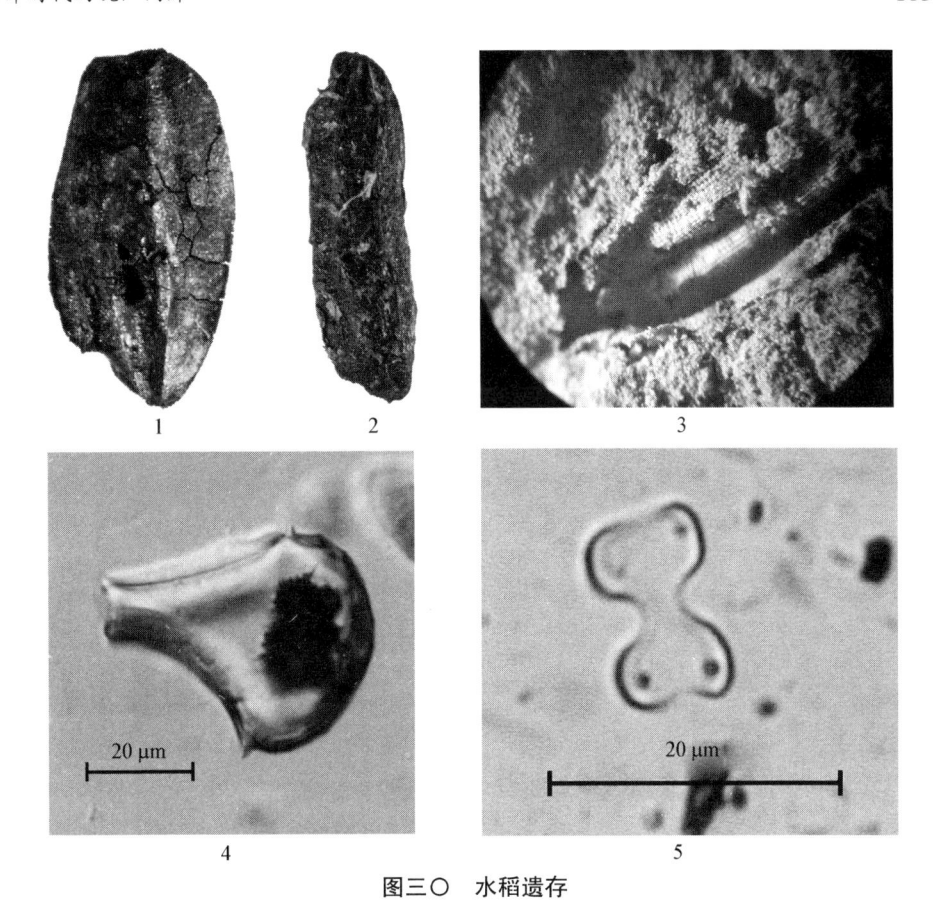

图三〇　水稻遗存

1、2. 炭化稻（韦岗TG2⑬、凌家滩TE22N05⑤）　3. 红烧土中的水稻颖壳（凌家滩）
4. 水稻扇形植硅体（孙家城）　5. 水稻哑铃形植硅体（孙家城）

在凌家滩文化时期已经较为稳定，其浓度自下而上也逐渐升高，第⑫—⑰层间甚至达到或远高于用于判断古水田的标准（5 000个/克干样水稻扇形植硅体），表明水稻的栽培和利用已经较为成熟[①]（图三一）。植硅体分析显示自生土层中即大量存在水稻扇形植硅体，说明当时应该有野生稻分布。

但农业生产中必需的农具，目前仍然发现很少，究其原因既有木、骨类工具不易保存的因素，也有石质工具使用较少的可能。石斧等砍伐工具与土地前期的开垦、平整相关，石钺虽然可起到类似石铲的翻土作用，也还缺乏相关深入研究以获得证据，其他如翻土、播种、中耕、收割各环节的工具诸如耒耜、点种棒、镰刀或其他刀类都极少见或不见，在环太湖地区崧泽文化晚期中较多出现的石犁也未曾见（薛家岗文化晚期的石刀与分体石犁两翼相似，但是否具有类似功能未知，且年代最早也只能入崧

---

① 邱振威、朔知等：《凌家滩文化时期植被景观与稻作农业初步研究》，待刊。

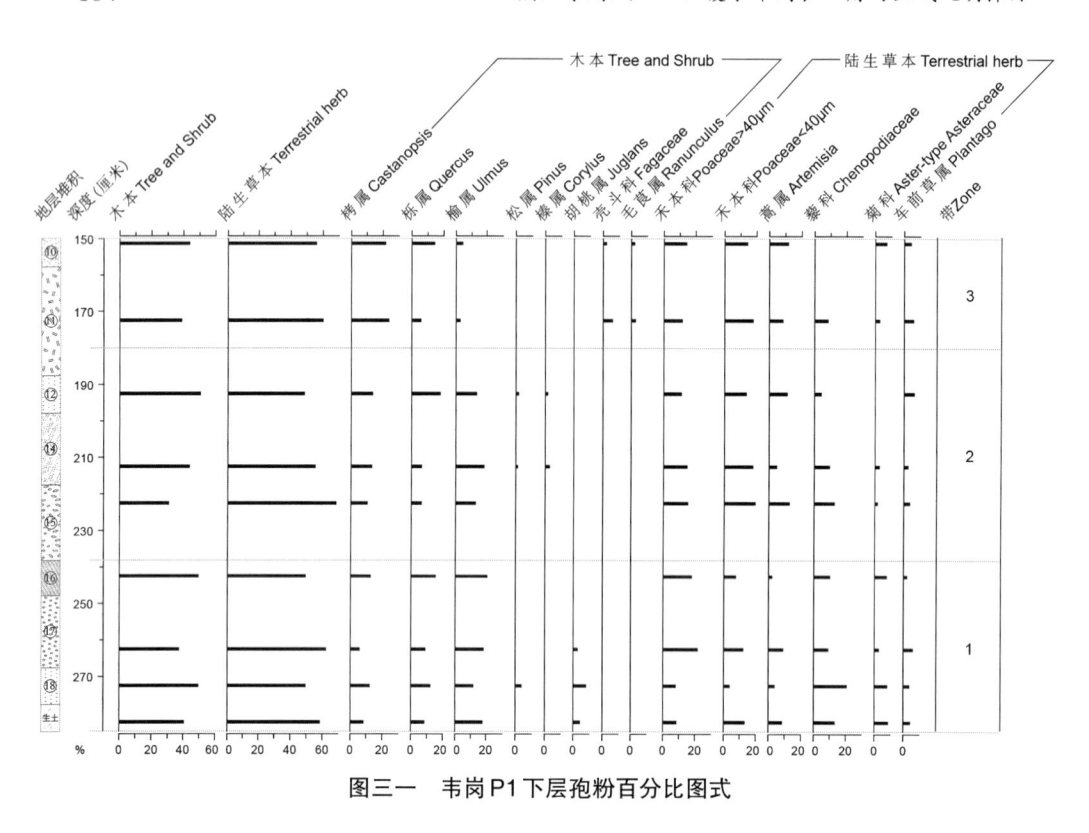

图三一　韦岗P1下层孢粉百分比图式

泽时代之末)[①]。

除稻作农业外,渔猎和养殖也是食物生产的主要部分。在凌家滩、韦岗、孙家城均发现了鹿角,凌家滩、韦岗还发现一定数量的鸟禽类管状肢骨,这些需经捕猎获得的动物应是肉类食物的主要来源。肉类食物的另一来源是渔猎,各遗址发掘中未发现水产品遗存,虽然可能与土壤保存环境相关,凌家滩玉龟也可以从侧面反映捕捉龟类动物的行为,但作为捕获最主要的水产品鱼类可保存下来的工具——网坠,迄今发现数量极少,或许说明存在着渔猎行为但其在食物生产中的比重并不大。养殖业在这一时期应该有所发展,主要品种为猪,各遗址中都有猪骨骼或牙的发现,韦岗、凌家滩的发现尤多;孙家城还发现猪的泥塑形象,但同时也有背上有鬃似为野猪的泥塑,凌家滩07M23填土上方的长獠牙玉石猪雕也是野猪的特征(图三二)。

这些证据说明当时食物生产中水稻确已成为一种主要农产品,但是否能够满足日常生活需求尚未可知,渔猎和养殖应当是当时食物生产的重要组成部分,饮食结构

---

① 石犁是否为农耕用具还有不同看法,参见方向明:《长江下游新石器时代晚期的石犁及相关问题》,《岭南考古研究(第13辑)》,中国评论学术出版社,2013年;刘莉、陈星灿等:《新石器时代长江下游出土的三角形石器是石犁吗?——昆山遗址出土三角形石器微痕分析》,《东南文化》2013年第2期。

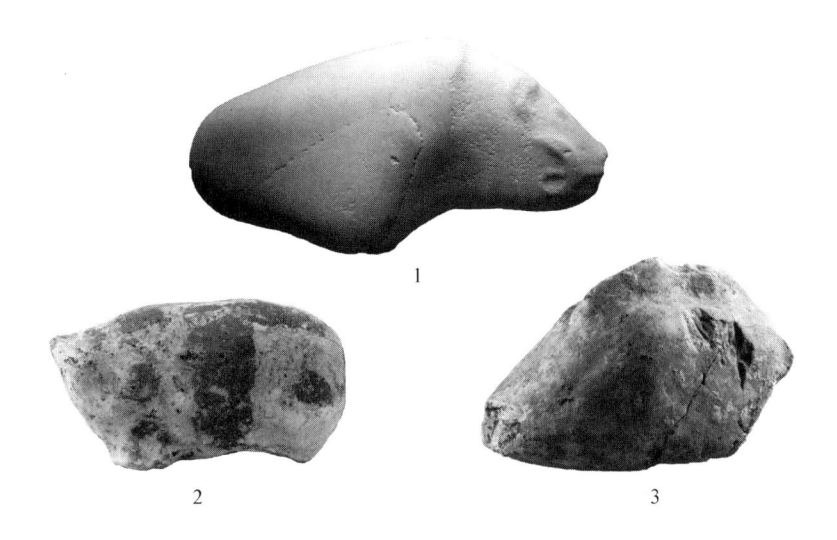

**图三二　玉石雕和泥塑猪形象**
1. 玉石猪雕（凌家滩M23）　2、3. 泥塑猪（孙家城T2⑩：22、孙家城T3⑪：51）

上存在一定量动物类食品的倾向，而孙家城发现的豆科和藜科植物可能与采集野生食物作为食物补充有关。

## （二）手工业生产

目前可以了解到的主要包括纺织、玉石器制造、陶器制造几大门类。

### 1. 纺织

是可以确认的手工业种类之一，大致分为纺纱与编织两道工序，但在整个经济结构中的比重并不大。纺纱较为简单，工具主要是石、陶质纺轮，较易保存下来，但在诸个遗址中，发现的纺轮数量并不多，凌家滩TG1，韦岗TG2、TG3，孙家城T2、T3三处明显具有垃圾堆积性质的地点都很少出土纺轮，各墓地中的出土量占随葬品总数的比例也都在1%以下（表九；图三三）。编织则是一种相对复杂的工艺，织机上必备的木刀、分绞棒、卷布棍等编织工具还难以发现，虽然也有学者认为薛家岗等地出土的多孔石刀可能是打纬刀（机刀）[1]，但缺乏足够的证据，目前仅备一说。

就史前纺织生产而言，无纺技术也可纳入广义的纺织范畴。在中国南部和东南亚南岛语系分布地区常见的树皮布便是代表，其中的主要工具——石拍多有发现[2]。在皖江两岸并不排除此类产品存在的可能，但至今还未发现或确认。作为纺织产品

---

[1] 宋兆麟：《民族文物通论》，上海古籍出版社，2006年。
[2] 邓聪：《史前蒙古人种海洋扩散研究——岭南树皮布文化发现及其意义》，《东南文化》2000年第11期。

表九　各墓地出土纺轮比例

| 墓地名称 | 墓葬总数 | 石纺轮 占石器(%) | 石纺轮 占全部随葬品(%) | 陶纺轮 占陶器(%) | 陶纺轮 占全部随葬品(%) | 备注 |
|---|---|---|---|---|---|---|
| 凌家滩 | 44 | 0.5 | 0.13 | 2.7 | 0.54 | |
| 月堰 | 24 | | | 4.6 | 0.27 | |
| 薛家岗 | 36 | | | 4.8 | 0.79 | |
| 黄鳝嘴 | 17 | | | 4.7 | 0.43 | 地层中有7件 |

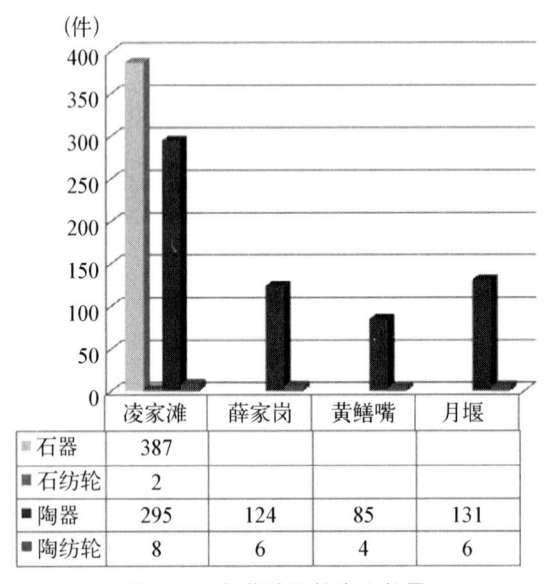

| | 凌家滩 | 薛家岗 | 黄鳝嘴 | 月堰 |
|---|---|---|---|---|
| 石器 | 387 | | | |
| 石纺轮 | 2 | | | |
| 陶器 | 295 | 124 | 85 | 131 |
| 陶纺轮 | 8 | 6 | 4 | 6 |

图三三　各墓地纺轮出土数量

后续步骤的缝织,其工具如骨针之类也应当存在,但均未能存留。纺织的最终产品迄今难有发现,凌家滩玉人所刻的头冠上的横向线条当属系绳类,腰带的宽度和斜向线条可能具有布类产品的片状特征,只是还不能确定它们是利用自然线绳还是通过纺织得到此类产品。

纺织的原料虽然来源有多种,但从全国各地的发现情况看,大都以麻类植物为重要来源,树皮布则以桑科植物为主。这两类植物在本区域已发掘的几个遗址中,通过浮选、花粉分析都暂未发现,植硅体则分辨不到,当时的原料问题还有待解决。

概而言之,在整个手工业系统中,这一时期的纺织似乎并不太发达,当时是否拥有织机类的复杂机械? 产品消费群体是普通人群还是特殊阶层? 都需要对当时的纺织水准和衣着状况有进一步认识。

2. 玉石器制造

是这一时期最具特色的手工业，在整个经济结构中占有较大比重。如前文所述，玉石器手工业虽然在东、西两区都存在，但从发展到发达的过程并不同步，而是东区发达较早，西区发达较晚，有自东向西传递的过程。

玉石器制造业在东区有一个短暂的起步，早期开始时并不发达，主要种类为石锛、石凿、石斧等木作工具，数量较少，以实用器为多，玉器少见。稍后一段时间（以韦岗TG2扩⑧层为节点）似乎骤然发展起来，到晚期已相当发达，石器品种以锛、凿、钺为主，玉器品种丰富，以璜、环镯、管、玦为多；凌家滩钺的数量也较多，并出现个别玉人、龙、龟、鹰等肖生类和玉版等特殊器物，随葬礼器的制作大规模发展。而同一时期的西区，玉石器制造业却一直未发展起来，这种状况到薛家岗晚期时才有了迅速改变，石刀、石钺、石锛成为主要品种，玉器品种和数量明显增多。值得注意的是无论是早期还是晚期，各聚落中农业工具都很少发现，这既可能与发掘的偶然性有关，也可能与粮食生产中农业的发达与否有关。

与之相适应的是，东区的玉石器制作工艺在晚期也有了长足的发展，管钻、雕刻、抛光工艺尤为突出。制作规范有了进一步提高，其中以大理岩、火山角砾岩、火山岩等材质较硬的原料制作圆角大孔钺成为突出特点，这种源自北阴阳营的选料趋向在东区特别是凌家滩得到了最为充分的体现，而板岩的使用很少。但总体而言石器用料还是呈现出多样化，且每种器类并没有相对稳定的原料选择，如凌家滩经鉴定的石料达21种，仅钺的用料竟达14种。

已发现的制作工具主要是砺石，包括一定数量的未曾使用、形态不整的砺石原料。以韦岗遗址发掘材料为例，大多数为灰色（少数红褐色）砂岩、粉砂岩，个别遗址有类似石锤的砸击工具（图三四），从各堆积单位砺石变化情况可以看出，其数量呈现出阶段性增多的现象，尤以遗址的晚期阶段为多（图三五）。此外还在凌家滩98M23发现砺石与钻头、石芯共存的现象（图三六），以及多墓中随葬大量玉石芯、边角料、部分玉石原料的联系。这些遗物一方面成为玉、石器当地制造的充分证据，另一方面也说明玉、石原料的珍贵性，但至今尚未发现明确的玉石器作坊证据，当时的生产方式是有组织的社会化生产抑或个体或家族式生产，仍不得而知。

值得注意的是，在现已发掘的几处遗址中，成品大多数发现于墓葬之中，仅在年代稍晚的月堰遗址一般地层中存在较多石器残次品、半成品，其他几处垃圾堆积中无论是成品还是残次品、半成品均少见，虽然有发掘面积和位置的局限，但也有限地折

图三四　韦岗TG2扩⑧部分砺石、石锤

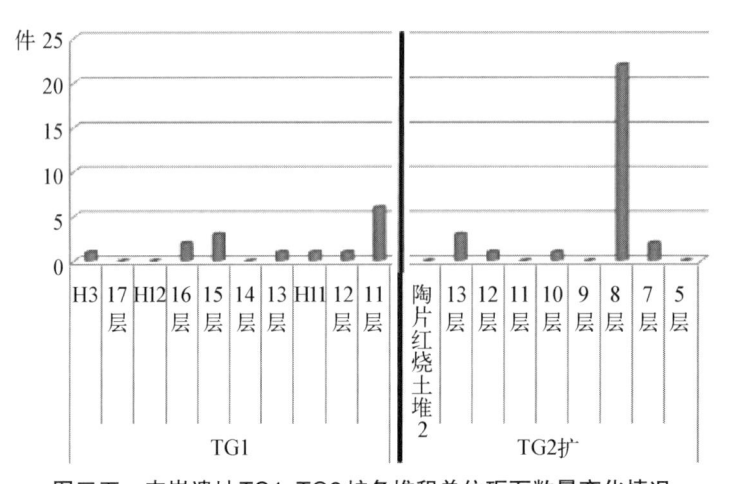

图三五　韦岗遗址TG1、TG2扩各堆积单位砺石数量变化情况

射出产品的流向、废弃产品的处理等诸多问题。如果大量产品不仅仅或者不一定是为了满足自身的消费需求，那么商品贸易是否存在也是一个值得思考的视角[①]。

---

① 张弛：《大溪、北阴阳营和薛家岗的石、玉器工业》，《考古学研究（四）》，科学出版社，2000年；何驽：《长江流域文明起源商品经济模式新探》，《东南文化》2014年第1期；何驽：《关于崧泽文化商品经济的思考》，《东南文化》2015年第1期。

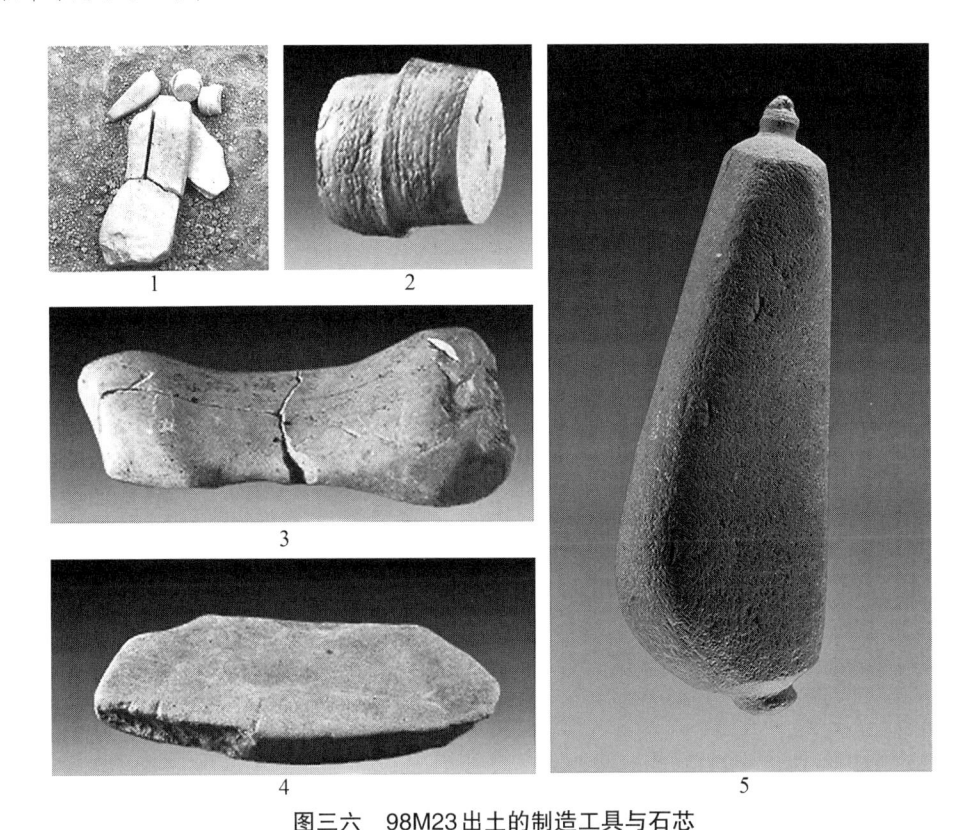

图三六　98M23出土的制造工具与石芯

1. 工具出土现场　2. 石芯（98M23：7-1）　3、4. 砺石（98M23：8、98M23：9）　5. 石钻（98M23：6）

### 3. 陶器制造

是与日常生活关系最密切的产业，也是这一时期最主要的手工业。从早期开始，烧窑所需的氧化焰、还原焰及特殊的渗炭工艺都已存在，但后两者所获产品的数量很少，绝大多数是氧化焰的红陶系产品，只是到了晚期阶段，还原焰及渗炭工艺才大量运用到陶器制造中，因此灰陶、黑（皮）陶的数量大增，并有超过红陶系的趋势，这一点在韦岗和凌家滩遗址中表现尤为明显。

早期东区的陶胎中，源自更早时期夹蚌末工艺虽未消失但已明显式微，而夹植物工艺代之呈现快速上升的趋势，并大量应用于陶鼎、盆、罐等主要器类的生产中；几乎与此同时，将石英岩或石英砂岩破碎成颗粒状，再羼和到陶胎中的夹石英工艺也显得十分突出，主要应用在厚胎缸等器物上。

为了弥补陶胎粗而带来的不利影响，在粗胎表面再抹一层厚的细泥的刷浆工艺开始盛行，成为这一时期的重要特征，这种工艺广泛存在于史前各个时期的陶器中，只是以往易于忽视而已，其目的是使陶器表面更加光滑、填实泥胎的孔隙，并便于进一步处理、装饰。它不仅广泛应用在夹砂、夹石英、夹植物陶中，泥质陶因涂红皮

（衣）、绘彩盛行之需也有较多应用。

陶器成型仍为手制，主要以泥条盘筑或圈筑技术成型，间有贴塑法、捏制法使用，成型后会对器表刮抹平整。器类以鼎为大宗，较多数量的缸成为一大特征，次为盆、罐类，豆的数量并不多，此外还有少量盖等。精致器物的制造从早期开始便已存在，诸如泥质红皮陶盆、夹细砂黑皮陶鼎、磨光黑皮陶豆等，但除盆类外其他数量都很少。纹饰以各类戳印、刻画为主。

到晚期时，慢轮修整已较多应用，快轮拉坯已露端倪。伴随着社会变化而导致陶器种类变化，早期的多种工艺已较为少见，夹石英则基本上改为夹粗砂且数量大减，夹植物陶、红皮（衣）、绘彩均明显减少，灰陶黑皮成为主流。器类与早期相比出现了一些变化，除鼎、盆、罐、壶、盖外，缸的数量急剧减少，到偏晚时期豆的数量大增，还新出了觚形杯、鬶等酒水器。三角形与圆形镂孔成为最主要的纹饰，从"印"到"镂"实际上反映了视觉感官从注重平面布局到注重立体通透的转变，也是一个重要的变化迹象。

从陶胎处理工艺的宏观演变史来看，从粗到细是总的脉络，但在陶胎细化处理技术已不存在问题的这一时期，却盛行起"粗"的工艺，当与陶器使用方式发生变化有关，也或与审美观念变化有关；从红皮、绘彩到灰陶黑皮的演变、从"印"到"镂"也凸显了审美观念在这一时期发生了重大变化。这种变化无论是技术进步原因还是审美观念原因，其根本都是社会对陶器功能的需求发生了一系列改变所致。

西区的变化趋势大致与东区相同，但早期的夹石英类产品较少，彩绘纹样比东区复杂。

## （三）生活

已有的材料还不足以全面勾勒这一时期的完整生活场景，但大体可以了解到若干关键内容。房屋多数应是以挖槽、填红烧土为基、木骨泥墙为基本结构的地面建筑，在西区或存在少量半地穴式，从薛家岗材料看房内应有灶。

饮食呈现为多样化，既有种植的稻米也有采集的食物，并有猪、鸟禽和水产为补充，当然这些肉食是日常供给还是在某些节日（如夸富宴）才能享用目前还不能知晓。在食物处理方式上，毫无疑问是以熟食为主，以鼎为最主要炊器，从早期开始釜似乎已很快退出历史舞台。垃圾堆积中的鼎在早期一般都比较大，直径在二三十厘米以上（也有少量精致小鼎），其容量足供数人之用，反映出食物的炊煮阶段是为了共餐而非独食，之后鼎的容量有缩小的趋势。各类盛食器（碗、钵等）如果确为盛食所用的话，其大小则可供一人所需，这种大鼎、大碗组合的进餐方式或可表述为"共炊分食"方式，从一定角度而言也是原始共产主义的体现。但在墓葬的随葬品中很少存在这种组合,却是以小鼎、大碗搭配(图三七),虽然有些应是明器而体量较小,但两者比例并未同步缩小,是否反映出冥界是以独食为特点,这种区别既可能是当时在生界已有个体私有观念,也可能是表达出逝者在冥界不再与他人共同生活(与合葬风俗的瓦解意义相似)。凌家滩 TG1 发掘的壕沟内,晚期阶段出现一定数量的带流刻槽盆,应是块根类食物处理的另一种方式,即粉糊状食品的制作已产生。

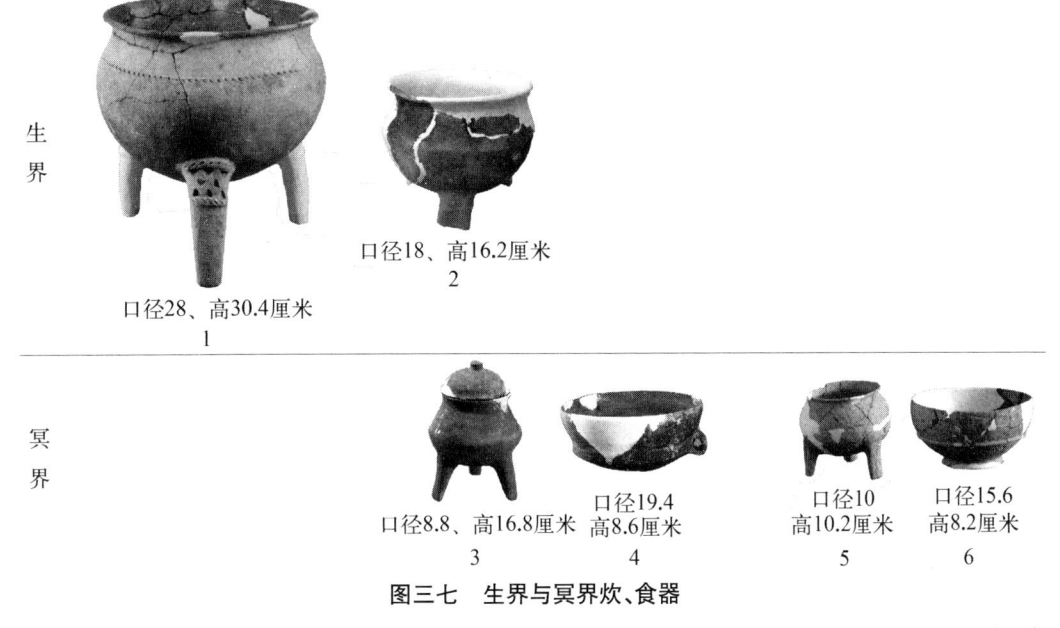

生界

口径28、高30.4厘米
1

口径18、高16.2厘米
2

冥界

口径8.8、高16.8厘米
3

口径19.4 高8.6厘米
4

口径10 高10.2厘米
5

口径15.6 高8.2厘米
6

**图三七　生界与冥界炊、食器**

1. 韦T3(13):8　2. 韦TG3(7):1　3. 薛M5:5　4. 薛M5:6　5. 月M25:2　6. 月M25:1(韦:韦岗,薛:薛家岗,月:月堰。各图均按比例缩小)

在早期阶段,生活应该还不够丰富多彩,豆、盘类少见,但晚期阶段数量增加,或许说明在主餐之外有了更多的食品供给;而觚形杯、鬶类酒水器的配套出现,无论其作为饮水抑或饮酒之具,都应该表达了生活方式的变化,至少说明在某种场合这种行为已不再简单化(如一瓢饮),而可能有一定的规制(图三八)。

除上述生产生活方面的信息外,有关礼仪与宗教方面的材料还较为缺乏,研究也较为薄弱,但略可知的是这一时期在重要场合中,佩玉之风较为盛行,玉质的环镯、玦、璜、管成为佩饰的主要器型,龟卜已经出现,丧葬礼仪从简单走向了规范,最终形成了一定的规制[1]。在凌家滩还出现了人工堆筑的石祭坛,成为上层社会通天与丧葬的主要场所[2]。

---

[1] 张弛:《社会权力的起源——中国史前葬仪中的社会与观念》,文物出版社,2015年。
[2] 朔知:《凌家滩祭坛遗迹试论》,《凌家滩文化研究》,文物出版社,2006年。

图三八　晚期盛食与酒水器

（均孙家城M1）

## 八　皖江两岸的影响与意义

通过对聚落、文化、年代、生产生活各方面的讨论，可以大致了解崧泽时代皖江两岸史前文化的轮廓。在其形成、发展过程中，曾受到东、西两侧同时期文化的影响，以及淮河中下游文化的影响，到晚期阶段全域"崧泽化"趋向较为明显，地缘影响力十分突出。但晚期阶段的反向影响也不可忽视，这种影响的最核心内容体现在以下两个方面：

### （一）高端手工业与技术的影响

最集中体现在玉石器制造业。除砣切割以外的各种专业技术在此时此地已大体形成并充分发展，使得以凌家滩为代表的玉石器制造业达到了当时的高峰，并对崧泽晚期和良渚早期玉石器的发展起到了明显的促进作用。

### （二）钺的意义

作为玉石器制造的主要种类，玉、石质钺在社会中具有越来越重要的象征意义，虽然这种意义并不局限于皖江两岸,但在这一区域中却得到了充分的发扬,逐渐强化、推广,成为整个中国东方地区的代表性器类。在随后东方地区钺的全面扩张中,中原地区逐渐接受了这一器类和其蕴含的意义,最终成为三代王朝权力的象征。

因此,崧泽时代的皖江两岸在中国文明形成的过程中,具有明显的承上启下作用,站在三代王朝的时空点上回溯,这里的文化只是历史长河中的昙花一现,但也有着昔日的辉煌,积淀的文化基因已融入早期文明的熔炉之中。

附记:本文系依2014年杭州"崧泽文化学术研讨会"的发言扩充而成,部分内容应《东南文化》之约先行刊发于2015年第1期上,之后以该文为基础进行了较多扩充完善,并对已刊内容中的不足之处略作了修订。这项研究是作者在皖江流域先秦考古十年工作的基础上,对崧泽时代的皖江文化所做的一次小结,感谢十年来默默支持或直接参与这一研究工作的安徽省文物考古研究所同事、安徽省各级文物部门以及中国国家博物馆、中国文化遗产研究院等兄弟单位的友好合作,感谢参与调查、发掘的全国十余所高校近百位同学的艰苦工作及其老师们的大力支持。

2015年5月9日于凌家滩工地

(原载于《崧泽文化学术研讨会论文集》,文物出版社,2016年)

## 2021年1月18日　背景补记:

自《皖江区域考古的意义》之后,围绕这一区域的考古工作从2004年开始了皖西南望江、怀宁、桐城、潜山等地的大范围调查,及选择怀宁孙家城遗址的发掘,到2008年底转往东部开展裕溪河、姑溪河流域的区域系统调查,2013年以后韦岗和凌家滩的多次发掘,前后持续十余年,并以聚落考古为核心理念,获得了大批全新资料,得以能够从较大而合适的视野(并不是动辄要全球视野),系统总结本区域的史前文化和社会的发展过程。但因需优先开展与凌家滩相关的研究,兼因材料整理滞后,崧泽时代之前、之后的研究尚未系统开展,特别是4 000多年前的张四墩与大致同时期的各文化,处在中华文明形成过程中的关键时期,仍需择时开展。

文中个别脚注经核对后删除,怀宁夹植物陶研究一文因较有参考价值且已发表,改引了2020年刊发的正式文章,特此注明。

# 第三编
# 探源长三角

# 良渚文化的初步分析

## 一 引　言

　　良渚文化虽然经过半个多世纪的发现与研究,到目前仍有诸多问题未得解决。
　　当1936年施昕更在良渚镇进行第一次发掘后,认为"是与山东城子崖同一文化系统的产物,谁早谁晚难下定论"[1]。1939年梁思永曾将当时所认为的龙山文化系统划分为山东沿海、豫北和杭州湾三区,但又指出良渚遗址的器物有别于其他二区[2]。此外还有一些人曾零星介绍、考证过[3]。这是文化的初步认识阶段。
　　20世纪50年代在湖州钱山漾[4]、吴兴邱城[5]获得了可靠的地层关系,加之其他遗址的发现、发掘增多,使该文化从人们的认识中独立出来。1957年夏鼐指出它与山东龙山文化的主要区别[6],1959年底又正式提出"良渚文化"的命名[7]。60年代上海松江广富林[8]、马桥遗址[9]墓葬的发现又丰富了对该文化墓葬形制和器物组合的认识。这是文化的确立阶段。
　　此后,研究陷于停顿。直到1972年,在吴县草鞋山M198中发现玉琮、玉璧、玉钺与双鼻壶、T型足鼎共存[10],后经张陵山遗址[11]发掘验证确实,从而证明了良渚文化存

---

[1] 施昕更:《良渚》,浙江省教育厅,1938年。
[2] 梁思永:《龙山文化——中国文明的史前期之一》,《梁思永考古论文集》,科学出版社,1959年。
[3] 主要是卫聚贤、何天行、慎微之等人在古荡、良渚、钱山漾的工作和考证。
[4] 浙江省文物管理委员会:《吴兴钱山漾遗址第一、二次发掘报告》,《考古学报》1960年第2期。
[5] 梅福根:《浙江吴兴邱城遗址发掘简介》,《考古》1959年第9期。
[6] 夏鼐:《浙江新石器时代文物图录·序》,浙江人民出版社,1958年。
[7] 夏鼐:《长江流域考古问题》,《考古》1960年第2期。
[8] 上海市文物保管委员会:《上海市松江县广富林新石器时代遗址试探》,《考古》1962年第9期。
[9] 上海市文物保管委员会:《上海马桥遗址第一、二次发掘》,《考古学报》1978年第1期。
[10] 南京博物院:《江苏吴县草鞋山遗址》,《文物资料丛刊(第3集)》,文物出版社,1980年。
[11] 南京博物院:《江苏吴县张陵山遗址发掘简报》,《文物资料丛刊(第6集)》,文物出版社,1982年。

在玉器。随后几年墓葬和玉器大量发现，研究渐趋深入。1977年夏鼐指出："良渚文化的延续时间达一千年左右，即公元前3300年—2250年。"[1]同年在"长江下游新石器时代文化学术研讨会"上，学者对良渚文化的特征、分期、源流等问题有了初步探讨[2]。这是文化的全面认识阶段。

80年代初武进寺墩[3]和青浦福泉山[4]大墓的发掘标志着对良渚文化研究的新突破。汪遵国于1984年即据有关材料撰《良渚文化"玉敛葬"述略》[5]一文，对有关问题进行了分析；1986年"纪念良渚文化发现五十周年学术讨论会"上，广泛讨论了良渚文化各方面的问题；反山[6]和瑶山[7]的发掘，随即又将研究扩展到了社会制度和精神领域。同时，良渚文化因素在其他文化区域内的不断发现，尤其是花厅遗址的发掘[8]，促进了对良渚文化与周边文化关系的探讨。近年，良渚文化的聚落形态研究也日益得到重视[9]。这是文化的深入研究阶段。

然而，由于大批玉器及大型墓葬与祭坛的发现，形成了研究的"热点"，即集中于墓葬、玉器和特殊纹饰，并借以探讨文明的形成，一些基础性和系统性的研究则显得较薄弱。基于以上原因，本文下面的论述即主要着眼于基础研究和若干问题进行较为系统的探讨。

## 二 分期与年代

到目前为止良渚文化遗址已发掘数十处，但多为墓葬。本文主要利用墓葬材料并结合部分居址材料首先对良渚文化陶器进行细致分析，然后运用类型学方法和地

---

[1] 夏鼐：《碳—14测定年代和中国史前考古学》，《考古》1977年第4期。
[2] 参见文物编辑委员会编：《文物集刊（第1集）》，文物出版社，1980年。
[3] 南京博物院：《江苏武进寺墩遗址的试掘》，《考古》1981年第3期；南京博物院：《1982年江苏常州武进寺墩遗址的发掘》，《考古》1984年第2期；常州市博物馆：《江苏武进寺墩遗址的新石器时代遗物》，《文物》1984年第2期。
[4] 上海市文物保管委员会：《上海福泉山良渚文化墓葬》，《文物》1984年第2期；上海市文物保管委员会：《上海青浦福泉山良渚文化墓地》，《文物》1986年第10期；黄宣佩、张明华：《上海青浦福泉山遗址》，《东南文化》1987年第1期。
[5] 汪遵国：《良渚文化"玉敛葬"述略》，《文物》1984年第2期。
[6] 浙江省文物考古研究所反山考古队：《浙江余杭反山良渚墓地发掘简报》，《文物》1988年第1期。
[7] 浙江省文物考古研究所：《余杭瑶山良渚文化祭坛遗址发掘简报》，《文物》1988年第1期。
[8] 南京博物院：《1987年江苏新沂花厅遗址的发掘》，《文物》1990年第2期。
[9] 如江苏吴江龙南遗址的发掘和浙江余杭庙前遗址的发掘，见《文物》1990年第7期和《浙江省文物考古研究所学刊》，科学出版社，1993年。

层关系进行分期。

## （一）主要陶器分析

在良渚文化漫长的演化过程中新旧器物不断更替，即使延续时间较长的器物，其分化、变异和相互借鉴也较明显，造成了器形的复杂多样。但总的来看，鼎、豆、盘、双鼻壶、带流壶、带流杯、尊、簋、贯耳罐可作为主要器物。现按器物形态差别，进行型式分述：

鼎 是良渚文化主要器类，有圆腹、直腹、折腹、盆形等多种鼎身和扁平状、鱼鳍状、T形几种鼎足。鼎身多为素面，少量带有凸棱等纹饰，足上多竖刻画纹。分析其中二型：

A型 是主要鼎类，鼎身圆或扁圆，圜底。分五式：

Ⅰ式 尖圆唇，腹圆而深，扁平足呈鱼鳍形。（图一，1）

Ⅱ式 圆唇，略束颈，腹圆略扁较深。（图一，2）

Ⅲ式 圆唇，颈较束，腹扁圆稍浅，鱼鳍足。（图一，3）

Ⅳ式 唇稍方，内沿斜折，腹扁圆稍浅，鱼鳍足背面宽呈T形。（图一，4）

Ⅴ式 唇厚圆，折沿呈领状，腹扁圆较浅，T形足背面很宽。（图一，5）

B型 直腹或折腹盆形鼎身，数量多，形态多样。分二个亚型：

Ba型 分六式。

Ⅰ式 敞口，直腹较深，圜底，扁三角足显鱼鳍形。中腹一圈宽凸棱。（图一，6）

Ⅱ式 敞口，直腹稍深，圜底，扁平足呈鱼鳍状。中腹一圈凸棱。（图一，7）

Ⅲ式 敞口，直腹稍浅，圜底，T形足背面窄。（图一，8）

Ⅳ式 敞口，束颈折腹，腹较浅，圜底近平，T形足背面窄。（图一，9）

Ⅴ式 敞口，束颈，扁折腹浅，平底，T形足。（图一，10）

Ⅵ式 口沿面折而外敞，几成平沿，腹浅，平底，T形足背面很宽。（图一，11）

Bb型 鼎足都是扁平或鱼鳍状。分三式。

Ⅰ式 上腹略内收，腹稍浅，扁平鱼鳍状足。（图一，12）

Ⅱ式 上腹较内收而浅，扁平足略呈鱼鳍状。（图一，13）

Ⅲ式 上腹内收成束颈状，腹很浅，扁平足。（图一，14）

豆 是良渚文化主要器类，变化繁杂，纹饰以凸棱、镂孔为主。可分为细柄折腹、假腹、高圈足、矮圈足和其他多种形式。重点分析其中一型。

A型 折腹，圈足或细柄，主要饰凹弦、凸棱和镂孔。可分六式：

Ⅰ式　尖唇,窄平沿,腹弧折而深,圈足较宽矮。(图一,15)
Ⅱ式　圆唇,腹折稍浅,圈足略宽而高。(图一,16)
Ⅲ式　圆唇,腹折而浅,圈足稍窄而高。(图一,17)
Ⅳ式　圆唇,腹折而浅,折处起棱,圈足细高呈细柄状并起棱、镂孔。(图一,18)
Ⅴ式　圆方唇,腹折很浅有折棱,细高柄上饰凹弦纹、凸棱及镂孔。(图一,19)
Ⅵ式　唇尖外翻,浅折腹,柄很高,饰凸棱或镂孔。(图一,20)

盘　数量极多,形式繁杂,常见外表带黑色。有高圈足、矮圈足折腹、矮圈足斜直腹、双圈足等多种,其中有些有前后演变关系。纹饰以细凹弦或凸棱为主。分析其中二型。

A型　盘较浅,腹斜弧或斜直。分六式。
Ⅰ式　尖唇,平沿,略敛口,弧腹,高圈足中部内收。(图一,21)
Ⅱ式　圆唇,直口,弧腹,圈足较高,中部略收缩。(图一,22)
Ⅲ式　尖圆唇,敞口,弧腹,圈足稍矮而直。(图一,23)
Ⅳ式　尖唇,窄平沿,敞口,弧腹,圈足矮直。(图一,24)
Ⅴ式　尖唇,宽平沿,弧腹略直,圈足矮而外撇。(图一,25)
Ⅵ式　尖唇,宽平沿,腹斜直,圈足很矮外撇。(图一,26)

B型　基本为折腹,腹均较深。纹饰以凹弦纹或细凸棱为主。分五式。
Ⅰ式　尖唇,束腰折腹,下为双圈足间距较大。(图一,27)
Ⅱ式　圆唇,宽平沿,腹较直下垂,双圈足间距小。(图一,28)
Ⅲ式　圆方唇,平沿,腹下垂,单圈足。(图一,29)
Ⅳ式　圆方唇,平沿,直腹由垂变为急折。饰细凸棱。(图一,30)
Ⅴ式　圆方唇,平沿,下腹折,腹上饰细凸棱,圈足很矮。(图一,31)

双鼻壶　良渚文化最具特征的器物之一,大都为泥质黑陶。分析其中一型。
A型　整体较瘦高。分六式。
Ⅰ式　大口,直领很矮,上腹扁圆。(图一,32)
Ⅱ式　口径稍小,直颈稍高,椭圆腹,颈腹高度相近。(图一,33)
Ⅲ式　口径稍小,颈较高,椭圆腹稍扁,颈高大于腹高。(图一,34)
Ⅳ式　口径稍大而稍外撇,颈高较直,中部内弧,腹扁圆。(图一,35)
Ⅴ式　口径较大,颈高,中部内弧上外敞,腹扁圆,颈腹高比更大。(图一,36)
Ⅵ式　大敞口,高直颈外斜,腹很扁。(图一,37)

带流壶　以宽把、口部带流为特征,腹部较鼓,器身显得矮胖。分二亚型。
Aa型　平底或平底加三足。分五式。

Ⅰ式　流部短略上翘,颈较宽,平底,把较小。(图一,38)

Ⅱ式　流短上翘,颈较宽,平底,把稍大。(图一,39)

Ⅲ式　流稍长上翘,颈收缩,腹较垂,把较宽大而后部略垂,底加三足。(图一,40)

Ⅳ式　流部更上翘,矮领,腹最大径上移成耸肩,把后部不垂,三足。(图一,41)

Ⅴ式　流上翘成冲天流状,颈部更加收缩,肩较耸,把后部上翘,三足。(图一,42)

Ab型　底为圈足,较Aa型稍瘦高。分三式。

Ⅰ式　流部上翘,颈较宽大,矮圈足较宽,把后部平。(图一,43)

Ⅱ式　流呈冲天流状,颈收缩,圈足较小,把后部略上翘。(图一,44)

Ⅲ式　流部收缩,起高领,圈足较小,把后部较上翘。(图一,45)

带流杯　口部带流、短领、宽把、矮圈足。分三式。

Ⅰ式　流短而翘,口径稍大,腹稍鼓,把的上下间距不大,器身较矮。(图一,46)

Ⅱ式　流较长而翘,起矮领,口径较小,略折肩,体较瘦长。(图一,47)

Ⅲ式　流长而翘,短领,口小,略折肩,把的上下间距大,体形瘦长。(图一,48)

尊　一般为泥质灰陶或黄褐陶,少量外表呈黑色,胎薄,肩鼓耸。分三式。

Ⅰ式　敞口,矮领,折肩,腹斜直下部略垂,圈足矮。(图一,49)

Ⅱ式　口外敞,折肩,腹斜直,下部不垂,圈足矮,体型稍显高。(图一,50)

Ⅲ式　口外敞,领高,肩圆鼓,弧腹,圈足高。(图一,51)

簋　一般为泥质灰陶或外黑陶,子母口,口外有小钮,圈足。分三式。

Ⅰ式　腹较直而深,圈足较高。(图一,52)

Ⅱ式　腹斜直略浅,圈足稍矮。(图一,53)

Ⅲ式　腹斜直略弧,较浅,圈足矮。(图一,54)

贯耳罐　一般为泥灰胎,部分器表呈黑色,颈下耳上有一圈凸棱,双贯耳,鼓腹。分二式。

Ⅰ式　尖圆唇,口外敞,略束颈,下腹较垂。(图一,55)

Ⅱ式　方唇,直口,最大腹径上移。(图一,56)

除以上九种十一型外,袋状垂腹鼎、瓦足盘、三足盉、鬶、深腹盆、复合滤器、漏斗状器、小杯及其他几种鼎、豆、盘等,在一定时期和地域也都很有特点,但大都数量少,演变序列短或分布范围有限,在此就不详析,仅列出型式划分结果(参看表一和图一)。

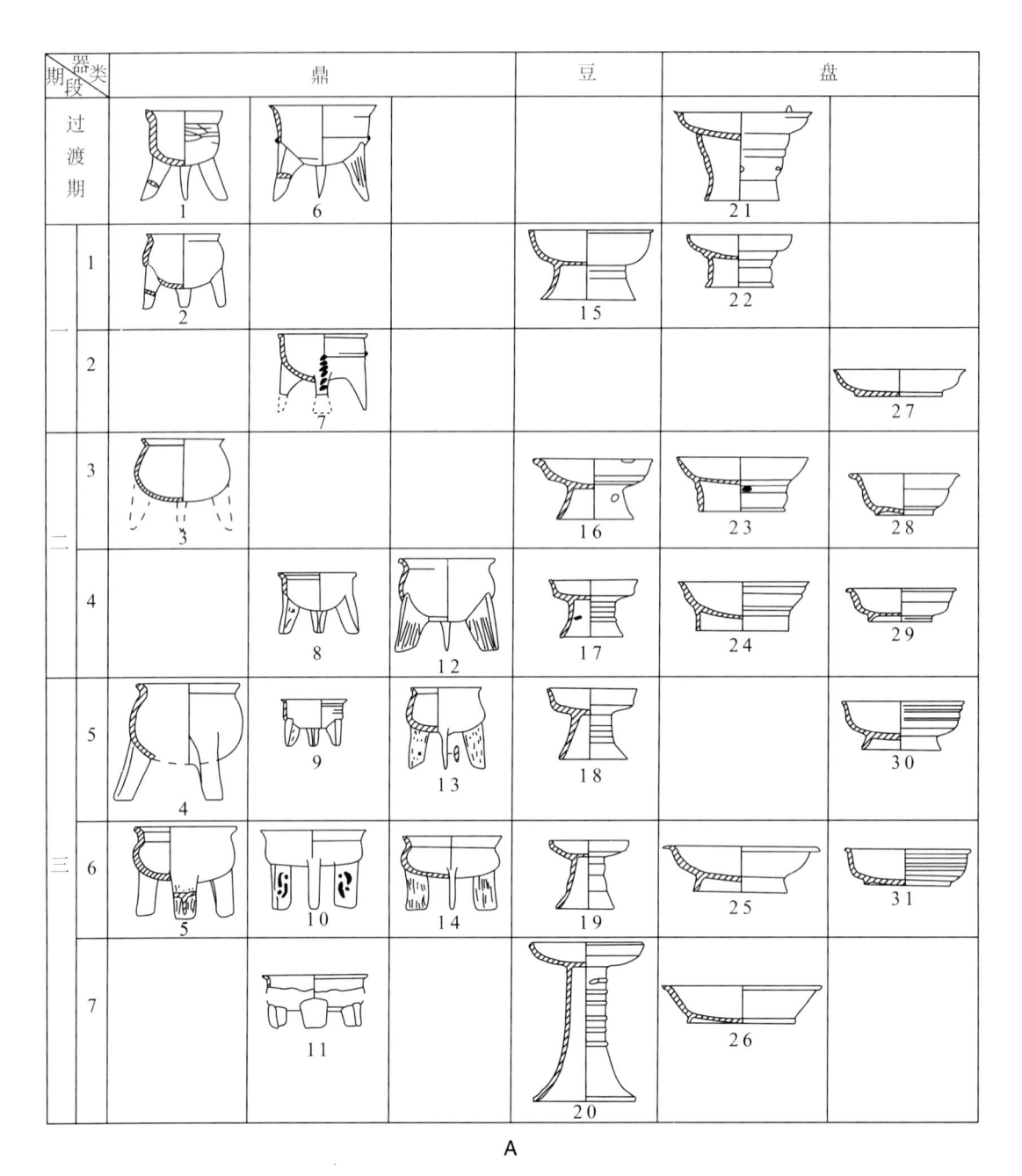

| 期段 \ 器类 | 鼎 | | | 豆 | 盘 | |
|---|---|---|---|---|---|---|
| 过渡期 | 1 | 6 | | | 21 | |
| 一 | 1 | 2 | | | 15 | 22 |
| | 2 | | 7 | | | 27 |
| 二 | 3 | 3 | | | 16 | 23 | 28 |
| | 4 | | 8 | 12 | 17 | 24 | 29 |
| | 5 | 4 | 9 | 13 | 18 | | 30 |
| 三 | 6 | 5 | 10 | 14 | 19 | 25 | 31 |
| | 7 | | 11 | | 20 | 26 | |

A

1. AⅠ式(吴M19:2) 2. AⅡ式(吴M5:3) 3. AⅢ式(龙88H1:6) 4. AⅣ式(雀M1) 5. AⅤ式(徐M12:4) 6. BaⅠ式(吴M17:7) 7. BaⅡ式(龙88M1:8) 8. BaⅢ式(越M3:3) 9. BaⅣ式(广M2:7) 10. BaⅤ式(福T22M5:90) 11. BaⅥ式(福T15M3:23) 12. BbⅠ式(越M2:4) 13. BbⅡ式(徐M7:1) 14. BbⅢ式(福T23M2:48) 15. AⅠ式(吴M15:14) 16. AⅡ式(平M24:1) 17. AⅢ式(反M18:28) 18. AⅣ式(雀M7:6) 19. AⅤ式(雀M3:5) 20. AⅥ式(平M9:9) 21. AⅠ式(吴M18:2) 22. AⅡ式(龙T4102③:1) 23. AⅢ式(平M24:9) 24. AⅣ式(徐M4:2) 25. AⅤ式(盛M1:2) 26. AⅥ式(千M5:11) 27. BⅠ式(吴M4:1) 28. BⅡ式(越M6:1) 29. BⅢ式(越M2:7) 30. BⅣ式(雀M1) 31. BⅤ式(草M198Ⅰ组:6)

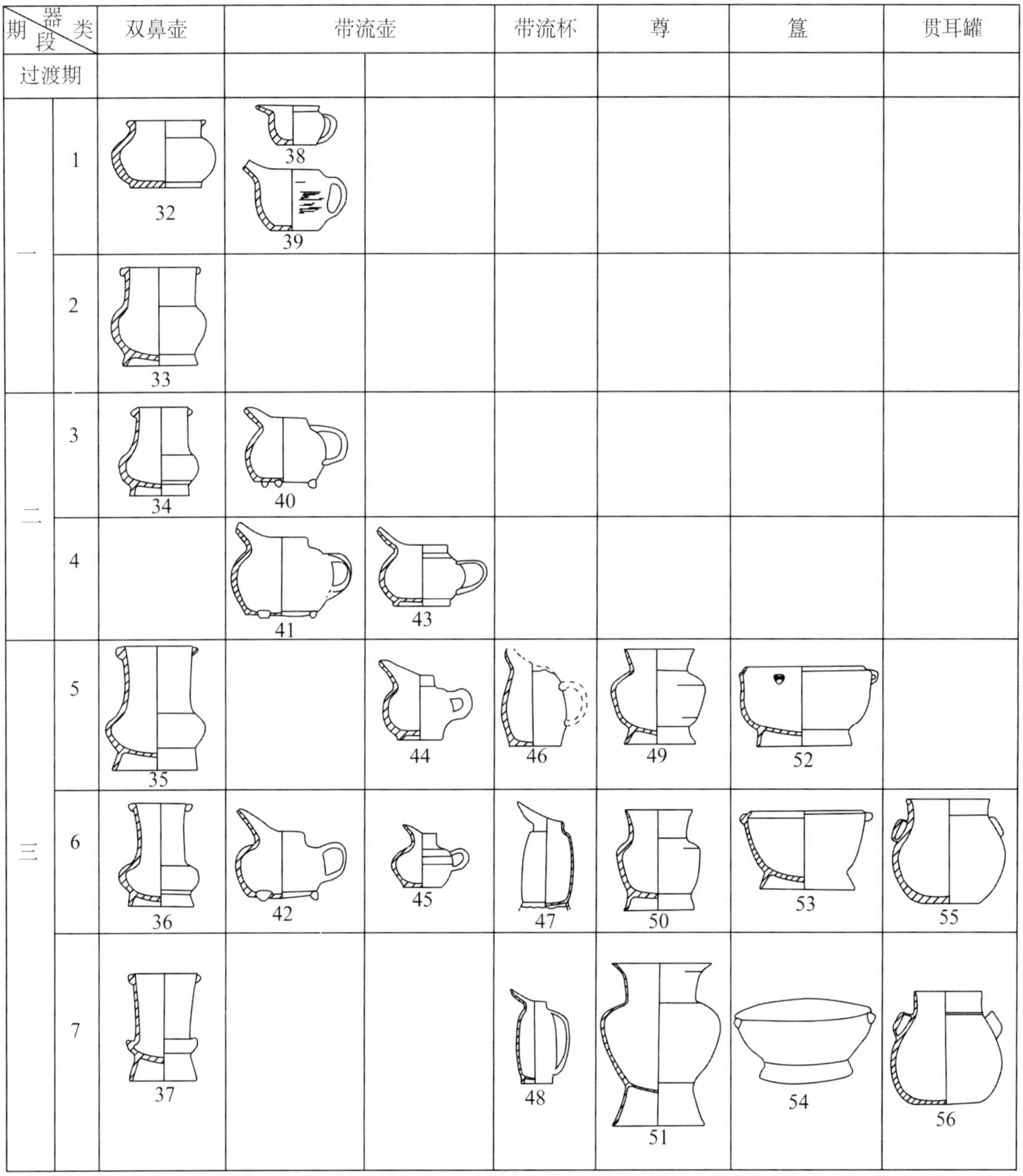

## ·良渚文化的初步分析·

| 期段 | 器类 | 双鼻壶 | 带流壶 | 带流杯 | 尊 | 簋 | 贯耳罐 |
|---|---|---|---|---|---|---|---|
| 过渡期 | | | | | | | |
| 一 | 1 | 32 | 38 / 39 | | | | |
| | 2 | 33 | | | | | |
| 二 | 3 | 34 | 40 | | | | |
| | 4 | | 41 | 43 | | | |
| 三 | 5 | 35 | 44 | 46 | 49 | 52 | |
| | 6 | 36 | 42 | 45 | 50 | 53 | 55 |
| | 7 | 37 | | | 48 / 51 | 54 | 56 |

B

32. AⅠ式(张M3：5) 33. AⅡ式(龙87M1：10) 34. AⅢ式(越M7：1) 35. AⅣ式(千M7：2) 36. AⅤ式(草M198Ⅰ组：3) 37. AⅥ式(千M3：6) 38. AaⅠ式(澄湖) 39. AaⅡ式(张M4：12) 40. AaⅢ式(越M6：5) 41. AaⅣ式(福T21M1：50) 42. AaⅤ式(福T27M2：12) 43. AbⅠ式(越M3：6) 44. AbⅡ式(雀M1) 45. AbⅢ式(福T27M2：158) 46. Ⅰ式(雀M1) 47. Ⅱ式(雀) 48. Ⅲ式(福T15M3：112) 49. Ⅰ式(千M7：5) 50. Ⅱ式(嘉善新港木井) 51. Ⅲ式(千M3：4) 52. Ⅰ式(千M7：7) 53. Ⅱ式(徐M11：6) 54. Ⅲ式(良渚《浙江新石器时代文物图录》图版肆拾.1) 55. Ⅰ式(平M1：4) 56. Ⅱ式(平M9：6)(吴：吴家埠；雀：雀幕桥；龙：龙南；徐：徐步桥；越：越城；广：广富林；福：福泉山；平：平丘墩；反：反山；盛：盛家埭；千：千金角；草：草鞋山；张：张陵山)

**图一 良渚文化陶器分期图**

表一 良渚文化57个单位陶器共存关系表

| | 鼎 | | | | | | 豆 | | | | | | 盘 | | 双鼻壶 | | 带流壶 | | 带流杯 | 尊 | 篦 | 贯耳罐 | 小杯 | 复合滤器 | 漏斗 | 三足盉 | 鬶 | 瓦足盘 | 深腹盘 |
|---|---|---|---|---|---|---|---|---|---|---|---|---|---|---|---|---|---|---|---|---|---|---|---|---|---|---|---|---|---|
| | A | Ba | Bb | C | A | B | C | D | E | F | A | B | A | Aa | Ab | | | | | | | | | | | | | |
| 吴家埠M19 | I | | | | | | | | | | | | | | | | | | | | | | I | | I | | | | |
| 吴家埠M17 | | I | | | | | | | | | | | | | | | | | | | | | | | I | | | | |
| 吴家埠M18 | | | | | | | | | | | I | | | | | | | | | | | | | | | | | | |
| 吴家埠M11 | | | | | I | | | | | | | | | | | | | | | | | | | | | | | | |
| 吴家埠M5 | II | | | | | | | | | | | | | | | | | | | | | | | | | | | | |
| 吴家埠M15 | | | | | | | | | | | | | I | | | | | | | | | | | | | | | | |
| 龙南T4102③ | | | | | | | | | | | II | | | | | | | | | | | | | | | | | | |
| 张陵山M3 | | | | | | | | | | | | | I | I | | | | | | | | | | | | | | | |
| 澄湖 | | | | | | | | | | | | | | II | | | | | | | | | | | | | | | |
| 张陵山M4 | | | I | | | | | | | | | | | | | | | | | | | | | | | | | | |
| 龙南88F2 | | | | | | | | | | | | | | | | | | | | | | | | | | | | | |
| 龙南T4104③ | | | | | | | | I | | | | | | | | | | | | | | | | | | | | | |
| 吴家埠M14 | | | | | II | | | | | | | | | | | | | | | | | | II | | | | | | |
| 吴家埠M4 | | | | | | | | | | | | I | | | | | | | | | | | | | | | | | |
| 龙南88M1 | | II | | | | | | | | | | | | | | | | | | | | | | | | | | | |
| 龙南87M1 | | | | | | | | | | | | | II | | | | | | | | | | | | | | | | |
| 庙前M24 | | | | | | | | | | | | | | | | | | | | | | | | | | | | | |
| 吴家埠T40 | | | | | | II | | | | | | | | | | | | | | | | | | | | | | | |
| 庙前M25 | | | | | | | II | | | | | | | | | | | | | | | | | | | | | | |
| 龙南88H1 | III | | | II | | | | | | | III | | | | | | | | | | | | | II | II | | | | |
| 平丘墩M24 | | | | | II | | | | | | | | | III | | | | | | | | | | | | | | | |
| 越城M6 | | | | | | | | | | | | II | | | | | | | | | | | | | | | | | |
| 越城M7 | | | | | | | | | I | | | | III | | | | | | | | | | | | | | | | |
| 越城M3 | | III | | | | | | | | | | III | | | I | | | | | | | | | | | | | | |
| 越城M2 | | | I | | | | | | | | | | | | | | | | | | | | | | | | | | |
| 反山M18 | | | | | III | | | | | | | | | | | | | | | | | | | | | | | | |
| 徐步桥M4 | | | | | | | | | | | IV | | | | | | | | | | | | | | | | | | |
| 福泉山T21M4 | | | | | | | | | | | | | | IV | | | | | | | | | | | | | | | |
| 福泉山M6 | | | | | | | | | | | | | | | | | | | | | | | | | | I | | | |

续 表

| | 鼎 A | 鼎 Ba | 鼎 Bb | 鼎 C | 豆 A | 豆 B | 豆 C | 豆 D | 豆 E | 豆 F | 盘 A | 盘 B | 双鼻壶 A | 带流壶 Aa | 带流壶 Ab | 带流杯 | 尊 | 簋 | 贯耳罐 | 小杯 | 复合滤器 | 漏斗 | 三足盉 | 鬶 | 瓦足盘 | 深腹盘 |
|---|---|---|---|---|---|---|---|---|---|---|---|---|---|---|---|---|---|---|---|---|---|---|---|---|---|---|
| 王家山H1 | | | | | | | | | | | | | | | | | | | | | | | | Ⅰ | | |
| 雀幕桥M1 | Ⅳ | | | | | | | | | | | | | | Ⅱ | Ⅰ | | | | | | | | | | |
| 广富林M2 | | Ⅳ | | | | | | | | | | | | | | | | | | | | | | | | |
| 徐步桥M7 | | | Ⅱ | | | | | | | | | | | | | | | | | | | | | | | |
| 雀幕桥M7 | | | | | Ⅳ | | | | | | | | | | | | | | | | | | | | | |
| 千金角M7 | | | | | | | | | | | | | Ⅳ | | | | Ⅰ | Ⅰ | | | | | | | | |
| 徐步桥M5 | | | | | | | | | | | Ⅴ | | | | | | | | | | | | | | | |
| 广富林M1 | | | | | | | | | | Ⅰ | | | | | | | | | Ⅰ | | | | | | Ⅰ | |
| 马桥T10⑤ | | | | | | | | | | | | | | | | | | | | | | | Ⅱ | | | |
| 寺墩② | Ⅴ | | | | | | | | | | | | | | | | | | | | | | | Ⅱ | | |
| 徐步桥M12 | | Ⅴ | | | | | | | Ⅱ | | | | | | | | | | | | | | Ⅲ | | | |
| 福泉山T22M5 | | | Ⅲ | | | | | | | Ⅱ | | | | | | | | | | | | | | | | |
| 福泉山T23M2 | | | | | Ⅴ | | | | Ⅲ | | | | | | | | | | | | | | Ⅳ | | | |
| 雀幕桥M3 | | | | | | | | | | | | Ⅴ | | | | | | | | | | | | | | |
| 草鞋山M198Ⅰ组 | | | | | | | | | | | | | Ⅴ | Ⅴ | Ⅲ | | | | | | | | | | | Ⅰ |
| 福泉山T27M2 | | | | | | | | | | | | | | | | Ⅱ | Ⅱ | | | | | | | | | |
| 雀幕桥 | | | | | | | | | | | | | | | | | | Ⅱ | | | | | | | | |
| 嘉善新港木井 | | | | | | | | | | | | | | | | | | | | | | | | | | |
| 徐步桥M11 | | | | | | | | | | | | | | | | Ⅲ | | | | | | | | | Ⅱ | Ⅱ |
| 果园村下层 | | | | | | | | | Ⅵ | | | | | | | Ⅲ | Ⅲ | | | | | | | | | |
| 草鞋山M198Ⅱ组 | | | | | | | | | | | | | Ⅳ | | | | | | | | | | | | | |
| 平丘墩M1 | | | | | | | | | | | | | | | | | | | Ⅰ | | | | | | | |
| 福泉山T15M3 | | Ⅵ | | | | | | | | | | | | | | | | | Ⅱ | | | | | | | |
| 平丘墩M9 | | | | | Ⅵ | | | | | | | | | | | | | | | | | | | | | |
| 千金角M5 | | | | | | | | | | | | | | | | | Ⅲ | | | | | | | Ⅲ | | |
| 千金角M3 | | | | | | | | | | | | | Ⅳ | | | | Ⅲ | | | | | | | | | |
| 亭林 | | | | | | | | | | | | | | | | | | | | | | | | Ⅳ | | |
| 良渚 | | | | | | | | | | | | | | | | | | Ⅲ | | | | | | | | |

## (二) 陶器组合、地层关系和分期

依据陶器型式划分的结果，可将57个主要单位的陶器组合列成表一，根据器物组合和共存关系，将上述单位分为八组。

第一组：以吴家埠M19、M17为代表，AⅠ、BaⅠ式鼎，BⅠ式豆，AⅠ式盘，以及AⅠ式小杯，Ⅰ式复合滤器，Ⅰ式漏斗状器为主要器型。

第二组：以龙南88F2和张陵山M3、M4为代表，以AⅡ式、CⅠ式鼎，AⅠ式豆，AⅡ式盘，AⅠ式双鼻壶，AaⅠ、Ⅱ式带流壶等为主要器型，并有AⅡ式小杯等。

第三组：以龙南87M1、庙前M24为代表，以BⅠ式盘，AⅡ式双鼻壶等为主要器型，并有CⅠ、Ⅱ式，BⅡ式豆，Ⅱ式复合滤器，Ⅱ式漏斗状器等。

第四组：以平丘墩M24、越城M6为代表，以AⅢ式、CⅡ式鼎，AⅡ式豆，AⅢ式、BⅡ式盘，AⅢ式双鼻壶和AaⅢ式带流壶为主要器型。

第五组：以福泉山T21M4、越城M3为代表，以BaⅢ式、BbⅠ式鼎，AⅢ式豆，AⅣ、BⅢ式盘，AaⅣ、AbⅠ式带流壶为主要器型，并有EⅠ式豆，Ⅰ式盉，Ⅰ式鬶等。

第六组：以雀幕桥M1、千金角M7为代表，以AⅣ式、BaⅣ式、BbⅡ式鼎，BⅣ式豆，BⅣ式盘，AⅣ式双鼻壶，AbⅡ式带流壶，Ⅰ式带流杯，Ⅰ式尊，Ⅰ式簋为主要器型，并有Ⅰ式瓦足盘，Ⅰ式椭圆盘豆，Ⅱ式盉，Ⅱ式鬶等。

第七组：以福泉山T22M5、草鞋山M198为代表，以AⅤ式、BaⅤ式、BbⅢ式鼎，AⅤ式、EⅡ式、Ⅲ式豆，AⅤ式、BⅤ式盘，AⅤ式双鼻壶，AaⅤ式、AbⅢ式带流壶，Ⅱ式带流杯，Ⅱ式尊，Ⅱ式簋，Ⅰ式贯耳罐为主要器形，并有Ⅲ式盉，Ⅱ式瓦足盘，Ⅱ式椭圆盘豆，Ⅰ式深腹盆，Ⅲ式鬶等。

第八组：以福泉山T15M3、平丘墩M9为代表，以BaⅥ式鼎，AⅥ式盘，AⅥ式双鼻壶，Ⅲ式带流杯，Ⅲ式尊，Ⅲ式簋，Ⅱ式贯耳罐为主要器型，并有Ⅱ式深腹盆，Ⅳ式鬶等。

通过对表一的重新整合，可将八个组的主要器物组合归纳成表二。

在八个组的各单位中，具有叠压打破关系的单位较少，仅有：

平丘墩M13（七组）　打破　M11（六组）　千金角M5（八组）　叠压　M9（六组）
平丘墩M13（七组）　叠压　M10（七组）　徐步桥M1（七组）　打破　M2（七组）
平丘墩M1（七组）　打破　M7（七组）　龙南88H1（四组）　叠压　88F1（二组）

其中平丘墩M13与M10、M1与M7，徐步桥M1与M2随葬陶器差别不大，其他单位中陶器则有明显差别。由地层关系可知，二组早于四组，六组早于七、八两组，而从一组到八组器物变化是依类型学方法排出的一个序列，它反映了器物演变的逻辑过

表二　良渚文化各组器物组合关系表

| 类别/式别/组别 | 鼎A | 鼎Ba | 盘A | 豆A | 双鼻壶A | 带流壶Aa | 盘B | 鼎Bb | 带流壶Ab | 三足盉 | 豆E | 鬻 | 带流杯 | 尊 | 簋 | 瓦足盘 | 豆F | 贯耳罐 | 深腹盆 | 豆D | 小杯A | 复合滤器 | 漏斗 | 豆B | 豆C | 鼎C |
|---|---|---|---|---|---|---|---|---|---|---|---|---|---|---|---|---|---|---|---|---|---|---|---|---|---|---|
| 一组 | I | I | I |  |  |  |  |  |  |  |  |  |  |  |  |  |  |  |  |  |  |  |  |  |  |  |
| 二组 | II |  | II | I | I | I,II |  |  |  |  |  |  |  |  |  |  |  |  |  |  |  |  |  |  |  |  |
| 三组 | III | II |  | II | II | III | I | I | I | I | I | I |  |  |  |  |  |  |  |  |  |  |  |  |  |  |
| 四组 | IV | III | III | III | III |  | II | II | II | II |  | II | I | I | I |  |  |  |  |  |  |  |  |  |  | I |
| 五组 |  | IV | IV |  | IV |  | III | III | III | III | II,III | III | II | II | II | I | I |  |  | I | I |  |  |  |  |  |
| 六组 | V | V | V | IV | V | V | IV |  |  |  |  | IV | III | III | III | II | II | I | I |  | II | II | II | II | I,II | II |
| 七组 |  | VI |  | VI |  |  | V |  |  |  |  |  |  |  |  |  |  | II |  |  |  |  |  |  |  |  |
| 八组 |  |  |  |  | VI |  |  |  |  |  |  |  |  |  |  |  |  |  | II |  |  |  |  |  |  |  |

・良渚文化的初步分析・

程,故而由地层关系上也就证明了从一组到八组实际上具有从早到晚的时间关系,即第一组最早,第八组最晚。

第一组器物总体风格上近于崧泽文化,但又孕育了良渚文化部分因素,可称之为崧泽文化和良渚文化间的过渡期。第二组与第三组较接近,共有B型豆、复合滤器、漏斗状器等存在时间较短的器物,A型豆的衔接也较紧密。与一组相比,二组则新出A型双鼻壶、Aa型带流壶、D型鼎和A型豆等;而三组与四组,B、C型豆、复合滤器、漏斗状器消失,所以二、三组可以归为一期。四组与五组虽有差异,如五组新出Ab型带流壶、E型豆、盉、鬶,但共性还是比较大的,如A型鼎、A型豆及A、B型盘、Aa型带流壶这些主要器类均衔接紧密,若与三、六组相比,其共性就显现出来,所以也可暂归为一期。六、七、八组间的衔接最为紧密,具有了前文所介绍的九种十一型主要器物,尤其是具有带流杯、尊、簋这些较晚才出现的新器形,而它们与瓦足盘、深腹盆、贯耳罐和椭圆形盘豆一样,是五组中所不见的,故而也可归为一期。但八组与七组相比,Bb型鼎、E型豆、B型盘、带流壶、盉等器物消失,显示出一定的差别,因目前属第八组的材料还很少,暂还不宜将它独立为一期。

这样,便可依陶器将良渚文化划为三期七段:除一组属过渡期外,二、三组为第一期,四、五组为第二期,六、七、八组为第三期,各组分别为一段。各期主要文化特征概括如下:

良渚文化第一期,即早期。陶器以砂红、泥灰、泥灰胎外黑陶为主。多素面,纹饰以凹弦纹、凸棱、镂孔为主。崧泽文化风格的东西仍有一定数量。新出器物则多具良渚文化典型形态,如鼎、豆、双鼻壶等,典型鱼鳍足也已出现。器物组合以A型、Ba型鼎、A型豆、A型盘、双鼻壶为主。另存在不少具有地域性特征的器物。本期玉器多为小饰件,较大器物以玉镯为主。

良渚文化第二期,即中期。陶质、陶色、纹饰与一期相近,各种器形趋于完善。鼎类演变、分化较大,较晚阶段演化出T形足。一期的部分因素如小杯、B、C型豆等消失。新出三足盉、袋足鬶、E型豆。典型器物组合为A、B型鼎、A型豆、双鼻壶、带流壶和E型豆。玉器极为发达,出现琮、璧、钺等一系列制作精美的玉礼器,小件玉饰更普遍。

良渚文化第三期,即晚期。陶质、陶色、纹饰均与二期相近,并出现繁缛的细刻画纹,各型器物间相互借鉴较多。盘类数量大增,鱼鳍足少见,而以背面宽大的T形足为主。豆类普遍出现竹节状柄。双鼻壶腹部已开始扁平。新出尊、簋、贯耳罐、瓦足盘、F型豆、深腹盆和少量腹内带隔档的鼎。典型器物组合为A和B型鼎、A型豆、双鼻壶、盘、带流壶、带流杯、尊、簋、贯耳罐也是很常见的器物。玉器保持二期风格,但刻纹已有所简化。

综上所述，良渚文化总体特征可以概括为：陶器以夹砂红、褐陶、泥质灰陶、泥灰胎外黑陶为主，基本采用轮制技术，器表纹饰较少，磨光黑陶较为独特，始终流行凹弦纹、凸棱及镂孔，晚期出现繁缛的刻画纹。圈足、三足器发达，带流器也较发达。器形以鼎、豆、盘、双鼻壶为主，晚期则增加尊、簋和贯耳罐。玉器以琮、璧、钺为代表，兽面纹为主要图案，另外小件玉饰较为普遍。石器以耘田器、石犁、斜柄石刀、有段石锛为主。除陶、玉、石器外，骨器、象牙器、漆器也颇具特色。

## （三）绝对年代分析

目前已发表的测年数据共39个[①]（表三），范围在公元前4037—前1689年。其中1号张陵山T2第②层木炭的测定数据太早，应剔除。2、3、4号数据的最早值已跨入已知的崧泽文化范畴，应取其校正年代的中间值，即公元前3300年左右。25、27、28、31、32号数据最晚值已进入公元前20世纪，即目前公认的中原夏文化纪年内，但至今尚未发现良渚文化中有任何夏文化遗物或同时代可比器物，而且这些数据的最早值与20号以后的各数据一样均在公元前2100年左右，所以良渚文化大体应在公元前3300—前2100年间，延续达1 200年之久。

**表三　良渚文化有关年代测定数据表**

| 序号 | 单　位 | 标本号 | 方法 | 测定年代（BC） | 高精度表校正年代（BC） |
|---|---|---|---|---|---|
| 1 | 张陵山T2②木炭 | ZK-0443 | 碳十四 | 3060 | 4037—3535 |
| 2 | 福泉山T3炭化木 | ZK-1250 | 碳十四 | 2650 | 3499—3142 |
| 3 | 钱山漾乙区T22④炭化谷 | ZK-0049 | 碳十四 | 2620 | 3496—3100 |
| 4 | 钱山漾乙区④木杵 | ZK-0097 | 碳十四 | 2610 | 3375—3101 |
| 5 | 龙南88F1草木灰 | | 碳十四 | 3190±92 | |
| 6 | 龙南88H22 | | 碳十四 | 3085±92 | |

---

① 碳十四数据采自：《中国考古学中碳十四年代数据集（1965—1991）》，文物出版社，1991年；《江苏吴江龙南新石器时代村落遗址第一、二次发掘简报》，《文物》1990年第7期。福泉山、亭林、马桥的数据采自：黄宣佩：《关于良渚文化若干问题的认识》，《中国考古学会第一次年会论文集（1979）》，文物出版社，1980年；吴建民：《长江三角洲史前遗址的分布与环境变迁》，《东南文化》，1988年第6期；《上海博物馆实验室热释光断代报告》，《考古》1990年第3期，其中14C半衰期以5 568年计，热释光取《报告》中的平均值，置信度68%。

续 表

| 序号 | 单 位 | 标本号 | 方法 | 测定年代（BC） | 高精度表校正年代（BC） |
|---|---|---|---|---|---|
| 7 | 寺墩T108②炭粒 | NB-0030 | 碳十四 | 2200 | 3013—2470 |
| 8 | 安溪T3④梯形木 | ZK-0044 | 碳十四 | 2260 | 2915—2628 |
| 9 | 亭林T2炭化木 | SH-0030 | 碳十四 | 2250 | 2910—2629 |
| 10 | 钱山漾甲区T16④千篰 | ZK-0047 | 碳十四 | 2170 | 2882—2528 |
| 11 | 钱山漾乙区13④竹绳 | ZK-0050 | 碳十四 | 2070 | 2857—2464 |
| 12 | 龙南88H1 |  | 碳十四 | 2715±108 |  |
| 13 | 福泉山早中期陶片 | SB-71 |  | 2760±210 |  |
| 14 | 龙南87F1稻谷炭 | ZK-2271 | 碳十四 | 2700±108 |  |
| 15 | 福泉山T8④夹砂陶 | SB166 | 热释光 | 2740±400 |  |
| 16 | 福泉山早中期陶片 | SB70 | 热释光 | 2660±210 |  |
| 17 | 福泉山T8④泥灰陶 | SB167 | 热释光 | 2660±430 |  |
| 18 | 青浦凤溪T6④木头 | ZK-0292 | 碳十四 | 2010 | 2590—2340 |
| 19 | 福泉山T8③泥灰陶 | SB74 | 热释光 | 2500±310 |  |
| 20 | 雀幕桥M1棺盖板 | ZK-0242 | 碳十四 | 1880 | 2463—2141 |
| 21 | 马桥TT6⑤黑粗砂陶 | SB102 | 热释光 | 2460±230 |  |
| 22 | 福泉山T8③泥红陶 | SB73 | 热释光 | 2400±220 |  |
| 23 | 亭林T4（下）泥灰陶 | SB94 | 热释光 | 2370±350 |  |
| 24 | 马桥T6⑤鬶袋足 | SB101 | 热释光 | 2310±190 |  |
| 25 | 福泉山晚期陶片 | SB67 |  | 2300±300 |  |
| 26 | 亭林T1②树干残段 | ZK-0254 | 碳十四 | 1780 | 2294—1989 |
| 27 | 亭林T4（下）橘黄泥质软陶 | SB93 | 热释光 | 2200±360 |  |
| 28 | 辉山M2葬具（木头） | ZK-2109 | 碳十四 | 1680 | 2134—1900 |
| 29 | 亭林T4M12人骨 | ZK-2272 | 碳十四 | 1590 | 2131—1689 |
| 30 | 亭林T4（下）泥质陶 | SB95 | 热释光 | 2120±370 |  |
| 31 | 福泉山晚期陶片 | SB68 | 热释光 | 2100±190 |  |
| 32 | 亭林T4（下）泥灰罐 | SB96 | 热释光 | 1990±180 |  |

续表

| 序号 | 单　位 | 标本号 | 方法 | 测定年代(BC) | 高精度表校正年代(BC) |
|---|---|---|---|---|---|
| 33 | 福泉山T8③泥红陶 | SB165 | 热释光 | 1980±360 | |
| 34 | 马桥下层鬶形器足 | 缺标本编号 | 热释光 | 2610 | |
| 35 | 马桥下层陶口沿 | | 热释光 | 2560 | |
| 36 | 马桥下层陶阔把 | | 热释光 | 2540 | |
| 37 | 亭林下层陶片① | | 热释光 | 2390 | |
| 38 | 亭林下层陶片② | | 热释光 | 2180 | |
| 39 | 马桥下层盉口沿 | | 热释光 | 2150 | |

注：龙南遗址数据均经过树轮校正。碳十四数据采自：中国社会科学院考古研究所编：《中国考古学中碳十四年代数据集(1965—1991)》，文物出版社，1991年；《江苏吴江龙南新石器时代村落遗址第一、二次发掘简报》，《文物》1990年第7期；福泉山、亭林、马桥的数据采自黄宣佩：《关于良渚文化若干问题的认识》，《中国考古学第一次年会论文集(1979)》文物出版社，1980年；吴建民：《长江三角洲史前海岸线变迁》，《东南文化》1988年第3期；王维达、夏君定：《上海博物馆实验室热释光断代报告》，《考古》1990年第3期。

关于良渚文化起始年代的确定，还可从其他相关遗址的数据得到旁证。如吴家埠第②层测定年代为公元前3360±145年（经树轮校正）[1]，其文化相当于本文的"过渡期"；龙南T105第⑦层木头测定年代经高精度表校正后为公元前3597—前3347年[2]，发掘者认为该层属崧泽文化晚期。两个数据下限均在公元前3300年前，从而也从侧面反映了良渚文化起始年代。

序号17之前的单位中，12号龙南88H1和14号龙南87F1属良渚文化二期，年代均不超过公元前2800年；钱山漾遗址下层据器物形态分析，延续时间较长，3、4号与10、11号数据差别较大，其分界大约在公元前2900—前2800年间，而报告发表的CⅡ式鼎属二期，可能这两组数据反映了一、二期的时差。所以良渚文化一、二期的分界在公元前2800年左右。序号18以后的数据，均在公元前2600年以下，各单位都属良渚文化三期，因而良渚文化二、三期之界便在公元前2600年左右。7号的寺墩遗址测定年代跨度较大，从发表的器物看，属良渚文化三期，其绝对年代下限已在公元前2600年以内，与二、三期的分界年代不矛盾。因此，大致可以推知：

---

[1] 浙江省文物考古研究所：《余杭吴家埠新石器时代遗址》，《浙江省文物考古研究所学刊》，科学出版社，1993年。

[2] 中国社会科学院考古研究所：《中国考古学中碳十四年代数据集(1965—1991)》，文物出版社，1991年。

良渚文化第一期：约当公元前3300—前2800年间；
良渚文化第二期：约当公元前2800—前2600年间；
良渚文化第三期：约当公元前2600—前2100年间。

## 三 范围和阶段性区域差异

### （一）良渚文化范围

目前良渚文化遗址已发现上百处，可以明确归入良渚文化的遗址，北以丹阳王家山、武进寺墩为代表，东以福泉山为代表，南以良渚遗址群为代表，西以钱山漾为代表，详见图二。该文化范围大体为：东到上海，南至钱塘江，西以茅山、天目山为界，北达宁镇地区边缘的长江以南，围绕太湖大致呈三角状。

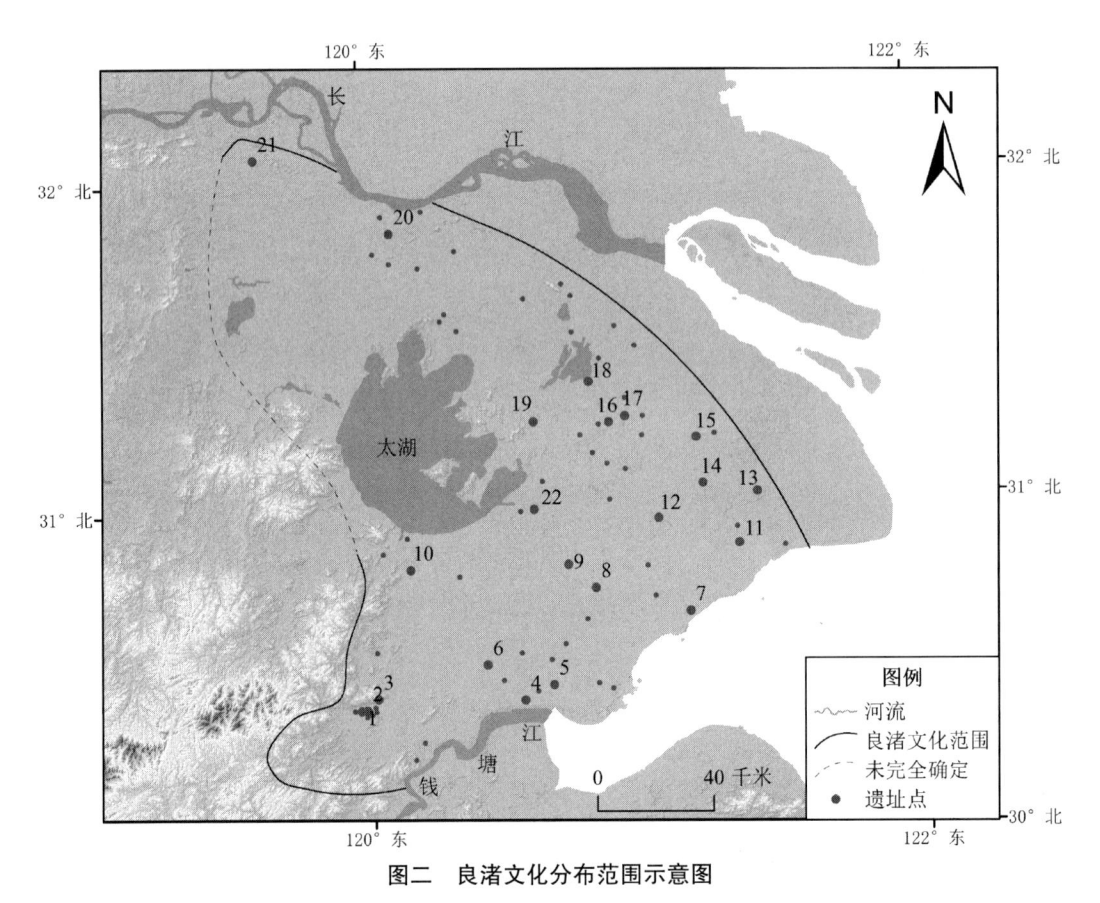

图二 良渚文化分布范围示意图

1.吴家埠 2.反山 3.瑶山 4.徐步桥 5.千金角 6.荷叶地 7.平丘墩 8.雀幕桥 9.双桥 10.钱山漾 11.亭林 12.金山坟 13.马桥 14.广富林 15.福泉山 16.张陵山 17.赵陵山 18.草鞋山 19.越城 20.寺墩 21.王家山 22.龙南

至于邻近的宁镇地区,在太岗寺[①]、昝庙[②]等处均发现若干良渚文化因素,但从全部遗物看,其文化主体构成并不是良渚文化。另外,宁绍平原的良渚文化因素以晚期为多,且本土文化并未被完全取代,也不能归入良渚文化之中。对于浙东诸遗址中良渚文化因素所占比例不低的问题,涉及考古学中一些理论问题,本文不拟详论,故暂将其划为非良渚文化区[③]。

## (二)良渚文化阶段性区域差异

所谓阶段性区域差异与考古学上的"类型"有所不同,它是每个区域间共性较大,而差别不足以构成一个相对独立的亚文化系统;更重要的是,形成差别的多数文化因素没有成为较持久而完整的演化序列,在时间纵轴上不能长久地使该区域保持相对独立性。

目前材料表明在良渚文化一期,不论是良渚地区还是苏沪地区都残存有一部分崧泽文化风格的器物,如Ba型鼎、D型豆、小杯等,三角形夹圆形镂孔装饰也广泛应用。属良渚文化的A型鼎、A型盘、双鼻壶及鱼鳍状足在各地共存。但良渚地区为数不少的复合滤器、漏斗状器、C型豆都不见于其他地区,并且孕育了A型鼎、A型豆等良渚文化因素的最早形态。嘉兴地区同时期良渚文化还未显出独特面貌。苏沪地区虽然有D型鼎、带流壶这类有地域性的良渚文化因素,但更多保留了崧泽文化的风格。如龙南88M11中的鼎、杯都有典型的崧泽晚期风格;金山坟T1M2[④]除M2∶2鼎外,其他器物也都有崧泽晚期风格。这类现象在龙南第③层、张陵山上层墓中同样大量存在。这正是与良渚地区同期文化的一个重要差别。

良渚文化二期,各地加强了统一的趋势,除尊、簋、贯耳罐、瓦足盘、深腹盆等几种外,其他的典型良渚文化因素均已出现,各地都已摆脱崧泽文化遗风。良渚地区复合滤器、漏斗状器、B、C、D型豆等已然绝迹,A型鼎、B型盘、A型豆较多,双鼻壶、带流壶较少,C型鼎基本不见,以反山和瑶山墓地为代表的玉器制作达到了极高水准,聚落规模也较为庞大。嘉兴地区A型鼎、A型豆、B型盘较多,双鼻壶也为数不少;玉器制作多为小件饰品,远不能与良渚地区相比。苏沪地区则形成了以A、B、C型鼎、E型豆、B型盘、双鼻壶、带流壶为主的器物群,其中C型鼎、带流壶成为与良渚地区陶

---

① 江苏省文物工作队太岗寺工作组:《南京西善桥太岗寺遗址的发掘》,《考古》1962年第3期。
② 魏正瑾:《昝庙遗址内涵的初步分析》,《江苏省哲学社会科学联合会1981年年会论文选(考古学分册)》,1982年。
③ 朔知:《良渚文化的范围——兼论考古学文化共同体》,《南方文物》1998年第2期。
④ 上海市文物保管委员会:《上海青浦金山坟遗址试掘》,《考古》1989年第7期。

器的主要区别；玉器制作也发达起来，但无论数量、质量还都难与良渚地区媲美。总体来看，这一时期良渚文化共性增强，嘉兴地区既受到良渚地区也受到苏沪地区的影响，同时具有一定的地方特征。

良渚文化三期，差异进一步缩小，形成了以鼎、豆、盘、双鼻壶为主的器物组合。但嘉兴地区的文化面貌比二期有了较大不同，尊、簋、贯耳罐大量出现。良渚地区已看不到二期的繁盛，玉器制作衰落，陶器大都与苏沪地区相同，但带流壶、带流杯仍少见。苏沪地区则与嘉兴地区相近，拥有相同类型的鼎、豆、盘、双鼻壶、带流壶、带流杯，唯有尊、簋、贯耳罐没有嘉兴地区兴盛。苏沪地区此时的器物形制规整，装饰繁杂，带流壶、带流杯、盉、鬶较为流行；在鼎、双鼻壶、杯上刻精细纹饰、T形足上刻月牙形图案和圆形镂孔这些特征在其他地区少见；玉器制作水平取代了良渚地区二期，成为晚期的代表。

由上可知，良渚文化在不同发展阶段存在着不同地域文化发展的不平衡现象。一期时差别较大，二期时相对较小，到三期时文化面貌已大体统一。以上所述情况可简化列为表四。

**表四　良渚文化三区之间文化因素（陶器）差异比较表**

| 期别 | 器类 \ 地区 | 良渚地区 | 嘉兴地区 | 苏沪地区 |
| --- | --- | --- | --- | --- |
| 一 | 崧泽风格器物 | 较少 |  | 较多 |
|  | 复合滤器、漏斗状器 | 多 |  | 无 |
|  | 小口鼓腹罐、C型豆 | 多 |  | 无 |
|  | 带流壶 | 无 |  | 有 |
| 二 | A型豆 | 多 | 多 | 少 |
|  | 双鼻壶 | 少 | 稍多 | 多 |
|  | 带流壶 | 无 | 少 | 多 |
|  | C型鼎 | 无 | 无 | 有 |
| 三 | 内腹带隔档鼎 | 无 | 多 | 无 |
|  | 尊 | 少 | 多 | 较多 |
|  | 簋 | 少 | 多 | 较多 |
|  | 贯耳罐 | 少 | 多 | 较多 |
|  | 带流壶 | 无 | 有 | 多 |
|  | 带流杯 | 无 | 有 | 多 |
|  | 蟠螭纹饰 | 无 | 无 | 有 |

## 四　文化源流

关于良渚文化的源流问题，以往研究取得了一定的成果[①]，本文在此略加进一步分析。

1. 文化来源：一种文化在一地的产生不外乎以下几种方式：(1) 本地早期文化的演变；(2) 异地文化的迁入；(3) 本地早期文化与异地文化交融；(4) 在各文化交接地带，由于长期的多元交流，逐步形成一定的地域特征积淀下来。在良渚文化主要分布区内，异地文化因素较少，崧泽文化占绝对优势，分布范围与良渚文化基本重合，故而其来源只能是(1)这种方式。

从纹饰看，崧泽晚期的三角形夹圆形镂孔、花瓣足、细凹弦纹在良渚文化一期中经常出现；从器物形态看，崧泽晚期的扁凿形鼎足、鼎腹外带腰沿或凸棱、筒形小杯、双腹豆、束颈平底盆等，都可在良渚文化一期中找到同类器；就器物组合而言，崧泽晚期的鼎、豆、罐、壶、盆器物组合均与良渚文化一期相近；良渚文化的玉器制作如镯、璜、璧、环等均承袭崧泽文化并加以发展；良渚文化石器如斧、凿、锛均可在崧泽文化中找到其早期形态。这说明良渚文化是源于崧泽文化的(图三)。

2. 文化去向：目前在良渚文化分布区及附近发现的晚于良渚文化的有马桥文化和湖熟文化。湖熟文化面貌迥异，显非良渚文化后裔。马桥文化略有时间间隔，陶器与良渚文化有较大差异，但其成分较复杂，其中与良渚文化有关的因素如下(图四)：

两者的盆极为近似，难以明显区别。瓦足盘均瓦片状足，但良渚文化三期的盘腹较深，而马桥文化的较浅。鬶在马桥文化中也有发现，但三足变得瘦高。豆与良渚文化三期风格相同的是豆柄较细而高，柄上常饰凸棱或凹弦纹。石器相同之处较多，如石镰、刀、三角形犁、斜柄刀、锛等，差异不是太大。因此可以看出马桥文化确实存在一定比例的良渚文化因素。

目前良渚文化去向在其分布区周围只找到以上一些线索，而其主要方面在本地可能是消失了，但从全国材料来看，黄河下游及华南地区散布的一些良渚文化晚期因素可能即是良渚文化主体去向的一个反映，即主体的迁移和流散。这在后面有关章节中另有详论。

---

① 黄宣佩：《关于良渚文化若干问题的认识》，《中国考古学会第一次年会论文集(1979)》，文物出版社，1980年；牟永抗：《浙江新石器时代文化的初步认识》，《中国考古学会第三次年会论文集(1981)》，文物出版社，1984年。

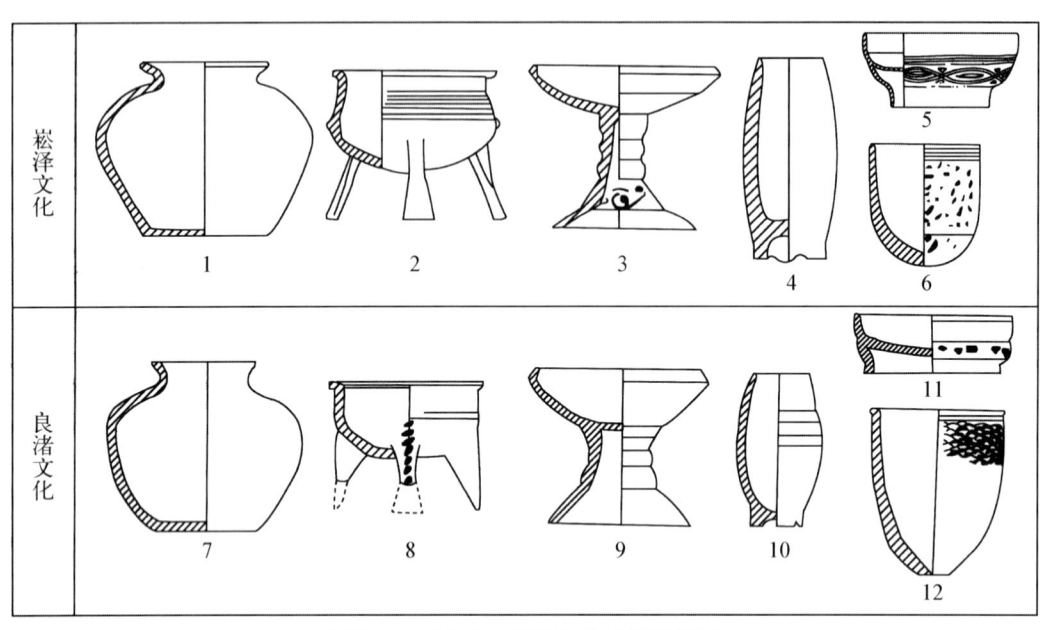

**图三 良渚文化与崧泽文化陶器比较图**

1. 罐(崧泽M77∶1) 2. 鼎(崧泽61T7∶2) 3. 豆(崧泽M88∶9) 4. 杯(崧泽M87∶2) 5. 双腹豆(寺墩M2∶1) 6. 缸(张陵山下层) 7. 罐(龙南88H20∶1) 8. 鼎(龙南88M1∶8) 9. 豆(吴家埠M11∶7) 10. 杯(越城M1∶4) 11. 双腹豆(龙南T4104②) 12. 缸(福泉山T3M2∶4)

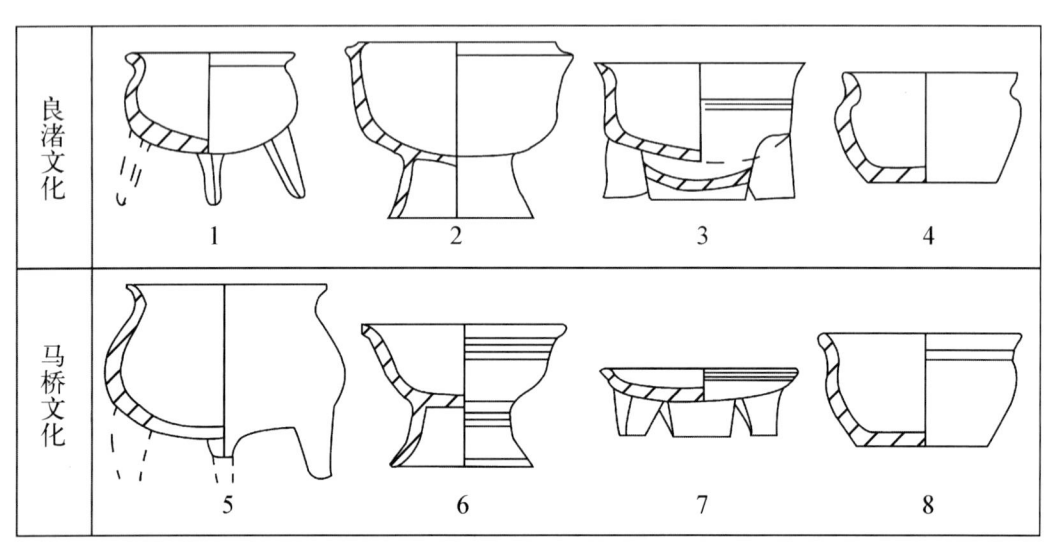

**图四 良渚文化与马桥文化陶器比较图**

1. 鼎(花城窖藏∶12) 2. 豆(平丘墩M8∶8) 3. 瓦足盘(平丘墩M1∶5) 4. 盆(徐步桥M4∶4) 5. 鼎(马桥A1∶3) 6. 豆(马桥C11∶3) 7. 瓦足盘(马桥A1∶1) 8. 盆(马桥TⅢ∶11)

## 五　与周边文化的关系

良渚文化虽偏处东南一隅,但在千余年的发展历程中,却与周围同时期文化广泛接触。探讨它们之间的关系,对于深入了解良渚文化的发展、变迁有着重要意义。

### (一) 与浙东同时期文化的关系

良渚文化一、二期与浙东地区文化的交流较少。如绍兴仙人山遗址曾发现一件典型的良渚文化CⅡ式鼎,以及用CⅡ式鼎的大鱼鳍足接A型鼎身;此外仙人山下层、凤凰墩、后白洋曾出土过鱼鳍足、圈足盘等物[1]。详情如下:

良渚文化在二、三期之交开始大规模渗透到浙东地区文化中。宁波慈湖遗址[2]下文化层只发现极少量相当于良渚文化一期较早阶段的鱼鳍足;而上文化层除保留部分本土因素外,泥质黑皮(衣)陶占陶片总数的一半,有竹节状细柄豆、双鼻壶、盘、鬶等。尤为突出的是大批良渚文化因素除部分属二期外,大都可归入三期。奉化名山后遗址[3]第⑩层以下未见良渚文化因素。之后有少量鱼鳍足、T形足出现,到第⑤层时良渚文化因素已占相当一部分,鱼鳍足、T形足大量出现,另有双鼻壶、竹节把豆、镂孔矮圈足豆等。这批器物绝大多数在二期四段以后,尤以三期五段到六段为多。

浙东地区目前发现的良渚文化因素最东可能已到舟山群岛。岱山县孙家山遗址就曾采集到一批良渚风格的石、陶器[4]。象山县塔山遗址[5]10个地层中,第⑧层以下为本土文化因素,第⑦至第⑤层除延续本土早期文化风格外,同时出现较多的良渚文化因素。陶器中泥质灰陶、泥质黑皮陶比例大增,鱼鳍足、T形足的盆形鼎,与釜共同成为主要炊器;第⑥、第⑤层还多见瘦高竹节把豆、泥质黑皮陶或灰陶豆;双鼻壶也从第⑥层开始出现。此外,三角形石犁、耘田器也较多。塔山遗址第⑦至第⑤层的良渚

---

[1] 符杏华:《浙江绍兴的几处古文化遗址》,《南方文物》1994年第4期。
[2] 浙江省文物考古研究所:《宁波慈湖遗址发掘简报》,《浙江省文物考古研究所学刊》,科学出版社,1993年。
[3] 浙江省文物考古研究所:《奉化名山后遗址第一期发掘的主要收获》,《浙江省文物考古研究所学刊》,科学出版社,1993年。
[4] 王和平、陈金生:《舟山群岛发现新石器时代遗址》,《考古》1983年第1期。
[5] 浙江省文物考古研究所:《象山县塔山遗址第一、二期发掘》,《浙江省文物考古研究所学刊》,长征出版社,1997年。

文化因素也在三期五、六段之时。姚江两岸也发现有竹节状豆柄和不少鱼鳍足、T形足与本土文化因素共存①。

以上诸遗址具有一定的共同性,即较早期均为较单纯的本土文化,后期则涌入良渚文化因素,两种因素共存。除少数外,各处良渚文化因素多属二、三期之交或三期,特别是三期六段左右,且分布面广。至于浙东本土文化对良渚文化的影响,目前还看不到太多的迹象,可以认为良渚文化与浙东本土文化是一种以单向为主的扩张形式,尤其在三期更是如此。

## （二）与浙西南、皖南、华南地区文化的关系

浙西南是山地丘陵区,至今考古工作甚少,相当于良渚文化时期的遗址主要有建德久山湖和江山山崖尾。久山湖遗址出土陶器以砂质红陶和泥质灰陶为主,分为A、B两组②。B组为本土文化特征;A组以鱼鳍足鼎、双鼻壶、簋、贯耳罐、浅盘折腹豆为代表,是典型良渚文化因素,时代不早于三期六段。山崖尾遗址在地层中有较多鱼鳍足,但鳍背隆起,较矮短,与良渚文化同类器相比有变异;T2H4出完整器4件,仅一件红陶鬻与良渚文化晚期的鬻接近③。这批材料反映出良渚文化曾传播到此并有所变异。

皖南山区在屯溪下林塘遗址第④层出土有少量大鱼鳍足,但鳍背弧度不明显;T④：3鱼鳍足,平面与良渚文化的相近,而横截面近圆形则与良渚文化的扁平状有所区别④。歙县新州遗址T13第⑤层一件黑陶豆与吴家埠T40：23相同;T15第⑤层大鱼鳍足尾端平,与良渚文化同类器的足尾呈圆弧状不大一样⑤。以上两批材料的年代约在良渚文化一、二期之交,不会晚于二期四段。直到目前,尚未发现良渚文化最早期和晚期因素曾在皖南地区出现。

赣北在清江筑卫城下层（第③至⑤层）曾出土大量鱼鳍足和T形足。据报告称,第④、第⑤层T形足横面小于竖面宽度,第③层则反之⑥,这与良渚文化T形足的演化

---

① 刘军：《河姆渡遗址调查概况》,浙江省文物考古研究所编的《学术交流（专辑〈1〉）》。
② 牟永抗、毛兆廷：《江山县南区古遗址、墓葬调查试掘》,《浙江省文物考古研究所学刊》,文物出版社,1981年。
③ 牟永抗、毛兆廷：《江山县南区古遗址、墓葬调查试掘》,《浙江省文物考古研究所学刊》,文物出版社,1981年。
④ 杨德标：《屯溪下林塘遗址试掘简报》,《文物研究（第一辑）》,黄山书社,1985年。
⑤ 承蒙安徽考古所宫希成提供,谨表谢意。
⑥ 江西省博物馆、北京大学历史系考古专业：《清江筑卫城遗址发掘简报》,《考古》1976年第6期;饶惠元：《清江遗址的文化分析》,《考古学报》1959年第3期。

趋势一致。山背来源头出土一件贯耳罐，起领、贯耳、耳上方一圈凸棱均同于良渚文化贯耳罐，但加圈足、通体饰回纹却又显出变异之态[1]。此外九江神墩一件长颈壶除无双鼻外，外形与良渚文化ＡⅤ式双鼻壶完全一致；新余、德安、靖安等地还出土过良渚式玉琮[2]。赣北的这批器物可确认其源于良渚文化。长颈壶、贯耳罐的形态反映出其年代不早于三期六段；而Ｔ形足和鱼鳍足除一部分可归于二期外，大都也属三期之物，部分Ｔ形足还显现出良渚文化最晚期形态。

若从赣北再往西到湖南境内，良渚文化因素的发现则甚少。湘乡岱子坪遗址中[3]，属一期的Ｍ62出土贯耳罐2件，起领、贯耳和圆腹风格同于良渚文化，不同的是罐底加了圈足；另一件高柄豆Ｍ62∶12也具有良渚文化Ａ型豆风格。Ｍ62的这组器物与良渚文化三期六段器物相近。据碳十四测定（树轮校正）岱子坪二期Ｍ3的年代为公元前2330±140年，所以一期年代不晚于公元前2400年左右，与Ｍ62器物所显示的时代相近。湖南境内其他有关的良渚文化因素主要在湘东地区，不多见，也不典型[4]。

良渚文化因素到此大约是其传播的最西界，可追寻的踪迹也不明显了。但广东却出现了一批良渚文化因素。石峡遗址[5]自一期开始便出现良渚文化风格的双鼻壶（有的无双鼻），如Ｍ89∶1，整体形制似良渚文化，但子母口、扁圆腹上带凸棱则有异。二期文化中双鼻壶仍以带凸棱与良渚文化相异，并开始出现小件玉器。三期文化未见双鼻壶，但新出良渚文化风格的玉琮、玉璧和陶鬶。这批良渚文化因素的起始年代因缺乏有说服力的可比器物而难与良渚文化比较，但三期墓葬中，Ｍ54的鬶与雀幕桥所出几无异样，雀幕桥与此类鬶共存的有Ⅱ式带流杯和Ⅰ式贯耳罐，因此石峡Ｍ54不会早于良渚文化三期六段；Ｍ105的玉琮也属良渚文化三期之形式；碳十四测定Ｍ26的年代为公元前2569—前2280年（经高精度表校正），因而良渚文化因素大约在二期时即已传播到此，三期六段左右时则有了相当规模。此外封开鹿尾村[6]、海丰田墘镇贝壳层中[7]，都曾出土过良渚式玉琮，虽无陶器共存，时代难断，但毕竟为良渚文化的传播提供了线索。而封开禄美村1号墓曾出石琮一件，与良渚文化玉琮形

---

[1] 江西省文物管理委员会：《江西修水山背地区考古调查与试掘》，《考古》1962年第7期。
[2] 李家和等：《江西新石器时代文化类型综述》，《江西省考古学会成立大会暨学术讨论会论文集》，1986年。
[3] 湖南省博物馆：《湘乡岱子坪新石器时代遗址》，《湖南考古辑刊（2）》，岳麓书社，1984年。
[4] 何介均：《湖南新石器时代文化的分区研究》，《考古学文化论集（1）》，文物出版社，1987年。
[5] 广东省博物馆、曲江县文化局石峡发掘小组：《广东曲江石峡墓葬发掘简报》，《文物》1978年第7期。
[6] 杨式挺：《封开县鹿尾村新石器时代墓葬》，《中国考古学年鉴（1984）》，文物出版社，1985年。
[7] 杨少祥、郑政魁：《广东海丰县发现玉琮和青铜兵器》，《考古》1990年第8期。

制完全一样,上有简化兽面纹,碳十四测定该墓年代为公元前2080±120年[1],正当良渚文化末期。

可以看出,良渚文化因素向皖南的传播主要在一、二期之交,但延续时间短、影响不明显。向浙西南、赣北、湖南和广东地区的传播可能自二期开始,三期六段时有了相当规模,并一直延续到最末期。路线是基本上沿山谷、河流传播,越往西影响力越弱,但玉琮、玉璧等礼器出土量颇多,然而到目前为止,在良渚文化区内还未发现有以上地区的本土文化因素。

## (三)与宁镇及附近地区文化的关系

宁镇地区20世纪50年代在谏壁烟袋山出土过T形足和三角形石犁[2]。昝庙下层一件敛口圈足豆,也与良渚文化的极为相似。在昝庙成组采集的器物中,发现良渚文化双鼻壶、斜柄石刀、刻兽面纹玉倒梯形器、玉璧等[3]。上述器物所跨时代较长,敛口圈足豆相当于良渚文化一期,双鼻壶相当于一期较晚或二期较早,背面横宽的T形足则是三期之物,这些器物种类和数量均不多。由此可知良渚文化自早至晚对宁镇地区仅有十分有限的影响。至于宁镇地区文化对良渚文化的影响,目前还找不到十分确切而充分的证据。

此外,安徽潜山薛家岗遗址三期墓葬中出土过小玉琮2件(彩版一〇,6)、玉瑗1件[4],都具有良渚文化风格。据调查枞阳县发现有类似良渚文化鱼鳍足的鼎足[5],年代可能相当于良渚文化二期。定远山根许曾在平整土地时发现玉琮、玉璧、玉锥形饰、穿孔石钺,另据言还同出有T形足、鬶等陶器[6]。这样看来,良渚文化因素在三期时传播到了此地。

海安青墩遗址上文化层发现有横面较宽的T形足、带流杯等;M18随葬有5件双鼻壶;另曾采集到16件玉器,包括琮、璧及镯、瑗、环等[7]。上文化层的良渚文化因素年代跨度可能较长,部分双鼻壶可早到一期二段,而T形足则在二期偏晚阶段,即四段前后。

---

[1] 杨式挺等:《广东封开县杏花河两岸古遗址调查与试掘》,《考古学集刊(第6集)》,中国社会科学出版社,1989年。
[2] 尹焕章、张正祥:《宁镇山脉及秦淮河地区新石器时代遗址普查报告》,《考古学报》1959年第1期。
[3] 魏正瑾:《宁镇地区新石器时代文化的特点和分期》,《考古》1983年第9期。
[4] 安徽省文物工作队:《潜山薛家岗新石器时代遗址》,《考古学报》1982年第3期。
[5] 阚绪杭、方国祥:《枞阳县新石器时代文化遗址调查报告》,《文物研究(第八辑)》,黄山书社,1993年。
[6] 纪仲庆:《良渚文化与古史传说》,《东南文化》1990年第5期注释〈7〉。
[7] 南京博物院:《江苏海安青墩遗址》,《考古学报》1983年第2期。

## (四) 与山东、苏北地区文化的关系

在苏北淮海地区，大汶口和龙山文化分布较密集[1]，良渚文化因素只在几个地点有所发现。阜宁板湖陆庄曾出玉琮、玉管、玉坠和陶鱼鳍足；1995年发掘出土有T形足、鬶、高柄豆、贯耳罐、盉、盘等。贯耳罐的出现表明其时代不早于三期六段。陆庄第7层厚约20—30厘米，遗物时代单一，类似遗址还有阜宁的东园、东沟、停翅港和宝应的水泗，这一带为滨海、沼泽环境，不适宜生活、生产，故而这些遗址皆应为临时性居址[2]。涟水三里墩也曾采集有实足鬶、贯耳壶、竹节把镂孔圈足豆和一件玉琮[3]。因未发表图片，其时代不能准确判断，但既有实足鬶、竹节把豆存在，可能时代不超过三期。

新沂花厅遗址北区墓葬中发现了大批良渚文化玉器，共出的还有一批良渚文化风格的陶器，如M18中，与玉琮、玉璧同出的有双鼻壶、贯耳罐、瓦足盘、带流杯；M20、M21也出与M18相同的瓦足盘[4]。它们大体都在三期六段左右。离花厅不远的邳县大墩子，也发现少量良渚文化因素，如M42：11和M302：1双鼻壶[5]，与良渚文化同类器完全相同。

在山东，也零星发现不少良渚文化因素。邹县野店M13随葬的4件双鼻壶[6]与良渚文化的相同，唯腹部稍圆，时代约当良渚文化一期。诸城呈子M59：12双鼻壶与平丘墩M26所出完全相同，为良渚文化二期之物；M65：9与良渚文化二期双鼻壶相近，但腹略扁，口外敞，可能属二期四段[7]。莒县塘子出土的深腹盆[8]，与良渚文化同类器极似，年代约在三期六段。此外，还有一些经过变异的良渚文化风格的器物如胶县三里河M2110：33带流杯[9]，若去掉管状流，则与福泉山T22M5：2相同；大汶口

---

[1] 纪仲庆等：《苏北淮海地区新石器诸文化的再认识》，《考古学文化论集（二）》，文物出版社，1989年。
[2] 韩明芳：《阜宁陆庄遗址发现晚期良渚文化遗存的意义》，《中国文物报》1995年7月9日。
[3] 纪仲庆：《宁镇地区新石器时代文化与相邻地区诸文化的关系》，《中国考古学会第三次年会论文集（1981）》，文物出版社，1984年。
[4] 南京博物院：《1987年江苏新沂花厅遗址的发掘》，《文物》1990年第2期。
[5] 南京博物院：《江苏邳县四户镇大墩子遗址探掘报告》，《考古学报》1964年第2期；南京博物院：《江苏邳县大墩子遗址第二次发掘》，《考古学集刊（第1集）》，中国社会科学出版社，1981年。
[6] 山东省博物馆等：《邹县野店》，文物出版社，1985年。
[7] 昌潍地区文物管理组、诸城县博物馆：《山东诸城呈子遗址发掘报告》，《考古学报》1980年第3期。
[8] 莒县博物馆展厅的展品。
[9] 中国社会科学院考古研究所：《胶县三里河》，文物出版社，1988年。

墓地中一批被称为"双鼻壶"和"Ⅰ式罐"的器物,显然也应是受良渚文化影响所致,M9:38贯耳罐可以说是较为明显的例证[1];泗水尹家城一期的一件贯耳罐,形制更似良渚文化贯耳罐[2],以上这些器物,时代均在三期六段左右。栖霞杨家圈大汶口晚期文化中还曾发现有良渚式的内腹带隔档鼎[3],这类器物在良渚文化中最早也早不到二期四段,故而该器也可能属良渚文化三期。此外,莒县陵阳河还出土过玉琮、玉璧等[4]。

诸多证据表明,良渚文化因素向山东苏北地区的传播,从一期就已开始,三期(尤其是六段左右)最为频繁,但传播并非单向,在良渚文化分布区同样有大汶口文化的因素。

鬶是大汶口文化典型器之一,在长江中下游传播极广。良渚文化中目前已发现数件,如王家山、寺墩、雀幕桥、澄湖、青浦果园村、金山亭林等处。它们流较短,颈部细矮,颈身的连接一般在顶中间,足呈锥状,与大汶口文化的鬶可以区分,显然是改造变异的结果。王家山H1:93可看作此类鬶的较早形态,而H1的时代不能早于二期四段。三足盉是良渚文化中较具特征的器物,但发现不多,主要有福泉山、马桥第[5]层、广富林、庙前等处,均为实心足,椭圆状腹,矮领,早期无流,可能是受大汶口文化的影响,大墩子M214所出[5]即与良渚文化的有些相近。良渚文化中盉的出现也不会早于二期。此外,澄湖J03所出罐形盉[6]与野店五期同类器一样;福泉山T23M2一件类似背壶的彩陶器,也无疑是大汶口文化的产物。

至今在良渚文化晚期尚未发现山东龙山文化的典型器物,这也是值得注意的一个现象。

其实在两地文化中,还存在一些共有的特点,如黑陶较多,三足、圈足器发达,都有厚胎大口圜底缸、小圈足杯、石铲、小件玉饰等等,这也是两地文化之间关系复杂的一种表现。总之,从良渚文化早期开始,两地就有了相互的交流,三期时则基本变为良渚文化向北的单向传播。在交流、传播的过程中,一部分文化因素经过了改造变异。

除上所列外,在黄河中下游其他地区如陶寺遗址龙山文化晚期出土的斜柄石刀

---

[1] 山东省文物管理处、济南市博物馆:《大汶口》,文物出版社,1974年。
[2] 山东大学历史系考古专业:《山东泗水尹家城第一次试掘》,《考古》1980年第1期。
[3] 山东省文物考古研究所等:《山东栖霞杨家圈遗址发掘简报》,《史前研究》1984年第3期。
[4] 展出于莒县博物馆。
[5] 南京博物院:《江苏邳县大墩子遗址第二次发掘》,《考古学集刊(第1集)》,中国社会科学出版社,1981年。
[6] 南京博物院等:《江苏吴县澄湖古井群的发掘》,《文物资料丛刊(第9集)》,文物出版社,1985年。

## ·良渚文化的初步分析·

和玉(石)琮①,极具良渚文化风格;延安碾庄发现过玉琮、玉璧、斜柄石刀等②,也有较强的良渚文化风格,虽非正式发掘,但据介绍采集的陶片和发现的居住面为龙山文化晚期之物,而未见报道有更晚的东西,所以这批器物的年代断在龙山文化晚期大概较为合适。

良渚文化与周边文化的文化因素交流传播概括为表五,并参看图五至七。概括而言,良渚文化一、二期时与周边文化交流不多,与大汶口文化的交流具有双向性。但从二期较晚时起,良渚文化向四周进行了大规模渗透,三期时达到高潮,波及整个长江下游和华南、苏北、山东、华北等地,其中浙东所受影响最大。

**表五 良渚文化部分文化因素外传情况表**

| 地区<br>因素<br>段期 |   | 浙东地区 | 浙西南 | 皖南 | 湘、赣、粤 | 宁镇地区 | 宁镇周围 | 山东、苏北 |
|---|---|---|---|---|---|---|---|---|
| 一 | 1 | 鱼鳍足、豆盘 |  |  |  |  |  |  |
|   | 2 |  |  | 大鱼鳍足、鱼鳍足、B型豆 | 双鼻壶、小件玉饰、鱼鳍足、T型足 | 敛口圈足豆 | 双鼻壶 | 双鼻壶 |
| 二 | 3 | C型鼎、大鱼鳍足 |  |  |  | 大鱼鳍足双鼻壶 | 鱼鳍足、T型足 | 双鼻壶、鱼鳍足鼎 |
|   | 4 | 鱼鳍足、T型足 |  |  |  |  |  |  |
| 三 | 5 | 内腹带隔档鼎、T型足、Bb型鼎、鱼鳍足 |  |  |  | T型足、石犁、斜柄石刀 | T型足、鬶、双鼻壶、玉琮、玉璧、玉饰件、石钺 |  |
|   | 6 | 双鼻壶、A型鼎、鬶、A型豆、石犁、斜柄石刀、耘田器 | 双鼻壶、鱼鳍足、簋、豆、贯耳罐 |  | T型足、双鼻壶、贯耳罐、簋、鬶、A型豆、玉琮、玉璧 |  |  | 双鼻壶、贯耳罐、瓦足盘、带流杯、带流壶、深腹盆、玉琮、玉璧、玉钺、小件玉饰 |
|   | 7 |  |  |  | T型足、石琮 |  |  |  |

---

① 中国社会科学院考古研究所山西工作队、临汾地区文化局:《1978—1980年山西襄汾陶寺墓地发掘简报》,《考古》1983年第1期。
② 姬乃军:《延安发现的古代玉器》,《文物》1984年第2期。

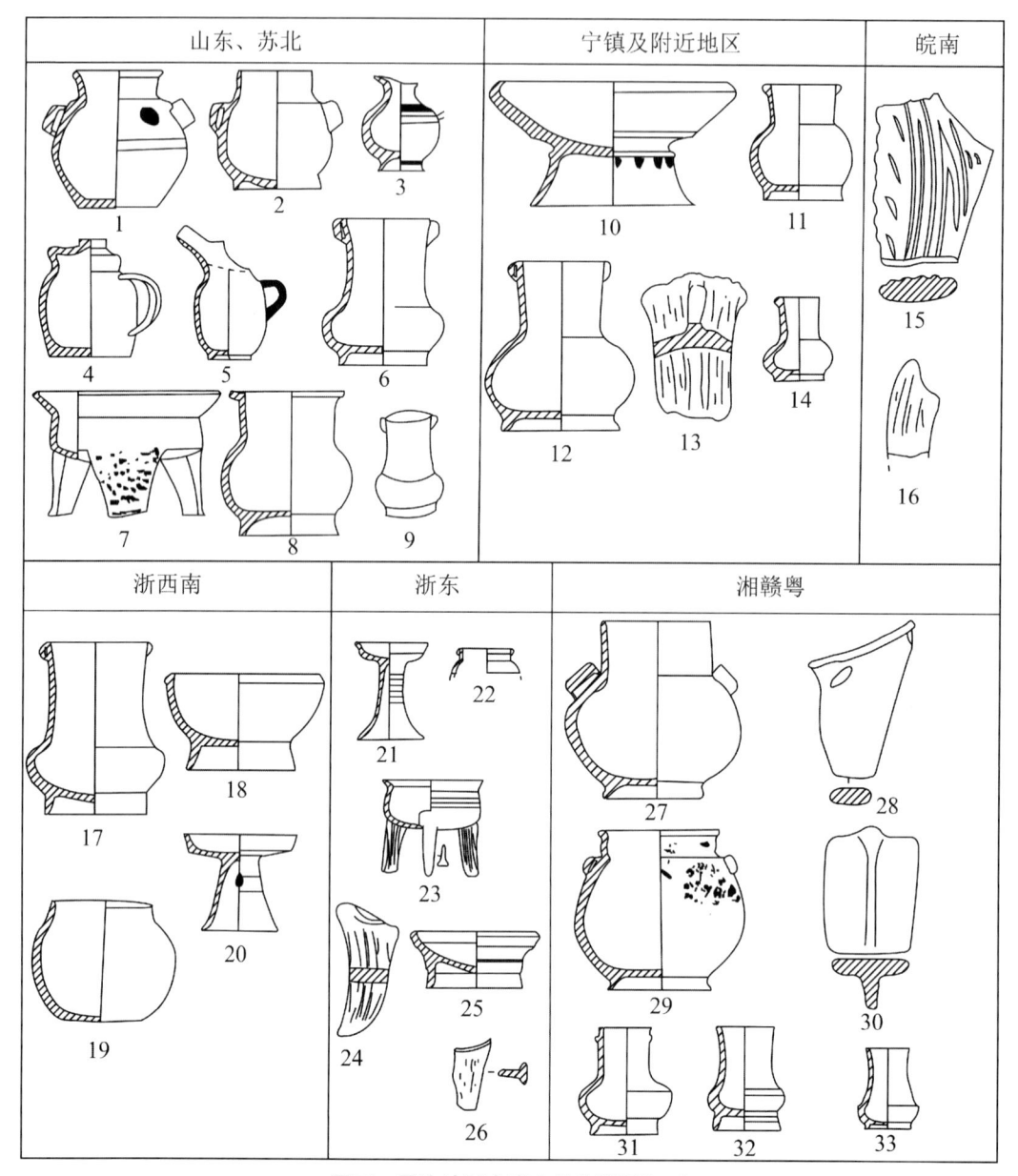

图五 周边地区良渚文化陶器图（一）

1.贯耳罐（大汶口M9∶38） 2.贯耳罐（花厅M18∶38） 3.带流杯（花厅） 4.带流杯（花厅M18∶35） 5.带流杯（三里河M2110∶33） 6.双鼻壶（呈子M65∶9） 7.瓦足盘（花厅M20∶40） 8.双鼻壶（野店M31∶10） 9.双鼻壶（大墩子M302∶1） 10.豆（昝庙下层） 11.双鼻壶（青墩M18） 12.双鼻壶（昝庙采） 13.T型鼎足（烟袋山采） 14.双鼻壶（青墩M18） 15.鱼鳍足（下林塘T④∶1） 16.鱼鳍足（新洲） 17.双鼻壶（久山湖） 18.簋（久山湖） 19.贯耳罐（久山湖） 20.豆（久山湖） 21.豆（名山后H31∶1） 22.双鼻壶（慈湖T402上∶37） 23.鼎（名山后H14∶44） 24.鱼鳍足（慈湖T201下∶40） 25.豆（名山后M4∶4） 26.T型鼎足（慈湖T302上∶38） 27.贯耳罐（岱子坪M62∶1） 28.鱼鳍足（筑卫城采） 29.贯耳罐（山背来源头） 30.T型鼎足（筑卫城采） 31.壶（石峡M89∶1） 32.壶（樊城堆） 33.壶（石峡M57∶14）

・良渚文化的初步分析・

大汶口文化因素

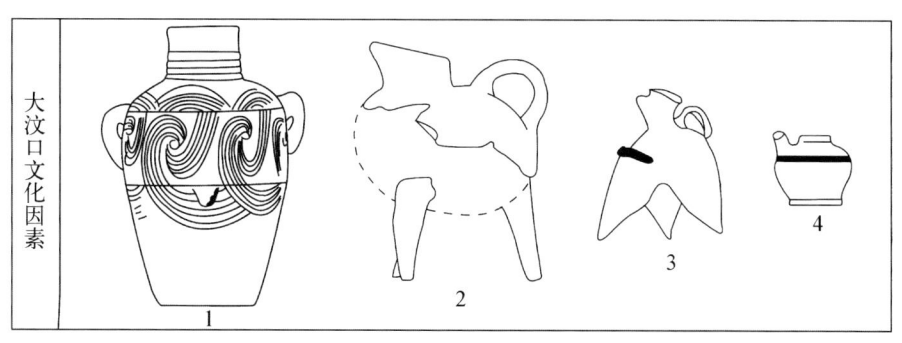

图六　周边地区良渚文化陶器图(二)
1.背壶(福泉山T23M2∶46)　2.三足盉(马桥T10∶8)　3.鬶(寺墩)　4.罐形盉(澄湖J03∶1)

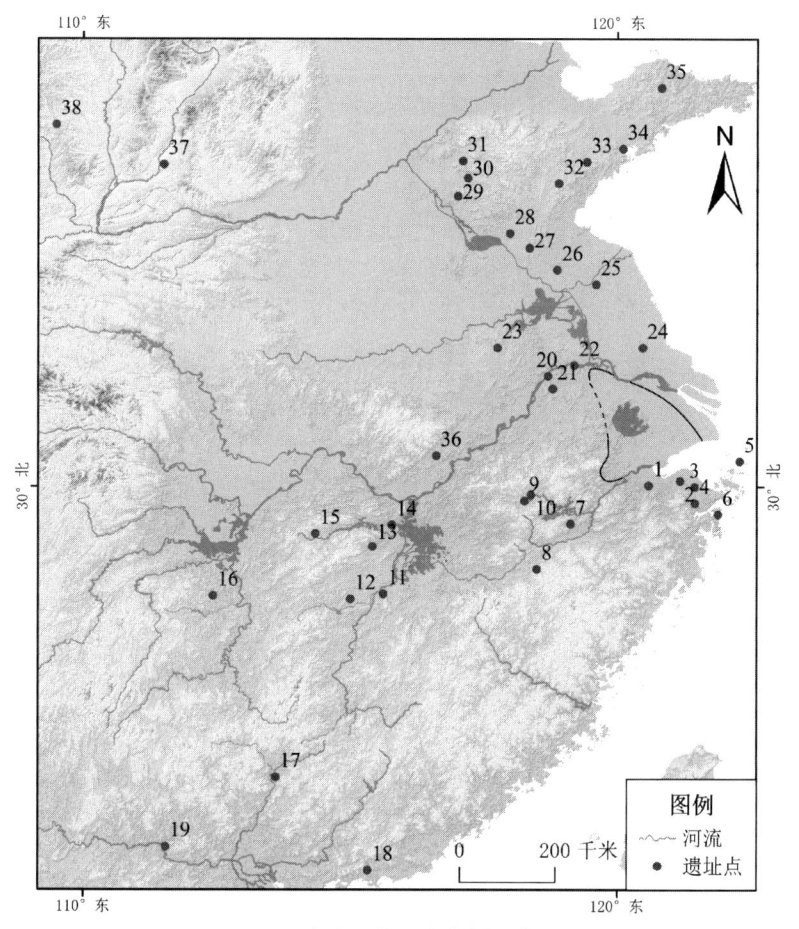

图七　良渚文化因素传播示意图

1.绍兴(二,3)　2.余姚(三)　3.慈湖(一,1—三)　4.名山后(二,4—三,6)　5.孙家山　6.塔山(三,5—6)　7.久山湖(三,6)　8.山崖尾(三)　9.下林塘(一—二)　10.新洲(二)　11.筑卫城(三,5—7)　12.拾年山(三)　13.靖安(三)　14.德安(三)　15.山背(三,6)　16.岱子坪(三,6)　17.石峡(二—三,6)　18.田墩　19.封开(三,7)　20.太岗寺　21.昝庙 (一—三)　22.烟袋山(三)　23.山根许(三)　24.青墩(一,2—二,4)　25.陆庄(三,6)　26.三里墩(三)　27.花厅(三)　28.大墩子　29.野店(一)　30.尹家城(三,6)　31.大汶口(三,6)　32.凌阳河(三)　33.呈子(二)　34.三里河(三,6)　35.杨家圈(三)　36.薛家岗(三)　37.陶寺(三)　38.延安(三)(文中括号内中文数字为期别,阿拉伯数字为段别)

## 六 若干问题的探讨

### (一) 良渚文化的墓葬和聚落

墓葬是目前研究良渚文化最主要的材料,历年发掘有200座左右,大都为仰身直肢、头向朝南、浅穴土坑,有些还发现葬具。依埋葬规格、位置和方式可分为三种形态:

甲类墓:为大型墓,均埋于土墩之上,较为集中,单个墓坑面积较大,长3—4米,宽1.5米左右,随葬有大批玉器,特别是琮、璧和钺(或石钺),随葬的陶器则数量、种类都较少。在能判断头向的墓中,全部为南向,在180°—200°之间。

乙类墓:中小型墓,埋于土墩之上,较密集,单个墓坑面积较小,一般长在2.5米以下,宽约0.7—1米,随葬品总数基本在20件以下,以陶器为多,石器较少,玉器仅有一些小饰件,罕见大宗玉器。头向以南向为主,偶见有其他方向的。

丙类墓:小型墓,分布在居址附近平地上,或聚或散,其他特征与乙类墓相似。

良渚文化一期以乙、丙类墓为主。丙类墓如庙前墓地[1],墓葬排列较紧密,每墓随葬品从1件到10余件不等,呈现一定的差别;龙南遗址三期墓葬常三四座聚集埋葬,每群有一定间距,可能存在血缘或社会地位的区别,随葬品数量也有明显差异[2]。乙类墓材料目前还不多,但也已存在贫富分化,如福泉山T3M2有陶器5件,而T3M1则无随葬品[3]。甲类墓目前只有张陵山M4、M5,它们分别出土有玉器16和18件,陶、石器25和28件,M4还有1件玉琮[4]。一般认为,墓葬大小和随葬品多少反映了墓主人生前社会地位的不同,所以良渚文化一期甲类墓与乙、丙类墓以及乙、丙类墓内部的差别已反映出社会成员的初步分化。

良渚文化二期丙类墓的发现零散而少。乙类墓则较多,各墓之间的差别进一步增大,如平丘墩M24随葬陶器有10件,而M26只有1件[5]。乙类墓中小件玉器有了一

---

[1] 浙江省文物考古研究所:《余杭良渚庙前遗址发掘的主要收获》,《浙江省文物考古研究所学刊》,科学出版社,1993年。
[2] 苏州博物馆、吴县文物管理委员会:《江苏吴江龙南新石器时代村落遗址第一、二次发掘简报》,《文物》1990年第7期。
[3] 上海市文物保管委员会:《上海青浦福泉山良渚文化墓地》,《文物》1986年第10期。
[4] 南京博物院:《江苏吴县张陵山遗址发掘简报》,《文物资料丛刊(第6集)》,文物出版社,1982年。
[5] 浙江省文物考古研究所:《浙江北部地区良渚文化墓葬的发掘》,《浙江省文物考古研究所学刊》,科学出版社,1993年。

定数量的出现,反映出社会成员的进一步分化。甲类墓不但在数量规模上大大超过一期,而且分布范围较广。反山11座墓便是坐落在五层堆土筑成的总土方量达2万立方米的高台上,布局整齐,墓穴宽大,墓底筑有"棺床"状低土台,有棺木葬具。11座墓共随葬器物1 200余件,玉器占90%以上,陶器仅37件[1];瑶山11座墓也有随葬品707件(组),玉器达635件(组),陶器仅49件[2]。福泉山的甲类墓规格略逊于反山、瑶山的甲类墓,但远非乙、丙类墓所能比,如T4M6就有玉器106件(组),陶器仅2件[3]。二期墓还有一个特征就是时有大墓埋于祭坛之上的现象,乙、丙类墓则绝无此现象。这些情况说明甲类墓与乙、丙类墓已有了质的区别。同时,甲类墓内部也存在着差别,如反山M20在墓群里居中,面积达7.74平方米,随葬品仅玉器就达170件(组),含玉琮4件、玉璧22件、石钺24件;而M18偏居西边,墓穴面积4.86平方米,随葬器物39件(组),仅含玉琮、玉钺各1件,与M20显示出较大差别。瑶山墓群居中的M2、M7和偏西边的M1也显出相同的现象。另外,在不同的分布地域,大墓群之间也有一定的差别,反山、瑶山墓地无论从器物总量上还是精美程度上都较福泉山、张陵山同期大墓为优。

以上论证说明,良渚文化二期的社会成员已出现了极明显的分化:社会上层显贵者(大墓主)和社会下层平民(中、小型墓主),而显贵者和平民的内部又各自存在着高低之别。

良渚文化三期,丙类墓多且分散,贫富分化更明显。亭林M16有79件,而M2仅陶盆1件[4]。乙类墓较多,各墓仍有相当的差别,如千金角墓地中随葬品最多的一墓达16件,最少的只有3件,出小件玉器的有8座墓[5]。平丘墩出土随葬品10件以上的6座,10件以下的8座[6]。其他乙类墓地的情况与此类似。至于甲类墓,在良渚地区已经少见,而主要分布在苏沪地区。三期大墓随葬玉器仍然很多,但数量和精美程度似乎不如反山、瑶山所出,陶器数量增多,且部分陶器极为精美。二期规整的祭坛简化为祭祀坑(如福泉山)[7]。与二期最重要的区别是三期甲类墓已出现人殉或人牲,目前在

---

[1] 浙江省文物考古研究所反山考古队:《浙江余杭反山良渚墓地发掘简报》,《文物》1988年第1期。
[2] 浙江省文物考古研究所:《余杭瑶山良渚文化祭坛遗址发掘简报》,《文物》1988年第1期。
[3] 上海市文物保管委员会:《上海福泉山良渚文化墓葬》,《文物》1984年第2期。
[4] 上海博物馆:《上海文物考古工作十年收获》,《文物考古工作十年》,文物出版社,1990年。
[5] 浙江省文物考古研究所:《浙江北部地区良渚文化墓葬的发掘》,《浙江省文物考古研究所学刊》,科学出版社,1993年。
[6] 浙江省文物考古研究所:《浙江北部地区良渚文化墓葬的发掘》,《浙江省文物考古研究所学刊》,科学出版社,1993年。
[7] 上海市文物保管委员会:《上海青浦福泉山良渚文化墓地》,《文物》1986年第10期;黄宣佩、张明华:《上海青浦福泉山遗址》,《东南文化》1987年第1期。

福泉山已发现三座[①]，其中M139墓主为男性青年，随葬玉、石斧（钺）12件及成堆陶器，足后有一具女性屈肢葬骨架，似呈跪状，无墓坑，仅有小玉饰6个；M145则有一陪葬坑，内有人骨架2具，侧身屈肢，双臂向身后弯曲，如捆绑挣扎状，无随葬品。这种现象说明良渚文化发展到这一阶段，除了二期所形成的显贵——平民的阶层分化外，还具有了地位更低下的第三阶层——被杀殉者，虽然人数不一定太多，但确实存在。

在甲类墓内部，差别也更加显而易见，首先是一个墓地内部各墓的差别，如福泉山殉人墓与无殉人墓之间应该体现着某种地位的不同；寺墩M3与M1、M4在随葬品数量、墓葬规模上也显然不同。其次是各墓地之间的差别，如草鞋山和寺墩墓地既不如福泉山这样延续时间长、大墓数量多，随葬品数量也不及福泉山大墓（寺墩M3稍特别，后文有讨论）。

详细分析良渚文化墓葬可以将良渚文化的社会阶层划分为显贵、平民、人殉者三大阶层，显贵之中又分最显贵者和普通显贵者，平民阶层也分为两个层次。

良渚文化的甲类墓，依发表的部分材料可制成表六。

### 表六　良渚文化大型墓葬表

| 单　位 | 墓葬尺寸（长×宽—深）厘米 | 随葬品 玉器 | 随葬品 陶器 | 随葬品 石器 | 重要器物 琮 | 重要器物 璧 | 重要器物 斧 | 头向 |
|---|---|---|---|---|---|---|---|---|
| 张陵山M4 | 约280×175 | 16 | 17 | 8 | 1 | | 8 | |
| 张陵山M5 | | 18 | 13 | 15 | | | 14 | 南 |
| 张陵山东山M1 | | 20 | 2 | 1 | 3 | 4 | | |
| 瑶山M7 | 320×160—64 ?×?—130 | 148件组 | 4 | 3 | 6 | | 4 | 184° |
| 瑶山M11 | 351×170—158 | 87件组 | 7 | | 1 | | | 183° |
| 瑶山M1 | 284×118—20 ?×80—20 | 26件组 | 4 | | | | | 183° |
| 反山M18 | 295×145—30 ?×165—30 | 39件组 | 4 | 1 | | 1 | 1 | 186° |
| 反山M20 | 395×196—132 ?×175—132 | 170件组 | 2 | 24 | 4 | 22 | 24 | 190° |
| 反山M22 | 326×170—130 | 60件组 | 7 | | | 2 | | 190° |

---

① 上海博物馆：《上海文物考古工作十年收获》，《文物考古工作十年》，文物出版社，1990年。

续 表

| 单 位 | 墓葬尺寸(长×宽—深)厘米 | 随葬品 玉器 | 随葬品 陶器 | 随葬品 石器 | 重要器物 琮 | 重要器物 璧 | 重要器物 斧 | 头向 |
|---|---|---|---|---|---|---|---|---|
| 福泉山T4M6 |  | 106件组 | 2 | 10 | 5 | 4 | 9 | 南 |
| 福泉山T21M4 | 400×170—? | 46件组 | 15 | 10 |  | 2 | 6 | 南 |
| 草鞋山M198Ⅰ |  | 17 | 11 | 1 | 3 | 1 | 2 |  |
| 草鞋山M198Ⅱ |  | 4 | 11 |  | 2 | 1 |  |  |
| 草鞋山M198Ⅲ |  | 2 | 3 |  |  |  |  |  |
| 寺墩M3 | 无圹,但葬品范围至少300×120 | 111 | 4 | 9 | 33 | 24 | 3 | 196° |
| 寺墩M4 |  | 5 |  |  | 1 | 1 | 1 | 184° |
| 寺墩M1 |  | 26 | 1 |  | 2 | 5 |  |  |
| 福泉山T22M5 | 400×170—?×80—? | 111 | 8 | 3 | 2 | 2 | 5 | 南 |
| 福泉山T23M2 | 560×200—? | 43 | 11 |  | 1 |  |  |  |
| 福泉山T27M2 |  | 140 | 30 |  |  |  |  | 188° |
| 福泉山T18M6 |  | 14 |  | 2 |  | 2 |  |  |
| 福泉山T15M3 | 葬品范围至少360×180 | 96 | 12 | 8 | 3 | 3 | 9 | 南 |

据有限的材料分析,居址大都分布在较低的平地上,有的邻近河流,在雀幕桥、澄湖、新港等处还发现不少含有三期陶器的水井遗迹。建筑遗迹则发现不多,一般都有柱洞,洞内垫有木板或碎陶片等,房内地面则是烧土或铺一至数层泥层,可能有"木骨泥墙"。在良渚文化聚落中,居址与墓地的布局一般是丙类墓在居址附近平地上,乙类墓则在居址附近的土墩上,而甲类墓与居址的关系还不太清楚。

良渚文化单个聚落面积大小不一,但分布较密集,形成了若干个聚落群。以良渚地区为例[①],在瓶窑以东、勾庄以西、五郎山以北面积近30平方公里的"C"形平原上发现大小遗址四五十处(图八),以荀山、大观山周围更密。其中莫角山遗址为人工营建的巨型遗址,面积有30多万平方米,勘探发掘表明这里有3万多平方米的夯

---

① 根据浙江省考古部门调查发掘资料和本人实地调查综合而成。

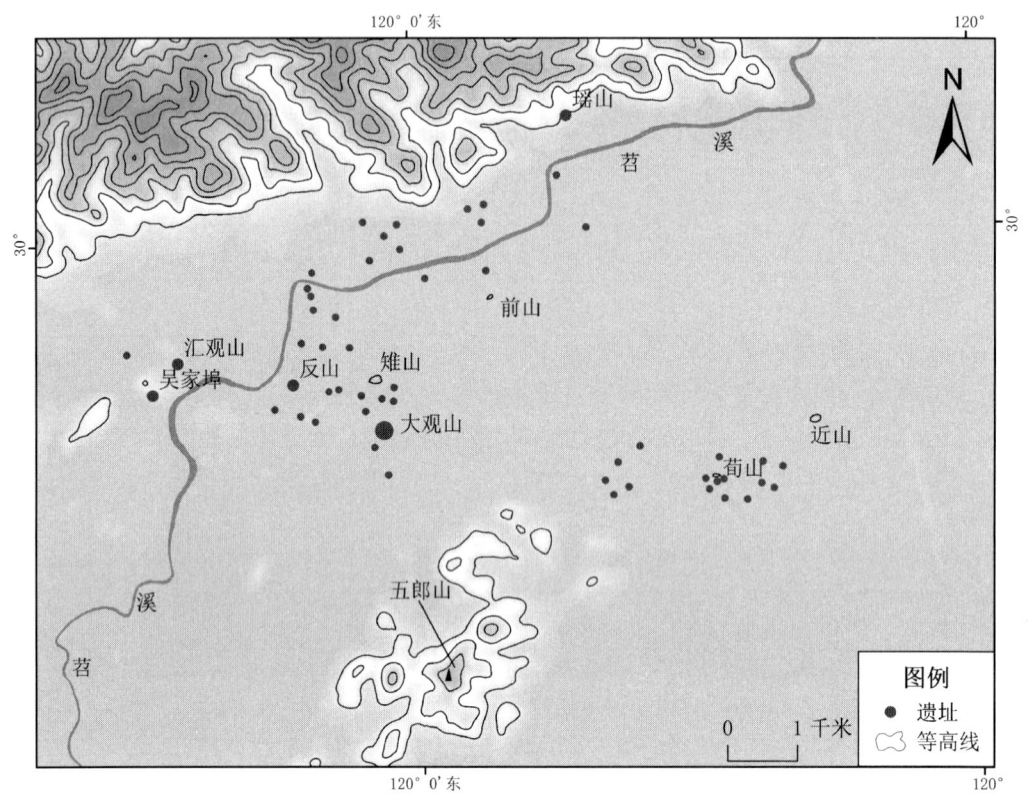

**图八　良渚区良渚文化遗址分布示意图**

筑基址,年代约为良渚文化中期。这里发现三排大型柱洞,洞内木立柱直径最大者达0.9米[①]。从规模和位置来看,该遗址是整个遗址群的中心,其建筑基址则可能与礼制建筑有关。据调查发掘,这一群遗址大都含有二期遗物,与莫角山遗址和反山、瑶山墓地时代相同。这样,该地区是由若干个普通聚落构成一个大聚落群,其中有一个大的中心地点,附近分布着大型墓地和祭坛。结合前文对墓葬材料的分析,应该说当时确已形成了社会成员的等级差别,并有了较强的聚合力。从人口和区域的规模、限度看,如此规模的聚落群不太可能由单纯的血缘关系维系,而应与聚落群内部某些权力的强化有关。前文已述良渚文化二期社会成员至少可分为两大阶层,等级差别的出现可能导致了权力分层的出现,而显贵阶层的产生应与他们以往所拥有的公共权力的强化相关,反映在大墓中则是发现了大量琮、璧、钺。反山M14的钺和钺冠饰经复原正是一个完整的长柄钺,柄握于死者左手,多数学者认为是"权杖";琮、璧的含义虽有不同解释,但作为宗教礼器是无大问题的。这三种器物在中、小型墓中从

---

[①] 费国平:《浙江余杭大观山果园及反山周围良渚文化遗址调查》,《南方文物》1995年第2期;杨楠、赵晔:《余杭莫角山清理大型建筑基址》,《中国文物报》1993年10月10日。

未出现。同样值得注意的是，大型祭祀址仅与大墓相伴，这显然与宗教有关，说明当时大型宗教活动是由显贵者掌握。这几种情况相对照印证，透露出显贵者拥有了宗教权和军事权，两权强化、专有的结果，及其在社会生活中不断施用（如对群体活动进行计划与协调）形成一定的、稳定的影响力，将导致它们的社会化或者说世俗化，衍生出一种新的权力——行政权。一旦行政权仅为显贵阶层中的少数人掌握和稳定下来，它就最终演变为对整个社会的最高统治权——王权。军权、神权、行政权、王权的集中和强化，便使这一地区处于原始集权的统辖之下，从而形成了较为强大的共同体，有了较强的聚合力。聚合力的增强也就是权力强化的反映，也只有这样，大批精美玉器的制作、大土方量墓地的完成才成为可能。

良渚地区以外的聚落群如福泉山及其周围，张陵山、草鞋山周围，海宁的几处聚落群等，无论是规模、密集度，还是甲类墓的数量、规格，玉器的数量和精美程度，或者是中心聚落的规模、性质，都逊于良渚地区。综合多种因素考察，可以说良渚文化二期的良渚地区极可能已脱颖而出，成为整个良渚文化最发达的地区，成为良渚文化的中心，其他地区则稍次一级，王权可能在良渚地区已初步确立。

## （二）良渚文化中心的时空替代

良渚地区三面环山，南部低洼，地域狭隘。当良渚地区率先发达之后，聚落密度大增，而人口、资源消耗等诸方面也必急剧增长，生态环境与文化发展的矛盾将日益突出；同时，该地又有一条山溪性河流——苕溪，时常威胁聚落的安全[①]；更重要的是，文化的发展在空间上不是静止的，所以它必须寻求更广阔适宜的生息地，而唯一的出路便是东面。向东跨过钱塘江是宁绍平原，这里被原土著文化占据，故而形成了名山后和塔山等遗址中所见的现象；向东往钱塘江北岸，则带动了嘉兴地区良渚文化的繁荣，最后在上海西部、苏州东部原本就比较发达的地区形成了新的文化中心，并使良渚文化获得新的生机，而良渚地区却衰落了。

多年的考古工作有利于支持以上论点。目前在良渚地区发现的三期遗址骤然减少，也无反山、瑶山那样规格的墓地，玉器数量和质量均不如二期。这些现象与二期相比反差极大，显出衰落之态。但嘉兴地区三期遗址数目有所增加，据了解还常出玉琮、玉璧[②]，显然这一带存在着较高规格的大墓和一定范围内的聚落中心，但目前还看不到类似二期的良渚地区或三期的福泉山那样的发达景象。

---

① 图中苕溪为人工改道，详情见吴维棠：《杭州的几个地理变迁问题》，《历史地理（第五辑）》，上海人民出版社，1987年。
② 多数玉琮、玉璧属盗掘出土，但荷叶地已发掘出一件大玉璧，展览于海宁博物馆。

苏沪地区三期较突出的有福泉山、草鞋山、寺墩等遗址。福泉山在二期就已出现较高规格的大墓如T21M4,但与同期良渚地区的大墓相差甚远。三期时福泉山及其周围兴盛起来,目前发现的十余处遗址大都含有三期之物[①]。值得注意的是福泉山发现了27座年代较晚的大墓[②],规模大、延续时间长,大都属三期,每墓都有百件左右随葬品,并有殉人和祭祀坑,与二期的少量大墓和三期周围遗址的小墓形成鲜明对比。总观这批材料,虽部分玉器不如反山、瑶山所出,但总体上完全可以媲美。殉人现象说明显贵者获得了比二期更大的权力——对人的生杀之权,他们已完全脱离民众,成为独立的特权阶层。这样从神权、军权→行政权→王权产生→王权加强的过程,说明原先民众赋予共同体首领的权力最终产生了异化,反过来成为主宰民众的权力,这种异化是人类社会的一次巨大变革。

　　草鞋山周围也有密集的三期文化遗址,但大墓数量、规格都不如福泉山大墓,如草鞋山M198三组墓葬共出玉器仅23件,陶器却达25件,只能是显贵阶层中次一级的成员。寺墩M3则出玉器百余件,琮、璧、钺达60件,为良渚文化大墓所仅见;其他几墓也有较高规格,周围还有数处遗址,似乎这一带也有成为良渚文化中心的可能。但M3在良渚文化大墓中最特异,不仅琮、璧、钺极多,其摆放位置也特别,不少玉器还有异常痕[③]。就整体而言,寺墩墓区规模还不及福泉山,且延续时间短。由于以上原因,目前只宜将其归为次一级的中心。

　　以上情况反映出,福泉山及其周围三期文化已超过其他地区,应该说是新的文化中心,并且由于王权的加强,还可能成为政治中心。文化中心的时空替代意味着良渚文化内部交流的增多和文化统一体的形成。当一个文化有了强劲的统一性和出现阶层分化、产生王权后,文化分布范围内的地域联合体就可能出现,文化中心—次中心—聚落群—聚落的级差,部分地证明了地域联合体存在的可能性。在原始社会中,地域联合取代血缘联合同样是社会的一大进步,它摆脱了血缘维系的局限,从而为更广大范围的联合进而统一创造了条件。三期墓葬的进一步分化、殉人的出现也许从另一侧面反映了血缘关系的淡化,这是地域联合体出现的又一证据。综合考虑良渚文化三期时集权的巩固、王权的强化、显贵阶层内部分化的进一步加深以及对社会财富和人力的更多占有、统一文化的形成、聚落的级差和文化扩展等诸多因素后,认为

---

① 黄宣佩、张明华:《上海地区古文化遗址综述》,《上海博物馆集刊(第2集)》,上海古籍出版社,1982年。
② 上海博物馆:《上海文物考古工作十年收获》,《文物考古工作十年》,文物出版社,1990年。
③ 简报中称为火烧痕,后在《文物考古工作十年》中认为与某种物化反应有关。但M3:65玉璧却有烟炱痕;相邻的M4器上皆无此类痕,故可能还是经过人工作用的。

良渚文化三期已形成地域联合体应该是可以的,若地域联合体的出现能确定,福泉山及周围就确实具备政治中心的性质了。

## (三) 良渚文化的对外扩展和衰亡

在考察良渚文化发展变迁的过程中发现,良渚文化因素向外渗透的时间与规模正好与文化中心的形成与转移的时间相吻合,它们之间似乎有着内在的联系。良渚文化发展到三期,新的文化中心确立后,加强了二期较晚时就已开始的对外渗透。最受影响的首推浙东,而浙西南因山地较多,不适宜于大规模的文化渗透和发展。在西北方向则受到宁镇本土文化的阻挡,只产生了较弱的影响。避过宁镇向北的扩展却显得较为活跃,虽然没有形成像在浙东那样持久强大的规模,但从苏北、山东的良渚文化三期因素分布看,明显比以往都强,从某种程度上来说良渚文化向北扩展并不完全因为地域的需要或单纯的文化交流,这一带良渚文化因素分布是由数点构成的一条线,在花厅形成一个聚结。花厅遗址出土的良渚文化因素比其他任何地方都要多而且重要。依据发表的材料,M4、M6、M18、M20这类大型墓都有上百件随葬品,其中随葬良渚式器物最多的为M18、M20。M18有三具殉葬骨架,随葬有玉琮1件,小琮2件,石钺1件和贯耳罐、双鼻壶、瓦足盘等;M20也有两具殉葬骨架和一具狗骨架,随葬石钺2件,石镞4件,瓦足盘1件及其他器物。花厅出土的良渚文化器物基本上都是三期六段左右时的形制,其大墓的墓主应该是良渚文化的显贵阶层。严文明先生认为花厅北区墓地是良渚文化的一支远征队伍在此地的遗留[1],是极为可能的。良渚人及其显贵人物在千里之外的异域出现,很可能就是良渚文化逐鹿中原的结果[2],苏北淮海地区未发现龙山文化早期遗存,但却有中晚期遗存[3],也应与这一事件有关。良渚文化三期六段时的文化因素自花厅往北、往西,再也找不出这么集中的分布地点,似乎良渚文化的一部分到达此地后,经历了某种挫折,文化因素却零散地分布到沂蒙山周围、胶东和其他地区。

《越绝书》卷五记载,春秋之时越王请籴,申胥进曰:"三江环之,其民无所移,非吴有越,越必有吴",申胥所言也正说明了该地古文化发展所受的限制;卷七又载吴王兴兵大败齐师于艾陵,"陈兵不归,果与晋人相遇黄池之上,吴晋争疆,晋人击之,大败吴师"之事。良渚文化北进与千余年后夫差北进有如此惊人的相似是耐人寻味的。

在良渚文化向外扩展稍后,很快便衰落了。已发掘和发现的遗址中,含有最晚期

---

[1] 严文明:《碰撞与征服——花厅墓地埋葬情况的思考》,《文物天地》1990年第6期。
[2] 应将其理解为具有一定时间的过程,而非旅途中短暂的逗留。
[3] 纪仲庆等:《苏北淮海地区新石器诸文化的再认识》,《考古学文化论集(二)》,文物出版社,1989年。

遗物的地点甚少,大墓数量也急剧减少,即便是有些类型器物的演变也找不到延续,明显呈现出衰势。不少学者认为良渚文化的衰亡与当今良渚文化层中的淤泥层反映的大水患有关[1]。水患的出现无疑会对一个文化的生存发展造成极大破坏,但这绝不是良渚文化消亡的唯一原因[2]。另一个人为的原因——北进失利,可能是导致良渚文化衰落和消亡的一个主要原因。历史上众多史实证明,每一次较大规模争战中失败的一方,不仅人力、财力遭到更大损耗,而且极易导致内部的分化或解体。良渚文化北上失利后也必会出现以上现象,水患则彻底结束了良渚文化复兴的可能性。从此良渚文化便在原来的区域内消失了。

但良渚文化的消失并非就是其文化主体(人)的消亡,前文曾详细论证了良渚文化向浙西南、赣北的传播大都在三期时,还有最末期的遗物。地形图显示,整个浙西南均为山地,唯中间有一条狭长的河谷,赣北则是一片山峦环抱的大盆地,良渚文化因素正是通过这条河谷进入赣北的,继而出现在更西和西北的山地丘陵地区。它同北线一样也呈点——线状分布,同时在赣北还呈放射状,最后在石峡形成一个聚结。但与北线相比,则有如下不同:一、地理环境不同。北线基本是平原,而南线是山地丘陵;二、器物特征不同。北线陶器变异较小,玉器形制规整,形体较大,而南线陶器变异明显,相当多的地点出土玉琮,形制常常较小或有变异;三、器物时代不同。北线上最晚期陶器很少,而南线则有一定量的最晚期陶器;四、北线路线清晰,只在花厅以北才呈放射状;南线虽有大的线路框架,但沿线常向四周(尤其是山区)呈放射状。所以南线部分文化因素(排除掉较早期的因素)就有可能是良渚文化先民的一部分南迁所遗留。在内外交困、天灾人祸的压力下,良渚文化从三期六段开始,逐渐萎缩分化,其中一支可能沿着以前有过文化交流的路线南迁,最后融于各地土著文化之中;良渚文化本土的一支也渐趋衰亡,最后融于马桥文化所属的先民之中,并与他们共同创造发展了马桥文化;北上受挫的一支则分散于各地,融于中原、山东等地的文化之中,并对中原文明的产生起了相当重要的作用。这就是关于良渚文化结局的一种可能的解释。

---

[1] 吴建民:《长江三角洲史前遗址的分布与环境变迁》,《东南文化》1988年第6期;纪仲庆:《良渚文化与古史传说》,《东南文化》1990年第5期。
[2] 若是单纯水患,良渚文化的主体——人并不会因此而灭绝,那么在附近地区理应有较多的良渚文化或后继文化发现;此外,也没有良渚文化在本地被别的文化同化的迹象;又若是仅因水患,苏沪地区地势最低平应首当其冲,能将一个文化毁灭的大水患绝对不会允许这一地区聚落的存在,而目前材料却证明苏沪和嘉兴地区最晚期遗址较多而其他地势较高的地区则相对甚少。所以说水患可能会加速良渚文化衰落,仅是良渚文化灭亡的原因之一。这也正是本文所论人为原因能够成立的条件之一。

## 七　余论——良渚文化与中国早期文明

经过以上分析,良渚文化已呈现出大致的轮廓,综合其他材料,可概括出如下观点:

(一) 在物质文化相当发达的基础上,社会出现了分层现象即权力分层和社会成员分层。

(二) 宗教和与宗教关系密切的礼仪制度已具雏形。

(三) 伴随着(一)、(二)的出现,良渚文化具有了一定的统一性(或称集中),产生了文化的中心甚至是政治中心。"集中"体现为如下过程:

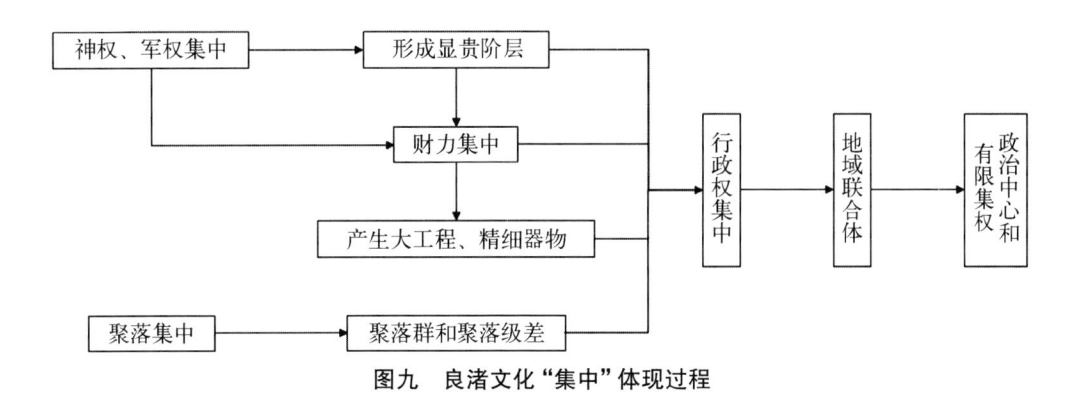

图九　良渚文化"集中"体现过程

以上三方面其实也是中国早期文明形成的必要条件。众所周知,中国早期文明具有自己的特性:即礼仪与宗教紧密结合;广泛的血缘关系有所减弱,但在家族内获得强化,形成宗法制;国家集权有限,方国保持相对独立性。虽然目前考古界对文明形成和标准问题看法不一,但都不否认作为中国早期文明代表的夏商文明的可信性[1]。从物质材料看,良渚文化目前还未发现铜器,但文字和城址似已初露端倪;良渚文化大墓所呈现的特征也显然证明了原始社会的崩溃,原始社会最重要的特征如原始共产制、社会成员平等相处、紧密而广泛的血缘维系已然改变;从社会形态特征来说,良渚文化与中国早期文明有一定程度的相似,所以,认为良渚文化二、三期(尤其是三期)已经是原初文明社会应该是没有什么问题的。

良渚文化在中国早期文明形成过程中起着相当重要的作用。到目前为止,至少可

---

[1] 严文明:《略论中国文明的起源》,《文物》1992年第1期;中国社会科学院考古研究所考古编辑部:《中国文明起源研讨会纪要》,《考古》1992年第6期。

以知道,夏商文明中吸收了不少良渚文化因素,如琮、钺和神人兽面纹已成为夏商文明礼仪制度中的一个重要组成部分[①]。众多史籍记载,如禹会诸侯于涂山、禹致群神于会稽之山、禹杀防风氏、桀奔南巢等等,虽地望、时代不一定与良渚文化相合,但从一个侧面说明了中国早期文明尤其是夏王朝时与东南良渚文化及其周围有千丝万缕的联系。

总之,良渚文化在形成原初文明后,有了强大的生命力,它与其他原初文明共同作用,刺激了中原地区原初文明的极大发展,并产生剧变,最终形成了繁荣的中国早期文明。

附记:感谢浙江省文物考古研究所、南京博物院考古部、上海博物馆考古部及苏、浙、沪各级文博部门为本文写作提供的方便。在删改中未公开的资料曾尽可能删去,但仍难免周全,疏忽之处望谅。并特别感谢严文明先生对本文的悉心指导。

一九九三年春一稿<br>
一九九五年冬改稿<br>
一九九六年冬定稿

(原载于《考古学报》2000年第3期)

## 2021年1月16日　背景补记:

这是在1993年北京大学硕士毕业论文的基础上压缩、修改而成的,发表前因篇幅限制删去的引言部分是学术史的梳理,对了解研究历程有一定价值,此次补入。1991年初夏选择良渚文化作为毕业论文选题时,其重要性与独特性虽已很好展现,但还远未达到如今的热度,甚至某种程度上仍属"边缘",不过导师严文明先生十分支持,让我带着几封亲笔信前往江浙沪,历经七个月,得到了同学方向明全力关照和三地其他诸师友的大力支持,结下了深厚的情感。原本计划先参加湖州邱城遗址的发掘,但发掘因故未成,其后在良渚的吴家埠工作站收集历年的各种发掘材料,反倒充分掌握了更多材料,奠定了我此后的学术基础,不经意间踏上了后来的学术热点。

---

[①] 张光直:《谈"琮"及其在中国古代史上的意义》,《文物与考古论集》,文物出版社,1986年;牟永抗:《良渚玉器上神崇拜的探索》,《庆祝苏秉琦考古五十五年论文集》,文物出版社,1989年;芮国耀、沈岳明:《良渚文化与商文化关系三例》,《考古》1992年第11期;等等。

# 良渚文化的范围

## ——兼论考古学文化共同体

经过六十余年的研究,良渚文化在中国远古文化中已绽放出神异的光彩,尤其是以玉器为代表的文化特质,更为世人所瞩目。然而也正是在惊叹和欣喜中,一些基础性的研究却相对薄弱,一些"不成问题"的问题相继显露,并在相当程度上阻碍了研究的深入,"良渚文化的范围"就是这样一个问题。由于考古新发现的增多,使得原本似乎清晰的良渚文化时空框架重又变得模糊,继而引发出更多的问题。因此,正确认识良渚文化的范围显得颇为重要。

以往谈及良渚文化范围的论文并不鲜见,但多定论性质的片言只语,唯新近黄宣佩《良渚文化分布范围的探讨》一文[1]为单论此题之作。综合各家之见,对于东至上海、南抵钱塘江、西到湖州、北达常州这片中心区域属良渚文化范围均无异议,而对毗邻的浙东宁绍平原、宁镇地区、浙西南山地及江苏北部的江淮地区则各抒己见。概括起来,主要有如下四说:

1. 中心说。除中心区域外,其他区域均不属于良渚文化范围[2]。
2. 浙东说。认为浙东地区也应归属良渚文化范围[3]。
3. 苏北说。认为苏北的江淮地区应属于良渚文化范围[4]。
4. 综合说。认为浙东、宁镇、苏北江淮地区均可归入良渚文化范围[5]。

此外,浙西南因材料甚少,讨论不多,暂不列为一说。为详细论证良渚文化的范

---

[1] 黄宣佩:《良渚文化分布范围的探讨》,《文物》1998年第2期。
[2] 芮国耀:《良渚文化时空论》,《文明的曙光——良渚文化》,浙江人民出版社,1996年。
[3] 刘军:《浙江新石器时代考古述要》,《浙江省文物考古研究所学刊》,科学出版社,1993年;黄宣佩:《良渚文化范围的探讨》,《文物》1998年第2期。
[4] 纪仲庆:《良渚文化的影响和古史传说》,《东南文化》1990年第5期。
[5] 栾丰实:《良渚文化的分期与分区》,《东方文明之光——良渚文化发现60周年纪念文集》,海南国际新闻出版中心,1996年。

围,在此首先有必要对各区域的主要遗址进行剖析。

在宁镇地区,最接近中心区域的当属东部边缘的丹阳。其中王家山遗址[①]出土的良渚文化器物较多。王家山④⑤层以夹砂红陶为主,泥质陶、黑衣陶和红衣陶次之,柳叶形石镞、有段石锛、内腹带隔档的鼎、盆、罐、直筒杯、鬶、带把杯和竹节把豆都具有典型的良渚文化特征,但T形足、鱼鳍形足和上部宽扁带划纹的三角状足共存,而且T形足也呈三角状,与良渚文化的T形足略有不同,显示了文化交融的特点,但宁镇地区的文化传统在此表现很少,正如报告中所言:"H1所出的一组器物,确是良渚文化具有典型特征的实物材料。"与王家山遗址类似的丹阳西沟居遗址[②],仅H1就出土了大量良渚文化器物,如直筒杯、圈足盘、镂孔豆把、鱼鳍形和T形足等;另在春秋土墩墓封土中还发现鱼鳍足、双鼻壶等时代较早的良渚文化因素及斜柄石刀等,表明良渚文化因素在此延续了较长时间,器物群特征明显;同时,该地也和王家山一样,包含有部分宁镇地区文化因素,如上部宽扁带划纹的凿形足、外设腰沿内带承箅突棱的甗即与城头山所出相同。总观王家山和西沟居两处遗址,良渚文化因素俱占主导地位,宁镇地区的文化因素较少,且不典型。与丹阳相近的句容城头山遗址[③]时代稍早,从发掘材料看与上述两遗址迥然有别,⑤层大量的三角状足均属宁镇地区的文化传统,几乎不见良渚文化因素,显示出较强的地方差异。

当然,良渚文化因素的分布并不仅仅以丹阳为界,如1950年代在谏壁烟袋山就曾采集过T形足和斜柄石刀、三角形石犁[④],但是数量很少。以往论文常引用的北阴阳营H2[⑤],仅H2∶2鬶确与良渚文化晚期同类器相似,因此北阴阳营遗址中的良渚文化因素是微乎其微的。太岗寺遗址下层[⑥]发现有长颈捏流鬶、鱼鳍形足、斜柄石刀,但这类良渚文化因素很少,该层仍以宁镇地区文化因素为主。昝庙遗址[⑦]下层一敛口圈足豆,与良渚早期同类豆极为相似;在昝庙成组采集的器物中,发现有粗矮的双鼻壶、斜柄石刀、兽面纹玉佩、玉璧、鼎、高领壶等,当为墓葬所出,除鼎和高领壶外,其他均具良渚文化风格。仅从此组器物看,良渚文化无疑占有主导地位,然而,昝庙遗址经过1975年和1979年两次发掘,新石器文化层出土有三角状足、凿状足、外撇圆柱足及带角状把手的鼎等大量宁镇地区文化因素,极少见良渚文化因素,因而"成组

---

① 镇江博物馆:《江苏丹阳王家山遗址发掘简报》,《考古》1994年第5期。
② 南京博物院、镇江博物馆:《江苏丹阳西沟居新石器时代遗址试掘》,《考古》1994年第5期。
③ 镇江市博物馆:《江苏句容城头山遗址试掘简报》,《考古》1985年第4期。
④ 尹焕章:《宁镇山脉及秦淮河地区新石器时代遗址普查报告》,《考古学报》1959年第1期。
⑤ 南京博物院:《北阴阳营》,文物出版社,1993年。
⑥ 江苏省文物工作队太岗寺工作组:《南京西善桥太岗寺遗址的发掘》,《考古》1962年第3期。
⑦ 魏正瑾:《南京昝庙遗址内涵的初步分析》,《江苏省社科联1981年年会论文选》,第34—36页。

的采集器物"并不能说明太多的问题。

总之,宁镇地区的东部边缘存在有大量良渚文化因素是不可否认的事实;而其他地方存在大量本土文化因素也是不可否认的事实,同时这些地方也存在大汶口和良渚文化因素,只不过良渚文化因素更少些而已。

在良渚文化中心区域的北部,跨过长江即苏北江淮地带。最靠近中心区域的当属海安青墩遗址①。青墩地层的遗物不太单纯,上文化层的鼎足有T形足和宽扁足两种,T形足与良渚文化的一致,而与王家山、西沟居的三角状T形足不同;此外,M18出土的5件双鼻壶、1件圈足豆具有良渚文化早期特征,但其他墓葬中则少见良渚文化因素,倒是宁镇地区的文化传统在此表现较多。因而原报告写道:"缺少鱼鳍足(T形足只在地层内有个别发现)、袋足鬶、鱼篓形壶、宽流带把杯和竹节柄豆等器形。典型黑皮陶数量也较少。"不过奇怪的是,与昝庙一样,发掘出土的良渚文化因素并不多,而采集的遗物则表现出明显的良渚文化特征。1976年调查发现了16件玉器,其中琮1件,璧1件,系璧1件②,应属良渚文化当无疑问。由海安再往北,在东台开庄遗址曾发现有T形足、竹节把镂孔豆和簋、袋足鬶等良渚文化中晚期风格的遗物,还有三角凿形足、扁三角形足、圆形弧三角镂孔豆等崧泽晚期到良渚早期的器物③,但详细情况尚不得而知。在苏北偏西一带,与良渚文化早期相当的龙虬庄三期,未见良渚文化典型器物④;周邶遗址⑤相当于良渚文化时代的为遗址下层,特征与王油坊类型龙山文化相似,也未发现典型良渚文化的遗物;南荡遗址仅有略晚于良渚文化的遗存,遗物与良渚文化毫无关系⑥。然而,在苏北江淮地区北部,远离良渚文化中心区域的阜宁一带,却曾发现了为数不少的良渚文化遗物。早在1975年,板湖陆庄农民挖肥改田时就发现4座墓葬,出有T形足、黑衣陶等,其中M3还出土玉琮、锥形饰、坠各1件⑦。1995年经科学发掘,⑥⑦⑧三层均出土大量良渚文化遗物,有盆形鼎、鬶、实足盉、贯耳罐(仅存罐耳)、盘、豆、鼎足中约占40%的T形足等,均与良渚文化晚期遗物基本一致,只是有少量纹饰如附加堆纹带圆形按窝、戳点纹、篮纹在良渚文化中少

---

① 南京博物院:《江苏海安青墩遗址》,《考古学报》1983年第2期。
② 南京博物院:《江苏海安青墩遗址》附录,《考古学报》1983年第2期。
③ 转引自黄宣佩:《良渚文化分布范围的探讨》,《文物》1998年第2期。
④ 张敏等:《高邮龙虬庄遗址发掘获重大成果》,《中国文物报》1993年9月15日。
⑤ 田名利等:《高邮周邶遗址发掘取得重要收获》,《中国文物报》1994年5月15日。
⑥ 南京博物院考古研究所、扬州博物馆、兴化博物馆:《江苏兴化戴家舍南荡遗址》,《文物》1995年第4期。
⑦ 蒋素华:《江苏阜宁陆庄出土的良渚文化遗物》,《东方文明之光——良渚文化发现60周年纪念文集》,海南国际新闻出版中心,1996年。

见或不见,而且占鼎足总数约50%的带刻画三角形侧扁足和占鼎足总数约10%的凿形、椭圆锥形、足背带按窝的鼎足也是良渚文化所不见的,这些鼎足、篮纹、按窝却在淮河下游的原始文化中常见[①]。此外T形足也与良渚文化略有不同,良渚文化较早时期的T形足侧面常呈近鱼鳍形,中晚期渐向长方形发展,而陆庄遗址的T形足侧面则常呈三角形,显示出一定的变异。但总的来看,陆庄遗址虽然有部分非良渚文化因素(可能就是当地土著文化因素),其文化主体构成还是应归于良渚文化的。据报告结语称,此类遗存在阜宁施庄、陈集、新沟、板湖至宝应水泗均有发现。另在涟水三里墩,也曾采集到一批石、陶、玉器,据介绍甲组有实足鬶、贯耳壶、竹节把镂孔圈足豆,并发现一件玉琮,具有浓厚的良渚文化色彩[②]。由此更往北,较集中地出土有良渚文化遗物的有花厅遗址[③],虽然其北区墓地的文化归属尚有争论,但并无研究者将其划入良渚文化范围。

在中心区域以南,向西逐渐进入浙西南山地。相当于良渚文化时期的遗址有建德久山湖和江山山崖尾、遂昌好川等处。久山湖遗址出土器物据研究可分A、B两组,B组有浅外垂棱细柄豆、宽折沿圜底绳纹釜,为本土文化因素;A组有鱼鳍足鼎、双鼻壶、簋、贯耳罐、浅盘折腹豆,具有典型良渚文化晚期特征[④]。山崖尾遗址地层中鱼鳍形足较多,但鳍背隆起,较短矮,与良渚文化同类器有所不同;T2H4的4件完整器中也仅1件鬶与良渚文化晚期鬶接近[⑤]。遂昌好川墓地位于仙霞岭山区,据介绍80座墓葬年代大都在良渚文化晚期至马桥文化阶段,早期墓葬随葬品组合简单,数量少,有陶鼎、豆、簋、罐、钵、尊,未见鬶,玉器仅见锥形器,不见石钺、石锛。中晚期陶鬶、罐、豆、玉锥形器为常见组合,玉(石)钺、玉管、石锛、石镞普遍发现,石镞以柳叶形为主,其中M10、M37、M60、M62的12件玉片形状与安溪出土的良渚文化玉璧上的刻画纹图像雷同。但该墓地未见玉琮、玉璧,而鬶、管状嘴鬶、三鸟喙状装饰圈足罐为主要随葬品又有别于太湖周围的良渚文化[⑥]。以上三处地点所出的器物都有一个共同特点,就是既有良渚文化因素,又有非良渚文化因素,有些良渚文化因素还经过了变异。同时好川墓地的现象又耐人寻味。

---

① 安徽省文物考古研究所:《安徽固镇孟城遗址》,待刊。
② 纪仲庆:《宁镇地区新石器文化与相邻地区诸文化的关系》,《中国考古学会第三次年会论文集(1981)》,文物出版社,1984年。
③ 南京博物院:《1987年江苏新沂花厅遗址的发掘》,《文物》1990年第2期。
④ 芮国耀:《良渚文化研究》(打印稿)。
⑤ 牟永抗等:《江山县南区古遗址、墓葬调查试掘》,《浙江省文物考古研究所学刊》,文物出版社,1981年。
⑥ 王海明等:《遂昌好川发现良渚文化大型墓地》,《中国文物报》1997年10月19日。

至于浙东地区，发现的良渚文化因素则较其他几个地区都要多，而且现象更复杂，因而引起的争议也最多。对于浙东所发现的良渚文化因素，应该就遗址本身进行客观分析，既不可断章取义，也不可以偏概全，各取所需。

绍兴马鞍仙人山遗址，上层为马桥文化，下层有夹砂红陶鱼鳍足鼎、T形足、泥灰陶圈足盆、黑皮陶镂孔竹节把豆、有段石锛、斜柄石刀等；马鞍凤凰墩遗址，有鼎、鬶、豆、罐、壶、盘、杯等陶器，玉器有管珠、锥形器和镯，石器有刀、钺、凿、锛、犁、耘田器、矛、镞，纹饰常采用镂孔、刻画、附加堆纹，其中一件泥灰罐和陶片上刻有精细的卷龙纹和禽类纹，与良渚文化有类同之处。在绍兴后白洋，无良渚文化层，但在西周—春秋地层中有良渚文化因素，当为早期扰乱所致[①]。他们的时代大体相当于良渚文化中、晚期。由于未见详细报道，绍兴几处遗址是否包含其他文化因素，目前尚不知晓。但在浙东如姚江两岸，经调查在以兵马司、汪界、前溪湖为代表的遗址中就发现竹节状豆柄和不少鱼鳍足、T形足等良渚文化因素，与本地以釜、绳纹为特征的文化因素共存[②]。像这类两种因素共存的现象在浙东地区相当于良渚文化中、晚期（特别是晚期）的遗存中屡见不鲜。

宁波慈湖遗址，下文化层夹炭有色陶占72.6%，盛行附加堆纹间以刻画纹、纵横交错的附加堆纹、竖向细绳纹及横向篮纹。圜底器特多，不见平底器，器类以釜、罐为大宗，并有支架、盆、盘、豆、钵、鱼鳍足等，与良渚文化截然不同，时代上也稍有差异。上文化层不见夹炭有色陶，以泥质黑皮陶和夹砂灰陶为主，另有少量泥质橙红陶，镂孔和绳纹为主要纹饰，鼎（釜）炊器外腹拍印绳纹。从出土器物主要形态看，此层约当良渚文化最早期，碳十四测年为距今5 365±125年（树轮较正）。鱼鳍足、圈足浅腹盘、双鼻壶、宽耳杯和口沿饰锥刺纹的罐与良渚文化相近，另有少量T形足。但与良渚文化早期器物相比，豆把全为喇叭形与良渚风格有异；双鼻壶数量很少，且颈极短，溜肩，也与良渚文化有较大差异；仅1件长颈冲天流的残片，其形态绝非良渚文化早期之物；鱼鳍形足接近良渚文化早期风格，但部分足尖稍外掠；T形足时代应稍晚，足背面常略凹成"Y"形，也与良渚文化有别；橙红陶锥刺纹罐在良渚文化晚期曾有所发现，但良渚文化早期却未见。上文化层还出斧、锛、刀、镞、纺轮等[③]。总之，慈湖上文化层包含有较多的良渚文化因素，同时釜及绳纹又是本土久远的文化风格，另简报中图八.10鼎足似也应是宁绍本土的文化风格。

---

[①] 符杏华：《浙江绍兴的几处古文化遗址》，《南方文物》1994年第4期。
[②] 刘军：《河姆渡遗址调查概况》，浙江省文物考古研究所编《学术交流（专辑1）》。
[③] 浙江省文物考古研究所、宁波市文物考古研究所：《宁波慈湖遗址发掘简报》，《浙江省文物考古研究所学刊》，科学出版社，1993年。

奉化名山后遗址有12个文化层，⑧层以下属河姆渡文化遗存。⑦—②层的遗物以夹砂红陶数量最多，是以砂粒、稻壳、介壳末加羼和料；泥质灰陶颇具特色。鼎上绳纹较少见，出现了较多的良渚文化因素，计有鱼鳍足鼎、T形足鼎、竹节把豆、双鼻壶、红陶锥刺纹罐、腹内带隔档的鼎、阔把壶、柳叶形石镞、犁和耘田器，还出土了不少阴线细刻花纹标本，与福泉山、亭林、草鞋山等处良渚文化所出极为相似。以上器物数量很多，时代大都是良渚文化晚期（最早不超过中期偏晚），与上述器物同出的还有不少源于河姆渡文化的本土文化因素。在文化面貌变化较大的⑧层和⑦层之间（⑦层下），发现的深沟围绕有夯土台，也是饶有趣味的现象[1]。

在位置更南的东海海滨象山塔山遗址，也发现了类似于名山后遗址的现象。1989年发掘350平方米，共10个地层，其中⑨⑧层出土绳纹釜、多角沿绳纹釜、釜支架等，相当于河姆渡文化三期；⑦—⑤层时代跨度较长，泥质灰陶、泥质黑皮陶占较高比例，与早期风格不同，其中具有良渚文化风格的器物有鱼鳍足、T形足等；⑥⑤层还新出竹节把豆、双鼻壶、有段石锛、耘田器等，这批良渚文化器物均属良渚文化晚期[2]。但是，绳纹和陶釜却一直延续，并占有相当比重。此外，也存在部分宁绍地区固有的文化因素。

在浙江东部沿海，还零星发现一些良渚文化风格的器物，如舟山孙家岙，曾发现有段石锛、斜柄石刀、石耘田器、柳叶形石镞等；定海唐家墩经试掘，也发现有段石锛、柳叶形石镞[3]。但这些器物均为石器，发现不多且很零散，而同出的陶器并没有典型的良渚文化风格，却呈现出较多的浙东本土文化风格。

总观浙东地区各遗址，可以归纳出如下特征：

1. 各遗址早期均为较单纯的本土文化；

2. 相当于良渚文化中期时，各地出现了一定数量的良渚文化因素；

3. 相当于良渚文化晚期时，各遗址中的良渚文化因素大大增加，甚至占据主导地位；

4. 除早期外，各遗址本土文化因素和良渚文化因素共存，不存在单一的文化因素；

5. 各遗址均未发现良渚文化极具代表性的玉制礼器，特别是玉琮、玉璧，这一点尤为重要。

---

[1] 名山后遗址考古队：《奉化名山后遗址第一期发掘的主要收获》，《浙江省文物考古研究所学刊》，科学出版社，1993年。

[2] 浙江省文物考古研究所：《象山县塔山遗址第一、二期发掘》，《浙江省文物考古研究所学刊》，长征出版社，1997年。

[3] 王和平等：《舟山群岛发现新石器时代遗址》，《考古》1983年第1期；王明达等：《浙江定海县唐家墩新石器时代遗址》，《考古》1983年第1期。

• 良渚文化的范围——兼论考古学文化共同体 •

通过上述介绍，良渚文化在其周围地区的面貌已显现出来。至于这几处地域是否应划入良渚文化范围，则首先必须明确三个概念：即人的共同体、文化共同体和考古学文化共同体。人的共同体以人的自然属性为主要划分标准，也即以血缘关系或形体特征为基础，是由具有一定的血缘关系或形体特征的人所组成的共同体，如氏族、胞族、人种等。文化共同体则以文化属性为主要划分标准，是由相同或相近的文化特质所组成的共同体，如东方文化、西方文化、各种宗教文化等。而考古学文化共同体却以考古学意义上相类似的文化遗存为主要划分标准。

所谓考古学文化，经典解释是"专门指考古发现中可供人们观察到的属于同一时代、分布于共同地区、并且具有共同的特征的一群遗存"[①]。随着考古新发现的增多，它已不能满足考古学深入研究对概念的需求。首先在地域上，由于该解释忽略了文化迁徙现象，诸如河南境内大汶口文化、屈家岭文化遗存、苏北的良渚文化遗存、张家口的后岗一期文化及半坡和庙底沟类型的文化遗存等，使得它们既属于一个文化，但在地域上又不能划入该文化范围，最终"有家不能归"，常常是另立一个类型，或暂称为某文化遗存，甚至避而不言。其次在特征上，由于该解释忽视了文化涵化[②]现象，使具有同一时期几种不同文化因素的文化遗存在定名或归类上发生困难，曾出现过"混合文化"的称呼（非安特生对仰韶村"混合文化"的理解），或勉强归类。越来越多的迹象表明，在部分区域，不同文化之间发生的文化涵化现象是毋庸置疑的。考古学文化本身是一个多层次而不是一个封闭的体系，以往的考古学文化归类却常常"非此即彼"，尤其是对不同文化交汇地带或不同文化范围出现的它文化因素，因空间距离的影响，导致部分考古学文化范围不合理地扩展。如果不对经典解释加以修正或重新定义，那么"考古学文化共同体"的提出暂时而言应该是可以的。

所谓"考古学文化共同体"，即是由主要的文化因素相似或基本相同的文化遗存所组成的共同体。考古学文化共同体基于考古学文化之上，又与文化的迁徙和涵化直接相关。考古学文化共同体必须具备如下条件：

1. 各遗存或文化主要的文化因素相似或基本相同；
2. 各遗存或文化必须处于一定的时代范围；

---

[①] 中国大百科全书总编辑委员会《考古学》编辑委员会：《中国大百科全书·考古学》，中国大百科全书出版社，1986年，第253页。
[②] 涵化：一种文化变迁过程，发生在两个或两个以上先前各自独立的文化传统进入持续的接触，接触的强度已足以引起一个或多个文化的广泛变迁的时候。它是一种特殊的传播。一般传播指文化因素由一个社会或群体散布到另一个社会或群体的过程，而涵化必须是持续的和强烈的。涵化按受体可以分个体涵化和群体涵化两种，按程度可以分不完全涵化和完全涵化，具体参见：[美]克莱德·M·伍兹著，何瑞福译：《文化变迁》，河北人民出版社，1989年，及其他文化人类学书籍。

3. 至少要有一个考古学文化为基础。

它的最基本的特征就是不受地域限制而有时间限制。以往有过文化圈、文化区、历史文化区及亲族文化区[①]等概念,均有地域性的限制,而考古学文化共同体则可明晰地显示出各地文化遗存之间文化的亲缘关系,它既可以是大的文化的集合,也可以是大的文化与小的文化单元的集合。从理论上而言考古学文化共同体既可以是地域上关联的单个或多个考古学文化或遗存的集合,也可以是地域上不关联的考古学文化或遗存的集合,以及经过了涵化过程而形成的亦此亦彼的考古学文化或遗存的集合。需要指出的是,对于经过了涵化过程的考古学文化,当一文化被另一文化完全涵化时,该文化首先应归入另一文化中;若未被完全涵化,但文化已发生质变,应另立新文化;若仅是一个较小的文化单元,既未被完全涵化,也不符合考古学文化定名的条件,则可视为独立遗存。无论涵化与否,它们均可归于某一考古学文化共同体。总结上述讨论,一个理想的考古学文化共同体可以归为如下模式(图一):

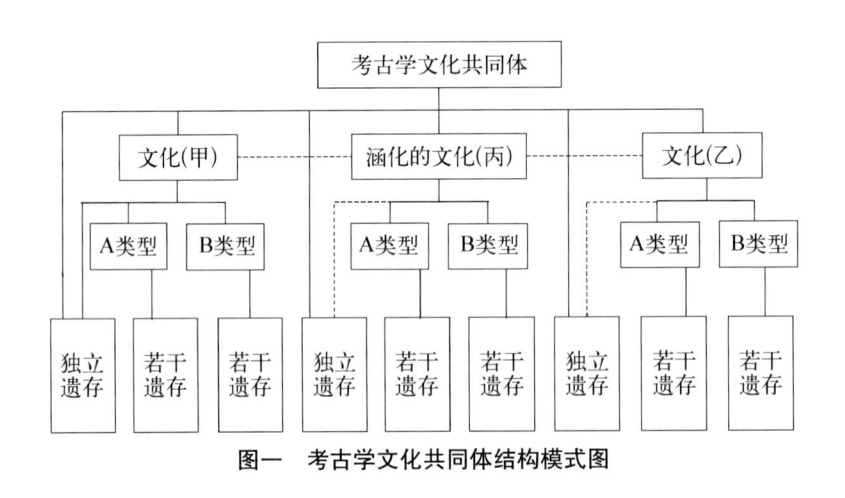

**图一 考古学文化共同体结构模式图**

以上三个共同体概念,它们相同的特征是对地域的依赖性较弱,它们之间既有对应关系,也有非对应关系,其中文化共同体和考古学文化共同体又具有一定的相似性,但前者的"文化"内涵远远大于后者的"文化"内涵。

其次,划分考古学文化范围必须明确考古学文化(及共同体)与考古学文化范围概念的不同。考古学文化(及共同体)的划分是以文化因素的表现形式为标准,而考古学文化范围则是一个地理或空间的概念,它必须具备以下几点:

1. 首先必须是同一考古学文化或只具备一个考古学文化的共同体;

---

[①] 张忠培:《〈中国北方考古文集〉编后的检讨》,《中国考古学:实践,理论,方法》,中州古籍出版社,1994年。

2. 必须具有一定的时间延续性,是历史连续发展的结果,不能以偶然出现的或短暂的相同文化因素为依据;

3. 必须具有一定的空间分布的连续性,即单个或一群小遗存必须与一群更大的遗存在空间上相连;

4. 必须具备纵向和横向的"平面"结构即遗存在一定的空间内有相当的密集度,而呈"点—线"状结构的遗存基本上是由于险恶的自然环境(如高山深谷)或长距离迁徙所形成,是"有线无界",除非相当密集,且有较大的范围,在一般情况下不能划入某一文化的范围。

这样,划分考古学文化的范围就有了四项必须遵循的要素:文化的同一性、时间的延续性、空间的连续性、遗存的密集性,缺一不可。

在确立了考古学文化共同体的概念和划分考古学文化范围的四项要素后,便可对良渚文化的范围作出明确的判断。

首先是宁镇地区,其东部边缘的丹阳王家山和西沟居等遗址,既符合考古学文化的条件,也具备划分考古学文化范围的四项要素,可划入良渚文化范围。而其他地带虽具有时间延续性、空间连续性和遗存密集性三项要素,但缺乏第一项要素,故不能划入良渚文化范围。

苏北的海安青墩遗址,主要是M18和采集遗物与良渚文化相同;东台开庄遗址有良渚文化中晚期的器物;阜宁陆庄文化因素的主体构成应属良渚文化,同类文化遗存在附近较小范围内还形成了一定规模的"平面"结构,具有了一定的密集度;更北的花厅遗址北区有较多的良渚文化因素,但也有较多的大汶口文化晚期因素。以上遗址虽然在阜宁一带形成小范围的"平面"结构,但从总体上看各遗址仍是一条"点—线"状结构,至少不具备空间连续性和遗存密集性两项要素。需要指出的是,青墩遗址虽略具空间连续性,但绝大多数遗物并不同于良渚文化,就遗存本身而言与良渚文化不具备同一性;花厅北区的现象应视为文化涵化的结果,从考古学文化角度分析,其表现形式亦此亦彼,但若更深地从文化共同体角度分析,其体现的非物质文化因素更趋近于良渚文化。因此,青墩M18和采集物、花厅北区墓葬、开庄、陆庄及其附近均应归为良渚文化共同体,而这些地带则不能划入良渚文化范围。

浙西南的久山湖、遂昌好川遗址也是一种文化涵化的结果,但涵化过程并不完全,表现形式同是亦此亦彼,同时因这些地区考古工作较少,目前只宜将它们视为独立遗存,可归入良渚文化共同体,但只具备划分考古学文化范围的部分要素,该地不能划为良渚文化范围。山崖尾则既不具备范围划分的要素,也不具备考古学文化共同体的条件,只有看作是一般的文化交流和传播。

浙东地区在良渚文化早、中期本土文化占据主导地位。所发现的良渚文化因素应视为文化交流传播的结果，仅是文化涵化的初始阶段。而在良渚文化晚期，各遗址的良渚文化因素均大大增加，甚至占据主导地位，但始终未见只有单一文化因素的遗存，而且也均未发现良渚文化的代表性的玉制礼器。虽然在时间、空间和遗址密集度方面均符合范围划分的要求，但在文化的同一性上也显不足，因而不能划入良渚文化范围。至于浙东地区在良渚文化晚期所表现出的现象则是典型的不完全文化涵化的结果，符合考古学文化共同体的条件，所以该地相当于良渚文化晚期的遗存可视为良渚文化共同体；同时，他们在一定时间、一定地域已具备了一定的、稳定的共同特征，随着同类遗存发现的增多，是可以另立一个新的考古学文化的。

综上所述，良渚文化的范围应划定为：东至上海、南抵钱塘江、西达湖州，北到宁镇东缘的丹阳一线。

一九九八年四月九日成稿

一九九八年四月二十七日定稿

（原载于《南方文物》1998年第2期）

## 2021年1月16日　背景补记：

这是在看了黄宣佩先生论文后触发的思绪。在撰写毕业论文《良渚文化的初步分析》时，便在琢磨如何解决远距离线状分布和跨区的片状分布问题，当时虽有不少人思考，但很少从理论角度探讨。本文的想法受到人文地理和政治中的"飞地"概念启发，稿件寄出便很快被刊用。继续思考这类复杂的文化与人群现象后，7月29日又在《中国文物报》刊发了一篇千余字的小文《移民与殖民——考古学文化现象之一》，算是姊妹篇，因与本书主题有偏，未选入书中。

# 初识薛家岗与良渚的文化交流
## ——兼论皖江通道与太湖南道问题

薛家岗文化与良渚文化是分布于长江下游东西两端的两支不同的原始文化，两者分布地域不同，文化面貌上也没有前后的继承关系。以往由于材料的原因，一般都认为薛家岗文化早于良渚文化，因此它们之间理应不存在文化上的共时关联，其中薛家岗文化中出土的少量玉器还引起了考古界的不少猜测，甚至将个别玉器当作良渚文化同类器的源头。随着近年来对崧泽文化研究的深入，已有研究者认识到崧泽文化晚期的太湖流域可能受到薛家岗文化不少影响[1]。而自薛家岗、鼓山两处遗址的考古报告出版后，对薛家岗文化的研究也有所深化，现已知道薛家岗文化与良渚文化的相对年代关系并不如以前所认为的那样一早一晚，而是有着一种前后交错的关系，即薛家岗文化晚期（含末期）与良渚文化早中期（或晚期偏早）是同时的，因此，薛家岗文化与良渚文化之间有没有文化上的交流，便是令我们十分感兴趣的问题了。近两年《潜山薛家岗》和《反山》《瑶山》《庙前》《良渚遗址群》等一系列报告的出版，大大促进了两个文化的研究，重新检索两文化之间的遗物，它们之间的一些相似或相同之处渐渐显露出来，而这对重新认识良渚文化的发展历程、探讨以皖江为轴心的整个长江中下游新石器时代晚期文化的交流及这一时期文化格局的变化便有了积极的意义。只是由于这些材料的公布时间不长，对它们的消化和深入研究还有待时日，因此本文只能是对此做简单的探讨，以作引玉之举罢了。

---

[1] 张照根：《关于绰墩遗址崧泽文化墓地时代及相关问题的分析》，《绰墩山——绰墩遗址论文集》，《东南文化》2003年增刊1；刘斌：《崧泽文化的分期及与良渚文化的关系》，《庆祝张忠培先生七十岁论文集》，科学出版社，2004年。

# 一 薛家岗文化中的良渚文化因素

薛家岗文化可以分为早期、晚期和末期三大期,以早、晚两期为主,末期只存在于部分遗址中,其中的晚期与良渚文化早中期年代相近,末期近于良渚文化的晚期偏早。目前整个文化可以明确分为两个类型:薛家岗类型和鼓山类型,薛家岗类型以皖西南的皖河流域为中心,鼓山类型以湖北蕲水以东至龙感湖一带为中心,两者大体上以龙感湖和鄱阳湖为模糊分界线,面貌有所不同,各自的独立性很强。另外赣北鄱阳湖两岸也有较多薛家岗文化的因素,并且自身具有一定的特点,但因材料不足,是归属哪个类型还是独立为一个类型还不十分清楚,总体上看与鼓山类型的联系较为密切。

薛家岗文化中的良渚文化因素很早便受到关注,但一般限于个别的玉器,在年代判别上也存在问题。现在认识到薛家岗文化中的良渚文化因素均属薛家岗文化晚期或末期阶段,除玉器外还存在着其他一些因素。由于薛家岗类型和鼓山类型各自与良渚文化交流的程度不同,两者所见的良渚文化因素也不一样。

## (一) 薛家岗类型中的良渚文化因素

明确属于良渚文化因素的器物有多件,但种类很少,陶器主要有双鼻壶(或无双鼻)、细高柄盘形豆、粗柄盘形豆,另外还有鱼鳍形鼎足以及鼎上置甗的组合,以双鼻壶最多,鱼鳍形鼎足次之,豆较少见,玉器只有极少量琮,而少量陶片上的刻纹似也应与良渚文化有关(图一)。

双鼻壶见于薛家岗遗址[①]、夫子城遗址[②],共4件,其中一件无双鼻。薛家岗出土的均属该遗址第五期:M75∶3,略敞口,长颈较直,腹部圆润,属良渚文化中期稍早的形态;M76∶2,敞口较向外撇,颈稍短中部内收,腹扁圆,颈腹结合处向下凹陷则属良渚文化中期以后的形态,但总体形态有所变异;M31∶1,无双鼻,形态介于前面两者之间。夫子城出土的T4⑥∶12,敞口较向外撇,长颈中部内收并饰凸棱,腹扁圆,其所属地层的相对年代为该遗址晚期,约当薛家岗遗址四、五期之交或五期偏早,

---

[①] 安徽省文物考古研究所:《潜山薛家岗》,文物出版社,2004年。以下凡涉及薛家岗遗址的材料均出自本书,除不便查找而加注的外,其他均不另注。
[②] 安徽省文物考古研究所:《安徽安庆市夫子城新石器时代遗址的发掘》,《考古》2002年第2期。

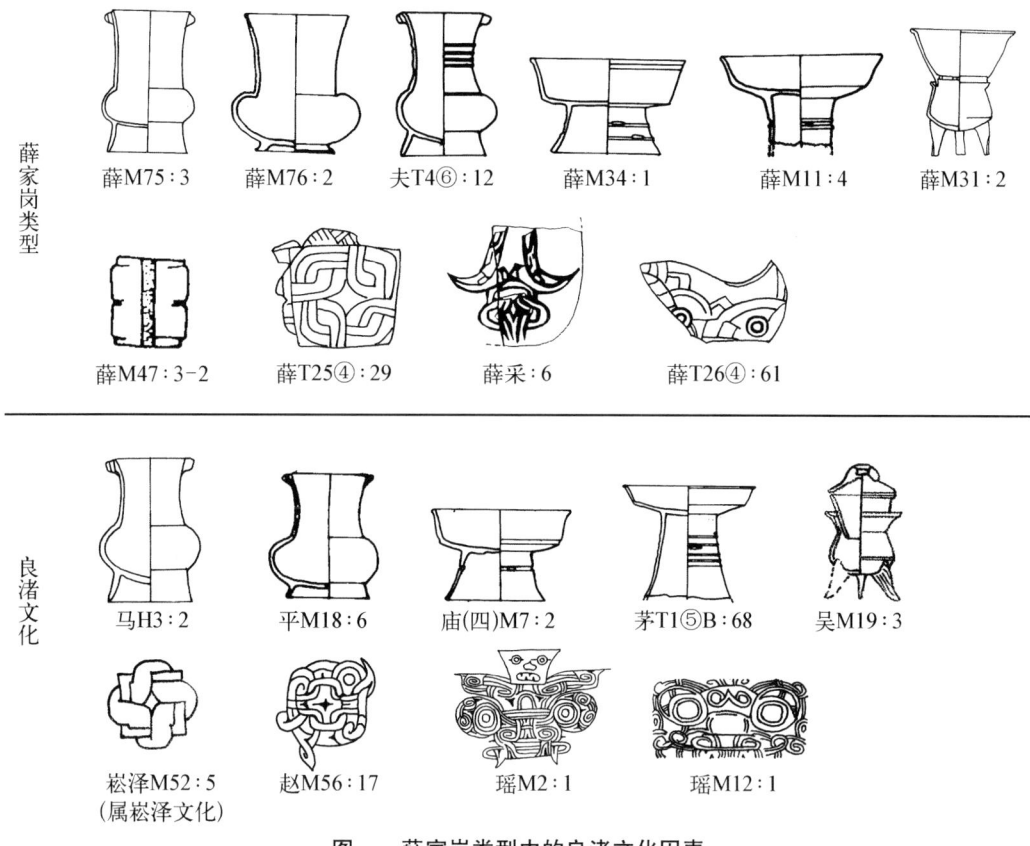

·初识薛家岗与良渚的文化交流——兼论皖江通道与太湖南道问题·

薛家岗类型：薛M75:3　薛M76:2　夫T4⑥:12　薛M34:1　薛M11:4　薛M31:2
薛M47:3-2　薛T25④:29　薛采:6　薛T26④:61

良渚文化：马H3:2　平M18:6　庙(四)M7:2　茅T1⑤B:68　吴M19:3
崧泽M52:5（属崧泽文化）　赵M56:17　瑶M2:1　瑶M12:1

图一　薛家岗类型中的良渚文化因素

该器属良渚文化中期偏晚到晚期偏早的典型形态，与马家坟遗址H3:2十分接近[①]，只是夫子城所出颈中部更内收一些，后者年代为良渚文化晚期偏早阶段，因此夫子城T4⑥:12年代定在良渚文化晚期偏早较为妥当。

　　细高柄盘形豆和粗柄盘形豆均见于薛家岗遗址，共3件，陶质、陶色均与薛家岗遗址的其他典型器物明显不同。其中M34:1属该遗址第四期，质地为泥质黑衣陶，十分细腻，表面还打磨光滑，柄中部饰横向长方形镂孔，与反山M22:61、庙前第四次发掘的M7:2十分近似[②]，是良渚文化中期的典型形态。M8:9、M11:4则属该遗址第五期，其中M11是该遗址最晚时期的墓葬之一，豆均为泥质灰陶，柄中部也饰横向长方形镂孔，它们分别与庙前第五、六次发掘的M17:1、茅庵里T1⑤b:68较为接近[③]，属良渚文化晚期偏早的形态。

---

① 马家坟遗址材料见浙江省文物考古研究所：《庙前》，文物出版社，2005年。
② 浙江省文物考古研究所：《反山》，文物出版社，2005年；浙江省文物考古研究所：《庙前》，文物出版社，2005年。以下凡涉及反山、庙前遗址的材料均出自两书，除不便查找加注的外，其他均不另注。
③ 材料均见浙江省文物考古研究所：《庙前》，文物出版社，2005年。

薛家岗遗址出土的双鼻壶和盘形豆由于形态特殊,明显属于良渚文化风格,为更准确地了解它们与薛家岗遗址的薛家岗文化典型器是否有质地上的区别,我们曾选取了9件薛家岗文化的标准器、2件良渚文化风格的器物(M75：3双鼻壶、M11：4细高柄豆)和6件其他文化风格的器物运用等离子体发射光谱(ICP)进行成分分析测试,经双因子多元统计分析,结果证明2件良渚文化风格的陶器单独聚为一类,而与薛家岗遗址典型器相距甚远[①](图二)。

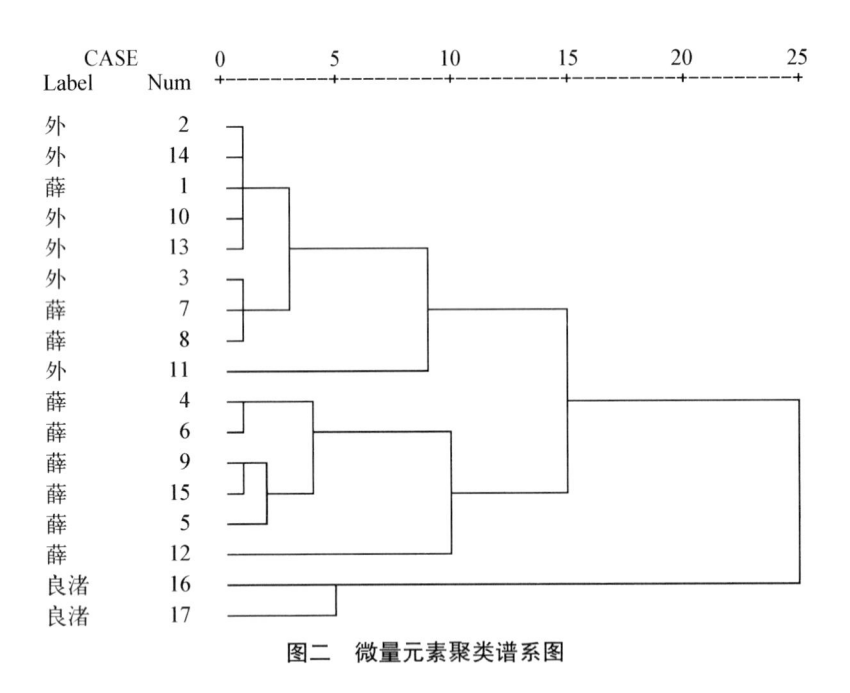

```
                CASE     0     5     10    15    20    25
         Label  Num      +-----+-----+-----+-----+-----+
           外     2      ┐
           外    14      ┤
           薛     1      ┼┐
           外    10      ┘│
           外    13       ├─┐
           外     3      ┐ │ │
           薛     7      ┼─┘ │
           薛     8      ┘   │
           外    11          ├─────────────┐
           薛     4      ┐   │             │
           薛     6      ┼┐  │             │
           薛     9      ┘├──┘             │
           薛    15      ┐│                │
           薛     5      ┼┘                │
           薛    12      ┘                 │
           良渚  16      ┐                 │
           良渚  17      ┴─────────────────┘
```

图二　微量元素聚类谱系图

鼎上置甑在薛家岗类型中仅薛家岗遗址出土2件,发掘报告中称为甗,均出于M31之中,该墓还另出1件与双鼻壶相同但无双鼻的长颈壶,属薛家岗遗址五期,年代约相当于良渚文化中期偏晚或晚期偏早。这种形式在崧泽文化晚期中即有所见(如南河浜M59：25[②]),后来成为良渚区良渚文化早期独具特色的器物,最早见于吴家埠H3和M19,属良渚文化最早期[③],在庙前遗址的良渚文化早期墓葬中也发现了多件,与薛家岗所出更类似。

此外,在枞阳县小柏墩遗址曾采集到1件夹砂红陶鱼鳍形鼎足,足下半部分呈弧收,足尖圆弧,是良渚文化中期常见的形态,一同采集的遗物中有薛家岗文化的三角

---

① 吕利亚、毛振伟、朔知、王昌燧:《薛家岗遗址出土古陶的产地分析》,《南方文物》2006年第4期。
② 浙江省文物考古研究所:《南河浜——崧泽文化遗址发掘报告》,文物出版社,2005年。
③ 浙江省文物考古研究所:《余杭吴家埠新石器时代遗址》,《浙江省文物考古研究所学刊(1980—1990)》,科学出版社,1993年。

形陶鬶把手,其他大量的为早于薛家岗文化的遗物,该鼎足当不晚于良渚文化中期。在枞阳毛竹园、魏家墩也采集到体较厚的鱼鳍形鼎足,年代大体相近[①]。

玉琮仅2件,出于同一墓中(M47∶3-1、M47∶3-2),该墓属薛家岗遗址第五期。2件形制相同,体长仅1.8厘米左右,类似琮形管,形态和刻纹均与良渚文化同类器相同。以往曾将其作为良渚文化玉琮的祖形,不确。这类小型琮是在良渚文化中期才开始对外传播,而在薛家岗文化中既无渊源也无承继,其质地似也与薛家岗遗址其他玉器有所不同,只能是良渚文化影响之物,年代应与良渚文化中期相当。

薛家岗文化的刻纹一直不发达,多数只是一些用直线或弧线组成的简单的几何形纹饰,而象形纹饰十分少见。但在薛家岗遗址中,曾发现了3片刻纹陶片[②],明显不同于本地的几何纹风格。其中一片T25④∶29刻纹属较复杂的几何纹,图案结构为四组曲线穿绕一个方形,对称工整,与赵陵山M56器盖上的刻纹颇为相似[③],虽然此类纹饰出现的年代会更早些,如崧泽墓地M52∶5[④],前两者的中间方框呈圆角,且四角的绳索状刻画均向外不连续,而崧泽所出的则呈封闭状。此外薛家岗T25④的年代属薛家岗遗址晚期,年代要晚于崧泽文化,赵陵山M56属良渚文化早期,因此该刻纹陶片的年代当属良渚文化早期前后。另一片刻纹陶片T26④∶61虽所剩不多,但保留了下面两只眼睛,是一种稍显抽象的象形刻画,可以看出类似于良渚文化的神兽纹,这种纹饰是发端于良渚文化早期,在中期十分盛行的,而T26④层属于薛家岗文化晚期,同层所出的高柄盘形豆(T26④∶5)和小杯(T26④∶9)都属该遗址四期偏早之物,其年代也应大体与良渚文化早中期相当。第三片采∶6是在发掘出来的堆土中采集的,原生地层不明,但它的图案十分特别,属复杂的象形刻画,与良渚文化中期出现的神兽纹如瑶山M2∶1、M12∶1等有异曲同工之妙,其年代基本上也应属良渚文化中期。

## (二)鼓山类型和赣北一带的良渚文化因素

鼓山类型和赣北一带的良渚文化因素较少,陶器仅有双鼻壶和贯耳壶,玉器有锥形器,且只发现于陆墩遗址[⑤]和郑家坳遗址[⑥](图三)。

---

① 均采集标本,现藏枞阳县文物管理所。
② 安徽省文物考古研究所:《潜山薛家岗》,第336、385页,文物出版社,2004年。
③ 赵陵山图案见董欣宾、郑旗、陆建方:《赵陵山族徽在民族思维发展史上的重要意义》,《东方文明之光——良渚文化60周年纪念文集》,海南国际新闻出版中心,1996年,又见于该文集封面。
④ 上海市文物保管委员会:《崧泽——新石器时代遗址发掘报告》,文物出版社,1987年。
⑤ 中国社会科学院考古研究湖北工作队:《湖北黄梅陆墩新石器时代墓葬》,《考古》1991年第6期。
⑥ 江西省文物考古研究所等:《靖安郑家坳墓地第二次发掘》,《考古与文物》1994年第2期。

鼓山类型和赣北

陆M8:1　　陆M16:1　　郑(二)M8:4　　陆M19:5　陆M5:2

良渚文化

福M120:2　　平M9:6　　福M101:69

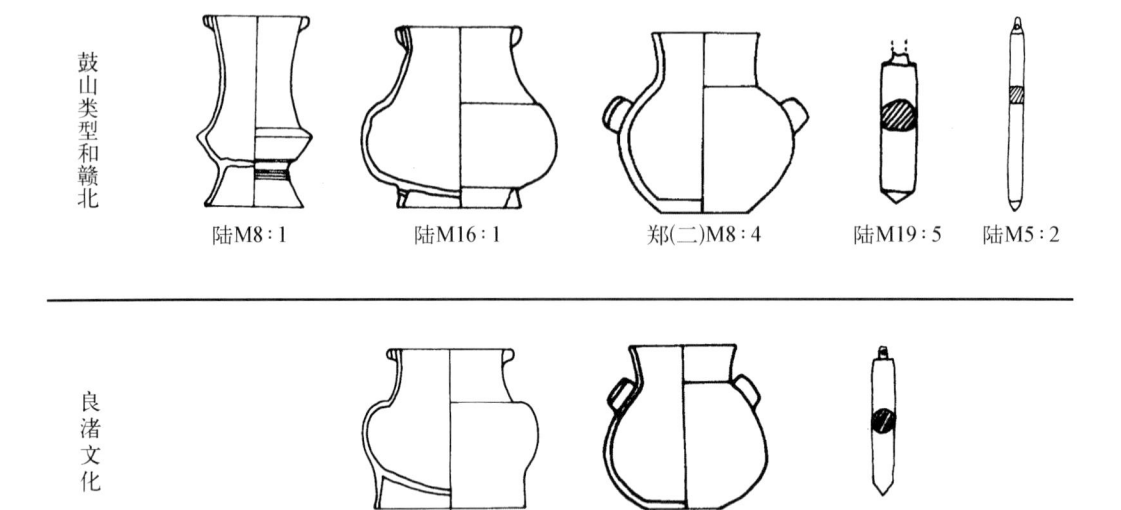

图三　鼓山类型和赣北一带的良渚文化因素

双鼻壶，仅2件，见于陆墩遗址M8和M16，均属该遗址较早时期，属薛家岗文化末期。陆墩M16：1为短颈粗矮形，腹部圆润，与良渚文化同类器形制完全相同，和福泉山M120：2相比，后者颈腹结合处已略凹陷，当略晚于陆墩所出，而福泉山M120属该遗址二期早段[①]，属良渚文化晚期偏早，因此陆墩M16的年代应相当于良渚文化晚期偏早。陆墩M8：1为长颈瘦高形，口向外撇，长颈中部内收，扁折腹，圈足较高，与良渚文化同类器相比腹部有较大差别，但良渚文化双鼻壶腹部变扁是在中期以后，陆墩此件器物最早也不会早到良渚中期，陆墩M8：1相当于良渚文化晚期偏早也就较为合适。

贯耳壶，1件，见于郑家坳第二次发掘M8，矮领稍往外撇。M8属该遗址三期，同出的碟形豆与鼓山遗址晚期偏晚的同类器相同，同属薛家岗文化晚期偏晚，与陆墩较早时期年代接近而略早。良渚文化的贯耳壶是从晚期才开始出现的，这件贯耳壶与良渚文化同类器也完全相同，与良渚文化晚期偏晚的平丘墩M9：6相比[②]，它们的腹部最大径更偏上，因而其年代应早于后者，将它们定在良渚文化晚期偏早也是较为合适的。

除了上述器物之外，在陆墩遗址的M1、M5、M19中还发现了数件玉锥形器，有瘦长、粗短两种，瘦长的为方柱体，粗短的为圆柱体，顶端均呈方尖状，也与良渚文化同类器相同，年代约相当于良渚文化中期或晚期。从它们所出土的共存器物看，M1和

---

① 上海市文物管理委员会：《福泉山——新石器时代遗址发掘报告》，文物出版社，2000年。
② 浙江省文物考古研究所：《浙江北部地区良渚文化墓葬的发掘(1978—1986)》，《浙江省文物考古研究所学刊(1980—1990)》，科学出版社，1993年。

M5年代相同，属薛家岗文化末期，相当于良渚文化晚期偏早，而M19应该更晚一些。虽然这类器物在中国东部较广大的范围内均存在，但因在良渚文化中十分丰富，这些器物应该是受良渚文化影响。另外由于M5、M19墓坑都有二层台，而且M19还出土了类似于大汶口文化的骨套饰，它们也可能与大汶口文化影响有关。

在赣北鄱阳湖西侧，以往还曾发现过良渚文化风格的玉琮，其中一件出自郑家坳新石器时代墓葬发掘的废坑中，器体扁矮，只有一节，四角饰简化的刻画神兽纹[1]。另一件出土于德安县，大小、形制与郑家坳所出相同[2]。这类玉琮的形态虽具良渚文化风格，但仍有差别，如果将鄱阳湖以南的丰城市出土的明确属良渚文化晚期风格的八节玉琮考虑进来，则郑家坳与德安的玉琮年代定为良渚文化晚期应该没有什么太大的问题，特别是郑家坳玉琮如确属发掘废坑中所出，其年代当不晚于郑家坳遗址三期，大体上也就属于良渚文化晚期偏早了。

## 二　良渚文化中的薛家岗文化因素

良渚文化目前可以分为早、中、晚三大期，整个文化至少可以分为以良渚遗址群为代表的良渚区和苏南、上海一带的苏南区，嘉兴一带、太湖西侧在中晚期时也具有一定的特点。良渚区与苏南区、嘉兴一带的文化面貌有着一定的差别，特别是在良渚文化的早期阶段差异相当明显。

良渚文化中的薛家岗文化因素其实并不太少见，但以往一直受到忽视而未辨识出来。这些因素主要分布在良渚区，部分可以扩展到嘉兴一带，但苏南区十分少见。明确属于薛家岗文化因素的有扁腹壶、直口壶、多孔石刀，另有部分可能受薛家岗文化影响的如个别深腹圈足杯、折腹鼎、个别特殊的玉璜，还有大口深腹簋虽然不是薛家岗文化本身的特征器而是其西部屈家岭文化的典型器，但从地理位置上而言还是应该通过薛家岗文化作为中介的(图四)。

深腹圈足杯是薛家岗文化鼓山类型中常见的器物，在鼓山遗址中出土较多[3]，以筒状深腹、腹与底结合处锐折和腹部常饰凸棱为特征，在薛家岗类型中较为少见，目

---

[1] 万良田、万德强：《江西出土的良渚文化型玉琮》，《东方文明之光——良渚文化60周年纪念文集》，海南国际新闻出版中心，1996年。
[2] 周迪人：《德安县几件馆藏文物》，《江西文物》1990年第3期。
[3] 湖北省京九铁路考古队、湖北省文物考古研究所：《武穴鼓山——新石器时代遗址发掘报告》，科学出版社，2001年。

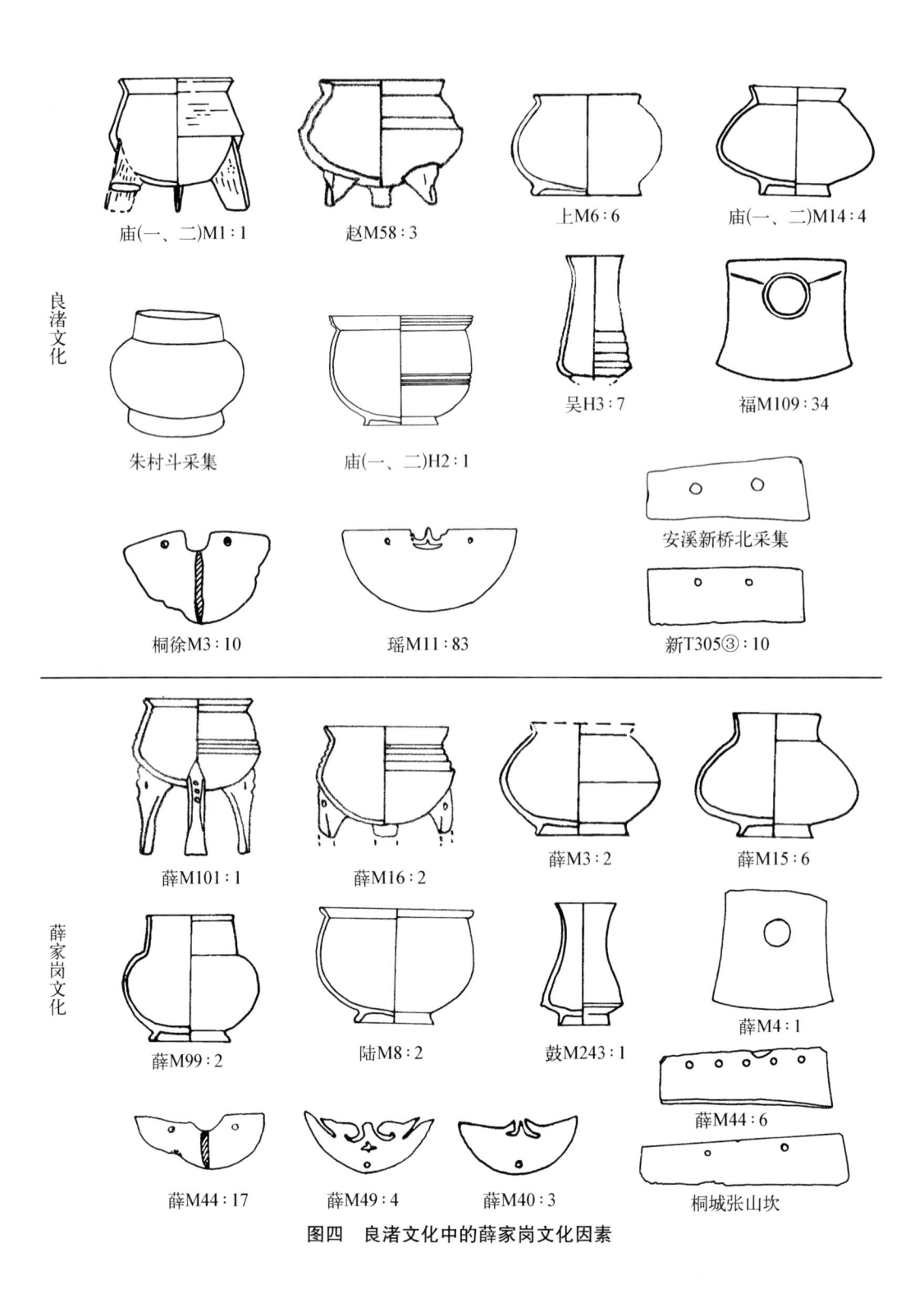

· 254 ·　　　　　　　　　　　· 朔知东南风——从凌家滩到长三角的区域文明探源 ·

图四　良渚文化中的薛家岗文化因素

前只发现于望江黄家堰遗址[①]。这类器物产生于薛家岗文化早期，延续时间较长，形态变化也较大，略类似于崧泽文化的花瓣足小杯，但崧泽的小杯器身呈鼓形，腹、底结合处弧折，与薛家岗文化的明显不同。见诸报道的只有良渚区的吴家埠遗址H3：7，其他遗址中则未有所见，H3属良渚文化最早期，或者说处于崧泽文化向良渚文化的过渡阶段，同单位出土的还有不少具有崧泽文化风格的器型，但共存的鼎、过滤器已显现出良渚文化的特征[②]；H3：11陶盆也与天宁寨遗址M6所出相近，在薛家岗文化中也是早期中间阶段的器型，因此H3：7是整个良渚文化中所见的最早的薛家岗文化因素。

直口壶也是薛家岗文化中较有特点的器物，有自身相对完整的演化序列，但数量不是太多，主要见于薛家岗类型中，良渚文化中极为少见。如余杭县收藏的在良渚区的朱村斗遗址出土的直口壶（编号为0239-3-7）[③]，即与薛家岗遗址M99：2十分相近，两者都是泥质灰胎黑衣陶，腹部圆润，直口稍内收。薛家岗M99属该遗址四期，朱村斗所出约相当于良渚文化早期或中期偏早，也是良渚文化中较早的薛家岗文化因素。

扁腹壶是薛家岗文化晚期最具特点的器型之一，它们在薛家岗类型和鼓山类型中都有分布，其向西还影响到了屈家岭文化。薛家岗文化中的扁腹壶可以分为两种形制：一是沿面斜而略高，腹较扁而略垂，腹径远大于口径；一是沿面很窄，腹扁圆，腹径略大于口径，最大腹径始终在腹中部，陶质、陶色不太一致，有夹砂灰陶，也有泥质红胎或灰胎黑衣陶，还有夹砂灰黄胎黑衣陶。良渚文化中的扁腹壶主要集中在良渚区，另在嘉兴一带也偶有所见，发掘报告中常称之为夹砂陶圈足罐，是良渚区极富特色而常见的器型，也是墓葬中陶器随葬品较稳定的组合之一。良渚区发现的扁腹壶数量很多，两种形制均有，以夹砂红（褐）陶为多。如庙前一、二次发掘的M14：4腹部略垂，腹径很大，属第一种形制，年代为良渚文化早期，而上口山M6：6腹扁圆，最大腹径在中部[④]，属第二种形制，年代为良渚文化中期偏早。良渚区的这类器物大都集中在良渚文化早期。嘉兴一带发现的器物数量不多，以泥质灰陶为主，少量夹砂灰红陶。见诸报道的如海宁东八角漾遗址M5：1为泥质灰陶[⑤]，年代最晚不会晚于

---

① 张敬国等：《望江黄家堰遗址发掘成果丰硕》，《中国文物报》1998年11月24日第1版。
② 浙江省文物考古研究所：《余杭吴家埠新石器时代遗址》，《浙江省文物考古研究所学刊（1980—1990）》，科学出版社，1993年。
③ 材料见浙江省文物考古研究所：《良渚遗址群》，第213页，文物出版社，2005年。
④ 浙江省文物考古研究所：《浙江余杭上口山遗址发掘简报》，《文物》2002年第10期。
⑤ 浙江省文物考古研究所、海宁市博物馆：《海宁东八角漾遗址发掘报告》，《崧泽·良渚文化在嘉兴》，浙江摄影出版社，2005年。

良渚中期偏早；嘉兴徐家浜遗址 M3：9 腹部稍深，形态有所变异，年代为良渚文化中期偏早[①]；平湖平邱墩遗址 M24：7 和海宁徐步桥 M8：1 也属此类器，年代为良渚文化中期[②]。

器体扁薄的风字形石钺是薛家岗文化晚期偏晚阶段石器中极有特点的器型。一般研究中都将长梯形上窄下宽、两侧边较直的钺也称之为风字形钺，但薛家岗文化中典型的风字形钺体较宽、两侧边中部略内收、刃部两角端是明显向外撇出的。普通意义上的风字形钺分布较广，但典型的则数量不多，分布地域有限。良渚文化中的典型风字形钺十分少见，如福泉山 M109：34，器体长宽近等，孔较大[③]，与薛家岗遗址 M4：1 如出一辙，其他如良渚区采集的一件也大体具备这一形态[④]。薛家岗文化中这类器物的年代均为晚期偏晚，福泉山所出属良渚文化晚期偏早。

多孔石刀是薛家岗文化晚期出现的最具有代表性的器物，在薛家岗类型和鼓山类型中具体形态有所不同。薛家岗类型以一端宽、一端窄、刃部弧凹或平直的斜梯形为特点，基本上为奇数孔；而鼓山类型则以两端等宽、弧凸刃的正梯形为特点，奇数孔和偶数孔均有。多孔石刀在良渚文化中分布较广，年代都偏晚，大多数呈正梯形弧凸刃，还有一部分的刀体很宽，另外出现了如新地里 T305③：10 的长方形平直刃[⑤]。前两者与鼓山类型较为接近而与薛家岗类型差别较大，应该是受到鼓山类型的影响，但由于良渚文化中石刀数量较多，应是在受到一定影响后自身有所发展，并非完全持续受薛家岗文化的影响，其中的具体情况一时还难以讨论；后者则不见于整个薛家岗文化之中。由于邻近的宁镇地区较早时期有多孔石刀的传统，因此良渚文化中的多孔石刀还不能完全说只与薛家岗文化有关，但宁镇地区的多孔石刀与良渚文化在年代上有脱节，目前还是可以将其认作是受了薛家岗文化的影响。另外与薛家岗文化有关的是余杭收藏的安溪新桥北的一件双孔斜梯形凹弧刃石刀（编号 2408-1-524）[⑥]，整体形态与薛家岗类型的完全一样，但双孔却又显示出差别，这件石刀是否属于良渚文化还不清楚，同形制的双孔石刀则在薛家岗文化分布区北缘的桐城市张山

---

[①] 浙江省文物考古研究所：《桐乡章家浜、徐家浜良渚文化墓葬发掘》，《沪杭甬高速公路考古报告》，文物出版社，2002 年。
[②] 浙江省文物考古研究所：《浙江北部地区良渚文化墓葬的发掘（1979—1986）》，《浙江省文物考古研究所学刊（1980—1990）》，科学出版社，1993 年。
[③] 上海市文物管理委员会：《福泉山——新石器时代遗址发掘报告》，文物出版社，2000 年。
[④] 材料见浙江省文物考古研究所：《良渚遗址群》，第 310 页，文物出版社，2005 年。
[⑤] 浙江省文物考古研究所、桐乡市文物管理委员会：《桐乡新地里遗址考古发掘概况》，《崧泽·良渚文化在嘉兴》，浙江摄影出版社，2005 年。
[⑥] 材料见浙江省文物考古研究所：《良渚遗址群》，第 260 页，文物出版社，2005 年。

坎出土过一件[①]。上述的凹弧刃双孔石刀和长方形平直刃石刀在年代上应似略晚于薛家岗文化石刀,但时间相距不会太长,应是继薛家岗文化末期之后的形态了。

除上述材料外,还有一部分器物也可能是受到薛家岗文化的影响。其中的折腹鼎便是一例。折腹鼎在薛家岗文化晚期是最主要的器型之一,自薛家岗文化早期偏晚时开始出现,在薛家岗类型中表现为折腹加凿形或鸭嘴形足,腹部从中腹锐折并常饰凸棱,而在鼓山类型中则不多见。良渚文化中发现了少量的折腹鼎,它们在良渚文化中并没有什么渊源,只是崧泽文化晚期有类似的形态,但有较大的差别,而与薛家岗类型的却有着诸多的相似。在苏南区,发现了很少量的饰凸棱折腹鼎,如赵陵山遗址M58:3,折腹,三个小凿形足[②],与薛家岗M16:2等多件同类器相同,前者属良渚文化早期,后者属薛家岗遗址第四期,也即薛家岗文化晚期偏早。在良渚区,则发现了部分不饰凸棱的折腹鼎,庙前遗址就出土了多件此类鼎,如庙前第一、二次发掘M1:1,同出有夹砂扁腹壶,属良渚文化早期。

良渚文化虽然玉器十分发达,但其中个别玉器的形态却不合主流。如瑶山M11:83玉璜[③],整体形态与一般玉璜无异,但中部镂出一个尖状凸起的形制在整个瑶山墓地甚至整个良渚区仅此一件,却是薛家岗文化玉器中十分有特点的,在薛家岗和鼓山类型中都存在,如薛家岗遗址M40:23和M49:4都有这样的凸起。瑶山M11属良渚文化中期偏早,薛家岗M40和M49都属于薛家岗文化晚期偏晚。此外,桐乡徐家浜M3:10玉璜也较特别,形制不太规整,一面稍平,但可以看到十分明显的切割痕,另一面则经过加工,背部偏离正中间隆起。以往曾认为这是利用不规则玉料就势加工而成[④],但实际上这种弓背形璜是薛家岗文化中另一类颇具特色的器型,不规则的形态和保留的切割痕都是有意为之的,目前已在薛家岗文化的不同遗址中发现数件,如薛家岗遗址M44:17、M47:16,其中M47还共出了前文所述的两件小玉琮。徐家浜M10属良渚文化中期偏早,薛家岗M44、M47都属薛家岗文化晚期偏晚。

除上述因素外,良渚文化中还存在一些缺乏本地传统而又没有太多延续的器物,如底部有箅孔的单体甗、卷边足、大口深腹的簋等,都只存在于良渚文化的某一时期或局部地域,目前主要见于良渚区,其他区域不多见,明显不是本地文化传统或新的

---

[①] 童树桐:《桐城县文物志》,皖非正式出版字(88)第2119号,1988年。
[②] 江苏省赵陵山考古队:《江苏昆山赵陵山遗址第一、二次发掘》,《东方文明之光——良渚文化60周年纪念文集》,海南国际新闻出版中心,1996年。
[③] 浙江省文物考古研究所:《瑶山》,文物出版社,2003年。
[④] 浙江省文物考古研究所:《桐乡章家浜、徐家浜良渚文化墓葬发掘》,《沪杭甬高速公路考古报告》,文物出版社,2002年;照片见于嘉兴市文化局:《崧泽·良渚文化在嘉兴》,浙江摄影出版社,2005年。

发明。它们在长江中游的屈家岭、石家河文化中却是常见之物,且出现年代较早、延续时间较长,在薛家岗文化中也有一定的存在,只是从地理位置考虑,屈家岭文化的这类因素难以直接流传到良渚文化所在的区域,必先经过薛家岗文化区域,因此它们应该是发端于屈家岭文化,经薛家岗文化为中介而进入到良渚文化的,但其中大部分甗和卷边足的年代可能已进入石家河文化时期,与薛家岗文化无关,如严家桥T2⑧:3甗和T3④:4卷边足[①]。与薛家岗文化有关的应该是庙前遗址第一、二次发掘的大口深腹簋H2:1,在良渚文化中十分少见,但在屈家岭文化之前的油子岭文化中即已存在,至屈家岭文化继续发展,并对薛家岗文化末期产生少量影响,如陆墩遗址早期的M8:2。陆墩与庙前所出的两件形态十分相近,庙前H2同出器物有良渚文化中期偏晚的实足盉、晚期偏早的尊、贯耳壶,其坑内堆积年代跨度稍大,但其用途实为水井,则不足为怪。H2的木构木头测年为公元前2883—前2622年,相当于良渚文化中期,因此H2内堆积物的晚期年代属于良渚文化晚期偏早是不会有太大疑问的,也正与陆墩早期相同。

在薛家岗文化与良渚文化之间,另有一部分共同的因素目前还难以区分出交流的方向,也许是双方相互影响的产物。如吴家埠H3:11、T40:13、庙前第一、二次发掘的T517③:44、T517②:30、31陶盆均属良渚文化最早期或早期,与薛家岗类型早期的天宁寨遗址、王家墩遗址所出相同,而双肩石钺、斜刃石钺、尖凸状刃石钺也都存在于各自的文化之中,另外一种刃部极端弧凸呈尖状的石钺多见于薛家岗文化鼓山类型中,在良渚文化各区域也有所见,其交流关系暂时还不清楚。

薛家岗与良渚文化的互见因素大致如此,由于材料和认识的局限,其中难免会有在比较中失误的事例或者认识不到的关联,甚至也不排除相对年代和交流方向的错误,并且由于分期是一种强制性的划分而不是编年式的,在个别器物年代的归属上也就难免会存在强制性划分的疑问,但主要部分问题不会太大。

## 三 各因素的相对年代与影响方式

若将上述材料浓缩列为表格,可以按各因素的相对年代制成两张表,但因整个薛家岗文化的详细分期目前还不成熟,这里以相对细致的良渚文化分期作为年代参照(表一、表二)。

---

[①] 材料见浙江省文物考古研究所:《良渚遗址群》,第176、179页,文物出版社,2005年。

### 表一 良渚文化中所见薛家岗文化风格器物种类与年代表*

| 对应良渚文化分期 | 良渚文化 ||||| |||| ||
|---|---|---|---|---|---|---|---|---|---|---|
| | 良渚区 ||||| 嘉兴一带 ||| 苏南区 ||
| | 酒水器 | 炊器 | 玉器 | 石器 | 盛食器 | 酒水器 | 玉器 | 石器 | 炊器 | 石器 |
| 最早期 | 深腹圈足杯 | | | | | | | | | |
| 早期 | 扁腹壶 | 折腹鼎 | | | | | | | 折腹鼎 | |
| 中期偏早 | 扁腹壶 直口壶 | | 玉璜尖状凸起 | | | 扁腹壶 | 弓背形璜 | | | |
| 中期偏晚 | | | | 多孔石刀 | | | | 多孔石刀 | | 多孔石刀 |
| 晚期偏早 | | 卷边足 | | 风形钺 | 大口深腹簋 | | | | | 风形钺 |

*加底纹的器物表示数量较多。

### 表二 薛家岗文化中所见良渚文化风格器物种类与年代表*

| 薛家岗文化中 ||||||| 对应良渚文化分期 |
|---|---|---|---|---|---|---|---|
| 鼓山类型和赣北 || 薛家岗类型 ||||| |
| 酒水器 | 玉器 | 玉器 | 盛食器 | 酒水器 | 炊器 | 刻纹陶片 | |
| | | | | | | 复杂几何纹 | 早期 |
| | | | 粗柄盘形豆 | 双鼻壶 | 鱼鳍足 | 神兽纹 | 中期偏早 |
| | | 小琮 | 细高柄豆 | 双鼻壶 | 鼎甗 | | 中期偏晚 |
| 双鼻壶 贯耳壶 | 锥形饰(？)琮 | | 细高柄豆 | 双鼻壶 | | | 晚期偏早 |

*加底纹的器物表示数量较多。

表一、表二的有关划分重在基于以下的考虑：时间、空间和内涵。各区域在表中的位置是模拟两个文化的地理方位，按距离文化因素母体的远近排列，同一区域内不同的器物则按年代的早晚顺序排列，目的在于尽可能通过平面的表格充分表达出文化因素在时间和空间上的变化。而对于器物种类的划分，并不仅仅在于表达其形态的不同，更能表达其功能的不同。比如炊器和食器是最普通的器皿，但也最能代表一个社会群体的生活方式和深层的文化认同，它们的改变会影响到人群最基本的饮食

问题；酒水器可以反映一个社会群体生活习惯的改变；玉器能够反映一个社会群体的意识形态和对制作技术的选择；石器则是一个社会群体赖以生存的生业经济的重要劳动工具，礼仪化的石器则与玉器具有同样的作用；一些特殊的纹饰应该能够从更深层次折射出一个社会群体的意识形态。因此，从对器物种类的接受程度中可以了解到一个社会群体各种需求的变化。

从表一、表二可以看出，两个文化之间的不同区域或类型接受对方文化影响的程度明显不同。良渚文化中距离薛家岗文化较近的良渚区接受薛家岗文化的影响时间最早，持续时间最长，种类也最多，涉及五大类；而嘉兴一带只在中期才开始受到影响，但持续时间较长，种类只有三大类；苏南区则若断若续，种类只有两类。薛家岗文化中的良渚文化因素反映的情况也大致相同，距良渚文化较近的薛家岗类型受良渚文化的影响时间早，持续时间长，种类多，也涉及五大类；而鼓山类型及赣北一带只在本文化的最晚期才接受了良渚文化的影响，种类仅限于两大类。两个文化中从持续时间、种类两方面都反映了一种距离与影响呈反比的趋势，就具体器物而言，两个文化相互影响最多的酒水器也呈现出相同的趋势。

若仔细研究，还可以发现以下现象：两个文化之间的不同区域或类型在不同的时间段接受对方影响的程度也有所不同。良渚文化中，最早期只有零星的薛家岗文化因素，种类有个别酒水器，但很快薛家岗文化的其他酒水器便开始较多地影响到良渚文化，其中的扁腹壶甚至成为良渚区的一种常见器型，炊器在良渚区和苏南区也可能受到不同程度的影响。中期偏早阶段炊器的影响似已消失，酒水器也不多见，而玉器的个别形态和制作工艺或为良渚文化所吸收。大约从中期开始，薛家岗文化的石器可能开始对良渚文化产生较大影响，到中期偏晚时多孔石刀渐成流行趋势，这种影响不是区域性而是全范围的，但值得注意的是，良渚文化没有接受距其较近的薛家岗类型中具有礼仪性的多孔石刀，而是接受了更远的鼓山类型具有实用性的多孔石刀形式。晚期偏早阶段，炊器再度有限的出现，并新出现了极少量的盛食器，石器中的典型风形钺也出现在良渚文化之中。从这些表象中可以了解到，良渚文化接受薛家岗文化的影响在不同的时间段有不同的内容，总体上是早期只有作为生活用品的酒水器、炊器，中期开始则生活用品渐少，转而变为制作工艺、生产工具，这种转变其实是有特别的意义的，而盛食器则一直缺乏。只有到良渚文化晚期偏晚时，才又从长江中游的石家河文化或原薛家岗文化分布区的张四墩类型文化接受了新型的具有良好"蒸"的功能的带箅孔甗、盛食器大口深腹簋之类生活用品。

在薛家岗文化晚期中，有良渚文化早期个别复杂几何纹。到良渚文化中期偏早阶段，出现了源于良渚文化的神兽纹，而以鱼鳍足鼎为代表的炊器对薛家岗类型的东部边缘有一定影响,但一直未进入薛家岗类型的中心地区,鼓山类型中也不曾见,不过少量的酒水器和盛食器则进入了薛家岗类型中心地区。到良渚文化中期偏晚阶段,酒水器、盛食器继续对薛家岗类型保持微弱的影响,鼎上置甗的方式和个别小型的玉琮也同时进入,但这类小型玉琮与真正的大型玉琮所反映的意义应该是大不相同的,具有深层含义的神兽纹等刻画纹已不见踪迹,炊器中鼎甗的组合是一种新的迹象。良渚文化晚期偏早阶段即薛家岗文化的最晚期,仍旧只有少量的酒水器和盛食器存在,但这一时期在鼓山类型和赣北一带开始出现良渚文化酒水器和玉器,包括体量稍大的玉琮。与良渚文化接受薛家岗文化因素不同的是,薛家岗文化在晚期开始兴盛之时,便接受了少量良渚文化具有意识形态含义的刻画纹,直到末期仍断断续续地接受良渚文化具有宗教意义的玉器,而炊器始终被拒于势力范围的边缘区,鼎甗组合在薛家岗类型中心区的出现则是与类似双鼻壶、长颈壶同出一墓,或有其他的含义,只有盛食器和酒水器持续而少量地接受。较为特别的是,在整个薛家岗文化晚期与良渚文化并存的时期内,却没有接受良渚文化十分先进的犁、耘田器等农耕器具以及其他石器,良渚文化十分发达的玉器制作技术在薛家岗文化晚期偏晚也不见踪影,这是否与薛家岗文化晚期本身石器制造业发达而导致的生业经济有所偏重有关呢?

就现有材料而言,薛家岗文化与良渚文化的交流总体上远没有崧泽文化时期频繁和密切,但在良渚文化早期形成了一个小小的高峰,而双方交流的区域主要局限于皖西南区和良渚区。薛家岗文化与良渚文化分属两个地域上互不相连的区域,这种有局限的交流方式首先会促使我们考虑其中的通道问题,即它们是通过什么交通途径进行交流的?

## 四 皖江通道与太湖南道

由于皖南山区的阻隔,薛家岗文化与良渚文化之间只有北边的皖江(即长江安徽段)和南边的赣江—信江—衢江两条主要通道,后者为多山峡谷,路途遥远,只有皖江通道是最便捷的交通孔道。自古以来以皖江为轴心的沿江两岸是连接长江中游和太湖流域的必经之路,其具体线路是从江西九江至安徽芜湖、马鞍山一带,也即从古彭蠡泽到丹阳泽,之后可以再分为北、中、南三条线:北线向东北沿长江干道南侧至南京后折向东南到太湖,这是隋唐以后长江中游进入江南地区的一条交通主线。中线、南线为辅线,由芜湖、马鞍山一带向东先到江苏高淳附近的石臼湖、固城湖、南漪湖一带即丹阳泽附近,中线由高淳沿胥河经溧阳、宜兴到太湖;南线经南漪湖、郎

图五 皖江通道图

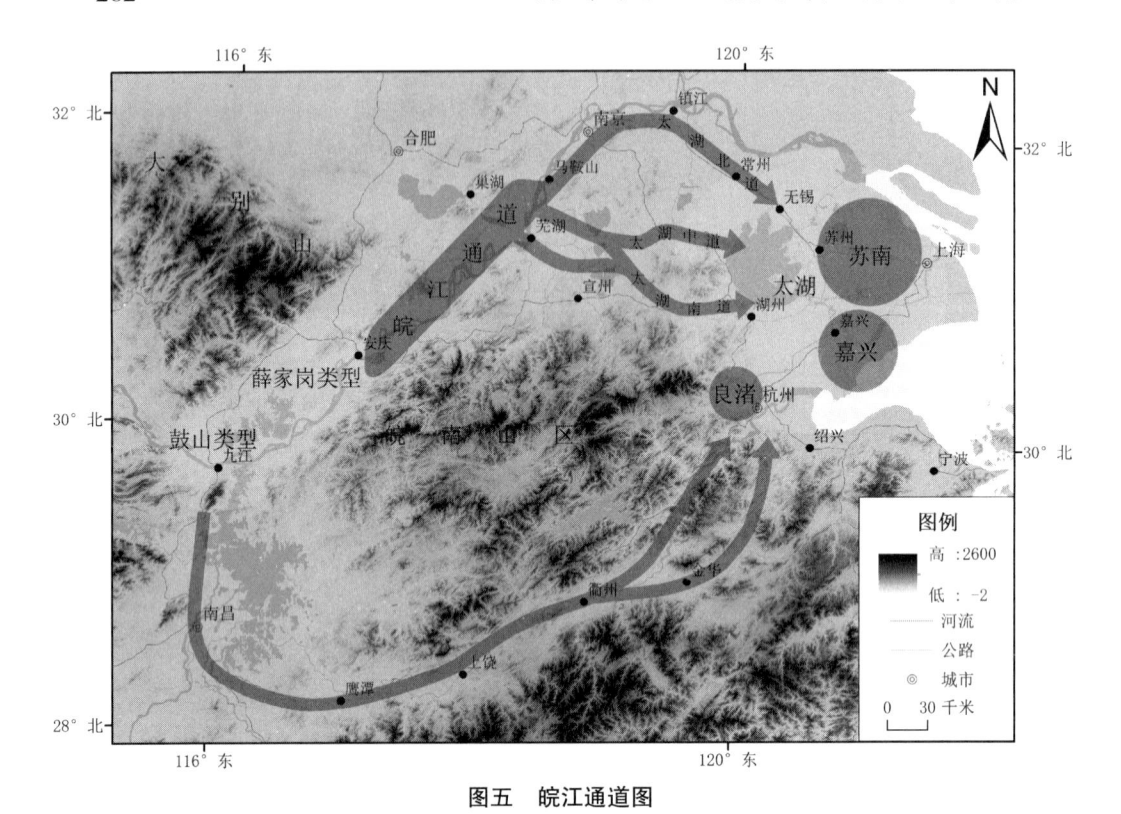

溪河接浙江的西苕溪支流到湖州入太湖。若以太湖为中心,可按地理方位将上述三条线路形象地称为太湖北道、太湖中道和太湖南道,北道大都是平原低岗区,又有长江沟通,交通便利,但路途较远;而中道和南道中间一段为丘陵山地,主要靠小河流沟通,但路途较近(图五)。

在良渚文化之前,长江中游与太湖流域的文化便有了较多的交流,在崧泽文化时期达到了最大化,越来越多的崧泽文化因素出现在皖江两岸和宁镇一带,特别是在宁镇出现了一大批聚落[1],如句容城头山、南京北阴阳营、高淳朝墩头、薛城等,在皖江两岸也出现了马鞍山烟墩山、含山凌家滩、潜山薛家岗等一批重要聚落,并兴起了北阴阳营文化、凌家滩文化、薛家岗文化,正是由于这样的特殊性,造成诸文化之间具有一定的共同性,所以以往研究中才出现过"北阴阳营—薛家岗文化"命名。从这一时期的聚落分布看,当时的通道是以太湖北道和中道为主,但太湖南道也一直存在,这一点刘斌等人也都已论及[2],如在浙江安吉安乐遗址发现的陶鬶和锯齿边的玉璜[3]都

---

[1] 张敏:《太湖地区原始文化的思考》,《庆祝张忠培先生七十岁论文集》,科学出版社,2004年。
[2] 刘斌:《崧泽文化的分期及与良渚文化的关系》,《庆祝张忠培先生七十岁论文集》,科学出版社,2004年。
[3] 安吉县博物馆:《安吉文物精华》,文物出版社,2003年。

与长江中游相关,而湖州江家山遗址新发现的陶鬶[①]则与薛家岗文化早期完全一样,安徽宣城孙埠遗址也曾发现过崧泽时期的遗物[②]。

到了良渚文化早期,太湖北道宁镇一带的原始文化却急剧衰落,良渚文化遗存也只见于少数地点,太湖北道似乎遭到废弃或者说已不是良渚文化早期对外进行文化交流的通道了。但一个明显的事实是,良渚文化早期一直与长江中游和薛家岗文化有确定的交流,除前文已提及的深腹圈足杯、扁腹壶、折腹鼎等若干证据外,良渚文化的另一种特征性器物——过滤器的来源也为我们提供了新的线索。过滤器目前只发现于良渚区,在宁镇和太湖东部地区从未发现,最早期的为吴家埠H3、M19、M11,地层中也出土不少残片,下面为钵形,上面附一个过滤钵[③],应该是一种加工流质、液体食品(或调料)的器具。之后在庙前遗址有较多的发现,最晚在反山、瑶山[④]墓地中出现过,但形态变化较大,下面为深腹盘形,上面过滤钵器体很扁,已属于尾声了,其后便迅速消失。过滤器的存在年代起始于良渚文化最早期,盛行于早期,结束于中期偏早,它们在良渚文化中没有任何渊源,存在区域小,时间短,不得不使我们考虑其与外来文化的关系。而在长江中游,则可以见到类似的器型,如湖北天门龙嘴墓葬中出土数量最多的就是一种附杯圈足盘[⑤],同类器在京山油子岭遗址的③—⑤层曾有出土[⑥],甚至在仰韶文化分布南缘的枣阳雕龙碑遗址二期中也有发现[⑦],它们都是以在圈足盘口上附一个小杯为特点,目前发现的均在汉水以东,年代相当于大溪文化关庙山类型的二、三期,也即与薛家岗文化最早期相近或略早,早于良渚文化。与良渚区的过滤器相比,虽然两者之间的年代存在着约200年的差距,具体外观形态有较大差别,但其结构却是一样,也具有异曲同工之妙,这种十分特别的器型之间也应当存在着某种文化上的交流关系(图六)。通过这些因素并结合前文所述的良渚文化不同区域之间所接受的薛家岗文化因素自良渚区向苏南呈递减的趋势,可以看出这一系列的证据都有同一个指向,即良渚文化的早期一直是以良渚区与长江中游的原始文化、薛家岗文化联系为主,而其他区域联系很少。

---

[①] 楼航等:《浙江长兴江家山遗址抢救性发掘获重要成果》,《中国文物报》2006年4月21日第1版。
[②] 余宜洁:《孙埠遗址》,《宣州文物(第一期)》,1983年。
[③] 浙江省文物考古研究所:《余杭吴家埠新石器时代遗址》,《浙江省文物考古研究所学刊(1980—1990)》,科学出版社,1993年。
[④] 浙江省文物考古研究所:《瑶山》,文物出版社,2003年。
[⑤] 材料见张绪球:《长江中游新石器时代文化概论》,第111页,湖北科学技术出版社,1992年。
[⑥] 湖北省荆州地区博物馆:《湖北京山油子岭新石器时代遗址的试掘》,《考古》1994年第10期。
[⑦] 国家文物局:《中国文物地图集·湖北分册(上)》,第261页,西安地图出版社,2002年。

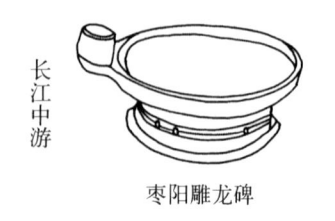

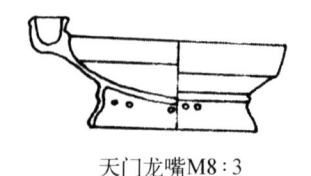

长江中游　枣阳雕龙碑　天门龙嘴M8∶3　京山油子岭T4④∶19

良渚区　吴家埠M19∶8　庙前(一、二)M3∶7　反山M23∶208　反山M22∶67

图六　附杯圈足盘和过滤器比较图

同时还要考虑到的是，崧泽文化的主要分布区是在太湖东南至东北，居北面，无论是交通状况还是位置优势，其走太湖北道到宁镇入皖江通道都是很自然的事，北道为主线而中道、南道为辅线也就符合当时的情况了。而良渚区居南面，靠近太湖南道，既然在太湖北道上很少发现良渚文化早期的踪迹，而它与长江中游和薛家岗文化的联系又是客观的事实，就只能认为它没有必要绕道太湖东侧到宁镇再入皖江通道，而是可以直接通过苕溪流域向北再折向西，利用崧泽文化晚期已存在的皖江通道南线中的太湖南道与长江中游联系，虽然目前因工作原因在这条通道上还缺乏足够的证据，但这是一个合理的推论。

但随之而来的问题是：距离因素并不是废弃崧泽文化时期一直畅通的通道的最主要理由。究竟是什么原因促使了这条太湖南道的兴起呢？

## 五　良渚早中期文化和对外交流的几点认识

通过历年的研究现在可以知道，太湖流域良渚文化的发生、发展是不平衡的，丁品曾提出了良渚区的"突变"和苏南区的"渐变"说[①]。良渚区的良渚文化产生最早，以大量鱼鳍形足鼎、夹砂陶扁腹壶、敛口或直口平沿矮柄豆、双鼻壶的出现为标志，以过滤器、鼎上置甑为特色。这里的崧泽文化并不发达，根据在良渚区数十年的考古工作，

---

① 丁品：《试论崧泽文化良渚文化的转变》，《良渚文化研究——纪念良渚文化发现60周年国际学术讨论会文集》，科学出版社，1999年。

"一直不见单纯的崧泽文化遗址,仅在吴家埠、庙前的早期遗存中蕴涵较多崧泽文化的因素,而其总体已纳入了良渚文化的范畴"[1],虽然这并不能绝对说明良渚区没有崧泽文化遗址,但至少说明这里的崧泽文化分布并不广泛。该地的早期良渚文化仅鱼鳍形足系直接承自附近的崧泽文化,另外在部分器物形态和装饰风格上能见到崧泽文化因素,而崧泽文化晚期十分流行的凿形足则相当少见。苏南、嘉兴的同时期文化在出现了鱼鳍形足鼎、双鼻壶这类良渚文化典型器的同时,无论是墓葬、灰坑还是地层中都还大量地存在着以凿形足、粗泥陶为代表的崧泽文化因素,一直到良渚文化进入中期前后,这里还是笼罩在崧泽文化的影子之中。很明显,两地的文化演变并不同步,由于两地相距甚近,这种长时间的不同步现象不是文化的自然发展所能够解释的。

就文化发展的常规模式而言,苏南、嘉兴一带是崧泽文化的主要分布区,由崧泽文化向良渚文化的转变是一种连续的、常态的但却十分缓慢的演化过程。而良渚区其实原本就没有足够的崧泽文化积淀,若从地理的角度观察,至少在崧泽晚期文化的因素大量出现在宁镇及其以北、以西的广大地区时,毗邻的良渚区却寥若晨星,这本身就是十分蹊跷的事,而这里完成文化的转变却又十分迅速,因此良渚区由崧泽文化向良渚文化演化是一种异态的演化过程,因而形成了与母体文化的断裂,但这种断裂并不是彻底摒弃,而是扬弃,是为了生存的需要选择更适合自身的存在方式——包括物品的种类。

异态的文化演化当有异常的发生机制。良渚区的良渚文化在产生的过程中,一方面承继了崧泽文化的部分因素,产生了新的具有自身特点的文化因素,同时还较多地吸收了长江中游和薛家岗文化的因素,并有机地融合到自身文化当中。它的发展有几项特别之处:一是本地没有足够的早期文化积淀;二是这一区域的地域范围远远小于崧泽文化分布范围,并且地处当时的偏僻之地,环境相对封闭;三是远途文化交流废弃了原有的太湖北道而利用了原来只作为辅线的太湖南道;四是吸收的外来文化因素涉及炊器和酒水器两类主要的生活用品,可能还包括加工流质、液体食品(或盛调料)的器具,而且在区域内得以普遍使用。如果说良渚文化最早发生于良渚区带有偶然因素的话,那么它的快速发展和另辟蹊径的远途文化交流则绝非偶然,长江中游和薛家岗文化因素的引入,应有其深层的背景。在良渚区良渚文化快速发展的同时,苏南、嘉兴一带范围广大的良渚文化仍然保持了浓厚的崧泽文化遗风,对外的文化交流也出现了明显萎缩的趋势,与良渚区形成了鲜明的对比,它们与良渚区的差异应该有更深层次的原因,或许可以说明处于偏僻之地的良渚区的崧泽最晚期文

---

[1] 浙江省文物考古研究所:《良渚遗址群》,第323页,文物出版社,2005年。

化与崧泽文化主体发生了严重分化,并导致两地的良渚文化在早期阶段走上了不同的发展道路。这可能是良渚区的良渚文化随后另辟蹊径的原因之一。

在良渚文化早期和更早的阶段,苏皖平原区的宁镇地区、巢湖流域已发展起了十分发达的玉器或石器制造业,而在更西面的峡江地区也发展起了大规模的石器制造业,并且在制作技术上达到了相当高的水准,形成了当时整个长江中、下游地区最大的玉、石器制作工业区,在不同地域形成了数个专业化经济区[1],它们应该是伴随社会群体的大量需求而出现的,而且这种需求覆盖了整个长江中下游地区,但此时的崧泽文化晚期却没有发展起相同的产业,应与太湖平原缺乏矿料来源或与文化发展机制有关。良渚文化早期,宁镇地区、巢湖流域的文化业已衰落,其原因目前还是个待解之谜,但在两地文化趋于衰落之时,薛家岗文化的石器制造业开始兴起,由于苏南、嘉兴一带良渚文化发展迟缓,而良渚区蓬勃发展,它对玉、石产品有了更多的需求,从良渚中期开始这里对长江中游和薛家岗文化因素的引入不再侧重于生活用品,而是侧重于工艺、生产工具也正说明了这一点,中期时这里盛极一时的玉石器制造业则应是这种需求的最终体现。这可能是其另辟蹊径的第二个原因。

对玉、石产品更多的需求需要有足够的矿料来源。太湖南道的兴起同时也应该得益于其更接近溧宜山地或其他尚属未知地点的矿产资源。这可能是良渚区的良渚文化另辟蹊径的第三个原因。

总之,早期良渚文化在良渚区和苏南、嘉兴一带有严重的分化并走上不同的发展道路,其直接后果是导致太湖南道的兴起。整个良渚文化早期的对外关系在文化主要分布范围内是处于一种相对封闭状态,但在地处偏僻、地域狭小的良渚区却显得活跃,它以通过苕溪流域与邻近的太湖南道和皖江通道为交通路径,以石器工业发达的薛家岗文化和长江中游的原始文化为主要交流对象,但重点是在良渚区和皖西南区之间进行。良渚文化早期以良渚区较多地吸收薛家岗文化的陶质生活用品为特点,中期则以玉、石器工艺和工具为主;而薛家岗文化对良渚文化因素的吸收呈现多样化,缺乏明确的指向性。

(原载于《浙江省文物考古研究所学刊(第八辑)——纪念良渚遗址发现七十周年学术研讨会文集》,科学出版社,2006年10月)

---

[1] 张弛:《大溪、北阴阳营和薛家岗的石、玉器工业》,《考古学研究(四)》,科学出版社,2000年。

## 2021年1月20日　背景补记：

　　自2002年3月底参加"跨湖桥遗址学术研讨会"后，长江中游与下游文化交流的"通道"是我特别关注的内容：或沿浙西南到鹰潭方向的通道，或沿长江安徽段（即皖江）及两岸。当时虽因材料不足无法开展相应研究，但其间薛家岗发掘报告的整理工作正在进行，2006年6月，我主持的国家文物局文物保护科学和技术课题"薛家岗文化综合研究"正好结项，便将几年思考所获撰成此文，作为参加11月召开的纪念良渚遗址发现70周年会议的论文。虽重点讨论文化交流，但实际是用"通道"的理念开展分析，"太湖南道"的提出，是2004年3月安徽师范大学地理系王心源老师找我商议合作申报自然科学基金项目的事，当晚聊意甚浓，几至日出，我根据考古材料提到这条可能的线路，当时只是一个模糊的概念，后期诸多工作使其越来越清晰，也使我对"通道"的兴趣越来越浓厚，并运用到聚落考古研究中。虽然关于"通道"的论文并未再有专文，但却是此后学术思考的重要支撑点之一。

# 长江下游文明化进程散论

有关中国文明起源的研究,在经历了十余年讨论文明要素的"判断"式研究后,目前已开始逐渐转变到"过程"式研究,即"必须通过许多文化的个案研究,搞清楚在每个时期的各个地方究竟发生了什么,以及由此产生的各种因果关系,最后才能逐层次地总结出中国文明的特点和导致它的原因来。"[①] 从逻辑上讲,前者注重的是"文明是什么"这类充分条件,后者更倾向于"文明形成的基础和过程"这类必要条件,而必要条件是任何一个命题都不可或缺的部分。若将中国文明的起源作为一个命题的中心内容,那么它形成的基础和过程就应该成为探讨的重要对象;在此基础上,再总结出中国文明的若干要素就更加充分、客观。也只有这样,才能对中国文明的起源有更加深刻而全面的了解。

长江下游——尤其是沿江两岸和环太湖地区,自距今6 000年以降陆续形成了几个颇有特点的原始文化,如崧泽文化、北阴阳营文化、凌家滩文化、薛家岗文化。这些文化之间交流频繁,并有较多的共同性,显示出了较为发达的文化面貌和明显的文化特质,如独特的陶器、玉(石)器、大型祭坛及其他礼仪制度等等。虽然它们已具备了诞生文明的可能性,但目前还看不出有文明诞生的迹象。稍后则在太湖流域形成了地域较大、文化面貌较为统一且高度发达的良渚文化,部分文化内涵已与中国早期文明有相似之处,且文明化的程度较高——目前多数学者都倾向于认为具有了文明诞生的迹象。若以此为基础从总体上来看,长江下游的新石器时代晚期文化已明显呈现出从原始文化向文明演化的趋势,也就是说,长江下游的原始文化具有了文明化的趋势——这是讨论长江下游文明化进程的前提。

---

[①] 赵辉:《关于古代文明研究的一点思考》,《古代文明研究通讯》第1期,1995年。

# 一　长江下游文明化进程中的几个必要条件

探讨长江下游文明化进程，其实也就是研究长江下游文明形成的基础与诞生的过程，以及文明要素和特点等几方面的内容。如果不再刻意讨论文明是什么，转而注重讨论文明是怎样形成的，那么以下几个必要条件是需要重点加以考虑的。

1. 发达的稻作农业是长江下游文明化进程中最重要的经济基础

在新石器时代的定居社会中，农业是一个文化赖以存在和发展的最重要的经济基础。与北方地区的旱作农业不同，长江下游从新石器时代早期开始便出现稻作农业的萌芽，在万年仙人洞和吊桶环遗址大约距今14 000—11 000年的地层中，已出现野生稻和栽培稻植硅石共存的现象；而在相同地点相当于新石器时代中期的地层中，栽培稻植硅石的数量已达到55%以上[1]。在距今7 000年前后，稻作农业在长江下游地区开始有了一定程度的发展，就目前所知，在萧山跨湖桥遗址第⑨层曾出土了稻谷颗粒[2]；余姚河姆渡遗址第④层发现了数量巨大的稻壳和稻谷堆积[3]；罗家角遗址第④层也发现了稻粒和陶片中所夹的稻谷屑[4]。在年代更晚一些的吴县草鞋山遗址中，还发现了马家浜文化时期的水稻田[5]。之后一段时期，稻作农业在长江下游很多地方获得了迅速发展。目前在已发掘的大多数遗址中，都发现了较多的稻谷或相关痕迹。与稻作农业发展程度相适应，形成了多种多样的农业工具，如骨耜、石铲等翻土工具，耘田器等中耕工具，石镰等收割工具。从目前的材料来看，稻作农业确已在长江下游获得了长足的发展，成为这一地区比较发达的文化中最主要的经济形式之一。

原始文化在向文明演化的过程中，首先需要有足够的剩余产品来满足文化大发展在手工业技术、礼仪、交流甚至冲突等各方面所需的消耗。作为定居社会，这些剩余产品最稳定的来源当属自身的农业，如果没有发达的农业为支撑，长江下游任何一

---

[1] 张弛：《江西万年早期陶器的稻属植硅石遗存》，《稻作、陶器和都市的起源》，第43—50页，文物出版社，2000年。
[2] 蒋乐平等：《浙江发现早于河姆渡的新石器时代遗址》，《中国文物报》2002年2月1日第1版。
[3] 刘军、姚仲源：《中国河姆渡文化》，第4页，浙江人民出版社，1993年。
[4] 罗家角考古队：《桐乡县罗家角遗址发掘报告》，《浙江省文物考古所学刊》，第1—42页，文物出版社，1981年。
[5] 邹厚本等：《江苏草鞋山马家浜文化水田的发现》，《稻作、陶器和都市的起源》，第97—114页，文物出版社，2000年。

个试图完成文明化进程的原始文化都是难以为继的。因此,发达的稻作农业作为长江下游传承久远的农业传统,自然也就成了长江下游文明化进程的最重要经济基础。也正是稻作农业的传统,使得长江下游原始文化的文明化进程表现出与黄河流域不同的特点。

2. 手工业技术的进步和对高技术精美产品的需求是长江下游文明化进程的内在动力

具有较高的手工业技术一直是长江下游新石器时代晚期文化的最大特点之一,这些技术体现在玉(石)器、陶器、漆器、纺织等各个方面。新石器时代晚期早一阶段,苏皖平原区的北阴阳营文化、凌家滩文化、薛家岗文化就已形成了当时整个长江中、下游地区最大的石器和玉器制作工业区,并在制作技术上达到了相当高的水准[1]。业内分工也日趋明显,在不同地域形成了数个专业化经济区。尤其值得注意的是,这一地区迅速发展起来的以凌家滩为代表的玉器工业,成为长江下游文明化进程中与黄河流域区别最为明显的特点之一。太湖区的崧泽文化中,轮制技术开始发展起来,灰陶烧造技术也十分精细,这些也都为制陶业的发展打下了良好的基础。后一阶段的良渚文化,在这些基础上产生了极为发达的玉器、石器、黑陶烧造技术,并发展起了较高的漆器、纺织技术,成为整个黄河和长江流域同时期文化的杰出代表。

在长江下游相当于崧泽文化这一时期的原始文化中,还出现了对高技术精美产品的大量需求。就目前了解的情况而言,原始文化和早期文明中所出现的高技术精美产品绝大多数都表现为丧葬或宗教礼仪用品而非生产用品。这些产品基本上都属于上层建筑所需的特殊产品,如凌家滩出土的玉人、玉龙、玉鹰、玉龟版和大量精美玉器[2];薛家岗和北阴阳营出土的彩绘多孔石刀和制作精细的石钺[3];三星村出土的刻纹板状骨器和刻纹石钺[4]等。到了良渚文化阶段,这种需求更为明显,在产品质量、数量上都大大超过了以往,出现了数量众多、形制复杂多样的一整套精美玉、石、陶、漆器等礼仪用器。

---

[1] 张弛:《大溪、北阴阳营和薛家岗的石、玉器工业》,《考古学研究(四)》,第55—76页,科学出版社,2000年。

[2] 安徽省文物考古研究所:《安徽含山凌家滩新石器时代墓地发掘简报》,第1—9页,《文物》1989年第4期;安徽省文物考古研究所、含山县文物管理所:《安徽含山县凌家滩遗址第三次发掘简报》,《考古》1999年第11期。

[3] 安徽省文物工作队:《潜山薛家岗新石器时代遗址》,第283—324页,《考古学报》1982年第3期;南京博物院:《北阴阳营——新石器时代及商周时期遗址发掘报告》,文物出版社,1993年。

[4] 王根富:《长江下游史前文明的明珠》,《最新中国考古大发现——中国最近20年32次考古新发现》,山东画报出版社,2002年。

手工业技术的进步,不仅进一步加快了农业、手工业的分化,使手工业的专业化成为可能和必要,同时也促进了生产力的发展,提高了手工业本身和社会其他产业——特别是农业的劳动生产率。手工业技术的进步,还使高技术精美产品的大量出现成为可能,这些产品的出现都是以手工业技术的进步为前提的,对它的需求则更加促进了手工业的发展。而在任何情况下,高技术精美产品都是判断一个文化或文明的程度高低的重要物质标准。因此,手工业技术的进步和对高技术精美产品的需求,成为长江下游文明化进程主要的内在动力。

**3. 宗教礼仪的发展和完善是文明化进程的加速器**

在新石器时代晚期早一阶段,以祖先崇拜和自然崇拜为主体的宗教礼仪(包括其物化形式)便已在长江下游地区发展起来。凌家滩出现了一处形制相对规整、面积达数百平方米的大型祭坛[1],南河浜崧泽文化晚期也出现了大型的祭坛(台)[2];与之相伴的尚有其他祭祀遗迹、墓葬和成批玉礼器,只是它们的发展还处于滥觞阶段,还没有成为一种普遍的形式。到后一阶段的良渚文化,这一形式成为级别较高的祭祀活动中主要的祭祀形式。目前已在太湖区发现瑶山、汇观山等处较为规范的祭坛和功能相近、形制相似的高土台十余处[3],与之相伴的也均有一批显贵者的墓葬,随葬的物品以玉、石器为大宗,并形成了较为规范的用玉(石)制度,此类祭坛(台)一般都在一处聚落群的中心址,应该为聚落群的祭祀中心。这些与宗教有关的礼仪经过数百年的发展,到良渚文化时期已渐趋完善,成为长江下游尤其是太湖流域原始文化的一大显著特点。

在原始文化和早期文明中,宗教礼仪的发展和完善本身就是对野蛮、无序的一种约束,改变了"民神杂糅,不可方物,夫人作享,家为巫史"的无序状态,对整个社会——包括单个聚落中的个人和不同聚落群体之间——在精神上具有明显的凝聚和约束作用,也使不同地域之间的联合更加紧密,从而为更广大范围的文化统一创造了有利条件。同时,宗教礼仪的完善主要体现为物质载体和礼仪制度的复杂化和规范化,这不仅意味着对大量高技术精美产品的需求向手工业提出了更高的要求,也意味着非生产性支出的大量增加。因此,从客观上讲,宗教礼仪的发展和完善要求农业、手工业有更大的发展。

---

[1] 安徽省文物考古研究所、含山县文物管理处:《安徽含山县凌家滩遗址第三次发掘简报》,第1—12页,《考古》1999年第11期。
[2] 刘斌、蒋卫东:《嘉兴南河浜遗址发掘取得丰硕成果》,《中国文物报》1996年12月5日第1版。
[3] 蒋卫东:《良渚文化高土台及相关问题的思考与探讨》,《纪念浙江省文物考古研究所建所20周年论文集》,西泠印社,1999年。

### 4. 文化交流的扩大是文明化进程的催化剂

新石器时代晚期早一阶段,长江下游地区经历了一次较大规模的文化交流,主要交流方向为长江中游、淮河下游和海岱地区,特别是在长江中、下游之间发生的文化交流,从长江中游的大溪文化到中下游的薛家岗文化,以至下游的凌家滩文化、北阴阳营文化、崧泽文化,形成了广大范围内以三足器、圈足器为主,以鼎、豆、壶为基本组合,陶器造型上以生硬的折棱或双弧线对流线型曲线的破坏为显著特征的大文化圈。特别是薛家岗文化与北阴阳营文化中部分器类的相似,在某种程度上竟超出了文化划分的界限,以至于在20世纪80年代初曾提出过"北阴阳营—薛家岗文化"的命名。从目前来看,这次交流似乎是双向而平和的、取长补短式的交流。在对外交流的同时,各独立文化的内部交流也大都明显加强,在长江下游的数个区域内分别形成了相对稳定的几个文化区域。通过交流,在陶器方面,作为新技术代表的薄胎陶和黑陶在广大范围内逐渐流行起来,彩绘陶也在一定程度上获得了发展;玉(石)器方面,各文化都有了长足的发展。到了后一阶段,在长江中、下游的两端,文化积淀相对较厚的区域分别发展起了屈家岭—石家河文化和良渚文化两个高度发达的文化体系。这一阶段两个文化体系之间的交流较前一阶段明显减少,但内部的文化交流则继续扩大,最终形成了两支地域广阔、各自面貌高度统一的文化,并显露文明诞生的迹象。

这场文化外部的交流,使各文化之间起到了良好的取长补短之用,促进了文化的快速发展。文化的内部交流则促进了文化面貌的统一,也意味着彼此间认同感和依赖性的逐步增强,为促进地域联合体的形成打下了良好的基础。而交流过程中,文化范围的每一次扩大都意味着综合实力的增强,实力则是文明化进程中不可忽视的重要因素。

原始文化向文明的发展是一个复杂的动态过程,其中诸多因素由于社会条件的不同而会出现不同的发展、变异甚至夭折,从而导致不同文化的文明化进程有着不同的方式和结果。就长江下游文明化进程而言,上述四项应该是比较重要的四个方面,它们之间具有相互作用的性质,其中稻作农业的发展是最必要的经济基础,而手工业和宗教礼仪是内在因素,文化交流是外在因素,后三个方面任何一方面的过度发展,对于原始文化的文明化进程而言,都是一柄双刃剑——既可能促进文明的诞生,也可能导致文明的流产或夭折。只有几方面合理地相互作用和促进,保持适度的发展平衡,经过长时间的积淀之后,才能使文明化进程走向健康的发展之路。这种姑且称之为文明化进程的"平衡论",是探讨长江下游文明化进程中应该考虑的问题。

## 二　长江下游三处原始文化的文明化进程个案分析

从上述四个方面出发，可以选择在长江下游分别处于上、中、下三个地段，文化发展中比较典型的三处个案的文明化进程进行粗浅的分析尝试。

1. 薛家岗文化

主要分布在长江中下游之交的皖西南、鄂东和赣北一带。从地理位置看，它处在沟通长江中游和下游的交通孔道上。薛家岗文化的发展自有其本地的源头，但特征并不十分明显，而以薛家岗遗址二、三期为代表的文化主体[1]，则明显具有文化因素多元化的倾向。其中，二期文化正处在长江中、下游文化大规模交流的时代，文化因素中以陶器为主，石器尚不发达，崧泽、北阴阳营和大溪文化的多种因素所占比例较高，到三期时则形成了具有自身特点的陶器和石器群，尤以石刀、石钺为代表的石器制作最具特点。可以说薛家岗文化的产生在相当程度上，是长江中、下游原始文化大规模交流的结果，也就是说它的产生占了天时、地利之便。

薛家岗文化的石器工业技术十分发达。在对薛家岗遗址的石器研究过程中，笔者注意到以下两个现象：一是石器制作的专业化程度较高。从石料的选材、打坯、成型，到钻孔、打磨，都有一套完整而规范的技术保障，特别是石刀的钻孔定位技术，经测量已达到误差在1毫米以下的精度。二是这批石器中作为农业和渔猎生产所必备的农业和渔猎工具较少。无论地层还是墓葬中出土的石器，绝大多数为斧、锛、凿类的木作工具或器体扁薄已不具备农具实用性的铲（笔者按：现一般改称钺）、钺类礼器，石镞等狩猎器类数量也十分少见，捕鱼工具基本未见，与稻作农业直接相关的实用器类也极为少见，而以往被视为农业工具的多孔石刀，其石料来源经鉴定，大多数在皖南山区（笔者按：只是一种可能），石料硬度很低，刃部几乎未发现使用痕迹，部分石刀上还发现了彩绘。这些特点都无法证明其作为农业工具的性质，却应该与礼仪有关。从现有材料来看，我们很难找到薛家岗文化稻作农业或渔猎经济较为发达的迹象。

薛家岗文化在宗教礼仪方面的特点远不如石器特点醒目。迄今为止，明显具有宗教礼仪性质的因素，只有在墓葬中随葬石刀、铲、钺等礼器和在墓地附近发现了数量较多的红烧土坑或堆积。除此之外，尚未发现其他具有明显特点的与宗教礼仪有

---

[1] 安徽省文物工作队：《潜山薛家岗新石器时代遗址》，第283—324页，《考古学报》1982年第3期。

关的遗物或遗迹,更没有一套发展完善的礼仪制度。

依照一个可能的推测,薛家岗文化在石器工业技术和文化交流方面的成就,远远大于其稻作农业的发展和宗教礼仪的完善。从某种程度上来说,它正是基于文化交流和地理位置之便利而过度发展了可能通过贸易来获利的技术产业——石器工业,忽视了作为经济基础的农业和作为上层建筑最重要方面的宗教礼仪的发展,结果造成了内在文化因素发展的不平衡,最终丧失了迈向文明的机遇。这可能是在文明化进程中因过于依赖技术,造成文化发展失衡而发生偏离的个案。

2. 凌家滩文化

位于长江下游的中段,在地理位置上与北阴阳营和薛家岗文化比邻。目前它的源、流都还不很清楚,但文化面貌却十分引人注目[①]。从发现的情况来看,它的玉、石器工业相当发达,据调查其原料产地应在巢湖东北至东南一带,而发掘中所出土的大量坯料、废料和管钻芯说明了产品应为本地所产。在玉、石器的加工技术上,切割和雕刻环节的线切割和可能存在的砣具的使用、琢制环节的掏膛法和琢圆法、钻孔环节的对钻细长孔和隧孔钻法,都达到了当时的最高水平[②]。

在宗教礼仪上,已出现了构筑讲究、形态规整的大型祭坛和相关祭祀遗迹。祭坛构筑在遗址北部较为高亢的山岗上,使用时间较长,是一处比较固定的场所;有具备祭祀功能的祭祀坑和应该与祭祀有关的积石圈、被火焚烧过的遗迹,还有与之相关的大批墓葬,说明它与当时居民的丧葬有密切的关系。从地理环境上而言,它处在山岗的顶部附近,是整个遗址所在地域的相对最高处,并坐北朝南,背靠岗顶,面向河流,与居住区距离较近却又相对独立。除此之外,还有大批雕刻精细、特征显著的玉质礼器。以上情况说明,它的宗教礼仪已脱离了原始状态,具有了一定的规范性。

因为有关凌家滩文化的考古工作还不充足,目前还未发现凌家滩文化有关稻作农业的证据,是否有发达的稻作农业尚未可知;但在凌家滩墓地东南方向的石头圩地点的发掘,已透露出可能有较为发达的稻作农业迹象。

与同时代的长江中、下游各文化遗存比较,凌家滩文化在文明化进程中的步伐是超前的,文化发展在内在因素方面也相对平衡,但最终并未完成文明化的全过程。这是在文明化进程中文化发展相对较为平衡但却发生中断的个案。目前的材料表明,

---

[①] 安徽省文物考古研究所、含山县文物管理处:《安徽含山县凌家滩遗址第三次发掘简报》,第1—12页,《考古》1999年第11期。
[②] 张敬国等:《凌家滩玉器微痕迹的显微观察与研究——中国砣的发现》,第16—27页,《东南文化》2002年第5期。

凌家滩文化的分布范围不会很大,源流不会很长。虽然它在地理位置上处在薛家岗和北阴阳营两个交流甚多的文化中间,但在文化面貌上却相当独特,这与它所处的文化大交流时代的背景和交通要道的地理位置并不吻合。这些情况表明,凌家滩文化在文化外部交流和文化内部传承上具有较大的局限性。或许,这正是凌家滩文化在文明化进程中发生中断的原因之一。

3. 崧泽、良渚文化

主要分布在长江下游的终端,在地理位置上偏于东南一角,且与长江下游中段多有山地、丘陵阻隔。在崧泽文化时期,稻作农业继承了马家浜文化的传统并有所发展,宗教礼仪开始发展但尚未完善,手工业技术也得到了一定程度的发展,但与长江中、下游同时代文化相比并无明显优势。值得注意的是,虽然在地理位置上并不优越,但崧泽文化与长江中、下游和淮河下游各文化的交流却十分活跃。目前不仅在长江中、下游和淮河下游各文化中时常见到崧泽文化的因素,而且这些文化中较为先进的制陶和玉、石器工业技术也都在崧泽文化中逐渐兴起。因此,崧泽文化时期虽然没有表现出文化发展的优势,但却使文化的各个层面都得到了较为平衡的发展,为完成文明化的进程打下了良好的基础。

良渚文化充分继承了崧泽文化的文化积淀。目前已在多处良渚文化遗址中发现了水稻,在稻作农业中较多地使用了石犁、镰、刀、耘田器等先进的生产工具,这些足以说明良渚文化的稻作农业较为发达。以刻纹玉器、陶器为代表的高技术精美产品也在良渚文化数十个遗址中有较多的发现,其工艺技术超过了国内同时代的其他文化,标志着良渚文化的手工业技术已经达到了极致。在良渚文化中,以祭坛或性质相近的高土台为核心的公共墓地较多地存在于各中心遗址中,墓葬中则经常性地随葬成套玉礼器,表明宗教礼仪也已经相对完善。

与同时代的其他文化相比,良渚文化在中期时已领先于国内其他原始文化,基本上完成了区域内的文明化进程。但与此同时,良渚文化的对外交流却以一种异样的方式进行,即对外大规模的渗透,极少接受其他文化的影响。这一现象多少为良渚文化日后创新能力的下降埋下了不祥的伏笔。到了良渚文化晚期,手工业的发展已经开始迟缓甚至退步,宗教礼仪也显得有些松动。

虽然良渚文化最后衰亡了,但从崧泽开始到良渚中期完成的区域内文明化进程还是获得了成功。这一成功应该是基于崧泽文化在稻作农业、手工业技术、宗教礼仪和文化交流等方面的平衡发展,以及良渚文化早期对它的进一步发扬光大。

长江下游文明化进程的完成至少应依赖于稻作农业的发展、手工业技术的进步、宗教礼仪的完善和文化交流的扩大四个方面,但这只是必要条件而非充分必要条件。

从同样有可能完成文明化进程的三处不同区域的文化来看,薛家岗文化可能因过于偏重手工业技术而在文明化进程中发生了偏离;凌家滩文化则可能因忽视文化交流而中断;崧泽文化则因采取了平衡发展的战略,为良渚文化的进一步发展打下了基础,并经过良渚文化的发扬光大而最终完成了文明化进程的全过程。

## 三 几 个 问 题

在长江下游原始文化向文明演化的过程中,苏皖平原区是一个较为独特的区域。所谓苏皖平原区是指江西九江以东到江苏南京、镇江一带的沿江平原,水运、陆运均较为方便,是长江中游进入下游地区的最重要通道,也是黄河下游和淮河中、下游地区南下进入江汉平原或太湖流域的必经之路。在史前时代的江汉文化区、太湖文化区和海岱文化区这样一个三角形的区域中,苏皖平原区处在一个交会地带。这一地带不仅为三大文化区的文化交流提供了交通之便,也提供了一个较好的交流和融合场所。

在新石器时代晚期早一阶段,三大文化区内的大溪文化、崧泽文化和大汶口文化三者之间有过较多的文化交流,而在这一交流过程中,三个文化之间的苏皖平原区出现了北阴阳营、凌家滩、薛家岗文化。这三个新文化在地理上的一个共同特点就是都在长江两岸,其中心遗址都在距长江主干道不到30公里范围内的支流旁。在相互间长期的文化交流和积淀之后,在原三大文化区范围内的三个角端,分别出现了高度发达的屈家岭—石家河文化、良渚文化、大汶口晚期—龙山文化。前两者在文化发达之后,并没有沿着它们的前身曾经频繁交流的路径继续进行广泛的交流,而是形成了一个新的共同特征——向北对黄河流域的大规模渗透。后者在同时也有转向西进的趋势。文化交流舞台开始向中原地区转移,但此次交流却明显具有单向、不平和的特点。中原地区的原始文化在这次不很平和且相对单向的文化交流中吸收到大量外来文化因素,最终完成了文明化进程的全过程,产生了中国早期文明,其他三个文化却在这次单向而不平和的交流中衰落。伴随着文化交流舞台的转移,苏皖平原区一些原本有希望完成文明化进程的原始文化也随之消失了。如此产生的问题是,长江中下游地区的新石器时代晚期文化为什么在发达之后转移了交流的方向?它们为什么在双向、平和的交流中能够发展起来而在相对单向、不平和的交流中衰落?在相类似的文化交流舞台中,苏皖平原区和中原地区的文化为什么会有不同的发展道路?此外,苏皖平原区这些已知的区域性文化和其他尚未认识或命名的文化,具有哪些特点、地位,它们除了在文化交流中得以产生外,还在长江下游文明化进程中起到过什么样的作用?这些都应有必要加以详细的认识。

(原载于《长江下游地区文明化进程学术研讨会论文集》,上海书画出版社,2004年)

## 2021年1月22日　背景补记:

2002年6月下旬安徽省考古所杨立新所长告诉我上海有会议,让我写点东西,可以一起去。7月初接到补发通知后,经过十余天写成此文,因为三个个案都是自己花费精力研究过或直接参加过工作的,所以认识相对丰富,感受也有所不同。其时正是皖江考古计划酝酿、成型之时,月底在会上交流此文,除了提及探讨长江下游文明化进程中的经济基础、手工业和对高技术精美产品的需求、宗教礼仪、文化交流等问题外,还提及皖江或苏皖平原区考古工作的重要性,部分代表对此颇有兴趣,认为是一个应当考虑的重要课题,但难度也较大。

本文写作时间较早,几部重要考古报告均未发表,引用材料仍是简报类,一些观点、证据也不充分,个别观点(包括引用的观点)需要修正,已用笔者按的形式处理。文中提出的文明发展的"平衡论",是对文明化进程的一种思考,也影响到我此后的研究思路。

# 长江下游的"玉石分野"与社会变革

## ——以五地墓葬材料为例

## 一 引 言

### (一) 问题的提出

从语义学角度而言,"玉"包含在"石"的范畴之中,但在中国考古学中"玉器"与"石器"则是一对既相关又有区别的概念,两者之间的界定时有模糊,各家观点不一,较具代表性的一种观点是"以美石所制成的具有象征意义的器物,都可称为玉器"[1],也有人认为应以纯矿物学概念为标准。自玉器出现以来,它在中国形成了广泛的影响,在一定时期甚至对当地社会的变革产生极大的影响。因此,玉与石、玉器与石器的讨论近年来日益受到研究者的关注,从2001年开始,中国玉学界提出了玉石分化的问题[2]。所谓"玉石分化",即指从玉石不分到玉与石的不同材质特性被人们认识,进而产生不同的制作技术并赋予不同的功能、含义的过程。研究者多从技术、材料、功能三个方面来讨论这一过程,特别是注重于玉石分化的时间及功能含义。

只是单纯的玉石分化的研究还不能解决考古学上玉石之别所反映的一系列社会问题,特别是它们在不同区域的社会中,以何种形式、何种内涵、如何分化及对社会的变革起到何种作用问题,这就需要考古学不仅从时间的角度同时也需要从相关地理区域的角度加以探讨。本文所称的玉石分野,虽指以时间为核心的分化过程,但更倾

---

[1] 邓聪:《玉器起源的一点认识》,《中国玉文化玉学论丛》,第211页,紫禁城出版社,2002年。
[2] 亚林:《玉学研讨会讨论了什么》,《中国文物报》2001年6月24日第8版;袁永明:《"玉石分化"说辨正——兼论玉器的起源问题》,《中原文物》2003年第5期;王永波:《玉器研究的理论思考》,《中原文物》2002年第5期;杨伯达:《"玉石分化"论》,《中国文物报》2003年10月29日、11月5日、11月12日、11月19日第7版。

向于以空间为核心的区域分化内涵。

以北阴阳营、凌家滩、薛家岗和良渚文化为代表的长江下游地区,玉、石器制造在不同时期、不同地域出现了此起彼落、各领风骚的繁荣景象,特别是凌家滩的大起大落引起了人们的极大兴趣,严文明先生认为:"可以毫不夸张地说,在长江下游,凌家滩人是首先走上文明化道路的先锋队。虽然直到目前为止,我们还不知道他们的后继者是一个什么情况,是不是曾经拿过接力棒进一步奔向文明社会。但从各种情况分析,在凌家滩之后,文化发展的重心可能有所转移。至少玉石工业的重心转到太湖流域的良渚文化那里去了。"[①]因此,长江下游距今6 000年以降至4 600年左右的这一时期是研究中国玉石分野的一个理想区域。

## (二) 研究材料的选择

长江下游这一时期考古发掘出土的玉、石器数量巨大,点多面广,但从总体上看,玉石分野的过程在普通的居址和墓地中表现并不明显,而是更多地在大型和高等级墓地中体现,这也正反映了早期的社会变革具有一种自上而下的特征。因此本文在材料的选择上并没有将全部地点纳入讨论范围,虽然这种选择具有很大的主观性和不全面性,但还是可以勾勒出分野的宏观框架。

1. 玉、石器的时间和区域选择

宏观的探讨需要不同时代、不同区域的材料,本文选择了年代上大约距今6 000—4 600年、可构成前后相续几个阶段及地域上可涵盖整个长江下游地区的宁镇—巢湖区、皖西南区、泛太湖区三大区域中都具有高等级墓葬的北阴阳营、凌家滩、薛家岗、瑶山、反山五个墓地的材料作为主要分析对象,试图从一个侧面解析当时的社会变革问题,而崧泽文化目前所见玉石器材料较为单薄,特别是早期甚不发达,没有单独列入讨论[②](图一)。

2. 玉、石器的出土单位选择

由于玉、石器在此年代区间表现出的特殊性,多数随葬于墓葬之中,其他地层单位存留及发现的几率很小,以之分析玉、石器的变化难以得出可靠的结论,因此,本文对玉、石器出土单位的选择主要以墓葬为对象。虽然随葬品也可能存在

---

[①] 严文明:《凌家滩·序》,《凌家滩》,文物出版社,2006年。
[②] 最近的张家港市东山村相当于崧泽文化中晚期的墓地出土了较多的玉、石器,但材料未详细发表,特别是9座大墓中的一期与苏皖平原区有太多的关联,其文化性质尚待细致分析,目前还只能作为研究的参考。参见南京博物院、张家港市文广局、张家港博物馆:《江苏张家港市东山村新石器时代遗址》,《考古》2010年第8期。

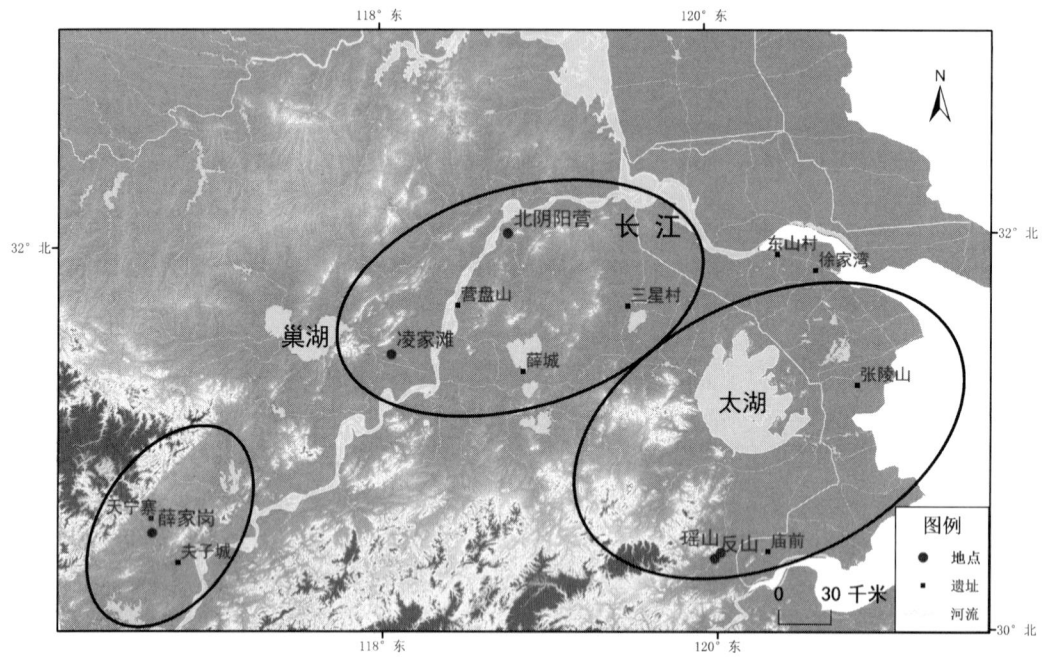

图一　三区五地位置示意图

石器的数量减少和实用功能发生变化等问题,并不能完全代表当时社会的现实状况,但毕竟墓葬是表达"事死如生"的场所,在一定程度上可以解读当时的社会。

即便如此,单个墓葬或单个墓地之间等级的不同也会导致可比性不足的问题,但在同一时期,同时具有高等级墓葬与普通墓葬的混合墓地,则具有良好的可比性,而独立的高等级墓地脱胎于混合墓地,是一个社会的特例,也是社会发展到一定阶段出现变革后才能出现的。虽然将两种形式的墓地混同讨论并进行数量分析不可避免地会出现较大的误差,但也正可以体现出当时的社会发展方向之不同。为适当修正这一误差,另选择了各自区域内的部分普通墓地材料作为对比补充之用。

### 3. 具体墓葬单位的选择

虽然以数百年为尺度的宏观讨论对年代的要求并不十分苛求,但为减少混乱,本文仍只选择年代差距不大或可分期的墓葬。北阴阳营墓地共271座墓,属二期的有258座墓,属三期的有13座墓[1]。凌家滩墓地前三次发表44座墓,虽然可以分期,但总体年代较为接近[2],未再取舍。薛家岗墓地共150座墓,早期36座,晚期98座,未能

---

[1] 南京博物院:《北阴阳营——新石器时代及商周时期遗址发掘报告》,文物出版社,1993年。
[2] 安徽省文物考古研究所:《凌家滩》,文物出版社,2006年。另2007年的发掘材料只详细发表了M23,且内容不全面,未纳入讨论中,参见安徽省文物考古研究所:《安徽含山县凌家滩遗址第五次发掘的新发现》,《考古》2008年第3期。

确定期别的16座中虽然有11座可能属晚期①,本文还是只利用可分期的134座墓的材料。瑶山墓地共13座墓,年代较为接近,其中M12被盗②,本文只选用12座墓的材料。反山共11座墓,其中M19、M21为残墓并且年代属良渚文化晚期,明显比其他的9座晚③,超出本文的范围,只选用了9座墓的材料。

### 4. 玉器与石器的划分

由于中国考古学研究中对两者尚无准确的划分标准,本文倾向于将各类具有润泽之象的真、假玉(含石英、萤石、方解石等)制造的装饰品均归入玉器范畴,个别鉴定结果不明确的则归入石器范畴,由此也会有些许的误差。

由于本文旨在考察其宏观变化,并不以分期为主要目的,依现有的年代研究成果④,可以以五地材料为代表,将距今约6 000—4 600年的长江下游三个区域玉、石器的发展分为早、晚两个大的时期作为本文讨论的年代框架(表一)。这种划分虽然只是粗线条的,每个墓地中或有个别墓葬年代可能调整,但不至于影响到宏观研究的结论,因此仍做了整齐划一的处理。

**表一　五地相对年代关系表**

| 期别 | 北阴阳营 | 凌家滩 | 薛家岗 | 瑶山 | 反山 |
|---|---|---|---|---|---|
| 早期 | 二期 |  | 早期 |  |  |
| 晚期 | 三期 |  | 晚期 |  |  |

## 二　玉石分野的前兆

中国玉器的发展总体上以石器制造的进步为基础,但并非唯一的基础,尤其是在一个具体的区域中。长江下游是中国玉、石器发展的核心地域之一,石器制造虽

---

① 安徽省文物考古研究所:《潜山薛家岗》,文物出版社,2004年。
② 浙江省文物考古研究所:《瑶山》,文物出版社,2003年。
③ 浙江省文物考古研究所:《反山》,文物出版社,2005年。
④ 杨晶:《关于凌家滩墓地的分期与年代问题》,《文物研究(第十五辑)》,黄山书社,2007年;杨晶:《长江下游地区史前玉器研究》,《东南文化》1994年第4期;田名利:《宁镇地区新石器时代玉器简论》,《玉文化论丛(2)》,文物出版社、众志美术出版社,2009年。

然起始年代甚早,在各个区域均有发现,但直到距今7 000年前并不发达,所出石器的种类简单,数量不多。玉器制造或可能始于跨湖桥早期[①]到河姆渡文化,如河姆渡遗址一期出土石器427件,其中玦、璜、管、珠、环、坠装饰品66件及蝶形器2件;二期出土石器278件,玦、璜、管、珠、环装饰品74件[②],两期的装饰品绝大多数质料为石英、萤石,少量为叶腊石、方解石、凝灰岩,大部分可以纳入广义的"玉"类;但生产工具中也有一定量的石英、萤石、凝灰岩质料,两者在质料的使用上虽有分化现象同时也存在一定的混同,工艺上也没有十分明显的区分。到马家浜文化中晚期,石器制造的数量和技术进步仍不明显,玉器制造也未成规模,但地理分布扩展到太湖流域,数量、种类增多,体量增大,更北的宁镇地区丁沙地遗址也开始出现极个别玉器[③]。

长江下游的玉器从发生之始就主要被作为装饰类用品,这与东北地区早期玉器的工具、装饰品并存现象是一个明显的区别。

自距今约6 000年以降相当于北阴阳营文化二期阶段,在骨角器制造衰落的同时,玉器和石器制造获得了长足的发展,石器种类、数量大增,质量也迅速提高,而玉器更是十分突出,更多的玉、石器在更广的地域内被用于墓葬随葬品。从目前材料来看,这一时期的玉、石器制造在宁镇—巢湖形成了一个中心[④]。耐人寻味的是,同时期东翼的崧泽文化早期虽然擅长陶器制造,但玉、石器特别是玉器的制造却明显较弱[⑤];西翼的黄鳝嘴类型玉、石器制造也只有零散表现。

这些表象说明,长江下游玉器制造的进步在时间上与石器制造(笔者按:指较发达的磨制石器,非打制石器)的发展是近乎同时的,也就是说,这一区域的早期玉器制造虽然在技术上无疑源自石器制造,却并非在石器制造发达到一定程度后才出现的,而是在一定的时期大体同步发展,之后一个阶段甚至玉器制造起到了主导作用。在地理分布上,似乎有从钱塘江南岸向太湖流域、宁镇地区渐次扩展的自南而北的趋势。

---

① 浙江省文物考古研究所:《萧山跨湖桥新石器时代文化遗址》,《浙江省文物考古研究所学刊》,长征出版社,1997年;浙江省文物考古研究所、萧山博物馆:《跨湖桥》,彩版三五、7、8,文物出版社,2004年。
② 浙江省文物考古研究所:《河姆渡——新石器时代遗址考古发掘报告》,第82—84、254、255页,文物出版社,2003年。
③ 南京博物院:《江苏句容丁沙地遗址试掘钻探简报》,《东南文化》1990年第1、2合期。
④ 张弛:《大溪、北阴阳营和薛家岗的玉、石器工业》,《考古学研究(四)》,科学出版社,2000年。
⑤ 张明华:《崧泽玉器考略》,《东亚玉器(第一卷)》,香港中文大学中国考古艺术研究中心,1998年;王宁远、顾晓峻:《崧泽早期玉器的几个特点——从仙坛庙出土玉器谈起》,《浙江省文物考古研究所学刊(第六辑)》,杭州出版社,2004年。

在宁镇—巢湖区发达之后,长江下游的玉、石器制造便进入了一个十分明显的大发展阶段,由此进入了玉石分野的关键时期。

## 三 玉石分野的表象分析

本文重点分析的五地的玉、石器之间既具有明显的差异,同时也有明显的传承关系,正是这些差异与传承为讨论长江下游的玉石分野提供了发展脉络。

### (一)五地玉石器之别

可以从数量、种类、工艺三个方面加以探讨,早先张忠培先生也有过简略的分析[1]。

#### 1. 数量之别

数量的统计因玉、石器体量大小及由此付出的能量消耗不同,会造成一定问题,为便于计算,一律按不可再分离的最小个体数统计(包括偶合式璜和数量众多的管、珠串饰),在同一原则的前提下,可以有效地抵减统计误差(表二)。

表二 五地随葬品数量登记表

| 期别 | 地 点 | 墓葬数量 | 玉器 | 石器 | 嵌玉漆器 | 陶器 | 其他 | 总数 |
|---|---|---|---|---|---|---|---|---|
| 早期 | 北阴阳营二期 | 258 | 296 | 538 |  | 593 | 92 | 1 519 |
| 早期 | 凌家滩 | 44 | 791 | 378 |  | 317 |  | 1 486 |
| 早期 | 薛家岗早期 | 36 | 1 | 20 |  | 124 |  | 145 |
| 晚期 | 北阴阳营三期 | 13 | 5 | 18 |  | 40 | 3 | 66 |
| 晚期 | 薛家岗晚期 | 98 | 109 | 105 |  | 338 |  | 552 |
| 晚期 | 瑶山 | 12 | 2 584 | 17 | 2 | 53 | 3 | 2 659 |
| 晚期 | 反山 | 9 | 3 075 | 53 | 7 | 36 | 1 | 3 172 |

注:1. 本表仅限按选择原则纳入讨论的墓葬。
2. 经过核对原报告文字、表格,按最小个体重新计算,部分数量与原文有异。

---

[1] 张忠培:《窥探凌家滩墓地》,《凌家滩玉器》,文物出版社,2000年。

在对五地的随葬品进行详细统计后,可以发现以下现象:

从各类随葬品的百分比看,北阴阳营二期的玉、石、陶器三者呈现出递增的态势;三期则玉、石器递减而陶器增多并居主导地位。凌家滩玉、石、陶器呈现出与北阴阳营二期相反的态势。薛家岗早期与北阴阳营状况相似,但玉器极少;晚期在均衡发展玉、石器的同时,陶器比重有所下降但仍居主导地位。瑶山、反山过度发展了玉器,瑶山玉、石、陶器分别占随葬品总数的97.2%、0.6%、2%,稍后的反山为96.9%、1.7%、1.1%,两者十分相近,但也有一个细微的变化,即反山的石器悄然上升2.6倍,陶器减少1倍(图二)。

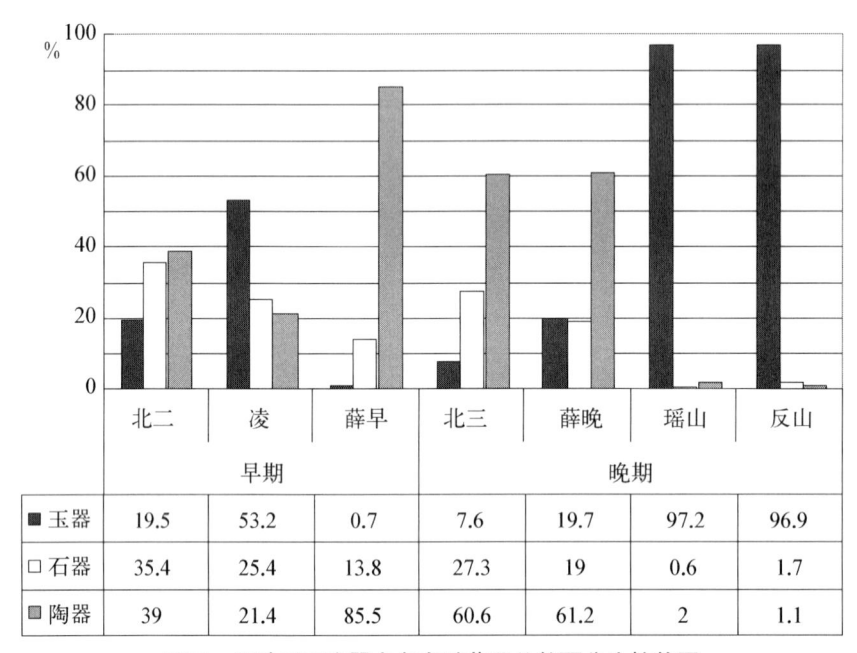

| | 北二 | 凌 | 薛早 | 北三 | 薛晚 | 瑶山 | 反山 |
|---|---|---|---|---|---|---|---|
| | 早期 | 早期 | 早期 | 晚期 | 晚期 | 晚期 | 晚期 |
| 玉器 | 19.5 | 53.2 | 0.7 | 7.6 | 19.7 | 97.2 | 96.9 |
| 石器 | 35.4 | 25.4 | 13.8 | 27.3 | 19 | 0.6 | 1.7 |
| 陶器 | 39 | 21.4 | 85.5 | 60.6 | 61.2 | 2 | 1.1 |

图二  五地玉石陶器占各自随葬品总数百分比柱状图

以上情况说明,早期阶段,凌家滩对玉、石器的重视程度远高于北阴阳营但还保留了一定量的陶器,薛家岗的玉、石器则无所企及。晚期阶段,北阴阳营玉器下降速度最快;薛家岗玉器上升迅速但总体与石器平衡;瑶山、反山与凌家滩的风格相似,只是更急速地发展了玉器,基本忽略了石、陶器。

从玉、石器本身的数量比值看(以玉为1),早期的北阴阳营二期玉、石器之比为1∶1.82,凌家滩为1∶0.48,薛家岗早期则为1∶20。凌家滩玉器不仅总数大大增加,比值也超出石器一倍以上,说明凌家滩是玉器大发展的一个关键,而薛家岗根本没有发展起玉、石器。当然也有另一个可能,薛家岗并不重视死者随葬玉、石器而可能更多地将它们应用于实际生活中,但该文化区域内多个遗址的早期地层和遗迹单位出土的遗物中,均较少见玉、石器,表明这种可能性很小。晚期的北阴阳营三期玉、石器之比为1∶3.6,石器比值较早期翻倍,占据了更大的主导地位。薛家岗则较为均衡地发展起玉、石器,两者之比为1∶0.96,十分接近。瑶山、反山表现出了另一种发展态势,致力于玉器的发展,玉、石之比竟达1∶0.007和1∶0.017,玉器占绝对多数。总体而言,凌家滩与瑶山、反山的发展态势有着相似的一面,即较为忽视石器,而重视玉器(表三)。

表三 五地玉、石器比值统计表

| 期别 | 地　点 | 玉/石比值(以玉为1) |
|---|---|---|
| 早期 | 北阴阳营二期 | 1.82 |
| 早期 | 凌家滩 | 0.48 |
| 早期 | 薛家岗早期 | 20 |
| 晚期 | 北阴阳营三期 | 3.6 |
| 晚期 | 薛家岗晚期 | 0.96 |
| 晚期 | 瑶山 | 0.007 |
| 晚期 | 反山 | 0.017 |

因此,从宏观角度而言,随着时代的变迁,五地石器的使用总体呈下降趋势,但在薛家岗晚期有一个小的上升。玉器的使用则总体上相反,呈上升趋势,在凌家滩时期形成一个高峰,在瑶山、反山时期更是急剧上升,再次形成一个巅峰,但同时的薛家岗只表现出低量级的增长,数量与凌家滩和瑶山、反山均不可同日而语,北阴阳营三期更表现出十分明显的衰落状态。在地域上,早期是以北阴阳营二期、凌家滩为代表的宁镇—巢湖区一枝独秀,而在该区内部,宁镇的玉、石器一直是石器多于玉器,稍后中心或渐移到巢湖一带后,呈现出石器少于玉器的现象。到晚期,北阴阳营与凌家滩衰落之时,以薛家岗为代表的皖西南区玉、石器均有一个小小的均衡发展,而以瑶山、反山为代表的泛太湖区则呈现出玉器连续急升、石器大量减少的状态。

可以说,自北阴阳营玉、石器起步发展开始,长江下游的玉、石器制造经历了宁镇快速起步—凌家滩大发展—宁镇、凌家滩衰落—薛家岗低量级发展和良渚急速发展的历程,其中在宁镇、薛家岗是石器稍多而玉器略少;凌家滩与良渚则玉器为多,其发展实际上超出了石器的发展速度。

五地数据反映的这些现象在三个区域的其他遗址中也有明显的体现,只是不如五地表现得如此明显而已。

宁镇地区与北阴阳营二期同时的尚有三星村部分墓葬[①]、薛城中层[②]、营盘山[③]等。三星村由于总体年代稍早,玉、石器因未发表可资分析年代的器物组合,还不能细致讨论,但出土的109件玉器中据形态观察应有一部分属于这一时期。薛城下层年代较早,未见玉器报道,石器的数量、种类不多,体量较小,大者斧仅1件,而以小刮削器为主;中层的石器数量、种类和体量有较多增加,达138件,并出现了大孔钺、锄等与北阴阳营二期完全相同的器形,玉器仅15件,占随葬品总数的4.2%,石器占近38%,玉、石器之比为1∶9.2。营盘山据部分墓葬统计玉器占随葬品总数的40%,石器占17%,陶器占35%,玉、石比值为1∶0.43。薛城中层与营盘山的比值大不相同。

需要关注的是,位居太湖流域北缘、近于宁镇的东山村Ⅲ区9座大墓可分一、二两期,大略相当于凌家滩墓地和薛家岗文化早期。发表的4座墓葬材料中,一期M90、M92合计的玉器占随葬品总数的比例为26.7%,石器占17.3%,陶器占56%,玉、石比值为1∶0.65,玉器较多,石器最少,玉、石比值也类似于凌家滩;二期的M91、M93合计的玉器占随葬品总数的比例上升到35.1%,石器仅占2.6%,陶器占62.3%,而1∶0.07的玉、石之比[④]则已介乎凌家滩和瑶山之间,更接近于瑶山和反山的表现了。

泛太湖区的张陵山大致属良渚早期,与薛家岗晚期偏早接近,玉器占随葬品总数的38%,石器占25%,陶器占37%,玉、石比值为1∶0.66。庙前第一、二次发掘的二期30座墓属良渚文化早期,其中6座不能分期,另24座墓可分早、晚两段,早段玉器占随葬品总数11.5%,石器占13.5%,陶器占75%,玉、石比值为1∶1.17;晚段玉器迅速上升到36.5%,石器略降到11.2%,陶器为52.3%,玉、石比值为1∶0.31。庙前二期墓葬的这一变化更微观地表现出了良渚文化内的良渚小区普通墓葬玉、石器使用的变化,说明良渚小区自良渚文化早期开始无论高等级墓地还是普通墓地,对玉器的崇尚都经历了迅速上升的过程[⑤]。

---

① 江苏省三星村联合考古队:《江苏金坛三星村新石器时代遗址》,《文物》2004年第2期。
② 南京市文物局、南京市博物馆、高淳县文管所:《江苏高淳县薛城新石器时代遗址发掘简报》,《考古》2000年第5期。
③ 魏正瑾:《南京市营盘山新石器时代遗址》,《中国考古学年鉴(1984)》,文物出版社,1984年。
④ 东山村材料若将两期合并计算,则玉器占30%,石器占11.4%,陶器占58.6%,玉、石比值为1∶0.38,与分期统计的趋势相同。
⑤ 庙前二期墓葬年代跨度较小,若将早、晚两段及不能分期的墓葬合并统计,则玉器占随葬品总数的28.3%,石器占11.9%,陶器占59.8%,玉、石比值为1∶0.42,趋势与分段统计相似。

皖西南一带的天宁寨下层相当于薛家岗早期，玉器占随葬品总数的10.8%，石器占5.4%，陶器占83.8%，玉、石器之比为1∶0.5；上层相当于薛家岗晚期，报告中缺玉器，石器占12.5%，陶器占87.5%。夫子城相当于薛家岗晚期，玉器占随葬品总数的2.7%，石器占10.8%，陶器占86.5%，石、陶器之比与天宁寨上层相近，而玉、石比值为1∶4，与天宁寨下层差距甚大。

如果将张家港徐家湾崧泽墓葬[①]、鼓山墓地[②]的数据作为参考纳入讨论中，则可以看出，徐家湾下层的玉、石比值为1∶2.5，中层为1∶5.13。鼓山墓地分期有问题，从总量上看，玉石比值为1∶8.15（表四）。

### 表四　其他地点玉石器比例统计表

| 期别 | 地　点 | 占总数百分比(%) 玉 | 占总数百分比(%) 石 | 玉/石比值（以玉为1） | 备　注 |
|---|---|---|---|---|---|
| 早期 | 薛城中层 | 4.1 | 37.4 | 9.2 | |
| 早期 | 营盘山 | 40 | 17 | 0.43 | |
| 早期 | 天宁寨下层 | 10.8 | 5.4 | 0.5 | |
| 早期 | 东山村一期 | 26.7 | 17.3 | 0.65 | 仅据Ⅲ区大墓M90、M92 |
| 早期 | 东山村二期 | 35.1 | 2.6 | 0.07 | 仅据Ⅲ区大墓M91、M93 |
| 晚期 | 张陵山上层 | 38.0 | 25.0 | 0.66 | 另有26件陶器不知期别，未纳入统计总数 |
| 晚期 | 庙前二期早段 | 11.5 | 13.5 | 1.17 | 第一、二次发掘的可分期的24座墓葬 |
| 晚期 | 庙前二期晚段 | 36.5 | 11.2 | 0.31 | |
| 晚期 | 天宁寨上层 | 0 | 12.5 | | 缺M1未发表，数据不全，有误差 |
| 晚期 | 夫子城 | 2.7 | 10.8 | 4 | |
| 参考 | 徐家湾下层 | 9.7 | 24.3 | 2.5 | |
| 参考 | 徐家湾中层 | 5.4 | 27.7 | 5.13 | |
| 参考 | 鼓山 | 2.0 | 16.3 | 8.15 | 分期不好，各期合在一起，仅参考 |

---

① 苏州博物馆、张家港市文物管理委员会：《江苏张家港徐家湾新石器时代遗址》，《考古学报》1995年第3期。
② 湖北省文物考古研究所：《武穴鼓山——新石器时代遗址发掘报告》，科学出版社，2001年。

单从地域的角度观察,会发现一个有趣的现象:一是以北阴阳营为代表,玉、石、陶器三者数量大体呈递增态势,一直以陶器为主,石器相对于玉器而言比值大于或接近于1,主要分布在宁镇周围和其西南方向,如薛城中层、薛家岗(晚期虽小于1但接近于1)。徐家湾下、中层虽在其东南但因时代上早于良渚文化而地缘上近于宁镇也表现出相同的趋势;二是以凌家滩为代表,玉、石、陶器三者数量大体上呈递减态势或石器最少,石器相对于玉器而言比值明显小于1,主要分布在东南方向,如东山村一期和二期大墓、瑶山、反山、张陵山、庙前二期晚段。但也有不吻合之处,如天宁寨下层虽在西南却近于凌家滩一系;徐家湾下层和中层、庙前二期早段虽在东南,却近于北阴阳营一系,这些墓葬都非大墓,可能是表现出一种并非简单数据可以解决问题的更复杂的文化行为。在早期阶段,北阴阳营一系的分布并无特别明显的地理区分,但自凌家滩出现以后,东南方向的大墓基本上倾向于凌家滩一系,北阴阳营一系则主要偏向于西南方向了(图三、图四)。

这种分布现象总体上还是表达出一种可能的趋势:以宁镇—巢湖为中心,其西南、东南两个方向的文化分别接受了不同的理念,从而导致了长江下游玉石分野的不同趋势。这种趋势自早期开始,到早晚期之交便已出现了十分明显的分野。

总之,上述数据说明了一个问题:自北阴阳营二期起始,至凌家滩迅速发展起来的宁镇—巢湖区的玉、石器制造,到晚期时基本被皖西南和泛太湖区所取代,而皖西南区的石器制造稍显突出,泛太湖区的玉器制造一枝独秀。但其中凌家

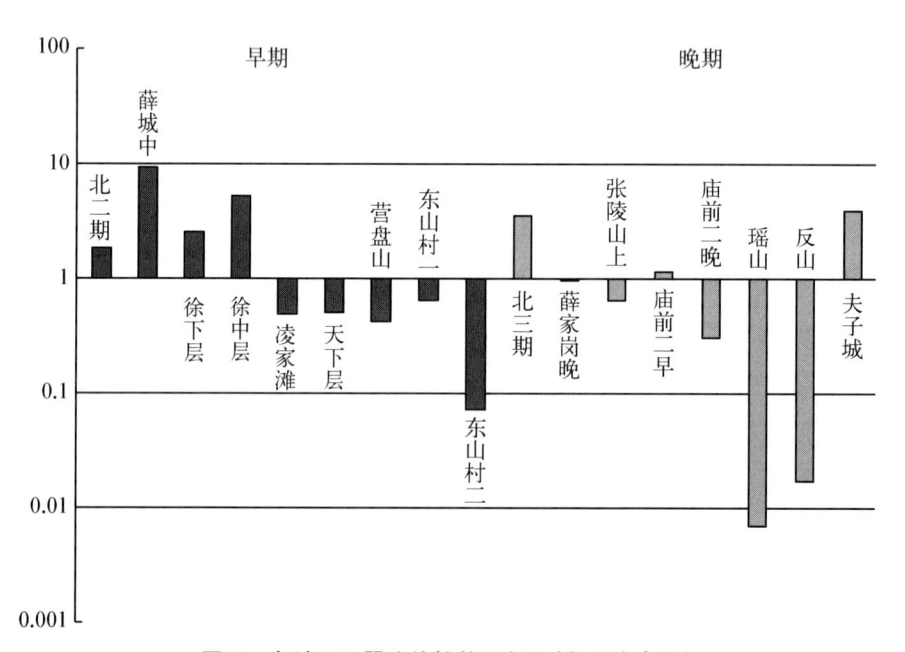

图三 各地玉石器比值柱状图(用对数刻度表示)

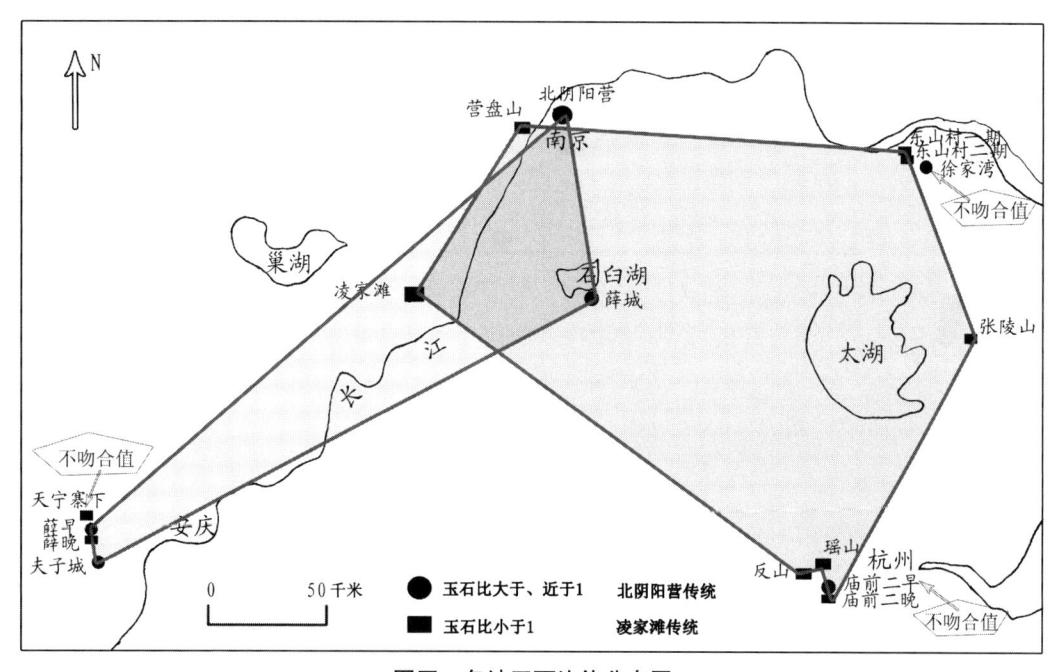

图四　各地玉石比值分布图

（图中"北"代表"北阴阳营"，"徐"代表"徐家湾"，"天"代表"天宁寨"）

滩、泛太湖区对玉石器的重视程度远远高于宁镇和皖西南地区，特别是对玉器的重视程度。

2. 种类之别

（1）分类原则

由于利用的均为墓葬材料，随葬品都具有一定的社会意识形态含义，种类的划分在现有材料的基础上依据了以下原则：总体上按礼器、饰品、武器、工具、其他五大类划分，再细划为十小类。礼器是指为礼仪的需要可独立或组合使用的非日常用品，细分为兵礼器（暂时将刀、钺两种划入，限器物本身，不含端饰等附件，但是否确属"兵"礼器也存疑问）、象生礼器（人和动物形）、其他礼器（与身体部位装饰无关的礼仪用品，包括仪仗、兵礼器之附件）。饰品类指需与人体结合使用或附着于人体之上的装饰品，细分为体量稍大的首饰服饰、小饰品（虽然多数均可归入首饰服饰中，但体量小、数量大，一般成组或成串使用，少数功能不清的小体量器物也划入此类之中）。其他类中包括料与芯和残余料，一些半成品因具有讨论的价值也单独列出，数量极少而功能不清的则统列为"杂类"。最成问题的是关于礼器的划分，难以有准确的把握，虽然从广义而言，随葬入墓的器物基本上都有礼的性质，特别是饰品更具有礼仪的需要，但从其内涵而言却有明显区别；此外部分钺或为工具，但多数用作随葬实是作为特殊的礼器之用而统一划为兵礼器,个别精致的玉纺轮、石凿也可能属礼器但划入了工具等。由此可能会造成研究结果的一定误差,但从总量上看应不足以影响到宏观结论(表五)。

表五　五地玉石器种类数量统计表

| 质料 | 期别 | 地点 | 礼器 兵礼器 | 礼器 象生礼器 | 礼器 其他礼器 | 饰品 首饰服饰 | 饰品 小饰品 | 工具 | 武器 | 其他 半成品 | 其他 料与芯 | 其他 杂类 | 小计 |
|---|---|---|---|---|---|---|---|---|---|---|---|---|---|
| 玉质 | 早期 | 北阴阳营二期 | | | | 163 | 132 | | | 1 | | | 296 |
| 玉质 | 早期 | 凌家滩 | 33 | 15 | 11 | 422 | 172 | 1 | | 1 | 149 | | 804 |
| 玉质 | 早期 | 薛家岗早期 | | | | | 1 | | | | | | 1 |
| 玉质 | 晚期 | 北阴阳营三期 | | | | 4 | 1 | | | | | | 5 |
| 玉质 | 晚期 | 薛家岗晚期 | 6 | | 2 | 18 | 83 | | | | | | 109 |
| 玉质 | 晚期 | 瑶山 | 6 | 1 | 157 | 185 | 2 233 | 2 | | | | | 2 584 |
| 玉质 | 晚期 | 反山 | 5 | 7 | 376 | 56 | 2 621 | 1 | | | | | 3 066 |
| 石质 | 早期 | 北阴阳营二期 | 119 | | | | | 397 | | 17 | | 5 | 538 |
| 石质 | 早期 | 凌家滩 | 188 | | | 2 | | 180 | | 4 | 3 | 1 | 378 |
| 石质 | 早期 | 薛家岗早期 | 4 | | | | | 12 | | | | 4 | 20 |
| 石质 | 晚期 | 北阴阳营三期 | 10 | | | | | 8 | | | | | 18 |
| 石质 | 晚期 | 薛家岗晚期 | 76 | | | 3 | | 22 | 3 | | | 1 | 105 |
| 石质 | 晚期 | 瑶山 | 10 | | 3 | | 4 | | | | | | 17 |
| 石质 | 晚期 | 反山 | 53 | | | | | | | | | | 53 |

(2) 种类比较

① 早期阶段

北阴阳营二期的玉器种类中饰品占绝大多数,另有半成品1件,器形不足10种,表现得简略而集中。首饰服饰类为大宗,璜、环、玦为主体,占全部玉器数量的62%,小饰品主要是管,约占29%。玉器器形中,璜的数量最多,达100件,其中偶合式璜是目前长江下游所见最多的,明确的共8对16件。石器种类略为多样,但集中在工具、兵礼器,另有少量半成品等,其中仅工具一类数量即为玉器总数的1.3倍多,超过玉器总数100件以上。这些情况表现出北阴阳营二期玉、石器使用还是较为单调,是以石器尤以石质工具为主,礼器类还没有出现玉质,只有数量众多的石质兵礼器(刀、钺)而无其他种类,并随葬15件石钺半成品。这种石质兵礼器的出现应该是处于从工具到礼器的转变过渡阶段,或者说还未完全摆脱工具的性质。

凌家滩的玉器基本上涵盖了各大类及小类,器形超过30种,显得丰富多彩,与北阴阳营二期相比有极大的变化。玉器仍以首饰服饰为大宗,璜、镯、环三类各约百件,约占玉器总数的39%,其中偶合式璜的数量也较多,明确的有3对6件,另有部分单件。而最显眼的莫过于出现了一批无日常生活实用价值的礼器,包括大量兵礼器、少量象生礼器(龟、龙、鹰、人等)和其他形制特殊的礼器(版等)。虽然凌家滩的玉器总数已超过石器,但一方面玉器种类虽多而每个种类数量较少,表现出杂糅之态,更值得关注的是多达144件的玉芯与料出现在墓葬之中,并有玉质工具随葬,实则处于玉器使用变革之初的创新时期;另一方面石器种类、数量也都较多,工具的随葬仍然为数很多,并有少量半成品和个别石璧,兵礼器也占石质礼器的大多数。这些杂糅现象体现了玉、石两种质地的使用正处于交替阶段,器形的配伍也还没有形成制度,但玉器被作为礼器已快速发展起来。

薛家岗早期的玉器和石器与北阴阳营二期和凌家滩相比都是不值一提的,既无特色之优也无数量之强,但还是出现了个别玉饰、少量的石质兵礼器和工具随葬。

位于宁镇以东的东山村大墓如果加以讨论的话也是颇有意义的,虽然其材料从图和文字描述中只有一期的M90可以基本了解到相对完整的器物种类。该墓的玉器中饰品占绝大多数,首饰服饰类略多,但仅有璜、环、玦、耳珰四种,占全部玉器数量的53%,小饰品主要是管、珠、饰件,约占47%。石器种类有钺、锛、砺石、锥,另有一堆石英砂,均为兵礼器和工具类,较为单调,但质地精美的彩石钺的出现仍是值得注意的现象。从有限的材料看,东山村一、二期大墓或反映出北阴阳营一系和凌家滩一系对其影响的动态过程。

② 晚期阶段

北阴阳营三期墓葬数量较少,与二期相比表现出十分明显的衰落。凌家滩尚无资料可探讨,但这一时期在宁镇—巢湖两翼的皖西南区薛家岗文化晚期和泛太湖区良渚文化早中期,玉、石器种类出现了明显变化。

薛家岗晚期的玉器较早期有了较大的发展,但以管等小饰品最多,占约76%;首饰服饰类仅占16.5%,器形单调不足10种,以璜略多但不见北阴阳营二期和凌家滩典型的偶合式璜,而以弓背式不对称璜和线切割的透雕璜为特点;与凌家滩相比则兵礼器数量大大减少;最晚时期还出现个别受良渚影响的小玉琮,特征明显的象生礼器几乎不见于薛家岗。虽然玉器不可与北阴阳营二期和凌家滩比拟,但石器却表现出既受北阴阳营二期和凌家滩的影响,又产生了自身的特点,除仍以石钺为兵礼器外,还出现了大量的多孔石刀,具有鲜明的特色,两者的体量大大超过了玉器的体量;饰品中偶见于凌家滩的石环在薛家岗也时有出现;镞类武器在最晚时期开始随葬于墓中,数量虽然不多但或许有更深的社会原因。总体上看,薛家岗的玉器并不如凌家滩那样注重造型艺术和璜、环、镯、璧等体量较大的饰品,是以形制简单、小体量的饰品占大多数,但却以大量器形朴实、体量甚大的石钺和多孔石刀为重要礼器,北阴阳营二期和凌家滩大量随葬石质工具的风格在薛家岗也未得到充分体现,这是一个十分值得注意的现象。在玉、石器两者制作工艺差距并不太大的情况下,出现上述现象的原因不外乎两种:一是玉矿资源的制约,二是理念的改变。玉矿资源的制约有两个可能:本地可掌控资源的不足,或没有足够实力掌控外界的资源。无论是何种原因,其结果都导致薛家岗对石器的重视程度远远大于玉器,也就是说在北阴阳营、凌家滩西翼的薛家岗,玉器的作用在很大程度上被石器所取代!

与薛家岗晚期大体同时的位于北阴阳营、凌家滩东翼的良渚文化却走上了与薛家岗不同的道路。墓地出现了分化,高等级墓葬开始独立于普通墓葬并形成了专有墓地,两种墓地中的随葬品也出现了巨大的差异。在良渚早期的瑶山墓地,玉器器形有20余种,以各类小饰品数量最多,达2000余件;首饰服饰数量较多,但除镯外少见其他直接装饰于体表的首饰;梳背则是另一种特殊的首饰,瓣形饰等配于衣物之表的缝缀件也别具特色,最特殊的当属那1件仅与衣服相关而无他用的带钩,这些夸张展现于表的玉饰品都表明瑶山墓葬主人对外在仪容的形式十分注重。瑶山的玉礼器急剧增多,数量几近于首饰服饰,其中兵礼器数量减少,象生礼器仅见1件,而其他礼器数量和形态最多,作为新器形的琮的出现是重要的特征,另外有相当一部分属配合主礼器使用的各类插件,如手柄、钺柄两端的端饰等;还有罕见的嵌玉漆器,也同样表现出借玉器展现礼仪的需求。瑶山的这些玉器在造形艺术上达到了一个高峰,表现形式在规范性的前提下,又有多样性。与薛家岗相反的是,瑶山的石器数量竟少得难以置信,种类以钺占绝大多数,工具类已完全消失。因此在瑶山,石器的作用基本上被玉器取代!

年代稍迟的反山情况与瑶山相似,值得注意的是在讨论的五个地点中唯反山玉质礼器数量首次超过首饰服饰,并达7倍之多,象生礼器也再度增多。石器种类虽已退化到仅钺一类,但与象生礼器相似的是数量也再度增多。

高等级墓地中的玉、石器种类变化趋势在普通墓地中表现有所不同。如庙前第一、二次发掘的第二期30座良渚文化早期墓,其中24座可分早(11座)、晚(13座)两段。玉器中早段6件均为小饰品;晚段39件仍以小饰品占绝对多数,但新出个别璜、锥形器。石器中早段7件可分兵礼器、武器、工具等;晚段12件以兵礼器为主,不见武器,工具数量增加。在这个墓地中不见象生礼器,首饰服饰也罕见,但玉、石器中以玉器为主的表现形式与瑶山是一致的。

概括而言,早期玉、石半成品的随葬见于北阴阳营二期、凌家滩,但总体上凌家滩的玉料与芯数量较多,到晚期各地点则无一墓随葬。石质工具从早期到晚期有一个明显的下降趋势,但在薛家岗晚期呈小幅上升,而瑶山、反山则完全不见;而玉质工具只见于凌家滩和瑶山、反山。玉质兵礼器以凌家滩和瑶山、反山略多,薛家岗仅有少量;石质兵礼器在各时期均有出现,但较特别的是凌家滩和反山的均值较大而接近。玉质小饰品也是凌家滩和瑶山、反山明显多于其他地点,只是瑶山、反山更突出。首饰服饰类以玉质常见,但也同样以凌家滩和瑶山、反山为多;石质首饰服饰数量极少,只见于凌家滩和薛家岗。玉质象生礼器只见于凌家滩和瑶山、反山。

上述现象表明,从北阴阳营二期开始到反山,玉器与石器的作用或者说各时期对它们的重视程度随着时间和地域的变化而出现了明显的不同。如果说绝对的总数不足以说明问题的话,那么每墓平均数量的分析也表现出了相同的趋势,会更有助于理解这种变化(表六;图五)。

### 表六 五地主要玉、石器种类每墓均值统计表

| 质料 | 期别 | 地点 | 小饰品 | 首饰服饰 | 兵礼器 | 象生礼器 | 工具 | 半成品 | 料与芯 |
|---|---|---|---|---|---|---|---|---|---|
| 玉质 | 早期 | 北阴阳营二期 | 0.51 | 0.63 | | | | 0.004 | |
| | | 凌家滩 | 3.91 | 9.59 | 0.75 | 0.34 | 0.02 | 0.02 | 3.39 |
| | | 薛家岗早期 | 0.03 | | | | | | |
| | 晚期 | 北阴阳营三期 | 0.08 | 0.31 | | | | | |
| | | 薛家岗晚期 | 0.85 | 0.18 | 0.06 | | | | |
| | | 瑶山 | 186.08 | 15.42 | 0.5 | 0.08 | 0.17 | | |
| | | 反山 | 291.22 | 6.22 | 0.56 | 0.78 | 0.11 | | |
| 石质 | 早期 | 北阴阳营二期 | | | 0.46 | | 1.54 | 0.07 | |
| | | 凌家滩 | | 0.05 | 4.27 | | 4.09 | 0.09 | 0.07 |
| | | 薛家岗早期 | | | 0.11 | | 0.33 | | |
| | 晚期 | 北阴阳营三期 | | | 0.77 | | 0.62 | | |
| | | 薛家岗晚期 | | 0.01 | 0.19 | | 0.84 | | |
| | | 瑶山 | 0.33 | | 0.83 | | | | |
| | | 反山 | | | 5.89 | | | | |

图五　五地玉、石器每墓均值柱状图

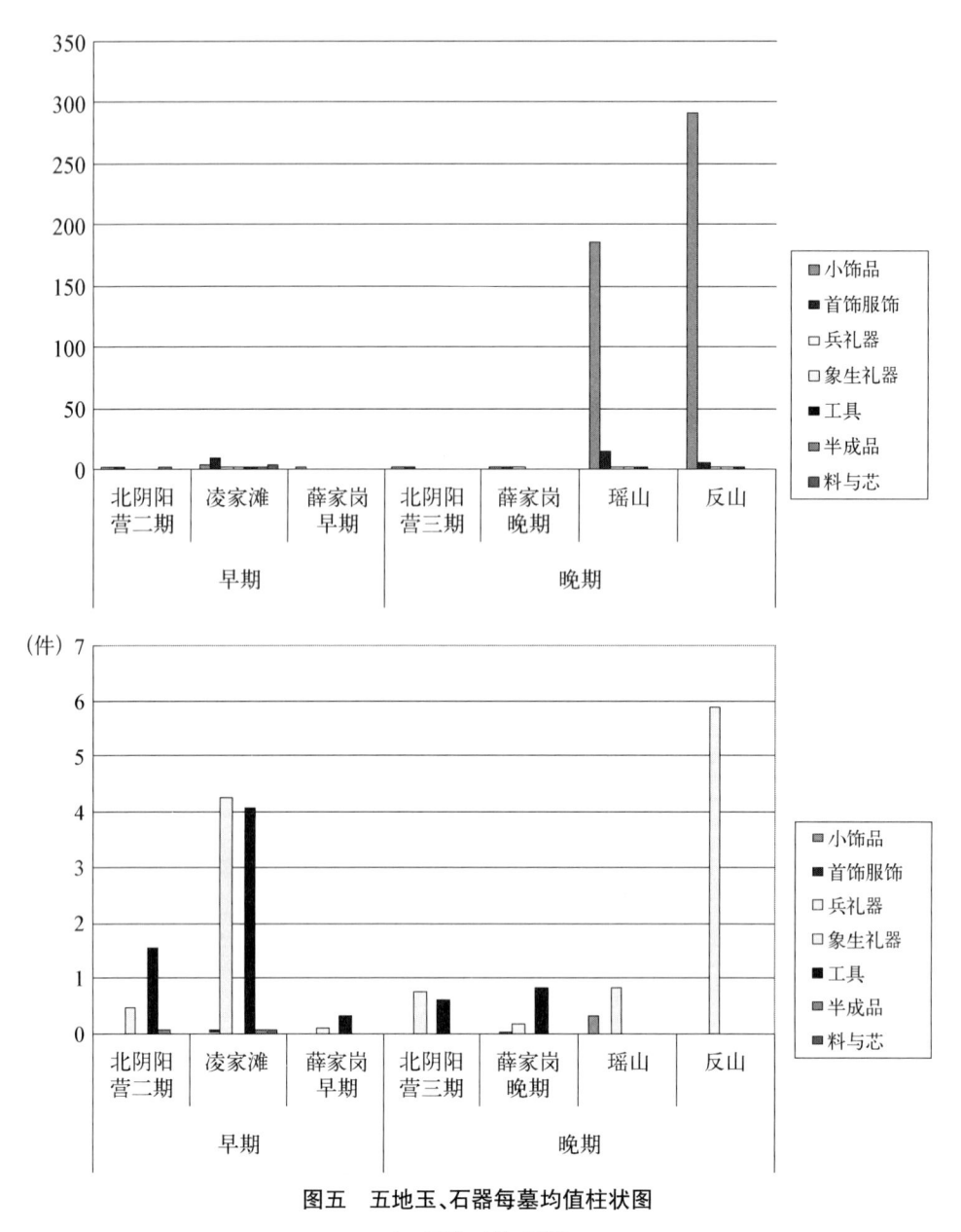

上：玉器　下：石器

以上诸多讨论说明了几个问题：

一是随葬玉、石质半成品和料芯现象只出现在早期，而晚期不见，应该是玉石器制造越来越趋向专业化的一种体现，专业作坊的出现或许就是这种转变的原因或结果。半成品中大都为礼器，它们作为随葬品的原因尚不清楚，而在晚期不再随葬更有可能是对于礼器的完整性、美观性要求进一步提高的反映。石质工具的减少也应是同样的道理，但薛家岗的小幅增加应与其对石器的重视有关。

二是早期的北阴阳营二期表现为石器种类多、使用广,而凌家滩则相反。从晚期开始,玉、石器在地域上有了明显分化,薛家岗的石器彰显了自身的特点,形成了以风形钺、多孔石刀为主体和特点的种类,而玉器相对来说不如石器;瑶山、反山则以玉器彰显,形成了以琮、璧和大量独特器形为主体的种类,石器已处于极其次要的地位。

三是在石质兵礼器的相对数量、玉质首饰服饰和小饰品的过度使用、玉质象生礼器几个方面,瑶山、反山都表现出了与凌家滩的相对一致性,这种现象当不会是偶然原因所致,说是它们之间有渊源关系并不为过。

因此,从玉石器种类的分析中也可以看出,长江下游的玉、石器在晚期发生了明显的分化,这种分化特别是表现在不同的区域之间,也即发轫于宁镇—巢湖一带,而分野于两翼的皖西南区和泛太湖区。

3. 工艺之别

工艺包括选料、技术、形态和纹饰几个方面,后两者已有较多研究,本文重点从选料和技术两方面分析。

(1) 选料

由于各地点的玉、石器鉴定不够系统,给选料分析研究带来相当的困难,但从已有的结果中还是可以看出一些趋势。需要说明的是,部分石英制品在鉴定报告中或列入玉器中,或列入石器中,约略是根据器形而定的,饰品类的一般都归入到玉器中,工具类则大都归入了石器;少数石质的钺类或因外表似玉归入了玉器。这种现象其实也说明了矿物学分类与考古学分类之间的些许区别,更可能反映了古人的认识,本文未再做过多的调整。而其他个别明显属石器却归入玉器的,本文则进行了调整。

北阴阳营的墓葬出土玉、石器有857件,除23件属三期外,余均二期。其中共有约440件进行过鉴定[①]。玉器鉴定共81件,全部为饰品,原料共5种,集中于阳起石、蛇纹石、透闪石、玛瑙四种质地,另仅有2件石英制品,选料相对较为统一(图六)。其中数量最多的璜、玦对原料的选择较为宽泛,基本包括治玉的各种原料,并有个别以石英制造。石器选料则显得多种多样,据发表资料多达15种以上,以页岩、辉长岩、凝灰岩、花岗岩、石灰岩为主(图七)。总体而言,北阴阳营玉、石器的选料具备了一定的规范性,不同器类使用的质料也有了一定的讲究,如石锛以

---

[①] 南京博物院:《北阴阳营——新石器时代及商周时期遗址发掘报告》,第32、78页,文物出版社,1993年;罗宗真:《南京北阴阳营新石器时代遗址出土玉器的初步研究》,《东亚玉器(第一卷)》,香港中文大学中国考古艺术研究中心,1998年。数据通过综合而成,报告中未按墓葬分期登记,但因三期只有18件石器、5件玉器,数量极少,发表的材料基本上可以代表二期的质地。

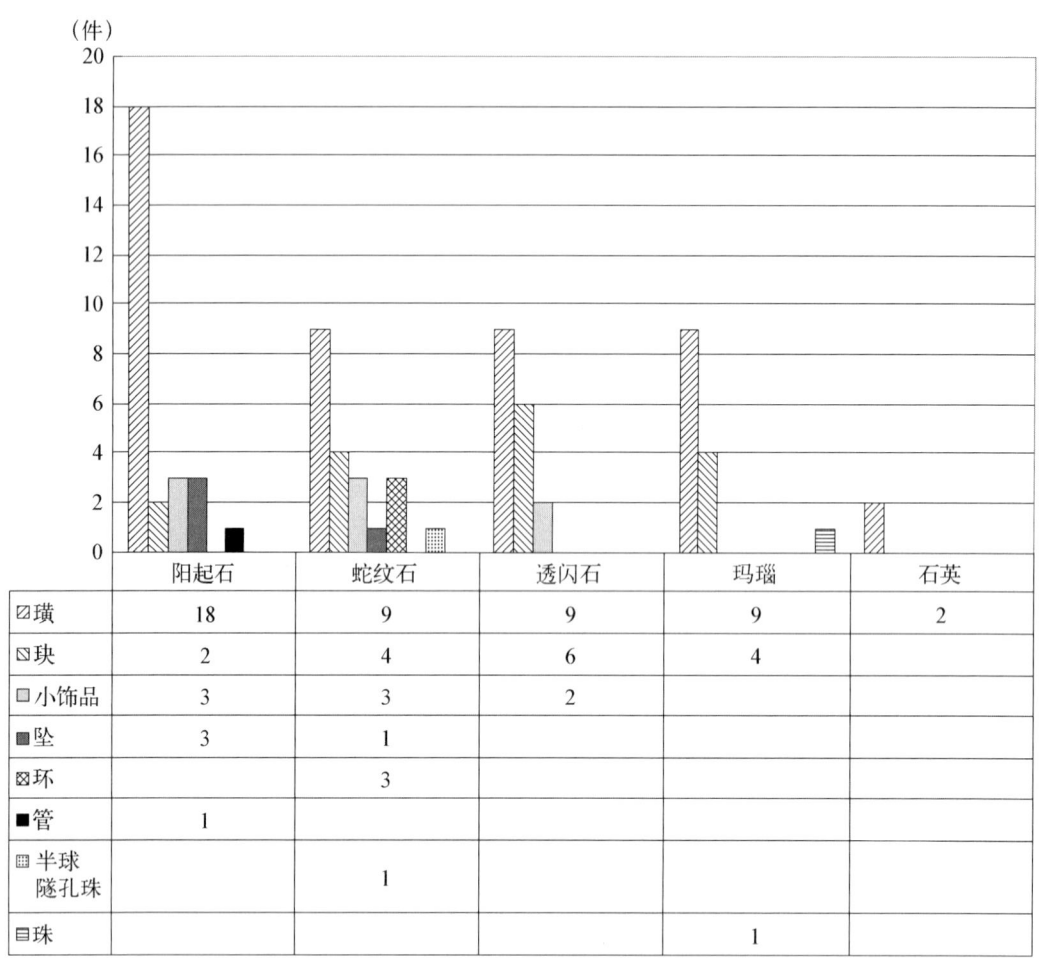

| 质料 | 阳起石 | 蛇纹石 | 透闪石 | 玛瑙 | 石英 |
|---|---|---|---|---|---|
| 璜 | 18 | 9 | 9 | 9 | 2 |
| 玦 | 2 | 4 | 6 | 4 | |
| 小饰品 | 3 | 3 | 2 | | |
| 坠 | 3 | 1 | | | |
| 环 | | 3 | | | |
| 管 | 1 | | | | |
| 半球隧孔珠 | | 1 | | | |
| 珠 | | | | 1 | |

图六　北阴阳营墓葬玉器质料数量柱状图

页岩占绝对多数，石斧也只选择适合于生产实用的五种，说明对不同原料的岩性已有相当的认识。但钺却较为杂乱，使用了鉴定过的全部原料，其中1件为石英钺，不过仍是以页岩、辉长岩、凝灰岩、花岗岩、石灰岩为主，约占89%，表现出既稳定又多样的特点。

凌家滩的墓葬出土玉、石器多达1 169件，但只有70余件标本进行了鉴定[1]。玉器鉴定约40余件，涉及15种器形，不具备太多的统计学意义，但从中还是可以看出，凌家滩的玉器用料有些杂乱，"说明当时还没有一个基本的玉矿来源，而是四处收集或采集

---

[1] 安徽省文物考古研究所：《凌家滩》附表二、附录一、附录三、附录五，文物出版社，2006年；另有三篇论文公布了测试结果，张敬国等：《凌家滩墓葬玉器测试研究》，蔡文静等：《凌家滩出土部分古玉器玉质成分特征》，冯敏、张敬国：《凌家滩遗址出土部分古玉的材质分析》，均载于《凌家滩文化研究》，文物出版社，2006年。因发表的资料多有重合之处，本文经过校核后只选择了出土单位明确的随葬品，其他未采用，并对玉、石分类明显归错的做了部分调整。

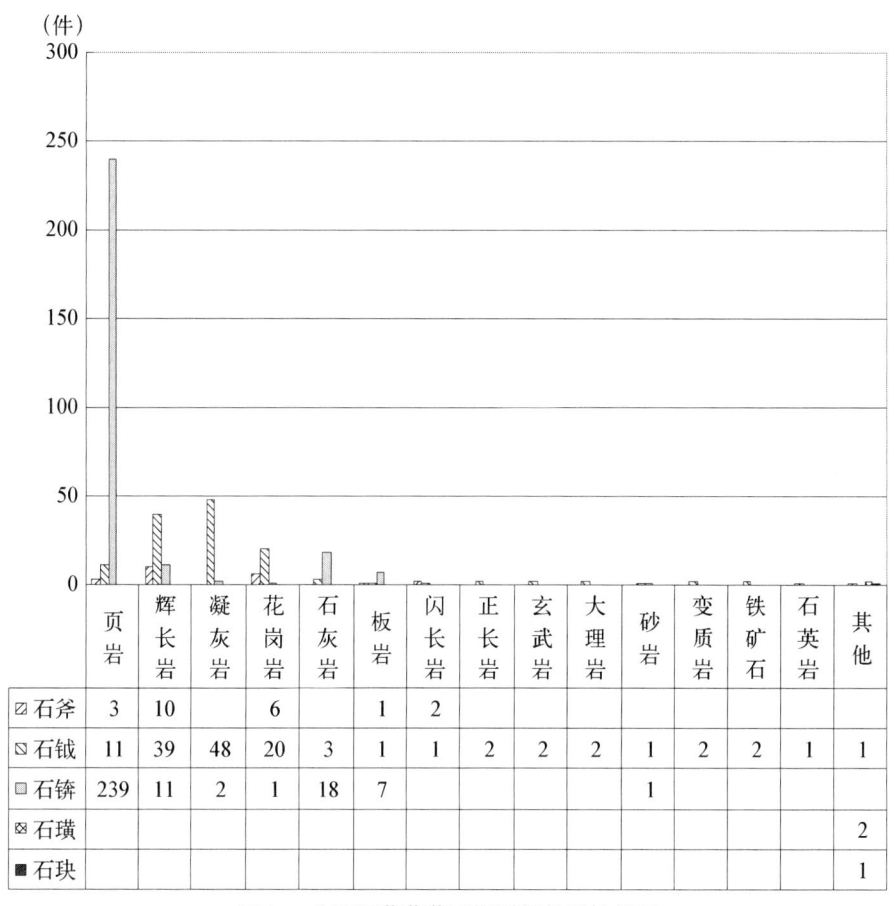

·长江下游的"玉石分野"与社会变革——以五地墓葬材料为例·

| | 页岩 | 辉长岩 | 凝灰岩 | 花岗岩 | 石灰岩 | 板岩 | 闪长岩 | 正长岩 | 玄武岩 | 大理岩 | 砂岩 | 变质岩 | 铁矿石 | 石英岩 | 其他 |
|---|---|---|---|---|---|---|---|---|---|---|---|---|---|---|---|
| 石斧 | 3 | 10 | | 6 | | 1 | 2 | | | | | | | | |
| 石钺 | 11 | 39 | 48 | 20 | 3 | 1 | 1 | 2 | 2 | 2 | 1 | 2 | 2 | 1 | 1 |
| 石锛 | 239 | 11 | 2 | 1 | 18 | 7 | | | | | 1 | | | | |
| 石璜 | | | | | | | | | | | | | | | 2 |
| 石玦 | | | | | | | | | | | | | | | 1 |

**图七　北阴阳营墓葬石器质料数量柱状图**

美石来做玉器"[1],不同的器类对玉料的选择并无相对的规范,但一些特殊的器类还是表现出了一定的规范性,如对透闪石、蛇纹石的使用较多(图八)。石器的用料更为多样,且没有相对稳定的原料选择,经鉴定的石料即达21种[2],值得注意的是钺的用料竟达14种(图九),与北阴阳营二期一样表现出杂乱的特点,但那种随葬较多的厚体圆角弧刃所谓的"彩石钺"虽然各自质料有所不同,而感观上却表现出了一致性。

薛家岗的墓葬中玉石器共274件,大多数都做了鉴定[3]。玉器有130件,鉴定了109件,符合本文分期要求的有96件,其中65件经过X射线衍射、拉曼光谱或红外光谱分析。早期仅1件,为滑石。晚期玉器质料相当统一,以闪石玉占绝对多数,管类饰品的选料则略宽泛,表现出薛家岗晚期对玉的认识已十分清晰(图一〇)。石器共

---

[1] 严文明:《凌家滩玉器浅识》,《凌家滩玉器》,文物出版社,2000年。
[2] 不同的鉴定涉及质料分类的细化程度问题。
[3] 安徽省文物考古研究所:《潜山薛家岗》附表一一、一二,文物出版社,2004年。

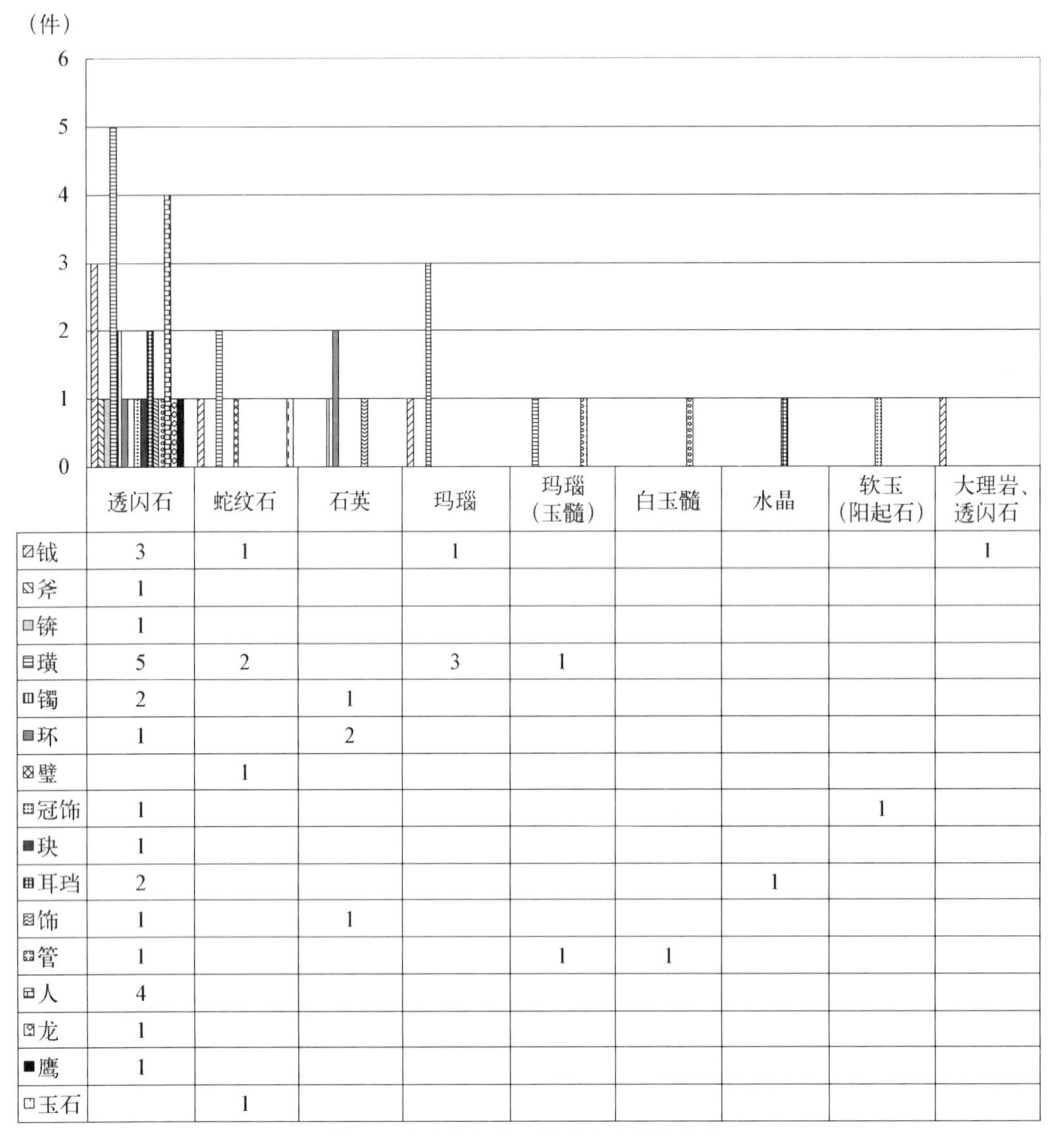

| | 透闪石 | 蛇纹石 | 石英 | 玛瑙 | 玛瑙(玉髓) | 白玉髓 | 水晶 | 软玉(阳起石) | 大理岩、透闪石 |
|---|---|---|---|---|---|---|---|---|---|
| 钺 | 3 | 1 | | 1 | | | | | 1 |
| 斧 | 1 | | | | | | | | |
| 锛 | 1 | | | | | | | | |
| 璜 | 5 | 2 | | 3 | 1 | | | | |
| 镯 | 2 | | 1 | | | | | | |
| 环 | 1 | | 2 | | | | | | |
| 璧 | | 1 | | | | | | | |
| 冠饰 | 1 | | | | | | | 1 | |
| 玦 | 1 | | | | | | | | |
| 耳珰 | 2 | | | | | | 1 | | |
| 饰 | 1 | | 1 | | | | | | |
| 管 | 1 | | | | 1 | 1 | | | |
| 人 | 4 | | | | | | | | |
| 龙 | 1 | | | | | | | | |
| 鹰 | 1 | | | | | | | | |
| 玉石 | | | 1 | | | | | | |

图八 凌家滩部分玉器质料数量柱状图

144件，鉴定97件，符合本文要求的82件，但石器仅为肉眼鉴定，存在一定的误差[①]（表七）。早期石器较少，原料使用有9种，没有表现出特别的集中性，但以粉砂质板岩、砂质板岩、变质砂岩略多，不同器类的用料也没有很严格的区分（图一一）。晚期石器较多，用料增加到12种，但基本上承袭了早期的8种原料，仅质地较差的泥质板岩消失，新增4种原料的使用量很少且主要用于钺的制造。不同器类对原料的选择

---

[①] 由于粉砂质板岩与千枚岩的区别细微，经对地层中出土的相同材质的残石器切片分析后，发现部分原鉴定为砂质板岩的石刀、钺的材质，应为千枚岩。参见庄丽娜：《薛家岗文化石料利用特点及产源初探——兼及石器产地的讨论》，《南方文物》2008年第3期。

| (件) | 大理岩 | 泥质粉砂岩 | 火山角砾岩 | 凝灰角砾岩 | 熔结（角砾）凝灰岩 | 泥质灰岩 | 闪长玢岩 | 泥岩 | 石英岩 | 碳酸岩→泥质灰岩 | 粉砂岩夹脉石英 | 硅碳酸岩 | 硅质灰岩 | 灰长岩 | 火山岩 | 软玉？ | 石英 | 蚀变灰岩 | 酸性含角砾凝灰岩 | 泥岩-粉砂岩 | 岩屑砂岩 |
|---|---|---|---|---|---|---|---|---|---|---|---|---|---|---|---|---|---|---|---|---|---|
| 锛 |  | 2 |  |  |  |  | 1 | 1 | 1 |  |  |  |  |  |  |  |  |  |  |  |  |
| 钺 | 4 |  | 2 | 1 | 2 | 2 |  |  |  | 1 | 1 | 1 | 1 | 2 | 1 | 1 | 1 | 1 |  |  |  |
| 凿 |  |  |  |  |  |  |  |  |  |  |  |  |  |  |  |  |  |  | 1 |  |  |
| 钻 |  |  |  |  |  |  |  |  |  |  |  |  |  |  |  |  |  |  |  |  | 1 |
| 饰 |  |  |  |  |  |  |  |  |  |  | 1 |  |  |  |  |  |  |  |  |  |  |
| 璜 |  |  |  |  |  |  | 1 |  |  |  |  |  |  | 1 |  |  |  |  |  |  |  |
| 戈 |  |  |  | 1 |  |  |  |  |  |  |  |  |  |  |  |  |  |  |  |  |  |

图九 凌家滩部分墓葬石器质料数量柱状图

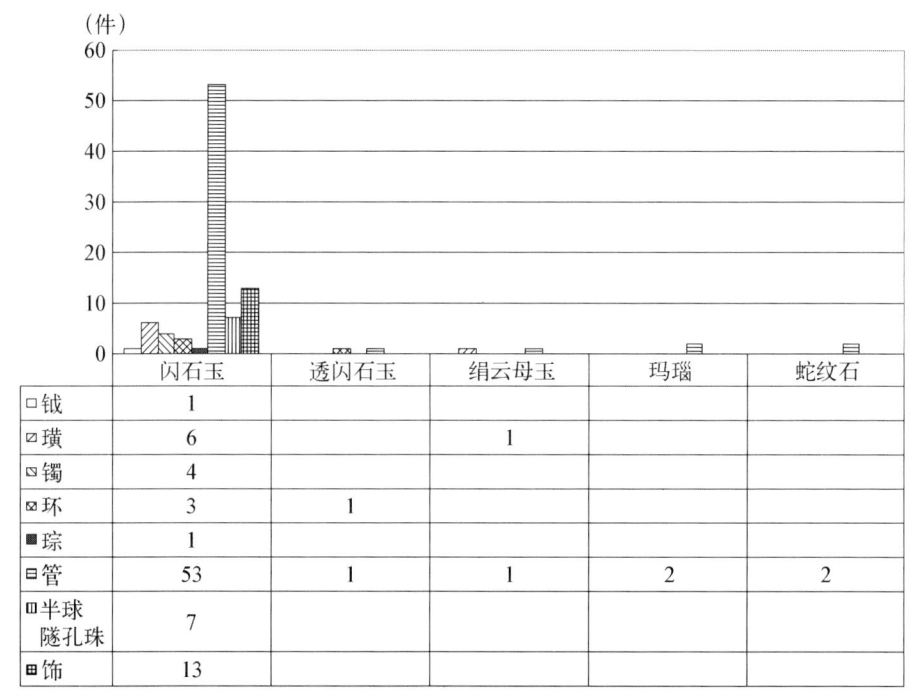

|  | 闪石玉 | 透闪石玉 | 绢云母玉 | 玛瑙 | 蛇纹石 |
|---|---|---|---|---|---|
| 钺 | 1 |  |  |  |  |
| 璜 | 6 |  | 1 |  |  |
| 镯 | 4 |  |  |  |  |
| 环 | 3 | 1 |  |  |  |
| 琮 | 1 |  |  |  |  |
| 管 | 53 | 1 | 1 | 2 | 2 |
| 半球隧孔珠 | 7 |  |  |  |  |
| 饰 | 13 |  |  |  |  |

图一〇 薛家岗晚期墓葬玉器质料数量柱状图

表七　薛家岗墓葬石器质料统计表

| 期别 | 序号 | 质地 | 石锛 | 石凿 | 石钺 | 砺石 | 石器 | 石块 | 石刀 | 石球 | 石杵 | 石镞 | 合计 |
|---|---|---|---|---|---|---|---|---|---|---|---|---|---|
| 早期 | 1 | 粉砂质板岩 | 3 | | | | 1 | | | | | | 4 |
| | 2 | 砂质板岩 | 3 | 1 | | | | | | | | | 4 |
| | 3 | 变质砂岩 | 1 | | | 1 | 1 | | | | | | 3 |
| | 4 | 绿泥石英片岩 | | | 2 | | | | | | | | 2 |
| | 5 | 泥质板岩 | | | | | 1 | | | | | | 1 |
| | 6 | 花岗岩 | | | | | 1 | | | | | | 1 |
| | 7 | 石英岩 | | | | | | | 1 | | | | 1 |
| | 8 | 绿泥云母石英片岩 | | | 1 | | | | | | | | 1 |
| | 9 | 石榴角闪片岩 | | | 1 | | | | | | | | 1 |
| | | 合计 | 7 | 1 | 4 | 2 | 3 | 1 | | | | | 18 |
| 晚期 | 1 | 粉砂质板岩 | 2 | 1 | 11 | | | | 12 | | | | 26 |
| | 2 | 变质砂岩 | 9 | | 8 | | | | | | | | 17 |
| | 3 | 砂质板岩 | 3 | | 2 | | | | 5 | | | 2 | 12 |
| | 4 | 绿泥石英片岩 | | | 1 | | | | | | | | 1 |
| | 5 | 花岗岩 | | | | | | | | | 1 | | 1 |
| | 6 | 石英岩 | | | | | 1 | | | | | | 1 |
| | 7 | 绿泥云母石英片岩 | | | 1 | | | | | | | | 1 |
| | 8 | 石榴角闪片岩 | | | 1 | | | | | | | | 1 |
| | 9 | 流纹岩 | | | 1 | | | | | | | | 1 |
| | 10 | 闪长岩 | | | 1 | | | | | | | | 1 |
| | 11 | 硅质板岩 | | 1 | | | | | | | | | 1 |
| | 12 | 绿泥片岩 | | | 1 | | | | | | | | 1 |
| | | 合计 | 14 | 2 | 27 | 0 | 0 | 1 | 17 | 0 | 1 | 2 | 64 |

已较为固定,特别集中在早期即已较多使用的粉砂质板岩、砂质板岩、变质砂岩三类,约占86%,作为薛家岗文化典型器类的多孔石刀只选用粉砂质板岩和砂质板岩两类。钺的选料与北阴阳营和凌家滩一样,达9种,显得杂乱,但主体还是粉砂质板岩和变质砂岩两类,约占70%,也表现出既稳定又多样的特点(图一二)。需要提及的是,"彩石钺"在薛家岗遗址中却无所见。可以肯定地说,薛家岗玉、石器的用料已有了一整套规范,特别是在石器制造方面。

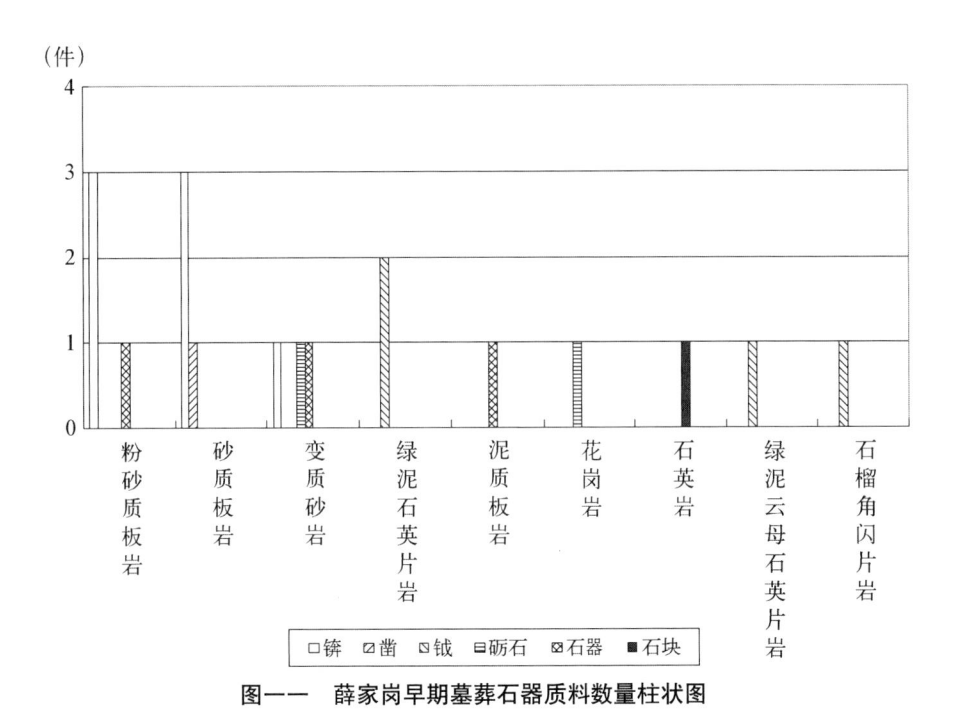

图一一　薛家岗早期墓葬石器质料数量柱状图

图一二　薛家岗晚期墓葬石器质料数量柱状图

瑶山、反山没有专门而系统的鉴定报告，但从各种文章中零散可以看出，以瑶山、反山为代表的整个良渚文化对玉料的选择已十分规范[1]，其中反山检测的53件玉器样品中（另有石钺6件不计入）透闪石47件，蛇纹石3件，滑石1件；瑶山45件玉器样品中透闪石40件，滑石、白云母、绿松石各1件；值得一提的是瑶山M9和反山M20、M22三墓所检测的玉料几乎全是透闪石[2]。作为良渚文化最具代表性器形的琮，两个墓地的用料表现出了高度的一致性。瑶山没有出现但在反山大量出现的玉璧选料也是高度一致。两地的石器质料也较为接近，瑶山的10件钺为低阳起石[3]；反山53件钺均为凝灰岩[4]，成分主要为低阳起石，可能是与玉矿伴生的石料，最新检测表明其中一部分有刚玉和硬水铝石衍射峰，属富铝硅酸盐质岩[5]，这些石钺质地介于玉、石之间，均打磨光滑，颇显润泽，形态基本一致，都可归为"彩石钺"一类，其形态、质地与凌家滩高等级墓葬中所出较为接近。除石钺和个别带盖柱形石器、亚腰形石器外几无其他石器随葬的方式并不见于另三个地点，应是良渚文化的高等级大墓独特之处。

归纳起来，可以知道北阴阳营二期的玉、石器选料具备了一定的规范性，不同器类配用的原料也有了一定的讲究；凌家滩的玉、石器则均显得多样化，每种器类的用料不严格；而薛家岗玉器的用料十分规范，石器虽然选用的原料较多，但还是较集中在几种，此外每种器类大体上都有相同的用料，应该形成了一整套的规范，特别是偏重石器制造的规范；瑶山、反山无论是玉器还是石器，用料都十分严格，统一性极强，但玉器的表现十分突出，几乎忽略了石器。因此，从北阴阳营的相对规范到凌家滩的多样化，既表现了一种新的创新的理念，也表现出一种明显的混乱，之后再到薛家岗和瑶山、反山，便在各自的地域内形成了一套规范，但两个区域的着重点各不相同——也即对玉与石的利用程度上。

值得关注的是，除瑶山、反山外，其他三处地点的玉、石钺对原料的选择均毫无例

---

[1] 浙江省文物考古研究所：《瑶山》"后记"，文物出版社，2003年。另见中村慎一：《略论良渚文化石器》，《浙江省文物考古研究所学刊（第八辑）》，科学出版社，2006年；刘斌：《良渚文化的玉钺与石钺》，《玉魂国魄——中国古代玉器与传统文化学术讨论会文集》，北京燕山出版社，2002年；蒋卫东：《良渚玉器的原料和制琢》，《良渚文化研究——纪念良渚文化发现六十周年国际学术讨论会文集》，科学出版社，1999年。
[2] 干福熹等：《浙江余杭良渚遗址群出土玉器的无损分析研究》，《中国科学：技术科学》2011年第1期。
[3] 浙江省文物考古研究所：《瑶山》，文物出版社，2003年。
[4] 浙江省文物考古研究所：《反山》，第87页注49，文物出版社，2005年。
[5] 干福熹等：《浙江余杭良渚遗址群出土玉器的无损分析研究》，《中国科学：技术科学》2011年第1期。

外地表现出十分明显的多样性，无论如何，在已日益形成规范的大趋势下，却仍然在原料上表现出这种异常是不应该发生的，或许这种杂乱正表达了一种理念：钺已不再是一种需要用来实用的工具或者需要通过材质的统一来反映某个固定的功能，而是代表了一定的非实用性的特殊功能。不管墓中随葬的玉、石钺其来源是否单一、是否当地制造，这样的杂乱和数量的众多不是某种单一的权力或威信可以解释的。

此外，瑶山、反山出土大量与凌家滩在用料、形态上有很大程度上相似的厚体圆角弧刃"彩石钺"，也不应该是单纯的巧合，似乎显示了某种密切的亲缘关系（图一三）。"彩石钺"也曾见于宁镇一带（如三星村M632所出[1]，北阴阳营M260∶4也应是[2]），在其西南方向的薛家岗遗址没有发现，在整个薛家岗文化范围内也所见甚少（如鼓山较晚阶段的M10中[3]），但在良渚文化中却时有所见，如果将良渚文化晚期诸如龙潭港M9和M28、寺墩M3、草鞋山M198等诸多墓葬出土的这类石钺[4]一并考虑，那么在钺已丧失了实用功能的前提下，而且板岩、页岩等片状的石料已广泛运用

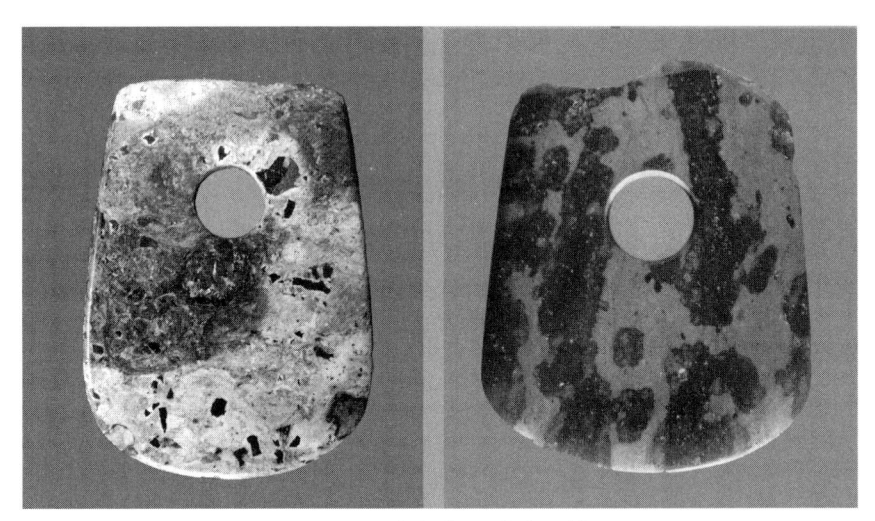

图一三　凌家滩、反山彩石钺

左：凌家滩　　右：反山

---

[1] 南京师范大学、金坛市博物馆：《金坛三星村出土文物精华》，第104页，南京出版社，2004年。
[2] 南京博物院：《北阴阳营——新石器时代及商周时期遗址发掘报告》，图版八，2，文物出版社，1993年。
[3] 湖北省文物考古研究所：《武穴鼓山——新石器时代遗址发掘报告》，彩版四，4，科学出版社，2001年。
[4] 浙江省文物考古研究所、海盐市博物馆：《浙江盐县龙潭港良渚文化墓地》，《考古》2001年第10期；南京博物院：《1982年江苏常州武进寺墩遗址的发掘》图版五，《考古》1984年第2期。草鞋山石钺见汪遵国：《考古发掘的第一座良渚文化大墓——苏州草鞋山第198号墓》，《中国文物世界》总134期，1996年。

于钺的制造、形态已基本变为扁薄的时期,这种质地和形制的石钺仍顽固地保留下来,尤其主要是在良渚文化中保留下来,更是一种特殊的有意识行为了[①]。究竟是在共同的地点开采玉矿而附带回的原料,还是因保持某种理念而有意开采这类原料,目前还没有证据证明,但自凌家滩以来形成的这种独特的没有实用性的石钺历经千年亘古不变,实在是"附带原料"所不能解释的,而更可能是保持理念的原因,或者说有某种程度的追模祖先或祖艺的含义。

(2)技术

北阴阳营二期的玉石器制造已经形成了切割、琢磨、钻孔、抛光一套技术,尚未见到刻画技术的使用,实心钻和管钻技术已得到广泛的使用,并可以钻出隧孔和小孔,定位技术也已掌握得较好,但已发表的材料还难以观察到具体的工艺和水准,七孔石刀应是代表了这一时期较高水平。

凌家滩除了具备北阴阳营的全套技术外,还增加了片切割技术,钻孔技术高度发达,减地、阴线刻、镂孔、圆雕、浅浮雕等体现了技术的多样化,玉人背后经多次斜钻钻出隧孔的管钻掏膛法和玉耳珰的薄胎加工技术更是首屈一指。这些技术对于日常用品而言几无用处,它的出现和使用自当是为了制造形制多样、工艺复杂的精致器物。但是,处于初始阶段的新技术使得凌家滩的玉石器特别是玉器更多地通过"形"来展示其特点,"纹"的应用还显简约。此外通过微痕迹显微观察,可知一部分玉石器的磨制痕迹相当规整,应当出现了工具的固定装置[②],98M23:6石钻不论是辘轳轴承器[③]或是其他钻孔工具,都可能是在有固定装置的状态下使用的。特别值得一提的是,从地层中出土的一件内外双连的环(T1207②:2)了解到,通过先钻孔再线锼的镂雕技术已经出现,这种技术难度较大的曲线线锼技术,为后来薛家岗和良渚的独特线锼工艺发展打下了基础(图一四,1)。可以说,凌家滩已基本具备了后世玉石器制造方面的各种技术。但在这些发达技术产生的同时,多个墓葬中随葬大量的玉料、芯、边角料及原料,说明这时的玉石器制造应该是就近制造,可能并未形成相对独立的专业作坊场所,98M20出土的4件石板(锛的半成品)、98M23的砺石、石钻、石芯同出应是另一个证据。

薛家岗的玉、石器制造技术除具备北阴阳营那类基本技术外,并未有其他特别

---

[①] 刘斌即认为"应该考虑其生产与传播上的特殊性",见刘斌:《良渚文化的玉钺与石钺》,《玉魂国魄——中国古代玉器与传统文化学术讨论会文集》,北京燕山出版社,2002年。

[②] 杨竹英、陈启贤:《凌家滩出土玉器微痕迹的显微观察与研究——中国砣的发现》,《凌家滩文化研究》,文物出版社,2006年。至于是否为砣形成的痕迹还无特别证据。

[③] 邓聪认为澳门黑沙、珠海宝镜湾出土的此类器物应为辘轳轴承器,见邓聪:《史前玉器管钻辘轳机械的探讨》,《中国社会科学院古代文明研究中心通讯》2002年第3期。

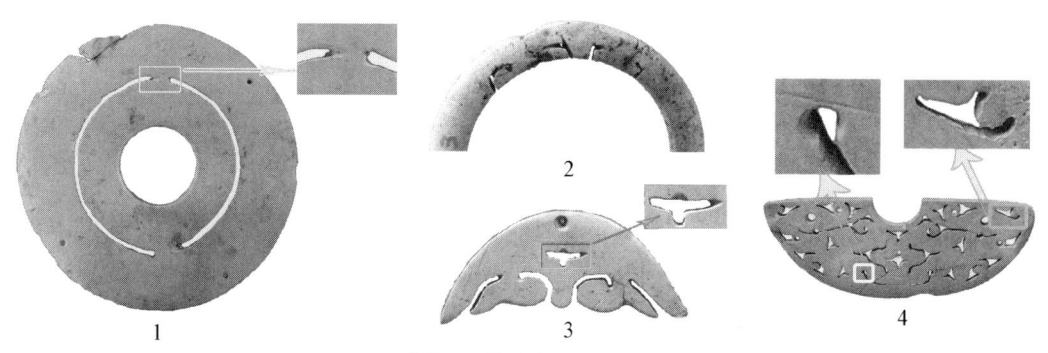

图一四 凌家滩、薛家岗、瑶山钻孔线锼技术
1. 凌家滩T1207②：2　2、3.薛家岗T6②：23-2、M49：4　4.瑶山M11：84

的技术，切割仍是以线切为主，辅以少量片切，利用多种技术的综合来创造新器形还较为少见，钻孔线锼的镂雕技术在凌家滩的基础上有所发展，并形成了以"L"形和弯曲线的线锼为鲜明特点，其中"L"形线锼技术略为成熟，但弯曲线的边缘还不甚整齐，纹样较简单(图一四，2、3)，体现了技术水准还处于发展过程之中，尚不及瑶山的技术水准，与后世石家河文化的此种技术相比更显粗糙。薛家岗玉、石器制造中尤为重要的是钻孔定位技术达到了较高的水准，经过对30余件石刀的测量，多数误差只有一、二毫米甚至接近零误差[1]，说明这类技术已具备了很好的规范性甚至是专业化。多数钻孔石器都运用了精磨技术，连一些钻孔的边缘都有纵向磨痕，即便是对一般石器的磨制这一普通环节也并不过于降低水准这一特点，便与凌家滩形成了明显的反差。因而在技术种类相对单调的情况下，薛家岗的玉、石器制造技术主要体现在规范和细致上，玉器基本上是通过"形"而不是"纹"表现其特点，石器制造用简单而规范的技术对简单形制的批量化生产也是有别于凌家滩和瑶山、反山的特点之一。

　　瑶山和反山的玉石器制造工艺主要体现在玉器上，研者众众[2]，对于纹饰的研究更已达到很高的水准[3]。凌家滩时期出现的多种工艺此时都已完善并发挥到极致，而

---

[1] 朔知、杨德标：《薛家岗石刀钻孔定位技术的观测与研究》，《中国历史文物》2002年第5期。
[2] 诸如林巳奈夫：《良渚文化玉器纹饰的雕刻技术》，林华东：《论良渚玉器的制作工艺》，均见《东方文明之光——良渚文化发现六十周年纪念文集》，海南国际新闻出版中心，1996年；汪遵国：《关于良渚文化玉器的两个问题》，《良渚文化论坛》，1999年；蒋卫东：《良渚玉器的原料与制琢》，《良渚文化研究——纪念良渚文化发现60周年国际学术讨论会文集》，科学出版社，1999年。另见牟永抗：《关于史前制玉工艺考古学研究的一些看法》，黄建秋等：《良渚文化治玉技法的实验考古研究》，均见《史前制玉工艺技术》，台湾博物馆，2003年，等等。
[3] 牟永抗：《良渚玉器上的神崇拜探索》，《庆祝苏秉琦考古五十五年论文集》，文物出版社，1989年；秦岭：《良渚玉器纹饰的比较研究》，《浙江省文物考古研究所学刊(第八辑)》，科学出版社，2006年。另见方向明多篇纹饰研究论文，如《良渚玉器纹饰研究之一——眼睛(球)的发端》，《玉文化论丛(2)》，文物出版社、众志美术出版社，2009年，等等。

雕刻技术的飞跃式发展和大量运用更是这里与凌家滩及同时期的薛家岗的重要区别之一，阴线刻、减地技术远非凌家滩时期所能比拟，并成为良渚玉器制造从平面化朝向立体化发展的重要技术支撑之一，使得良渚玉器"形"的表现处于次要地位，而"纹"的表现被极度重视、夸张，只是这些技术在很大程度上仅仅被用来制造形制、纹饰高度一致的玉质重器。钻孔线锼技术也是良渚玉器制造的成熟技术之一，但并未得到广泛的应用，在瑶山墓葬中仅M7∶55玉牌饰、M11∶84玉璜两件可以看到明显的线锼技术，技术水准超过薛家岗且纹样复杂，不过其切割的走向和边缘齐整程度仍未达到较高的水准（图一四，4）。从瑶山开始，玉器制造的高度规范化便已充分体现，而能够高度规范的背景应该是需要专业的玉器作坊[①]。相形之下，以瑶山、反山为代表的石器制作工艺并不显得突出，总体上应逊于薛家岗。

所以，从工艺的角度至少可看出，凌家滩的多样化技术和多样化器形对应的正是工艺的创造性和非规范性，并且表现出玉石并重的状态；薛家岗则是以简单而规范的技术和器形对应了工艺的广泛应用性和规范性，并且表现出偏重石器的状态；以瑶山、反山为代表的良渚文化是以多样化的成熟技术为支撑的，重点运用雕刻、减地技术制造器形虽多但相对缺乏变化的玉质重器，对应的是针对特殊器物的工艺高度规范性和专业化，并且表现出明显偏重玉器的状态。

## （二）五地玉、石器的传承

五地的玉、石器差别虽然十分明显，但相互之间的联系也显而易见。属早期的北阴阳营二期、凌家滩、薛家岗早期墓葬中，以前两者关系最为密切，后者的玉、石器制造尚未发展起来。北阴阳营与凌家滩石器中最为典型的当属圆角弧刃小孔钺和近璧形大孔钺，据报告中的墓葬登记表，北阴阳营大孔钺最早出于第④层墓，大多数出于第③层墓，而第②层墓仍有少量，因此凌家滩同类器或因北阴阳营之影响而致。

玉器之间的联系十分紧密，无论是偶合式的璜，还是半球形隧孔珠、三角形坠饰，都别无二致，特别是侧面穿孔偶合式工艺及这种特殊的表现方法在北阴阳营第4层墓便有较多出现，更从技术和内涵两个层面表现出它对凌家滩的影响。关于玉器的传承影响研究已有较多讨论[②]，不再赘述（图一五）。

---

① 良渚文化早中期作坊还无明确材料，但晚期已有确切的作坊，可参看王明达、方向明等：《塘山遗址发现良渚文化制玉作坊》，《中国文物报》2002年9月20日第1版。
② 俞伟超：《凌家滩璜形玉器是结盟、联姻的信物》文后补记，《凌家滩文化研究》，文物出版社，2006年；田名利：《凌家滩墓地玉器渊源探寻》，《东南文化》1999年第5期，等等。

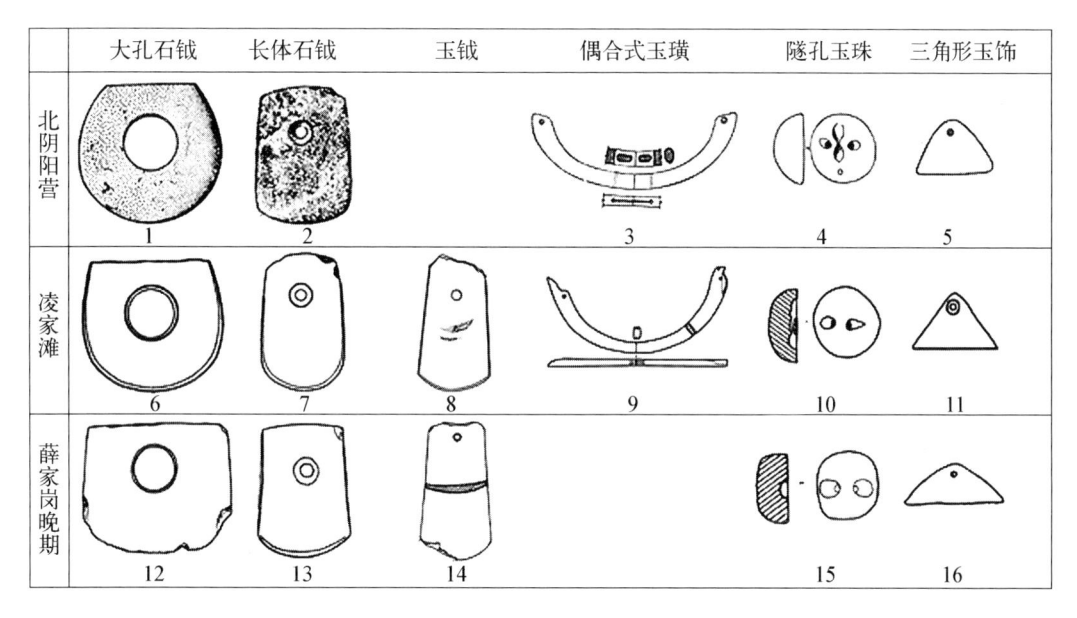

|  | 大孔石钺 | 长体石钺 | 玉钺 | 偶合式玉璜 | 隧孔玉珠 | 三角形玉饰 |
|---|---|---|---|---|---|---|
| 北阴阳营 | 1 | 2 | | 3 | 4 | 5 |
| 凌家滩 | 6 | 7 | 8 | 9 | 10 | 11 |
| 薛家岗晚期 | 12 | 13 | 14 | | 15 | 16 |

图一五　北阴阳营、凌家滩、薛家岗晚期石、玉器比较图

1—5. 北阴阳营M26：1、M259：3、M191：1、M191：13、M62：9
6—11. 凌家滩87M4：24、87M8：39、87M8：24、87M9：17和18、87M9：10、87M9：26
12—16. 薛家岗M86：2、M89：15、M47：7、M47：2-1、M47：2-2

到了晚期，玉、石器在宁镇—巢湖区显得衰落[1]，但传承在更大范围内拓展开来，首得地域之便的是皖西南区薛家岗文化。在薛家岗遗址晚期墓葬中，玉、石器的制造呈现出突飞猛进的态势，与早期的少量玉、石器形成了鲜明对比，凌家滩玉器中盛行的长梯形或长风字形钺，在制作工艺和形态上都与薛家岗文化晚期同类器极为相近，并在薛家岗晚期得到了广泛推广。薛家岗晚期典型的多孔石刀也见于北阴阳营和三星村，虽然两者形态有所区别，在晚期或有反向的交流，但其渊源应在宁镇。半球形隧孔饰、三角形饰均与北阴阳营二期和凌家滩如出一辙。由于薛家岗早期并无盛行玉、石器的传统，周边其他区域也找不到确切渊源，这些相似性只能源自北阴阳营和凌家滩，陶器方面的研究也同样支持这一观点，但两者之间或也有相互的交流[2]（图十四）。

其次是距离较远的泛太湖区良渚文化。其前身崧泽文化素以陶器制造工艺发达而显现于世，虽然从马家浜文化晚期开始这一区域的玉、石器制造有所发展，但并不发达，本来并没有偏重玉、石器尤其是玉器的传统。到目前为止，整个崧泽文化玉器总数不过300余件（包括东山村遗址大墓的新发现）。崧泽文化早期玉器数量少到只

---

[1] 张敏：《关于环太湖地区原始文化的思考》，《庆祝张忠培先生七十岁论文集》，科学出版社，2004年。
[2] 安徽省文物考古研究所：《潜山薛家岗》，第427—429页，文物出版社，2004年。

有数十件，体量较大的器形只在仙坛庙发现过2件玉钺[1]，其长条形圆角形制具有明显的凌家滩文化风格；崧泽文化中、晚期玉器虽然数量增多，但钺类体量较大的器形仍然少见，如南河浜2件（M61∶8、M68∶2）[2]。而石器种类、数量与同时期的宁镇—巢湖地区相比也有明显差异。但从良渚文化早期开始，在杭州湾西端的良渚区骤然发展起了极其发达的玉、石器制造业，而同时在浙北、苏南的原崧泽文化核心分布区却依旧保持着旧有的传统，玉、石器制造表现出缓慢的发展态势。部分学者认为这种状况的出现可能与宁镇或凌家滩玉石器工业的转移有关[3]。

其实不管是以何种方式或何种原因，凌家滩与良渚文化的关系已有一定的迹象显现[4]，而良渚文化早期玉、石器受到凌家滩影响的现象已越来越被认识到，具体表现为以下几点：

第一是时间。良渚文化早期玉、石器兴盛的时间与凌家滩衰落的时间相吻合。

第二是通道。以太湖中道和南道为通道的沿线考古发现为远距离的传承提供了线索。马鞍山烟墩山遗址出土了个别体量较大的玉镯、璜，及体量较小的圆锥形锥状器、隧孔珠[5]，与良渚文化早期的瑶山M7等所出十分接近[6]，侧面雕琢的人像则与其东面的高淳朝墩头M12可比[7]，与遥远的吴县张陵山M5和昆山赵陵山M77的玉觿在形态和工艺上也都有明显的相似[8]（图一六）。烟墩山遗址陶器显示年代与凌家滩接近或略晚（图一七），从年代上看，烟墩山、朝墩头遗址应介于凌家滩与良渚文化早期之间。在安徽宣州、郎溪、广德一带调查的遗址中，大多数都包含崧泽晚期的陶片，也

---

[1] 王宁远、顾晓峻：《崧泽早期玉器的几个特点——从仙坛庙出土玉器谈起》，《浙江省文物考古研究所学刊（第六辑）》，杭州出版社，2004年。
[2] 浙江省文物考古研究所：《南河浜——崧泽文化遗址发掘报告》，图版一四三，文物出版社，2005年。
[3] 严文明：《凌家滩·序》，《凌家滩》，文物出版社，2006年；秦岭：《环太湖地区史前社会结构的探索》，第194、195页，北京大学博士论文，2003年；张敏：《关于环太湖地区原始文化的思考》，《庆祝张忠培先生七十岁论文集》，科学出版社，2004年。
[4] 朱乃诚：《凌家滩文化的文化成就及其在中国文明起源中的地位与作用》，田名利、甘恢元：《凌家滩文化与崧泽——良渚文化玉器的初步认识》，均见《玉魂国魄——中国古代玉器与传统文化学术讨论会文集（四）》，浙江古籍出版社，2010年。
[5] 叶润清：《安徽马鞍山烟墩山遗址发现新石器时代至西周文化遗存》，《中国文物报》2004年6月11日；叶润清：《安徽皖江下游南岸地区史前文化试析》，《道远集——安徽省文物考古研究所五十年文集》，黄山书社，2008年。
[6] 浙江省文物考古研究所：《瑶山》，第246、249、259页，文物出版社，2003年。
[7] 谷建祥：《人·鸟·兽与琮》，《东方文明之光——良渚文化发现60周年纪念文集》，海南国际新闻出版中心，1996年；殷志强：《古玉菁华——南京博物院玉器馆展品选萃》，2000年。
[8] 殷志强：《古玉菁华——南京博物院玉器馆展品选萃》，2000年；江苏省赵陵山考古队：《江苏昆山赵陵山遗址第一、二次发掘简报》，《东方文明之光——良渚文化发现60周年纪念文集》，海南国际新闻出版中心，1996年。本项比较受启于方向明《南方玉器通史》未刊稿中所标绘的"宁镇和古芜湖地区出土的人形化玉器"图，并致谢意。

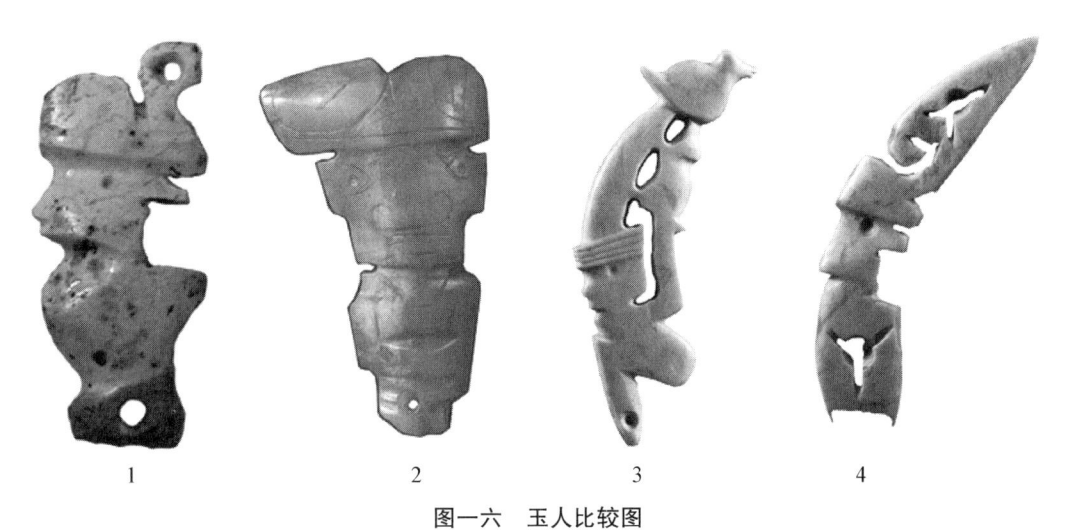

·长江下游的"玉石分野"与社会变革——以五地墓葬材料为例· · 309 ·

图一六 玉人比较图
1. 烟墩山  2. 朝墩头 M12  3. 张陵山 M5  4. 赵陵山 M77

图一七 烟墩山遗址陶器

从另一个侧面说明凌家滩与良渚两地之间交流的可能性。这种远距离传承和交流不仅体现在具有时间先后关系的凌家滩与良渚文化之间,也体现在同时期相距更远的薛家岗与良渚文化之间[1]。

第三是理念。以瑶山、反山为代表的良渚文化早、中期对玉器的重视程度在崧泽文化中并无足够的渊源,而玉质首饰服饰的过度使用、玉质象生礼器的出现与凌家滩都具有较高的一致性,特别是瑶山、反山墓葬在基本上体现了"唯玉为葬"的同时,却单独随葬一种不合当时选料和工艺规范的彩石钺,这种潜意识更是与凌家滩有着深层次的渊源。"彩石钺"本身并不十分重要,但其特有的质地、传统的形制或许是解开长江下游玉石分野复杂线索的一把小钥匙。

第四是器形。以瑶山为代表的良渚文化早期墓葬中出土的玉石器可以寻找到凌家滩的因素。除一般半球形隧孔珠、璜、镯等器物的基本甚或完全相同外,风形钺、亚腰形管,都与凌家滩有难以割舍的联系。在凌家滩仅见于87M4一墓的特殊器形,如87M4:26玉匙与瑶山征集的2836号属同类稀有产品[2];87M4:124等多件所谓扁方圆形饰的形态、钻孔更与瑶山M11:82等相似[3],均应是缝缀饰件;87M4:58所谓菌状饰,其实也是一件柄形插件,与瑶山柄饰有异曲同工之妙[4](图一八)。

第五是工艺。以瑶山为代表的良渚文化早期各种玉器制作工艺基本上都见于凌家滩,特别是阴线刻、减地、线镂三种较为复杂的工艺都在凌家滩起步而发达于良渚,如果说器形的相似还可以相对独立创造的话,复杂工艺却必须有一个长时间的创造、传承、发展过程,至少良渚文化的上述三种工艺应是源于凌家滩的。

但就目前资料而言,凌家滩与良渚文化的关系表现得并不十分明显,特别是器物形态的相似性还不足以论证它们之间的传承,两者之间更多地表现为理念和技术的传承方式或者需要从另一个角度而不仅仅是器物形态的角度来加以分析,才能了解到良渚文化玉器迅速发展的背景。

通过上述墓葬随葬品的玉石器数量之别、种类之别、工艺之别以及传承关系的讨论,长江下游玉石分野的过程已大体显现。可以认为这一过程发生的时间起始于

---

[1] 朔知:《初识薛家岗与良渚的文化交流——兼论皖江通道与太湖南道问题》,《浙江省文物考古研究所学刊(第八辑)》,科学出版社,2006年。
[2] 安徽省文物考古研究所:《凌家滩》,彩版二九,5,文物出版社,2006年;浙江省文物考古研究所:《瑶山》,彩图616,文物出版社,2003年。
[3] 安徽省文物考古研究所:《凌家滩》,彩版三七,4,文物出版社,2006年;浙江省文物考古研究所:《瑶山》,彩图519,文物出版社,2003年。
[4] 安徽省文物考古研究所:《凌家滩》,彩版三一,3,文物出版社,2006年;浙江省文物考古研究所:《瑶山》,彩图5105,文物出版社,2003年。

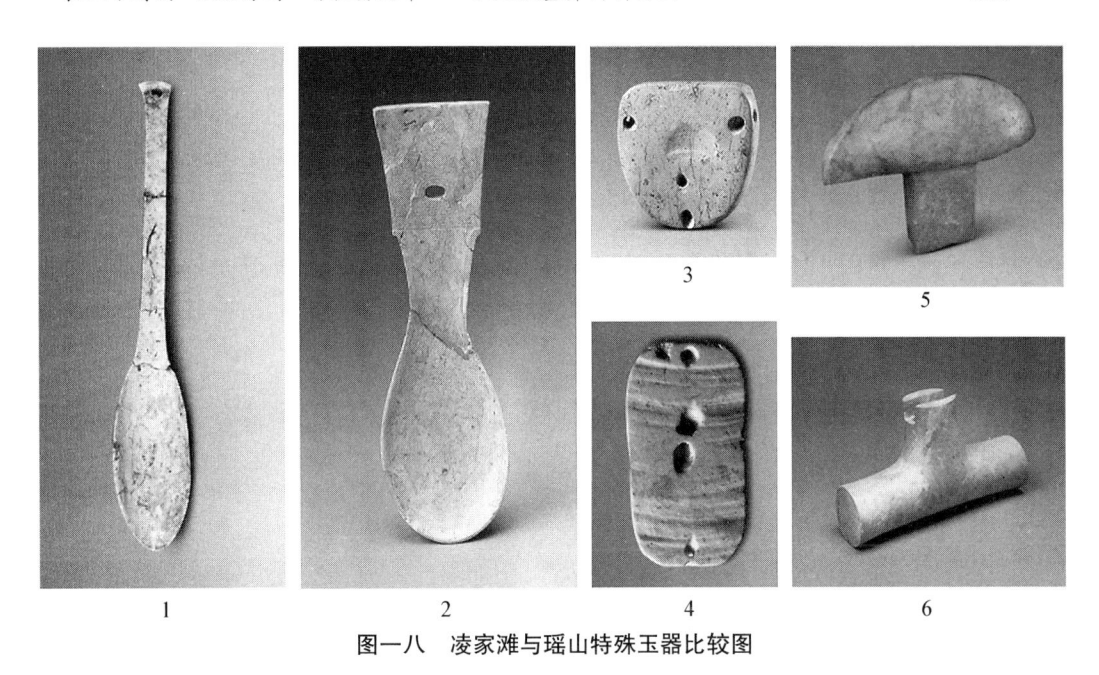

**图一八 凌家滩与瑶山特殊玉器比较图**

1、2. 玉匙（凌家滩87M4：26、瑶山征：2836） 3、4. 玉缝缀件（凌家滩87M4：124、瑶山M11：82）
5、6. 玉手柄（凌家滩87M4：58、瑶山M11：72）

凌家滩，而在凌家滩与薛家岗晚期、良渚早期之间，也即距今5 300年左右发生了质的变化。分野之前的巢湖一带以凌家滩为代表的文化在承袭了宁镇一带的玉、石器制造传统后，孕育了多样化的种类和技术。在整个长江中下游对玉、石器需求日益扩大的前提下，宁镇—巢湖区的这些技术和理念向东西两翼扩展，分别为薛家岗文化和崧泽、良渚文化吸收，从而形成了两条不同的发展道路。西翼的薛家岗文化晚期主要承袭了北阴阳营和凌家滩的部分理念和一些基本技术，同时还承袭了较复杂的钻孔线锼技术，整体发展方向倾向于北阴阳营传统，重点偏向于石器，表现为随葬品中的石器总体多于玉器、更精于石器及普通器形的制造。东翼的崧泽文化晚期并未过多地承袭这一玉、石器制造传统，但良渚文化早期时基本上承袭了凌家滩的理念和各种技术，并重点发展了雕刻、减地等复杂的技术，将技术主要应用于玉器制造，整体发展方向更倾向于凌家滩传统，表现为玉器总体上多于石器、更精于玉器及特殊器形的制造。东、西两翼之间在分野之后相互间也还存在一些零星的交流。因此，长江下游作为一个大的玉、石器制造中心，实际上在微观地理区位上是动态而不是静态的。

## 四　玉石分野的社会意义

长江下游玉石分野的出现并不是偶然的产物，而是在一定的自然和历史背景下发生的。

其中一个背景是气候环境问题。根据对泛太湖区崧泽文化多个地点的气候环境分析，得知崧泽文化时期存在着暖湿—温干—暖湿的变化，但总体上偏于温暖[①]。良渚文化早期也存在一段温暖湿润的气候[②]。近年利用巢湖湖泊沉积记录开展的研究也表明，这一区域在距今约 6 040—4 860 年期间，环境由前一时期的温和稍湿向更加温暖湿润转化，但气候不稳定，是气候波动相对频繁的一个阶段，也是巢湖湖面张缩变化大的一个时期，在距今约 5 840—5 500 年达到最盛的暖湿期，之后即进入到距今约 5 375—4 930 年期间的 Elm Decline 榆树衰退期，湖面缩小[③]。两个区域的气候环境大致相同。

当社会发展到一定阶段后，适宜的环境影响到聚落的增加和人口的繁衍。至少从相当于崧泽文化晚期开始，长江下游各个区域聚落的数量都有了较大规模的增加[④]，针对原先荒芜之地的大规模开发利用乃成为不可避免的事，以农业为核心的社会经济开始快速发展，在泛太湖区原先以木、骨器为主的与农业相关的工具渐为石器所取代，石犁、锛、刀、镰等获得了推广。其他区域因发掘多限于墓葬，日常生产用具尚不甚明了，但从墓中出土的较多石器来看，石器的广泛使用应是情理之中的事了。以生产工具（主要是石质工具）的大量需求为代表的经济需求是长江下游玉石分野的第二个背景。

生产用具的大量需求同时会促进该项手工业技术的进步和专业化生产的出现。没有技术的进步，玉、石器的制造便难以在选料、种类、形态等诸方面取得突破，它们之间的功能分化便难以完成，而自凌家滩开始出现的多种技术则逐渐完成了技术方面的积累，手工业技术的进步是满足经济需求的条件。这是长江下游玉石分野的第三个背景。

技术的进步在客观上使高等级的玉、石器等奢侈品的大量生产成为可能。诚然，这些奢侈品的大量生产并非直接顺应经济发展需求的产物，但却是经济发展导致社

---

① 可以参考陈杰：《文明化进程中的环境作用——以长江三角洲为例》，《长江下游地区文明化进程学术研讨会论文集》，第 58—59 页，上海书画出版社，2004 年；浙江省文物考古研究所：《南河浜——崧泽文化遗址发掘报告》，第 209—210 页，文物出版社，2005 年；并参见高蒙河：《长江下游考古地理》，第五章第一节，复旦大学出版社，2005 年，等等。
② 系根据广富林遗址的孢粉分析结果，见陈杰：《文明化进程中的环境作用——以长江三角洲为例》，《长江下游地区文明化进程学术研讨会论文集》，第 59 页，上海书画出版社，2004 年。
③ 王心源等：《巢湖湖泊沉积记录的早—中全新世环境演化研究》，第 136 页，《科学通报》2008 年第 53 卷增刊 I。
④ 张弛：《长江中下游地区史前聚落研究》，第二、三章，文物出版社，2003 年；高蒙河：《长江下游考古地理》，第二章第二、三节，复旦大学出版社，2005 年。

会需求的结果。所谓的社会需求，是一种包罗万象的概念，而在长江下游聚落的增加以及由此形成的相对密集的聚落群和文化交流密切、统一性增强的情形下，一定区域内的社会管理问题是需求的一项重要内容，在尚无中央集权的中国古代社会中，最有效的管理手段当属宗教神权了。人为造成的对奢侈品的尊崇使得高等级玉、石器从饰品逐渐演变成为宗教神权的物质代表。在经济需求和社会需求的前提下，整个长江下游的玉、石器制造因此而受到了强烈的刺激。这是长江下游玉石分野的第四个背景。

但经济与社会这两种需求的刺激并不一定对所有的区域社会起作用，关键在于两种需求是否与该区域社会的发展阶段和价值取向吻合。上述玉石之别的表象，或许正是不同时期五个区域社会的发展阶段和价值取向对两种需求的不同响应。

如果假设对玉、石、陶的拥有量代表了一个区域社会对不同资源的掌控程度的话，那么这些不同体现在以下几个方面：

（1）五个区域社会对玉、石器的消费形式不同

五地作为各自小区域的一个中心，它们对玉石器的消费形式却并不相同。在早期阶段，北阴阳营二期发现了一定量的毛坯、半成品、钻芯等，凌家滩也同样出现这种状况并且还有原料、边角料和石质工具随葬，至少说明相当一部分属于自产自消费性质，凌家滩还不排除特殊条件下的贸易可能性。晚期阶段，薛家岗晚期只见极少量石芯，瑶山、反山尚未发现这类器物，如果没有更特殊的可能性，那么这一时期应该具有了独立的专业化的生产方式。如此，五地的墓主人对玉、石器资源的掌控方式也就发生了变化：早期的北阴阳营二期、凌家滩以同时拥有原料、制造工艺和产品为特点，对两种需求的响应并无十分明显的区别；而晚期的薛家岗晚期、瑶山、反山则以拥有终端产品为特点，对两种需求的响应有了明显的区别，后两者对社会需求的响应更强烈些。消费形式的不同其实反映了各自社会的分工程度及其所带来的社会变革，就这一点来说，各地之间所反映的墓地主人的角色地位也是不相同的。

（2）五个区域社会对玉、石器的消费理念不同

凌家滩、瑶山、反山的较多玉器均非日常生活或装饰用品而与礼仪相关，实为偏向基于礼仪需要以玉（或美石）为主要载体的宗教等意识形态表现，强调材料的稀缺性和形态的独特性，这是一种有意识的求异现象，对社会需求的响应较为强烈。但在凌家滩时期，石器并未受到忽略，从而形成以玉为主、以石为辅的倾向；瑶山、反山则基本上忽略了石器，形成了以玉独尊、以石为辅的倾向，这两种倾向都导致两地总体

上向具有浓厚宗教氛围的社会发展[①]。

　　北阴阳营二、三期和薛家岗早、晚期虽然年代上有交错，但都表现出偏向以石器为主要载体，不过于强调材料的稀缺性和种类形态的独特性，而注重材料使用和形态的规范性，但这种规范主要运用于常规器形，这是一种有意识的求同现象，与良渚文化的规范主要运用于特殊器形差异明显。虽然基于礼仪的需要也崇尚玉器，但数量不多，更倾向于对经济需求的响应，从而形成了以石为主、以玉为辅的倾向，导致两地总体上向不具有浓厚宗教氛围的社会（或者说世俗社会）发展。

　　（3）五个区域社会的地位不同

　　北阴阳营二期、三期和薛家岗晚期的玉、石、陶器数量呈递增现象，即它们以对陶器的拥有为主，总体上对玉、石器特别是玉器的掌控较少；而凌家滩、反山、瑶山的石器则略少于陶器，这三者总体上对玉、石器特别是玉器的掌控占很大优势，瑶山、反山更是占绝对优势。如果说从北阴阳营二期到薛家岗晚期玉、石、陶器还能大体保持平衡状态的话，那么凌家滩、瑶山、反山则因玉器的超大量使用打破了这种平衡，明显反映了它们各自的社会地位的不同。只是从选料角度而言，凌家滩还表现出对玉料资源的多方寻求现象，而瑶山、反山则应该形成了数量巨大的稳定玉料来源和十分稳定的工艺，就掌控玉料资源的能力和治玉工艺来看，其社会地位在当时是无出其右的。

　　消费形式的差异、消费理念的不同、社会地位的不同表达出两层内涵：一是社会发展的程度，二是社会发展的方向。北阴阳营二期和凌家滩的社会发展程度只是玉、石分野的开始，还不足以完全响应经济需求与社会需求，但已在一定程度上对两种需求分别表现出了不同的响应。薛家岗晚期、瑶山、反山的社会发展已达到一定高度，并分别主要承袭了北阴阳营和凌家滩的传统，对两种需求表现出了明显的响应，倾向性也更加明显，响应的结果便是玉、石的分野（图一九）。

　　从凌家滩开始的以玉为主、以石为辅，到薛家岗晚期以石为主、以玉为辅和良渚的以玉独尊、以石为辅，这三种方式表现出的长江下游的玉石分野，既是客观条件使然，也是不同区域社会的价值取向使然，出现两种不同的响应或者说分野的动因，当然远不是"价值取向"四个字所能简单解答，更不是仅对玉、石器的表象分析可以解答。但可以肯定的是，长江下游的玉石分野是对玉、石认知的一次飞跃，它所体现的

---

[①] 关于良渚文化的宗教型社会论述较多，其代表性的可参看赵辉：《良渚文化的若干特殊性——论一处中国史前文明的衰落原因》，《良渚文化研究——纪念良渚文化发现六十周年国际学术讨论会文集》，科学出版社，1999年；张敏：《红山与良渚——玉器形态与原始宗教形态相互关系的再思考》，《玉魂国魄——中国古代玉器与传统文化学术讨论会文集（四）》，浙江古籍出版社，2010年。

图一九　玉石分野理论模式图

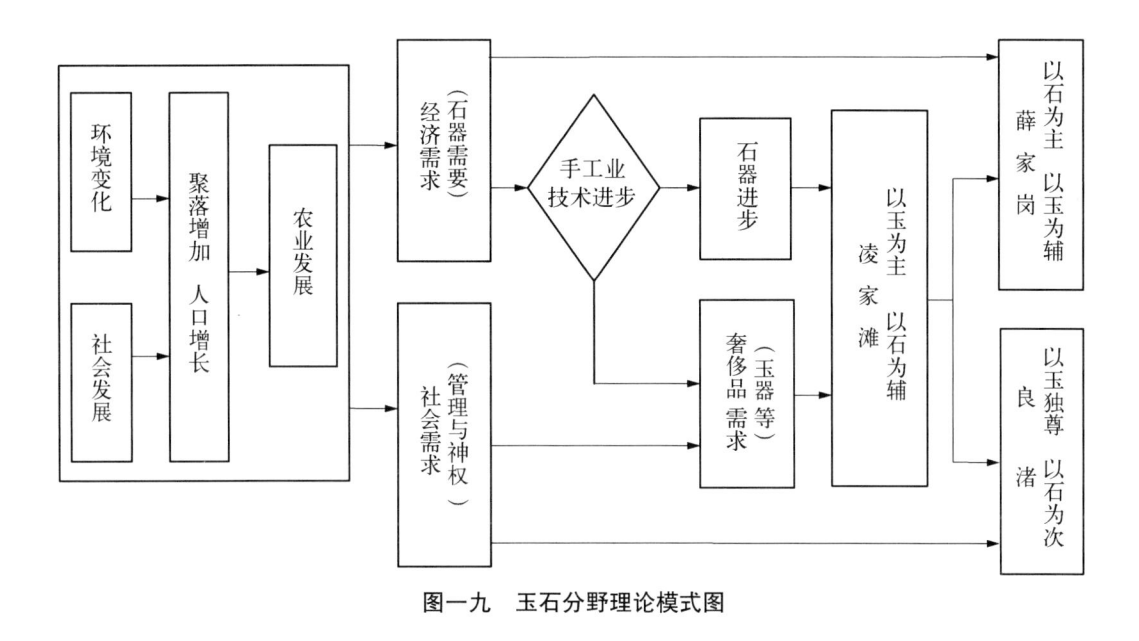

是玉、石一元观的瓦解和二元观的形成,自此以后,玉器在审美需求之外被赋予了更多神圣的含义。玉与石的彻底分野,并不在于玉与石是否仅仅被使用或被赋予个人、群体的个性需求,而是在于是否被一个较大的社会群体接受并赋予具有特殊社会意义的功能。这种功能不是玉和石这些矿物本身所能引发的,而是在一定的条件下、一定的人群选择它作为一种表达方式的有意识选择。不同的区域社会对玉和石选择的不同,促使了社会朝向不同的方向发展。

附记：谨以此文作为对严文明先生在《凌家滩·序》中所论的一个不成熟诠释。

2010年11月初稿于铜陵<br>
2010年12月底改于舒城<br>
2011年3月定稿于合肥

**2021年1月20日　背景补记：**

本文是为庆祝严文明先生八十寿辰而写。自2000年以来,凌家滩与良渚的文化关系日益受到学界的重视,2006年严先生在《凌家滩》报告的序言中提出了接力棒问题,此后越来越多的学者认为凌家滩可能对良渚的玉器有过影响。2007年在参加凌家滩第五次发掘时,结合之前整理薛家岗材料的认识,觉得两地玉石器之间有用材、工艺、形态上的关联及差别。2008年初将思考进一步扩大到整个长江下游,认为凌家滩既早于薛家岗、良渚,其玉石器理念、工艺对两地或可能有不同的影响力,便以地理为基础构思了"玉石分野"的研究。2009年8月在香港中文大学"海峡两岸古代玉器与传统文化"会上,作了《凌家滩与薛家岗——皖江区域两个中心的玉石之别》的发言,12月在良渚召开的"中国古代玉器与传统文化学术研讨会"上提交了《玉石分野——从凌家滩到薛家岗和良渚》PPT,正式提出了这一观点,2010年在此基础上撰写了这篇文章。

# 第四编
# 问道田野中

# 大遗址考古的实践

## ——凌家滩聚落考古方法

大型聚落的特点一是面积大,二是内涵复杂。国内20世纪80年代以前的大型聚落考古多数是基于常规的工作方法,以偶然的重要发现为主;之后引入了聚落考古的理念,取得了丰硕的成果,其中以"城""大房子"和"大墓"的发现为最重要的目标。近年来随着物探、遥感、系统调查等各种手段的全面运用,使大型聚落考古又上了一个新台阶。但因为其"大",对它们的了解还是显得十分有限,工作也容易陷入迷惘之中。因此大型聚落的考古在理念、思路、技术和方法上都需要进一步思考。

首先是理念。为什么要做大型聚落考古?任何对大型东西的了解都不能是一蹴而就的,需要长期的努力,大型聚落是当时社会发展程度的最重要体现,在器物形态、聚落结构、社会组织等各方面都有其复杂性,需要了解居址、墓地、农业区、手工区、环境等各方面的综合信息,即便是对所谓"空白区"的了解也是有意义的。虽然在目前的社会思潮影响下,重要发现仍是考古工作者不得不面临的一项重要任务,但这不是大型聚落考古的唯一目的,成果需要逐步积累,避免急功近利。

其次是思路。怎么做大型聚落考古?一是需要一个长期、全面的规划,包括系统的数据系统,先要了解什么、后要了解什么,是先全面了解,还是先重点了解。

再次是技术和方法。怎样用技术和方法来达到目的?一是需要用什么方法、技术,也即"组合"问题。尽管目前多数大型聚落考古项目的经费、设备、人员等各方面都相对富足,但仍要考虑"性价比"的问题。现在已有的包括一般调查、区域系统调查、物探、人工钻探、发掘、遥感、环境分析、年代测定及其他科技手段等大量技术和方法,但各个区域的实际情况不同,所需运用的技术和设备也会有所区别,完全的"拿来主义"不仅会造成经费、设备的浪费,同时也造成精力和时间的浪费。二是方法、技术的使用步骤,也即"排列"问题。合适的步骤会取到事半功倍的效果,反之则会造成重复和浪费。

　　凌家滩遗址是国家首批公布的100处大遗址之一，以往所知的仅仅是大型墓地部分，而整个遗址的面积、功能分区等都缺乏了解。基于前面的思考，我们在凌家滩遗址考古工作中进行了一系列的实践，虽然还不一定成功，但也有若干收获。

　　工作包括调查和钻探两项。

　　调查的目的是摸底，了解遗址本体详情和周边遗址分布情况。为避免多次调查的反复，选用了区域系统调查方法，将"无遗址调查"和"遗址调查"理念结合，设计了一套包括地形地貌、土地利用内容在内的较详细记录标签和剖面、遗址记录表。

　　首先是对遗址本体进行了区域系统调查。调查利用了1∶1万的地形图和手持GPS定位。调查的间距和采集区大小的选择是一个重要问题，涉及分辨率的高低问题也即调查材料在地图上的有效性。在遗址本体上采取了10—15米左右的间距进行调查，起初以单片定位（标本多的地点以2×2米为采集区并定位）的方法进行标本采集，但由于手持GPS定位存在较大误差，同时考虑到这种定位方式对于了解遗址的分布等情况并无太多作用，后经过与地形图人工校正后，将最大精度调整在3米以内，改为以10×10米的范围为采集区收集遗物，确保每个采集区不至于错位。遗物采集包括陶片、石器等人工遗物，由于江淮地区的先秦时期房址大多数是红烧土结构，地表红烧土具有一定的指示意义，而石头则与祭坛的分布可能相关，我们对这两种遗物也进行了记录但未采集。

　　在调查之后，我们对材料进行了详细的分析处理，得到了凌家滩可能的房址分布等功能分区，以及遗址可能的分布范围。

　　在本体调查之后，为全面了解凌家滩遗址产生的自然和社会背景，及该区域考古学文化的变迁过程，拟定了以凌家滩遗址所在的裕溪河流域为主体、计划6年时间、面积约500平方公里的调查范围。调查仍采用区域系统调查方法，以30米间距进行，为尽可能避免遗漏，除山地草木茂密之处难以进入外，其他即便是已知的空白区也一视同仁地进行实地踏查，未踏查的区域在图上均加以注明。实践证明区域系统调查是一个很有效的方法，凌家滩周边的遗址分布及特点一目了然。

　　钻探则是对调查材料的验证和对遗址的深入了解，因为费用巨大，目前还局限于凌家滩遗址本体。在理念和思路上，设计了一次性全面计划、分片钻探的方法，一切按计划进行，不因有价值线索的出现而随机改变钻探区域，旨在避免"盲人摸象"，或陷入就事论事的泥潭。在方法的选择上，鉴于对遗址的了解很不充分，首先需要了解的是遗址的文化堆积分布情况及土壤特点、遗迹特点等，因此仍选择了传统的铲探，而没有贸然采用其他勘探方法。在具体实施上，则在调查获得材料和认识的基础上分三个步骤渐次进行：

第一步骤：宏观了解。2009年初在调查的后期阶段，对遗址采取了百米以上间距的"井"字形布孔初探，初步了解到遗址的分布和文化层堆积特性，并与调查结果进行了比对，部分证实了调查所获的认识。

第二步骤：局部试验。2011年12月底在全面钻探实施前，为慎重起见，避免因认识不足造成判断失误和信息遗漏，选择局部区域进行了几千平方米的摸底性钻探，采取5×5米间距、或者加中孔的方式深孔钻探，了解地层情况，寻求最合适的布孔间距和技术手段。

第三步骤：全面钻探。根据已掌握的信息，设计了全面钻探计划。

整个钻探计划共2年，根据学术研究和遗址保护需要分为四个区域先后分别进行。钻探区域全部预先网格化，设立了多个测量基点，用全站仪精确布点，并采用孔径4厘米的小孔径探铲、5米间距加中孔方式进行，由内涵丰富区向外渐次扩展，外围无遗迹、遗物区则采取10米间距加中孔方式，更外围采取20米间距加中孔方式。

钻探记录延续了以往的方法，但针对遗址本身的面积、文化堆积分布等因素进行了改进，包括钻探工作总记录、钻孔日记、钻孔位置图和遗迹分布图、钻孔登记表、重要孔芯照片等。全部钻孔均用全站仪测点，可以准确恢复到矢量图上。由于钻探的局限性，其目的也在于宏观了解遗址布局、微观了解可能的迹象，而不可能对遗址有清晰的了解，因此没有采用全部钻孔都记录的方式，而是以50×50米网格线为基础，凡此网格线上的全部钻孔资料均予以详细记录，同时网格内的发现的遗迹、可疑迹象的钻孔资料也全部记录，并对部分钻芯拍照，这样大体复原遗址的堆积过程、掌握遗迹现象即可。

钻探采样包括：钻孔中的陶片、含特殊遗物（如石子、动植物）的孔芯。为加强多学科的运用，重要或可疑迹象还采集了柱状土样，经分析对凌家滩遗址局部区域的环境已有所了解。

虽然钻探只进行了一小部分还未结束，但已取得了明显的效果，目前已对居住区的分布、房址大小和分布规律有了基本的了解，为下一步发掘区域的选择打下了扎实的基础。

通过上述工作，我们认识到大型聚落的考古是一个全面了解聚落的过程，相应地需要全面的计划、完整的步骤，有条不紊地进行，调查、勘探工作也应采取系统调查和全面勘探才可与之相匹配，但是它们都有各自的局限，并不能过于依赖调查、勘探来得到过于细致的结果，发掘则应是在这一系列工作完成之后的更进一步工作。这样才可以使大型聚落的考古真正扎实地开展起来。

（原为笔谈组稿《大型聚落田野考古方法纵横谈》中的一节，《南方文物》2012年第3期）

## 2021年1月19日　背景补记：

本文为中国社会科学院考古研究所聚落考古中心2011年的笔谈《大型聚落田野考古方法纵横谈》一部分，标题有改动。2008年底开始，凌家滩的考古工作经历了"从玉器到聚落"的理念转变，首先开展了对凌家滩本体和周边区域的系统调查，2011年底开始对凌家滩的有计划、全面的勘探。对大遗址进行全面、不留空白而不是选择性的钻探，之前还是极少见，但成效已在凌家滩实践中得到充分证明，并引起了广泛关注和推广，近年渐已成为常态方法。田野考古方法的探索是本阶段工作的重点，边实践边总结，提出了"区域系统调查＋全面勘探＋重点精准发掘"的新三位一体思路，结合更翔尽的记录，把传统方法深度利用，成为有效认识凌家滩这个大型聚落的重要思路，也成为后来更多大遗址考古的典型案例。

# 安徽新石器时代遗址分布特点与考古调查方法

根据第二次文物普查的粗略统计,安徽新石器时代遗址目前已发现400多处,笔者也曾调查过省内近百处新石器时代遗址,结合发掘、调查资料对已知遗址的分布、地貌等情况做一分析,或对正在进行的第三次文物普查有所裨益。

## 一　文化区域划分

遗址的分布并没有固定的金科玉律,但在自然环境大体相同的区域,同一时期的文化面貌会相似,总体分布也是有章可循的。反过来说,如果了解了全省新石器时代的文化面貌,总结出不同区域、不同时代的特点,划分出一定的文化区域,就会有助于认识其分布上的特点。为充分了解安徽新石器时代遗址分布特点,有必要对本省的史前文化区域划分做一概括。

由于安徽地处海岱、太湖、江汉、中原四大文化圈的交汇地带,使安徽新石器时代遗址的文化面貌表现出了多种不同的特征,按照目前的考古学研究成果,我们可以说安徽淮河流域的文化与我国黄河中下游的文化有着较密切的关系,应属北方文化系统;而江淮南半部和皖南地区的文化则明显与长江中下游的文化有着十分密切的关系,属南方文化系统。值得注意的是,目前已有部分学者认为我国淮河流域的原始文化可以自成一系,而有别于黄河中下游和长江中下游的同时期文化[1],这种观点的提出虽然还有待于更多的论证,但它有利于我们更深刻地认识淮河流域的原始文化。此外,长江安徽段(皖江)作为联系长江中游、下游的交通孔道,对于江汉和太湖两大

---

[1] 高广仁、邵望平:《析中国文明主源之一——淮系文化》,《东方考古(第1集)》,科学出版社,2004年。

文化圈之间的文化交流起到了重要的作用,皖江两岸的各遗址文化面貌也因此具有相当程度的相似性,并与江汉和太湖文化圈有着一定的血缘关系。

安徽的新石器时代文化面貌虽然显得复杂多样,但仍然可以按区域进行划分,以往曾有不少研究者进行过讨论[①]。根据已知各遗址的文化特征分析,目前至少可以将其分为四个大的区域:淮北和沿淮区、泛巢湖区、皖西南区、皖南区。其中皖南区地形差异较大,考古材料较少,沿长江的东、西两端或可能与江北岸的泛巢湖区、皖西南区较接近,其中应有小的区域差异,但暂为研究方便将其按地域统归一处。皖东的滁河流域一带目前材料严重不足,还难以看出端倪;皖西的淮河支流淠河、史河、汲河流域一带材料也不是太多,但略可看出具有一定的自身特点,总体上与淮河流域的文化有密切联系(图一)。

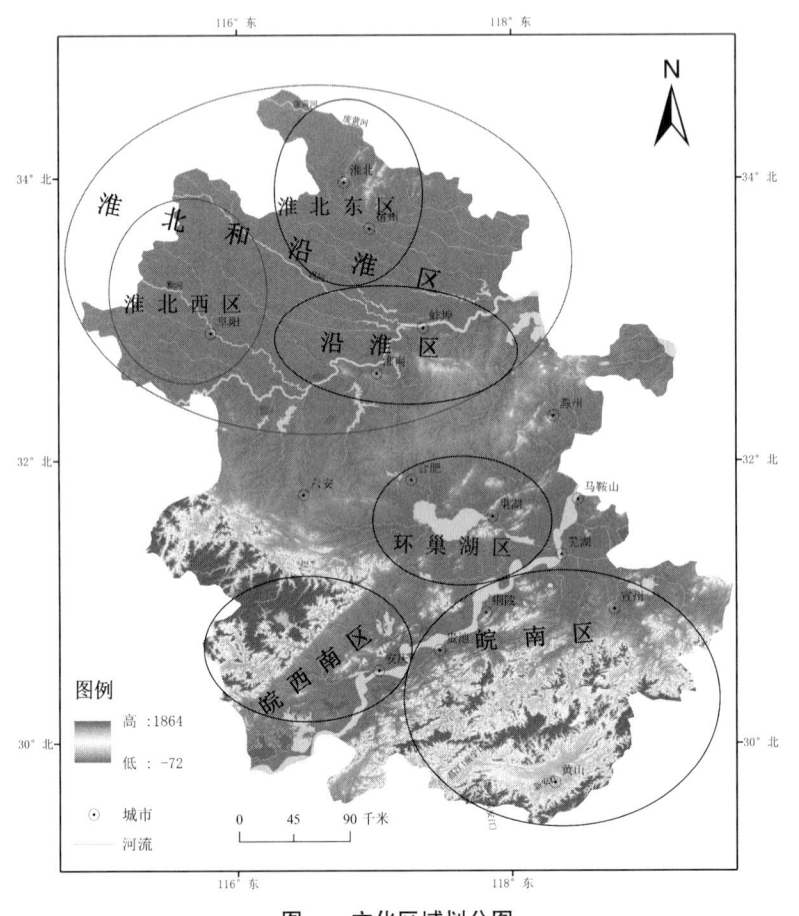

图一 文化区域划分图

---

① 杨立新:《安徽江淮地区原始文化初探》,《文物研究(第四辑)》,黄山书社,1988年;何长风:《关于安徽原始文化研究中的几个问题》,《文物研究(第五辑)》,黄山书社,1989年;高蒙河:《苏皖平原区新石器时代遗存研究》,《文物研究(第七辑)》,黄山书社,1991年;杨立新:《安徽淮河流域的原始文化》,《纪念城子崖遗址发掘60周年国际学术讨论会文集》,齐鲁书社,1993年,等等。

上述的区域划分,只是以现在的省域为界为便于研究而作的临时性划分,并不是结论性的,也不具有全国性的意义,但便于对这一时期的遗址进行概括性的探讨,因为安徽处于多个原始文化圈的交汇地带,若从全国范围加以观察,有些区域的文化或者可以和其他省份的某个区系类型合并,或者将来还可以再进行更细致的划分。

## 二 遗址分布特点

遗址的分布总是与一定的自然环境紧密相关,而在田野调查时更需要首先从自然环境着眼才能更快捷地判断遗址存在的可能性。从已发现的400多处遗址分析,它们在不同的区域、不同的时代有着不同的分布特点。

### (一)淮北和沿淮区——淮河流域的遗址特点

以六安市、长丰县一线至张八岭的长江、淮河分水岭为界,包括安徽省内的整个淮河流域(也即淮河中游地区),在淮河以北绝大多数地方为广袤的平原或平缓岗地,海拔一般在20—40米,仅在淮北、宿州、萧县一带有局部丘陵和低山;淮河以南的西部系大别山,东部有张八岭,将淮河流域与长江流域自然分割开来。从淮河演变的过程看,目前淮河流域的形成自全新世以来直到金明昌五年(1194年)黄河夺淮入海期间,并无大的摆动,《禹贡》《山海经》《周礼》等文献中对该区域春秋战国时的水系的记载可参验(图二)。

1. 距今8 000年左右的遗址

以小山口遗址[1]为最早。该遗址位于宿州市桃山乡小山口村,地处符离集至徐州间一条带状低山的边缘,地势平坦,西侧有一条季节性河流,遗址中心略高于周围地面,面积约二三万平方米,海拔20米以上[2]。文化层厚约2.5米,可分三期,早期为距今8 000年左右,分2层,厚约1.5米,为黑灰土或灰褐土。中期为大汶口文化,晚期属龙山文化。

---

[1] 中国社会科学院考古研究所安徽队:《安徽宿县小山口和古台寺遗址试掘简报》,《考古》1993年第12期。
[2] 因发表材料中均无相关高度记录,本文所记各遗址海拔系根据各材料描述的具体地点,结合1972年版《安徽省地图》(内部用图)中的彩色等高线图标定,具体高度可能有较大误差。特此注明。以下均同。

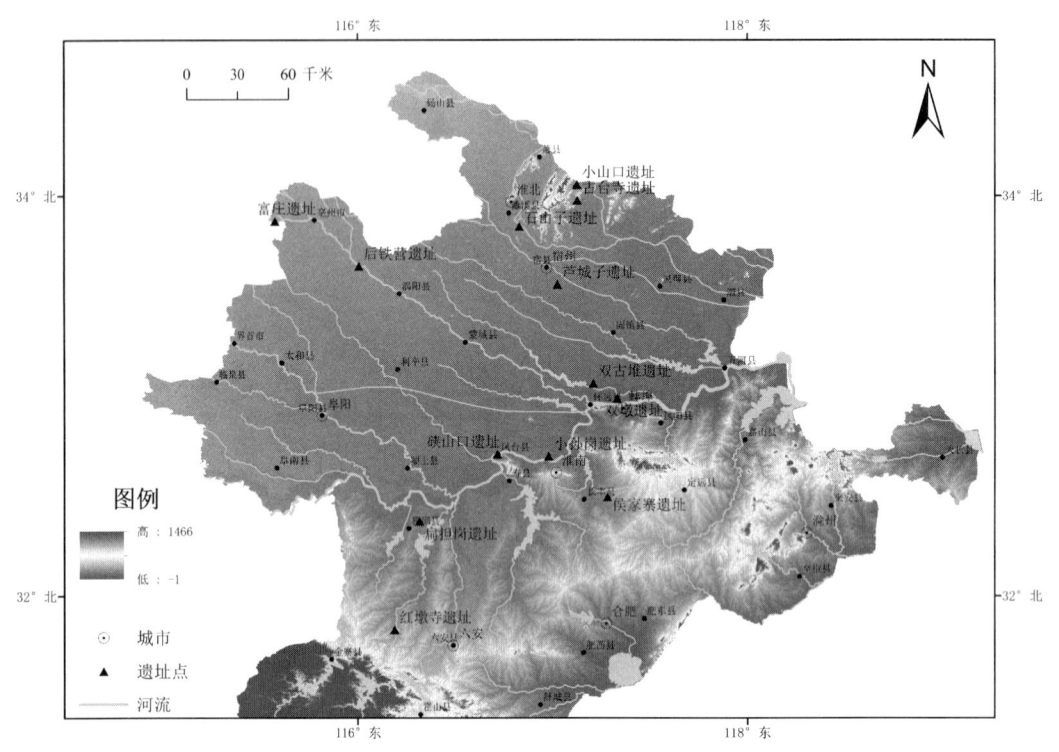

图二 淮河流域地形及部分遗址位置图

其后有宿州古台寺遗址[①]，年代较小山口略晚，北距小山口仅约10公里，地理环境相似，距低山不远，遗址呈埠堆状，略高于周围地面约1.5米，面积约6万平方米。遗址可分三期，早期为距今7 000多年，仅有1层，最厚仅0.35米，为深灰色土。

从这两个遗址看，7 000多年前的遗址一般应分布在低山边缘土层较厚的山麓一带，面积不大，文化层较薄，遗物中仅有陶器和少量石器，另有少量刮削器、尖状器。骨角器尚不发达，形态有骨笄、管和角锥。陶片中可见少量夹蚌片、植物茎壳和施红衣现象。陶器均手制，胎厚，火候低，质地较疏松，器形不太规整。

2. 距今7 000年前后的遗址

已开始出现渐离山丘向平原发展的趋势，在濉溪石山子[②]、蚌埠双墩遗址[③]都发现了略早于7 000年的遗存。

---

[①] 中国社会科学院考古研究所安徽队：《安徽宿县小山口和古台寺遗址试掘简报》，《考古》1993年第12期。

[②] 安徽省文物考古研究所：《安徽濉溪石山子新石器时代遗址》，《考古》1992年第3期；安徽省文物考古研究所：《安徽濉溪县石山子遗址动物骨骼鉴定与研究》，《考古》1992年第3期；贾庆元：《谈石山子古文化遗存》，《文物研究（第十一辑）》，黄山书社，1998年。

[③] 阚绪杭：《蚌埠双墩遗址的发掘与收获》，《文物研究（第八辑）》，黄山书社，1993年；安徽省文物考古研究所：《蚌埠双墩——新石器时代遗址发掘报告》，科学出版社，2008年。

石山子遗址位于濉溪县平山乡赵楼村，北距最近的低山约5公里，周边为平原，地表较为平坦，北侧有濉河流过。遗址略高于周围地面，面积近12万平方米。海拔约20多米。文化层厚3.5米左右，下层为距今7000年左右，厚1—2米，为灰褐、黑色或黄褐色土，发现了一薄层灰黑色软土夹一薄层灰土的厚近1米可分数十个小层的地层，中间夹杂大量鱼、龟鳖、蚌壳和猪、鹿、牛、鸡等动物遗骸和草木灰、陶片。其上有大汶口文化和龙山文化地层。

双墩遗址位于蚌埠市小蚌埠镇双墩村，西南距涂山约8公里，周边为平原，地势平坦，南距淮河约3.5公里，北距北淝河约2.5公里。遗址现呈堌堆状，东高西低，最高处高于周围地面1米多，中心面积约12 000平方米，海拔只有18米左右。文化层厚约2.5米，为较单纯的堆积，除极少数外基本都在7000年左右。与石山子相似的是，也发现了数十层夹杂大量动物骨骼、螺蚌壳、草木灰和陶片的地层。

这两个遗址表现出的特点是均处在平原之中，距低山较远，地貌略高于周围数十厘米或1米多，呈漫坡或缓坡状。遗物的一大特点是有大量的水生动物和其他动物遗骸，反映出狩猎和渔猎经济较为发达，双墩遗址还发现了水稻痕迹。陶器夹蚌末现象较为普遍，有一定数量的外红内黑陶，部分器表施红衣。陶器均为手制，胎厚，火候低。器表纹饰以附加堆纹为主，新出少量的彩陶。器类新出少量圆锥足鼎，支座较有特点，有猪嘴状、圆柱状和半圆顶状三种。石器有磨盘、磨棒、臼、杵、斧、凿、铲等农具或木作工具等，但打制石器少见。这一时期新的特点是蚌器和骨角器多，新出大量鹿角靴形器。

**3. 距今6 000多年的遗址**

相对发现较多，除前述的石山子、双墩延续下来外，还在淮南小孙岗[1]、定远侯家寨[2]、凤台硖山口[3]、怀远双古堆[4]等地发现。

小孙岗遗址位于淮南平圩镇老胡村，南距淮河约3公里，与淮河南岸的舜耕山相距约8公里，处在一相对高约7米的阶地上，面积约2万平方米，海拔约20米以上。文化层厚约2.6米，耕土以下即新石器时代文化层，可分2层但较单纯，厚约2米，为灰褐和黄褐色土。地层中出土较多陶片、骨器、蚌壳、兽骨和少量石器。

---

[1] 淮南市博物馆：《安徽淮南市小孙岗遗址试掘收获》，《文物研究（第十四辑）》，黄山书社，2005年。
[2] 阚绪杭：《定远县侯家寨新石器时代遗址发掘简报》，《文物研究（第五辑）》，黄山书社，1989年。
[3] 贾张、叶刘、陆周：《凤台县硖山口新石器时代遗址》，《中国考古学年鉴（1993）》，文物出版社，1995年。
[4] 贾庆元、何长风：《怀远县双古堆新石器时代及商周遗址》，《中国考古学年鉴（1990）》，文物出版社，1991年。

侯家寨遗址位于定远县七里塘乡袁庄村，北临枯河，西北距淮河支流高塘湖10余公里，东边几公里远处即为大片的海拔40米以上的连绵岗地，处在一土岗上，高出周围地面2米左右，面积约6万平方米，海拔约20米以上。文化层厚约2.5米，可分两期，年代和文化性质有一定差异，一期地层为灰色或深灰色土，包含大量陶片和鱼、龟鳖及其他动物骨骼，并有水稻痕迹[①]。

硖山口遗址位于凤台县城西约5公里的硖山口，淮河北岸，隔岸与淮南八公山不足2公里，四周为海拔不足20米的淮河和泥河冲积平原，唯遗址所在为较高地域，该地号称淮河第一峡。文化层厚约2.5—3米，除上层为汉以后堆积外，其下均为较单纯的新石器时代堆积，年代相近，包含有大量陶片、石器、骨器和很多动物骨骼。

双古堆遗址位于怀远县苏集乡马头集村，为北泥河和淮河的冲积平原区，海拔不足20米，但处在较高的堌堆之上，现存面积约2万平方米，新石器时代地层可分两大期，下层为较早时期，上层为大汶口文化时期。

这一时期的遗址进一步摆脱了对低山和岗丘的依赖，在冲积平原区也有较多分布，但对地势的选择依然是在较高的堌堆、岗地或阶地上，遗址数量增多。陶片中常夹蚌末，部分器表施红衣。陶器均为手制。器类中釜的数量下降，而鼎的数量有所上升，鼎足以圆锥形最具特点。石器磨制数量增多，未见磨盘、磨棒。蚌器和骨角器仍较发达，角器继续以鹿角靴形器为主。

距今6 000年以前的一段时期应是淮河流域文化的兴起时期，区域内的文化面貌具有一定的相似性和独立性，但自此以后，文化面貌发生了很大的变化[②]。

**4. 距今6 000年前后到5 000多年的遗址**

随着大汶口文化的崛起，全区受大汶口文化的影响渐深。在淮北西北部出现了与大汶口文化有部分联系的后铁营类型的文化，稍后出现了与大汶口文化联系密切、被认为属于大汶口文化系统的富庄类型。在沿淮一带则更多地与淮河下游的龙虬庄文化相对接近，并与北阴阳营文化有较密切的联系。但因为工作较少，详细情况并不十分清楚，经过发掘的有定远侯家寨（二期文化）[③]、宿州芦城子[④]、亳州后铁营[⑤]、富

---

① 张居中等：《淮河流域史前稻作农业与文明进程的关系》，《东方考古（第1集）》，科学出版社，2004年。
② 朔知：《安徽淮河流域早期原始文化略说》，《东南文化》1999年第5期。
③ 阚绪杭：《定远县侯家寨新石器时代遗址发掘简报》，《文物研究（第五辑）》，黄山书社，1989年。
④ 叶润清：《安徽省宿州市芦城子遗址发掘简报》，《文物研究（第九辑）》，黄山书社，1994年。
⑤ 本所发掘材料。

庄①、霍邱红墩寺②、扁担岗③等遗址。

芦城子遗址位于淮河支流浍河北岸,所处区域的海拔在20—40米,为河边阶地,遗址面积约1.5万平方米,文化堆积厚2.2米左右,最下层为本时期,黑色土夹红、黄色斑点,质密,厚50—80厘米,夹杂有较多动物骨骼、蚌器、蚌壳等。其上为龙山时代地层。

后铁营遗址与富庄遗址均位于淮河支流涡河流域,因在淮河流域西北部,地势较高,海拔在20—40米。后铁营遗址面积约8 000平方米,文化堆积厚约2—3.5米。富庄遗址面积约2.4万平方米,文化堆积厚约5米。

淮河南岸的红墩寺位于大别山东北麓的山麓与平原交界地带,北距淮河约60公里,海拔在20—40米左右。面积约2.2万平方米,墩高约5米,文化堆积厚约5米,下层为这一时期堆积。

扁担岗遗址位于淮河南岸海拔20—40米的平原区,北距淮河10余公里,东、西、北三面4—10公里外均为低洼之地。遗址本身在一条小河旁,为漫坡状低矮岗地,高出周围2—3米,面积约3.8万平方米,文化堆积厚约2米,下层为这一时期堆积,为黄褐色土,质密,厚0.3—0.6米,包含陶片少,但灰烬较多,夹砂陶多夹蚌末,质轻,疏松。

这一时期的遗址分布大略应在海拔20—40米的淮河支流冲积平原两岸,但在接近江淮分水岭的海拔40米以上的较高地区也有分布,对微观地势的选择并不十分严格,或平地,或岗地,或堌堆,但分布更趋广泛。出土遗物中陶片夹蚌末(片)现象自早至晚渐趋减少,质地较好,火候略高,纹饰丰富,器形中鼎、壶、豆、鬶数量增多,圆锥形鼎足急剧减少,而扁平鼎足数量大增。骨器数量进一步减少,动物骨骼的发现也明显减少,而石器数量大增,种类也随之增多,并出现了少量玉器。

5. 距今5 000年左右的遗址

即大汶口文化中晚期时,遗址数量急剧增加,而且规模较大,几乎分布于整个淮河流域的各个地区,文化面貌基本上与大汶口文化比较接近,但仍有一些地方特征,其中最具代表性的是尉迟寺类型。遗址类型以堌堆状为多,也有依托岗地或在早期遗址上重复利用的。

6. 距今4 500年前后的遗址

即龙山时代,全区的文化面貌已基本一致,遗址分布特点也与大汶口文化晚期时基本相同,数量最多。个别遗址已开始出现城址,面积可达10余万乃至几十万平方

---

① 本所发掘材料。
② 杨德标:《霍邱县红墩寺新石器时代至周代遗址》,《中国考古学年鉴(1988)》,文物出版社,1989年。
③ 北京大学考古学系商周组、安徽省文物工作队:《安徽省霍邱、六安、寿县考古调查试掘报告》,《考古学研究(三)》,科学出版社,1997年。

米,如固镇垓下遗址。出土遗物中黑陶数量明显增加,鼎足以侧装三角形和横装扁平带槽及足尖外侧捏凹窝最具特点。

总而言之,淮河流域新石器时代遗址具有如下特征:距今8 000年左右的遗址数量极少,主要分布在离低山不远的山前地带,重点即在濉溪、萧县、宿县一带海拔50—200米左右的丘陵低山附近,而淮河沿岸的淮南市八公山、舜耕山至定远张八岭北缘一带也是值得注意的地区。质地疏松、夹蚌或植物壳的直口形陶器尤其值得注意。距今7 000—6 000多年的遗址由于经济形态上对渔猎和狩猎的依赖性较强,可能在上述区域附近的平原区一带淮河支流两岸的岗地、河边较高阶地或堌堆状堆积上,包含大量动物骨骼特别是水生动物遗骸的类似夹心饼干的多层灰黑色地层、各种形态的陶支座、长圆锥形鼎足、鸟首形的器耳(鋬)、骨角质地的靴形器均是明显的指征。距今6 000—4 000多年的遗址则因人类对自然依赖性的减少,分布较为广泛,堌堆应是较明确的指征,平缓漫坡状岗地也不可忽略。

## (二)泛巢湖区——泛巢湖流域的遗址特点

介于淮河、长江之间,长江、淮河分水岭以南,六安以东的以巢湖为中心的巢湖流域,并可包括肥东和含山县境内的滁河上游支流的一部分,西部为大别山余脉边缘的山前地带,东北部为张八岭南延部分,南部为大别山余脉断续延伸。由于是以巢湖为中心,多数河流汇聚于湖中,因此在地形上体现出"锅底状"特征,即接近巢湖的区域地势较低,海拔在20米以下,稍远则在20—40米,远离巢湖的区域地势较高,可达40—200米,另在无为至和县的沿长江北岸则为长江冲积平原,大多数区域海拔在20米以下。总体上看,该区的自然环境大都为平原或低矮的岗丘。

依据目前的发现,该区遗址出现的年代较淮河流域为迟,目前还没有早于距今6 000年以前的文化,而以距今6 000—5 000年左右的文化比较发达,已知的遗址有含山凌家滩、大城墩、肥西古埂、塘岗、肥东药刘、岗赵遗址等,文化面貌具有较强的自身特征(图三)。

1. 距今6 000—5 800年左右的遗址

有肥东药刘[①]、岗赵[②]、肥西古埂下层[③]、含山大城墩(一期文化)[④]。

---

① 张小雷:《合肥先秦遗址调查报告》,待刊。
② 张敬国:《安徽肥东肥西古文化遗址调查》,《文物研究(第二辑)》,黄山书社,1986年。
③ 安徽省文物考古研究所:《安徽肥西县古埂新石器时代遗址》,《考古》1985年第7期。
④ 安徽省文物考古研究所:《安徽含山大城墩遗址发掘报告》,《考古学集刊(6)》,中国社会科学出版社,1989年。

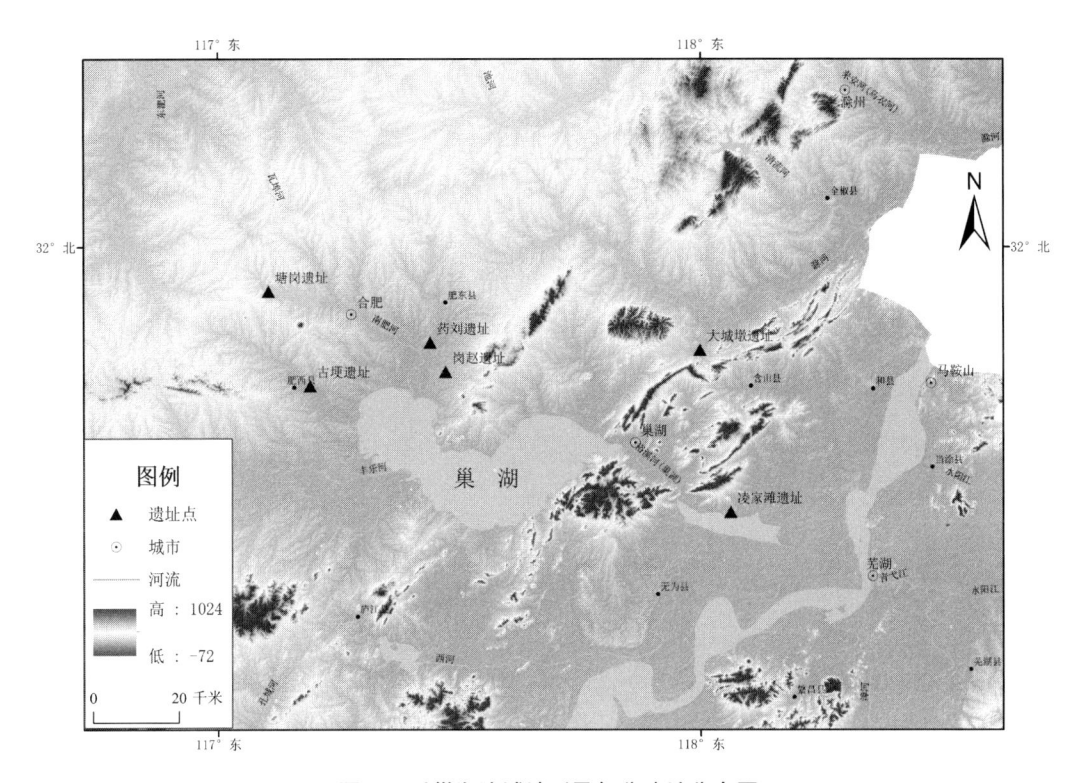

图三　泛巢湖流域地形及部分遗址分布图

药刘遗址位于肥东县撮镇镇大姚村药刘圩。遗址西约500米为二十埠河,南约2公里为南淝河,地貌特征与岗赵相近,所在区域的海拔不足20米。遗址本身呈圆形台地,面积约5万平方米,高于周围地表约1—4米。该遗址的年代可能略早于其他几处遗址。

岗赵遗址位于肥东县长乐乡岗赵村,附近有南淝河一条小支流经过,南距巢湖约5公里,遗址所在区域为南淝河、店埠河冲积平原,海拔不足20米,东侧3公里以外为岗地和丘陵。遗址本身高出周围地表约1米多,较平缓,面积约5万平方米,文化层厚约1.5米。

古埂遗址位于肥西县上派镇胡湾村,为上派河冲积平原,海拔仅10余米,东南距巢湖约15公里,上派河经遗址东北流入巢湖,南、西、北三面不足2公里即进入海拔20—40米的平缓岗地区。遗址处在相对独立的一个低矮山岗之上,高出周围地表约2—3米,呈漫坡状,周围地势平坦。面积2万多平方米,文化层厚1—2米,均属新石器时代,可分两个时期,下层为这一时期,地层较薄,为灰黄色土;上层属龙山时代。

大城墩遗址位于含山县仙踪镇孙戚村,附近有一条滁河支流流过,向西10余公里通过低山之间的平缓岗地可与巢湖支流夏阁河相通,再经10余公里可进入巢湖。遗址所在区域为冲积平原,海拔不足20米,南、北两面均为海拔20—40米的平缓岗地,再稍远处为海拔40—200米的丘陵、低山。遗址本身为一长方形台地,面积约2万多平方米,高出周围地表约3米,最下层为这一时期,地层很薄,为黄色土;其上有龙山、岳石及商周时期地层。

这一时期的遗址一般在巢湖中、小型支流形成的冲积平原上,依托相对独立的平缓岗地或略高起的微观地貌,靠近河流,海拔仅几米至10余米,但在较大型河流两岸暂未发现。遗址大多数为单纯的新石器时代,文化层并不太厚,一般只有1米多甚至几十厘米。出土的遗物中,最早的陶器尚有少量夹蚌陶,稍后即以夹砂红褐陶、泥质红陶为主,器形以束腰的釜形鼎、圆锥状鼎足和各种弯曲的鼎足较具特点。

2. 距今5 800—5 000年左右的遗址

目前发现不多,具体情况不甚清楚,做过发掘的只有含山凌家滩遗址[1]。

凌家滩遗址位于含山县铜闸镇五联村。遗址处在一条相对高度5—20米的长条形岗地尽头及其两侧平地,东南紧临裕溪河,平地的海拔7米左右,属裕溪河的冲积平原。遗址分布范围较广,岗地之上主要是墓葬区,生活区应在两侧的平地,整个遗址面积近100万平方米,生活区的文化层堆积并不厚,只有几十厘米到1米左右,最厚也只有2米左右。出土的陶器质地相对疏松,以泥质夹植物陶最典型,正面凹弧或边缘内卷的鼎足具有时代特点,而大量出土玉、石器则是该遗址最重要的特征之一。

在该遗址西面约2公里的另一处地貌相同的长条形岗地尽头,也发现了一个同时期的遗址,因此我们可以认为这种面向较大河流的长条形岗地应是这一时期聚落的首选之地,但并非唯一可选之地。

该区距今5 000年左右的遗址目前发现的数量很少,似乎昭示该区文化发展的某种变故。

3. 距今4 500年左右的遗址

遗址数量有了较多的增加。在整个流域内都有分布,但与淮河流域相比数量差异较大。经过较大规模发掘的有塘岗遗址[2]。

塘岗遗址位于肥西县南岗镇鸡鸣村,处在相对独立的一个平缓岗地上,岗地面积约4万平方米,呈漫坡状,顶部较平,相对高度3—5米,海拔约10余米。北距南淝河约250米,西北约500米远即有较高岗地,南、北2公里以外均为海拔40米以上的连绵

---

[1] 安徽省文物考古研究所:《凌家滩——田野考古发掘报告之一》,文物出版社,2006年。
[2] 安徽省文物考古研究所:《安徽肥西塘岗遗址发掘》,《东南文化》2007年第1期。

起伏的岗地。遗址本身文化层较薄,厚仅0.9米左右,新石器时代地层厚只有0.7米左右,为灰或暗褐偏黑色土。出土遗物的年代最早在距今4500年左右,另有少量距今4000年以下的岳石文化时期和周代遗物。

这一时期的遗址所在的海拔大多数在7—15米左右,尤其以10米左右为多,遗址所在区域的微观地貌有三种情况:一是部分遗址位于小型河流旁,周围地势平坦,遗址本身略高于周边呈漫坡状,甚至有少量处在小河边最低平地,但两侧数百米远处即有连绵岗地或较高之地,面积有几千到数万平方米不等,文化层较薄;二是位于相对独立低矮平缓的山岗之上,距中、小型河流不远,面积一般都有几万平方米,文化层较薄;三是还有少量遗址处在相对较高的独立小山头上,周围地势低平,距中、小型河不远,但数百米远处即有连绵山岗。各遗址新出现的薄胎黑陶具有时代特色。纹饰主要是篮纹、方格纹,其次是细绳纹,代表性器物有篮纹罐形鼎、夹砂红陶长颈鬶等。鼎、罐类的口沿沿面内凹是这一时期的显著特点之一,鼎足以侧装扁平三角形足面饰刻画纹、侧装扁平足背饰按窝、横装扁平足正面饰凹槽或按窝最具代表性,部分侧装扁平足的足尖外侧捏出一个凹窝也是很有特点的,此外还有部分鱼鳍形足和丁字形足。石器特征不十分明显。

泛巢湖流域的新石器时代遗址具有如下特征:距今6000—5800年左右是这一区域文化的兴起阶段,遗址数量略多,在海拔10余米的中、小型支流附近,相对独立的平缓岗地或略高起的微观地貌值得注意,尤其是巢湖西、北两面的江淮分水岭以南区域可能会有更多发现,夹蚌陶、束腰釜形鼎、圆锥状鼎足和各种弯曲的鼎足是比较明显的指示物。距今5800—5000年左右的遗址,有刻意选择面对较大河流的长条形岗地尽头及其两侧平地的倾向,质地疏松的泥质夹植物红陶、凹面或卷边鼎足为典型特征。距今4500年左右的遗址总体上有在地势上弃高就低、更接近河流的趋势;相对独立的低矮漫坡状岗地仍是理想的居住之地,依托低矮漫坡状岗地的遗址为数不少;独立小山头上的遗址数量不多,与总体上趋低的特征明显相背,其成因不甚明了。这一时期的薄胎黑陶、篮纹鼎、长颈鬶、侧装扁平三角形足是标准的断代器物。

## (三)皖西南区——皖河流域的遗址特点

本区位于大别山的东南麓,处在长江中游和下游两大文化区交流的中间地带,以皖河流域为中心,西北部多高山、丘陵,东南部和南部河流、湖泊众多,但在安庆到枞阳一带有大别山余脉形成的一条带状山脉,它与大别山主体之间形成了一条桐(城)—太(湖)走廊与巢湖流域西半部相通。该区域与泛巢湖区隔巢湖及其南面的低洼区域相望(图四)。

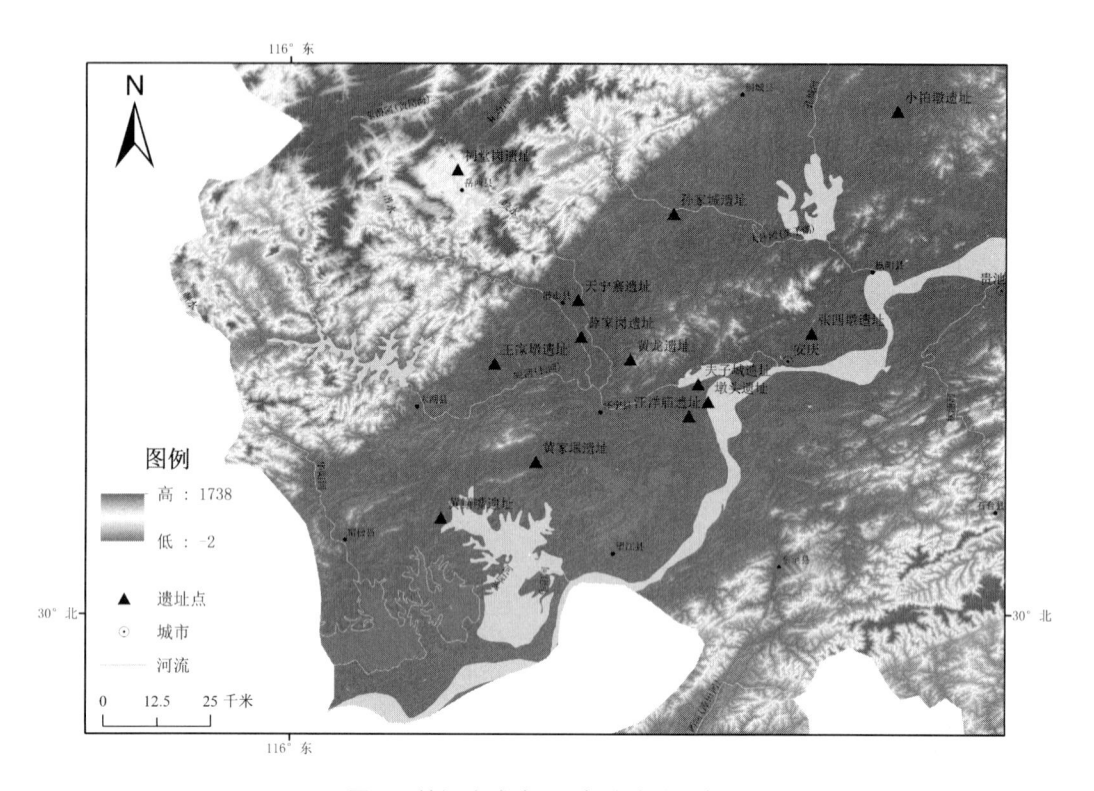

**图四 皖河流域地形及部分遗址分布图**

1. 距今6 000—5 500年左右的遗址

与巢湖流域相同,该区到目前为止也没有发现距今6 000多年前的遗址。距今6 000前后到5 500年左右,在大别山东南麓和带状余脉附近出现了一定数量的遗址。主要有怀宁孙家城[1]、宿松黄鳝嘴[2]、太湖王家墩[3]、安庆墩头[4]、枞阳小柏墩[5]几处,成为薛家岗文化的来源之一。

孙家城遗址位于怀宁县马庙镇栗岗村,北侧有大沙河流过,南、西两侧各约3—5公里即进入低矮丘陵区,西边不到15公里即到达海拔100—1 000米的大别山边缘,遗址所处区域为大沙河冲积平原,但地势略有起伏似低矮岗地,海拔28米左右,遗址本身较平坦,与周围高差很小,面积约25万平方米,局部发现了这一时期的地层,文

---

[1] 朔知、金晓春:《安徽怀宁孙家城遗址发现新石器时代城址》,《中国文物报》2008年2月15日第2版。
[2] 安徽省文物考古研究所:《宿松黄鳝嘴新石器时代遗址》,《考古学报》1987年第4期。
[3] 高一龙:《太湖县王家墩遗址试掘》,《文物研究(第一辑)》,黄山书社,1985年。
[4] 安徽省文物考古研究所、安庆市博物馆:《安徽安庆市先秦文化遗址调查报告》,《文物研究(第十四辑)》,黄山书社,2005年。
[5] 安徽省文物考古研究所:《安徽枞阳、庐江古遗址调查》,《江汉考古》1987年第4期;阚绪杭、方国祥:《枞阳县新石器时代文化遗址调查报告》,《文物研究(第八辑)》,黄山书社,1993年。

化内涵较单一,厚约1.5—2米,主要是红褐或灰褐色土。

黄鳝嘴遗址位于宿松县程岭乡刘塝村,东侧有凉亭河向东进入泊湖,遗址所在小区域外围均为海拔20—100米的岗地、丘陵,东、南两面约7到10余公里为长江中下游之交的五大湖群,应属古彭蠡泽残余。遗址本身在大塔山北侧缓坡上,海拔应大于20米,面积1万多平方米,地层单薄,仅有一层厚几十厘米的黄红色土,文化内涵单一。

王家墩遗址位于太湖县中心乡孔河村,南临前河,为皖河支流,遗址所在的小区域为海拔20—40米,周围1公里之外即40—100米的岗地。遗址本身在一条东西向的长岗之上,高出周围地表1—3米,面积约1万平方米,文化层厚不到2米,其中属于这一时期的仅有一层,厚不足0.5米,为黄色黏土,其上有薛家岗文化和周代地层。

墩头遗址位于安庆市皖河农场练成队,北距皖河约3.5公里,东距长江约3公里,所在区域为皖河和长江的冲积平原,地势较低,海拔10米左右。遗址本身原为高2—5米的土墩,面积仅5 000平方米左右,现已被基本夷平。

小柏墩遗址位于枞阳县钱桥乡小柏墩村,遗址处在一南北向岗地之上,岗地长50余米,高2.5米左右,南端偏西呈缓坡状,长岗边缘有麻溪河流过岗上有两个毗连的近圆形墩子即为遗址。遗址所在的小区域为麻溪河河冲,海拔20米左右,但其两侧较大范围内均为海拔20—40米的岗地,遗址面积近1.8万平方米,文化层厚约2米,主体应属这一时期,但上层应有周代地层。

这一时期的遗址一般在岗地、丘陵区内的中、小型河流旁,依托平缓岗地或小山坡边缘,除墩头遗址特殊外,其他的海拔均在20余米。文化层厚薄不一,一般只有几十厘米。出土的遗物中,以夹砂红褐陶、泥质夹植物红陶为主,器形以足根部位施各种戳印或按窝鼎足、各种弯曲或扭曲的鼎足较具特点。

**2. 距今5 500—4 600年左右的遗址**

到距今5 500年左右,这一区域发展起了薛家岗文化,到距今5 000年左右已十分发达。目前已发现遗址数十处,以潜山薛家岗[1]、天宁寨[2],望江黄家堰[3]、汪洋庙[4],安庆夫子城[5],怀宁黄龙[6]、祠堂岗[7]等遗址为代表。

---

[1] 安徽省文物考古研究所:《潜山薛家岗》,文物出版社,2004年。
[2] 安徽省文物考古研究所:《安徽潜山县天宁寨新石器时代遗址》,《考古》1987年第11期。
[3] 张敬国、贾庆元:《望江黄家堰遗址发掘成果丰硕》,《中国文物报》1998年5月10日第1版。
[4] 安徽省文物考古研究所:《望江汪洋庙新石器时代遗址》,《考古学报》1986年第1期。
[5] 安徽省文物考古研究所:《安徽安庆市夫子城新石器时代遗址的发掘》,《考古》2002年第2期。
[6] 许闻:《怀宁黄龙新石器时代遗址试掘简报》,《文物研究(第二辑)》,黄山书社,1986年。
[7] 杨德标、阚绪杭:《岳西县祠堂岗、鼓墩新石器时代及商周遗址》,《中国考古学年鉴(1986)》,文物出版社,1988年。

薛家岗遗址位于潜山县王河镇永岗村，所在区域为潜水冲积平原区，海拔19米左右，西面不到1公里即进入海拔20—40米的岗地、微丘。遗址处在一条长数百米的岗地之上，岗地海拔20—28米，潜水从岗头东侧300米处流过。遗址面积约10万平方米，文化层厚度各地点不一，岗头部位平均厚1米多，往西到岗身部位渐薄，主要是薛家岗文化时期，也有少量张四墩类型时期的。

天宁寨遗址位于潜山县城，所在区域为海拔20—40米的平原、岗地，向西北几公里可进入丘陵、低山区。遗址在一个相对独立的椭圆形小山上，高10米左右，皖河、潜水分别从小山的东西两侧200米和1公里处流过。遗址面积约3万平方米，文化层最厚2.7米左右，属这一时期的最厚只有1米多，多数为50厘米左右，为黄色黏土。

黄家堰遗址位于望江县新桥乡联合村，所在小区域为武昌湖西岸小平原区，海拔只有10米左右，有小河从遗址旁流过，向东约2公里进入武昌湖，遗址周围0.5—3公里远即海拔20—40米起伏较大的大范围岗地。遗址中心面积约5万平方米，总面积可达数十万平方米，已发掘的墓葬区文化层较薄，只有几十厘米厚，为黄褐色土，时代较为单一。

汪洋庙遗址位于望江县赛口乡汪洋庙村，遗址所在区域为广阔的长江冲积平原区，西北面不远有新坝河、泥塘沟流过，东距长江约10公里，海拔仅10余米。遗址在一个较大的相对独立的山岗之上，山岗高10余米。遗址面积约4万平方米，文化层厚0.8—1米，主要为这一时期的堆积，平均厚约0.8米，文化内涵单纯，为灰黄色砂土。

夫子城遗址位于安庆市皖河农场中联村，南临金潭河，北距皖河约4公里，东南距长江约1公里，所在区域为皖河和长江的冲积平原，地势较低，海拔10米左右。遗址面积约1.5万平方米，文化层厚约1.4米，其中下层为这一时期堆积，厚近1米，为褐黄色或黄色土，文化内涵单纯。

黄龙遗址位于怀宁县黄龙乡杨家嘴，西侧有皖水自北向南流过，所在区域为皖水、潜水冲积平原区，海拔不足20米，东侧200米为略高出2—5米的低岗，其中一条较长的岗子向西伸向皖水，遗址即处在这条岗的尽头，并在岗两侧的平地中也有分布。遗址面积1万多平方米，文化层厚1米多，但新石器时代地层较薄，发掘的地点只有0.5米左右，为红褐或黄灰色土，文化内涵单纯，均为这一时期的堆积。

祠堂岗遗址位于岳西县温泉镇，所在区域为大别山腹地，海拔已达到500米左右。遗址在汤池河西岸的阶地上，地势平坦略向东倾斜，南、西、北三面为小山环绕，面积约2万平方米，文化层厚0.5—1.5米，为浅土黄色砂土。

这一时期的遗址分布一般有四种形态：一是在沿河、沿湖的高地上，或低矮丘陵的边缘地带或在一条较为狭长而平缓的山岗的尽头,面向水源,海拔大都在15—25米左右。这是大多数遗址分布的主要位置;二是在近水的平地上,地势平坦,较为开阔,但离遗址不远的地方都有丘陵或低山,海拔大都在10米左右。这类遗址的数量不是太多,但面积较大;三是在近水的低山或丘陵的山头顶部,面积都不太大;海拔在25—35米左右;四是在近水平地上,呈台形,数量很少。文化层厚薄不一,一般只有几十厘米,部分可达1米多。出土的遗物中,以泥质红胎或灰胎黑皮(衣)陶最具特点,器形盆形鼎、浅盘豆、带錾碗、实足鬶、陶球和枫叶形鼎足、鸭嘴形鼎足最易辨认,另外多孔石刀也是该文化的典型器。

3. 距今4 500年左右的遗址

数量很多,但经过发掘的较少,具有代表性的只有安庆张四墩[①]、潜山薛家岗、岳西祠堂岗遗址。

张四墩遗址位于安庆市白泽湖乡三义村,遗址所在区域为长江北岸的冲积平原,地势低平,河、湖密布,海拔只有10米左右。北约2公里有大龙山,海拔在50—300米左右,西约1.5公里为海拔20米左右的低矮平缓的岗地,再往西约5公里进入海拔50—200米左右的丘陵地带;东、南两面南距现今的长江北岸线约5公里。遗址紧靠石塘河尾的南岸,周围为低平的田地,现存面积约2万多平方米,因四周有土埂,文化层厚薄不一,中间平坦部分的文化层厚近1米,新石器时代地层约0.5米,以灰褐或黄褐色土为主,但文化内涵单纯,均为这一时期的堆积。

这一时期的遗址分布特点与薛家岗文化时期大体相同,但分布范围更广,数量更多,在这一区域中凡是有新石器文化遗存的遗址大多数都有张四墩类型的文化因素。出土的遗物中,陶器以夹砂黑皮陶特征明显,纹饰以篮纹为主,器形以篮纹鼎、甗、空心足捏流红陶鬶和侧装扁平三角形鼎足具有时代特点。

皖河流域的新石器时代遗址有如下特征:距今6 000—5 500年左右是这一区域文化的兴起阶段,遗址数量略多,特别值得注意的有两个地带:一是沿大别山东南麓自桐城南部到宿松的山前平原地带;二是东部自武昌湖到白荡湖之间的长条带状山脉的山前平原地带。在这两个地带的海拔20—40米区域内,中、小型支流附近相对独立的平缓岗地或山前坡地上可能会有新的发现,但这个时期遗址一般文化层较薄。器表呈麻点状的夹植物红陶、圆锥状鼎足和各种弯曲的鼎足是比较明显的指征。距今5 500—4 600年左右的遗址大都分布在沿河、沿湖的高地上和低矮丘陵的边缘

---

[①] 北京大学考古学系、安徽省文物考古研究所:《安徽安庆市张四墩遗址试掘简报》,《考古》2004年第1期。

地带,尤其是海拔15—25米左右、面向水源、狭长而平缓的山岗的尽头,应是调查的重点;而海拔在25—35米、相对独立、面积不大的小山顶也是值得关注的地点。带鋬碗、实足鬹、陶球和鸭嘴形、枫叶形鼎足为典型特征。距今4 500年左右的遗址分布总体上与前一时期相近,这一时期的薄胎黑陶、篮纹鼎、长颈捏流红陶鬹、侧装扁平三角形足是标准的断代器物。

## （四）皖南区——新安江、青弋江、秋浦河等诸小流域的遗址特点

该区考古工作不多,而且由于地理环境较为复杂多样,不同的小区域之间遗址面貌都存在着一定的差异,因此,本文将该区作为一个独立区域,仅仅是从大的地理单元角度考虑,该区域的划分并不说明区域内的文化面貌具有太大的统一性。

这个区域的沿长江地带和其支流青弋江流域中下游属于沿江平原、岗地和低矮丘陵,而其他大部分地区为皖南丘陵和山区。根据调查情况,本区域的文化面貌可以勉强分为东、西、南三个小区:沿江以铜陵为界,西区的东至、石台、青阳、贵池,也即秋浦河、青通河、黄湓河诸小流域;东区的马鞍山、芜湖、宣城也即青弋江流域;南区的新安江流域。但实际上,除沿江平原、岗地外,各小区的丘陵、山区的遗址分布都有大致相同的特点。因此,本文对遗址分布特点的探讨并不遵守上述三个小区的划分,而是按地貌将沿江平原、岗地归为一类,将丘陵、山区归为一类(图五)。

### 1. 沿江平原、岗地的遗址

经过发掘的新石器时代遗址有马鞍山烟墩山[1]、芜湖月堰[2]、繁昌鹭丝墩[3]、青阳仓园塝遗址[4],另外还有调查资料相对丰富的繁昌缪墩[5]、芜湖蒋公山[6]、宣城孙埠[7]、东至枣林湾遗址[8]等。

距今6 000—7 000年的遗址目前只有缪墩一处。位于繁昌县城东北3公里的峨溪河畔,部分被现河床所压,所在区域为峨溪河冲积平原,海拔5米左右,其南面1—2公里为海拔40—200米的丘陵、低山。遗址在现河床以下约4米深处,其上覆盖淤泥,

---

[1] 叶润清:《安徽马鞍山烟墩山遗址发现新石器至西周文化遗存》,《中国文物报》2004年6月11日第1版。
[2] 叶润清:《安徽皖江下游南岸地区史前文化试析》,《道远集——安徽省文物考古研究所五十年文集》,黄山书社,2008年。
[3] 本所发掘资料。
[4] 青阳县博物馆资料。
[5] 徐繁:《繁昌县缪墩遗址调查简报》,《文物研究(第七辑)》,黄山书社,1991年。
[6] 殷涤非:《芜湖蒋公山遗址调查小记》,《考古》1959年第9期。
[7] 余宜洁:《孙埠遗址》,《宣州文物(第一期)》,1983年。
[8] 本所调查资料。

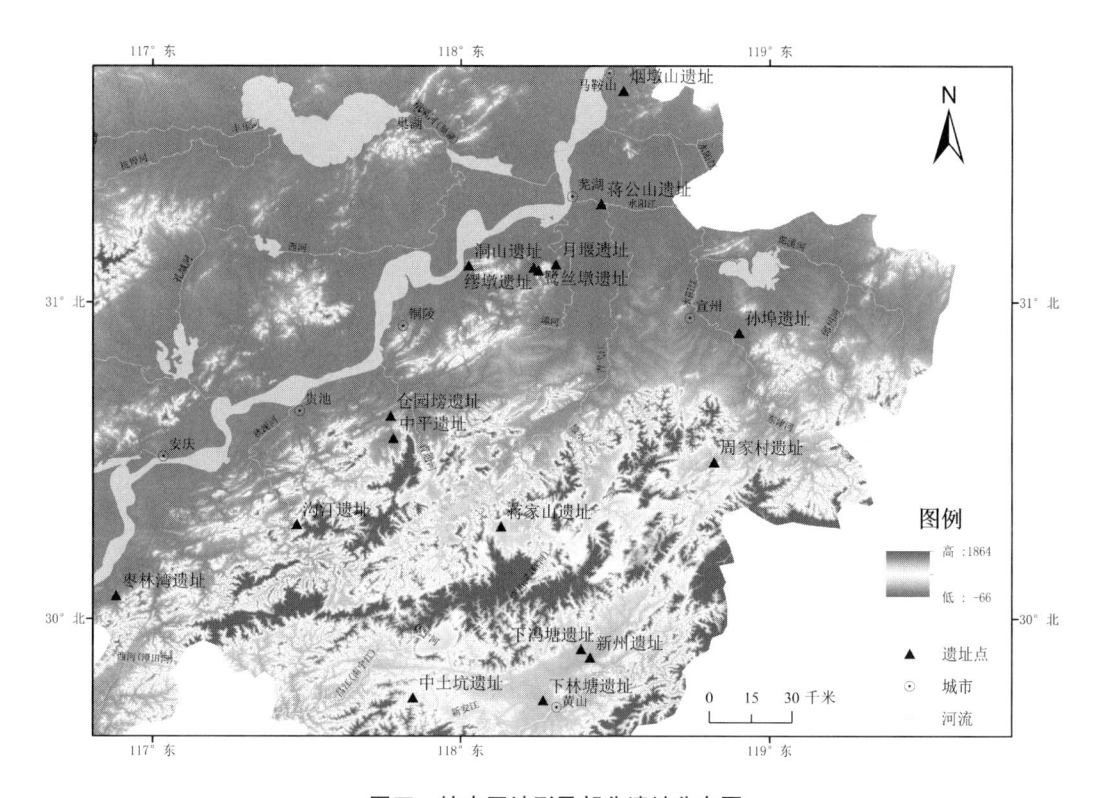

图五 皖南区地形及部分遗址分布图

面积、地层均不详。出土的遗物以夹蚌陶为主,夹炭陶次之,质地疏松,还有少量施压印纹白陶,器形多釜、双耳罐。

距今6 000—5 000年左右的遗址有烟墩山、月堰、孙埠等遗址。

烟墩山遗址位于马鞍山市佳山乡平山村,所在区域为长江冲积平原,海拔5米左右,其东面2公里外有低矮岗地、丘陵,遗址处在一个西北—东南向的长条形山岗之上,四周平坦,相对高度4—8米,东南侧有东河流过。遗址面积约3万平方米,文化层厚2—4米,其中新石器时代地层厚1米多,其上有较厚的西周地层。新石器时代地层主要有距今5 500年左右和近5 000年两个时期,以前者为主。陶器多泥质陶,其中灰胎黑衣陶特征明显,另有少量玉器、石器。

月堰遗址位于芜湖市峨桥镇响水涧村,所在小区域为低矮岗地,四周为低矮丘陵,海拔10米左右。遗址处在平缓岗地上,面积约2万平方米,文化层厚1—2米,可分两个时期堆积,下层为距今6 000—5 300年,上层为距今4 500年左右。下层陶器以泥质夹植物红陶为主,质地疏松,上层出土部分良渚式T形鼎足等。

孙埠遗址位于宣城市孙埠镇,所在区域为水阳江冲积平原,海拔不足20米,周围约5公里外为低矮丘陵。遗址在水阳江旁,为一较高的墩形台地,原有面积1万多平方米，较四周地表高5—8米，文化层厚约3米，下层为这一时期堆积，上层为周代堆积。

此外还有年代可能稍晚于前三者的蒋公山遗址。遗址位于芜湖市东南的大荆山上，青弋江环带于前，是圩田中的一座小山，山的最高处海拔约91米，所处区域是青弋江冲积平原区，地势低平，河网较多，海拔仅10米左右，顺青弋江往西约8公里即入长江。在山南部的黑土层中发现过较多石器，但陶片不多，该层厚0.2—0.5米，西部可能更厚一点。

距今5 000—4 000年的遗址在区域内虽有所发现，但见诸报道的较少，如在烟墩山、月堰均有发现。繁昌县荻港镇的洞山遗址大体也属这一时期，稍显特殊的是它与蒋公山遗址类似，遗址处在相对高度约50米的凤凰山东南侧半山腰，海拔16米左右，西北约300米即长江。遗址上发现过石器、陶器等。

枣林湾遗址位于东至县香隅镇西，所在区域为长江干流冲积平原，海拔约10余米。遗址在平地突起的一条长岗尽头上，岗顶相对高度约20米，较为独立，遗址总面积约15 000平方米。文化层较薄，这一时期的大概只有不足1米。

另2006年在繁昌鹭丝墩遗址发掘时曾在墩底部发现距今不到4 500年的地层和遗物。鹭丝墩遗址位于峨山乡沈弄村，所在区域与缪墩遗址相同，但地势略高，为平地上隆起的墩子，上部已被削平，现存面积约6 000平方米，墩高约1.5米，文化堆积厚约1米多，下层为新石器时代地层，较薄，厚不足50厘米，为黄色或黄褐色土。

综合以往的考古材料和笔者近些年的调查所见，我们可以知道类似于缪墩这样6 000多年前的遗址应在平原区的河流、湖泊附近，地势较低平，可能会埋于河湖相沉积的青灰色淤土之下，以质地疏松的夹蚌陶、大量兽骨为特点，如有较多木桩发现则更是值得重点关注。而到距今6 000年前后，遗址更多地分布在矮山岗、平缓岗地上，这种转变或可能意味着某种环境的大变迁，在马鞍山市、当涂县、芜湖县、宣州市、郎溪县、广德县的平原和岗地一带——即围绕石臼湖、固城湖、南漪湖分布着数量较多的距今6 000—5 300年左右的遗址，在沿江一带及支流两岸的平原、岗地也有发现，但有从铜陵开始越往西数量越少、分布越稀的趋势。因此，这一时期的遗址会较多地分布于河、湖边的平缓岗地、相对独立的小山岗上，或人工堆筑土墩子的下层，以厚重无孔的石斧、两侧缘薄似未开刃的大孔石钺、质地疏松表面呈麻面的夹植物红陶为明显的特征器。至于蒋公山遗址的性质可能会特殊些，或可能与石器制造有关也未可知。距今5 000年前后的遗址分布特点目前还不太清楚，但分析前后不同时期的遗址分布，可知这一时期的遗址可能会进一步趋向于水源而非避水，只是洞山、枣林湾两个沿江遗址表现出来的在山头之上的特性令人费解，或也与蒋公山遗址类似。距今

4 000多年的遗址对环境的适应性较强，分布面也较广，虽然也有在平缓岗地或小山头之上的，但更多的已在平原上出现，调查当中在商周土墩类遗址的下部接近周围平地的位置或墩子外围平地中可能会有发现。

2. 丘陵、山区的遗址

主要范围包括整个皖南山区及其边缘的丘陵地带，流域主要包括新安江流域、长江各支流发源于该区的上游地段。

目前经过发掘的遗址有青弋江上游的黄山蒋家山遗址[①]，水阳江上游的宁国周家村遗址[②]，新安江流域的歙县新洲[③]、下冯塘[④]、屯溪下林塘[⑤]、祁门中土坑遗址[⑥]，另外还有发表资料较多的秋浦河上游的石台沟汀遗址[⑦]、九华河上游的青阳中平遗址[⑧]。这些遗址的年代大部分为距今5 000年前后，其中下冯塘、下林塘则已到距今4 500年左右，中土坑更是接近于距今4 000年前。

蒋家山遗址位于黄山区甘棠镇南，处在黄山脚下低矮丘陵向西延伸的高岗上，南距黄山约5公里，西侧紧邻属长江流域的青弋江上游支流——婆溪河，在位置上近于长江流域和新安江流域的分水岭。山岗海拔约190米，相对高度10米左右。遗址的原有面积在6万平方米以上，现存面积超过3万平方米。遗址上的文化层不均匀，在山岗中间平坦较高处文化层很薄甚至缺失，而两侧斜坡处堆积较厚，基本上呈斜坡状，平均厚度1—2米，最厚处达4.2米，多为灰黄或黄褐色土。

周家村遗址位于宁国市东岸乡，处在西津河左岸二级阶地上，海拔超过100米，四周山高谷狭。遗址原有面积1万多平方米，文化层较为单一，耕土层下即为新石器时代遗存，堆积厚仅0.3—0.4米，遗物较少，其下为红色亚黏土。

新州遗址位于歙县城北约1公里处，处在一河边阶地上，北连锯齿山，为低矮平坦的小山岗，其余三面均为小冲积平原，稍远处环绕有扬之河、富资河、布射水，海拔120米左右。遗址依托平缓山岗，高出周围平地3—4米，总面积约数万平方米，下层

---

① 吴卫红：《安徽抢救发掘蒋家山新石器时代遗址》，《中国文物报》2004年11月10日第1版。
② 王峰：《宁国市周家村新石器时代遗址》，《中国考古学年鉴（2001）》，文物出版社，2002年。
③ 邵国榔：《歙县新洲发现新石器时代遗址》，《中国文物报》1987年4月17日第2版；安徽省文物考古研究所、歙县文物管理所：《歙县新州遗址东区、北区的发掘》，《文物研究（第十三辑）》，黄山书社，2001年12月。
④ 宫希成，程平：《歙县下冯塘遗址发掘简报》，《文物研究（第十一辑）》，黄山书社，1998年10月。
⑤ 杨德标：《屯溪下林塘遗址试掘简报》，《文物研究（第一辑）》，黄山书社，1985年。
⑥ 房迎三、宫希成：《新安江中上游流域的史前遗存调查》，《东南文化》2000年第1期。
⑦ 黄宁生、陈北岳、杜远生、李志明：《安徽省石台县沟汀新石器时代遗址的发现和初步研究》，《地球科学——中国地质大学学报》1995年第5期。
⑧ 青阳县文物管理所：《安徽青阳县中平遗址调查》，《考古》1997年第11期。

为新石器时代遗存,厚仅数十厘米到1米余,主要是褐色或灰黄色土。

下冯塘遗址位于歙县富堨镇,所在区域四周群山环抱,仅富资水两岸有小面积的河谷盆地相对较为平坦,海拔100多米。遗址就处在富资水东岸二级阶地边缘的一处岗地上,原有面积上万平方米。其中第③层为新石器时代遗存,文化层厚1米左右,仅最下一层为新石器时代,厚0.37—0.71米,红黄土略偏黄。

中土坑遗址位于祁门县凫峰乡凫坑村,所在区域为山间小盆地,较狭小,海拔近200米,遗址处在新安江上游的率水河西岸平缓阶地上,面积约1万平方米,文化层较薄且分布零散,厚约1米,局部仅几十厘米,为暗黄色砂土。另在该遗址北几公里的李源村下富洲一个30多米高的小山顶上也曾发现过遗物。

沟汀遗址位于石台县矶滩镇沟汀村,所在区域为中低山区,处在秋浦河东岸的阶地前缘地带,海拔约40米,三面环山,一面近水,为一个临河的小型盆地。遗址面积约2万平方米,从暴露的剖面可知文化层厚0.3—0.5米,为灰褐色土。

中平遗址位于青阳县庙前镇西南,九华河上游的八都河河谷东岸,所在区域为九华山西南麓,四周为海拔40—200米的低山丘陵地带。遗址三面临山,面积约2万平方米。

丘陵、山区的遗址分布特点是大都因地就势,但一般在紧挨河流的一、二级阶地或低矮山岗上,在一些海拔较高的丘陵低山区的山间小盆地中也有分布。在这些区域中,河流弯曲处平坦宽阔的阶地、伸向河边的长岗尽头、小盆地中间突起的独立矮山岗或台地是值得关注的对象。极个别类似于下富洲在相对独立的较高小山头顶部的遗址则与普通遗址可能会有功能上的区别,少见文化层,或许与祭祀有关。丘陵、山区的遗址一般分布密度较低,面积不大,大部分文化层堆积较薄,很多文化层厚度都不足0.5米,而且一个遗址常常只有一二层堆积,延续时间很短,年代偏晚。多数遗址时代相近。由于出土遗物中石器数量很大,特别是石镞、石网坠极多,而陶器普遍数量少、质量差,有较为明显的狩猎和渔猎经济的表现,因此石器中数量极多的石镞、小石钺、小石矛、两侧出角或带短柄石刀、两侧仅略打4个小缺口的网坠和少量打制的刮削器、尖状器是具有特征性的器物[①]。

## (五)安徽新石器时代遗址总体分布特点

1. 从遗址所在的地貌看,淮北和沿淮地区主要为平原区,山地、丘陵较少,早期遗址一般位于距河湖较近的山前平地,晚期遗址大多数位于平原区;遗址一般呈坰

---

① 朔知:《沟汀遗址的年代及皖南山区新石器遗址的几个问题》,《考古与文物》2002年第5期。

堆状,与河南东部和山东西南部的遗址基本相同。江淮地区主要是低矮的丘陵和岗地,遗址大多数位于丘陵和岗地靠近平地的平缓地带,其中一种狭长平缓、面向河流的长岗常成为先民们的首选之地。皖南地区除沿江平原的遗址一般分布在高墩、岗地边缘外,其他区域多为山地、丘陵或山间盆地,地貌各不相同,遗址的选择也是因地就势,多有不同,但总体上均在小河边的一、二级阶地上和山间小盆地的平坦地带。

2. 从遗址分布的密度看,北方多而密集,南方少而稀疏。其中淮北和沿淮地区的遗址约占总数的一半以上,尤以东部最为集中。江淮地区次之,主要集中在皖河流域和泛巢湖流域一带。皖南最少,分布较零散,但沿江平原、岗地相对较多,东部的石臼湖至南漪湖周边更多;丘陵、山区密度最小,仅新安江流域的屯溪—歙县一带较大的山间盆地中分布相对略多。

3. 从时代上看,北方年代早,延续时间长;南方年代晚,延续时间短。其中淮北和沿淮地区的年代在距今8 000—4 000年间,宏观年代框架已没有太大的缺环,而且单个遗址延续的时间都较长,文化层较厚,具有相对的持久性。江淮地区目前还缺乏6 000多年以上的遗址,以距今6 000—5 000多年的遗址较多,距今5 000年左右的遗址较少,到距今4 500年左右遗址再度增多;单个遗址的延续时间不是太长,文化层稍厚,少数遗址虽然延续时间较长,但各期文化之间存在较大的缺环,具有一定的间歇性。皖南地区除个别遗址的年代可能早于6 000年以前,绝大多数则在距今6 000—5 000年前后,距今4 500年左右的遗址也很少;单个遗址的延续时间都较短,文化层较薄,很多遗址只有一个时期的堆积。

## 三 考古调查方法

根据目前已知的一些分布规律,在第三次文物普查时应针对不同地域、不同时代的遗址,采取一些不同的调查方法。

### (一) 常规调查方法

可归纳为一看、二问、三总结。

一看:宏观上特别注意四种地理环境:1. 中型河流的二级、三级阶地,小河流的一级、二级阶地;2. 两河交汇处;3. 面向河、湖的长条形山岗尽头或漫坡状岗地;4. 周边平坦、相对独立的小山头。

微观上注意五个局部：1. 地表隆起处；2. 平地高起的台地；3. 其他与自然地貌不合之处；4. 地表植被异常之处；5. 充分利用各种剖面，包括商周时期台形遗址边缘的最下层。

二问：要多问、勤问、反复问。特别是当地流传下来的老地名，其中包含以下字眼的地名值得重点关注：墩、堆、台、城、墓、坟、墟，如古城子、神墩、大城墩、孤（崮）堆等。

三总结：及时总结一个小区域的调查结果，分析某个小区域的共性，这样再调查时就可以重点针对这些相似的地方开展。

此外还可以充分利用各种大比例的地形图、遥感图对重点区域进行判读。

## （二）课题性的调查方法

除常规调查以外，目前安徽新石器时代考古亟待突破的有以下几个方面：

一是寻找距今 7 000 年以前特别是距今 8 000 年以前的遗址。重点在淮北、宿州一带的丘陵、山地，沿江平原区。寻找淮河流域 7 000 年前的遗址，应注意丘陵、山地边缘的平缓略高地带，特别注意剖面上是否有多层大量夹水生动物和兽骨的地层。而沿江平原区则特别注意长江较大支流旁冲积平原区的淤土之下的剖面；丘陵山地中则关注较大盆地旁的洞穴、河边较高阶地。

二是在距今 5 000 多年前的遗址相对丰富的区域，寻找面积十万平方米以上的大型中心遗址。重点是巢湖流域东南部、皖河流域、沿江平原东部石臼湖至南漪湖附近。巢湖流域东南部注意伸向河流旁的长条形岗地及四周平地，皖河流域注意平原、低矮岗地一带距河、湖不远的背靠山岗、四周平坦的区域，沿江平原东部则注意距河、湖不远的较大面积平缓岗地。

三是寻找距今 4 500 年左右尤其是 4 000 年前的面积几十万至上百万平方米的大型中心遗址和史前城址。重点是淮河中下游之交的广大区域、皖河流域、皖西以六安为中心的区域。一般应重点关注遗址分布密度较大的平原，而四周有断续土埂以及四周高、中间低呈四边形或圆形的地貌形态则考虑是否是城址。

四是在遗址相对分布密集、地貌条件许可的区域，可以进行局部的区域系统调查方法。所谓区域系统调查方法实际上就是对一个划定的区域进行全覆盖式调查，也称拉网式调查，以期全面了解这一区域的遗址分布概况、变迁情况，以及它们在不同时期对环境的适应方式等。针对安徽南北不同的地貌特点，可以采取不同的具体调查方法。在淮河流域可以在较大的范围内逐个区域进行全面调查。但对丘陵、岗地区域，则可以采取以河流为轴心，按支流分小区域逐片调查的方式，这种方式要充分考虑到行走的方便,局部区域可能会避开,所以不是完全的拉网式,而是可以暂称之为半拉网式方法,但遗漏率并不高,是一种针对具体地貌的有效方法。

(原载于《道远集——安徽省文物考古研究所五十年文集》,黄山书社,2008年)

## 2021年1月22日　背景补记:

2008年是安徽省文物考古研究所成立50周年,也是第三次全国文物普查在2007年动员之后,开展实地调查工作的第一年。因为年前的"三普"培训以表格填写规范为重点,对于普查的核心——怎么找到野外文物点,没有特别培训,尤其是古遗址调查,如果没有一定的经验是难以发现的。因为历史的原因,省内不少地方的文物干部甚至连遗址都没见过,也就根本无法开展相应工作,我在各地工作时,有时便兼为他们讲解遗址调查方法,逢50年所庆要辑文纪念,便以此为文,也是前些年集中开展田野调查对省内遗址分布、特点的所思。

# 中国的区域系统调查方法辨析

区域系统调查在中国大陆的开展已有十余年,并取得了一些可喜的成果,但总体上仍处于摸索、实验阶段,系统介绍调查方法的更是凤毛麟角,究其原因在于多数调查仍处于借用或直接模仿时期。如何将源自西方的区域系统调查方法植根于中国考古学传统之中,乃是大家正在思考的问题。

## 一 名称之辨

### (一) 区域系统调查的思想背景

区域调查与区域系统调查是两个既相关又有区别的概念,两者均强调"区域"这一地理概念,但前者包含后者。一般情况下,考古学上的区域既指具有一定的相对独立性的地理单元,也可指具有相同文化或人群行为的区域,但更多的是侧重于地理概念。两者的不同之处乃在于"系统"二字。

"系统"这个概念最早在古希腊就已经使用了。从词源上讲,它表示群、集合等抽象意义。英文 system 一词在中文中被解释为体系、制度、机构、组织、方式、秩序等。从中文理解,"系"指联系,"统"指统一,"系统"则指有机联系和统一,是由相互作用、相互依存的若干组成部分结合而成的具有特定功能的有机整体,如文博系统包含博物馆、考古、文物行政等。因此,系统应满足如下三个条件:① 是由一些要素结合而成的整体,这些要素可能是单类的事物,也可能是一群事物组成的子系统;② 组成系统的各要素之间存在着相互作用、相互依存的有机联系,这是系统与一群彼此无关的事物的重要区别;③ 任何系统都有其特定的功能,这种功能是由系统内部各要素间的有机联系和它的结构所确定的、与各组成要素的功能不同的新功能[①]。

---

① 王诺:《系统思维的轮回》,大连理工大学出版社,1994年。

系统概念真正作为一个科学概念进入到科学领域，还是20世纪20年代以后的事。到40年代，美籍奥地利生物学家贝塔朗菲、美国数学家维纳、美国数学家香农先后创立了三门系统理论——系统论、控制论和信息论，合称"老三论"[1]。系统论强调整体与局部、局部与局部、系统本身与外部环境之间互为依存、相互影响和制约的关系。控制论是适应近代科学技术中不同门类相互渗透与相互融合的发展趋势而创始的，研究系统的状态、功能、行为方式及变动趋势，控制系统的稳定，揭示不同系统的共同的控制规律。信息论是用概率论和数理统计方法，从量的方面来研究系统的信息如何获取、加工、处理、传输和控制。

这些理论在创立之后获得了十分迅速的发展，并从哲学自然科学界快速渗透到了社会科学界，基于系统调查的聚落考古也不可避免地在西方考古学中迅速发展起来，并涌现了墨西哥盆地和瓦哈卡谷地等多个地区的调查典范。自20世纪80年代中期开始，以四川人民出版社出版的"走向未来"丛书为代表的几类丛书将"老三论"和70年代才陆续确立的"新三论"一并介绍到中国大陆，影响到中国大陆的各个研究领域和众多学科的研究思路，而中国考古学中"系统"意识也逐渐强化、明晰，成为引进国外基于系统论的聚落考古的思想基础。几乎是同时，中国的考古学也开始了一次巨大的转变：意识到单靠文化的分期、传播、变迁的研究来重建和解释古代社会是十分困难的，聚落考古方法的传入由此受到了重视，并有意识地开展起来，而作为聚落考古的重要基础和组成部分——区域系统调查因其便捷高效而逐渐成为一种重要方法。

## （二）中文语义的分析

这一方法进入中国大陆后有不同的定名，主要有区域（性）调查、区域系统调查、全覆盖（全方位）式调查、卷地毯式调查、拉网式调查等。前三者强调地理概念，而后两者的"卷""拉"则强调技术概念。从中国的实际情况分析，区域（性）调查实际上早已有所运用，不足以反映目前这种调查的特点；而全覆盖（全方位）式调查和卷地毯式调查则有"一个都不少"的完美之嫌；区域系统调查是一个相对宽泛的概念，其核心是地域选择的系统性、样品采集的系统性和信息分析的系统性三项，具有逻辑缜密的一整套方案，尤其是基于统计学概率学的定量分析；拉网式调查则仅仅是从田野技术角度更形象的一种表达方式，"拉"为动作，"网"为形态，具有明显的中文语义特点，它与卷地毯式调查相比，突出了"网"的可遗漏特性，更符合调查的实际情况。

---

[1] 王雨田：《控制论、信息论、系统科学与哲学》，中国人民大学出版社，1986年。

因此,中国目前所开展的此类工作,似以强调地理和定量分析的"区域系统调查"及强调田野技术形式的"拉网式调查"称谓为宜。从逻辑角度看,"区域系统调查"的外延更广泛,更具系统性;而"拉网式调查"主要是针对田野考古材料的获取而言,内涵更单纯,更具实用性,其实只是"区域系统调查"的一个主要组成部分而已。

## (三)从区域调查到区域系统调查

中国的考古调查在考古学发展之初即与具有相对独立性地理概念的"区域"而非泛意义的"区域"有关联,早在1940年代吴金鼎等在抗战的特殊环境下,便于云南洱海之滨开展了这一区域的调查,并合编了《云南苍洱境考古报告》[①]。1950年代,中国的局部区域开展了少数具有专题性质的调查,如三门峡漕运遗迹调查等[②],特别值得一提的是1959年徐旭生先生的"夏墟"调查[③],已具有区域和"夏"这两个要素集合的系统性概念,但缺乏样品采集和信息分析的系统性。这一时期开展的区域调查主要目的仍在于"发现",进而为诸如偏重时间轴的文化分期和偏重空间轴的文化交流传播等考古学文化研究打下基础。但是,同时具有明确课题意识和区域性质的调查——特别是围绕一个大型遗址的区域(性)调查还是在多个地方陆续有所开展,只是目的仍以狭义的考古学文化研究为主,在样品采集和信息分析上以有与无、多与少之类的定性为主,缺乏定量分析。

1984年,伴随着哈佛大学张光直先生在北京大学的讲座,针对人所赖以生存的聚落形态的考古开始进入中国大陆学者的视野[④]。有别于以往对单个遗址认识的诸如"良渚遗址群""石家河遗址群"等具有朦胧聚落考古意识的"遗址群"的概念开始出现。1989年严文明先生就中国新石器时代聚落进行了宏观研究,指出了开展聚落考古的必要性[⑤]。1990年,北京大学在湖北天门石家河、甘肃和宁夏的葫芦河流域率先开展了两项以聚落考古为核心但各有侧重的尝试性区域系统调查[⑥],前者侧重于分析由遗址反映的空间分布的变化规律和人类活动的规模,以及文化与环境变迁的关系;后者则在传统考古学研究之外还考察了遗址的空间关系、遗址群间的功能结构及遗址群的地形特点和人为原因造成的地貌特征,并运用了区域采集方法。两

---

① 吴金鼎等:《云南苍洱境考古报告》,国立中央博物院专刊,1942年。
② 中国科学院考古研究所:《三门峡漕运遗迹》,科学出版社,1959年。
③ 徐旭生:《1959年夏豫西调查"夏墟"的初步报告》,《考古》1959年第11期。
④ 张光直:《考古学专题六讲》,文物出版社,1986年。
⑤ 严文明:《中国新石器时代聚落形态的考察》,《庆祝苏秉琦考古五十五年论文集》,文物出版社,1989年。
⑥ 石家河考古队:《石家河遗址调查报告》,《南方民族考古(第五辑)》,四川科学技术出版社,1993年;李菲、李水城、水涛:《葫芦河流域的古文化与古环境》,《考古》1993年第9期。

项工作实际代表了中国考古学从传统的区域调查向区域系统调查的过渡。1991年，苏秉琦先生提出了重建中国史前史的构想曾引起巨大的反响，指出从研究史前考古学到研究史前史，考古学家在思想观念上、工作上要有个转变[1]。是重建文化史或政治史还是复原古代社会貌、如何重建等一系列问题摆在主要担负史前史重建重任的考古学家的面前。

从1994年开始，湖南考古所在澧阳平原开展了大规模的区域调查[2]，从聚落的角度进行了较为成功的实践，将环境、聚落变迁等一系列问题综合在调查之中，并有选择地开展了一些发掘，可以说具备了区域系统调查的若干要素，但从调查方法、信息采集上还属中国区域系统调查的前期阶段。

在与西方特别是美国考古研究机构日益增多的接触中，自1995年开始，山东大学与美国耶鲁大学和芝加哥自然历史博物馆联合开展了日照地区的调查[3]，这是中国大陆第一次完整按西方区域系统调查模式开展的工作。1996年中国社科院、内蒙古考古所、吉林大学在赤峰半支箭河中游也自主开展了接近于区域系统调查模式的调查[4]。自1997年开始，区域系统调查在全国各地开展起来，见诸报道的8项有河南洹河流域[5]、伊洛河流域[6]、灵宝[7]和洛阳盆地[8]，内蒙古赤峰[9]和岱海[10]，山西垣曲盆地[11]，陕西周原七星河流域[12]（表一）。另据了解到的不完全统计，还有正在进行或已完成但尚未有专业性报道的较大规模调查有：国家博物馆在晋南，国家博物馆、安徽

---

[1] 苏秉琦：《关于重建中国史前史的思考》，《考古》1991年第12期；《迎接中国考古学的新世纪》，《东南文化》1993年第1期。
[2] 裴安平：《澧阳平原史前聚落形态的研究与思考》，《庆祝张忠培先生七十岁论文集》，科学出版社，2004年。
[3] 中美两城地区联合考古队：《山东日照两城地区的考古调查》，《考古》1997年第4期。
[4] 赤峰考古队：《半支箭河中游先秦时期遗址》，科学出版社，2002年。
[5] 中美洹河流域考古队：《洹河流域考古研究初步报告》，《考古》1998年第10期。
[6] 陈星灿、刘莉、李润权、华翰维、艾琳：《中国文明腹地的社会复杂化进程——伊洛河地区的聚落形态研究》，《考古学报》2003年第2期；陈星灿、刘莉、李润权：《巩义市聚落考古调查取得丰硕成果》，《中国文物报》1999年5月19日第1版。
[7] 中国社会科学院考古研究所河南第一工作队、河南省文物考古研究所、三门峡市文物工作队、灵宝市文物保护管理所：《灵宝市北阳平遗址调查》，《考古》1999年第12期。
[8] 中国社会科学院考古研究所二里头工作队：《河南洛阳盆地2001—2003年考古调查简报》，《考古》2005年第5期。
[9] 赤峰中美联合考古研究项目：《内蒙古东部（赤峰）区域考古调查阶段性报告》，科学出版社，2003年。
[10] 岱海中美联合考古队：《2002年、2004年度岱海地区区域性考古调查的初步报告》，《内蒙古文物考古》2005年第2期。
[11] 中国国家博物馆考古部：《垣曲盆地聚落考古研究》，科学出版社，2007年。
[12] 周原考古队：《陕西周原七星河流域2002年考古调查报告》，《考古学报》2005年第4期。

表一 各项调查简况

| 序号 | 工作时间选择(年月) | 调查次数(年) | 实施单位 | 宏观地域选择 | 地理范围 | 调查面积(公里²) | 年代范围 | 目的 | 设备 | 设备和图 图 |
|---|---|---|---|---|---|---|---|---|---|---|
| 1 | 1990春、1991春 | 2 | 北京大学考古系 | 江汉平原 | 石家河遗址周边 | 8 | 新石器为主 | 为以后遗址的聚落形态研究提供了比较全面和实在的工作基础 | | 1:2 000地形图 |
| 2 | 1990.8 | 1 | 北京大学考古系 | 陇西黄土高原 | 葫芦河流域 | 应>1 000 | 大地湾一期—战国 | 考古和地理综合考察，研究全新世环境变迁和古文化的环境背景 | | |
| 3 | 1995.12—2008 | 14年 | 山东大学考古系、美国耶鲁大学和哥伦比亚大学自然历史博物馆等 | 胶东半岛 | 以日照沿海两城和尧王城为中心 | ≈1 000 | 新石器—汉代 | 中国东部地区晚期史前社会的发展进程 | | 1:1万地形图 |
| 4 | 1996—2000 | 5年 | 中国社科院、内蒙古考古所，吉林大学 | 内蒙古东部 | 赤峰半支箭河中游 | 221 | 先秦 | 为有效保护遗址提供第一手资料，学术研究、实习 | GPS、全站仪、小型飞机等 | 1:5万地形图和航片 |
| 5 | 1997.4,1997.9—11,1998.2—3 | 3 | 中国社科院考古所，美国明尼苏达大学 | 安阳洹河流域 | 以殷墟为中心，东西20，南北10公里 | ≈800 | 史前及商周特别是晚商 | 人类活动与自然环境的关系 | 测距仪、计数器、门氏色表、手铲、探铲等 | 1:3.5万地图，1:5万、1:10万地形图，1:2万彩色红外航片、1:3.5万黑白航片、TM陆地卫星影像 |
| 6 | 1998.1—2000.6 | 4 | 中国社科院考古所，澳大利亚拉楚布大学 | 洛阳伊洛河流域 | 伊洛河及其支流坞罗河(含天水河)、干沟河流域 | 124 | 裴李岗—战国 | 社会复杂化过程中的社会因素 | | 1:1万地形图 |

续 表

| 序号 | 工作时间选择（年月） | 调查次数（年） | 实施单位 | 宏观地域选择 | 地理范围 | 调查面积（公里²） | 年代范围 | 目 的 | 设备 | 设备和图图 |
|---|---|---|---|---|---|---|---|---|---|---|
| 7 | 1999.3 | 1 | 中国社科院考古所 | 河南灵宝 | 北阳平及阳平小顺，南北5 000，东西400—800米 | ≈3 | 新石器为主 | 初步弄清北阳平遗址的面积和文化遗存的特征及分布状况，着重考察遗址和周围环境的关系 | | 大比例尺地形图 |
| 8 | 1999—2001（未完） | 3年 | 吉林大学，美国匹兹堡大学，内蒙古考古所 | 内蒙古东部 | 赤峰市西南部，西北部 | 765.4（计划1 000） | 兴隆洼—辽代 | 聚落形态，社会发展模式 | | 放大的航片及数化地图 |
| 9 | 2000春—2001秋2002冬—2003冬 | 5 | 国家博物馆 | 山西南部 | 垣曲盆地及周边5个小流域 | ≈1 000 | 前仰韶—夏商 | 聚落形态的变迁 | 探铲等 | 1：1万地形图 |
| 10 | 2001.3—2003.6 | 8 | 中国社科院考古所 | 洛阳盆地 | 以二里头为中心，东西39.5，南北24公里的盆地大部分 | 712 | 先秦 | 史前及史初时期聚落形态及其演变以及人地关系较为全面的认识 | | 1：1万地形图 |
| 11 | 2002.7—8，2004.5—7 | 2 | 吉林大学，美国匹兹堡大学，内蒙古考古所 | 内蒙古岱海 | 永兴盆地和岱海盆地 | 304.4 | 新石器—元代 | 在对两个小的区域互相对比的基础上，力求对该地区历史上社会组织模式的发展变迁过程获得一个较为全面的认识 | | 1：1万卫星照片 |
| 12 | 2002.9—12 | 1 | 中国社科院考古所，北京大学，陕西考古所 | 陕西周原 | 七星河流域 | ≈100余 | 新石器—西周 | 了解遗址分布，研究新石器至西周末年聚落演变及人地关系变化，及周原原遗址的聚落布局 | GPS | |

注：根据发表资料综合而成，因发表的资料中与本文论述有关的缺项较多，本表内容或与真实情况略有差异，空格表示未发表相关信息而非工作中不具备此项。遭阳平原调查因缺乏相关信息未列入表中。以下诸表同此。

省文物考古研究所在安徽当涂姑溪河流域[1]、国家博物馆、河南省文物考古研究所、吉林大学在淇河中下游地区大赉店遗址群区域[2]、北京大学、美国哈佛大学、成都市考古所在四川成都平原、北京大学、国家博物馆等5家单位在礼县西汉水上游地段[3]、山东大学和美国芝加哥博物馆在胶南[4]，共6项调查。此外还有一些具有尝试性的小区域调查，如北京大学、山东考古所在山东桐林、中国科技大学在安徽马鞍山采石河流域[5]、中国文化遗产研究院、安徽考古所在安徽含山凌家滩周边[6]、国家博物馆等在山西原平市滹沱河流域[7]、山西省考古所等在吉县柿子滩附近区域[8]、潍坊滨海经济开发区的盐业遗址群[9]、河南省文物考古研究所与美国密西根大学等在登封王城岗[10]、贵州省文物考古研究所和四川大学在威宁中水盆地、武汉大学在河南淮滨黄土城遗址周边等。这已知的数十项调查中一部分属真正意义上的区域系统调查，另一部分仅是运用了"拉网式调查"的方法而并不具备系统性，但这类调查分布面较广，在它们的带动下逐渐在全国具有了普及之势，而2009年国家文物局颁布的《田野考古工作规程》已明确将区域系统调查作为将来考古工作的一个组成部分。

## 二 方 法 之 辨

### (一) 调查主体之辨

从上述情况可以了解到，列入的28项调查中，年代最早的2项调查均由国内同一所大学发轫，但技术手段主要沿用了当时所习见的常规技术，尝试运用了诸如系统采

---

[1] 朔知、庄丽娜、戴向明：《当涂县姑溪河、石臼湖流域先秦考古调查》，《中国考古学年鉴(2008)》，文物出版社，2009年。
[2] 范永禄：《鹤壁大赉店遗址群的调查与初步研究》，《中国文物报》2015年4月24日第6版。
[3] 甘肃省文物考古研究所、国家博物馆、北京大学考古文博学院等：《西汉水上游考古调查报告》，文物出版社，2008年。
[4] 《中美联合进行胶南区域系统考古调查》，属日照调查的延伸，参见：http://news.sohu.com/20071217/n254122570.shtml。
[5] 张居中、杨玉璋、蓝万里等：《马鞍山采石河流域区域系统调查初步报告》，《东南文化》2010年第1期。
[6] 朔知、丁见祥、罗虎：《凌家滩遗址周边考古调查》，《中国考古学年鉴(2008)》，文物出版社，2009年。
[7] 山西省考古研究所、国家博物馆等：《滹沱河上游先秦遗存调查报告》，科学出版社，2012年。
[8] 《山西吉县柿子滩旧石器考古获重大发现》，参见：http://www.cctv.com/news/society/20020418/299.html。
[9] 《潍坊滨海经济开发区发现大规模古代盐业遗址群》，参见：http://news.sohu.com/20091202/n268632409.shtml。
[10] 河南省文物考古研究所等：《颍河文明——颍河上游考古调查试掘与研究》，大象出版社，2008年。

集、环境研究等；之后1项由省级研究所开展，尚未达到真正的系统性。1991年《中华人民共和国考古涉外工作管理办法》颁布，为对外合作提供了政策保障。自1995年开始，5项与国外合作的项目陆续开展，其中4项来自具有完善的系统调查方法的美国，1项来自澳大利亚，这5项合作中，参加的国外人员有来自美国耶鲁大学、威斯康星大学、加利福尼亚大学洛杉矶分校、芝加哥自然历史博物馆、哈佛大学、密西根大学、明尼苏达大学、匹兹堡大学、伊利诺伊大学香槟分校，澳大利亚拉楚布大学，英国伦敦大学，以色列希伯来大学和地质调查局等，以美国的学者为多。他们为中国的区域系统调查带来了新的理念和技术方法，虽然在合作过程中双方就一些方法和认识尚存不同，但主要还是针对信息的处理方面。在实施过程当中，这些国外的技术、方法逐步"本土化"。在2002年之前，另有3项国内机构开展的调查，一方面接受了"拉网式调查"的方法，另一方面又针对本地的地貌特点融入了本土常用的传统方法，并尝试将两者结合，如对断面遗迹现象的充分关注，以河流为主线的局部网格式调查等。2002年之后主体有了明显变化，仅3项属于与美国合作，其他18余项均由国内机构开展（其中1项由具有美国学术背景的中国学者按美国模式开展），在主要运用国外方法的同时，探索了更适合于各区域地貌和满足各自研究需要的方法，但同时又出现了各调查方法多样甚至混乱之类的问题（图一）。

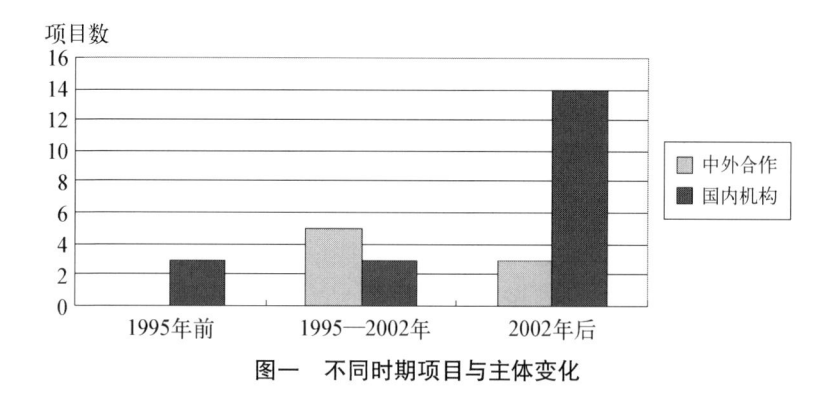

**图一 不同时期项目与主体变化**

## （二）田野方法之辨

无论是国际合作还是国内独立开展调查，针对调查方法的疑虑和讨论始终没有停止过，尤其是集中在调查包括的时代范围、操作方法中的样品采集、遗迹观察等几个方面。在已有报道中，除赤峰的调查报告专辟一章详介并分析了方法的运用外，其他调查对方法的描述都十分简略，造成了一种不便详述甚或是有些讳言的表象，其实中国考古学者的这种谨慎正是表达了对调查方法的疑虑和思考。

1. 调查目的

几乎已开展的所有调查项目,其目的都不外乎聚落形态、聚落演变和社会发展模式。在公布的12项工作中,有10项涉及人地关系或环境变迁,说明人与环境的考察已成为调查的主要甚至是必备内容之一,只有半支箭河中游调查另有政策层面上的为有效保护遗址提供第一手资料和主观意图上兼顾实习的双重目的。而探索适合中国各区域地形地貌和现实情况的方法、技术则很少纳入主动的目的当中,但这些经验的总结其实很有助于指导未来的工作。在宏观上,各项调查的目的多数是就课题本身而设想的,也缺乏所选区域是否能以及如何为将来更大区域、更大课题的工作进行衔接的考虑。

2. 区域范围

在中国考古学家的视野中,对区域的选择是驾轻就熟的,每项调查的区域都充分考虑到了当地的自然环境、地理特点和文化的因素,甚至人员方面的状况,而这些区域也大都存在着一些亟待解决的重要学术问题。在多数区域,由于经费和预期成果等各方面原因的制约,习惯于以一个重要的遗址或墓地为中心向四周辐射,其优点是可以快速寻找到突破口,这也是目前中国考古学的重要研究内容。但是,没有大的中心聚落的区域却占广袤中国的绝对多数,年代较早时期的中心聚落更少,即便在历史时期,政治影响贫乏的区域也是如此,而一些重要的学术问题并非需要围绕重要的遗址。忽视这一点,在某种程度上而言对全面复原古代社会的目的应是一件颇有些遗憾的事。因此,关注单纯的古代平民社会即所谓普通聚落的区域系统调查也可纳入下一阶段区域系统调查可以考虑的问题之中。

此外,区域的选择还有一个十分细小但并非不重要的问题,即该区域地表遗物和遗迹的可见度。地表遗物和遗迹的可见度会直接影响调查结果和分析判断,因此,并非所有的区域都适合开展区域系统调查。

在大的区域内,选择小的范围也是一件费神的事。一般而言,首先都会注意地形地貌的问题,通常有三种考虑:一是相对封闭的独立地理单元,特别是由丘陵、山地所隔离出来的盆地,或者由河流冲积形成的河谷地带,其范围便于明确划分,调查十分方便,是理想的首选之地,也是目前多数调查所选择的范围。二是在较大的平原区,并无山的阻隔,则以一条较大的河流或其支流的全流域作为调查范围,也是一种较为合适的方式,已有少部分调查采用了这种选择。这种地貌便于调查的开展,只是以流域作为调查范围则面积一般都较大,以目前的经费、人员局限或难以完成,而对流域局部的调查虽也可达到相当的效果,但终有不够全面之虞。三是无理想的地形地貌情况下针对某一或几个重要遗址周边的调查,在这种情况下其范围的选择似应相对宽泛些,而不宜过早绝对划定,只能在调查过程中根据已了解的聚落分布的稀疏程度加以调整。

目前的调查对范围的确定有一个值得关注的问题,即调查时间普遍偏短,范围普遍偏小。已公布材料的12项中,调查年度超过10年的只有1项,5年的1项,4年1项,其余9项都在3年以下(图二)。若加上已知的其他调查项目,也有4项的调查年度不足3年。在时间的限制下,已完成或计划完成约1 000平方公里的只有4项,超过700平方公里的有2项,还有6项在300平方公里左右或以下,最小的只有3平方公里左右(图三)。

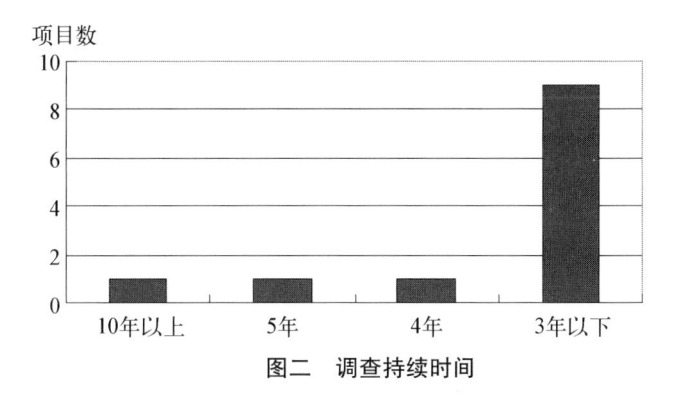

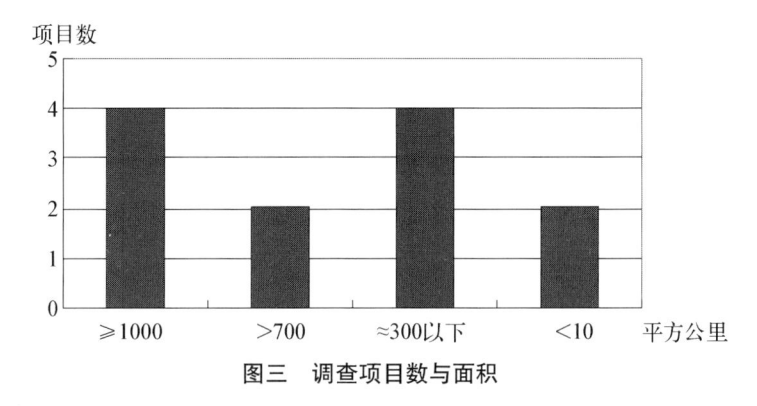

图二 调查持续时间

图三 调查项目数与面积

虽然造成这种状况的原因主要不在于调查者本身,而多数来自客观条件特别是课题结项、经费和人员方面的限制,但这些数据反映了一个明显的事实:中国的区域系统调查缺乏大规模、长时间的连续工作,总体上偏向于"短平快",由此造成的后果是:系统调查仍然缺乏足够的系统性,而范围的不足则直接导致了研究结果可能的片面性。

3.年代选择

囿于中国考古学的固有传统,目前已实施的绝大多数调查都将年代划在先秦时期。纳入表一的已公布材料的12项调查中,年代下限主要限于新石器的有2项,限于西周以前的有3项,限于战国或先秦的有4项,另有1项延续到汉代,而延续到宋元时期的2项则均有美国匹兹堡大学的合作(图四),其他未公布材料的调查其实也多数选择了以先秦为限。这实际上反映了中国考古学的一种研究取向,也是具有大量历史文献的中国所特有的研究方式。但随着考古学研究的发展,全面地研究中国历史,特别是目前所热门的人地关系研究更需要从一个长时间段内考虑问题,只要在条件许可的情况下,年代的选择或应向下有适当的延伸。

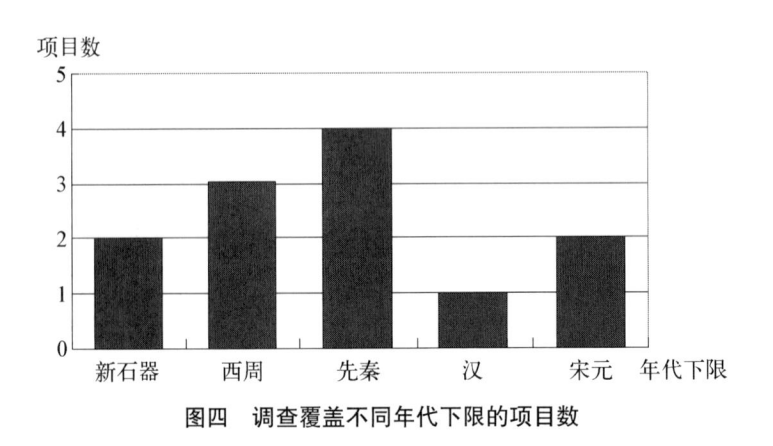

图四 调查覆盖不同年代下限的项目数

### 4. 操作方法

田野中的具体操作方法虽然属细节问题,但它可以直接影响信息采集和信息分析的有效性和准确性。实地踏查的方法和样品采集的方法是操作方法的核心内容。据已公布的12项调查材料,该方法既有相同之考虑,又有不同之区别(表二)。

(1)实地踏查方法。可从人数组成、间距、线路和单元设计、调查局部区域的舍弃、断面观察与钻探手段的使用几方面了解。

人数组成:并无固定原则。除早期的石家河调查外,自1995年国际合作开始,各项目都采取了以数人为一组的方式,而具体数量少则3人,多则10人,一般以5人左右为经典组合。人数多少一是取决于可参加人数的情况,二是取决于当地的地理情况,总是以最适合于开展调查同时也最便于人员往返交通为准。从实际操作的方便角度考虑,仍是以5人左右为宜,人数过多可以再分为两个小分队,并列前行,相互照应。

人员间距:目前最习用的是源自美国的30—50米间距,其中洹河流域和洛阳盆地的调查采用了灵活的方式,前者根据当地情况分别以10、20米的高密度和50、60米的低密度两种方式;后者则一般以20—30米的中高密度,贫乏空白区以50米或更大

·中国的区域系统调查方法辨析·

表二 各项调查的田野操作方法

| 序号 | 区域 | 人数 | 间距（米） | 路线和单元设计 | 优选调查区 | 放弃调查区 | 断面观察 | 钻探 | 采集方式-遗物 | 采集方式-零星陶片 | 采集方式-土样等 | 记录内容-定位 | 记录内容-标图 |
|---|---|---|---|---|---|---|---|---|---|---|---|---|---|
| 1 | 石家河周边 | 2 | | | | | 寻找文化层剖面 | 必要的钻探 | 地表随意采集，剖面采集 | 设置采集区，全部采集 | | | 各种现象标注图上 |
| 2 | 葫芦河流域 | | | | | | | | | | | | |
| 3 | 日照沿海 | 6—8 | 40—50 | "一"或"V"形，50米以上，"之"形，确认后集中集力量调查。以自然界边路边为单元划分 | 全覆盖 | 无 | 断面，遗迹 | 无 | 以50×50米为一个采集区 | 采集，注于图上 | 个别采集 | | |
| 4 | 半支箭河中游 | | | | 全覆盖 | 无 | 遗迹 | | 采集 | | | | |
| 5 | 洹河流域 | 3—6人为一组 | 10、20或50、60 | 一是已知地点复查；二是两村之间空地为单元，直线(50米以上"之"线)前行 | 地势相对较高地带 | 汉以后沉积新台地 | 断崖，现代取土坑 | 针对冲积掩埋区，重点遗址 | 采集 | | 殷墟文化层中的微小动植物标本 | GPS | 路线标图，陶片采集点作记号 |
| 6 | 伊洛河流域 | 7—10 | 15—30 | | | | 各种遗迹 | 重点遗址 | 可供断代的遗物 | | 浮选，孢粉，植硅体样品 | GPS | 遗物遗迹标在图上 |
| 7 | 灵宝 | | | | | | 断崖，文化遗迹重考 | | | | 灰土，用于浮选和植物硅酸体，孢粉 | | 重要的文化现象和文化遗存的分布准确地记录在地图上 |

· 357 ·

续表

| 序号 | 区域 | 人数 | 间距（米） | 路线和单元设计 | 优选调查区 | 放弃调查区 | 断面观察 | 钻探 | 采集方式 遗物 | 采集方式 零星陶片 | 采集方式 土样等 | 记录内容 定位 | 记录内容 标图 |
|---|---|---|---|---|---|---|---|---|---|---|---|---|---|
| 8 | 赤峰 | 4人为一组 | 50 | 因地形,有些顺冲沟平行设计 | 全覆盖 | 无 | | | 1公顷(1万平方米)为一个采集区 | 2片以下不予采集,也不记录 | | | 遗物的分布范围标于卫星照片上 |
| 9 | 垣曲 | | | 以河流为线,呈辐射状踏查 | 河谷阶地 | 山区 | 断崖 | 确认的遗址每个单元格2—3孔 | 确认的遗址在1:2000图上,以20—30米边长网格化,有序或控制性抽样选取单元格并在其西南角5×5范围为采集区 | | | | 面积、范围标于1:1万图上 |
| 10 | 洛阳盆地 | 6—8 | 一般20—30。贫空白区50或更大 | 遗存密集区集中复查,50米以上"之"形前行 | 全覆盖 | 现洛河、伊河及伊洛河漫滩 | 陡坎,取土坑,清理暴露遗迹 | | 可供断代的遗物 | 采集,注于图上 | | GPS | 遗物和遗迹标在图上 |
| 11 | 岱海 | 3—4 | 20(针对散居特点的高密度调查) | | | 无 | | | 以100×100米为一个采集区 | 1公顷范围内只1块陶片,也不作一个采点 | | | |
| 12 | 七星河流域 | | 5？ | | | | 断崖,土坎等 | | | | | GPS | 遗物的分布范围标于卫星照片上 |

间距。而伊洛河流域调查则采取了15—30米的中高密度。岱海调查针对当地散居的特点,采用了20米的高密度。最极端的则属周原七星河流域调查,采用了5米的超高密度[①]。

人员间距是根据地形地貌和地表遗物丰富的程度而选择的,同时也需兼顾避免人力物力的浪费,每个区域还可根据以往工作所知的当地的聚落密度大小甚或散居的程度来决定,岱海的高密度调查便是充分考虑到了这种因素。而50米以上的间距,对于北方平原区遗址普遍偏大是适用的,但对南方地区特别是商周时期常有的仅有数千平方米的聚落而言,容易造成遗漏。至于同一项调查采用多种不同的间距,虽从统计学角度而言是允许的,但这种所谓"学习过程"中的变动应有相应的详细记录,否则在信息分析过程中易造成偏差。

线路和单元设计:是一项基于节约时间、费用和体能的智力工作。在多数调查中,都有合理的设计,其基本原则是将调查区域划分为网格状,分片进行。其中赤峰的调查因部分地段沟壑纵横的地形原因,有些线路改为顺冲沟方向平行的设计;而垣曲的调查则因山多之故,是以河流为线,沿河流两岸呈辐射状踏查。一般均以"一"字形前行,部分调查在间距50米以上时采取了"之"字形前行方式。若遇有陶片等线索,多数采用了集中小组力量集体调查、确认的方式。个别项目则采用了极端的直线方式,是以手持GPS上的经纬度数据为准,不论地形地貌如何均径直前行。

局部区域的舍弃:这是一个敏感的问题,涉及调查材料是否完整和统计学意义上的人为干预,也即舍弃须有充足的理由。报道的材料中日照、半支箭河中游、赤峰、岱海的调查均采取了全覆盖的方式,而洹河流域因年代选择之需,对可以确认的汉以后沉积的新台地予以舍弃;洛阳盆地的调查则对现伊河、洛河及其河漫滩予以舍弃;垣曲调查对河谷阶地予以优选,但对山地则舍弃。

几处真正的全覆盖式调查均因该区域在山顶、山腰等地发现过祭祀等遗迹或遗物而认识到必须采取全覆盖。舍弃,客观上自是无奈之举,但除个别客观因素如沉积原因外,一般情况下似以不舍弃为优,特别是在以往考古工作和认识并不十分充分的区域,因为一旦舍弃将无法验证这一决定的正确与否,如近期在湖南永州坐果山等处发现的商周遗址竟坐落在以往难以想象的、崎岖不平的山顶上[②](图五),而笔者也曾在山区的小山顶见过在挖坑时出土陶器。当然这样的几率并不是很大,却要费上数倍的精力,有事倍功半之嫌,但是作为系统调查,对于舍弃的选择还是慎重为好,当然

---

① 这一数据大大超出正常研究需要,是原文校对错误还是实际情况,或其他操作问题?——作者注。
② 柴焕波:《湖南潇水流域聚落考古取得重大突破》,《中国文物报》2009年11月20日第4版。

图五　湖南永州坐果山商周遗址

只要是理由充足,也是完全可以选择的。谨慎舍弃还有一种考虑则是"证有"与"证无"的问题,经过调查证明确实没有遗物、遗迹,对于大范围的聚落群的研究也是有意义的。

断面与钻探:断面观察除赤峰调查未明确表达但实际上是作为采集点外[①],其他诸项目均无一例外地予以了充分的关注,这是中国考古调查的特色之一,也是中国考古学者最擅长的方法。虽然西方的部分调查只坚持地表采集的原则,但在中国,随处不在的断面不仅给我们提供了线索,更是确认遗址的证据,观察是十分必要而有效的,只是对于设定好的系统调查而言,这类信息在处理时应单独处理而不必与地表采集的信息混为一谈。钻探与断面观察一样,也在数项调查中加以采用,但运用程度要低得多。

（2）样品采集方法。样品包括陶片、石制品等遗物和土样等环境分析材料。各项目多有不同,主要体现在一是遗物采集的方式,二是对零星陶片的处理。

---

[①] 赤峰中美联合考古研究项目:《内蒙古东部(赤峰)区域考古调查阶段性报告》(第43页):"有的采集点没有任何陶片……一部分为墓葬址或其他未见相关地面遗物的古代遗址;还有的则是可见建筑遗迹的地点。"科学出版社,2003年。

遗物采集方式在最早的石家河调查中是地表随意采集和剖面采集相结合。日照调查是在发现陶片之后以50×50米为一个采集点(区)。赤峰调查显得较为复杂,是在发现陶片之后以1公顷(100×100米)作为一个采集点(区),并设定以20片陶片为一个采集点(区)中的可供统计分析的最低样本数(除了无法找足的情况下小于此数),而即使在陶片丰富的情况下,基于统计学考虑也极少会采集50片以上的陶片。具体方法是在1公顷采集点(区)内选取一个最具代表性的地点,这个地点为3米直径,圆圈中的所有遗物都被采集,如果不足20片陶片,则在附近另作一圆圈采集,直到达到样本的最低限数(20片)。岱海调查采用的是与赤峰同样的方法。垣曲盆地对遗物丰富的遗址的采集方式则是在已确认的遗址上将整个遗址以20—30米网格化,有序或控制性抽样选取单元格并将其西南角5×5米范围作为采集点(区)。另据了解也有以20×20米或2×2米作为采集点(区)的。其他多数项目一般只是采集可供断代的遗物。

对于无法确认是否是遗址的零星陶片,各项调查的处理方式也有不同。石家河调查是设置采集区后全部采集。日照和洛阳盆地的调查是1片也采集并标注图上。赤峰调查则是一两片陶片均不采集也不记录,但同样的三家合作单位在岱海调查时却改变了方法,在1公顷范围内只有1块陶片也作为一个采集点(只是实际调查人员为中方学者),按报告的说明:"实际上这样有助于了解这个陶片原来所在的遗址从废弃到被重新发现的过程。"[1]这也体现了中国与西方学者之间在采集方法上的不同思路。

至于土样等环境分析材料的采集,只有几个项目予以了关注,多数调查并未实施这一行动。

关于采集区(点)的概念:是指"以小于遗址的空间分割来采集足以维持量化分析的遗物"[2]的一个区域,也是最重要的基本分析单元。按照中文的语义,似应以采集区加以命名更为妥当,毕竟它所代表的是一个微区域,若按赤峰的采集方式,在采集点内再划出一或几个小圆圈,其称呼就难以命名了,因此范围较大(如10×10米以上)的可称为采集区,而范围较小(如5×5米以下)的则可称为采集点。

这个概念实际上涉及图上的分辨率问题,也即该采集区(点)落到地图上以后所表现出来的可辨程度。如图所示(图六),假如在一个100×100米的范围采集到6片

---

[1] 岱海中美联合考古队:《2002年、2004年度岱海地区区域性考古调查的初步报告》,第4页,《内蒙古文物考古》2005年第2期。
[2] 借用周南等人对采集点的划定原则,见赤峰中美联合考古研究项目:《内蒙古东部(赤峰)区域考古调查阶段性报告》,第48页,科学出版社,2003年。

陶片,若以100×100米为采集点(区),只在图上形成一个点;而若以50×50米为采集点(区),则在图上可以形成3个点;若以20×10米为采集点(区),则在图上可以形成4个点。分辨率的大小并不是越小越好,而是需要根据遗址的实际情况来确定,但在同一个调查当中,这种标准应当统一。分辨率的需要目前有二:一是确定遗址的分布,若一个遗址面积可达10万平方米,以100×100米作为采集点并无不妥,但对于只有数千或几万平方米的遗址而言,则缺乏基本的分辨率。二是在信息分析中有关陶片分布范围尤其是遗址可能的功能分区等研究,若分辨率过低便无从谈起,对于一个重要的大型遗址,适当的分辨率可以有助于详细的分析。

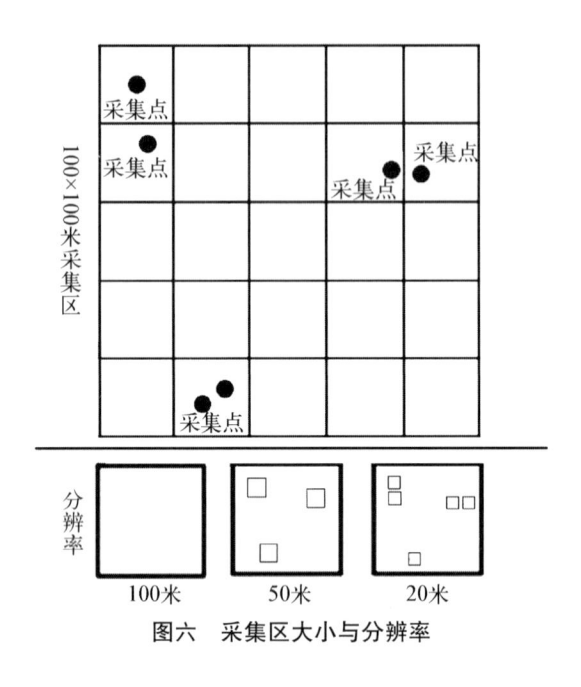

图六 采集区大小与分辨率

调查中对于已发现的陶片等遗物的主观取舍,会造成在系统采样中不应出现的"人为干预"而导致信息分析时的误差,因此需尽量避免。而对零星陶片的处理,也当取慎重态度,毕竟它的出现自有其原因,对它们的采集和记录会有助于后期的进一步系统分析。此外,在针对大型遗址的调查时,不仅陶片、石制品等遗物需要关注,红烧土块和其他遗物即便是不采集也可加以记录,它们同样会对分析遗址的功能分区有益,我们在对凌家滩遗址的调查中,曾对红烧土块进行了点位记录但未加采集,后期在与剖面所见红烧土层分布进行分析时,即发现两者之间有较好的对应关系。

(3)样品和遗迹位置的记录方法。一般有两种:一是直接标绘在1∶1万甚至更大的地形图或放大的航空照片、卫星照片上;二是直接用GPS测点,只要测量误差在目前设备估计误差的范围内,都不会有太大问题。

## (三) 信息分析之辨

无论野外信息的采集是采用何种理念、何种方法,最终都必须经过信息的分析整合才可成为进一步研究的对象,其中最基本的几项涉及遗址的判定、范围的判定、时代的判定、相邻聚落的间距划分、等级的判定,此外还有多学科的问题(表三)。

### 1. 遗址判定

由于系统采样的需要,首先需要明确的是采集区(点)与遗址的关系,即可能一个采集区(点)就是一个遗址,也可能几个采集区(点)属一个遗址,这一点在赤峰报告中有详细的解释。归纳起来,各项目均认同遗迹的存在是遗址判定的确切标准,而通过地表采集的陶片来判定是否为遗址并非十拿九稳的事,因此各自规定了陶片数量作为判定遗址的最低标准。

标准的划分有两种:1片以上、3片以上。日照、半支箭河中游、岱海的调查是1片以上;而伊洛河流域和洛阳盆地的调查则是100米距离内至少3—5片陶片;赤峰调查与伊洛河流域调查相同,是1公顷采集区内至少3片陶片,其原则是"从发现第一片陶片的地方再按其调查路线前行100米后没有人发现任何其他陶片,这片陶片就被扔掉,这一地点不被看作一个遗址,有关这一地点的资料也不做记录。但是,如果在100米之内发现了第二片陶片,整个调查组则聚集在这一区域更密集的搜寻更多的陶片或其他遗物。如果没有发现其他遗物,这两片陶片就被扔掉,其资料也不做记录。但是如果找到三片或更多的陶片,这一地点就被认为是一个考古学遗址,遗物被采集,资料也被记录下来。"[1] 其他调查的判定标准尚不知晓。

即使确定了陶片的最低数量标准,陶片分布的成因特别是陶片稀少的散布点是每个调查都会遇到的问题,各家也都有所分析,重点则是针对农村撒土肥田和土地平整现象,但加以讨论并发表的只有赤峰、岱海、日照和洛阳盆地4项调查。赤峰调查报告中曾对"小采集"(陶片数量较少)进行了详细的多角度统计学分析,针对每一项可能的后期人为现象都进行了多重而不仅仅是单项分析,认为至少有一部分的小采集点极有可能是古代人类活动的原生遗存[2],这是目前为止国内唯一一项详细分析了这种情况的调查。洛阳盆地调查列举二里头遗址实际面积约300万平方米与地表散布陶片540万平方米的差距,通过查阅土地利用记载和访谈证明了人为搬运的存

---

[1] 赤峰中美联合考古研究项目:《内蒙古东部(赤峰)区域考古调查阶段性报告》,科学出版社,2003年,第42页。

[2] 赤峰中美联合考古研究项目:《内蒙古东部(赤峰)区域考古调查阶段性报告》,科学出版社,2003年,第43—47页。

表三 各项调查的信息处理方法

| 序号 | 调查区域 | 遗址判定 最低标准 | 遗址判定 确切依据 | 遗址判定 陶片分布成因 | 范围判定 | 时代判定 | 相邻聚落的间距划分 | 单聚落的多时期分布范围划分 | 各聚落时期性判定 | 等级分析依据 | 环境、资源分析 |
|---|---|---|---|---|---|---|---|---|---|---|---|
| 1 | 石家河周边 | | 遗迹 | | | 陶片为主 | | | 陶片 | 面积 | |
| 2 | 葫芦河流域 | | | | | | | | 陶片 | | 考古学文化空间分布:纬度、离河高度、海拔高度。活动规模、植被状况。环境数据 |
| 3 | 日照沿海 | 1片以上 | 遗迹 | | 陶片分布、断面 | 陶片为主 | | | 陶片 | | |
| 4 | 半支箭河中游 | 1片陶片 | 遗迹 | | 陶片分布的四至为主,遗迹分布为辅 | 陶片为主 | 沟、坎等自然界限和人为界限,近距离虽有分界但遗物少的暂合为一 | | 陶片 | 未分析 | |
| 5 | 沮河流域 | | 遗迹 | | 陶片分布、断面 | 陶片为主 | >100米 | 陶片分布 | 陶片 | 聚落面积 | 白家坟东地土壤发育学分析和遗址成因等。兼有地质调查 |
| 6 | 伊洛河流域 | 100米距离内至少3—5片陶片 | 遗迹 | | 陶片分布,必要的钻探资料 | 陶片为主 | | | 陶片 | 聚落面积、城址 | 地质考古学调查,古植物学分析,石器原料 |

续 表

| 序号 | 调查区域 | 遗址判定 最低标准 | 遗址判定 确切依据 | 陶片分布成因 | 范围判定 | 时代判定 | 相邻聚落的间距划分 | 单聚落的多时期分布范围划分 | 各聚落等时性判定 | 等级分析依据 | 环境、资源分析 |
|---|---|---|---|---|---|---|---|---|---|---|---|
| 7 | 灵宝 | | | | | 陶片为主 | | | 陶片 | 面积 | 地貌 |
| 8 | 赤峰 | 1公顷内至少3片陶片 | | 有详细分析 | 一或几个采集点构成一个遗址 | 陶片为主 | >100米 | 通过20片以上样本分析 | 陶片 | 面积 | |
| 9 | 垣曲盆地 | | | | 陶片分布、钻探、遗迹平剖结合 | 陶片为主 | | | 陶片 | 面积 | 地质地貌 |
| 10 | 洛阳盆地 | 100米距离内至少3—5片陶片 | | 据遗址存在状况、微地貌甚至目前属地分析，注意现代人类行为的影响 | 陶片分布 | 陶片为主 | | 陶片分布 | 陶片 | 面积 | |
| 11 | 岱海 | 1片，只发现几块陶片的采集点，要考虑它们在多大程度上受到自然或人为的影响 | | 遗物少和未见文化层的地点，考虑到原生、自然和人为各种因素，并加以判断 | 以采集点作为统计不同时代遗址分布范围的最小单位，小于100米合并为一个遗址 | 陶片为主 | >100米 | 陶片分布 | 陶片 | 面积 | |
| 12 | 七星河流域 | | 遗迹 | | 陶片分布、遗迹等 | 陶片为主 | | | 陶片 | 面积 | |

在,同时还利用钻探资料证明了遗址西北部散布陶片小于实际面积的情况①。日照调查则在对零星陶片存疑的同时,指出这类现象是否包含了古人"活动范围""临时居住地"等方面的含义②。岱海调查基于研究课题涉及小规模的、也许是人类短暂居住过的遗址之需,对于只发现几块陶片的采集点,更多地考虑它们在多大程度上受到自然或人为的影响,认为这实际上有助于了解这个陶片原来所在的遗址从废弃到被重新发现的过程,并以3处只有1片老虎山文化陶片的地点为例,分析了它们作为临时居地或者祭祀场所的可能性。

实际上,大家都承认合乎陶片数量标准的也并非全部都能够判定为遗址,而是可能性增大。在对遗址的判定上,不轻易放弃一片陶片是一种谨慎的选择,而对采集多片陶片的地点也不能轻易地认定为遗址,还需确凿证据——特别是遗迹和原生文化层——加以证明,至少也应采用多重证据法证明。确凿证据的获得可以通过对断面的观察,也可通过钻探,对同一地点的多次反复调查也是增加其可靠性的一种方式。但是对于墓地或祭祀遗址而言即使断面观察或钻探所能发现的几率仍不高,如果可能的话,甚至可通过适当的小规模试掘加以验证,其他诸如电磁法等科技手段也可同时混合使用。对于需要钻探才能得到的可能结果,也不能给予以过高的估计,因为钻探有其自身的局限,尤其是类似于赤峰地区的山丘型遗址,由于存在年代短暂,文化层及遗物原本不多,在千年的风化剥蚀之后很容易自然消失③;南方丘陵山区中的部分岗地型或位于山谷边阶地上的遗址也存在同样的状态,这种情况下,钻探的证"无"作用也不能轻易加以肯定,仍需要多重证据的证明,或者考虑其他的可能性。

对于有较多小采集点的区域,在无法寻找确凿证据的情况下,类似于赤峰调查那样的多重的统计学分析则是十分有用的,也即将各种可能发生的次生情况都充分加以考虑,再针对每一项可能性同时进行各个角度的多重分析、排除以求得最可能的结果。岱海调查中采取的分析方法也是值得提倡的。至于洛阳盆地调查的做法,更是表现了中国学者利用文献和访谈来解决问题的长处。

2. 范围判定

范围的判定包括两个方面,一是遗址的面积判定(含相邻两个遗址之间的划分);二是遗址内多个时期聚落的面积判定。

遗址的面积判定无一例外都以陶片的分布作为主要依据,部分调查同时结合断

---

① 中国社会考古研究所二里头工作队:《河南洛阳盆地2001—2003年考古调查简报》,《考古》2005年第5期。
② 方辉:《对区域系统调查法的几点认识与思考》,《考古》2002年第5期。
③ 赤峰考古队:《半支箭河中游先秦时期遗址》,科学出版社,2002年,第309页。

面观察到的遗迹或依地形估算,多数调查是根据地表遗物、遗迹、断面三种传统的方式进行简单的计算,而运用了采集区(点)采集陶片的调查则另有一套计算方式。下面以半支箭河中游、垣曲盆地、赤峰(另有日照、岱海、伊洛河流域3处调查采用的方法与赤峰相同)3个对计算方法有详细介绍的调查为例。

半支箭河中游调查:对遗址的面积计算是以陶片分布的四至为主,以遗迹的分布为辅,"缺少陶片或未见任何遗物而有明确遗迹现象的遗址,只好通过遗迹显示出来的线索来推定遗址的范围(如KY3),对于仅见极少数陶片的个别遗址,则主要凭在以往调查中摸索出的经验,大致推定它们可能占有的地段"。[①]由于这一区域的遗址不少位于山上,遗址面积的具体计算则一律按投影面积,而非遗址的表面积。针对不少遗址彼此紧邻的情况,只要它们之间或周围有沟、坎、坳之类的自然和人为界限,一般都分作几个遗址。对于特殊的如两个凸包形遗址,其间仅见极个别陶片,则暂以一个地点对待。

垣曲盆地调查:采用了传统调查与区域系统调查中的采样相结合的方法,对部分遗物不丰富的遗址采用传统方法,对遗物丰富的遗址则采取先网格化再用控制性抽样方法采集遗物,并进行适当钻孔和断面的观察,最终确定遗址的面积。

赤峰调查是以1公顷采集点为分析的最基本单元(但采集点的面积并不完全相同[②]),每个采集点都可以在由放大的照片经数字化而绘制的地图上准确标识出来,因此可以很容易计算出面积。但是,一个遗址是由一个或多个相连的采集点构成,对于由多个采集点构成的遗址面积计算,他们的做法是把地表上连续分布有地表遗物的空间范围视为一个遗址,但是当地表遗物的分布出现了不连续的空白带时,则将100米作为判断的标准,即如果两处遗物分布之间的空白地带大于100米,就将它们定为两个遗址;而小于100米,中间地带则被忽略,整个被视为一个连续分布的遗址。按报告中的讨论,判断标准非常关键,但100米只是通常惯用而并非绝对的,在举出的一个图示事例中,按100米标准确定的遗址数为31个,而如果将它调整为200米,则只能有22个,标准的改变会直接导致遗址面积的变化。

这种标准的设定会使我们迷惘,又是难以解决的,即便是对遗址的全面揭露也不一定能够解决问题,但它总是比我们目前所习用的经验方式要科学得多。幸运的是,并不是中国所有的区域都如该区域一般,特别是中国南部区域的地貌特点决定了这里的遗址分布在多数情况下间距都可大到足以不必设定标准的程度。而即使是北

---

① 赤峰考古队:《半支箭河中游先秦时期遗址》,第8页,科学出版社,2002年。
② 赤峰中美联合考古研究项目:《内蒙古东部(赤峰)区域考古调查阶段性报告》,科学出版社,2003年,第64页。

方遗址分布密集的地区,也可以通过各个小区域积累数量足够的准确(而非经验)数据,来寻求各自合适的间距标准。

但是,若从长时期的中国历史来观察,各个时期的人口数量多数情况下并不至于大到"摩肩接踵"的地步,每个时期的聚落之间理当有足够的空间,因此在绝大多数地方,村落毗邻的现象其实是非常少见的,这就为考古调查提出了一个疑问:"为什么会出现与实际不符的情况?"一个可能的答案就是:我们的思路或方法特别是手段有局限。

若要从一定程度上解决这个问题,首先应淡化遗址范围的概念而强化遗址中每个时期聚落范围的概念。一个具有几个时期堆积的遗址的面积计算,更多的只是对行政或社会层面的诸如遗址登记、保护或其他需要有意义,而考古学研究则需要将其分解为各个时期的聚落,若是将分解后的同一时期的聚落再次观察,各聚落间的间距会增加很多,而所谓"遗址"个数的划分会令我们更为轻松。其次要关注聚落的共时性。即便是属同一个文化时期,在长达数百上千年的过程中,聚落的废弃、再利用总是存在的,每一次的变动都不会是坚守原地。有关聚落的共时性问题,栾丰实曾有很好的论述[①]。最后,还应从微观上再次提及采集区范围设定的分辨率问题。对于遗址分布密集的区域,较小的采集区划分会提高在图上显现出的采集区的分辨率,不同时期的聚落面积因此会更为精确,在一定程度上可有效地解决聚落的间距问题。

是否为遗址的判定和遗址范围的判定是目前中国区域系统调查中亟待完善的内容,不解决这些问题,其他若干研究都会受到很大影响。诚然,中国的区域系统调查在十余年间获得了极大的发展,并取得了丰硕的成果,同时也显现出了一些问题。上述各项目的做法和认识实际上也向我们传达出了一种思想:区域系统调查的结果有时并不是最终的定论或者说暂时无法做出定论,对遗址及其范围、时代、性质等判定存在着其他的可能性,关键是如何在多种可能性之中分析选择以求得更合理的解释,正如对一些发掘资料的解释一样,也不必对调查资料的定论性过于苛求。

# 三 问题之辨

## (一) 本土化问题

目前国内区域系统调查方法并十分不成熟,西方的方法和理念在与中国实际相结合的过程中,在一定程度上存在着不太融合的现象。2003年11月,国家文物局召

---

[①] 栾丰实:《关于聚落考古研究中的共时性问题》,《考古》2002年第5期。

开了"中外合作区域考古调查工作报告会",就考古调查与中外合作应该受到足够重视、涉外考古的主权问题和继续扩大开放的问题、新技术的应用问题、区域系统调查的适用性问题进行了讨论[①],特别是针对这一方法是否适合在全国推广、如何推广有不同的意见。为将这一方法更好地移植到中国,国内考古专家一直在探索怎样实现"本土化"。已经出现的"本土化"主要表现在两个方面:

第一种表现即"拉网式调查"的大量运用。如前所述,"拉网式调查"只是区域系统调查中的一项重要技术而非全部,其目的只是在于发现,在操作过程中还包含有一整套信息采集方法。但目前国内的多项调查主要是强调田野"查点",不太强调系统性的信息采集方法,也缺乏对材料本身的诸如二次搬运、所发现地点的特殊功用等方面的详细辨析,和多种学科角度的综合研究。

第二种表现是充分运用国内成熟的各种手段。与西方主要运用地表采集方法不同,几乎所有调查都充分运用了国内成熟的常规调查方法,如洛阳铲钻探、断面观察、遗迹清理,在调查中还利用丰富的文献与调查结果相验证,这是适应中国实际的一种好的表现。只是从统计和概率角度而言,地表的采集和材料分析有其统一的标准,如何将这些非地表信息与地表信息有效结合,是需要探索的一个问题。

总体而言,目前国内的调查方法、研究手段和理念与国外相比还有相当一段距离,特别是在实际工作中常常偏离既定的方法和标准,这些偏离有时是根据实际情况而改变的,但这些改变需要详细的说明和另外的分析方法,不能简单地与按照既定方法采集的信息混为一体,否则得出的结论会出现偏差。

## (二) 科学性问题

上述的"本土化"表现涉及对基于概率统计的方法设计及处理原则。区域系统调查与国内以往的区域调查明显不同的一点表现在对材料的运用上,前者的核心是强调"定量",所有信息都纳入基于概率统计的定量分析之中,而后者主要是强调"定性",所有信息主要是为了确定调查地点的性质。两者都属科学的范畴,但定量分析乃是目前各学科发展的一个方向,是更深入研究的一条重要途径。

## (三) 材料公布问题

因为区域系统调查主要是地表采集的信息,与发掘相比存在多种不确定因素,因

---

① 孙秀丽:《检阅中外合作成果　探讨考古调查方法——中外合作区域考古调查工作报告会在京召开》,《中国文物报》2003年11月26日第1版。

此在对材料的运用分析上会产生一些偏差,不同的分析可能会得到相同的结果,也可能得到并不完全相同的结果。如果需要让其他研究者认同调查结果,或给其他研究者提供进一步研究的可能,那么材料的公布是一项很重要的事,假如只公布一个结果而无任何详细的说明,其可信度受到怀疑则是很自然的了。

材料公布首要的一项是方法的介绍。包括田野调查的方法、信息采集的方法、信息处理的方法。这些方法决定了信息的有效性。

其次是数据的公布。几乎所有调查在信息处理过程中都会不可避免地遇到信息归类、取舍及定性差异的问题,特别是针对数据的归类、取舍会得到不同的结论,因此数据的公布尽可能全面则是很有必要的。

再次是地表的可见度。同一区域范围内不同的地貌、植被覆盖情况,会影响信息采集的数量和准确性,对不同地貌和植被覆盖情况下的可见度估算也可提高分析结果的可信度。

区域系统调查在中国虽然开展时间不长,但还是取得了可喜的成果。如果这一方法能够充分地与本土实际情况结合,将对中国的考古学发展起到很大的促进作用。

附记:本文将多项调查工作一一列入,分析或有不当之处,敬请谅解。在文中多次综述了各项目发表的材料,所有文献均在首次出现时加脚注,之后大多数不再一一注明。另参阅了方辉主编的《聚落与环境考古学理论与实践》一书中的多篇论文,部分信息和认识的获取有益于该书,但这些内容常常非出于一文之中,在本文中又经糅合之后散布于各处,不便于一一引注,特此说明。

2009年12月12日于合肥,安徽省考古所科研基地

(原载于《中国聚落考古的理论与实践(第一辑)——纪念新砦遗址发掘30周年学术研讨会文集》,科学出版社,2010年12月)

## 2021年1月20日　背景补记:

本文是2009年12月为参加中国社会科学院考古研究所"聚落考古的理论与实践"学术研讨会而写,在国内首次全面分析、总结了开展略多但撰文很少的这种方法。虽然采取了闭关写作方式,只用了3整天时间写成,但实际上内容已酝酿数年,

在以往开会、交流过程中甚至从参与我项目的实习学生那儿了解他们以往参加的类似调查工作,用心多方收集了各地的工作方法,兼有2008年冬以来自己开展的几项区域系统调查实践和反思,才得以顺利下笔。

因行文仓促,原有不少信息的引用是网上所搜,文中提及的鹤壁大赉店、西汉水上游、采石河流域和滹沱河上游等调查,原在网络上的报道已难找到,但相关报道已有报纸或刊物发表,此次均加以改引;关于系统论、老三论的网络引用有些也无法找到,重新改引了其他专著,仅是作为有助于理解内涵的一个参考,并非直接引用。特此说明。

# 凌家滩考古散记

凌家滩是安徽省含山县西南的一个偏僻村庄，但自从1987年发现了大量的新石器时代玉器之后，寂静的小村庄开始热闹起来。它不仅成为考古界极为关注的一个热点，也使得不少文物贩子闻风而动，虎视眈眈。为了切实保护好地下文物，同时也是为了提高全省田野考古工作的水平，1998年秋，安徽省文物局选择凌家滩作为全省首届田野考古培训班的基地，使培养田野考古骨干的工作与发掘工作有机地结合在一起，并取得了重大的成果。作为这项田野工作的主要参与者之一，50多个日日夜夜全身心地投入给我留下了难忘的一页。有苦，有乐；有兴奋，有期待；有艰辛，更有收获……

1998年10月9日，我们先遣队一行6人到达凌家滩。由于一些历史遗留的问题，前期的工作还颇费了一番周折，经过数天紧张的交涉、协商后，在大部队到达的前一天，各项筹备工作终于谈妥。但具体负责的贾庆元和我却还一直惴惴不安，总怕事情临时有变。直到14日上午来自全省18个县市的20多名学员和工作人员全部到达，我们心中的一块石头才落了地。

16日正式开工后，一切按预定方案进行，重点寻找新石器时代墓葬。两天后，多数探方露出了砂石层。这并未引起我们的特别注意，因为从该遗址的第二次发掘简报中得知有这一新石器时代文化层。但该层中发现有少量瓷片和酱釉器等晚期遗物，刘锋、唐杰平、许进涛和我就该层的年代问题进行了深入的讨论，最后认为砂石层应该可以分层，或者说它在后来曾被扰动过。当上层较松散的砂石层揭掉后，个别探方开始出现新石器时代的墓葬，但其中的白玉镯质地极纯，工艺精良，颇似近代玉镯，我们当时怀疑是否地层出了问题，后因在砂石层中出有一件相同质地和工艺的玉环（彩版七，3），出土时包在一小块棕红色土中，而这种土是砂石层之下的土层，该器显系后来扰动之故，所以我们从埋藏环境和共存器物上证明了它们的时代性，打消了我们的疑虑。

19日，金晓春也在砂石层上清理出一组陶器和一小段禽骨，它们置于一长方形砂石坑中，坑与下面的砂石层连为一体，并无打破痕迹。当时我和刘锋怀疑这是一个祭祀坑，而不是墓葬，但并不敢确定，因而先把它暂编为遗迹Ⅰ。次日，许进涛的探方中也清理出一个相同的长方形坑，并且该探方的砂石层具有明显的斜坡状，表面平坦。我们综合各方面的因素考虑，最终将这两个坑定为祭祀坑。并由此进而确认砂石层为一处重要祭祀遗迹，甚至可能就是大型祭坛。经过一番细致的工作，安徽考古史上第一个大型祭祀遗迹终于露出真容，并为探讨中国文明起源问题提供了极为重要的第一手材料。

在确认祭坛的同时，我们一面立即要求全体人员在挖完扰动的砂石层后停止发掘，全面保护好砂石中层；一面对祭坛的处理展开了两天的讨论，最后决定先打掉隔梁，同时扩大发掘面积，力图找出其分布界线。唯感可惜的是，因为在认识上慢了半拍，个别速度稍快的探方在揭掉扰动的砂石层后，又继续下掘了数厘米，造成了一定的损失。

确认祭坛的次日，几座墓葬陆续露头，其中7号墓出土了大批玉、石器，有几件舌形玉斧长达30多厘米，不少玉器十分精美。随后的一个星期中，虽然墓葬中发现了不少器物，但多是一些石器和破碎陶器。然而由于思想认识的提高和更加细致的工作，我们在这些并不显眼的器物上却得到了不少有关玉、石器制造工艺方面的信息。尤其是当发掘9号墓时，墓中出土了十余块碎玉料和2件玉芯，玉料上多有切割、打磨的痕迹，玉芯则与同墓出土的小玉璧中孔相近，质地、厚度相同。这些现象引起了我们极大注意，并引导学员们展开讨论，使他们不只满足于挖几件精美的器物，还帮助他们树立起过程的观念。此后，全体人员的工作更为细致，全局意识也更为明确，从而为更多地获取考古信息打下了良好基础。

就在我们准备扩方的当天下午，又发生了一小段插曲。原来雇请晚上值班的人员突然说不干了。暮色越来越浓，心急如焚的贾庆元和郑宏分头去找当地的村干部做工作。工地上，不少学员也无形中感到了自己的责任，自觉地担负起看护的任务。深秋，寒气袭人。空旷的工地上，我们七八个人以地为席，伴着几颗孤寂的星星，坚定地守候着脚下这块埋藏着中华文明的土地。大家大声地讲着各自考古历程中的故事，揣摩着凌家滩先民们模糊的生命轨迹，似乎感受到了穿越时空与古人对话的乐趣。原来还有些陌生的心，在面对共同的责任时，忽然靠近了，熟悉了；原本埋藏在心底的对考古事业的执着、对人类文明遗产的珍惜在不经意中流露出来。面对这一幕，我深有感触，考古工作的酸甜苦辣点点滴滴涌到心头。走上考古这条路，是选择了一条艰苦的旅途，常年的风餐露宿，远离家人，如何不苦？但有这么多志同道合的同仁们,这条路又怎会寂寞?地杰人灵的安徽有了这样一批敬业乐业的考古工作者,我们的事业又何愁不兴?我的思绪飞得很远,不知不觉,夜色已深。又陆续有人加入守护的行列,做好了通宵轮值的准备。也就在这时,贾庆元他们的"谈判"取得了成功,罢了半夜工的值班人员抱着铺盖朝工地走来。工地上一阵雀跃,一场风波就这样在黑夜中隐退了。

工地又恢复了正常。在辛苦发掘近半个月后,功夫不负有心人,16号墓的发现又掀起了一次高潮。该墓因为被三个近代墓打破,确认时已不抱太大希望,但在最后发现了大面积的朱砂,并在一件陶豆边上意外地发现一件雕刻精美的玉龙。这件玉龙器身扁平,首尾相连,吻部突出,头上两角清晰可辨,身上用阴线刻有若干条细线,似龙的鳞片。整个器物形神兼备,栩栩如生。说来也怪,就在玉龙出土的当天,竟下起了蒙蒙细雨,无形中给玉龙披上了一层神秘的面纱。不到一天工夫,夸张的消息已传遍了好几个村庄,来看稀罕的人络绎不绝。在随后的几天里,比较重要的发现接踵而至,玉器精品也大量出现。如28号墓出土的一件玉钺,呈半透明状,玉质温润,中间夹有暗红色划纹,颇似珊瑚(彩版七,2);26号墓的一件玉钺上有多道切割痕迹,是研究玉器制作工艺的极好例证(彩版七,4)。这些发现更加坚定了全体人员的信心,同时也使我们初步了解了墓葬分布的规律,即在祭坛之上和东、北部墓葬分布少,规格低;祭坛西面墓葬集中,多出石器和反映制作工艺的器物;而祭坛南面东西一条线上则是规格较高的墓葬,随葬大量玉器。为进一步弄清整个墓地的范围,同时也为验证我们的判断,防止漏挖,在前两批探方挖完之后,我们又在西边增开了两排探方,其他边缘也陆续增开了数个探方。

新开探方发掘不久,即在西边发现了好几座墓葬,出土器物与我们预料的差不多,但在20号墓中,出土了一百多块玉、石芯和数十块碎玉料,数量之多超出我们的想象。而23号墓中一件石钻头出土时与两块砺石放在一起,由于全局概念已深入学员们的脑海中,所以当时负责该方的金晓春特别注意了它们的摆放位置,从而为确认这组石质的加工工具提供了依据。这组工具出土后,我们再次要求学员们发掘时要更加细致,看看能不能找到其他工具或遗留痕迹,甚至要注意填土中有没有较集中的砂粒(试图找到解玉砂)。遗憾的是这类东西始终未能发现。

到11月12日,发掘工作告一段落,只剩下个别探方的墓葬尚未清理完毕。然而也就在这最后的时刻,位于祭坛南面西头的探方中发现了29号墓。刚开始只清理出一点陶器和小玉器,但在继续清理时,先是露出一个玉人,接着又出现第二个、第三个玉人和玉鹰、钺、彩石钺等大批玉、石器,最后共清理出80多件器物。其中最引人注目的3个玉人为坐式。耳大,脸方,头戴矮冠,双手捧于胸前,神态端庄神秘,似在进行某种祈祷（彩版五，2右）；玉鹰头侧向一面，双翅展飞，翼的两端各雕一个类似马头的动物头像，腹部正反两面刻有圆圈，圆圈内刻八角星图案（彩版六，1）；还有一件玉管，有小拇指长，在阳光透视下可以看到中间钻有一个很细的圆孔，能在如此之长的玉料中间钻出极细长的圆孔，真可谓巧夺天工。29号墓的发现可以说是整个工地发掘的压轴好戏，为这次凌家滩的发掘画上了一个比较圆满的句号。

这次发掘出土器物将近600件，其中玉器占了近三分之一，很多玉器制作极佳，还有部分玉器虽然稍逊，但也显示出了当时高超的制作水平。

整个工地发掘结束后，为进一步弄清凌家滩墓地的地位和性质，我们组织学员在将近30平方公里的范围内进行了一次全面的普查，确认了这一带是一个颇具规模的大遗址群，为以后进一步的研究打下了基础。

这次发掘虽然获取了极好的第一手资料，但它丰厚绵长的底蕴依然要靠我们长期不懈地探索。我们相信，凌家滩文化在经过艰辛细致的努力工作后，定会抖落千年尘封的泥土，由朦胧而清晰，在中国的新石器时代文化中占有一席之地。

（原载《文物天地》1999年第3期）

## 2021年8月20日　背景补记：

本文是在发掘结束后写的，并很快于次年发表，细节记忆较为清晰。虽说是散记，其实是把早些年在考古报告中不适合放入的现场情况以这种形式刊发出来，也就是后来同行们日益重视的"考古学史"或"田野考古史"，在整理潜山薛家岗材料时，我最后大胆地将"考古小史"编入了正文中，也是部分受本文影响。在工地结束后将学员分5个小组踏查周边，每组用了两三天时间完成五六平方公里，已经类似于区域系统调查方法了，虽然那时并不知道区域系统调查是什么，但直觉以为这样做对了解凌家滩有作用，结果也证实能找到更多线索，2008年正式开始的多年区域系统调查，是因为1998年这次调查支撑了我内心的一些判断。

# 独居凌滩夜

春意盎然换新途,年年野步今却无,
弦月静照凌滩梦,光影依旧伴小庐。

九三至今廿又五,铲画思作不知苦,
千禧年后皖江行,又觅十年裕溪古。
茫茫原野无人踏,一人岂能独撑大,
网上广撒英雄帖,百余书生纷南下。

荜路山水聚落查,辨土田间环壕浮,
玉引四方纷沓至,中心既成外围拔。
玉石分野道途殊,凌家不再独为珠,
东兴西衰千古谜,浩荡至今不能书。

众志成城庐初就,锅碗瓢盆新入户,
斧劈青竹编小璜,绳锯枯木伴胡床。
吃鱼留骨贴黑板,摘草拔苇插篱墙,
东南西北玉图汇,沙发石桌皆虚位。

本可锵锵约众豪,手磨咖啡山泉茶,
沙龙一日乐无边,真知灼见可相谈。
今日静享沙龙乐,袅袅空音思绪万,
半百将至人生改,忽忽舍别裕溪水。

朔月径入象牙塔,卷席收铲奔书海,
自此专心释地书,思辨能否无需知。

2018.03.29凌晨半醒,于凌家滩考古工作站

## 2021年1月21日　背景补记：

2018年2月，笔者转行入职安徽大学，3月27日到凌家滩考古工作站收拾原有的材料、个人用品等，晚上住地空旷，仅我一人独居。28日深夜思而不眠，至29日凌晨2:30左右坐于床上，回顾1993年从北大毕业后到安徽考古所二十五年的田野考古生涯，自2000年后逐渐专力于皖江区域考古，先是以薛家岗为核心的皖西南，2008年底转向围绕凌家滩的十年考古。在基础薄弱、物人皆缺、环境复杂的情况下，如何突破学术瓶颈、人手不足，取得好的收获，是需要大胆探索的。从凌家滩外围的区域系统调查开始，通过同行合作、网络招募，吸引了全国各地大批考古和文博专业的学生参与，继而开展不留空白的全面钻探，及少量验证发掘，完成了凌家滩考古"从玉器到聚落"的转变，取得了诸多成果。2017年初，诸事多变，我已很少在所里，以避免无趣，初夏时工作站在省考古所、含山县各部门支持下建成，使工作、生活环境焕然一新，我还创意了一个手工制作、颇具古风的沙龙兼会议室，十分惬然。不承想年至半百，又转入宁静校园教书育人，也是人生造化。

无眠之际一时兴致，花了不足一小时用手机写下这40句280字，一气呵成。天亮后发到中大考古班微信群中，郝红星立即帮改了几字返我。适本次出版之机，吸纳了几处修改，其余标题、内容均未变，文虽拙，意却真，也算是一个阶段性小结。

# 从游历到考古——曲线之美
## （代后记）

　　今年是中国考古学百年之庆。中国考古学从最初为寻找中华文明的渊源而"热"，历经多年"冷"寂之后，又在重塑民族共同体、增强文化自信过程中再次受到社会关注。冷热曲线的变化，反映了学术与社会的双重变迁，也不禁让我想起30多年来，自己考古生涯的"小曲线"与这条学科发展的"大曲线"相依相伴的历程。跌宕起伏的曲线，也是一种别样之美。

　　我在高中时对当时开始热门起来的专业没什么兴趣，反倒是对地理、考古兴趣挺大，说白了就是喜欢自由自在地到处跑。但那时和绝大多数人一样，其实不知道考古是干什么的。1985年，以离家远飞的心情，第一志愿报考了中山大学人类学系考古专业，懵懵懂懂中踏入了还有些冰冷的考古学海。

　　初到广州，南风炎炎，木棉灼灼。入校后，看到系里宣传海报中竟有"田野考古"课，很是稀奇，这是个什么课？难道还要在田野里上课？就是这样一无所知的我，在多位老师熏陶引导下，才逐渐踏入了考古之门。曾骐先生的新石器时代考古课，最先让我感受到史前研究的魔幻般魅力。二年级下学期，又不知怎地忽然对丝绸之路的文物、故事如着魔般迷恋，悄悄节衣缩食顺带厚脸向家中要了一点"赞助"，趁着暑假，19岁的我独自踏上丝绸之路，成为80年代的背包"苦驴"，从广州到西安，再沿河西走廊入新疆，南到库车、西到伊犁，一路游玩并结识了众多旅友，遭遇过洪水困路，还曾与窃贼共住过一室。一望无尽的戈壁沙漠、斜阳夕照的枯藤老树，让我心胸豁然，快意无限；喧嚣已逝的古城残垣、绚丽多姿的壁画神韵，引我思绪神往，激动莫名。回想起傍晚无人时独上莫高窟山顶，旷漠中呼呼大风吹入军用水壶的壶口，那尖哨声令人毛骨悚然，感觉实在太奇妙！在伊犁城旁坐观礼拜的庄严氛围并被发现驱出的尴尬，又感受到文化多样性与尊重、交融的重要。前后39天，年少无知的学子在体验了沙漠的狂野、宗教的神圣和文化的兴衰后，对社会有了新的认识，深深触动了我探究远古的神经。

虽然那时懵懂懒散、杂学不专,成绩也并不咋的,还故作清峻崇尚老庄的"无为",但这次游历,成为我真正走进考古的重要转折。1987年秋冬,在陕西临潼康家田野考古实习时,房子半边盖的长房通铺、早晨厨师"刷锅了"催食的关中口音、每天馒头一月难得一次荤肉的伙食,让不少学生对考古产生了畏惧,但游历归来的我却选择无视,转而勤奋有加,至今同学方向明还不时调侃,要我赔他那时被翻烂的图书……中大的同窗在调侃、争吵、快乐中一起度过了四年的青葱岁月,虽平淡却充实。1989年5月毕业季前,当接到北京大学研究生初录取通知书时,我仿佛走到了自身曲线的高点,但随后又是几个月漫长无望的等待,同学们都各赴工作岗位了,只有已确定去武大读研的冯果还陪了孤单无助、前途未卜的我一个多月,在学校等候不知能否收到的录取通知书。直到10月初,当我已灰心失望并决意国庆节后便去原定的单位入职时,通知书却从天而降,那种杜少陵落魄时又"漫卷诗书喜欲狂"的心情真是难以言说。几个月的跌宕起伏,这条小曲线引导我终于入了严文明先生门下,走向了我终身从事的考古之路。

入学后不足半月,还没领略北京的金秋风光,我和同门戴向明便在严先生的细致安排下,离校到荆州博物馆开始近一年的锻炼,参加石家河遗址的发掘和材料整理。这段时间里我不仅在田野能力上有长进,也对长江中游的史前文化有了更多了解。在荆博那不足9平米的小房间里,我俩在寂寥的日子里自寻乐趣,学会了按菜谱做菜,也学会了到菜场砍价,有时为了一两分钱能够"谈价"十几分钟,看似无聊的行为倒也为平淡的生活增添了几分趣意,洞察了世间百态;馆长张绪球先生的处处关心、贾汉清的经常串门和彼此的醉态也成为难得的回忆。之后在北大求学期间,我受到了校内外太多老师的影响、指导,也更加扩大了视野,特别是严先生的学识和逻辑思维让我终身受益,宽容、开明的学术风格至今影响着我;又承张江凯、赵辉、张弛等多位老师的指导,还有李水城等多位老师及陈星灿、曹兵武等在京学长的提携;同窗樊力、朱晓东、赵春青、李静杰、董新林、牛世山等人及前后届的雷兴山、邵达、韩建业等诸位,不仅是我学术之路上的益友,其中一些也是我打牌或蛮力征服的对象,哈哈。

硕士毕业论文选题时,我避开了当时的热点,选择了还不太热火的良渚文化为研究对象,浙江考古所的方向明在我实习中总是时时照顾,牟永抗和王明达等诸先生、芮国耀和刘斌等兄长以及一大帮年纪相仿不再一一具名的弟兄给了我很多学术上、生活上的支持,在朝晖小区集体宿舍和吴家埠工作站聊天、醉酒的日子每每令我难忘,这个时期也是我学术能力提升的起点。

1993年,正是社会上"下海潮"盛行时,整个考古行业处于相对的低谷期,不少同仁甚至考古单位都开始做生意、办公司，但我仍坚守本愿，阴差阳错毕业后到了安徽省文物考古研究所工作。当时全所业务也正处在下行期，门口还放着一个已经不用的小卖部铁皮棚，似乎上面还有"文华科技公司"字样，是考古所办的小公司。田野工作很少，我也感到迷茫，找不到未来发展的方向。上班当年在参加了濉溪石山子发掘后，1994年底被安排到金寨县革命老区，进行了一年的扶贫开发工作。直到1997年9月北大魏峻来安徽实习，才一起发掘了安庆张四墩遗址；1998年10月又有幸参加了凌家滩遗址第三次发掘；1999年因参与编撰的《中国文物地图集·安徽分册》初稿完成，众多专家领导都提及潜山薛家岗材料的整理问题，这才促使我确定了以皖江为轴，"连江带淮"，寻找突破口打通皖江"瓶颈"的考古目标，从此曲线暂时变成了直线，我也与长江中、下游考古研究结下了不解之缘。

我的研究兴趣较杂，写过纯粹的考古学论文，也整理、撰写过十余篇发掘简报和两部大型考古报告，但总是不能静心于此，时常"跨界"出历史文化的考古学，思考哲学与考古、遗产保护、考古传播和知识产权等，还当过多年的业余编辑，负责了近十年的《文物研究》。2008年5月汶川地震刺激了我心灵深处，更觉得考古学不应孤芳自赏，还应为社会服务，用了几年时间与安徽省地震局合作，投入到地震考古研究中，并取得了一定的收获。这些工作使我的学术曲线在不断地变化，但始终围绕着"考古"主线，一直走向历史的深处。当然围绕学术目标，更多的是与其他学科"非同行"一起开展了多学科研究，涉及玉石陶器工艺、埋藏与堆积、环境变迁等多个领域，但凡较为新鲜、有效的方法，都想尝试一下。其间，有成功的喜悦，也有失败的沮丧，但深度参与而不仅仅是提供材料的合作过程，大大开拓了我的视野。

这些"跨界"行为，虽使我在专业研究中泛而不精，有"猴子掰玉米"甚至"离经叛道"之嫌，但也让我充分了解到每个学科发展至今的合理性和优势，牵引我不断突破原有的研究思路，在实践—反思—探索—再实践中摸爬，成了一个"不太正经"的研究者。本书奉献给读者的这些文章，还算是其中比较正经之作了，不足之处请大家包涵。

我深知自己学疏术浅，绝大多数文章发表时都是以"朔知"署名，也算是藏拙了，但刚开始（朔）知道一点东西便要辑书，因而不敢请业师严文明先生或其他众师作序，只待悄悄生米煮成熟饭，再献丑给众师和众友，好歹也只能认了。

回顾30多年考古路，有过高处的意气风发、快意挥洒，也有过低处的徘徊婉转、沉淀思考，这条曲曲折折的小细线，或也反映了一个考古工作者的成长路径：中大人类学和考古学的本科训练，让我有了宽阔的视野和良好的思维方式；北大扎实的考古学研究生训练，又让我有了更厚的学术基础和前瞻意识；多位良师益友的帮助，让我在每一个学术的分叉路口得到了有益的指引；与全国诸多考古单位同行的交流、支持，启迪了我兼容并包的胸怀。十分感谢这些年的工作中，国家文物局多位领导默默给予的大量支持，安徽省文化厅、省文物局领导的栽培与厚爱，安徽考古所诸多领导、同事能够宽容我有点桀骜的性格并倾力支持，特别是有困难时叶润清常能伸出援手帮我承担，还有全省各地市县文物部门的协助，以及近十年来含山县各级政府、凌家滩遗址管理处领导和友人克服重重困难，对凌家滩考古工作的推进。

多年的田野工作，虽积累了大量经验，但终是局限于孤芳自赏。2018年在知天命之年，我从田野转场入职到安徽大学，三尺讲台能传授心得，又能静心学术，传道授业或也能成为这条小曲线上的一颗亮星。

在校订过程中，我的学生常经宇、刘越、张乃博、杨朴、左亚琴、韦邦加、宫晓君付出了不少精力，并重新用GIS绘制了部分地形图；编辑贾利民费时费力地及时完成了本书的编辑，特此表达谢意。

最后需要特别感谢我的父母、妻女和其他家人的无私奉献，让我节省了很多精力，能够安心工作和研究，家父在天国也应能感受到我的内心。没有你们的支持，我在这条曲线上是走不长久的，也就难以感受这曲线之美。

吴卫红

2021年5月20日于合肥

图书在版编目(CIP)数据

朔知东南风：从凌家滩到长三角的区域文明探源 / 吴卫红著. —上海：上海古籍出版社，2021.12
ISBN 978-7-5732-0131-7

Ⅰ.①朔… Ⅱ.①吴… Ⅲ.①史前文化—考古—东南地区 Ⅳ.①K872.504

中国版本图书馆CIP数据核字(2021)第243609号

朔知东南风
——从凌家滩到长三角的区域文明探源
吴卫红 著
上海古籍出版社出版发行
(上海市闵行区号景路159弄1-5号A座5F 邮政编码201101)
(1)网址：www.guji.com.cn
(2)E-mail：guji1@guji.com.cn
(3)易文网网址：www.ewen.co
山东韵杰文化科技有限公司印刷
开本787×1092 1/16 印张24.25 插页7 字数447,000
2021年12月第1版 2021年12月第1次印刷
ISBN 978-7-5732-0131-7
K·3077 定价：108.00元
如有质量问题，请与承印公司联系